새심방설교
II

예루살렘

핵심요약 새심방설교 2

1판 1쇄 발행	2002. 11. 20
1판 7쇄 발행	2016. 03. 10.

엮은이	편집부
펴낸이	박성숙
펴낸곳	도서출판 예루살렘
주소	(10252) 경기도 고양시 일산동구 설문동 706-64
전화 | 팩스	031)976-8972, 8973 | 031)976-8974
이메일	jerusalem80@naver.com
출판등록	1980년 5월 24일(제 16-75호)

ISBN 978-89-7210-351-9 03230
책값 뒤표지에 있습니다.

ⓒ 이 출판물은 저작권법에 의해 보호를 받는 저작물이므로
무단 전재와 복제를 할 수 없습니다.

도서출판 예루살렘은 하나님을 사랑하며 하나님 말씀대로 순종하며 살기를 원하는
청소년, 성도, 목회자들을 문서로 섬기며 이를 위하여 기도하며 정성을 다하여
모든 사역과 책을 기획, 편집, 출판하고 있습니다.

오직 성령이 너희에게 임하시면 너희가 권능을 받고
예루살렘과 온 유대와 사마리아와 땅끝까지 이르러 내 증인이 되리라(행 1:8)

새심방설교 II 자료집을 출간할 수 있도록
함께 하신 하나님께 감사드리며,
이 책을 하나님 나라의 확장을 위해 노심초사 애쓰시는
이 땅의 주의 귀하신 종들에게 삼가 바칩니다.

머리말

　5년 전, IMF에 구제금융을 신청하여 국가 부도라는 초유의 사태가 일어나 이 나라가 무서운 시련의 나락으로 떨어지면서 때마침 대통령 선거를 앞두고 민족의 장래를 염려하면서 펴낸 책이 '설교자료뱅크' Ⅲ권이었다. 현실의 삶이 너무나도 힘들고 등골이 휠 것 같은 삶의 육중한 무게를 감당하지 못하여 새 세상으로 향하여 외도하듯, 외로운 섬에서 유배를 당하듯 인고의 세월을 낚시질한 지 벌써 5년이라는 세월이 물처럼 흐르고 말았다.

　2002년 6월은 우리 민족에게 있어서 위대한 날이었다. 제17회 한·일 월드컵이라는 지구촌의 축제를 세계를 향해 보란듯이 잘 마무리했을 뿐만 아니라, 4강 진출이라는 꿈도 꾸어보지 못할 엄청난 위업을 달성했기 때문이다. 이 대회를 통해서 우리는 자신감이라는 우리 내면의 능력을 발휘하였으며 길거리 응원을 통해서 얻은 공동체적 경험은 우리 국민의 하나됨과 저력을 세계 만방에 과시하는 계기가 되었다. 참으로 가슴 뿌듯한 감격으로 흥분하여 보낸 시간의 편린들을 놓치고 싶지 않은 한 달이었다.

　이렇듯 국민적 에너지가 사상 처음 제대로 결합되어 진정한 의미의 국민 화합을 이룬 이 힘을 세계로 향해 쏟아내야 하는데, 이 와중에 현직 대통령의 두 아들이 추악한 뇌물거래로 권력형 부정부패의 극치를 보이며 구속되는 참상을 보았고, 이런 가진 자들의 죄악이 관영한 세상을 심판이나 하듯이 몰아친 태풍 '루사'는 도리어 애꿎은 죄없는 서민들의 인명과 재산을 빼앗고 수재를 당한 많은 이의 눈에서 눈물을 흘리게 했다. 회개하지 않는 소위 이 나라의 지도층 인사들의 악취나는 부패 때문에 징벌을 초래하였으나 이에 아랑곳하지 않고 따뜻한 마음의 국민들은 성금을 모아서 보내었고 자원봉사로 함께 한 헌신으로 단군 이래 최대의 5조 5천 억원이라는 피해를 정신적으로 극복했다.

　우리는 반만년 역사의 위대한 민족이요 세계에 자랑할 만한 국민이다. 인도의 시성(詩聖) 타골이 동방의 횃불이라고 감동어린 표현으로 우리를 극찬했지만 못난 이 땅의 정치가들로 인해 입은 자존심과 마음의 분노는 언제 평상심으로 갈무리하게 될 것인가…. 역사는 흐르고 흘러서 경의선과 동해선이 연결되는 모습을 보면서 남과 북이 하나되어 진정 고난의 세월을 극복하고 통일이 되어야 하겠지만 우리를 에워싸고 있는 강대국들의 이해타산에 의해 갈가리 찢겨진 국토와 사람이 한데 뭉쳐야 진정한 의미의 21세기를 향한 우리의 염원을 토해낼 것이요, 이 세계의 인류 역사에 진정한 봉사를 아끼지 않게 될 것이라는 마음이 든다.

　북한의 신의주 경제 특구 지정과 백두에서 한라까지 이어진 성화로 37억 명의 아시아 사람들의 잔치인 부산 아시안게임이 훌륭히 끝나자 돌연 북한의 핵개발 시인이라는 돌발적인 사태로 너무나 급속하게 바삐 돌아가는 세상살이에 정말 정신이 없다. 올해 12월에 치러지는 대통령 선거는 21세기를 향하여 세계로 웅비하려는 우리 민족에게 대단히 중요한 사건이라는 점에서 정말 하나님께 간절히 기도를 드리지 않을 수 없다. 고(故) 함석헌 선생께서 '뜻으로 본 한국 역사'란 자신의 저서에서 우리 민족을 세계 역사의 고난을 짊어진 창녀라고 표현하면서 이 창녀가 하늘의 옥동자를 낳고 귀부인으로 변신할 때를 이야기했지만 그 때가 언제쯤이란 말인가….

　울고 웃는 인생사에서 올해는 참으로 마음 아픈 일이 많았다. 특히 하나님의 섭리로만 치부하기엔 정말 믿기지 않는 윗동서 이홍길 형의 죽음은 나로 하여금 생피를 쏟게 하였고 그를 영원히 가슴속에 묻어 두고자 죽음의 거처조차도 나는 외면하고 말았다. 이 현실을 내가 수긍하여 받아들일 때까지 그는 내 가슴속에 살아 있고 나는 그를 결코 보내지 않을 것이라고 다짐했건만 찬바람에 나뒹구는 낙엽을 쓸쓸히 바라보면서 "형! 먼저 가서 자리 잘 잡고 계시오. 나도 부름을 입으면 뒤좇아 가리다. 하늘나라에서 두 손 맞잡고 남은 이야기를 마저 합시다!" 하면서 끝내는 현실에 타협하고 말았다.

하나님! 그가 남긴 재익, 현익, 민정이를 잘 보살펴 주시고 홀로 된 처형 이은애 집사를 위로하시고 이제는 복음과 불행한 이웃을 위한 봉사와 헌신으로 이 슬픔을 오히려 새 차원의 기쁨으로 바꾸는 계기로 삼으사 그 남은 생애를 믿음의 승리로 더욱 빛나게 하소서.

막내동생 정요찬 목사의 미국행을 보면서 당신의 사역을 위해 더욱 노력할 것과 김재신 사모의 알찬 내조와, 함께 한 동역자로서 주님의 영광을 위한 삶을 멋지게 살 것을 기대하며 선물로 주신 예빈이의 앞날을 주님께 부탁드린다.

새심방설교의 출간이 가까워지니 한여름부터 초겨울까지의 땀과 눈물과 피의 인고의 세월이 두렵고도 무서웠으나 오직 이 일을 명하신 주님의 돌보시는 은혜 아래서 무사히 마무리됨을 감사드리지 않을 수 없다. 국내외의 방대한 자료들을 찾아 취사선택하고 엑기스만 뽑는 과정에서 정말 좋은 자료들을 만났고 덕분에 개인적으로 또다른 큰 은혜를 체험하는 계기가 되었음을 솔직히 고백하면서 모든 영광을 주님과 귀한 참고자료를 주신 모든 분들께 돌리고 싶다. 이 책은 고기와 뼈다귀를 푹 삶아 우러낸 진국에 불과하므로 여기에 각종 양념으로 입맛을 내는 것은 오직 주님의 귀하신 종들의 몫이다. 그리고 이 일을 위해 함께 수고한 이미정 자매의 수고를 주께서 잊지 마시고 갚아 주시옵소서.

주여, 자신과의 싸움에서 패하지 않게 돌보신 은혜를 진정 감사드리나이다. 오직 당신만이 나의 힘이 되시니 부족한 종의 새로운 삶의 앞날을 아름답게 계획하소서. 또한 사랑하는 아내 조현숙의 신앙이 흔들리지 않게 붙잡아 주시며 새 일을 주시옵고, 외동딸 예솔이를 지켜 주시어 이 딸로 인해 당신께서 큰 영광 받으시옵소서.

2002년 11월 20일

知天命 생일에 예루살렘 편집실에서

상도(相道) 정용한 드림

참고로 드리는 말씀

⊙ 이 책은 복잡다단한 현대사회를 살아가는 가운데 각양각색의 환경과 형편에 놓인 성도들에게 하나님의 말씀으로 영적 교훈과 능력과 축복을 전파하실 주의 종들을 위하여 꾸며진 축약된 한 편의 핵심 요약 심방설교 자료집으로서 풍성한 꼴을 준비하시는 강단 곁에서 말없이 말씀의 힌트를 제공할 것입니다.

⊙ 이 책의 목차에는 성도들의 인생 및 신앙 여정에서 유발되는 갖가지 환경과 형편에 대처하여 적합한 심방을 할 수 있도록 약 100편의 주제로 대별하였고 여러 가지 자료들을 참조하여 세심히 배려하였습니다. 또한 성경 목록별 색인이 별도로 준비되어 있으므로 찾기에 더욱 편리하실 것입니다.

⊙ 이 책은 책을 펼친 한 면에 설교하실 제목과 찬송가, 그리고 본문, 서론, 말씀, 참고 성구와 결론에 해당되는 기도로 짜여져 있어 설교자들에게 번거롭지 않고 간결하면서도 일목요연하게 참조하실 수 있도록 편집되어 있습니다.

⊙ 이 책의 제목은 심방하실 여건에 맞추어 목차에 나타난 다양한 환경과 형편에 적합한 요지를 간추린 것입니다.

⊙ 이 책의 찬송의 숫자는 전하실 말씀에 합당한 병행 찬송가의 장수를 명기한 것으로 각각 네 편씩 삽입되어 있으므로 어느 것을 사용해도 좋습니다.

⊙ 이 책의 참조 '☞ ① 100p'는 본 설교와 연관있는 자료가 저장된 본 편집부에서 엮은 '설교자료뱅크' 1권 100쪽을 보시라는 사인입니다. 설교자료뱅크는 현재 3권까지 출간되어 있습니다.

⊙ 이 책의 본문은 제목과 전하실 내용에 적합한 말씀을 성경에서 발췌한 것으로 이는 대한성서공회 발행의 '한글판 개역 관주 성경전서(1985년 12월 5일 104판)'를 대본으로 하여 1992년 개정 맞춤법에 의거해 일부 낱말을 수정 보완했습니다(예, 일군→일꾼, 잠간→잠깐, 파숫군→파수꾼).

⊙ 이 책의 서론은 설교 주제에 적합한 동서양 위인들의 금언과 세계 각국의 속담을 서두에 인용함으로써 수많은 이들의 신앙적 지혜와 체험을 함께 공유하여 인생의 철리와 진리를 실감토록 꾸몄습니다.

⊙ 이 책의 말씀은 설교를 간략하고도 핵심적으로 취급하기 위하여 본문의 말씀을 축약하여 본문이 의미하는 핵심 단어로 설교를 3개로 대지화하였으며 소지에 해당하는 해설은 시대의 추세에 맞게 성경은 성경으로, 곧 성경 스스로가 말하도록 가급적 많은 성구를 인용하였습니다. 그리고 히브리어, 아람어, 헬라어 원어와 금언들을 삽입하여 내용의 깊이를 더하고 강단을 살지게 하도록 편집하였습니다.

⊙ 이 책의 참고 성구는 대지에 나타난 주제를 심도 있게 하기 위하여 신구약 성경에서 그에 적합한 병행 관주 및 인물과 사건의 성구를 다루었으므로 가장 보편적인 진리를 가장 성경적으로 전하실 수 있도록 하였습니다.

⊙ 이 책의 기도는 말씀을 전하신 결론에 해당하는 부분을 도출한 것으로 우리 주 예수 그리스도의 은혜가 말씀을 전하신 분이나 말씀을 받는 분과 함께 하도록 이끌었습니다.

⊙ 이 책은 심방하신 기록을 남기도록 심방하신 날짜와 심방하신 가정 및 사유, 결과를 기록하도록 심방록의 난을 만들어 놓았습니다.

⊙ 이 책은 회의 시간에 드리는 경건회에서 사용하셔도 좋으리라 생각되며 설교가 필요한 모든 곳에서 편리하게 활용하시도록 만든 핵심요약 설교자료집입니다.

심 방 록

심방 날짜	심방 가정	심방 사유	심방 결과

심 방 록

심방 날짜	심방 가정	심방 사유	심방 결과

심 방 록

심방 날짜	심방 가정	심방 사유	심방 결과

목 차

머리말/ 4
참고로 드리는 말씀/ 7
심방록/ 9
성경 목록별 색인표/ 508

1 가정 축하 및 격려 심방

① 자녀 출산
- 한나의 서원기도에 내포된 자세/ 삼상 1:9-11 ················· 38
- 성경에 기록된 후손들의 유형/ 대상 1:4-27 ················· 39
- 유다 지파의 계보가 주는 의미/ 대상 2:3-17 ················· 40

② 자녀 교육
- 하나님의 율법이 주는 유익/ 시 19:7-10 ················· 41
- 바아사 왕가의 몰락이 주는 의미/ 왕상 16:1-14 ················· 42
- 한나가 어머니로서 행한 의무/ 삼상 2:18-21 ················· 43
- 쉐마에 나타난 자녀 교육의 필요성/ 신 6:4-9 ················· 44
- 요담의 선정에 내포된 의미/ 대하 27:1-9 ················· 45
- 다윗의 성전 건축 준비가 주는 교훈/ 대상 22:2-5 ················· 46
- 여호야긴이 본받아 실족한 과실/ 왕하 24:8-9 ················· 47
- 자녀를 훈계할 때 유의할 점들/ 잠 23:12-14 ················· 48

③ 생일 축하
- 성도를 향한 하나님의 요구/ 수 22:1-6 ················· 49

- 등대의 규례에 내포된 의미/ 민 8:1-4 ········· 50
- 하나님이 참 목자 되신 이유/ 시 23:1-6 ········· 51
- 진흙 토기에 담겨진 인생의 의미/ 렘 18:1-12 ········· 52
- 욥이 말한 지혜로운 삶의 첩경/ 욥 28:20-28 ········· 53
- 번제의 규례에 내포된 의미/ 레 1:1-17 ········· 54
- 놋뱀 사건에 내포된 교훈/ 민 21:4-9 ········· 55
- 참 목자가 되시는 하나님/ 겔 34:11-16 ········· 56
- 다윗의 찬양에 나타난 응답의 원칙/ 삼하 22:20-31 ········· 57
- 그리스도의 마음을 본받는 삶/ 빌 2:5-11 ········· 58
- 참된 섬김의 세 가지 방법/ 삿 17:1-13 ········· 59
- 아비새의 충성이 주는 의의/ 삼상 26:6-8 ········· 60
- 정직한 자에게 임하는 축복/ 잠 3:31-33 ········· 61
- 칭의의 열매로 얻게 되는 축복/ 롬 5:1-5 ········· 62

④ 혼인(결혼 및 약혼)
- 아담의 독처함이 좋지 못한 이유/ 창 2:18-25 ········· 63
- 사랑하는 사람을 위해 예비할 것들/ 아 7:10-13 ········· 64

⑤ 회갑 및 진갑
- 광야의 이스라엘이 주는 교훈/ 민 33:1-49 ········· 65
- 예수의 족보에 나타나신 하나님/ 마 1:1-17 ········· 66
- 희년에 내포된 예표적 의미/ 레 25:8-34 ········· 67
- 초막절 규례에 내포된 의의/ 레 23:42-43 ········· 68
- 아브라함에게서 본받을 신앙의 모습/ 창 23:1-18 ········· 69
- 노아에게 붙여진 호칭/ 창 6:9-12 ········· 70
- 야곱의 축복에 내포된 하나님 축복의 법칙/ 창 49:28 ········· 71
- 로마서에 언급된 아브라함의 믿음/ 롬 4:18-22 ········· 72

⑥ 교육(입학, 진학, 졸업)
- 다윗과 요나단의 우정이 주는 교훈/ 삼상 20:12-23 ········· 73

- 성령을 통해 나타나는 하나님의 지혜/ 고전 2:6-16 ·················· 74
- 하나님이 성도에게 주신 마음/ 딤후 1:6-8 ······················· 75
- 사명자 예레미야의 심령/ 렘 20:7-13 ···························· 76
- 예수의 지상 명령의 삼대 속성/ 막 16:15 ························ 77
- 그리스도의 증인이 되는 자격/ 행 1:6-8 ························· 78
- 후계자로서 엘리사가 보여준 모습/ 왕하 2:1-11 ················· 79

⑦ 이민, 이사 및 입주
- 하나님이 주신 새 언약의 특징/ 렘 31:31-34 ···················· 80
- 야곱 가문의 애굽 이주가 주는 교훈/ 창 46:1-7 ················· 81
- 요셉의 하나님 섭리에 대한 자세/ 창 45:1-15 ··················· 82
- 성전 언약에 나타난 의의/ 왕상 9:1-9 ··························· 83
- 야긴과 보아스가 주는 영적 의미/ 왕상 7:13-22 ················· 84

⑧ 취업 및 승진
- 야곱의 충성된 모습/ 창 30:25-43 ······························ 85
- 성도가 노동을 해야 하는 이유/ 잠 10:4 ························· 86
- 요셉을 본받을 행동/ 창 39:1-6 ································ 87
- 달란트의 비유가 주는 의의/ 마 25:14-30 ······················· 88
- 왕후가 된 에스더의 의의/ 에 2:15-20 ··························· 89
- 브살렐과 오홀리압의 재능이 주는 의미/ 출 31:1-11 ············· 90

⑨ 사업(개업 축하 및 확장)
- 기브온 위에 멈춘 태양이 주는 의의/ 수 10:12-14 ··············· 91
- 야곱이 축복받은 압복 강가의 비결/ 창 32:22-32 ················ 92
- 잠언에 언급된 구제의 결과/ 잠 11:24-25 ······················· 93
- 아브라함이 이룬 평화의 비결/ 창 13:1-13 ······················ 94
- 십일조를 통해서 증거되는 여호와/ 말 3:10 ····················· 95
- 첫 곡물 봉헌 규례에 담긴 의의/ 신 26:1-11 ···················· 96
- 하나님의 축복 분배의 원칙/ 수 19:1-9 ·························· 97

- 다윗의 축복에 대한 자세/ 삼하 6:12-15 ·· 98
- 이스라엘의 십일조 헌납이 주는 교훈/ 대하 31:4-10 ······················· 99
- 히스기야의 감사 예배에 담긴 의의/ 대하 29:29-31 ······················· 100

⑩ 출국
- 로마에서도 증거해야 할 바울/ 행 23:1-11 ······································ 101

⑪ 군 입대 축하
- 하나님의 군사가 되는 자격의 요건/ 민 1:1-46 ······························ 102
- 하나님의 거룩한 군사의 의무/ 민 31:13-24 ···································· 103

⑫ 세례 및 침례
- 바울의 변증에 담긴 회심의 고백/ 행 22:16 ···································· 104

② 장례 및 애도 심방·추도 예배

① 임종(신자)
- 하나님의 봉인된 두루마리 책에 기록된 내용/ 계 5:1-14 ·············· 105
- 다윗의 유언에 나타난 교훈/ 대상 28:6 ·· 106
- 흰 옷 입은 무리들의 영광의 의미/ 계 7:9-17 ································· 107
- 시편이 보여준 하나님 나라의 형태/ 시 72:1-4 ······························· 108

② 입관 및 영결식
- 새 하늘과 새 땅에서 누릴 축복/ 계 21:1-7 ···································· 109
- 히브리서에 나타난 안식에의 약속/ 히 4:1-13 ································ 110

③ 하관
- 예수의 십자가 죽음이 주는 결과/ 마 27:50-54 ······························ 111

④ 유족 위로 및 추도
　· 예수 그리스도의 재림의 목적/ 계 1:1-7 ································· 112
　· 고센 땅이 구별받은 의미/ 출 9:25-26 ······························· 113
　· 그리스도인의 승리를 보장하는 요인/ 계 12:10-12 ············ 114
　· 재림을 대비하는 종의 모습/ 마 24:42-51 ·························· 115
　· '마라나타'의 신앙 고백에 담긴 의미/ 계 22:20-21 ············ 116
　· 그리스도인을 위한 예수의 언약 보증/ 히 7:22-25 ············ 117
　· 부활의 승리와 성도의 자세/ 고전 15:50-58 ······················ 118
　· 바울이 말한 행위의 상과 벌/ 고후 5:8-10 ························ 119
　· 주의 재림을 예비하는 자세/ 눅 12:35-40 ·························· 120

③ 생활 위로 방문 심방

① 시험 및 사업에 실패함
　· 불의한 재판관과 과부의 비유/ 눅 18:1-8 ·························· 121
　· 여호와의 보살피심이 신속한 이유/ 사 65:24 ···················· 122
　· 벧엘로 다시 돌아가는 방법/ 창 35:1-7 ····························· 123
　· 호렙 산의 엘리야가 주는 의미/ 왕상 19:8-18 ·················· 124
　· 고난의 로마행을 기회로 삼은 바울/ 행 27:14-26 ············ 125
　· 여호사밧의 신앙에 나타난 과정/ 대하 20:12-19 ··············· 126
　· 욥기에 나타난 연단이 주는 유익/ 욥 42:5-17 ·················· 127
　· 하나님만을 바라야 할 이유/ 시 62:1-7 ····························· 128

② 가난함
　· 솔로몬의 풍성한 축복에 담긴 교훈/ 왕상 4:20-28 ··········· 129
　· 나발의 소행을 질타하는 이유/ 삼상 25:9-13 ···················· 130
　· 다윗의 정복 기사가 주는 의미/ 대상 18:9-13 ·················· 131
　· 품꾼인 이스라엘이 갖는 특권/ 레 25:47-55 ······················ 132
　· 마리아 찬가에 언급된 하나님/ 눅 1:46-55 ························ 133

③ 핍박받음
- 천국에 들어갈 자의 의미/ 마 19:13-30 ·· 134
- 부르짖는 자가 받을 축복의 의의/ 렘 33:1-9 ····································· 135
- 믿음의 연단을 위한 고난/ 벧전 1:5-7 ·· 136
- 가야바의 견해에 담긴 교훈/ 요 11:47-53 ··· 137
- 핍박받는 초대 교회의 의미/ 행 8:1-3 ·· 138
- 에스더의 신앙에 내포된 의미/ 에 4:1-17 ··· 139
- 하나님의 약속의 원리/ 수 11:20 ··· 140
- 잠언이 말하는 보복을 금지하는 이유/ 잠 20:22 ······························ 141
- 예수의 흔적을 가진 사람/ 갈 6:17 ··· 142

④ 범죄하고 낙심함
- 참된 금식의 삼대 의미/ 슥 7:1-7 ··· 143
- 아이 성 공격 실패가 주는 교훈/ 수 7:1-26 ····································· 144
- 성경이 언급한 회개의 순서/ 신 9:18-21 ··· 145
- 이스라엘을 회복케 하시는 하나님/ 겔 36:8-15 ································ 146
- 엘리야의 기도가 주는 교훈/ 왕상 18:30-46 ···································· 147
- 다윗의 범죄가 주는 교훈/ 삼하 11:1-21 ··· 148
- 므낫세에게 임한 환란의 목적/ 대하 33:10-13 ································ 149
- 성도가 마음의 화평을 얻는 비결/ 잠 14:30 ···································· 150

⑤ 각종 재난을 당함
- 욥의 고난이 주는 교훈/ 욥 1:13-22 ··· 151
- 엘리바스가 말한 바 하나님의 채찍/ 욥 5:17-27 ····························· 152
- 어린 양의 피에 내포된 표적/ 출 12:13 ··· 153
- 구원받은 노아가 주는 교훈/ 창 8:20-22 ··· 154
- 야고보서에 담긴 고난 중의 인내/ 약 5:7-20 ··································· 155
- 하나님이 고통을 주시는 목적/ 시 118:5-7 ····································· 156
- 하나님을 영화롭게 하는 성도/ 시 50:15-23 ···································· 157

⑥ 각종 염려와 근심에 빠짐
- 아브라함의 연단이 주는 교훈/ 창 22:1-14 ·················· 158
- 다니엘의 신앙에 담긴 특징/ 단 6:10 ························ 159
- 하나님께 상달되는 기도의 금향로/ 계 8:3-5 ················· 160
- 아브라함의 영적 침체에 나타난 결과/ 창 20:8-18 ············· 161
- 하나님이 이상을 보이시는 이유/ 겔 1:1-3 ···················· 162
- 다니엘에게 임한 고난이 주는 교훈/ 단 2:17-24 ··············· 163
- 다윗의 눈물에 내포된 신앙의 본질/ 삼상 30:1-6 ·············· 164
- 히스기야의 기도에 담긴 의미/ 왕하 19:14-19 ················· 165
- 시편이 말하는 참된 만족의 비결/ 시 90:14-17 ················ 166
- 하나님의 뜻대로 사는 생활의 의미/ 살전 5:16-18 ············· 167

④ 환자 방문과 치유 심방

① 병문안(신자)
- 히스기야에게 기적이 나타난 이유/ 사 38:1-8 ················· 168
- 토기장이의 뜻을 좇는 성도의 자세/ 사 64:8-9 ················ 169
- 소경을 고치신 예수의 의의/ 요 9:1-3 ························ 170
- 시편에 언급된 하나님 치유의 방법/ 시 107:19-22 ·············· 171
- 나사렛 예수 그리스도 이름의 능력/ 행 3:6-8 ·················· 172
- 징계가 가져다주는 유익한 것들/ 사 17:4-7 ··················· 173

② 병문안(불신자)
- 죄악이 영적 질병인 이유/ 시 103:1-5 ························ 174
- 소경 되었던 자의 신앙 고백의 의미/ 요 9:24-34 ··············· 175
- 중풍병자 친구들의 기적의 믿음/ 막 2:1-5 ····················· 176
- 소원을 이루는 가나안 여인의 믿음/ 마 15:21-28 ··············· 177

③ 장기 환자
  · 나아만의 질병이 주는 영적 교훈/ 왕하 5:1-14 ················· 178

④ 수술 직전
  · 베드로의 신앙 고백의 의미/ 눅 9:18-21 ····················· 179

⑤ 정신질환자
  · 바울의 악귀 축출이 주는 의미/ 행 19:8-20 ··················· 180

⑥ 환자 발생시
  · 세상의 빛이신 예수의 의미/ 요 8:12 ························ 181

⑦ 천재지변 및 전쟁
  · 자연 재해가 주는 교훈/ 신 28:22-24························ 182
  · 유다의 심판 때에 남을 자/ 겔 6:8-17 ······················· 183
  · 에스겔 골짜기의 환상이 주는 교훈/ 겔 37:1-23 ··············· 184

5 수감자 방문 및 교정 심방

① 수감자 위로
  · 빌립보 성 감옥에서의 찬송 소리/ 행 16:25-40 ················ 185
  · 아그립바 앞에서의 바울의 변론/ 행 26:13-18················· 186
  · 도피성에 내포된 그리스도의 은혜/ 민 35:22-34··············· 187
  · 기름부음 받은 사울의 특징/ 삼상 10:6-8····················· 188

② 수감자 전도
  · 멜리데 섬에서 전도하는 바울/ 행 28:1-10 ··················· 189
  · 그리스도인의 자유에 대한 의미/ 갈 5:1 ····················· 190
  · 아람 사람의 패배에 담긴 의미/ 대상 19:16-19 ················ 191

- 도피성에 언급된 하나님의 사랑/ 신 19:1-10 ·················· 192
- 속죄제가 주는 의미/ 레 5:1-6 ·································· 193
- 요압의 복수에 대한 원인/ 삼하 3:27-30 ······················ 194

6 신앙생활 권면 심방

① 초신자
- 기브온 거민이 구원받은 신앙/ 수 9:24-26 ··················· 195
- 게네사렛 땅에서 나타난 믿음/ 막 6:53-56 ···················· 196
- 하나님의 말씀을 받는 과정/ 겔 3:1-11 ························ 197
- 바울의 언급에 내포된 겸손의 의의/ 고후 13:4 ··············· 198

② 믿음을 버린자
- 베드로를 향한 주님의 부인 예언/ 요 13:36-38 ··············· 199
- 베냐민 지파의 대항이 주는 교훈/ 삿 20:12-23 ··············· 200
- 이스라엘에게 임한 음행의 결과/ 민 25:1-5 ··················· 201
- 하나님의 생명에서 떠난 사람/ 엡 4:17-18 ···················· 202
- 요시야의 종교 개혁에 담긴 의미/ 왕하 23:21-24 ············· 203
- 제자들에게 현현하신 예수/ 눅 24:32-49 ······················ 204

③ 믿음이 흔들리는 자
- 여호수아의 마지막 당부에 담긴 교훈/ 수 23:6-16 ··········· 205
- 그리스도 예수 안에서 행할 원리/ 골 2:6-7 ··················· 206
- 여호와가 베푸신 사역의 특징/ 출 14:13-31 ··················· 207
- 아비야의 연설에 내포된 교훈/ 대하 13:10-12 ················ 208
- 성도가 쉽게 미혹되는 경우/ 사 19:11-15 ····················· 209
- 시삭의 침공이 주는 교훈/ 대하 12:1-8 ······················· 210
- 부림절 제정에 내포된 의의/ 에 9:1-32 ······················· 211

④ 기도 생활에 게으른 자
- 아브라함의 중보기도에 담긴 의미/ 창 18:22-33 ·············· 212
- 겟세마네 동산의 제자들 모습/ 눅 22:45-46 ·············· 213
- 엘리에셀의 찬송에 담긴 의미/ 창 24:10-27 ·············· 214
- 겟세마네 동산의 기도의 의의/ 막 14:37-38 ·············· 215
- 주를 향해 손드는 자의 기도/ 애 2:19 ·············· 216
- 엘리후가 말한 응답받는 기도의 요건/ 욥 35:9-13 ·············· 217
- 중보기도가 필요한 이유/ 살후 3:1-2 ·············· 218

⑤ 거짓 신앙에 빠진 자
- 거짓 사도의 미혹의 특징/ 고후 11:1-15 ·············· 219
- 들릴라의 유혹이 초래한 결국/ 삿 16:15-22 ·············· 220
- 거짓 선지자의 예언에 담긴 교훈/ 겔 13:8-16 ·············· 221
- 오홀리바의 음행에 담긴 의미/ 겔 23:11-35 ·············· 222
- 곡의 침입 예언에 담긴 의미/ 겔 38:10-12 ·············· 223

⑥ 술과 방탕에 빠진 자
- 타락한 소돔 인생이 주는 모습/ 창 19:1-11 ·············· 224
- 노아의 영적 실수가 주는 교훈/ 창 9:18-27 ·············· 225
- 지혜 있는 자의 세 가지 생활/ 엡 5:18-21 ·············· 226
- 과음이 사람에게 끼치는 해악/ 사 28:7-8 ·············· 227
- 이 세상의 연락에 빠진 결과/ 사 5:11-17 ·············· 228

⑦ 세상만을 따르는 자
- 발람을 실족시킨 유혹/ 민 22:15-20 ·············· 229
- 이방 족속이 가진 악한 풍속/ 레 20:22-27 ·············· 230
- 이방 풍속 추종 금지에 담긴 교훈/ 레 18:1-5 ·············· 231
- 에서가 범한 실책/ 창 25:27-34 ·············· 232
- 벧세메스 사람에게 임한 재앙의 원인/ 삼상 6:19-21 ·············· 233
- 포도원을 탐내는 아합의 욕심의 속성/ 왕상 21:1-16 ·············· 234

- 사사 시대의 부패와 혼란이 주는 교훈/ 삿 21:25 ·················· 235
- 심판받을 자가 걷는 세 가지 길/ 유 1:11-13 ·················· 236
- 사람이 의지하는 세 가지 헛된 신뢰/ 사 20:4-6 ·················· 237

⑧ 죄에 물든 자
- 가인을 통한 하나님 은혜의 양면성/ 창 4:1-15 ·················· 238
- 무교병이 주는 교훈/ 출 12:39 ·················· 239
- 벨릭스가 두려워한 바울의 강론/ 행 24:24-27 ·················· 240
- 다윗의 화목제에 내포된 의미/ 삼하 24:17-25 ·················· 241
- 바울이 언급한 성별된 생활/ 고후 6:14-7:1 ·················· 242
- 성화의 삶을 사는 자의 모습/ 롬 6:6-11 ·················· 243

⑨ 회개하기를 원하는 자
- 아이 성 공격 실패에 나타난 회개의 요소/ 수 7:10-15 ·················· 244
- 돌이키는 자를 위한 하나님의 자비/ 신 4:29-31 ·················· 245
- 요엘의 회개 촉구가 주는 의미/ 욜 2:12-14 ·················· 246
- 하나님께서 돌아보시는 이유/ 레 26:40-42 ·················· 247
- 이스라엘의 회개에 내포된 의미/ 삼상 12:19-25 ·················· 248
- 다윗의 금식이 참되는 이유/ 삼하 12:15-23 ·················· 249
- 이스라엘의 회개가 주는 의미/ 스 10:1-4 ·················· 250
- 시편에 언급된 성도의 값진 눈물/ 시 80:4-7 ·················· 251
- 예후의 개혁이 주는 의의/ 왕하 9:1-37 ·················· 252

7 교회 생활에 실패한 자를 위한 심방

① 교회를 부인하는 자
- 중앙 성소의 예배에 언급된 의미/ 신 12:4-14 ·················· 253
- 에스겔 성전이 주는 삼대 의의/ 겔 42:13-14 ·················· 254
- 이사야가 경고한 형식적인 예배/ 사 29:13-14 ·················· 255

② 출석을 게을리하는 자
  · 안식일 규례에 내포된 의의/ 레 23:3 ·· 256
  · 성경에 나타난 주일 성수의 방법/ 신 5:12-15 ································ 257
  · 혼인 잔치의 비유에 담긴 의미/ 마 22:1-14 ·································· 258
  · 바른 믿음의 세 가지 모습/ 히 10:22-25 ······································ 259
  · 이스라엘의 제단 건설에 대한 의미/ 스 3:1-7 ······························ 260

③ 교우간에 불화한 자
  · 르호보암과 여로보암의 전쟁이 주는 교훈/ 왕상 15:1-8 ··············· 261
  · 성도간의 친교가 주는 유익/ 시 119:74-79 ·································· 262
  · 빌레몬을 칭찬한 바울의 기쁨/ 몬 1:4-7 ······································ 263
  · 성도간의 바른 송사의 원칙/ 고전 6:1-11 ···································· 264
  · 사도 바울의 문안 인사의 의미/ 롬 16:1-4 ·································· 265
  · 성도들 사이에 지녀야 할 태도/ 롬 14:1-12 ································ 266

④ 자랑과 외식하는 자
  · 성경이 금지하는 각종 금언들/ 출 23:1-3 ···································· 267
  · 행위로 하는 성숙한 믿음 생활/ 약 1:21-27 ································ 268
  · 외식하는 자들을 향한 주님의 질책/ 마 23:23 ····························· 269
  · 엘리후의 변론에 담긴 대화의 원칙/ 욥 33:1-7 ··························· 270

⑤ 헌금에 시험든 자
  · 이스라엘 자손의 헌신이 주는 교훈/ 출 35:20-29 ······················· 271
  · 예물을 드리는 참된 자세/ 출 25:1-9 ·· 272
  · 화목 제물에 내포된 의미/ 레 22:17-33 ······································ 273
  · 마게도냐 교회의 연보의 의의/ 고후 8:1-15 ································ 274

⑥ 지도자를 거역하는 자
  · 요나의 불순종이 주는 교훈/ 욘 1:1-17 ······································ 275
  · 불순종의 사울이 남겨놓은 교훈/ 삼상 15:10-23 ························ 276

- 압살롬을 추종한 자들이 주는 교훈/ 삼하 15:7-12 ·················· 277
- 제비뽑기에 내포된 신앙/ 대상 6:61-66 ······················· 278
- 그리스도의 교회의 징계 원칙/ 고후 2:5-11 ··················· 279

8 각종 직업 형편과 심방

① 정치인
- 기드온이 지혜로운 지도자가 된 이유/ 삿 8:1-23 ··············· 280
- 모세가 위대한 지도자인 이유/ 신 34:1-12 ···················· 281
- 산헤드린 의원 요셉의 삶이 주는 의의/ 눅 23:50-56 ············ 282
- 왕에 대한 법에 내포된 자격의 의의/ 신 17:14-17 ··············· 283
- 르호보암의 우매함이 주는 교훈/ 왕상 12:6-15 ················ 284
- 솔로몬의 기도에 내포된 의미/ 왕상 3:4-15 ··················· 285
- 솔로몬의 국가 개혁에 담긴 의/ 왕상 2:13-35 ················· 286
- 책사 아히도벨의 인생이 주는 교훈/ 삼하 17:1-23 ·············· 287
- 하나님을 떠난 암몬에게 임한 결국/ 삼상 11:1-15 ·············· 288
- 스바 여왕의 칭송에 담긴 의의/ 대하 9:7-8 ··················· 289

② 법조인
- 요나단의 탄원에 내포된 변호의 근거/ 삼상 19:4-5 ············ 290
- 성경에 언급된 판단의 종류/ 삼상 16:6-13 ···················· 291

③ 공무원
- 파수꾼의 사명에 내포된 의미/ 겔 33:1-6 ····················· 292
- 아론의 중보 사역에 담긴 자세/ 민 16:41-50 ·················· 293
- 하나님의 신이 감동한 요셉의 의의/ 창 41:37-45 ··············· 294

④ 군인
- 사사 에훗이 세움을 입은 이유/ 삿 3:15-29 ··················· 295
- 여리고 성 함락에 담긴 승리의 비결/ 수 6:1-20 ················ 296

- 이스라엘 군대의 신앙의 특징/ 민 2:1-34 ················· 297
- 칭찬받은 백부장의 믿음/ 마 8:5-13 ················· 298
- 아말렉과의 전쟁이 주는 교훈/ 출 17:8-16 ················· 299

⑤ 경제인
- 성경이 언급한 부의 위험성/ 신 8:11-18 ················· 300
- 기업 분배에 대한 하나님의 원칙/ 민 26:52-56 ················· 301
- 불의한 청지기의 비유에 담긴 교훈/ 눅 16:1-13 ················· 302
- 성경에 언급된 금전에 대한 관계/ 신 23:19-20 ················· 303
- 딸의 기업 상속권에 내포된 교훈/ 민 27:1-11 ················· 304
- 불의한 소득에 내포된 교훈/ 잠 16:8 ················· 305
- 이 세대의 부자들이 기억할 사항/ 딤전 6:17-18 ················· 306

⑥ 언론인
- 성도가 애통해야 할 세 때/ 겔 9:8 ················· 307
- 욥이 말한 지혜로운 말의 능력/ 욥 19:1-6 ················· 308
- 시편에 나타난 금해야 할 말들/ 시 34:13 ················· 309

⑦ 의사
- 벳새다의 소경 치유가 주는 의미/ 막 8:22-25 ················· 310
- 문둥병 진단에서 나타난 하나님의 모습/ 레 13:1-17 ················· 311
- 히브리 산파가 보여준 모본/ 출 1:15-22 ················· 312

⑧ 교육자
- 예수 그리스도 안에서 얻는 지식/ 빌 3:3-16 ················· 313
- 성도의 영적 생활에 유익한 지혜/ 잠 24:14 ················· 314
- 참 교사가 힘쓸 세 가지 일들/ 딤전 4:11-16 ················· 315

⑨ 농업
- 생명의 떡이신 예수의 의미/ 요 6:32-35 ················· 316
- 씨뿌리는 자의 비유에 담긴 의미/ 막 4:1-20 ················· 317

⑩ 목축업
- 이스라엘의 거짓 목자에 대한 경고/ 겔 34:1-6 ················· 318
- 선한 목자 예수의 의미/ 요 10:7-18 ··························· 319
- 잠언이 말하는 참된 목자의 자세/ 잠 27:23 ··················· 320
- 욥이 말한 나무에서 얻는 신앙의 교훈/ 욥 14:7-9 ············· 321
- 무화과나무의 저주에 담긴 의미/ 마 21:18-19 ················· 322

⑪ 광업
- 기념 돌비에 나타난 의미/ 신 27:1-8 ························· 323

⑫ 운수, 해운업
- 항해에 비유되는 인생살이/ 렘 49:23 ························· 324

⑬ 상업
- 성경에 나타난 공정한 상거래의 조언/ 신 25:13-16 ············ 325
- 열 므나의 비유에 담긴 교훈/ 눅 19:11-27 ···················· 326
- 예수의 성전 정화 사건의 의미/ 막 11:15-18 ·················· 327

⑭ 체육인
- 전령자 구스 사람이 주는 의미/ 삼하 18:19-23 ················ 328

⑮ 의류업
- 술에 예표된 그리스도의 의의/ 민 15:37-41 ··················· 329
- 아론의 성의에 내포된 의의/ 출 29:29-30 ····················· 330

⑯ 부동산업
- 가나안 땅 경계에 내포된 영적 의미/ 민 34:1-12 ·············· 331

⑰ 요식업
- 아모스의 영적 기갈에 담긴 의미/ 암 8:11-14 ················· 332
- 만나 속에 감추인 그리스도의 은혜/ 민 11:4-9 ················ 333

- 만나 속에 내포된 교훈/ 출 16:21-30 ·· 334

⑱ 예술인
- 은나팔의 규례에 내포된 의미/ 민 10:1-10 ······································· 335
- 유다의 종말을 슬퍼한 애가/ 겔 19:1-9 ·· 336

⑲ 산악인
- 시내 산의 모세가 갖춘 모습/ 출 19:7-25 ·· 337
- 시내 산의 아침이 주는 축복/ 출 34:1-9 ·· 338

⑳ 상담원
- 이드로의 조언이 주는 의미/ 출 18:13-27 ·· 339
- 요압의 충고가 주는 교훈/ 삼하 19:1-8 ·· 340
- 그리스도인의 대인 관계의 의의/ 골 3:18-24 ··································· 341

9 연령별 가족 심방

① 노년기
- 야곱이 피력한 나그네 인생길의 의의/ 창 47:7-10 ··························· 342
- 르호보암을 권면한 노인들이 주는 교훈/ 대하 10:6-7 ····················· 343
- 다윗의 유언이 주는 교훈/ 왕상 2:1-9 ·· 344
- 시바의 간계가 주는 교훈/ 삼하 16:1-4 ··· 345
- 야곱의 신앙 결단에 담긴 의의/ 창 43:1-15 ···································· 346
- 바울의 예루살렘 상경에 대한 자세/ 행 21:13 ································· 347
- 갈렙이 받은 축복의 비결/ 수 14:6-15 ·· 348

② 장년기
- 욥의 주장에 담긴 부부의 의미/ 욥 31:9-12 ···································· 349
- 사랑의 위기를 피하는 교훈/ 아 5:1-8 ··· 350

- 솔로몬의 범죄가 주는 교훈/ 왕상 11:1-11 ·················· 351
- 구레네 시몬이 진 십자가의 의미/ 마 27:32-38 ············ 352
- 입다의 서원이 주는 교훈/ 삿 11:29-40·················· 353
- 블레셋을 물리친 삼손의 방법/ 삿 15:14-20 ··············· 354
- 갈렙의 마음가짐이 주는 교훈/ 민 13:30-33 ··············· 355
- 지도자 모세의 위대한 성품/ 민 12:1-16 ·················· 356

③ 가정 주부
- 리브가의 편애가 빚은 결국/ 창 27:41-45·················· 357
- 룻의 자세에 내포된 의미/ 룻 2:10-16 ···················· 358
- 사르밧 과부를 본받을 이유/ 왕상 17:8-16 ················ 359
- 룻의 선택이 주는 의의/ 룻 1:14-18 ······················ 360
- 현숙한 아내에 담긴 의미/ 잠 31:10-31···················· 361
- 아벨 성 여인이 이룩한 평화의 근원/ 삼하 20:14-22 ········ 362
- 향유 한 옥합의 헌신/ 마 26:6-13 ························ 363
- 드보라의 승리에 담긴 교훈/ 삿 4:4-16··················· 364
- 칭찬받은 마리아의 섬김/ 눅 10:38-42 ···················· 365

④ 청년기
- 암논의 성폭행 사건이 주는 의미/ 삼하 13:1-22 ············ 366
- 솔로몬이 청년에게 권고한 금언/ 전 11:9-12:1 ············· 367
- 솔로몬의 기도가 응답된 이유/ 대하 1:6-13················ 368
- 청년 삼손의 행태가 주는 교훈/ 삿 14:1-4 ················ 369
- 야곱의 연애에 담긴 결과/ 창 29:16-30···················· 370
- 리브가의 결심이 주는 교훈/ 창 24:50-61 ················· 371
- 에서의 결혼이 주는 교훈/ 창 36:1-8····················· 372

⑤ 청소년기
- 디나 사건이 주는 교훈/ 창 34:1-4······················· 373
- 소년 다윗의 승리에 내포된 의의/ 삼상 17:12-49 ··········· 374

⑥ 소년 · 소녀기
- 오병이어 이적의 세 가지 조건/ 요 6:4-13 ·· 375
- 소명받은 사무엘의 자세/ 삼상 3:1-9 ·· 376

⑦ 유아기(유년기)
- 어린이를 사랑하신 예수/ 막 10:13-16 ·· 377
- 야곱의 행위에 내포된 영적 의미/ 창 48:17-20 ································ 378
- 아브라함에게 할례를 명하신 이유/ 창 17:9-14 ································ 379

10 가정 환경과 심방

① 화목한 가정
- 유다의 축복에 내포된 의미/ 신 33:7 ·· 380
- 헤만의 족보가 주는 의의/ 대상 25:4-6 ··· 381
- 가이사랴 고넬료 가정이 주는 의미/ 행 10:1-2 ································ 382
- 요단 동쪽 땅 분배에 나타난 교훈/ 신 3:12-22 ································ 383

② 불화한 가정
- 아비멜렉의 교만이 가져다준 결과/ 삿 9:1-57 ································· 384
- 압살롬의 다윗 배알이 주는 의의/ 삼하 14:28-33 ··························· 385
- 레위인의 첩이 주는 교훈/ 삿 19:1-3 ·· 386
- 아비멜렉의 욕심이 초래한 결과/ 삿 9:50-57 ··································· 387
- 하나님 나라의 영적 가족/ 마 12:46-50 ·· 388
- 야곱 가족의 화목이 깨어진 이유/ 창 37:1-5 ··································· 389
- 노하기를 더디해야 하는 이유/ 잠 19:11-12 ····································· 390

③ 가족 일부만 믿는 가정
- 우상 제물에 대한 문제/ 고전 8:1-13 ·· 391
- 성도들이 조심해야 할 누룩/ 막 8:14-21 ·· 392
- 모세에게 임한 위안의 의미/ 출 6:1-9 ··· 393

새심방설교 29

· 유대인의 복음 탄압이 주는 교훈/ 행 13:44-52 ······················· 394

④ 가정 예배를 드리지 않는 가정
· 바벨론 포로 귀환자의 명단이 주는 교훈/ 대상 9:1-34 ················ 395
· 사마리아 여인에게 알려진 예배/ 요 4:23-24 ·························· 396

⑤ 불효하는 가정
· 야곱의 계략에 내포된 범죄/ 창 27:5-30 ······························ 397
· 유다가 보인 아름다운 행동/ 창 44:14-34 ···························· 398
· 다윗의 부모 공경이 주는 의미/ 삼상 22:3-5 ························ 399

⑥ 신혼 가정
· 룻에게 임한 하나님의 축복/ 룻 4:13-22 ····························· 400
· 마노아의 가정생활이 주는 모범/ 삿 13:2-24 ························ 401
· 아가에 나타난 참 사랑의 특징/ 아 1:7-17 ··························· 402
· 성적 순결 규례에 담긴 의미/ 신 22:13-30 ·························· 403

11 전도 목적 및 등록 심방

① 소극적인 자

1. 뒤로 미루는 자
· 모세의 사양에 담긴 죄/ 출 4:10-17 ·································· 404
· 하나님이 질책하신 그릇된 서원/ 렘 44:24-30 ······················· 405
· 아사랴의 훈계에 나타난 원리/ 대하 15:2-7 ························· 406

2. 죄가 많다는 자
· 이사야의 고난받는 종이 주는 의미/ 사 53:1-9 ······················ 407

3. 너무 늦었다는 자
· 의복 문둥병 규례가 주는 교훈/ 레 13:47-58 ······················· 408

4. 믿는 법을 모른다는 자
- 속죄제에 나타난 속죄의 원리/ 레 6:24-30 ·· 409
- 가이오에 대한 칭찬의 의미/ 요삼 1:2-8 ·· 410
- 믿음에 기초한 참된 교제의 표징/ 요일 5:1-3 ·································· 411
- 성령의 은사가 증거하는 것/ 고전 12:1-11 ······································ 412
- 하나님의 구원 사역의 세 단계/ 롬 8:30 ·· 413
- 구원에 이르는 신앙의 과정/ 롬 10:9-10 ·· 414

5. 돈 벌어서 믿겠다는 자
- 두로 왕의 재물에 대한 책망/ 겔 28:4-8 ·· 415
- 히스기야의 실수가 주는 교훈/ 왕하 20:12-21 ································· 416

② 회의적인 자
1. 죄가 없다고 교만한 자
- 예레미야에게 이르신 회개하지 않는 죄/ 렘 3:6-10 ························· 417
- 베냐민 지파의 패망이 주는 의의/ 삿 20:29-48 ································ 418
- 사람의 교만이 가져오는 결과/ 사 9:8-12 ·· 419
- 웃사의 죽음에 내포된 교훈/ 대상 13:9-13 ····································· 420

2. 무신론자
- 시편에 나타난 어리석은 불신자의 모습/ 시 106:24-27 ·················· 421
- 여호와 이름에 내포된 하나님의 성호/ 출 3:13-22 ························· 422
- 이사야가 언급한 어리석은 자의 특징/ 사 32:6 ······························· 423
- 멸망받을 어리석은 자의 의미/ 사 1:2-9 ·· 424

3. 신앙을 무시하는 자
- 하나님의 이적에 내포된 의의/ 출 8:16-32 ····································· 425
- 나답과 아비후가 드린 다른 불의 의미/ 민 3:4 ······························· 426
- 아람 군대가 보여준 영적 무지/ 왕하 6:8-33 ·································· 427
- 이스라엘의 멸망이 주는 교훈/ 왕하 17:7-18 ·································· 428
- 여호와의 것에 내포된 의미/ 레 3:12-17 ·· 429

- 이스라엘의 불신에 임한 형벌/ 신 1:34-46 ·················· 430

4. 완고한 자
- 애굽의 흑암이 상징하는 의미/ 출 10:21-23 ·················· 431
- 상악한 바로가 지닌 특성/ 출 7:1-13 ·················· 432
- 이스라엘이 영적 소경이 된 이유/ 사 42:18-25 ·················· 433
- 사울의 자살에 내포된 의미/ 삼상 31:3-5 ·················· 434
- 하나님의 심판에 담긴 의의/ 겔 24:14 ·················· 435
- 에돔 왕의 방해가 주는 교훈/ 민 20:14-21 ·················· 436

5. 원망하는 자
- 이스라엘 자손의 원망에 담긴 의미/ 출 14:10-14 ·················· 437
- 하나님의 메시지에 나타난 불평자의 특징/ 욥 40:1-9 ·················· 438

③ 부정적인 자
1. 성경을 부인하는 자
- 요시야의 말씀 준수 선포의 의의/ 대하 34:29-33 ·················· 439
- 에스라의 율법 낭독이 주는 의미/ 느 8:1-12 ·················· 440
- 여호와의 명대로 하라는 의미/ 레 9:5-7 ·················· 441
- 예언의 말씀을 대하는 자세/ 벧후 1:20-21 ·················· 442
- 하나님의 말씀이 주는 유익/ 딤전 1:18-19 ·················· 443

2. 의심이 많은 자
- 그리스도 재림의 확실성의 의의/ 벧후 3:1-7 ·················· 444

3. 그리스도를 부인하는 자
- 베드로의 변증에 담긴 의미/ 행 11:5-17 ·················· 445
- 예수의 운명에 내포된 의의/ 요 19:28-30 ·················· 446
- 예수 그리스도의 희생의 특성/ 히 9:23-28 ·················· 447
- 하나님의 아들 예수의 위대성/ 히 1:1-3 ·················· 448
- 성경이 말하는 적그리스도의 특징/ 요일 4:1-6 ·················· 449

④ 우상 숭배, 미신, 악습에 빠진 자
  1. 우상 숭배자
    · 시편이 말하는 우상 숭배의 허구성/ 시 135:15-18 ·················· 450
    · 이스라엘의 우상 숭배에 담긴 교훈/ 호 10:4-8 ··················· 451
    · 아하스의 우상 숭배에 담긴 의미/ 왕하 16:10-20 ················ 452
    · 바벨론의 멸망에 담긴 교훈/ 계 18:1-20 ························· 453
    · 잠언이 이르는 탐욕에의 결국/ 잠 1:10-19 ······················ 454

  2. 미신에 빠진 자
    · 벧엘의 늙은 선지자가 주는 영적 교훈/ 왕상 13:11-19 ·········· 455

  3. 악습을 버리지 못하는 자
    · 니고데모가 중생에 이른 방법/ 요 3:1-15 ······················· 456
    · 르우벤, 갓 지파의 이기심이 주는 영적 의미/ 민 32:1-15 ········· 457
    · 악인에 비유된 사단의 일반적 특성/ 시 10:8-13 ················· 458

  4. 헛된 소망을 품은 자
    · 발람이 말한 참 전도자의 자세/ 민 24:2-4 ······················ 459
    · 바벨탑 인생에 담긴 의미/ 창 11:1-9 ··························· 460

⑤ 두려워하는 자
  1. 핍박과 갈등으로 고민하는 자
    · 예수의 종말 징조 예언의 의의/ 막 13:3-13 ···················· 461
    · 구원받은 자의 새 생활/ 벧전 4:7-11 ··························· 462
    · 바울의 고난에 대한 위로/ 고후 1:1-11 ························· 463

  2. 신앙 생활이 어렵다는 자
    · 보혜사 성령의 임재시 역할/ 요 16:13-15 ······················ 464
    · 그리스도와의 참된 교제의 조건/ 요일 1:5-10 ··················· 465
    · 이사야가 언급한 잘못된 경건/ 사 58:1-14 ····················· 466
    · 로마서가 말하는 율법에 대한 태도/ 롬 2:12-16 ················· 467

11 직분 임직자(중직자) 심방

① 교역자
- 레위인의 일생에 담긴 의의/ 민 8:14-26 ·················· 468
- 주를 기업으로 삼은 레위인의 유익/ 민 18:20-32 ·················· 469
- 바울의 고별 메시지가 주는 의의/ 행 20:24 ·················· 470
- 영혼의 지도자가 갖추어야 하는 자세/ 히 13:7-8 ·················· 471
- 디모데에게 명한 사역자의 경건훈련/ 딤후 2:21-26 ·················· 472
- 예후와 여호나답이 주는 교훈/ 왕하 10:15-17 ·················· 473

② 장로
- 사독 계열의 제사장이 주는 교훈/ 겔 44:15-27 ·················· 474
- 성전 낙성식 행사에 담긴 의미/ 대하 7:6 ·················· 475

③ 권사
- 제사장의 조직표가 주는 의의/ 대상 24:1-19 ·················· 476

④ 집사
- 다윗의 용사들이 주는 의미/ 대상 11:15-19 ·················· 477
- 초대 교회의 집사 임명의 의의/ 행 6:3-6 ·················· 478

⑤ 구역장(속장)
- 성도가 은사 사용시 주의할 점들/ 고전 14:26-33 ·················· 479

13 각부 헌신 예배 및 교회 행사별 심방

① 성전 건축 및 봉헌
- 유다 지파의 정복사업이 주는 의의/ 삿 1:1-10 ·················· 480
- 솔로몬의 성전 건축이 주는 의의/ 대하 3:1-7 ·················· 481

- 안디옥 교회에의 파송이 주는 의미/ 행 13:1-3 ·········· 482
- 다윗의 성전 건축에 대한 의의/ 삼하 7:4-17 ·········· 483
- 솔로몬의 성전 건축에 담긴 의미/ 왕상 8:12-15 ·········· 484
- 성막 건축에 필요한 유능한 일꾼/ 출 36:1-7 ·········· 485
- 성막 제작의 완성에 담긴 의의/ 출 39:32-43 ·········· 486

② 성전 건축 및 봉헌(증축)
- 요아스의 성전 수리에 내포된 교훈/ 왕하 12:4-18 ·········· 487
- 느헤미야의 성벽 재건이 주는 교훈/ 느 3:1-32 ·········· 488
- 이스라엘의 공사 진행이 주는 교훈/ 느 4:7-23 ·········· 489

③ 성찬식
- 예수의 유월절 성만찬에 담긴 의미/ 막 14:22-25 ·········· 490

④ 기도회
- 예수의 응답받는 기도에의 가르침/ 눅 11:9-13 ·········· 491
- 예수의 중보기도가 주는 모본/ 요 17:1-26 ·········· 492
- 예수의 기도가 주는 모본/ 막 1:35-39 ·········· 493
- 주님이 가르치신 기도의 의미/ 마 6:9-13 ·········· 494

⑤ 찬양 발표
- 드보라와 바락의 찬양에 담긴 의의/ 삿 5:1-31 ·········· 495
- 하나님 증거의 노래에 담긴 의미/ 신 31:19 ·········· 496
- 성가대의 찬양에 포함된 의미/ 대하 5:11-14 ·········· 497

⑥ 절기(성탄절)
- 예수 탄생이 주는 삼대 의미/ 눅 2:8-14 ·········· 498
- 베들레헴이 주는 영적 의미/ 미 5:2 ·········· 499

⑦ 헌신 예배
- 초대 교회 공동체가 주는 의의/ 행 2:42-47 ·················· 500
- 신앙 경주를 위한 권면/ 히 12:1-3 ························· 501
- 골로새 교회가 칭찬받은 이유/ 골 1:3-6 ················· 502
- 바울의 선교 계획의 원칙/ 롬 15:14-29 ················· 503
- 칭찬받는 빌라델비아 교회의 모습/ 계 3:7-13 ········ 504

⑭ NGO 등 시민 단체

① 시민 인권 기관
- 사회 정의법에 내포된 의미/ 레 19:9-10 ··············· 505
- 참 선지자 미가야가 주는 의미/ 왕상 22:5-23 ······· 506

② 시민 복지 기관
- 성도의 구제에 내포된 의미/ 신 15:7-11 ··············· 507

새심방설교
II

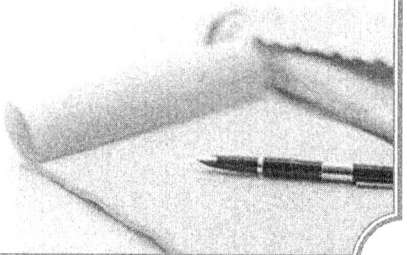

자녀 출산

한나의 서원기도에 내포된 자세

- **찬 송** ♪ 482, 484, 487, 363
- **참 조** ① 125p ② 119p, 299p
- **본 문** 그들이 실로에서 먹고 마신 후에 한나가 일어나니 때에 제사장 엘리는 여호와의 전 문설주 곁 그 의자에 앉았더라 한나가 마음이 괴로워서… 【삼상 1:9-11】
- **서 론** 독일의 종교개혁가 멜랑히톤은 "환란과 곤고가 나를 골방으로 몰아 넣어 기도하게 하고, 기도는 그 환란과 곤고를 나의 주변에서 떠나게 한다."라고 했다. 자식이 없어 괴로워한 한나는 하나님께 서원기도를 드렸는데 서원자는?

말 씀

Ⅰ. 서원자는 온전한 헌신을 해야 함
한나는 여호와께 기도하고 통곡하며 서원했다고 했다. 여기서 '서원'은 히브리어 '네데르'로서 기본 동사 '나다르'는 '약속하다, 맹세하다' 라는 뜻으로, 이는 인간이 하나님께 구두로 자신을 바치는 행위를 의미하며 청빈, 순결, 복종의 맹세를 가리킨다. 서원은 하나님만 철저히 섬기겠다는 서원자의 약속의 표시이다. 따라서 서원자는 하나님이 기뻐하시는 온전한 헌신을 해야 한다.
  * 참고 성구 *   창 28:21, 전 5:2, 삿 11:30, 행 18:18, 딤후 4:7

Ⅱ. 서원자는 철저한 순종을 해야 함
한나는 나를 생각하시고 주의 여종을 잊지 아니하사라고 했다. 여기서 '잊지'는 히브리어 '솨카흐'로서 '못 보고 빠뜨리다, 둔한히 하다' 는 뜻으로 마땅히 갖추어야 할 것을 보지 못하거나 게으름이나 실수로 빠뜨리는 것을 말한다. 한나는 자기를 잊지 않으실 하나님을 철저히 의뢰하여 자신을 여종이라고 함으로써 힘들고 어려운 서원자의 길을 순종하여 하나님의 뜻을 이루려고 했다.
  * 참고 성구 *   요일 3:22, 왕상 3:14, 약 1:25, 삼상 15:22

Ⅲ. 서원자는 성실한 이행을 해야 함
한나는 아들을 주시면 평생에 그를 여호와께 드리고 삭도를 머리에 대지 않겠다고 했다. 이는 나실인으로 하나님께 바치겠다는 약속이다. 서원을 반드시 이행해야 할 것은 서원의 불이행은 하나님을 사람이 업신여기는 결과를 초래하기 때문이다. 야곱은 서원한 대로 행하지 않아 딸 디나가 봉변을 당하는 크나큰 불행을 당한 뒤 이를 깨달았고 이어서 벧엘로 올라가기로 결심했다.
  * 참고 성구 *   롬 14:8, 민 6:5, 신 23:21, 창 35:1, 마 5:33

- **기 도** 긍휼하신 하나님! 슬피우는 한나의 기도를 가납하시어 그녀의 태를 열어 주심을 감사드립니다. 오늘 우리도 한나처럼 서원한 것을 굳게 지켜 하나님께 영광 돌리는 믿음의 가정이 되도록 이끌어 주시옵소서. 예수 그리스도의 이름으로 기도드립니다. 아멘

자녀 출산

성경에 기록된 후손들의 유형

■ 찬 송 ■ ♪ 254, 256, 259, 273 ■ 참 조 ■ ☞ ① 245p ② 169p, 299p
■ 본 문 ■ …셈의 아들은 엘람과 앗수르와 아르박삿과 룻과 아람과 우스와…【대상 1:4-27】
■ 서 론 ■ 미국의 목사 빌리 선데이는 "이 땅의 많은 문제를 해결하는 것은 어린이를 선도하는 것이다. 이것을 싫어하는 악마는 소년, 소녀를 올바로 가르치는 사람 집의 문에 유혹을 걸어 놓는다"라고 했다. 성도가 물려주는 가장 값진 유산은 신앙이다. 성경의 기록에 나타난 후손들의 모습은?

■ 말 씀 ■
I. 성경에 기록된 신앙을 계승하는 후손
노아의 세 아들 가운데 셈과 같이 아버지 노아의 신앙을 계승하여 신앙제일주의의 인생을 살다가 그것을 다시 자손에게 승계시킴으로써 신앙의 계보를 이어가는 복된 후손이다. 셈은 '이름 있는, 유명한'의 뜻으로, 아버지 노아의 잘못에도 불구하고 자식된 도리를 다함으로써 축복을 받았으며, 그의 이름은 영광스럽게 예수 그리스도의 족보에 올라 있다.
 * 참고 성구 * 벧전 2:9,10, 창 9:23, 눅 3:36, 엡 1:4, 딤후 1:5

II. 성경에 기록된 신앙에 무관심한 후손
노아의 세 아들 가운데 야벳과 같이 아버지 노아의 신앙을 제대로 계승하지 못한 채 세상과 하나님 사이에서 적당히 타협하며 살아가는 두 마음을 가진 후손이다. 야벳은 '하나님이 넓게 하실 것이다'라는 뜻으로, 그의 자손들은 이방인의 작은 섬들을 차지함으로써 이들은 하나님의 신앙의 계보를 잇지 못하여 축복을 상실하게 되었다.
 * 참고 성구 * 살전 5:3, 창 10:5, 약 1:8, 계 3:15

III. 성경에 기록된 신앙을 대적하는 후손
노아의 세 아들 가운데 함과 같이 아버지 노아의 신앙을 계승하기는커녕 악한 족속을 형성하여 오히려 신앙의 사람들을 대적하고 사단 마귀의 앞잡이가 되어 하나님의 역사를 훼방하는 후손이다. 함은 '검다, 뜨겁다'라는 뜻으로, 아버지 노아를 향한 무례함으로 그 아들 가나안은 저주를 받고 그 후손은 하나님의 진노의 자식이 되고야 만다.
 * 참고 성구 * 딤전 1:19, 4:2, 창 9:20-27, 롬 1:21, 계 21:27

■ 기 도 ■ 복의 근원이신 하나님! 노아의 아들들이 각기 제 갈 길로 걸어 갔습니다. 오직 신앙을 지킨 셈과 그의 후손들은 복된 계보를 이루어 인류를 구원하였습니다. 오늘 이 가정에 선물을 주신 이 생명을 통해 당신께서 영광 받으시는 믿음의 계보를 이루도록 축복하여 주시옵소서. 예수 그리스도의 이름으로 기도 드립니다. 아멘

자녀 출산

유다 지파의 계보가 주는 의미

■ 찬 송 ■ ♪ 28, 34, 55, 460 　　　　■ 참 조 ■ ☞ ② 39p, 299p

■ 본 문 ■ …유다의 며느리 다말이 유다로 말미암아 베레스와 세라를 낳았으니 유다의 아들이 모두 다섯이더라…【대상 2:3-17】

■ 서 론 ■ 그리스의 철학자 소크라테스는 "자녀들을 위해 많은 유산을 남겨 주었으나 선행 교육에 무관심한 자는 마치 말을 잘 먹여 살만 찌게 하고 전혀 훈련을 시키지 않아 무용지물로 만든 것과 같다."라고 했다. 자손을 위한 성도의 신앙의 유업은?

■ 말 씀 ■

Ⅰ. 복된 가계를 이으려면 복의 근원을 알게 할 것

야곱의 아들들 가운데서 넷째인 유다의 족보가 제일 먼저 기록된 것은 메시야가 유다 지파에서 나실 것에 대한 영적인 의미를 지닌다. 야곱은 복의 근원이 하나님이심을 체득한 신앙으로 유다 가문에서 왕과 메시야가 탄생하는 축복을 예언했다. 성도들도 복의 근원이신 하나님을 인정하고 하나님을 가정의 호주로 삼고 가르쳐야 한다.

　　* 참고 성구 *　창 49:8-10, 히 7:14, 계 5:5, 신 6:7, 마 1:3

Ⅱ. 복된 가계를 이으려면 복된 삶을 이어갈 것

성도는 복의 근원이 되시는 하나님께서 축복하시고 인정하시는 삶이 무엇인지 자신이 몸소 삶 속에서 표출하여 그것을 보고 자란 자손들이 마땅히 그 삶을 본받아 이어가도록 힘써야 한다. 영국의 목사 찰스 킹슬리는 "모범처럼 전염성이 강한 것은 아무것도 없다."라고 했다. 유다 왕 아마샤는 아들 아사랴에게 귀감을 보인 신앙의 아버지였다.

　　* 참고 성구 *　잠 22:6, 딤전 3:4, 엡 6:4, 왕하 15:3, 딤후 1:5

Ⅲ. 복된 가계를 이으려면 복된 소망을 계승할 것

영국의 시인 알렉산더 포프는 "가슴에서 영원히 소망이 샘솟는 자는 축복받은 자이다."라고 했다. 성도는 축복받은 가계를 통하여 하나님의 귀한 사역과 하나님 나라의 영광을 얻게 될 것이라는 믿음의 복된 소망을 승계시키고, 이를 또한 실현시켜 나가는 믿음의 가계가 되도록 힘써야 한다. 주님의 십자가를 대신 진 구레네 시몬은 이 복된 소망을 아들에게 잘 계승시켰다.

　　* 참고 성구 *　히 11:16, 시 73:25, 마 27:32, 행 13:1, 롬 16:13

■ 기 도 ■ 축복의 하나님! 오직 당신만이 만복의 근원이 되심을 깨우치게 하셔서 당신의 품안에서 복된 삶을 이어가며 복된 소망을 자자손손에게 계승토록 오늘 이 가정을 한량없으신 은혜로 채워주소서. 예수 그리스도의 이름으로 기도 드립니다. 아멘

자녀 교육

하나님의 율법이 주는 유익

■ 찬 송 ■ ♪ 238, 240, 235, 259   ■ 참 조 ■ ☞ ② 165p ③ 221p
■ 본 문 ■ 여호와의 율법은 완전하여 영혼을 소성케 하고 여호와의 증거는 확실하여… 【시 19:7-10】
■ 서 론 ■ 미국의 목사 다니엘 콘웨이는 "학자들은 그들의 연구 논문에 플라톤의 글을 인용할 것이다. 그러나 수천만 인류의 심령은 일상 수고하며 성경을 인용하고 마치 초장이 냇물에서 물을 끌어들이듯 그의 영감에서 힘을 이끌어 낸다."라고 했다. 영혼의 참된 양식인 주의 말씀은?

■ 말 씀 ■

I. 주의 계명은 영혼을 살린다

시편 기자는 여호와의 율법은 완전하여 영혼을 소성케 한다고 했다. 여기서 '소성한다'는 말은 히브리어 '슙'으로 '돌이킨다, 회복시킨다, 새로워진다'는 뜻인데, 영혼을 지으신 하나님만이 상한 영혼을 치료할 수 있는 유일한 분이시다. 주의 계명은 자유이며 생명으로 인도하는 지침이다. 그리고 인류의 구원자 예수는 이런 율법을 완성하시려고 이땅에 오셨다.

* 참고 성구 *   히 4:12, 롬 7:12, 딤전 1:8, 마 5:17

II. 주의 계명은 지혜롭게 한다

시편 기자는 여호와의 증거는 확실하여 우둔한 자로 지혜롭게 한다고 했다. 여기서 '증거', 곧 히브리어 '에틀'은 하나님에 의해 입증된 진리를 일컫는 한 단어이며, '우둔한 자'에 해당하는 히브리어 '페티'는 하나님의 말씀에 대하여 마음을 열어놓은 자를 의미한다. 이로써 주의 계명은 참된 삶의 의미와 가치, 방법, 소망을 발견하게 하는 것이다.

* 참고 성구 *   요일 5:9, 마 5:19, 잠 29:13, 신 6:17

III. 주의 계명은 마음을 기쁘게 한다

시편 기자는 여호와의 교훈은 정직하여 마음을 기쁘게 한다고 했다. 하나님께서 우리에게 나타내신 규칙, 곧 전거는 도덕적으로 지극히 옳고 바른 것으로, 주의 계명은 성도들의 삶에 부담을 주는 짐이 아니라 진정한 자유와 기쁨을 누리며 이 세상을 살아나가게 하는 길을 보여주고 제시하는 은혜의 말씀임을 의미한다. 엠마오 도상의 제자들을 기억하라.

* 참고 성구 *   잠 24:13-14, 요일 5:3, 대상 22:12, 눅 24:32

■ 기 도 ■ 영혼의 목자 되시는 하나님! 당신이 양떼들에게 먹이시는 꼴은 진정 양떼를 살지게 하는 생명의 꼴임을 저희는 믿습니다. 당신의 택하신 이 가정에 신령한 생명의 꼴을 넘치게 부어 주시옵소서. 생명의 음료요, 생명의 떡이신 예수 그리스도의 이름으로 기도 드립니다. 아멘

자녀 교육

바아사 왕가의 몰락이 주는 의미

■ 찬 송 ■ ♪ 187, 318, 190, 184　　■ 참 조 ■ ☞ ③ 197p

■ 본 문 ■ …내가 너를 진토에서 들어 나의 백성 이스라엘 위에 주권자가 되게 하였거늘 네가 여로보암의 길로 행하며 내 백성 이스라엘로 범죄케 하어…【왕상 16:1 14】

■ 서 론 ■ 프랑스의 저명한 수필가이자 계몽사상가인 몽테뉴는 "내 아들아, 세상에서의 첫 발걸음은 전생애가 걸려 있는 발걸음이란다."라고 했다. 자녀는 부모로부터 살아 있는 인생의 교육을 보고 배운다. 성경이 가르치는 진리는?

■ 말 씀 ■

I. 인간의 본성은 악하다

하나님은 바아사를 진토에서 들어 이스라엘 위에 주권자가 되게 하셨다고 했다. 여기서 '진토'는 히브리어 '아파르'로서 '티끌, 먼지, 가루가 됨'의 뜻이 있고, 사회적으로 비천하고 낮은 신분을 가리키는 말이다. 하나님의 은혜에 보답키는커녕 더욱 범죄한 바아사. 실로 인간은 원죄로 인해 악을 품고 태어난 존재로서 중국의 춘추전국시대 사상가 순자는 성악설을 주장했다.

  * 참고 성구 * 창 3:14-19, 롬 1:28-32, 시 130:3, 갈 3:22, 렘 17:9

II. 죄는 보고 배움으로 싹튼다

하나님이 바아사를 죽이심은 저가 여로보암의 집을 본받아 여호와 보시기에 모든 악을 행한 것이 그 이유라고 하셨다. 원죄로 말미암아 죄성을 타고난 인간이 죄악의 환경 가운데 속하게 될 때 그 역시 죄인이 됨은 당연한 이치이다. 그러므로 죄악된 세상과 악한 행실을 서슴지 않는 패역한 자와 가까이 하는 것은 그들과 동류가 되는 것이다.

  * 참고 성구 * 고전 11:1, 빌 3:17, 왕상 15:3, 고후 6:14

III. 모방된 죄는 더 큰 악을 낳는다

성경 기자는 바아사 왕가의 몰락이 바아사의 모든 죄와 그 아들 엘라의 죄를 인함이라고 했다. 아버지 바아사의 죄악을 모방한 아들 엘라는 더욱 심한 범죄를 저질렀다. 인간의 모방 심리는 선보다 악을 향한 개방이 더욱 심하기에 하찮은 죄악이라도 금방 모방하기 십상이며 이에 그치지 않고 더욱 극악하고 잔인한 죄악을 향해 추구해 나간다.

  * 참고 성구 * 요심 1:11, 히 4:11, 벧후 3:17, 딤전 4:12, 출 20:5-6

■ 기 도 ■ 죄악을 심판하시는 하나님! 오늘 이 시간 우리는 바아사 왕가의 몰락의 이유를 배웠습니다. 악은 끝까지 심판하시되 그 자식에게까지 자유롭지 못함을 알았으니 오늘 이 가정은 하나님의 말씀에 의지한 선한 교육으로 하나님께 영광돌리는 가문이 되게 하시옵소서. 예수 그리스도의 이름으로 기도 드립니다. 아멘

자녀 교육

한나가 어머니로서 행한 의무

■ **찬 송** ■ ♪ 236, 411, 464, 234   ■ **참 조** ■ ☞ ② 119p

■ **본 문** ■ 사무엘이 어렸을 때에 세마포 에봇을 입고 여호와 앞에 섬겼더라… 【삼상 2:18-21】

■ **서 론** ■ "내가 나 된 것이나 내가 소망하였던 것 등은 모두 천사 같은 나의 어머니의 영향을 받았기 때문이다."라고 미국 민주주의의 초석을 놓은 16대 대통령 아브라함 링컨은 말했다. 하나님께 서원하여 낳은 아들 사무엘을 향한 어머니 한나의 정성어린 마음은?

■ **말 씀** ■

I. 한나의 교육의 의무

어머니가 자녀에게 미치는 영향은 지대하다. 자녀들은 그의 어머니를 통해서 세상을 보는 눈이 열리고 믿음이 시작된다. 그렇기에 중국의 춘추전국시대의 사상가요, 유교의 대가인 맹자의 어머니는 맹자의 교육을 위해 집을 세 번이나 이사했다는 '맹모삼천지교'의 전설을 남겼다. 프랑스의 황제 나폴레옹은 "어린이의 미래 운명은 언제나 어머니의 손에 달려 있다."고 했다.

　＊ 참고 성구 ＊　엡 6:4, 신 6:7, 잠 22:6, 골 3:21

II. 한나의 사랑의 의무

성경 기자는 한나가 매년제 때마다 작은 겉옷을 지어다가 그에게 주었다고 했다. 이는 어머니로서 한나가 기도로 얻은 아들 사무엘을 향한 지극한 사랑을 표출하는 것이다. 자녀는 어머니의 사랑을 통해서 하나님의 사랑을 전달받게 되고, 다른 사람에게도 그 사랑을 베풀게 된다. 자고로 문제 있는 아이들에게는 어머니의 사랑이 결핍된 경우가 대다수이다.

　＊ 참고 성구 ＊　사 49:15, 왕상 3:26, 마 15:22, 요 19:25, 창 21:16

III. 한나의 기도의 의무

어머니의 기도는 자녀에게 생명을 주신 하나님께 그들의 장래의 앞길을 위탁하는 가장 교육적인 행위가 된다. 기도로 얻은 아들 사무엘을 위해 하나님께 드린 어머니 한나의 기도는 가히 짐작이 된다. 밀라노의 주교 암브로스는 타락의 늪에서 헤매고 있는 아들 어거스틴을 위하여 눈물로 기도하는 어머니 모니카에게 '눈물의 기도는 외면당하지 않는다'고 위로했다.

　＊ 참고 성구 ＊　딤후 1:5, 창 21:6, 눅 1:41, 46, 막 7:26

■ **기 도** ■ 하나님 아버지! 어느 선각자는 하나님께서는 자신 대신으로 아이들에게 어머니를 보내셨다고 했습니다. 이 말은 진리입니다. 오늘 이 가정에 당신 대신으로 오신 어머니에게 풍성한 은혜를 베푸시어 당신이 맡기신 귀한 일꾼을 잘 길러서 당신께 바치는 의무를 다하게 하옵소서. 예수 그리스도의 이름으로 기도 드립니다. 아멘

자녀 교육

쉐마에 나타난 자녀 교육의 필요성

■ 찬 송 ■ ♪ 234, 235, 238, 240　　　　■ 참 조 ■ ☞ ③ 221p, 233p

■ 본 문 ■ …너는 또 그것을 네 손목에 매어 기호를 삼으며 네 미간에 붙여 표를 삼고…【신 6:4-9】

■ 서 론 ■ 중국의 명심보감에 이런 말이 있다. "황금이 상자에 가득 차 있다 해도 자손에게 경전 하나를 가르침만 못하고, 자식에게 천금을 물려준다 해도 한 가지 재주를 가르침만 못하다." 쉐마, 곧 '너희는 들으라' 는 유대인의 신앙고백에 담긴 자녀 교육의 당위성은?

■ 말 씀 ■

I. 하나님의 자녀이기 때문이다

성경 기자는 이스라엘아 들으라고 했다. 여기서 '들으라' 는 히브리어 '쉐마' 로서 이는 '경험하다, 지각하다, 순종하다' 는 뜻으로 단순히 듣는 감각적 행위만이 아니라 말씀에 대한 순종의 의미를 내포하고 있다. 신앙의 교육이 자녀에게 필요함은 자녀는 하나님의 선물로서 이 세상에서 맡아서 양육하여 하나님의 자녀답게 성장하도록 해야 하기 때문이다.

　　* 참고 성구 *　욥 1:5, 시 127:4-5, 마 19:14, 잠 20:11

II. 세상이 죄악으로 가득하기 때문이다

성경 기자는 성품을 다해서 네 하나님 여호와를 사랑하라고 했다. 여기서 '성품' 은 히브리어 '네페쉬' 로서 '생명력, 숨, 정신, 영혼' 을 뜻하는데 이는 생명력을 고취시키는 인간의 본질적 요소로 하나님과 교류하는 본질로 이해된다. 하나님 사랑의 신앙교육은 각종 범죄와 쾌락, 방탕이 관영한 세상이 우리의 자녀를 유혹하기에 오직 하나님만이 자녀를 보호하실 수 있기 때문이다.

　　* 참고 성구 *　요일 2:14, 약 4:4, 마 16:26, 눅 21:34, 딛 2:12

III. 자녀의 장래 삶을 위해서 때문이다

프랑스의 도덕가요 저술가인 주세프 주베르는 "어린이를 양육할 때 그의 노년이 어떨지를 늘 유념하라."고 말했다. 우리의 자녀에게 신앙으로 교육을 시키는 것은 하나님의 말씀대로 양육을 받은 자녀는 이 험악한 세상에서는 평안하고 기쁜 삶을 영위하고, 내세에서는 구원받은 자로서 구원의 큰 잔치에 참예하여 영생의 복록을 누리기 때문이다.

　　* 참고 성구 *　딤후 3:15, 요일 5:1, 약 1:21, 3:17, 계 22:14

■ 기 도 ■ 구원의 하나님! 오늘 이 시간 생명의 말씀인 성경의 유익에 대해서 함께 은혜를 나누었습니다. 이 말씀의 양식을 자녀들에게 바르게 먹여서 이들이 이 세상을 능히 이기는 자들로 인도하여 주시기를 예수 그리스도의 이름으로 간절히 기도드립니다. 아멘

자녀 교육

요담의 선정에 내포된 의미

■ **찬 송** ■ ♪ 305, 304, 233, 234   ■ **참 조** ■ ☞ ① 215p ③ 221p

■ **본 문** ■ …요담이 그 부친 웃시야의 모든 행위대로 여호와 보시기에 정직히 행하였으나… 【대하 27:1-9】

■ **서 론** ■ 영국의 저명한 시인이자 극작가인 셰익스피어는 "부모들의 소리는 하늘의 소리이다. 부모들은 그들의 자녀들에게는 하늘의 대리자들이기 때문이다."라고 했다. 용장 밑에 약졸 없다고 훌륭한 부모 밑에 훌륭한 자식이 나온다. 요담이 선한 지도자가 된 것은?

■ **말 씀** ■

Ⅰ. 부모가 하나님을 증거했기 때문임

성경 기자는 요담의 모친의 이름은 여루사라 사독의 딸이라고 했다. 사독이 누군가? 사독은 이스라엘의 대제사장이 아닌가! 그의 딸인 여루사는 하나님의 선물인 요담에게 마땅히 만민의 주가 되시는 여호와를 찬양하고 그의 능력과 은혜를 증거하여 왕위에 오를 아들에게 하나님을 뇌리에 각인시키는 신앙의 부모로서의 책임을 다하였다.

* 참고 성구 *   대상 6:12, 행 10:2, 욥 1:1, 딤후 1:5, 대상 4:10

Ⅱ. 부모가 말씀으로 양육했기 때문임

성경 기자는 요담이 그 부친 웃시야의 모든 행위대로 여호와 보시기에 정직히 행하였다고 했다. 요담은 부친 웃시야와 모친 여루사의 신앙교육으로 크게 성공한 왕이 되었다. 성도는 자녀를 오직 주의 교양과 훈계를 가지고 양육하여 하나님이 원하시는 신앙의 사람이 되도록 이끌어서 결국엔 가장 중요한 영혼의 구원의 반열에 동참케 해야 할 의무가 있다.

* 참고 성구 *   엡 6:4, 신 6:7, 골 3:21, 잠 22:6, 대하 22:3

Ⅲ. 부모가 좋은 본을 보였기 때문임

성경 기자는 요담이 그 하나님 여호와 앞에서 정도를 행하였으므로 점점 강하여졌더라고 했다. 아버지 웃시야는 자기가 부모의 본을 본받은 대로 자식에게 좋은 본을 보였다. 신앙의 부모는 자녀의 삶에 가장 큰 영향을 끼치므로 부모는 자신의 삶을 통해서 자식들에게 신앙의 본이 되는 삶을 영위해야 함을 가르치고 이끌어야 할 것이다.

* 참고 성구 *   딤후 1:5, 왕상 9:4, 대하 26:4, 신 4:9

■ **기 도** ■ 축복의 하나님 아버지! 오늘 이 시간을 통하여 부모의 신앙의 교육이 얼마나 중요한지를 더욱 깨달았습니다. 당신께서 선물로 주신 이 가정의 귀한 자녀를 잘 양육하여 하나님께 영광돌리는 가문이 되기를 축복하여 주시옵소서. 예수 그리스도의 이름으로 기도 드립니다. 아멘

자녀 교육

다윗의 성전 건축 준비가 주는 교훈

■ 찬 송 ■ ♪ 508, 102, 506, 493   ■ 참 조 ■ ☞ ① 175p ③ 233p

■ 본 문 ■ …여호와를 위하여 건축할 전은 극히 장려하여 만국에 명성과 영광이… 【대상 22:2-5】

■ 서 론 ■ 영국의 저명한 철학자이자 사상가인 프란시스 베이컨은 "부모들은 그들의 자녀들이 어떤 길로 가기를 바라고 교육시키려면 부모들 자신이 먼저 그 길로 가야 한다."라고 했다. 아비 게가 자식 게에게 바로 걷기를 가르친들 무슨 소용이 있겠는가! 성도가 남겨야 할 유산은?

■ 말 씀 ■

I. 성도는 자녀에게 신앙의 유산을 남길 것임

역대기 기자는 다윗이 아들 솔로몬이 어리고 연약하니 내가 준비하리라고 했다고 기록했다. 여기서 '연약하고'는 히브리어 '라크'로서 '유순한, 부드러운, 허약한'의 뜻으로, 이는 주관이 뚜렷하지 못하여 결정했던 바도 쉽게 허무는 것을 의미한다. 부모는 연약한 자녀를 위하여 신앙의 선배로서 신앙의 모범을 보임으로써 성숙한 신앙인이 되도록 도와야 한다.

＊ 참고 성구 ＊   신 10:12, 마 6:8, 마 19:17, 딤후 1:5

II. 성도는 자녀에게 정직의 유산을 남길 것임

영국의 시인 알렉산더 포프는 "정직한 사람은 하나님의 가장 고상한 작품이다."라고 했다. 성도는 자녀에게 가식 없는 깨끗한 심성을 지니도록 항상 훈계하며 다른 사람 앞에서나 하나님 앞에서 언제나 진솔한 삶을 살도록 도와야 한다. 일본 속담에 '정직한 자의 머리에 신이 머문다'는 말이 있는데 이는 정직한 자를 신이 돕는다는 뜻이다.

＊ 참고 성구 ＊   시 7:10, 욥 8:6, 잠상 12:5, 신 6:18

III. 성도는 자녀에게 성실의 유산을 남길 것임

미국의 정치가요 저술가인 벤자민 프랭클린은 "정직과 성실을 그대의 벗으로 삼으라. 백권의 책보다 하나의 성실한 마음이 더 큰 힘으로 사람을 움직일 것이다."라고 했다. 성도는 자녀에게 일확천금이나 요행을 바라는 행태를 경계하고 사람이 노동한 만큼의 대가를 기대하는 성실한 노력의 자세를 몸소 본으로 보여주어 삶의 자세를 교훈해야 한다.

＊ 참고 성구 ＊   잠 13:11, 6:6, 20:13, 롬 12:11, 마 24:25

■ 기 도 ■ 하나님 아버지! 다윗이 죽기 전에 당신의 전을 지으려고 많은 준비를 하면서 어린 아들 솔로몬을 향한 유산을 남겼습니다. 오늘 이 가정에도 다윗처럼 신앙과 정직과 성실의 유산을 상속하도록 축복을 주시옵소서. 예수 그리스도의 이름으로 기도 드립니다. 아멘

자녀 교육

여호야긴이 본받아 실족한 과실

■ 찬 송 ■ ♪ 304, 234, 238, 233　　　　■ 참 조 ■ ☞ ③ 221p

■ 본 문 ■ …여호야긴이 그 부친의 모든 행위를 본받아 여호와 보시기에 악을 행하였더라【왕하 24:8-9】

■ 서 론 ■ 영국의 철학자이며 계몽사상가인 존 로크는 "부모는 자신들이 샘에 독을 넣고 왜 물이 쓴지 이상하다고 한다."라고 말했다. 또한 일본 속담에 "딸을 보면 그 어머니를 알 수 있다."라는 말이 있다. 하나님께 부름을 입은 성도는 먼저 자신이 선한 모범을 자식에게 보여야 한다. 여호야긴은?

■ 말 씀 ■

Ⅰ. 악한 부모의 신앙을 본받은 여호야긴

열왕기 기자는 여호야긴의 아버지 여호야김 왕이 무죄한 자의 피를 흘렸다고 했다. 여기서 '무죄한'은 히브리어 '나키'로서 '깨끗하다'라는 의미에서 유래하여 '흠이 없는, 면죄된, 용서된, 자유로운'의 뜻으로 '결백함'을 나타낸다. 성도가 신앙의 선배로서 자녀에게 물려줄 가장 귀한 유산은 악한 행실이 아니라 올바른 신앙이며 이것을 먼저 솔선해서 본을 보여야 한다.

＊참고 성구＊　신 6:7, 잠 22:6, 엡 6:4, 마 14:8, 딤후 3:7

Ⅱ. 악한 부모의 인격을 본받은 여호야긴

열왕기 기자는 여호야김이 느부갓네살을 삼 년 섬기다가 돌이켜 저를 배반했다고 했다. 여기서 '돌이켜'는 히브리어 '슈브'로서 이는 '돌아가다'에서 나온 말로 '개종하다, 물러서다, 놓다' 등의 뜻이 있고 여기서는 '그만두었다'는 뜻이다. 간에 붙었다 쓸개에 붙었다 하는 아버지를 보고 아들 여호야긴은 무엇을 배웠겠는가. 성도는 주님의 성품을 본받고 자녀에게도 본을 보이자.

＊참고 성구＊　딤전 3:4, 12, 신 6:20, 왕상 22:52, 대하 22:3

Ⅲ. 악한 부모의 생활을 본받은 여호야긴

열왕기 기자는 여호야긴이 그 부친의 모든 행위를 본받아 여호와 보시기에 악을 행하였더라고 했다. 성도가 말로만 하는 교육으로는 자신의 신앙과 인격을 바르게 보여줄 수 없다. 그러므로 생활 속에서 구체적으로 자녀에게 본을 보일 때 자녀들은 진정 의로운 삶의 모습을 보고 그것을 좇을 것이다. 고넬료는 진정 부모로서 생활의 본을 보인 자이다.

＊참고 성구＊　행 10:2, 미 6:8, 약 1:27, 대상 4:10, 딤후 1:5

■ 기 도 ■ 하나님 아버지! 주님께서는 아버지께서 일하시니 나도 일한다고 하셨습니다. 그리고 많은 모범을 손수 보이시고 가르치셨습니다. 오늘 이 가정에도 주님께 배운 모범을 자녀에게 본을 보이는 훌륭한 부모가 되도록 인도해 주시옵소서. 예수 그리스도의 이름으로 기도 드립니다. 아멘

자녀 교육

자녀를 훈계할 때 유의할 점들

■ 찬 송 ■ ♪ 304, 333, 234, 238   ■ 참 조 ■ ☞ ③ 221p, 233p

■ 본 문 ■ …아이를 훈계하지 아니치 말라 채찍으로 그를 때릴지라도 죽지 아니하리라 그를 채찍으로 때리면…【잠 23:12-14】

■ 서 론 ■ "고통 없는 승리가 없고, 가시 없는 왕관이 없으며, 쓴맛 없는 영광이 없고, 십자가 없이는 면류관도 없다."라고 영국의 퀘이커 교도(=무교회주의자)로서, 미국 펜실베니아주 식민지 부설자인 윌리엄 펜은 말했다. 훈계의 문제는 체벌의 문제와 함께 한국 교육계에 뜨거운 감자가 된 지 오래이다. 성경이 말하는 훈계는?

■ 말 씀 ■

I. 훈계의 목적에 유념할 것

잠언 기자 솔로몬은 훈계에 착심하라고 했다. 여기서 '착심하며'는 히브리어 '하비아'로서 '들어가다, 거하다'에서 유래하여 오직 훈계(교육)에만 마음을 둔 상태를 의미한다. 성도가 자녀를 훈계하는 것은 하나님의 자녀다운 올바른 삶을 살아 하나님께 영광을 돌리기 위함이다. 따라서 부모의 욕심을 채우거나 감정 해소 차원에서의 징계가 없도록 해야 한다.

* 참고 성구 * 약 1:20, 잠 1:8, 6:23, 12:1, 전 12:11, 딤후 3:15

II. 훈계의 기본 원칙을 정할 것

부모가 자녀에 대한 훈계의 기본 원칙도 없이 감정이나 상황에 의거해서 무분별하게 이뤄지는 훈계는 자녀의 잘못된 행동과 사고를 교정하는 것이 아니라 오히려 자녀를 노엽게 하여 빗나가게 하는 일이 벌어진다. 자녀가 탈선하여 가출한다든지 하는 극한 상황이 일어나는 것들 중의 하나가 부모가 무원칙으로 자녀를 훈계(=징계)하는 경우이다.

* 참고 성구 * 엡 6:4, 잠 13:24, 19:18, 22:15, 신 4:9

III. 훈계를 즉각적으로 행할 것

영국의 시인 에드먼드 스펜스는 "엄한 훈련은 모든 본질을 향하며 약간 지나치게 하여 결국 일을 가르친다."라고 했다. 훈계는 자녀가 잘못된 행동을 하는 즉시 해야만 효과를 높일 수 있다. 그리고 자녀가 상처받지 않도록 훈계의 이유를 주지시키고, 훈계한 뒤에 반드시 자녀에 대한 사랑을 확인시켜 주어야만 자녀는 가슴속 깊이 앙금을 남기지 않는다.

* 참고 성구 * 전 8:11, 히 3:12, 벧후 2:14, 마 7:20, 히 12:8, 11

■ 기 도 ■ 훈계의 하나님! 영의 아버지이신 당신의 마음을 자녀의 훈계를 통하여 알 것 같습니다. 이제 이 시간 이 가정에 올바른 자녀의 교육이 될 수 있도록 도와 주시옵소서. 예수 그리스도의 이름으로 기도 드립니다. 아멘

생일 축하

성도를 향한 하나님의 요구

■ 찬 송 ■ ♪ 133, 214, 201, 101   ■ 참 조 ■ ☞ ① 419p

■ 본 문 ■ …오늘날까지 날이 오래도록 너희가 너희 형제를 떠나지 아니하고 오직 너희 하나님 여호와의 명하신 그 책임을 지키도다…【수 22:1-6】

■ 서 론 ■ "하나님은 신이시며 그의 존재하심과 지혜와 권능과 거룩하심, 공의와 인자하심과 진실하심이 무한하시고 무궁하시며 변치 아니하신다." 요리 문답에 나와 있는 인간의 언어로 표현된 하나님에 대한 답이다. 성도를 향한 하나님의 요구는?

■ 말 씀 ■

Ⅰ. 하나님은 나를 사랑하라고 하심

여호수아는 모세가 너희에게 명한 명령과 율법을 행하여 너희 하나님 여호와를 사랑하라고 했다. 사람은 누구든지 자신이 사랑하는 사람으로부터 사랑을 받고 싶어하는 것은 당연한 이치이다. 그런데 하나님께서도 우리 영혼의 주인이시므로 우리의 사랑을 원하시고 계신다. 하나님께서 질투의 하나님이시라고 하는 이유도 성도의 사랑에 관계가 있다.

　 * 참고 성구 *　 마 22:37, 신 10:12, 시 31:23, 살후 3:5, 출 20:5-6

Ⅱ. 하나님은 나의 명령을 행하라고 하심

여호수아는 그 모든 길로 행하며 그 계명을 지켜 친근히 하라고 했다. 여기서 '친근히'는 히브리어 '다바크'로서 이는 '착 달라붙다, 굳게 결합하다, 힘써 좇아가다'라는 뜻으로 파기할 수 없는 하나님과의 굳은 결속을 의미한다. 하나님은 성도들에게 생명과 영광의 길로 가게 하기 위해 말씀을 베푸시고 말씀에 순종하라고 명령을 하시고 계신다.

　 * 참고 성구 *　 요일 2:5-6, 요 14:15-16, 계 3:8, 출 19:5

Ⅲ. 하나님은 나의 뜻을 이루라고 하심

여호수아는 너희 마음을 다하고 성품을 다하여 그를 섬길지니라고 했다. 여기서 '섬길지니라'는 히브리어 '아바드'로서 이는 '봉사하다, 노예가 되다'라는 뜻으로 노예처럼 자신을 돌보지 않고 주인을 위해 온전히 봉사함을 의미한다. 성도는 하나님 나라의 시민권자로서 그 나라가 구현될 때까지 하나님의 뜻과 의가 이 땅에 실현되도록 노력해야 한다.

　 * 참고 성구 *　 마 6:33, 민 3:13, 행 17:27, 빌 3:20

■ 기 도 ■ 사랑의 하나님! 성도를 향한 당신의 요구가 무엇인지 알았사오니 오늘 생일을 맞이한 성도의 앞날을 더욱 축복해 주시옵고 이 성도의 넘치는 수고를 받아 주시옵소서. 예수 그리스도의 이름으로 기도 드립니다. 아멘

생일 축하

등대의 규례에 내포된 의미

- **찬 송** ♪ 276, 258, 259, 265
- **참 조** ☞ ① 61p ③ 85p
- **본 문** …아론에게 고하여 이르라 등을 켤 때에는 일곱 등잔을 등대 앞으로 비취게 할지니라 하시매… 【민 8:1-4】
- **서 론** 미국의 유명한 부흥사인 드와이트 무디 선생은 "만약 당신이 등대가 될 수 없다면 양초라도 되도록 하라."고 했고, 그리스의 철학자 플라톤은 "빛은 하나님의 그림자이다."라고 했다. 하나님이 계시는 성막의 등대에서 찬란히 발하는 빛! 빛은 하나님의 택하신 선민인 성도를 예표하기도 한다. 빛인 성도는?

말 씀

Ⅰ. 빛인 성도는 어둠을 몰아내는 자이다

빛은 환한 대낮에는 아무런 의미가 없는 것이다. 참된 빛은 암흑과 같이 칠흑 같은 어두운 세상에서 어둠을 내몰 때 더더욱 빛나는 것이다. 미국의 언론인이요 노예제도 폐지론자인 가말리엘 베일리는 "담대하게 그리고 슬기롭게 빛 속을 걸으라. 의지 위에 손이 있어서 그대를 도우며 인도하시리라."고 했다. 어둠이 짙을수록 빛은 더욱 형형히 비쳐질 것이다.

　＊ 참고 성구 ＊　마 5:16, 골 1:10, 벧전 2:12, 딛 2:7, 신 4:5-6

Ⅱ. 빛인 성도는 생명으로 인도하는 자이다

빛은 곧 생명이라 할 수 있다. 따라서 빛이 없는 곳에는 생명이 없다. 성도는 가는 곳곳마다 주님의 복음으로 영적인 생명을 전달하는 빛이 되어야 한다. 사도 바울은 빛의 열매는 모든 착함과 의로움과 진실함에 있느니라고 했다. 성도는 영적인 생명을 전달하는 메신저로서 어두운 세상의 죽음 속에 있는 자들에게 빛의 자녀된 삶을 보여야 한다.

　＊ 참고 성구 ＊　사 60:1, 엡 5:13, 전 8:1, 단 12:3, 행 6:15

Ⅲ. 빛인 성도는 하늘 나라를 안내하는 자이다

성도는 어두운 밤바다를 홀로 비추는 등대와 같은 존재이다. 모든 어둠에 있는 사람들이 성도를 보고 하나님 나라의 소망을 발견하여 그 하나님의 나라를 동경하도록 모범된 삶을 살아야 한다. 영국의 극작가요 시인인 셰익스피어는 "천국은 영원한 기쁨의 보고이다."라고 했다. 천국의 안내자인 성도는 안내자에 걸맞은 신앙을 가지고 있어야 한다.

　＊ 참고 성구 ＊　고전 11:1, 히 4:11, 딤전 4:12, 빌 2:5-7

- **기 도** 빛 되신 하나님 아버지! 당신의 빛을 반사 받아 오늘까지 빛된 삶을 영위한 당신의 성도를 축복하시옵고 그 남은 생애도 축복해 주시옵소서. 예수 그리스도의 이름으로 기도 드립니다. 아멘

생일 축하

하나님이 참 목자 되신 이유

■ 찬 송 ■ ♪ 453, 436, 437, 442　　　　■ 참 조 ■ ☞ ③ 371p

■ 본 문 ■ 여호와는 나의 목자시니 내가 부족함이 없으리로다 그가 나를 푸른 초장에 누이시며 쉴 만한 물가으로 인도하시는도다 내 영혼을 소생시키시고… 【시 23:1-6】

■ 서 론 ■ 카우맨 주교는 "할 수 있는 한 위쪽으로 손을 펴도록 하라. 그리하면 하나님은 당신의 부족한 거리만큼 미치지 못하는 아래쪽으로 손을 펴 주시리라."고 했다. 하나님은 목자요, 성도는 그의 양이다. 하나님이 참 목자 되심은?

■ 말 씀 ■

Ⅰ. 목자는 양에게 양식을 공급하기 때문에

시편 기자 다윗은 그가 나를 푸른 초장에 누이시며 쉴 만한 물가으로 인도하신다고 했다. 여기서 '누이시며'는 히브리어 '라바츠'로서 '눕다, 기대다'라는 뜻의 사역형으로 목자가 주는 먹이를 누워서 기다리는 가축, 동물의 모습을 표현한다. 목자가 양떼에게 양식을 공급하듯 하나님께서는 성도들에게 일용할 육의 양식과 말씀의 영의 양식을 공급하신다.

 * 참고 성구 * 눅 11:3, 신 2:7, 마 14:20, 빌 4:9, 요 10:9

Ⅱ. 목자는 양을 철저히 보호하기 때문에

시편 기자 다윗은 주의 지팡이와 막대기가 나를 안위하신다고 했다. 성경에서 지팡이와 막대기의 구별은 히브리어 '막켈', '호텔', '말테' 등이 혼동되어 쓰이기 때문에 정확한 구분은 어렵지만 보통 지팡이는 길 잃은 양떼를 인도하거나 몸을 의지하는 데 쓰이는 것을 지칭하고, 막대기는 야수들의 공격을 저지하는 데 사용한 일종의 호신구로 보면 된다.

 * 참고 성구 * 수 1:9, 사 41:10, 마 10:30-31, 왕하 6:16

Ⅲ. 목자는 양을 편안히 쉬게 하기 때문에

시편 기자 다윗은 내가 여호와의 집에 영원히 거하리로다라고 했다. 여기서 '거하리로다'는 히브리어 '야솨브'로서 '앉다'에서 유래된 '안식하다'라는 뜻으로 이는 다시 자리를 이동할 불안정감이 배제되어 편히 쉴 수 있는 상태를 의미한다. 목자가 저녁에 양떼들을 편히 쉬게 하듯 하나님은 성도들에게 평안과 기쁨을 베푸시고 마지막에는 천국을 예비하셨다.

 * 참고 성구 * 요 14:2, 시 31:19, 마 25:34, 히 11:16, 고전 2:9

■ 기 도 ■ 참 목자이신 하나님! 당신의 양떼인 성도들을 위하여 불철주야 인도하심을 감사 드립니다. 오늘 당신의 택한 성도가 다시금 생일을 맞았습니다. 지금까지 인도하신 은혜가 영원히 지속되기를 예수 그리스도의 이름으로 기도 드립니다. 아멘

생일 축하

진흙 토기에 담겨진 인생의 의미

■ 찬 송 ■ ♪ 332, 178, 193, 215 　　　■ 참 조 ■ ☞ ② 171p

■ 본 문 ■ …내가 토기장이의 집으로 내려가서 본즉 그가 녹로로 일을 하는데… 【렘 18:1-12】

■ 서 론 ■ 영국의 성직자요 찬송가 작가인 아이작 왓츠는 "우리는 진흙이요 주님은 토기장이시니 주께서 원하시는 그릇을 만드시옵소서."라고 했다. 진흙을 재료로 하여 토기장이는 귀한 그릇과 천히 쓸 그릇을 손수 빚어 고온의 가마에 넣어서 구워내는데 피조물인 성도를 향한 창조주 하나님의 섭리는?

■ 말 씀 ■

Ⅰ. 이는 토기장이의 뜻대로 빚어짐을 의미함

여호와 하나님은 예레미야에게 진흙이 토기장이의 손에 있음같이 너희가 내 손에 있느니라고 하셨다. 진흙으로 만든 토기는 그저 진흙 상태로 존재할 뿐으로 오직 토기장이 되시는 하나님께서 우리를 빚는 대로 순종할 뿐이다. 사도 바울도 이 사람아 네가 뉘기에 감히 하나님을 힐문하느뇨. 지음받은 물건이 지은 자에게 반문하지 못한다고 했다.

* 참고 성구 *　시 139:13-15, 롬 9:20-21, 신 32:6, 고전 6:19, 롬 14:8

Ⅱ. 이는 쓸모 있게 다시 빚어짐을 의미함

여호와 하나님은 나의 말한 그 민족이 그 악에서 돌이키면 내가 그에게 내리기로 생각하였던 재앙에 대하여 뜻을 돌이킨다고 하셨다. 여기서 '돌이키면'은 히브리어 '슈브'로서 이는 '돌아서다, 새롭게 하다'의 뜻으로 가던 방향에서 잘못을 깨닫고 완전히 돌아서서 행동을 새롭게 함을 의미한다. 하나님은 끝까지 당신이 원하시는 모습의 토기를 다시 빚으시는 노력을 계속하신다.

* 참고 성구 *　시 57:18, 시 48:14, 눅 1:79, 요 10:4

Ⅲ. 이는 쓸모 없는 토기는 깨뜨려짐을 의미함

여호와 하나님은 내가 너희에게 재앙을 내리며 계책을 베풀어 너희를 치려 하노니 라고 하셨다. 이것은 죄악에서 돌이키지도 않고 회개하지 않는 유다를 멸망시키겠다는 단호한 하나님의 의지를 말한다. 성도는 토기장이의 뜻대로 빚어지지 않는 토기, 의도대로 만든 토기가 쓰여질 수 없을 때 그 토기는 철저히 깨뜨려져서 버려짐을 당하게 됨을 명심하자.

* 참고 성구 *　심상 12:15,13:13-15, 행 7:51, 살후 1:8, 왕상 16:2-4

■ 기 도 ■ 창조주이신 하나님 아버지! 진흙과 같은 우리를 당신의 사역에 사용되는 그릇으로, 거룩한 일꾼으로 삼아 주심을 감사드립니다. 앞으로의 인생의 평생도 당신을 위해 살아가고자 하오니 큰 은혜를 내려 주시옵소서. 예수 그리스도의 이름으로 기도 드립니다. 아멘

생일 축하

욥이 말한 지혜로운 삶의 첩경

- **찬 송** ♪ 492, 465, 497, 490   **참 조** ☞ ② 37p
- **본 문** 그런즉 지혜는 어디서 오며 명철의 곳은 어디인고 모든 생물의 눈에 숨겨졌고 공중의 새에게 가리워졌으며 멸망과 사망도 이르기를 우리가 귀로… 【욥 28:20-28】
- **서 론** "모든 사람의 생애는 하나님의 손으로 쓰신 동화이다."라고 덴마크의 작가 안데르센은 말했다. 사람으로 이 세상에 태어나서 하나님을 만나고 그의 뜻대로 살아가며, 영원한 삶을 함께 누리는 성도의 삶은 값진 삶이다. 지혜로운 삶은?

■ **말 씀** ■

Ⅰ. 지혜로운 삶은 하나님을 만나고 체험하는 것이다

미국의 신학자 에드워드 포터 험프리는 "참 지혜는 무엇이 가장 알 가치가 있는 것인지를 아는 것과 가장 할 가치가 있는 것을 하는 것이다."라고 했다. 성도가 참된 지혜를 얻고자 하면 지혜의 원천이요 근본이신 하나님을 구체적인 교제의 수단이요 방법인 말씀과 묵상과 찬송 등을 통하여 하나님을 깊이 만나고 체험해야 할 것이다.

* 참고 성구 *   요일 1:3, 출 25:22, 고전 1:9, 계 3:20, 잠 1:7

Ⅱ. 지혜로운 삶은 하나님의 형상을 닮아가는 것이다.

영국의 신학자요 성직자인 어거스트 W. 헤아는 "현명한 자의 지혜는 마치 유리와 같아서 하늘의 빛을 받아들여 그것을 반사한다."라고 했다. 지혜는 하나님의 자녀들에게만 발견할 수 있도록 숨겨진 보화이므로 머리로만이 아니라 모든 선한 행실로 하나님의 속성인 지·정·의를 자기 내면에 형상화시킬 수 있도록 노력해야 할 것이다.

* 참고 성구 *   골 3:10, 롬 8:29, 벧후 1:4, 요일 3:2, 약 3:17

Ⅲ. 지혜로운 삶은 하나님의 영광을 목적삼는 것이다

페르시아의 시인 사디는 "삶에서 지혜의 법칙을 따르지 않으면서 그 법칙들을 배우는 자는 마치 그의 밭을 갈고 씨를 뿌리지 않는 자와 같다."라고 했다. 성도는 그의 일상생활에서부터 직장의 일 및 장래의 삶도 모두 하나님의 영광을 위한 삶이어야 한다. 성도는 각자의 환경과 받은 바 달란트대로 하나님 나라의 지상 구현에 힘써야 할 것이다.

* 참고 성구 *   고전 6:20, 행 12:23, 요 15:8, 롬 15:6, 벧전 4:10

- **기 도** 지혜의 근원이신 하나님! 당신의 택한 백성이 오늘 생일을 맞았습니다. 이 성도로 하여금 당신의 형상을 닮아서 당신의 영광을 위해 남은 생도 복된 삶이 되도록 인도하시옵소서. 예수 그리스도의 이름으로 기도 드립니다. 아멘

생일 축하

번제의 규례에 내포된 의미

■ **찬 송** ■ ♪ 348, 349, 352, 144 　　■ **참 조** ■ ☞ ③ 75p

■ **본 문** ■ …그 예물이 소의 번제이면 흠 없는 수컷으로 회막문에서 여호와 앞에 열납하시도록 드릴지니라… 【레 1:1-17】

■ **서 론** ■ 러시아의 정치가였던 이바노비치 페닌은 "두 종류의 사람이 하나님을 기쁘게 한다. 하나는 하나님을 알고 있기 때문에 마음을 다해 그를 섬기는 자요, 다른 하나는 하나님을 모르기 때문에 마음을 다해 그를 구하는 자이다."라고 했다. 짐승을 불에 태워 하나님께 흠향하시도록 드리는 번제에 내포된 의미는?

■ **말 씀** ■

Ⅰ. 성도는 하나님께 향기로운 기도의 향기를 드리자

여호와 하나님은 모세에게 그가 번제물의 머리에 안수할지니 그리하면 열납되어 그를 위하여 속죄가 될 것이라고 하셨다. 여기서 '속죄'는 히브리어 '카파르'로서 '덮다, 가리다'의 뜻인데, 이는 하나님의 입장에서 인간의 추악한 죄를 보이지 않게 덮어버리는 것을 의미한다. 성도의 기도만이 하늘보좌를 움직이는 속죄로서 하나님은 이 기도를 외면치 않으신다.

* 참고 성구 * 　시 66:18, 사 65:24, 요 15:7, 계 8:3

Ⅱ. 성도는 하나님께 향기로운 봉사의 향기를 드리자

여호와 하나님은 모세에게 제사장은 그 전부를 단 위에 불살라 번제를 삼을지니 이는 화제라 여호와께 향기로운 냄새니라고 하셨다. 여기서 '향기로운'은 히브리어로 '니호아흐'로서 '마음을 달래는'의 뜻이 있다. 이는 죄에 대한 하나님의 진노를 희생 제사를 통하여 가라앉힘을 반영한 표현이다. 이것은 화제로 하나님께 대한 완전한 봉헌을 의미한다.

* 참고 성구 * 　행 20:19, 고전 4:12, 고후 4:9, 마 19:29

Ⅲ. 성도는 하나님께 향기로운 선행의 향기를 드리자

"선한 일을 했을 때의 기쁨을 악인은 결코 모른다. 그 기쁨은 하늘의 기쁨이기 때문이다."라고 어느 신학자는 말했다. 하나님의 사랑을 본받아 사랑을 이웃에게 실천하려는 성도는 자신을 감추어야 한다. 이는 오로지 하나님의 크신 은혜를 입은 자로서 받은바 은혜와 사랑을 이웃에게 나누고 공유하는 의로운 뜻이 내포되어야 바른 선행이 될 것이다.

* 참고 성구 * 　약 3:13, 벧전 2:12, 마 6:1-4, 벧후 3:11

■ **기 도** ■ 성도의 제사를 받으시는 하나님! 저희들이 드리는 기도와 봉사와 선행의 향기를 흠향하시고 성도의 장래를 축복해 주시옵소서. 예수 그리스도의 이름으로 기도 드립니다. 아멘

놋뱀 사건에 내포된 교훈

■ 찬 송 ■ ♪ 474, 470, 467, 484　　■ 참 조 ■ ☞ ① 355p ② 145p

■ 본 문 ■ …놋뱀을 만들어 장대 위에 다니 뱀에게 물린 자마다 놋뱀을 쳐다본즉 살더라 【민 21:4-9】

■ 서 론 ■ 노예 선장 출신으로 나중에 목사가 되었고 찬송가 작가(405장)였던 존 뉴턴은 "천국에 가면 세 가지 놀라운 사실을 발견하는데, 첫째는 결코 만나리라 생각지 못했던 사람을 그곳에서 발견하는 것이요, 둘째는 거기 와서 있으리라고 믿었던 사람이 없는 것이요, 셋째는 나 같은 죄인이 구원받아 그곳에 올 수 있다는 사실이다"라고 했다. 천국길은?

■ 말 씀 ■

Ⅰ. 천국 여정의 길은 우회할 때도 있음

성경 기자는 에돔 땅을 둘러 행하려 하였다가 길로 인하여 백성의 마음이 상했다고 기록했다. 하나님이 축복하신 가나안 복지(=천국)를 향하는 이스라엘 민족(=성도)은 에돔이 길을 내주지 않아 우회하게 되었다. 이는 항상 내 뜻대로만 합리적으로만 가는 길이 바른 것만은 아님을 의미한다. 하나님의 인도는 우회하는 경우도 있음을 깨닫고 순종하는 자세를 갖도록 하자.

＊ 참고 성구 ＊　시 55:8-9, 신 2:1, 고전 1:25, 롬 2:4

Ⅱ. 천국 여정의 길은 고난의 길임

성경 기자는 백성이 하나님과 모세를 향하여 원망하되 애굽에서 인도하여 올려서 이 광야에서 죽게 하는고라고 기록했다. 하나님이 언약하신 가나안 복지(=천국)를 가기 위해 애굽(=죄악된 세상)에서 인도받아 가는 광야생활(=험난한 세상살이)은 고난의 길이다. 하늘 가는 길은 항상 편하고 기쁜 길이 아니라 힘들고 어려운 고난을 만나기도 하는 길이다.

＊ 참고 성구 ＊　요 14:27, 롬 14:17, 요 16:33, 시 119:165

Ⅲ. 천국 여정의 길은 소망의 길임

성경 기자는 모세가 놋뱀을 만들어 장대 위에 다니 뱀에게 물린 자마다 놋뱀을 쳐다본즉 살더라고 기록했다. 험악한 광야생활에서는 고난과 낙심과 죽음이 기다리지만 놋뱀(=예수 그리스도)을 본 자들은 생명을 얻었다. 이는 오직 예수 그리스도만이 참된 생명과 소망을 주심을 의미한다. 그리고 예수와 함께 하는 나라가 영원한 하늘나라이다.

＊ 참고 성구 ＊　히 12:2, 요 3:14-15, 빌 3:20, 계 22:3-5

■ 기 도 ■ 하늘에 계시는 하나님 아버지! 당신의 나라에 함께 하여 영원히 왕노릇 하는 하늘의 백성이 되고 싶습니다. 광야 같이 험난한 세상살이에서 바른 길로 인도해 주시옵고 지켜 주시옵소서. 예수 그리스도의 이름을 기도 드립니다. 아멘

생일 축하

참 목자가 되시는 하나님

■ 찬 송 ■ ♪ 430, 436, 437, 453 　　　　■ 참 조 ■ ☞ ① 421p

■ 본 문 ■ 나 주 여호와가 말하노라 나 곧 내가 내 양을 찾고 찾되 목자가 양 가운데 있는 날에 양이 흩어졌으면 그 떼를 찾는 것같이 내가 내 양을 찾아시… 【겔 34:11-16】

■ 서 론 ■ 프랑스의 주교인 장 밥티스트 마실롱은 "하나님은 우리의 모든 희망의 대상, 모든 행동의 목적, 모든 애정의 원칙, 그리고 모든 영혼을 다스리는 권능이어야 한다."라고 했다. 양을 보살피고 양을 위해 싸우며 양을 자기 목숨처럼 귀히 여기는 참 목자이신 하나님, 그 하나님은?

■ 말 씀 ■

Ⅰ. 하나님은 참된 길을 인도하시는 분이심

여호와 하나님은 내가 내 양을 찾아서 흐리고 캄캄한 날에 그 흩어진 모든 곳에서 그것들을 건져낼지라고 하셨다. 양과 같은 성도는 죄로 인하여 길을 잃고 사망의 음침한 골짜기로 헤매었지만 목자 되시는 하나님께서는 우리를 긍휼히 여겨 우리를 찾으시고 인도하셔서 구원과 생명을 얻게 하시며 참된 안식처로 영원한 안식을 얻게 하신다.

　　* 참고 성구 *　눅 15:4-5, 요 1:43, 14:6, 마 9:36, 렘 50:6

Ⅱ. 하나님은 참 평안을 주시는 분이심

여호와 하나님은 그것들이 거기서 좋은 우리에 누워 있으며 이스라엘 산 위에서 살진 꼴을 먹으리라고 하셨다. 여기서 '꼴'은 히브리어 '미르에'로서 '목장, 목초'의 뜻으로 유목민에게 산업의 기반이 되는 초장과 풀을 말한다. 하나님은 양인 성도를 건져내어 살리실 뿐만 아니라 성도에게 영원한 안식과 참다운 평안의 소망을 베풀어 주신다.

　　* 참고 성구 *　시 23:2, 마 11:29, 히 4:3, 계 14:13, 시 29:11

Ⅲ. 하나님은 참된 사랑을 주시는 분이심

여호와 하나님은 병든 자를 강하게 살진 자와 강한 자는 내가 멸하고 공의대로 그것들을 먹이리라고 하셨다. 여기서 '살진 자'는 히브리어 '쇠멘'으로 이는 '뚱뚱한, 기름진, 빛난'의 뜻으로 충분한 영양 섭취로 지방이 풍부하거나 푸짐하여 여유가 있는 상태를 의미한다. 이들은 교만하고 회개치 않는 자를 가리키는데 공의의 징계는 죄는 멸하고 영혼은 먹여야 한다.

　　* 참고 성구 *　창 33:13-14, 요일 4:10, 시 49:15, 요 3:16

■ 기 도 ■ 참 목자 되시는 하나님 아버지! 죄 중에 빠진 우리를 구원해 주시고 평안을 주신 사랑에 감사하여 일생을 당신을 위해 살겠다고 결심한 이 성도를 언제나 변함없이 지켜 주시옵소서. 예수 그리스도의 이름으로 기도 드립니다. 아멘

생일 축하

다윗의 찬양에 나타난 응답의 원칙

■ 찬 송 ■ ♪ 485, 483, 217, 177   ■ 참 조 ■ ☞ ① 57p

■ 본 문 ■ …하나님의 도는 완전하고 여호와의 말씀은 정미하니 저는 자기에게 피하는 모든 자에게 방패시로다…【삼하 22:20-31】

■ 서 론 ■ 찬송가 해설자인 김경선 장로는 "하나님은 인간으로부터 찬양의 열매를 거두시기 위하여 인간의 마음 밭에 사랑의 씨, 축복의 씨, 용서의 씨, 기쁨의 씨를 심어 놓으신다."라고 했다. 찬양을 받으신 하나님은 응답하시기 위해 성도의 무엇을 감찰하시나?

■ 말 씀 ■

Ⅰ. 하나님은 성도의 마음 상태를 보신다

다윗은 여호와께서 내 의대로, 그 목전에 내 깨끗한 대로 내게 갚으셨다고 했다. 하나님은 성도의 마음이 얼마나 정결하고 의롭게 변화되고 있는가에 따라서 더욱 온전한 의와 거룩을 이루어 주시는 분이시다. 유대인의 지혜서 탈무드에는 "하나님은 먼저 사람의 마음을 보시고 그리고 나서 두뇌를 보신다."는 말이 있다. 성도의 마음 여하에 따라 하나님의 응답이 달리 임한다.

* 참고 성구 * 호 10:12, 갈 6:9, 딤후 2:21, 약 4:8, 삼상 16:7

Ⅱ. 하나님은 성도의 믿음을 헤아리신다

다윗은 깨끗한 자에게는 주의 깨끗하심을 보이시며 사특한 자에게는 주의 거스리심을 보이시리라고 했다. 여기서 '사특한'은 히브리어 '파탈'인데 이는 '맞붙어 싸우다, 격투하다, 고집세다'의 뜻으로 하나님의 뜻이 아닌 자신의 고집을 따라 사는 완고한 사람을 의미한다. 성도의 믿음에 따라 하나님과의 관계가 설정되며 그 응답의 크기도 달라진다.

* 참고 성구 * 대상 14:11, 시 91:15, 삼상 1:27, 눅 11:9

Ⅲ. 하나님은 성도의 삶의 태도를 보신다

다윗은 여호와의 말씀은 정미하니 저는 자기에게 피하는 모든 자에게 방패시로다고 했다. 여기서 '정미하니'는 히브리어 '차라프'인데 이는 '녹이다, 용해하다'의 뜻으로 금속을 뜨거운 용광로에 제련시키듯 전혀 흠이 없고 티가 섞이지 않은 순수함을 의미한다. 성도의 생각, 마음, 신앙은 하나님을 향한 태도에 따라, 말씀에의 삶에 따라 응답을 달리 하신다.

* 참고 성구 * 마 7:14, 21, 약 2:18, 벧전 2:12, 요일 2:17

■ 기 도 ■ 응답하시는 하나님! 당신은 성도의 마음 상태와 믿음과 삶의 태도를 보시고 응답을 달리 하시는 원칙을 보이셨습니다. 오늘 이 가정에는 후히 흔들어서 넘치는 축복의 응답을 내려주시옵소서. 예수 그리스도의 이름으로 기도 드립니다. 아멘

생일 축하

그리스도의 마음을 본받는 삶

■ **찬 송** ■ ♪ 507, 506, 502, 347   ■ **참 조** ■ ☞ ① 381p ② 391p

■ **본 문** ■ 너희 안에 이 마음을 품으라 곧 그리스도 예수의 마음이니… 【빌 2:5-11】

■ **서 론** ■ "예수 그리스도는 우리가 아무런 긍지 없이 접근할 수 있는 하나님이요, 우리는 그 앞에서 절망 없이 우리들 자신을 낮출 수 있다." 프랑스의 수학자요 철학자인 파스칼의 말이다. 성도의 궁극의 목표는 예수 그리스도를 닮는 일일 것이다. 성도가 그리스도를 본받는 것은?

■ **말 씀** ■

I. 성도는 예수 그리스도의 겸손을 배울 것

바울은 그는 근본 하나님의 본체시나 하나님과 동등됨을 취할 것으로 여기지 않고 오히려 자기를 비어 종의 형체를 가져 사람들과 같이 되었다고 했다. 예수의 '겸손'은 헬라어 '타페이노스'로서 이는 천하고 비굴하도록 겸손하고 겸비한 상태를 의미한다. 하늘 보좌를 버리시고 이 땅에 비천한 인간으로 성육신(incarnation)하신 예수의 겸손은 겸손의 극치를 보여준다.

* 참고 성구 *   마 11:29, 슥 9:9, 요 13:5, 사 53:3, 눅 2:7, 12

II. 성도는 예수 그리스도처럼 자신을 희생할 것

바울은 죽기까지 복종하셨으니 곧 십자가에 죽으심이라고 했다. '십자가'는 헬라어 '스타우로스'로서 '스타오'(이룩하다)에서 유래한 이 말은 십자가 사건과 인류 구속 사역 완성의 상관 관계를 잘 드러내 준다. 성도는 죄인을 위하여 십자가의 고통을 감수하시고 자신을 희생 제물로 드리신 예수 그리스도처럼 이웃의 구원사역을 위해서는 모든 희생과 봉사를 아끼지 말아야 한다.

* 참고 성구 *   레 22:21, 히 12:2, 요 19:17, 골 1:20, 엡 5:2

III. 성도는 예수 그리스도와 같이 하나님께 영광을 돌릴 것

바울은 모든 입으로 예수 그리스도를 주라 시인하여 하나님 아버지께 영광을 돌리게 하셨느니라고 했다. 여기서 '주'는 헬라어 '퀴리오스'로서 생명과 모든 것을 다스리고 지배하시는 주인을 의미하며, '시인하여'는 '엑쏘몰로게세타이'로서 '고백하여'의 뜻으로 믿는 것을 의미한다. 성도는 예수처럼 하나님을 영화롭게 하는 삶을 최고의 목적으로 삼아야 한다.

* 참고 성구 *   롬 6:4, 요일 2:6, 벧전 4:11, 요 13:31

■ **기 도** ■ 하나님 아버지! 오늘 그리스도의 마음을 배웠습니다. 죽기까지 당신의 뜻을 좇아 자신을 희생한 예수처럼 오늘 이 가정의 성도들도 주님과 같이 빛나는 생애를 살게 하옵소서. 예수 그리스도의 이름으로 기도 드립니다. 아멘

생일 축하

참된 섬김의 세 가지 방법

■ 찬 송 ■ ♪ 299, 300, 161, 377　　　■ 참 조 ■ ☞ ① 131p ② 51p, 249p

■ 본 문 ■ …이에 미가가 가로되 레위인이 내 제사장이 되었으니 이제 여호와께서 내게 복 주실 줄을 아노라 하니라 【삿 17:1-13】

■ 서 론 ■ 독일의 해학가 리히터는 "터키 사람은 길을 가다가 눈에 띄는 종이 조각들을 조심스럽게 수집한다. 거기에 하나님의 이름이 써져 있을지도 모르기 때문이다."라고 했다. 이것이 사실이라면 그들의 신심은 대단한 것이다. 참된 섬김은?

■ 말 씀 ■

I. 참된 섬김은 하나님을 사랑하는 것이다

미가가 은을 어미에게 도로 주어 어미가 한 신상을 부어 만들어 그 신상이 미가의 집에 있더라고 했다. 이는 하나님 없는 종교의 부패를 적나라하게 보여준다. 성도는 단지 징계를 모면해 보려는 심산으로 제사를 드리는 것이 아니라 오직 하나님을 사랑하지 않고는 견디어 낼 수 없는 뜨거운 열정의 마음으로 섬김의 도리를 다해야 한다.

＊ 참고 성구 ＊　갈 5:13, 요일 5:3, 신 10:12, 시 31:23, 렘 20:9

II. 참된 섬김은 하나님을 경외하는 것이다

미가에게 신당이 있었으므로 또 에봇과 드라빔을 만들고 한 아들을 세워 제사장을 삼았다고 성경 기자는 기록했다. 이는 하나님을 기만하는 신상 숭배로서 성도는 자기의 편의와 유익을 위해 제멋대로 하나님의 이름을 이용하는 것은 용서받지 못할 죄악임을 알고, 두렵고 떨리는 마음으로 하나님을 경외하는 올바른 섬김의 자세를 지향해야 할 것이다.

＊ 참고 성구 ＊　시 2:11, 신 10:12, 엡 6:7, 히 12:28

III. 참된 섬김은 하나님께 온전히 헌신하는 것이다

미가가 레위인이 내 제사장이 되었으니 이제 여호와께서 내게 복 주실 줄 아노라고 했다. 하나님을 기업으로 삼은 레위인이 개인 제사장이 된 것이나 레위인의 혈통으로 축복이 올 줄 알았던 미가나 모두 잘못된 헌신이다. 성도는 복을 위한 헌신이나 말뿐의 헌신이 아니라 시간과 물질을 다 바쳐 인색함 없는 온전한 헌신을 하는 것이 참된 섬김이다.

＊ 참고 성구 ＊　대하 15:15, 삼상 7:3, 눅 16:13, 마 4:10

■ 기 도 ■ 찬양과 경배 받으실 하나님! 오늘 부패하고 타락한 사사시대의 신앙의 모습을 보았습니다. 나의 이익을 위해 하나님을 찾는 것이 아니라 당신께 온전히 헌신함으로써 영혼의 기쁨을 누리는 이 가정이 되게 하소서. 예수 그리스도의 이름으로 기도 드립니다. 아멘

생일 축하

아비새의 충성이 주는 의의

■ **찬 송** ■ ♪ 375, 366, 522, 367 　　　■ **참 조** ■ ☞ ① 161p

■ **본 문** ■ 이에 다윗이 헷 사람 아히멜렉과 스루야의 아들 요압의 아우 아비새에게 물어 가로되 누가 나로 더불어 진에 내려가서 사울에게 이르겠느냐… 【삼상 26:6-8】

■ **서 론** ■ 몇 년 전 타계하신 한경직 목사님은 "충성(忠誠)은 글자의 구성 요소대로 마음의 중심이 떠나지 않고 일단 언약한 것을 이루는 것으로 임금에게 일편단심의 마음을 바치는 것이다. 그러므로 우리는 우리 영혼의 임금 그리스도께 우리의 중심을 바쳐서 충성된 그리스도의 군사가 되어야 하리라."고 했다. 성도의 충성은?

■ **말 씀** ■

Ⅰ. 성도의 충성의 이유

성경 기자는 다윗이 누가 사울에게 이르겠느냐고 하자 아비새가 내가 함께 가겠나이다라고 했다고 기록했다. 성도가 충성하는 이유는? 성도는 죽기까지 하나님 뜻에 충성한 예수를 본받기 때문이다. 충성은 하나님에 대한 신앙을 자신의 삶으로 고백하는 것이라 할 수 있다. '충성'의 헬라어 '피스토스'는 '신실한, 믿을 만한'의 뜻으로 이 말은 '믿음' 곧 '피스티스'에서 온 말이다.

* 참고 성구 *　갈 6:17, 고전 4:2, 빌 2:8, 히 3:5, 마 26:39

Ⅱ. 성도의 충성의 대상

성경 기자는 다윗과 아비새가 밤에 그 백성에게 나아갔다고 했다. 아비새는 다윗의 분부에 즉시 응답했고 시간과 환경에 구애받지 않고 다윗을 따라 나섰다. 아비새에게 있어서 다윗은 충성의 대상이었기 때문이다. 성도는 하나님께 충성할 뿐 아니라 자신의 국가나 민족, 가정과 교회와 사업과 자신의 삶에도 최선을 다하는 자세를 견지해야 한다.

* 참고 성구 *　창 39:6, 단 6:4, 왕하 12:15, 대하 34:11-12

Ⅲ. 성도의 충성의 결과

성경 기자는 아비새가 다윗에게 창으로 사울을 찌르겠다고 하자 다윗의 만류를 기록했다. 아비새는 다윗에게 중용되어 다윗의 곁에서 충성을 했고, 다윗 말년에도 블레셋 거인 이스비브놉과 싸워 다윗을 구출했다. 성도가 하나님 뜻에 합당하게 충성할수록 하나님께서는 더더욱 많은 사역과 상급으로 채워주시며 귀히 쓰시는 일꾼으로 삼으실 것이다.

* 참고 성구 *　삼하 21:17, 마 25:23, 잠 17:2, 25:13, 시 123:2

■ **기 도** ■ 하나님 아버지! 오늘 이 가정의 축복의 시간에 다윗의 용사 아비새를 배웠습니다. 우리들도 아비새처럼 다윗에게 충성한 것과 같이 당신께 충성하기를 원하오니 이 마음을 받아 주시옵소서. 예수 그리스도의 이름으로 기도 드립니다. 아멘

생일 축하

정직한 자에게 임하는 축복

■ 찬 송 ■ ♪ 508, 102, 493, 517   ■ 참 조 ■ ☞ ③ 223p, 281p

■ 본 문 ■ …정직한 자에게는 그의 교통하심이 있으며 악인의 집에는 여호와의 저주가… 【잠 3:31-33】

■ 서 론 ■ 로마의 무언극 작가였던 라베리우스는 "하나님은 가득 채운 손보다 깨끗한 손을 살피신다."라고 했고, 영국 시인 알렉산더 포프는 "정직한 사람은 하나님의 가장 고상한 작품이다."라고 했다. 정직은 성도의 가장 큰 덕목이다. 정직한 사람에게 임하는 축복은?

■ 말 씀 ■

Ⅰ. 정직한 사람은 환란 가운데서 구원을 받음

잠언 기자는 포악한 자를 부러워하지 말며 그 아무 행위든지 좇지 말라고 했다. 여기서 '좇지'는 히브리어 '팁하르'로서 이는 '선택하다, 참가하다, 지정하다'에서 유래된 말로서 존경하는 사람을 택하여 그의 언행을 모방하는 것을 가리킨다. 포악하고 패역한 자는 멸망하나 정직한 자는 공의의 하나님께서 불의한 세상의 환란에서 구출해 주신다.

＊참고 성구＊ 시 112:4, 잠 2:7, 시 7:10, 잠 2:21-22

Ⅱ. 정직한 사람은 주님의 응답을 받게 됨

잠언 기자는 정직한 자에게는 그의 교통하심이 있다고 했다. 예수께서는 마음이 청결한 자는 복이 있나니 저희가 하나님을 볼 것이라고 하셨다. 이처럼 매사에 정직하게 행하고 또한 정직하게 자기의 죄를 하나님께 아뢰는 자에게는 하나님께서 그에게 교통하심의 은혜를 내리고 그뿐만 아니라 정직한 자에게는 기도의 응답과 만사의 형통함을 얻게 하신다.

＊참고 성구＊ 잠 15:8, 29, 시 25:14, 34:15, 요 1:47

Ⅲ. 정직한 사람은 후손이 축복을 받게 됨

잠언 기자는 의인의 집에는 복이 있느니라고 했다. 의인의 정직한 삶의 자세는 그 자체만으로도 자손에게 중요한 삶의 교훈이 된다. 뿐만 아니라 하나님께서는 정직함에 대해 후대에까지 축복하시는 분이시므로 하나님의 보응하심의 은혜로 그 후손은 이 땅에서 강성하게 된다. 복 중에서 가장 귀한 복은 현세의 재물의 축복보다 후손의 축복이 더 값지다.

＊참고 성구＊ 시 112:2, 잠 11:21, 시 25:13, 잠 20:7

■ 기 도 ■ 정직을 사랑하시는 하나님! 당신은 정직한 성도와 교통하시고 그 기도를 응답하신다고 하셨습니다. 오늘 당신의 사랑하는 성도의 생일을 축하하시고 그 인생이 당신께 영광 돌리는 삶으로 인도하소서. 예수 그리스도의 이름으로 기도 드립니다. 아멘

생일축하

칭의의 열매로 얻게 되는 축복

■ **찬 송** ■ ♪ 410, 416, 403, 137 　　　■ **참 조** ■ ☞ ② 377p

■ **본 문** ■ 그러므로 우리가 믿음으로 의롭다 하심을 얻었은즉 우리 주 예수 그리스도로 말미암아 하나님으로 더불어 화평을 누리자 또한 그로 말미암아 우리가… 【롬 5:1-5】

■ **서 론** ■ 미국의 목사이자 대중 설교가인 헨리 비처는 "그리스도인은 좀더 훌륭하게 되려는 정직한 목적을 위하여 그리스도에게 보내어 공부하도록 자신을 맡겨놓은 죄 많은 사람에 불과하다."라고 했다. 예수 그리스도의 십자가 보혈의 피공로를 믿어 의롭게 된 성도는?

■ **말 씀** ■

Ⅰ. 성도는 칭의로 평안을 얻게 됨

바울은 우리가 믿음으로 의롭다 하심을 얻었은즉 예수 그리스도로 말미암아 하나님과 화평을 누리자고 했다. 여기서 '의롭다 하심을 얻었은즉'의 헬라어 '디카이오덴테스'는 순간적으로 한번에 얻는 의로움을 뜻하며, '화평' 곧 '에이레네'는 '평화, 화평, 평안, 평강'의 뜻으로 하나님으로부터 오는 마음과 영혼의 깊은 평화를 의미한다. 성도의 평안은 하나님이 주신 큰 축복이다.

  * 참고 성구 *　 엡 2:14, 골 1:20, 행 10:36, 사 53:5

Ⅱ. 성도는 칭의로 기쁨을 얻게 됨

바울은 하나님의 영광을 바라고 즐거워하며 이뿐 아니라 환란 중에도 즐거워한다고 했다. '의' 곧 '디카이오수네'는 하나님이 의롭다고 간주해 주시는 '칭의'로서, 이 칭의는 '믿음으로' 곧 '에크 피스테오'로 칭의는 믿음 속에서 나오는 것이다. 성도가 칭의로 단절되었던 하나님과의 관계가 회복되고 이제 의인이 되었으니 이것이 큰 기쁨이다.

  * 참고 성구 *　 마 7:11, 벧전 1:8, 렘 15:16, 시 63:5

Ⅲ. 성도는 칭의로 소망을 얻게 됨

바울은 소망이 부끄럽게 아니 함은 성령으로 하나님의 사랑이 우리 마음에 부은 바 됨이라고 했다. 여기서 '소망' 곧 '헤 엘피스'는 '희망'으로서 오직 유일하며 영원한 구원의 생명과 삶을 의미한다. 기독교의 최종 목적이며 보상은 '구원'이다. 죄는 절망이요 의는 소망이니 이 소망은 하나님의 은혜의 구속의 선물이다. '선물' 곧 '도레아'는 하나님이 주시고자 하는 자에게만 주어진다.

  * 참고 성구 *　 계 5:10, 롬 8:24, 벧전 3:15, 요일 3:3, 살후 3:2, 엡 2:8

■ **기 도** ■ 의로우신 하나님 아버지! 죄악중에 빠진 우리를 믿음으로 의롭다고 하셔서 의인으로 삼아 주심을 감사드립니다. 이제 장차의 인생도 아버지의 뜻을 준행하는 성도가 되도록 인도하시옵소서. 예수 그리스도 이름으로 기도 드립니다. 아멘

결혼및 약혼

아담의 독처함이 좋지 못한 이유

■ 찬 송 ■ ♪ 21, 287, 34, 478   ■ 참 조 ■ ☞ ② 79p, 229p

■ 본 문 ■ …사람의 독처하는 것이 좋지 못하니 내가 그를 위하여 돕는 배필을 지으리라… 【창 2:18-25】

■ 서 론 ■ "하나님은 아담의 갈빗대를 취하여 하와를 만드셨다. 결혼은 아담의 잃은 갈빗대를 도로 찾아 끼워 원래의 아담을 만드는 것과 같다." 어느 성직자의 말이다. 결혼은 하나님의 법칙에 의해서 하나의 영혼으로 만나는 것이다. 혼자 있는 아담이 바람직하지 못한 것은?

■ 말 씀 ■

Ⅰ. 고독감과 무력함에 빠지기 쉽기 때문이다

하나님은 사람의 독처하는 것이 좋지 못하니 내가 그를 위하여 돕는 배필을 지으리라고 하셨다. 하나님께서 말씀하신 것처럼 인간은 홀로 살 수 없는 존재로 창조되었으므로 만약 홀로 있게 되면 고독감과 무력감에 빠져 향방 없는 자가 되기 쉽다. 미국의 시인 제임스 휘트컴 릴리는 "결혼은 하늘에서 결합시키고 땅에서 완성된다."라고 했다.

* 참고 성구 *   고전 9:26, 에 2:17, 시 128:3, 잠 18:22

Ⅱ. 연합의 유익을 얻을 수 없기 때문이다

하나님은 아담에게서 취하신 그 갈빗대로 여자를 만드시고 그를 아담에게로 이끌어 오셨다고 했다. 여기서 '만드시고'는 히브리어 '바나'로서 이는 '수리하다, 짓다, 세우다'의 뜻이 있다. 하나님이 여자를 만드신 것은 남자만으로는 미완성이던 인간 창조를 완성하심을 의미한다. 이렇듯 서로 도우라고 배필로 짝지어 주심은 연합함으로써 신앙적, 인격적 완전에 이르라는 것이다.

* 참고 성구 *   시 133:1, 행 18:2, 엡 4:3, 잠 31:12

Ⅲ. 나태함과 방종을 초래하기 쉽기 때문이다

인간은 혼자 있을 때는 나태함과 방종이라는 사단의 술책에 빠져서 범죄하기 쉽지만 그러나 부부로서 맺어져 함께 할 때는 서로에게 긴장감을 주고 질서와 절제의 생활이 될 수 있도록 격려하고 사랑으로 붙잡아 줄 수 있게 된다. 현대의 생활에 있어서 이 성적인 방종은 큰 사회 문제거리요, 범죄의 온상이므로 사단은 이것으로 궤계를 삼는다.

* 참고 성구 *   고전 7:2, 5, 9, 벧전 5:8, 잠 5:18, 마 19:5-6

■ 기 도 ■ 사랑의 하나님! 오늘 아담의 독처함이 왜 좋지 못한 것인지를 보았습니다. 오늘 이 자리에 사랑으로 한몸 되어 일생을 함께 하려는 이 선남선녀에게 연합의 유익을 주시고 이들에게 무한한 당신의 은총을 허락하시옵소서. 예수 그리스도의 이름으로 기도 드립니다. 아멘

결혼및 약혼

사랑하는 사람을 위해 예비할 것들

■ 찬 송 ■ ♪ 493, 507, 169, 208   ■ 참 조 ■ ☞ ② 33p, 79p

■ 본 문 ■ …합환채가 향기를 토하고 우리의 문 앞에는 각양 귀한 실과가…【아 7:10-13】

■ 서 론 ■ 감리교 신학대학 총장을 지내신 홍현설 박사는 "서로의 취미가 같다는 것만으로 행복한 결혼의 조건이 성립했다고 보기는 어렵다. 오직 인간의 능력과, 자원 이상인 하나님의 은총으로 모든 인간적인 동기를 정화시켜 완전히 자기를 주는 사랑에서 출발해야 행복한 결혼생활이 이루어진다."라고 했다. 신랑, 신부가 예비할 것은?

■ 말 씀 ■

Ⅰ. 정결한 몸과 마음
이 세상의 어여쁜 선남선녀들이 이제까지 지내오면서 거룩하고 정결하게 지켜온 몸과 마음이야말로 사랑하는 사람에게 줄 수 있는 이 세상 최고의 선물이다. 지금까지 곱게 간직하며 지켜온 이 청결한 몸과 마음은 앞으로도 영원히 한 사람만을 위하여 지킬 것이며, 성도들은 그리스도의 거룩한 신부로서 신랑 되시는 예수를 위하여서도 정결해야 한다.
　* 참고 성구 *　고후 11:2, 창 24:2, 고전 7:4, 약 4:4

Ⅱ. 믿고 의지하는 신실함
이제 한 여자의 남편이 되려는 자나 한 남자의 아내가 되려는 자는 이 세상에서 몰아쳐 오는 어떠한 환란이나 고통 가운데 있을지라도 변함없이 상대방을 믿고 의지하며 사랑할 수 있는 신실함이 있어야 한다. 이 신실함이야말로 광야 같은 고난의 인생길을 무사히 헤쳐나갈 수 있는 믿음과 능력의 원동력이 된다. 성도들은 주님을 호주로 모시고 믿고 의지해야 한다.
　* 참고 성구 *　고전 13:7, 아 8:7, 창 24:67, 엡 5:28

Ⅲ. 내·외적 아름다움
사람은 내적, 외적 아름다움을 겸비하면 좋겠지만 요즘처럼 사람의 외모가 인생을 좌지우지하는 세상도 드물 것이다. 통계를 보면 젊은 여성의 49%가 외모가 인생을 좌우한다고 대답하고 있다. 그러나 택하신 백성인 성도는 외적 아름다움보다는 내면의 인격적 아름다움과 함께 진정 하나님을 경외함으로 영적인 아름다움을 함께 구비해야 할 것이다.
　* 참고 성구 *　잠 31:30, 고후 4:16, 잠 11:22, 벧전 3:3-4, 계 21:2

■ 기 도 ■ 하나님 아버지! 오늘 이 시간 사랑하는 사람을 위해 예비할 것을 보았습니다. 그리스도의 신부된 성도가 갖추어야 할 덕목도 이와 같은 줄 알고 더욱 주님을 위해서 살아갈 수 있도록 은혜 내려 주시옵소서. 예수 그리스도의 이름으로 기도 드립니다. 아멘

회갑및 진갑

광야의 이스라엘이 주는 교훈

■ 찬 송 ■ ♪ 441, 444, 428, 446   ■ 참 조 ■ ☞ ② 77p ③ 129p

■ 본 문 ■ …모세와 아론의 관할 하에 그 항오대로 애굽 땅에서 나오던 때의 노정이…【민 33:1-49】

■ 서 론 ■ 미국의 목사 호레이스 부시넬은 "그리스도인은 매 시간마다 독촉장이 필요하다. 어떤 패배, 경이, 역경, 위험 등등. 인생 여정에서 동도되고 극복되며 패배하여 자신의 모든 잔존물들을 걸러 낼 것이다."라고 했다. 본문의 지명에는 이스라엘이 광야에서 겪었던 삶의 애환이 담겨 있다. 광야를 걷는 성도의 일생은?

■ 말 씀 ■

Ⅰ. 성도의 광야 인생은 선택의 여정임

성경 기자는 이스라엘 자손이 모세와 아론의 관할 하에 그 항오대로 애굽 땅에서 나오던 때의 노정이 이러하니라고 했다. 여기서 '나오던'은 히브리어 '야체우'로서 '이탈하다, 도망하다, 떠오르다'(야차)에서 파생된 말로 속박으로부터 해방, 분리되는 상태를 의미한다. 애굽(=죄악 세상)에서 떠나 가나안(=천국)으로 가는 성도에게는 영광과 축복이 기다리고 있다.

* 참고 성구 *   요심 1:11, 신 12:30, 마 23:2-3, 벧전 3:11, 계 21:7

Ⅱ. 성도의 광야 인생은 연단의 여정임

성경 기자는 하히롯 앞에서 발행하여 바다 가운데로 지나 광야에 이르고 라고 했다. 여기서 '지나'는 히브리어 '아바르'로서 '건너가다, 극복하다, 횡단하다'의 뜻으로 이는 어려운 환경이나 일을 정면으로 대하여 이겨냄을 의미한다. 성도가 광야와 같은 인생 여정을 거침은 하늘 나라의 기업을 상속할 자로서 훈련을 받는 한 과정으로 보아야 한다.

* 참고 성구 *   잠 17:3, 슥 13:9, 고전 3:13, 눅 6:48, 창 47:9

Ⅲ. 성도의 광야 인생은 은혜의 여정임

성경 기자는 마라에서 발행하여 엘림에 이르니 엘림에는 샘물 열 둘과 종려 칠십 주가 있었다고 했다. 여기서 '샘'은 히브리어 '아인'으로서 이는 '원천'을 뜻한다. 이것은 산허리나 계곡에 있는 자분정에서 흘러 나오는 것을 가리키며 우물과 저수지와는 구별된다. 이와 같은 장소는 하나님이 오래 전부터 예비하신 것으로 샘은 생명의 생수이며 구세주이신 예수 그리스도를 가리킨다.

* 참고 성구 *   신 29:5, 출 15:27, 요 7:37-38, 사 55:1, 요 4:14

■ 기 도 ■ 은혜의 하나님! 선민 이스라엘 백성의 광야 여정은 택하신 성도의 신앙의 여정이라고 하셨습니다. 지금까지 지내온 것은 주님의 은혜입니다. 오늘 이 가정의 성도의 앞으로 남은 생애도 사랑으로 인도하여 주시옵소서. 예수 그리스도의 이름으로 기도 드립니다. 아멘

> 회갑및 진갑

예수의 족보에 나타나신 하나님

■ 찬 송 ■ ♪ 80, 34, 55, 404   ■ 참 조 ■ ☞ ③ 353p

■ 본 문 ■ …바벨론으로 이거한 후부터 그리스도까지 열 네 대러라 【마 1:1-17】

■ 서 론 ■ 프랑스의 수학자이자 철학자인 파스칼은 "진리를 그의 인도자로 삼고 본분을 그의 목적으로 삼는 자는 하나님의 섭리가 안전하게 그를 인도하시도록 신뢰한다."라고 했다. 하나님은 우리를 안전한 길로 인도하시겠다고 약속하셨다. 이것을 믿는 자는 이 약속의 성취를 볼 것이다. 하나님은?

■ 말 씀 ■

Ⅰ. 앞서 구원의 길로 인도하신 하나님

이 예수 그리스도의 족보에 믿음의 어머니 사라나 리브가, 그리고 라헬이 포함되지 않고 불륜의 다말, 창기 라합, 이방 여인 룻, 자기 이름조차도 없이 우리야의 아내로 기록된 죄인 밧세바와 같은 여인들이 등장함은, 우리의 구원이 행위의 결과가 아니라 만세 전부터 계획하신 하나님의 구원 섭리에 따라 그 분께서 먼저 우리를 향해 베푸신 은혜임을 말하고 있다.

* 참고 성구 * 엡 2:8-10, 롬 11:6, 딛 2:11, 3, 7, 딤전 2:4

Ⅱ. 앞서 의의 길로 인도하신 하나님

이 예수 그리스도의 족보에 의로웠던 왕들과 의인들이 나타났는데 곧 여호사밧과 히스기야와 스룹바벨과 요셉이 바로 그들이다. 하나님은 우리 삶의 모든 순간에 앞서 행하시며 우리를 의와 진리의 길로 인도하시고, 그뿐 아니라 우리의 모든 행사에 직접 개입하셔서 모든 것이 합력하여 선을 이루는 길로 우리를 이끌고 계신다.

* 참고 성구 * 요 16:13, 롬 8:28, 신 10:12, 미 6:8

Ⅲ. 앞서 소망의 길로 인도하신 하나님

이 예수 그리스도의 족보에 마지막으로 등장하시는 분이 바로 메시야로 예언되었던 하나님의 독생자 예수 그리스도이시다. 범죄한 인류의 시조와 그 후에 인 인류를 구원하시기 위해 죄에 절망하는 인간에게 은혜의 소망을 주시기 위해 이 땅에 오신 예수로 인하여 우리는 죄악과 절망과 죽음의 길에서 떠나 소망의 영광에 참예하여 생명의 길을 가게 되었다.

* 참고 성구 * 시 58:11, 창 3:15,21, 요 14:6, 롬 5:18

■ 기 도 ■ 인류의 아버지이신 하나님! 범죄한 인류에게 끝까지 소망을 주시려고 여러 가지 섭리를 베푸신 하나님을 찬양드립니다. 지금까지 형통하게 보살피신 은혜로 오늘 이 성도를 끝까지 지켜주고 인도하시옵소서. 예수 그리스도의 이름으로 기도 드립니다. 아멘

회갑및 진갑

희년에 내포된 예표적 의미

■ 찬 송 ■ ♪ 172, 169, 177, 173   ■ 참 조 ■ ☞ ① 19p, 354p

■ 본 문 ■ …제 오십 년을 거룩하게 하여 전국 거민에게 자유를 공포하라 이 해는 너희에게 희년이니 너희는 각각 그 기업으로 돌아가며 각각 그 가족에게로 돌아갈지며… 【레 25:8-34】

■ 서 론 ■ 희년(禧年-요벨의 해)의 뜻은 '수양의 뿔, 나팔' 로서 이스라엘에서는 매 50년마다 희년이 공포되었는데 자유와 복귀와 휴식의 세 가지로 특징지어졌다. 희년에 내포된 의미는?

■ 말 씀 ■

I. 희년은 해방의 예표적 의미임

성경 기자는 제 오십 년을 거룩하게 하여 전국 거민에게 자유를 공포하라 했다. 이로써 노예로 있던 모든 이스라엘 사람에게 자유가 선언되었다. 희년의 영적 의미는 죄와 사망의 굴레에 묶인 자들이 해방을 맞음을 뜻하는데, 이는 예수 그리스도의 대속의 죽음으로 일차적으로 성취가 되었고, 이후 예수 그리스도께서 재림하실 때 최종적으로 완성될 것이다.

* 참고 성구 *   롬 8:19-24, 갈 5:1, 사 61:1, 고전 7:21

II. 희년은 회복의 예표적 의미임

성경 기자는 이 희년에는 너희가 각기 기업으로 돌아갈지라고 했다. 이는 가난 때문에 조상의 소유를 팔았던 자에게 돌려주는 일이다. 희년의 영적 의미는 범죄함으로 상실했던 영적 지위를 회복하여 다시 하나님의 자녀가 되는 축복을 누리게 됨을 의미한다. 이것 또한 주님 예수의 초림으로 일차적 성취를 보았으며, 재림을 통해 최종적으로 완성될 것이다.

* 참고 성구 *   시 51:11-12, 사 57:18, 렘 3:22, 미 7:19, 롬 8:15

III. 희년은 안식의 예표적 의미임

성경 기자는 제 팔 년에는 파종하려니와 묵은 곡식을 먹을 것이며 라고 했다. 이는 땅을 쉬게 하는 규례이다. 이 희년의 영적 의미는 죄악의 질고 속에서 슬픔과 고통을 받던 자들이 영원하고 참된 안식을 누리게 됨을 의미하는 것이다. 이것 또한 예수 그리스도의 초림으로 부분적인 성취를 보았고, 재림을 통하여 완전한 성취를 보게 될 것이다.

* 참고 성구 *   계 14:13, 살후 1:17, 히 4:9, 계 6:11

■ 기 도 ■ 희년을 만드신 하나님! 희년의 규례를 통하여 당신이 얼마나 당신의 백성을 사랑하셨나를 더욱 실감했습니다. 오늘 이 가정의 성도에게 이제는 당신께서 영원한 생명의 축복을 허락하시옵소서. 예수 그리스도의 이름으로 기도 드립니다. 아멘

회갑및 진갑

초막절 규례에 내포된 의의

■ 찬 송 ■ ♪ 91, 93, 543, 458 　　　　■ 참 조 ■ ☞ ① 87p

■ 본 문 ■ …이는 내가 이스라엘 자손을 애굽 땅에서 인도하여 내던 때에 초막에 거하게 한 줄을 너희 대대로 알게 함이니라 나는 너희 하나님 여호와니라【레 23:42-43】

■ 서 론 ■ 초막절은 유월절 및 칠칠절(=오순절)과 더불어 이스라엘의 3대 절기 가운데 하나로 수장절이라고도 부른다. 티쉬리 월(9-10월) 15일부터 1주간 지켜졌는데 첫 날과 마지막 날에는 성회가 열렸다. 추수감사제인 동시에 신년제이기도 한데 광야에서의 장막생활을 기념하기 위해 지켜졌다. 초막절의 의의는?

■ 말 씀 ■

I. 성도는 대대로 인간의 창조자를 알게 할 것

성경 기자는 너희는 칠 일 동안 초막에 거하되 이스라엘에서 난 자는 다 초막에 거할지니라고 했다. 여기서 '초막'은 히브리어 '수카'로서 '울타리를 두르다, 뚜껑을 덮다, 방어하다'(사카크)에서 유래되었는데 햇볕, 이슬, 짐승을 막은 임시 숙소를 말한다. 성도는 초막절을 통하여 인간의 창조자시며 영생의 근원이신 성부 하나님을 알게 해야 한다.

＊참고 성구＊　욥 33:4, 신 4:32, 시 8:5, 행 17:28, 창 2:7

II. 성도는 대대로 인간의 구원자를 알게 할 것

성경 기자는 너희 대대로 알게 함이라 나는 너희 하나님 여호와니라고 했다. 성도는 초막절을 통하여 천지창조 때에도 함께 하셨고, 하늘보좌에 계시던 '여호와의 사자'이신 예수 그리스도께서 죄와 사망의 늪에서 헤매는 인간에게 빛과 진리를 주시고, 영원한 해방과 생명을 누리게 하시려고 사람의 모습으로 나타나신 구원자인 성자 예수 그리스도를 알게 해야 한다.

＊참고 성구＊　요 1:1-3, 삿 13:18 사 9:6, 빌 2:8-9, 히 1:3

III. 성도는 대대로 인간의 인도자를 알게 할 것

성경 기자는 내가 이스라엘 자손을 애굽 땅에서 인도하여 내던 때에 초막에 거한 줄을이라고 했다. 성도는 초막절을 통하여 홍해를 가르고 광야에서 불기둥과 구름기둥으로 인도하시며 택하신 자기 백성의 발걸음 하나 하나를 지키시며 의와 생명의 길로 인도하셨던 삼위일체 중에 제3위이신 성령님의 능력의 역사하심을 잊지 말고 기억하고 체험케 해야 한다.

＊참고 성구＊　시 23:3, 요 16:13, 눅 1:79, 행 8:39, 믹 13:11-13

■ 기 도 ■ 하나님 아버지! 초막절에 나타난 큰 의미를 알았습니다. 이제 이 귀한 진리를 자손 대대로 전하겠사오니 후손들이 믿음에서 떠나지 않도록 지켜 주시옵소서. 예수 그리스도의 이름으로 기도 드립니다. 아멘

회갑및 진갑

아브라함에게서 본받을 신앙의 모습

■ 찬 송 ■ ♪ 507, 506, 347, 502   ■ 참 조 ■ ☞ ② 27p ③ 29p

■ 본 문 ■ …때에 에브론이 헷 족속 중에 앉았더니 그가 헷 족속 곧 성문에 들어온 모든 자의 듣는 데 아브라함에게 대답하여 가로되 내 주여 그리 마시고… 【창 23:1-18】

■ 서 론 ■ 독일의 철학자 임마누엘 칸트는 "신앙이 명령에 의하여 된 것이라면 그것은 신앙이 아니다."라고 했다. 믿음의 조상이요 모든 믿는 자의 아버지인 아브라함! 그를 선택하시어 구속사의 계보를 여신 하나님이 섭리는 놀라운 것이었다. 아브라함의 빛나는 신앙의 자세는?

■ 말 씀 ■

Ⅰ. 그의 겸손한 태도를 본받자

성경 기자는 아브라함이 그 땅 백성을 대하여 몸을 굽혔다고 했다. 영국의 수필가요 국무장관을 역임한 조셉 에디슨은 "겸손은 미덕에 대한 장식일 뿐만 아니라 그의 보호도 된다."라고 했다. 이웃을 사랑하고 잘 섬기라는 주님의 말씀대로 삶을 살아가는 성도에게는 자신을 높이지 않고 낮출 수 있는 성숙하고 겸손한 자세가 있어야 한다.

참고 성구 약 4:6, 10, 잠 22:4, 눅 14:10, 딤전 1:15, 벧전 5:5

Ⅱ. 그의 정직한 태도를 본받자

성경 기자는 아브라함이 내가 그 밭값을 당신에게 주리니 당신은 내게서 받으시오라고 했다. 미국의 초대 대통령 조지 워싱턴은 "남이 나를 정직한 사람이라고 불러주는 성격을 죽을 때까지 유지하고 싶다. 나는 정직한 사람이라는 말을 어떤 칭호보다 더 귀하게 생각한다."라고 했다. 성숙한 신앙인은 불의를 행치 않고 정직하고 성실하게 살아가야 한다.

참고 성구 고후 2:16, 잠 16:17, 시 7:10, 레 19:35-36

Ⅲ. 그의 경건한 태도를 본받자

성경 기자는 성문에 들어온 헷 족속 앞에서 아브라함의 소유로 정했다고 했다. 경건은 하나님께 자기의 전부를 드리려는 절대 귀의의 감정 또는 의지를 말한다. 또한 하나님을 기쁘시게 하려는 생활과 말씀에 충실하려는 심정까지도 포함된다. 성숙한 신앙인은 남에게도 영육간의 유익을 끼치기 위해 노력하며 세상에서도 거룩함과 경건함을 인정받게 된다.

참고 성구 딤전 4:7-8, 행 22:12, 딤후 3:12, 딤전 6:5-6, 딤후 3:5

■ 기 도 ■ 아브라함의 하나님! 오늘 귀한 날을 맞이한 당신의 택하신 성도에게 아브라함에게 허락했던 축복을 함께 베풀어주시옵소서. 예수 그리스도의 이름으로 기도드립니다. 아멘

회갑및 진갑

노아에게 붙여진 호칭

■ **찬 송** ■ ♪ 205, 219, 318, 321   ■ **참 조** ■ ☞ ② 23p

■ **본 문** ■ 노아의 사적은 이러하니라 노아는 의인이요 당세에 완전한 자라 그가 하나님과 동행하였으며 그가 세 아들을 낳았으니 셈과 함과 야벳이라…【창 6:9-12】

■ **서 론** ■ "마치 그대 자신의 뜻인 것처럼 하나님의 뜻을 행하라. 그리하면 하나님께서는 하나님 자신의 뜻처럼 그대의 뜻을 성취해 주시리라."라고 사도 바울의 스승이자 랍비였던 가말리엘은 말했다. 인류 역사의 계보를 이어간 은혜 입은 신앙인 노아! 노아는 어떤 사람이었는가?

■ **말 씀** ■

Ⅰ. 은혜 입은 노아는 의인이었다

기자는 노아는 여호와께 은혜를 입었더라 노아의 사적은 이러하니라 노아는 의인이요 라고 했다. 여기서 '은혜'는 히브리어 '헨'으로 이는 '불쌍히 여기다, 선처를 베풀다'인데, 인간의 노력 없이 값없이 주어지는 은혜는 하나님의 긍휼과 자비에서 비롯됨을 뜻한다. 이 세상에 의인은 없지만 성도는 하나님의 은혜를 입어 의롭다 함을 칭하며 죄를 극복하고 살아간다.

* 참고 성구 *   벧전 2:24, 엡 2:8, 롬 3:10, 5:1, 갈 3:11

Ⅱ. 은혜 입은 노아는 완전한 자였다

기자는 노아가 당세에 완전한 자라고 했다. 인간적인 측면으로서는 지극히 부족하고 한계가 많을지라도 전지전능하시고 완전하신 여호와 하나님을 힘입을 때 성도는 완전하고 영원한 생명을 소유한 자가 될 수 있다. 바울은 골로새 교회에 보낸 편지에서 그의 육체의 죽음으로 화목케 하사 너희를 거룩하고 흠 없고 책망할 것 없는 자로 세우고자 하셨다고 했다.

* 참고 성구 *   시 34:7, 롬 13:12, 살전 5:23, 골 1:22

Ⅲ. 은혜 입은 노아는 하나님의 자녀였다

기자는 노아가 하나님과 동행하였다고 했다. 하나님과 끊임없는 영적인 교제를 통해서 친밀한 관계를 유지하게 될 때 성도는 영광된 하나님의 나라를 상속받게 되는 하나님의 택하신 자녀로 인침을 받게 된다. 에녹은 노아처럼 하나님과 동행하는 삶을 산 사람인데 하나님은 죽음을 보지 않게 산 채로 하늘나라로 데리고 가셨다. 이는 천국을 소망하는 성도들에게 기쁨을 주는 사건이다.

* 참고 성구 *   롬 8:19-21, 히 11:7, 창 5:22-24, 계 3:4, 히 11:5

■ **기 도** ■ 은혜의 하나님! 오늘 축복된 날을 맞아 당신이 사랑하시는 이 성도에게 노아에게 베푸신 은혜를 함께 베푸시어 영원한 하늘 나라에 갈 때까지 의로운 인생을 살도록 축복하시옵소서. 예수 그리스도의 이름으로 기도 드립니다. 아멘

야곱의 축복에 내포된 하나님 축복의 법칙

■ **찬 송** ■ ♪ 410, 403, 412, 138   ■ **참 조** ■ ☞ ① 247p ② 81p

■ **본 문** ■ …그들에게 말하고 그들에게 축복하였으되 곧 그들 각인의 분량대로 축복하였더라 【창 49:28】

■ **서 론** ■ 영국의 수필가 찰스 램은 "인생의 좋은 것들은 마치 학생들에게 공휴일에 많은 숙제를 내주어 노는 데만 전념치 못하게 하듯이 좋은 면만 나타나는 것이 아니라 여러 가지 복합적으로 찾아온다는 것을 알아야 한다."라고 했다. 하나님의 축복의 법칙은?

■ **말 씀** ■

Ⅰ. 하나님은 분량대로 축복하신다

창세기 기자는 야곱이 축복하였으되 곧 그들 각인의 분량대로 축복했다고 기록했다. 구약성경에서 '축복하다'는 히브리어 '바라크'로서 '꿇어 엎드린다, 기도한다, 예배한다, 찬양한다, 감사한다'의 뜻으로 다양하게 사용되었다. 하나님은 우리 성도들에게 각자의 믿음의 분량대로 자기가 감당할 수 있을 만큼만의 은사와 능력을 베푸시고 축복하시는 정확하신 하나님이시다.

* 참고 성구 *   마 6:33, 말 3:10, 왕상 3:13, 마 15:28

Ⅱ. 하나님은 행한 대로 축복하신다

하나님은 성도들 각자의 믿음의 행위대로 축복에 축복을 더하시기도 하실 뿐더러 혹은 축복을 거두어 가시기도 하시는 공의의 하나님이심을 성경은 곳곳에서 이를 증명하고 있다. 믿은 대로 행하는 것은 성숙한 신앙인의 자세이다. 사무엘은 사울에게 왕이 여호와의 말씀을 버렸으므로 여호와께서 왕을 버려 이스라엘의 왕이 되지 못하게 하셨다고 했다.

* 참고 성구 *   고후 8:7, 약 2:18, 삼상 15:26, 2:30, 마 26:13

Ⅲ. 하나님은 약속대로 축복하신다

하나님은 모든 성도들에게 주신 약속의 말씀대로 영혼과 육신의 축복을 함께 내리신다. 하나님께서는 자신의 약속을 변개치 않고 축복을 베푸시는 신실하신 하나님이시다. 하나님은 믿음의 조상 아브라함에게 내가 네게 큰 복을 주고 네 씨로 크게 성하여 하늘의 별과 같고 바닷가의 모래와 같게 하리니라고 약속하신 대로 이것이 성취되었다.

* 참고 성구 *   출 23:25, 신 28:2, 시 24:5, 창 22:17, 롬 4:18

■ **기 도** ■ 축복의 하나님! 야곱의 축복이 하나님께서 내리신 축복임을 깨닫고 오늘 이 가정에 지금까지 내리신 축복을 배나 더하여 이 성도로 하여금 더욱 하나님을 의지하고 하나님께 영광돌리는 삶을 영위케 하소서. 예수 그리스도의 이름으로 기도드립니다. 아멘

회갑및 진갑

로마서에 언급된 아브라함의 믿음

■ 찬 송 ■ ♪ 344, 399, 456, 401　　■ 참 조 ■ ☞ ③ 29p

■ 본 문 ■ 아브라함이 바랄 수 없는 중에 바라고 믿었으니… 【롬 4:18-22】

■ 서 론 ■ 적극적 사고방식의 주창자 노만 빈센트 필 박사는 다음과 같이 말했다. "그대의 목표가 가치 있는 것이라는 것을 확신하기 위해 기도하라. 마음에 그것이 일단 확정되면 성공적으로 이뤄진 결과를 상상하고 그것을 그대 마음속에 못 박으라. 끝으로 그대가 꿈을 이루는 것을 하나님이 도와주시리라 믿으면서 그 영상을 간직하며 일하러 가라." 아브라함의 믿음은?

■ 말 씀 ■

I. 환경에 좌우되지 않는 아브라함의 믿음

바울은 아브라함이 바랄 수 없는 중에 바라고 믿었다고 했다. 여기서 '바랄 수 없는 중에'는 헬라어 '팔 엘피다'로서 이는 '희망을 거슬러, 희망을 떠나서, 희망의 반대로'의 의미로, 아브라함이 희망의 반대편인 절망의 위치에 있었다는 뜻이다. 성도는 자기가 처한 환경과 상황에 따라 믿음이 변하지 말고 항상 아브라함처럼 동일한 믿음을 갖자.

　　* 참고 성구 *　시 3:1-3, 고후 1:8-9, 단 3:18, 6:10, 욥 2:10

II. 약속을 의심치 않는 아브라함의 믿음

바울은 아브라함이 하나님의 약속을 의심치 않고 믿음에 견고해졌다고 했다. 여기서 '하나님의 약속을'은 헬라어 '에이스 데 텐 에팡겔리안 투 데우'로서 이는 '고로 하나님의 그 약속을 향하여'의 뜻으로, 아브라함이 사라의 태 죽은 것 같음을 주목하지 않고 아들을 주시겠다고 하신 하나님의 '약속'을 바라고 믿었던 것을 의미한다.

　　* 참고 성구 *　창 12:4, 민 23:19, 14:6-9, 시 46:1-3, 사 12:2

III. 매사를 하나님의 뜻에 맡긴 아브라함의 믿음

바울은 아브라함이 약속하신 그것을 또한 능히 이루실 줄을 확신하였다고 했다. 여기서 '능히'는 '뒤나토스'로서 하나님이 무엇이든지 하실 수 있는 능력을 의미한다. 성도가 하나님의 약속을 믿는다는 것은 그의 진실과 능력을 믿는다는 것이다. '믿는다'는 헬라어 '피스튜오'는 '맡긴다'는 뜻이다. 성도는 하나님의 뜻이라면 모든 삶을 맡길 줄 아는 믿음이 필요하다.

　　* 참고 성구 *　빌 4:13, 사 40:31, 고후 12:9-10, 눅 16:11, 딤전 1:11, 창 22:8

■ 기 도 ■ 아브라함의 하나님! 오늘 우리에게도 아브라함의 변치 않는 믿음을 허락하시어 주님 뵙는 그 날까지 충성된 믿음을 변치 않게 하옵소서. 예수 그리스도의 이름으로 기도 드립니다. 아멘

입학

다윗과 요나단의 우정이 주는 교훈

■ **찬 송** ■ ♪ 525, 407, 279, 93 　　　■ **참 조** ■ ☞ ② 123p ③ 161p

■ **본 문** ■ …요나단이 다윗을 사랑하므로 그로 다시 맹세케 하였으니 이는 자기 생명을 사랑함 같이 그를 사랑함이었더라…【삼상 20:12-23】

■ **서 론** ■ 로마의 정치가요 철학자인 키케로는 "우정은 우리의 희열을 두 배로 하여서 행복을 증진하고 또 우리의 번민을 분할하여서 불행을 감열한다"라고 했다. 성경에서 우정의 최고봉을 보여준 다윗과 요나단의 우정은?

■ **말 씀** ■

Ⅰ. 그들은 연합하는 우정이었음

요나단은 다윗에게 너를 보내어 평안히 가게 하지 아니하면 여호와께서 나 요나단에게 벌을 내리시고라 했다. 여기서 '평안히'는 히브리어 '샬롬'으로 '온전한'이라는 뜻이다. 이는 육체적으로 건강할 뿐 아니라 영적으로도 부족함이 없는 완전한 상태를 말한다. 우정은 일방적인 것이 아니라 상대의 처지를 이해하고 서로 주고 받는 깊은 연합이 필요하다.

* 참고 성구 *　빌 2:23, 시 119:63, 잠 13:20, 전 4:10

Ⅱ. 그들은 신실함을 유지하는 우정이었음

요나단은 다윗에게 그 일이 있던 날에 숨었던 곳에 이르러 에셀 바위 곁에 있으라고 했다. 여기서 '숨었던'은 히브리어 '사탐'으로 '샘물을 막다'(왕하 3:19)는 뜻으로 근본적 도피가 아니라 재난을 피하거나 임시 방편으로 은신처에 몸을 감추는 것을 의미한다. 친한 친구 사이일수록 더욱 신뢰를 잃지 않도록 노력해야 함은 그럴수록 우정이 깊어지기 때문이다.

* 참고 성구 *　몬 1:6, 행 2:42, 요일 1:7, 롬 16:4, 딤후 1:16

Ⅲ. 그들은 의를 추구하는 우정이었음

요나단은 다윗에게 너와 내가 말한 일에 대하여는 여호와께서 너와 나 사이에 영영토록 계신다고 했다. 영국의 장군이요 정치가인 크롬웰은 "우정의 빛은 인광과 같아서 주위가 캄캄할 때 더욱 뚜렷하게 나느니라."고 했다. 우정은 불의 속에서는 깨어지고 말 것인즉 진정한 우정은 하나님 안에서 서로 참 유익과 의를 추구하는 것이다.

* 참고 성구 *　시 1:1, 마 16:6, 눅 23:50-52, 잠 27:17, 요 15:13-14

■ **기 도** ■ 하나님 아버지! 다윗과 요나단의 우정을 잘 살펴보았습니다. 오늘 이 '우정장'에 나타난 우정을 우리도 행할 수 있도록 우리 마음에 사랑을 심어 주옵소서. 예수 그리스도의 이름으로 기도 드립니다. 아멘

입학

성령을 통해 나타나는 하나님의 지혜

■ **찬 송** ■ ♪ 173, 172, 178, 171 　　　■ **참 조** ■ ☞ ③ 427p

■ **본 문** ■ 그러나 우리가 온전한 자들 중에서 지혜를 말하노니 이는 이 세상의 지혜가 아니요 또 이 세상의 없어질 관원의 지혜도 아니요… 【고전 2:6-16】

■ **서 론** ■ 영국의 성직자요 주석가인 켐벨 몰간은 "만약 우리가 런던을 복음으로 채우기를 원한다면 우리는 기필코 성령과 동업을 하지 않으면 안 된다."라고 했다. 성령은 보혜사로서 성도의 곁에 계시면서 신앙생활을 충실히 하도록 이끌어 주신다. 성령의 사역은?

■ **말 씀** ■

Ⅰ. 성도로 하여금 하나님의 뜻을 깨닫게 하는 성령의 사역

바울은 성령은 모든 것 곧 하나님의 깊은 것이라도 통달하신다고 했다. 여기서 '통달한다'는 헬라어 '에라위나오'는 '조사한다, 살핀다, 검사한다'로서 자세히 아는 것을 의미한다. 인간의 한계성 있는 머리로는 하나님의 깊으신 뜻을 헤아릴 수 없으나 하나님의 보내신 성령을 모신 자는 하나님의 뜻을 밝히 깨달을 수 있다. 주님은 성령께서 모든 것을 생각나게 하신다고 하셨다.

　＊ 참고 성구 ＊　시 64:4, 요 14:26, 요일 2:27, 눅 12:12, 24:8

Ⅱ. 성도로 하여금 예수의 마음을 갖게 하는 성령의 사역

바울은 누가 주의 마음을 알아서 주를 가르치겠느냐 그러나 우리가 그리스도의 마음을 가졌느니라고 했다. 예수 그리스도는 우리 삶의 모본이요 우리 믿음의 모본이 되시는 분이시다. 뿐만 아니라 우리를 사랑하사 사랑의 본을 보여 주셨고, 성령을 보내어 주셔서 성도의 마음에 자신의 마음을 간직하게 하신 분이시다. 바울은 빌립보서에서 '케노시스'(자기를 비우심)론을 역설했다.

　＊ 참고 성구 ＊　빌 2:5, 벧전 4:1, 롬 8:6, 골 3:13, 요 14:16

Ⅲ. 성도로 하여금 성령의 열매를 맺게 하는 성령의 사역

성도는 성령이 함께 하시지 않을 때 의로운 믿음의 삶은 불가능하다. 성령께서 내주하심의 증거는 성도의 삶 속에서 나타나는 성령의 '열매', 곧 '칼포스'는 성도의 '결실, 유익, 이득, 결과, 수확'으로 이는 사랑과 희락과 화평과 오래 참음과 자비와 양선과 충성과 온유와 절제로 알 수 있다. 성도들이 성령의 열매를 삶 속에서 나타낼 때 하늘의 풍성한 상급을 보장받는다.

　＊ 참고 성구 ＊　갈 5:22-23, 겔 47:12, 마 13:8, 엡 5:9, 약 3:17

■ **기 도** ■ 하나님 아버지! 오늘 이 시간 성령님의 사역을 배웠습니다. 성령님께서 우리에게 내주하셔서 당신의 지혜와 주님의 마음을 가져 우리의 삶 속에서 성령의 열매를 맺게 하옵소서. 예수 그리스도의 이름으로 기도 드립니다. 아멘

하나님이 성도에게 주신 마음

■ **찬 송** ■ ♪ 350, 351, 493, 519   ■ **참 조** ■ ☞ ① 419p

■ **본 문** ■ 그러므로 내가 나의 안수함으로 네 속에 있는 하나님의 은사를 다시 불일듯 하게 하기 위하여 너로 생각하게 하노니 하나님이 우리에게 주신 것은… 【딤후 1:6-8】

■ **서 론** ■ 로마의 정치가이자 철학자인 키케로는 "하나님이 우주를 차지하고 계신 것같이 우리의 마음도 차지하실 수 있도록 하나님께 드려야 한다. 만일 우리가 그렇게 하나님을 모신다면 모든 것이 다 사라진 후라도 우리는 하나님 안에 그 모든 것을 갖게 될 것이다"라고 했다. 하나님이 성도에게 주신 마음은?

■ **말 씀** ■

Ⅰ. 하나님이 주신 성도의 능력 있는 마음
바울은 하나님이 우리에게 주신 것은 능력의 마음이라고 했다. 여기서 '능력'은 헬라어 '뒤나메오스'로서 이는 다이나마이트와 같이 폭발적으로 잠재적인 무한한 힘, 능력(might)을 가진 것을 의미한다. 폭약 '다이나마이트'는 '능력, 힘, 권능'의 뜻인 '뒤나미스'에서 연유된 말이다. 성도는 이 능력 있는 마음으로 담대히 복음을 전하고 세상을 이기는 의의 능력을 소유하자.
  * 참고 성구 * 요 20:21-23, 행 1:1-8, 눅 4:14, 엡 3:16, 행 7:51

Ⅱ. 하나님이 주신 성도의 사랑의 마음
바울은 하나님이 우리에게 주신 것은 사랑의 마음이라고 했다. 여기서 '사랑'은 '아가페스'로서 이는 '사랑의'인데 사랑에 소유되고 지배받은 상태를 의미한다. 사랑, 곧 '아가페'는 높은 가치에서 낮은 가치로 내려가는 무조건적 사랑이다. 성도는 하나님의 크신 사랑을 깨닫고 그 사랑에 감격하고 감사하는 마음으로 하나님과 다른 이웃을 사랑해야 한다.
  * 참고 성구 * 요일 4:16, 고전 13:13, 갈 5:6, 엡 5:2, 골 3:14

Ⅲ. 하나님이 주신 성도의 근신의 마음
바울은 하나님이 우리에게 주신 것은 근신하는 마음이라고 했다. 여기서 '근신하는'은 헬라어 '소프로니스무' 곧 '근신의'로서 자제력에 소유되어진 마음을 주셨음을 의미한다. 근신 곧 '소프로니모스'는 '도덕 교훈, 좋은 판단, 절제, 자기 훈련, 자기 수양, 분별력'의 뜻으로 성도들은 신앙생활 중에 자제력을 잃고 딴 길로 행해서는 안 되므로 좋은 판단을 해야 한다.
  * 참고 성구 * 고전 9:27, 딛 2:6, 고후 10:5, 눅 15:17, 딤후 4:10

■ **기 도** ■ 우리의 마음을 창조하신 하나님! 오늘 우리에게 당신이 주신 능력과 사랑과 근신의 마음을 영원히 간직하여 당신의 그 나라에 이를 때까지 보존하게 하소서. 예수 그리스도의 이름으로 기도 드립니다. 아멘

졸업

사명자 예레미야의 심령

■ 찬 송 ■ ♪ 177, 178, 337, 338 ■ 참 조 ■ ☞ ① 303p

■ 본 문 ■ 여호와여 주께서 나를 권유하시므로 내가 그 권유를 받았사오며 주께서 나보다 강하사 이기셨으므로 내가 조롱거리가 되니 사람마다 종일토록… 【렘 20:7-13】

■ 서 론 ■ 암흑 대륙 아프리카에서 평생토록 헌신한 리빙스턴은 "사람이 하여야 할 사명을 다 하기 전에는 죽고 싶어도 죽지 못한다."라고 했다. 눈물의 선지자라고 불린 예레미야는 여호와 하나님의 말씀 선포의 사명을 감당키 위해 각고의 노력을 했다. 범죄한 이스라엘을 향한 예레미야의 심령은?

■ 말 씀 ■

Ⅰ. 이는 불붙는 심령이다

예레미야는 주께서 나를 권유하시므로 내가 권유를 받았다고 했다. 여기서 '권유'는 히브리어 '파타'로서 '열다'에서 유래된 '개도, 유혹'이란 뜻으로 말로 상대를 설득하여 어떤 일을 유도하거나 바른 행실을 하도록 교훈함을 의미한다. 한번 하나님께 헌신된 자는 불길이 순식간에 퍼져나가듯 열정을 갖고 말씀을 외쳐 하나님의 정의가 이 땅에 구현되기를 바란다.

 * 참고 성구 * 단 4:2, 고전 9:25, 골 1:29, 히 12:4, 행 9:20

Ⅱ. 이는 견딜 수 없는 심령이다

예레미야는 여호와를 선포하지 아니하면 골수에 사무쳐 답답하여 견딜 수 없다고 했다. 하나님의 일꾼으로 부르심을 입은 자는 죄악이 가득한 세상을 바라보면 의로운 분노로 인하여 견딜 수 없는 심령이 된다. 따라서 그는 말씀을 선포하고 증거하여 하나님의 의가 세상에 차고 넘치도록 해야 하는 사명감에 더욱 몸부림치며 기도하게 된다.

 * 참고 성구 * 암 3:8, 시 62:1, 행 18:25, 골4:13, 요 2:16

Ⅲ. 이는 두려움 없는 심령이다

예레미야는 여호와는 두려운 용사 같으시며 나와 함께 하시는 고로 나를 박해하는 자가 넘어지고 이기지 못한다고 했다. 사명을 받은 사람은 하나님께 속한 자요 죄악은 사단에게 속한 자이매 사명자는 두려워할 것이 전연 없다. 성도는 죄악을 이기시는 하나님께서 내려 주시는 승리를 쟁취하고 하나님께 영광을 돌려야 한다. 그러면 하나님은 큰 상급을 내려 주실 것이다.

 * 참고 성구 * 히 12:28, 민 14:8, 시 3:6, 행 7:51, 계 22:12

■ 기 도 ■ 사명을 주신 하나님! 당신의 사명을 감당할 수 있도록 능력을 주시옵고 우리의 심령이 사명감으로 불타게 역사해 주시옵소서. 의의 면류관이 성도를 기다리고 있음을 감사드리며 예수 그리스도의 이름으로 기도 드립니다. 아멘

예수의 지상 명령의 삼대 속성

■ 찬 송 ■ ♪ 270, 252, 255, 265 　　　■ 참 조 ■ ☞ ② 325p

■ 본 문 ■ 또 가라사대 너희는 온 천하에 다니며 만민에게 복음을 전파하라 【막 16:15】

■ 서 론 ■ "우리가 받은 행군의 명령을 생각해 보시오! 갈릴리 언덕 위에서 기독교인들은 행군의 명령을 받았다. 교회는 선교하는 교회가 되어야 한다. 교회의 복음은 세상 모두를 위한 복음이다. 그 결과 역사상 하나의 기적이 창조된 것이다." 미국 목사 에드워드 엘슨의 말이다. 성도를 향한 주님의 명령에는?

■ 말 씀 ■

Ⅰ. 예수의 명령에는 보편성이 내재되었음

마가는 너희는 온 천하에 다니며라고 했다. 주님의 이 지상 대명(the Great Commission)은 이 명령을 들은 자 모두가 수행하여야 할 것이며, 이 명령은 어느 특정인이나 특정 지역, 특정 계층에만 전할 것이 아니라 모든 족속에게, 모든 세대에 걸쳐 그 어느 누구에게나 행하여야 하는 광범위한 주님의 명령이다. 따라서 성도는 때를 얻든지 못 얻든지 말씀을 전파해야 한다.

　　* 참고 성구 *　행 5:42, 눅 3:6, 롬 10:13, 딤전 2:4, 딤후 4:2

Ⅱ. 예수의 명령에는 긴급성이 내재되었음

마가는 만민에게 복음을 전파하라고 했다. 여기서 '만민'은 헬라어 '파사 헤 크티시스'로서 문자적으로는 '모든 피조물'이란 뜻으로 인간은 누구나가 하나님께 지음받은 자임을 강조한 말이다. 주님의 지상 대명은 생명이 걸린 영혼의 문제이기 때문에 지금 즉시 이 시간에 이루어져야 하는 긴급을 요하는 중대 사안인 것이다. 그러므로 성도의 생활은 전도의 시간인 것이다.

　　* 참고 성구 *　눅 14:21, 마 22:9, 사 55:1, 계 22:17

Ⅲ. 예수의 명령에는 계속성이 내재되었음

영국의 목사로 감리교를 창시한 존 웨슬리는 "나는 전 세계를 나의 교구로 보고 있으니 세계 어느 곳에서든지 구속의 복음을 듣기 원하는 사람에게 전도하는 것은 참으로 좋은 것이다. 이것을 나의 귀한 의무로 생각한다."라고 했다. 주님의 지상명령은 성도의 의무로서 주님 재림의 날까지 계속되어 한 영혼이라도 구원의 반열에 참예케 해야 한다.

　　* 참고 성구 *　벧전 3:15, 눅 19:9, 행 28:31, 벧후 3:9, 마 10:22

■ 기 도 ■ 하나님 아버지! 주 예수 그리스도의 최후 지상명령은 모든 성도들이 행해야 하는 거룩한 사명임을 깨달았습니다. 오늘 이 시간부터 주님의 분부를 시행하려 하오니 능력을 베풀어 주시옵소서. 예수 그리스도의 이름으로 간절히 기도 드립니다. 아멘

졸업

그리스도의 증인이 되는 자격

■ 찬 송 ■ ♪ 367, 102, 519, 372   ■ 참 조 ■ ☞ ③ 399p

■ 본 문 ■ …오직 성령이 너희에게 임하시면 너희가 권능을 받고 예루살렘과 온 유대와 사마리아와 땅끝까지 이르러 내 증인이 되리라 하시니라【행 1:6-8】

■ 서 론 ■ "그리스도의 증인은 그리스도처럼 십자가를 질 수 있어야 하고 그리스도를 위하여 순교의 각오를 한 자라야 한다." 어느 목회자의 말이다. 증인에 해당하는 헬라어 '말투스'에는 '증언자, 목격자, 순교자'의 의미도 포함된다. 따라서 증인이 된다는 것은 순교자가 된다는 말이다. 증인은?

■ 말 씀 ■

Ⅰ. 그리스도의 증인은 기도의 사람이어야 한다

독일의 종교개혁자 마틴 루터는 "기도는 인생에 있어서 가장 소중한 일이다. 만일 하루라도 기도를 소홀히 한다면 신앙의 정열을 잃게 된다."라고 했다. 그리스도의 증인이 되려는 자는 말씀을 바로 듣고 깨달아야 한다. 그러기 위해선 열심 있는 기도를 통해서 주와 친밀한 영적 교제를 가져 영적인 지혜를 얻어야 한다. 이 지혜는 세상적인 지혜가 아니라 신령한 하나님의 지혜이다.

* 참고 성구 * 엡 6:18, 대상 16:11, 살전 5:17, 빌 4:6, 고전 1:19-21

Ⅱ. 그리스도의 증인은 성령의 사람이어야 한다

누가는 성령이 너희에게 임하시면 너희가 권능을 받고라고 했다. 여기서 '권능'은 헬라어 '뒤나미스'로서 이는 '권능(power), 힘(might), 세력(force)'을 뜻하는데 여기서는 선교와 전도에 필요한 에너지를 말한다. 하나님의 권능은 성령을 통해 나오므로 그리스도의 증인은 성령을 체험하고 그분의 능력을 덧입어야 복음의 열매를 맺는다.

* 참고 성구 * 딤후 1:14, 눅 4:14, 행 19:11-12, 슥 4:6

Ⅲ. 그리스도의 증인은 충성의 사람이어야 한다

누가는 땅 끝까지 이르러 내 증인이 되리라고 기록했다. 여기서 '증인'은 헬라어 '말투스'로서 이는 '증인, 순교자, 증언자, 목격자'라는 뜻이다. 그리스도의 증인은 충성이 있어야 하는데 '충성' 곧 '피스토스'는 '믿을 만한, 신실한, 신뢰할 만한'으로 충성은 '믿음' 곧 '피스티스'에서 온 말이다. 충성된 자는 믿음이 있어야 하고 믿음이 있을 때 증인이 된다.

* 참고 성구 * 딤후 4:5-6, 고전 4:2, 히 3:5, 행 6:5, 7:59-60

■ 기 도 ■ 하나님 아버지! 오늘 그리스도 예수의 증인이 되는 자는 어찌해야 하는가를 보았습니다. 오늘 당신의 뒤를 따르고자 하는 이 성도에게 성령의 권능으로 채워서 담대히 복음을 전파하게 하소서. 예수 그리스도의 이름으로 기도 드립니다. 아멘

졸업

후계자로서 엘리사가 보여준 모습

■ 찬 송 ■ ♪ 507, 506, 502, 347　　　　■ 참 조 ■ ☞ ③ 203p
■ 본 문 ■ 여호와께서 회리바람으로 엘리야를 하늘에 올리고자 하실 때에…【왕하 2:1-11】
■ 서 론 ■ 스위스의 신학자 라바테르는 "내 시대에, 내 나라에, 내 이웃에게, 내 친구에게 무엇을 해야 하는가 하는 것이 덕망 있는 사람들이 간혹 자신에게 묻는 질문이다."라고 했다. 성경에서 주님 다음으로 가장 많은 기적을 행한 대머리 선지자 엘리사는?

■ 말 씀 ■

Ⅰ. 확고한 목표를 가진 엘리사

성경 기자는 엘리야가 엘리사를 떼어 놓고자 세 번이나 머물라고 했음을 기록했다. 여기서 '머물라'는 히브리어 '쉐브 나'로서 머물다(야샤브)는 '남다, 계속 거주하다'는 뜻이다. 원문은 '제발 남아 있으라'는 간곡한 의미가 내포되어 있다. 사람은 무엇을 목표로 누구를 좇아 사는가에 인생이 달라지는데 우리의 목표는 오직 예수 그리스도뿐임을 고백하는 자가 되자.

　　＊ 참고 성구 ＊　　고전 12:31, 빌 3:13-14, 딤후 2:15, 고전 9:24, 히 12:2

Ⅱ. 끊임없이 추종하는 엘리사

성경 기자는 엘리사가 세 번이나 여호와의 사심과 당신의 혼의 삶을 가리켜 맹세하노니 내가 당신을 떠나지 않겠다고 하며 끝내는 요단에 섰다고 했다. 여기서 '섰더니'는 히브리어 '야아메두'로서 어근 '아마드'는 '거주하다, 잠잠히 서다, 곁에 서다'는 뜻으로 두 사람이 장시간 대면했음을 시사한다. 제자는 스승을 죽기까지 따르지 않으면 가르침이 없다.

　　＊ 참고 성구 ＊　　골 1:29, 고전 9:25, 빌 1:27, 눅 13:24

Ⅲ. 본받는 삶을 산 엘리사

성경 기자는 갑절의 영감을 받기 원한 엘리사가 스승 엘리야가 승천한 후 남겨진 겉옷으로 스승처럼 요단 강물을 치고 건넜다고 기록했다. 제자는 스승의 가치관과 신념, 지식, 능력을 모두 이어받을 때 제자의 삶은 완성되는 것이다. 따라서 성도는 우리의 스승되시는 예수 그리스도의 마음이 우리의 마음이 되게끔 하는 것이 제자된 성도의 할 일이다.

　　＊ 참고 성구 ＊　　빌 2:5, 엡 6:20, 약 4:10, 빌 4:9, 행 20:35

■ 기 도 ■ 우리의 경배를 받으시는 하나님! 오늘 엘리사가 보여준 행위는 성도라면 누구나 본받아야 할 자세입니다. 우리도 주님을 본받아 아버지의 사역을 이루는 일에 앞장서서 열매를 남기는 삶을 살게 축복하소서. 예수 그리스도의 이름으로 기도 드립니다. 아멘

이민, 이사 및 입주

하나님이 주신 새 언약의 특징

■ **찬 송** ■ ♪ 404, 417, 405, 416   ■ **참 조** ■ ☞ ② 251p

■ **본 문** ■ 나 여호와가 말하노라 보라 날이 이르리니 내가 이스라엘 집과 유다 집에 새 언약을 세우리라…【렘 31:31-34】

■ **서 론** ■ 영국의 작가 로버트 서비스는 "해 놓은 약속은 상환되지 않은 빚이다."라고 했다. 하나님께서는 범죄한 이스라엘을 향해 새 언약을 공표하셨다. 이는 구약 성경에 기록된 언약에 관한 구절 중 가장 중요한 말씀으로 그리스도와 관계가 되는 중요한 언약이다. 새 언약의 특징은?

■ **말 씀** ■

Ⅰ. 이는 은혜의 언약임

여호와 하나님은 내가 애굽 땅에서 인도하여 내던 날에 세운 것과 같지 아니한 새 언약을 세운다고 하셨다. 인간은 죄로 말미암아 온전히 하나님께 나아갈 수 없었으나 예수 그리스도의 값없이 주시는 중보의 은혜의 피흘리심으로 구원을 얻게 되었다. 이 구원에 대하여 인간은 아무런 수고가 필요 없으니 오직 믿음으로 인한 하나님의 선물이다.

* 참고 성구 *   사 55:3, 히 8:6, 마 26: 28, 엡 2:10, 롬 11:27

Ⅱ. 이는 완전한 언약임

여호와 하나님은 나의 법을 그들의 속에 두며 나는 그들의 하나님이 되고 그들은 내 백성이 될 것이라 하셨다. 옛 언약의 돌비에 새긴 언약으로는 완전한 의를 이룰 수 없는 인간이 예수 그리스도의 보혈의 피공로를 힘입어서는 완전한 의를 이룰 수 있게 되었으니 이것이 완전한 언약이다. 주님은 이 완전한 언약을 이루시기 위해 고난의 십자가를 지셨다.

* 참고 성구 *   시 89:28, 요 19:30, 34, 히 9:15, 8:10, 8:25

Ⅲ. 이는 영원한 언약임

여호와 하나님은 다 나를 앎이라 내가 그들의 죄악을 사하고 다시는 그 죄를 기억지 아니하리라고 하셨다. 여기서 '앎이라'는 히브리어 '예드우'로서 '체험적으로 알다' (야다)는 뜻으로 성도들이 자기 배우자를 몸으로 속속들이 아는 것처럼 하나님을 깊이 깨달음을 의미한다. 예수 그리스도의 단번에 구원을 이루시고 영원한 속죄를 이루신 새 언약은 영원히 시행된다.

* 참고 성구 *   겔 16:60, 히 12:24, 9:12, 롬 5:9, 벧전 1:18-19

■ **기 도** ■ 새 언약의 하나님! 율법의 옛 언약보다 더 나은 예수 그리스도의 새 언약을 주심을 감사드립니다. 오늘 이 가정의 성도에게도 더 나은 축복으로 함께 하시어 큰 영광을 받으시옵소서. 예수 그리스도의 이름으로 기도 드립니다. 아멘

이민, 이사 및 입주

야곱 가문의 애굽 이주가 주는 교훈

■ 찬 송 ■ ♪ 382, 370, 374, 378   ■ 참 조 ■ ☞ ① 38p

■ 본 문 ■ …이와 같이 야곱이 그 아들들과 손자들과 딸들과 손녀들 곧 그 모든 자손을 데리고 애굽으로 갔더라【창 46:1-7】

■ 서 론 ■ 스코틀랜드의 역사학자 데이빗 흄은 "그의 환경이 그의 기질에 맞는 사람은 행복하다. 그러나 어느 환경에나 그의 기질을 맞출 수 있는 사람은 더욱 훌륭하다."라고 했다. 야곱 가문은 하나님이 예정하셨던 애굽으로의 이주를 시작하게 되었다. 성도의 이주는?

■ 말 씀 ■
I. 성도는 기도로써 준비해야 함
기자는 야곱이 그 아비 이삭의 하나님께 희생을 드렸다고 했다. 이는 야곱이 조상의 하나님께 예배를 드린 것이다. 성도가 미지의 세계로 삶의 방향을 바꿀 때 가장 필요한 것은 바로 기도로써 먼저 준비하는 것이다. 기도는 만사를 변화시킬 힘과 지혜를 주기 때문에 기도로 준비한 사람과 기도하지 않은 사람의 차이는 엄청나다. 기도는 하나님 응답의 신비한 통로이다.
  * 참고 성구 *   행 16:6-10, 계 5:8, 살전 5:17, 엡 6:18

II. 성도는 하나님의 말씀을 따라야 함
기자는 하나님이 이상 중에 야곱에게 나타나시어 내가 너와 함께 애굽으로 내려가신다고 했다고 기록했다. 하나님의 말씀은 발의 등이요 길의 빛이라고 했다. 성도들은 자기의 뜻대로, 자기의 계획대로 방향을 잡는 것이 아니라 하나님의 말씀을 좇아 방향을 잡아야 한다. 말씀에 따라서 방향을 잡지 않을 때는 그릇된 길로 가기 쉽고 큰 우환을 만난다.
  * 참고 성구 *   시 119:11, 105, 신 32:11-12, 8:2, 창 12:4, 35:1

III. 성도는 두려워하지 말아야 함
기자는 하나님이 야곱에게 애굽으로 내려가기를 두려워 말라고 하셨고, 야곱은 순종하여 애굽으로 갔더라고 기록했다. 여기서 '갔더라'는 히브리어 '보'로서 '들어가다'의 뜻인데, 이는 단순히 '가다'가 아니라 그곳에 도착하여 거주한다는 뜻으로 애굽에서 삶의 터전을 마련했다는 의미이다. 기도와 말씀으로 결정된 일은 담대히 나가야 한다. 그 길에 항상 하나님이 동행해 주신다.
  * 참고 성구 *   수 1:7, 시 41:10, 마 10:30-31, 14:27

■ 기 도 ■ 보호하시는 하나님! 야곱 가정의 애굽 이주를 말씀으로 살펴보았습니다. 오늘 당신의 사랑하는 성도의 가정도 당신께서 야곱처럼 지켜서 무탈한 삶이 되도록 인도하시옵소서. 예수 그리스도의 이름으로 기도 드립니다. 아멘

이민, 이사 및 입주

요셉의 하나님 섭리에 대한 자세

■ 찬 송 ■ ♪ 202, 182, 190, 213　　　■ 참 조 ■ ☞ ③ 57p

■ 본 문 ■ …그런즉 나를 이리로 보낸 자는 당신들이 아니요 하나님이시라 하나님이 나로 바로의 아비를 삼으시며 그 온 집의 주를 삼으시며…【창 45:1-15】

■ 서 론 ■ 영국 주교 조지 레빙톤은 "두 번째 원인의 고리를 항상 길게 늘여 놓아라. 첫 번째 고리는 항상 하나님의 손 안에 들어 있느니라."고 했다. 자신의 인생에 나타난 비밀을 탁월한 통찰력으로 하나님의 섭리임을 간파한 꿈쟁이 요셉! 이 요셉은?

■ 말 씀 ■

I. 요셉은 하나님의 섭리를 인정했음

요셉은 형제들에게 한탄하지 말라며 하나님이 생명을 구원하시려고 나를 당신들 앞서 보내셨다고 했다. 여기서 '한탄하지'는 히브리어 '하라'로서 스스로에 대해 '맹렬히' (시 106:40) 진노하다는 뜻으로, 불타는 듯한 감정을 가짐, 과거 잘못에 대한 심한 회오를 보여줌의 의미이다. 성도는 인생의 생사화복이 주권자 하나님의 섭리 속에서 이루어짐을 인정하는 것이 바른 자세이다.

　　참고 성구　대상 29:11-12, 잠 21:1, 마 6:13, 롬 9:19

II. 요셉은 하나님의 섭리를 순종했음

요셉은 형제들에게 당신들의 후손을 세상에 두시려고 나를 당신들 앞서 보냈다고 했다. 여기서 '두시려고'는 히브리어 '쇠아르'로서 '남다, 남겨 두다'의 뜻으로, 심판이 휩쓸어 가버린 곳에 남아 있게 하는 것으로 하나님의 구원의 행위이다. 성도는 하나님의 지혜로우신 계획과 섭리를 오직 순종하며 그 뜻을 따르는 자가 되어야 한다. 이것이 하나님 백성의 참된 자세이다.

　　참고 성구　엡 6:6, 신 6:24, 시 31:23, 딤후 4:18

III. 요셉은 하나님의 섭리를 감사했음

요셉은 형제들에게 그런즉 나를 이리로 보낸 자는 당신들이 아니요 하나님이시라며 애굽 온 땅의 치리자로 나를 삼으셨다고 했다. 성도는 결국엔 의를 이루시고 축복으로 이끄시는 하나님의 섭리에 감사하고 찬송하며 모든 영광을 하나님께 돌리는 자세를 견지하는 것이야말로 성도의 바른 자세로서 요셉과 같이 고난의 때든 기쁨의 때든 동일한 자세를 가지자.

　　참고 성구　살전 5:18, 딤전 4:4, 시 100:4, 골 3:15, 창 39:21

■ 기 도 ■ 섭리의 하나님! 요셉을 애굽의 총리대신으로 삼아 택하신 백성을 기근으로부터 구원하신 하나님의 놀라운 섭리에 감사드립니다. 오늘 이 가정에도 어떤 하나님의 섭리가 있는지 영적 통찰력으로 깨닫게 하옵소서. 예수 그리스도의 이름으로 기도 드립니다. 아멘

성전 언약에 나타난 의의

■ 찬 송 ■ ♪ 242, 245, 246, 250   ■ 참 조 ■ ☞ ① 175p
■ 본 문 ■ …너의 건축한 이 전을 거룩하게 구별하여 나의 이름을 영영히 그곳에 두며… 【왕상 9:1-9】
■ 서 론 ■ 유대인들은 여호와의 성호가 너무 거룩하여 부르기가 황송해서 '아도나이'(= 주)라고 불렀고, 성경 기자들이 성경을 기록할 때 여호와의 성호를 기록할 땐 미리 자세를 가다듬고 그 성호를 다 쓰기 전에 먹물이 마르는 일이 없도록 하기 위해 먹물을 새로 찍었고 중간에 중단하는 일이 없도록 세심한 주의를 기울였다. 이 여호와께서 성전에?

■ 말 씀 ■

Ⅰ. 여호와 하나님은 당신의 이름을 두신다고 하셨음

여호와 하나님은 너의 간구함을 내가 들었은즉 이 전에 구별하여 나의 이름을 둔다고 하셨다. 여기서 '들었은즉'은 히브리어 '솨마아'로서 '분별하다, 받아들이다'는 뜻으로 하나님이 솔로몬의 기도를 판단해 옳다고 인정함을 의미한다. 하나님의 이름보다 인간의 이름이 득세하는 교회는 거룩하지 못하다. 교회의 주인은 오로지 하나님 한 분뿐이다.

＊ 참고 성구 ＊   행 2:21, 시 113:3, 잠 18:10, 말 1:10

Ⅱ. 여호와 하나님은 당신의 눈을 두신다고 하셨음

여호와 하나님은 솔로몬에게 이 전을 거룩하게 구별하여 나의 눈을 둔다고 하셨다. 여호와 하나님은 감시하기 위한 감시자의 눈이 아닌 보호자로서의 눈으로 성전에서 일어나는 모든 일을 지켜보시며 또한 외부의 위험으로부터 보호하시며 지켜주신다. 이렇듯 하나님의 눈은 졸지도 주무시지도 않은 채 파수꾼처럼 항상 성전을 향하고 있다.

＊ 참고 성구 ＊   시 121:3-8, 딤후 1:12, 눅 12:7, 벧전 5:7

Ⅲ. 여호와 하나님은 당신의 마음을 두신다고 하셨음

여호와 하나님은 나의 마음이 항상 거기 있으리라고 하셨다. 그리스의 철학자 탈레스는 "가장 빠른 것은 마음이다. 마음은 순간에 전 우주를 왕래한다."라고 했다. 하나님의 지극하신 사랑의 마음이 있기 때문에 교회에는 죄사함이 있고 성도들 사이에 친교가 있으며, 그러므로 참된 사랑이 있는 은혜의 장소가 되는 것이다. 성도는 하나님의 마음이 임재하신 성전을 사모하자.

＊ 참고 성구 ＊   마 18:20, 요심 1:6, 요 20:23, 행 2:46-47

■ 기 도 ■ 언약을 주시는 하나님! 성도는 하나님의 마음이 임재하신 성전을 사모하자. 솔로몬 성전을 향하여 언약하신 하나님의 언약이 오늘 이 가정의 제단에도 동일한 은혜로 이루어 주시기를 예수 그리스도의 이름으로 간절히 기도 드립니다. 아멘

이민, 이사 및 입주

야긴과 보아스가 주는 영적 의미

■ **찬 송** ■ ♪ 539, 439, 82, 376 ■ **참 조** ■ ☞ ① 177p

■ **본 문** ■ …이 두 기둥을 전의 낭실 앞에 세우되 우편의 기둥을 세우고 그 이름을 야긴이라 하고 좌편의 기둥을 세우고 그 이름을 보아스라 하였으며… 【왕상 7:13-22】

■ **서 론** ■ 미국의 시인이자 수필가인 랄프 에머슨은 "나는 어떤 설교보다 예배가 있기 전의 조용한 교회를 더 좋아한다."라고 했다. 솔로몬 성전을 받치는 놋기둥 야긴과 보아스가 주는 영적 의미는?

■ **말 씀** ■

Ⅰ. 놋기둥 야긴은 힘을 상징함

놋점장 히람이 솔로몬의 성전 낭실 앞 우편에 야긴이라는 이름의 기둥을 세웠다. '야긴'의 뜻은 '여호와께서 세우셨다'인데 이는 성전을 하나님께서 친히 건축하셨음을 상징한다. 기둥이 성전을 받칠 만한 군건한 힘을 가졌듯이 성도들이 가진 신앙은 그의 생애를 받쳐 주는 영적인 힘을 가진다. 이것을 동양의 음양이론으로 설명하면 양, 곧 남성을 의미한다.

 * 참고 성구 * 갈 6:14, 롬 12:2, 딤후 2:4, 히 11:6

Ⅱ. 놋기둥 보아스는 아름다움을 상징함

놋점장 히람이 솔로몬의 성전 낭실 앞 좌편에 보아스라는 이름의 기둥을 세웠다. '보아스'의 뜻은 '그(하나님) 안에 능력이 있다'인데 이는 하나님의 능력이 성전을 영원 무궁토록 지켜 주심을 상징하고 있다. 기둥이 건물 입구 중앙에 드러나 아름다운 것처럼 성도의 신앙은 그리스도의 은혜로써 삶을 아름답고 풍요롭게 한다. 또한 이는 음, 곧 여성을 의미한다.

 * 참고 성구 * 롬 10:15, 사 40:9, 요일 5:11, 빌 4:12

Ⅲ. 놋기둥 야긴과 보아스는 조화를 상징함

놋점장 히람이 솔로몬의 성전 낭실 앞 좌우편에 세운 야긴과 보아스가 조화를 이루어 하나님의 역사를 이루듯이 성도들은 공의의 힘과 풍성한 은혜의 아름다움으로 조화를 이루어 이 세상을 떠받치는 신앙의 사람이 되어야 할 것이다. 뿐만 아니라 한 가정을 구성하는 남성과 여성이 서로 조화를 이루어 하나님의 사역을 신앙으로 감당해야 한다.

 * 참고 성구 * 벧전 3:15, 롬 8:24, 요일 3:3, 행 18:2

■ **기 도** ■ 성전의 주인이신 하나님 아버지! 솔로몬 성전의 두 기둥이 당신의 전을 빛내듯이 오늘 이 가정의 제단에 앉은 남녀에게도 똑같은 은혜를 내리시어 조화를 통해 당신께 영광돌리는 성도들이 되도록 축복하옵소서. 예수 그리스도의 이름으로 기도 드립니다. 아멘

취업및 승진

야곱의 충성된 모습

■ 찬 송 ■ ♪ 102, 82, 539, 415　　　■ 참 조 ■ ☞ ① 39p

■ 본 문 ■ …야곱이 그에게 이르되 내가 어떻게 외삼촌을 섬겼는지 어떻게 외삼촌의 짐승을 쳤는지 외삼촌이 아시나이다…〔창 30:25-43〕

■ 서 론 ■ 태조 이성계를 도와 조선 건국의 일등공신이 된 삼봉 정도전은 "세상의 일이 부지런하면 다스려지고 부지런하지 못하면 버려지는 것은 필연의 이치이다."라고 했다. 고향을 떠나 머나먼 이국땅에서 성공을 위해 촌각을 아끼며 충성된 자세를 견지한 야곱이 오늘 우리에게 주는 것은?

■ 말 씀 ■ 、

Ⅰ. 야곱의 성실한 모습

야곱은 라반에게 내가 어떻게 외삼촌을 섬겼는지, 어떻게 외삼촌의 짐승을 쳤는지, 외삼촌이 아신다고 했다. 이것은 성실하게 일한 사람이 아니고서는 감히 할 말이 아니다. 성도가 게으르고 태만하지 아니한 모습으로 주어진 일을 열심히 성실하게 할 때 주인으로부터 충성된 종이라고 인정을 받고 주인의 기쁨에 참예하게 되는 영광도 누린다.

＊ 참고 성구 ＊ 잠 21:25, 25:13, 롬 12:17, 창 39:6, 벧후 3:14

Ⅱ. 야곱의 책임 있는 모습

야곱은 라반에게 내가 오기 전에는 외삼촌의 소유가 적더니 번성하여 떼를 이루었나이다. 나의 공력을 따라 여호와께서 복을 주셨다고 했다. 여기서 '공력'은 히브리어 '레겔' 로서 '발, 도보' (신 2:28)라는 뜻으로 '나의 공력을 따라' 는 '내 발이 미침에 의해' 로 이해할 수 있다. 성도의 책임 완수는 종으로서 생명과 같으므로 기필코 이루어야 할 사명이다.

＊ 참고 성구 ＊ 마 25:23, 잠 27:18, 마 24:25, 시 123:2, 엡 6:5

Ⅲ. 야곱의 겸손한 모습

라반이 내가 무엇으로 네게 주랴 하자 야곱은 외삼촌께서 아무것도 내게 주실 것이 아니라 나를 위하여 이 일을 행해 주시라고 했다. 종은 아무리 좋은 성과를 얻었다고 할지라도 자기 자신을 자랑해서는 안 된다. 영광을 받아야 할 사람은 자신이 아니라 자신을 부리고 있는 주인이기 때문이다. 성도들이 하나님께 모든 영광을 돌리는 것도 이 때문이다.

＊ 참고 성구 ＊ 계 19:7, 시 29:2, 시 25:1, 빌 3:13, 창 32:10

■ 기 도 ■ 성실한 일꾼을 사랑하시는 하나님! 오늘 야곱의 충성된 모습을 보았습니다. 우리 성도들은 세상 일이나 주님의 일이나 맡은바 책임을 완수하도록 인도하여 주시옵소서. 예수 그리스도의 이름으로 기도 드립니다. 아멘

취업및 승진

성도가 노동을 해야 하는 이유

■ **찬 송** ■ ♪ 370, 258, 382, 260   ■ **참 조** ■ ☞ ③ 407p

■ **본 문** ■ 손을 게으르게 놀리는 자는 가난하게 되고 손이 부지런한 자는 부하게 되느니라【잠 10:4】

■ **서 론** ■ 영국의 수필가요 역사가인 토마스 칼라일은 "노동은 생명이다. 근로자의 내면 깊숙한 마음에서 하나님의 주신 힘이 솟아나고 성스러운 하늘의 삶의 본질이 전능하신 하나님에 의해 그에게 스며들어 온다." 라고 했다. 주님은 하나님이 일하시니 나도 일한다고 하셨다(요 5:17). 성도의 노동은?

■ **말 씀** ■

Ⅰ. 일하는 것은 하나님이 명하신 사람의 의무이기 때문임

사람이 노동을 해야 하는 것은, 인류의 시조 아담과 하와가 범죄하여 죄의 결과로 땅마저 저주를 받은 때문으로 이로 인하여 인간은 얼굴에 땀을 흘려 고생을 하여 수고한 소산을 먹게 되었다. 주님께서도 아버지께서 일하시니 나도 일한다고 하셨고, 바울은 양식을 값없이 먹지 않고 수고하고 애써 주야로 일하니 일하기 싫어하면 먹지도 말라고 했다.

* 참고 성구 *   창 3:17, 살후 3:8, 10, 요 5:17, 잠 6:6, 20:13, 롬 12:11

Ⅱ. 일하는 것은 우리는 하나님의 청지기이기 때문임

성도가 일하는 것은, 이 세상에 살면서 예수 그리스도와 하나님의 영광을 위해 이 땅에 하나님의 의가 실현되도록 성도는 하나님으로부터 부여된 선한 일에 힘쓰는 것이다. 또한 악하고 게으른 종이라는 책망을 받지 않기 위해서 나태하고 소극적인 자세를 버리고 하나님의 일꾼답게 맡은 일에 열심과 최선을 다하는 삶을 살 때 하늘의 상급이 기다리고 있다.

* 참고 성구 *   고전 4:2, 마 25:23, 26, 딤전 6:7-8, 딤후 4:7-8

Ⅲ. 일하는 것은 근면은 축복의 통로가 되기 때문임

프랑스의 격언에 "근면은 모든 행운의 어머니이다."는 말이 있고, 그리스의 격언에는 "노동은 수치가 아니다. 수치는 나태함이다." 라는 말이 있으며, 미국의 자본가요 박애주의자인 강철왕 카네기는 "일하라! 부지런하라! 그리고 자립하라!"고 했다. 부지런하고 열심히 의로운 일에 힘쓰는 성도에게는 땀흘린 것에 대한 합당한 상과 축복이 임하게 된다.

* 참고 성구 *   롬 12:8, 잠 11:6, 10:5, 12:11, 히 6:11, 벧후 1:10

■ **기 도** ■ 일하시는 하나님! 주님 예수께서도 아버지가 일하시니 나도 일한다고 하셨습니다. 우리 성도들도 이 세상의 먹고 마시고 입을 것을 위해 하는 일보다 영혼을 구하는 일에 더 많이 헌신하게 하소서. 예수 그리스도의 이름으로 기도 드립니다. 아멘

취업및 승진

요셉을 본받을 행동

■ **찬 송** ■ ♪ 14, 27, 502, 456 ■ **참 조** ■ ☞ ② 35p ③ 55p

■ **본 문** ■ …주인이 그 소유를 다 요셉의 손에 위임하고 자기 식료 외에는 간섭하지 아니 하였더라 요셉은 용모가 준수하고 아담하였더라【창 39:1-6】

■ **서 론** ■ 로마의 정치가요 철학자인 세네카는 "인간들이란 그들의 귀보다 눈을 더 신임한다. 그러므로 모범의 교훈은 간략하고 즉결적이며 효과적인데 비해 귀를 통한 교훈의 효과는 느리고 따분하다."라고 했다. 보디발의 가정 총무 요셉의 삶은?

■ **말 씀** ■

Ⅰ. 요셉의 경건한 행동을 본받자

성경 기자는 여호와께서 요셉과 함께 하셨다고 했다. 요셉은 형제들로부터 버림을 받아 노예처럼 머나먼 이국 땅 애굽에 팔려 와서 남의 집에서 종살이 하는 처지가 되었지만 하나님을 경외하며 살았다. 성도들도 요셉처럼 어려운 환경에서도 좌절하지 않고 하나님을 경외하는 생활을 지속하여 하나님이 함께 하시는 '임마누엘'의 축복의 사람임을 증거해야 한다.

* 참고 성구 *   시 31:19, 출 23:25, 마 6:33, 왕상 3:13, 왕하 4:8-9

Ⅱ. 요셉의 겸손한 행동을 본받자

성경 기자는 요셉이 그 주인에게 은혜를 입어 섬겼다고 했다. 여기서 '섬기매'는 히브리어 '솨라트' 로서 '시중 들다, 제의를 수행하다' 는 뜻으로 이는 절대적인 주종 관계의 봉사에 사용되는 말로 요셉의 헌신적인 충성을 표현한다. 성도들은 요셉처럼 겸손하게 섬기며 사는 모습을 드러내야 하며 은혜 입음을 감사할 줄 알고 충성과 봉사로 갚을 줄 알아야 한다.

* 참고 성구 *   약 4:10, 미 6:8, 벧전 5:5, 눅 14:10

Ⅲ. 요셉의 성실한 행동을 본받자

성경 기자는 주인이 그 소유를 요셉에게 위임하고 간섭하지 않았다고 했다. 여기서 '간섭하지' 는 히브리어 '야다' 로서 '알다' 라는 뜻인데 이는 요셉을 신임하여 전폭적으로 위임함으로써 가사에 대해 깊이 알려지지도 않았다는 의미이다. 성도는 요셉처럼 주어진 일에 책임을 다하여 그의 부지런함과 성실함으로 더욱 인정받는 풍성한 삶을 살아야 한다.

* 참고 성구 *   단 6:4, 삼상 12:4, 왕하 12:15, 고후 7:2, 빌 2:8

■ **기 도** ■ 요셉을 형통하게 하신 하나님! 오늘 이 시간 요셉의 자세를 보았습니다. 우리도 요셉처럼 성실한 행동으로 사람과 하나님께 더 크게 쓰임 받는 성도들이 되게 바르게 인도하옵소서. 예수 그리스도의 이름으로 기도 드립니다. 아멘

취업및 승진

달란트의 비유가 주는 의의

■ 찬 송 ■ ♪ 263, 303, 522, 474 　　　■ 참 조 ■ ☞ ③ 377p

■ 본 문 ■ 또 어떤 사람이 타국에 갈제 그 종들을 불러 자기 소유를 맡김과 같으니 각각 그 재능대로 하나에게는 금 다섯 달란트를, 하나에게는 두 달란트를…【마 25:14-30】

■ 서 론 ■ 달란트(talent)는 무게의 최대 단위로서 대량의 은과 금을 달기 위해 사용되었고(출 25:39), 신약시대에는 헬라 계통의 달란트가 사용되어 중량과 통화 모두를 가리켰다. 이것이 복음서의 비유에서는 의미가 바뀌어 '재능'을 의미하게 되었다. 성도의 달란트는?

■ 말 씀 ■

Ⅰ. 성도가 받은 달란트는 주권적으로 주어진 달란트임

기자는 어떤 사람이 타국에 갈제 종들에게 각각 그 재능대로 자기 소유를 맡겼다고 했다. 여기서 '재능'은 헬라어 '탈란톤'인데 '틀라오'(참다)에서 유래된 말로, 무게와 화폐의 단위로 쓰이나 상징적으로는 각자의 하나님께서 부여하신 개성의 독특한 능력을 말한다. 하나님은 당신의 주권에 따라 적절히 달란트를 주시므로 성도는 이에 이의를 달거나 불평하면 안 된다.

 * 참고 성구 *　 롬 12:6, 고전 4:7, 엡 4:11, 롬 9:20, 눅 19:13

Ⅱ. 성도가 받은 달란트는 사용해야 하는 달란트임

기자는 종들이 바로 가서 장사하여 각기 다섯 달란트와 두 달란트를 남겼다고 했다. 성도들이 받은 달란트, 곧 '재능'은 헬라어 '뒤나미스'로서 이는 '권능, 힘, 세력'의 뜻이 있다. 인간은 날 때부터 하나님께로부터 받은 천부적인 능력을 가지며 믿는 자는 각기 믿음의 능력을 가지고 있다. 성도는 달란트를 선용하여 교회와 사람에게 영적 유익을 끼쳐야 한다.

 * 참고 성구 *　 딤전 4:14-16, 딤후 1:6, 딤전 1:18, 행 20:24

Ⅲ. 성도가 받은 달란트는 상급을 받게 하는 달란트임

기자는 이득을 남긴 종들에게 그 주인이 착하고 충성된 종이라며 주인의 즐거움에 참여하라고 기록했다. 여기서 '충성된'은 헬라어 '피스토스'로서 '신실한, 입증된, 믿을 만한'의 뜻으로 어떤 일이 맡겨졌을 때 최선을 다해 성실하게 본분을 수행하는 자를 말한다. 성도는 받은 달란트를 어떻게 선용했느냐에 따라 하늘나라에서 받는 상급이 결정된다.

 * 참고 성구 *　 고전 3:14, 눅 19:17, 계 2:10, 20:4, 딤후 4:7-8

■ 기 도 ■ 우리에게 달란트를 맡기신 하나님! 당신에게 착하고 충성된 종이라는 칭찬을 듣는 성도가 되며 가정과 교회와 사회에 모범을 보이는 자들이 되게 하옵소서. 예수 그리스도의 이름으로 기도 드립니다. 아멘

취업및 승진

왕후가 된 에스더의 의의

■ 찬 송 ■ ♪ 367, 102, 519, 364   ■ 참 조 ■ ☞ ② 205p

■ 본 문 ■ …에스더가 모르드개의 명한 대로 그 종족과 민족을 고하지 아니하니 저가 모르드개의 명을 양육 받을 때와 같이 좇음이더라 【에 2:15-20】

■ 서 론 ■ 스코틀랜드의 소설가 조지 맥도날드는 "하나님을 향하지 않은 성장은 모두 썩기 위해 자라고 있는 것이다."라고 했다. '별'이라는 의미를 지닌 에스더는 왕후가 되어 다가오는 유대인의 살육을 막게 되는데 에스더의 의의는?

■ 말 씀 ■

I. 하나님이 쓰시는 자는 사랑받는 자이다.

기자는 에스더가 모든 보는 자에게 굄을 얻더라고 했다. 여기서 '굄'은 히브리어 '헨'으로 '은혜, 호의'의 뜻인데 이는 윗사람이나 보다 강한 사람이 아랫사람에게 관심을 가지고 사랑해 주거나 보살펴 주는 것을 말한다. 성도는 하나님뿐만 아니라 세상 사람들에게서도 그 마음의 씀씀이와 성실한 행동으로 인정받는 사람이 되어야 할 것이다.

　　* 참고 성구 *　느 1:11, 삼상 16:22, 행 2:47, 롬 14:18, 눅 2:52

II. 하나님이 쓰시는 자는 빛을 발하는 자이다

기자는 에스더가 모든 처녀보다 왕의 앞에 더욱 은총을 얻었다고 했다. 스코틀랜드의 철학자 토마스 딕은 "도덕의 빛은 신의 영광의 복사이다."라고 했다. 성도들은 생활 속에서 신앙의 빛을 발해서 다른 사람들에게는 즐거움과 기쁨을 주는 자가 되어야 하며, 자신은 양초가 자기를 태워서 어둠 속에서 빛을 발하는 것처럼 의의 빛을 밝혀야 한다.

　　* 참고 성구 *　마 5:16, 딤전 6:18, 딛 2:7, 약 2:17-18, 요일 1:7

III. 하나님이 쓰시는 자는 초지일관하는 자이다

기자는 에스더가 모르드개의 명을 양육 받을 때와 같이 좇음이더라고 했다. 여기서 '양육'은 히브리어 '오므나' 로서 이는 '충성하다, 교육하다' (아만)에서 유래된 말로 모르드개가 철저한 교육과 애정으로 에스더를 키웠음을 의미한다. 성도는 환경이 변했다고 믿음도 변하는 것이 아니라 꾸준히 섬겨야 할 참된 대상을 알고 변함없이 삶을 살아가야 한다.

　　* 참고 성구 *　막 16:1-3, 딘 3:18, 6:10, 행 4:19-20, 눅 9:51

■ 기 도 ■ 하나님 아버지! 당신이 쓰시는 자는 어떤 사람인지를 보았습니다. 오늘 당신의 사랑하는 성도를 축복하시어 이 성도를 통해서 당신께서 큰 영광받으시기를 간절히 예수 그리스도의 이름으로 기도 드립니다. 아멘

취업및 승진

브살렐과 오흘리압의 재능이 주는 의미

■ 찬 송 ■　♪ 498, 178, 427, 481　　　■ 참 조 ■　☞ ③ 377p

■ 본 문 ■　…내가 유다 지파 훌의 손자요 우리의 아들인 브살렐을 지명하여 부르고… 【출 31:1-11】

■ 서 론 ■　영국의 저명한 여류작가 조지 엘리옷은 "모든 사람은 한 가지 재능을 다 타고 태어나 그것으로 자신의 삶의 수단이 되게 함은 물론 그것으로 하나님의 섭리를 이루는 일을 하게 하신다"라고 했다. 인간이 가진 재능, 곧 달란트는 주님의 뜻을 좇을 때 더욱 빛난다. 성도의 재능은?

■ 말 씀 ■

Ⅰ. 성도는 하나님이 주신 재능을 의로운 일에 사용함

하나님은 브살렐을 지명하여 부르시고 하나님의 신을 그에게 충만하게 하신다고 했다. 여기서 '충만하게'는 히브리어 '말레'로서 '가득하다, 채우다'의 뜻으로 철철 넘쳐 흐르기까지 온갖 지식과 총명과 재주를 공급하여 부족함이 없게 하심을 의미한다. 아무리 좋은 달란트를 받았을지라도 하나님의 의로우신 뜻과 무관하게 사용하면 지극히 헛될 뿐이다.

* 참고 성구 *　히 13:16, 약 4:17, 시 34:14, 벧전 3:17, 마 25:16-17

Ⅱ. 성도는 하나님이 주신 재능을 지속적으로 사용함

하나님은 오흘리압을 세워 그와 함께 하게 하며 지혜로운 마음이 있는 자에게 내가 지혜를 주어 그들도 내가 명한 것을 다 만들게 한다고 하셨다. 여기서 '지혜로운'은 히브리어 '하캄'으로 슬기로움을 뜻한다. 성도의 달란트는 한번 사용하고 끝내는 것이 아닌 지속적으로 사용하여 하나님의 계속되는 역사에 유익이 되어야 할 뿐만이 아니라 더욱 확장되어 더 크게 사용되어지도록 해야 한다.

* 참고 성구 *　벧전 4:10, 눅 19:13, 고전 4:2, 빌 3:14

Ⅲ. 성도는 하나님이 주신 재능을 부지런하게 사용함

하나님은 모세에게 무릇 내가 네게 명한 대로 그들이 만들지니라고 하셨다. 성도는 달란트가 있다손 할지라도 주님을 위해 그것을 부지런히 사용하지 않는다면 그 있는 것까지도 몽땅 빼앗기게 된다. 그리하여 결국엔 주님을 위해 봉사할 기회와 그것을 통한 하늘의 상급까지도 상실하게 된다. 주님은 이 무익한 종을 어두운 데로 내어쫓으라고 하셨다

* 참고 성구 *　히 6:11, 잠 22:29, 롬 12:8, 마 25:28-30

■ 기 도 ■　성도에게 재능을 주신 하나님! 당신께서 재능을 주심은 하나님 나라의 사역에 힘쓰게 하심인 줄 믿습니다. 오늘 당신의 사랑하는 성도가 사업적인 일에서나 주님의 일에서나 모두 열심을 내어 큰 성과를 거두게 축복하여 주시옵소서. 예수 그리스도의 이름으로 기도 드립니다. 아멘

기브온 위에 멈춘 태양이 주는 의의

- **찬 송** ♪ 487, 483, 86, 327
- **참 조** ☞ ① 102p, 171p ③ 119p
- **본 문** …여호와께서 사람의 목소리를 들으신 이 같은 날은 전에도 없었고 후에도 없었나니 이는 여호와께서 이스라엘을 위하여 싸우셨음이니라【수 10:12-14】
- **서 론** 영국의 신학자 로버트 사우스는 "이적은 어떤 피조된 행위자의 능력을 초월하여 이룩한 역사로서 궁극적으로는 하나님의 전능한 힘의 결과가 되는 것이다."라고 했다. 태양이 멈춰진 기도의 능력! 성도의 기도를 하나님께서는?

■ 말 씀 ■

I. 성도의 기도를 들으시는 하나님

여호와께서 아모리 사람을 이스라엘 자손에게 붙이시던 날에 여호수아가 여호와께 고하였다고 했다. 여기서 '붙이시던'은 히브리어 '나탄'으로 '주다, 배당하다, 실패 없이'의 뜻으로 결국 어떤 도전에도 불구하고 필연코 수여함을 가리킨다. 하나님은 성도의 모든 형편을 알고 계시지만 성도가 직접 간구하고 고백하는 것을 기뻐하시고 귀기울이시는 분이다.

* 참고 성구 *   시 34:15, 삼하 22:7, 약 5:4, 벧전 3:12

II. 성도의 기도에 자비하신 하나님

기자는 태양이 머물고 달이 그치기를 백성이 그 대적에게 원수를 갚도록 하였다고 했다. 여기서 '그치기를'은 히브리어 '아마드'로서 '서다, 머무르다'의 뜻으로, 자연법칙에 따른 운행을 멈추고 한 곳에 서서 오랫동안 머물러 있음을 의미한다. 하나님은 구하고 찾는 자에게 함께 하시며 성도의 형편에 따라 넘치게 채우시는 자비의 하나님이시다.

* 참고 성구 *   마 21:22, 눅 6:38, 행 19:11-12, 요 15:7, 사 58:9

III. 성도의 기도를 이루시는 하나님

기자는 태양이 중천에 머물러서 거의 종일토록 속히 내려가지 아니하였다고 했다. 여기서 '중천'은 히브리어 '베하치'로서 '둘로 쪼개다, 반으로 하다'의 '하아'에서 유래된 말로 이는 장소와 시간상 정중간에 위치한 것을 의미한다(삿 16:3). 인간의 눈으로 보기에는 불가능한 일일지라도 만유의 주이신 하나님은 모든 일을 가능케 하시는 능력자이시다.

* 참고 성구 *   벧전 5:7, 빌 4:6, 눅 1:37, 마 19:26, 욥 42:2

- **기 도** 기적을 이루시는 하나님! 성도의 기도를 응답하시는 당신의 자비함에 감사드립니다. 오늘 당신의 사랑하는 성도가 개업을 하였습니다. 이 사업장을 축복하시고 이 성도가 드리는 기도를 귀기울여서 응답하옵소서. 예수 그리스도의 이름으로 기도 드립니다. 아멘

개업 축하및 사업 확장

야곱이 축복받은 얍복 강가의 비결

■ 찬 송 ■ ♪ 484, 432, 483, 363 　　　■ 참 조 ■ ☞ ③ 49p

■ 본 문 ■ …야곱은 홀로 남았더니 어떤 사람이 날이 새도록 야곱과 씨름하다가 그 사람이 자기가 야곱을 이기지 못함을 보고 야곱의 환도뼈를 치매…【창 32:22-32】

■ 서 론 ■ 영국의 성직자요 위대한 설교가인 찰스 스펄전은 "언제나 분명한 것은 하나님은 그의 자녀들을 용광로에 넣으신다는 사실이요, 하나님이 그 용광로 속에 함께 계신다는 사실이다."라고 했다. 홀로 적막한 얍복 강가에서 야곱은 누구와 그렇게 피나는 씨름을 했는가. 야곱은?

■ 말 씀 ■

Ⅰ. 야곱의 간절한 자세
성경 기자는 야곱이 어떤 사람과 날이 새도록 씨름했다고 했다. 여기서 '씨름하다'는 히브리어 '네에바크'로서 이는 '먼지를 일으키다'라는 뜻의 '야바크'에서 유래된 말이다. 이것은 하나님을 꽉 붙잡고 먼지를 일으키며 정열과 사력을 다해 기도하는 모습을 의미한다. 간절히 주님을 찾고 부르짖으면 주님은 결코 성도를 외면하지 않으신다.
　* 참고 성구 *　시 63:1, 호 12:4, 신 4:29, 시 55:6, 눅 11:10

Ⅱ. 야곱의 인내하는 자세
성경 기자는 야곱이 환도뼈가 위골이 되었어도 내게 축복하지 아니하면 가게 하지 않겠다고 기록했다. 성도가 세상을 살아가면서 당하는 그 어떠한 고통 속에서도 결코 좌절하지 않고 어려움을 극복하여 축복의 자리에 이르기까지는 무엇보다도 인내하는 삶의 자세가 필요하다. 인내에 해당하는 헬라어 '휘포모네'는 위에서 바윗덩이로 짓누름에도 아래에서 참고 견디는 것을 말한다.
　* 참고 성구 *　눅 21:19, 롬 12:12, 히 10:36, 약 1:4, 5:7

Ⅲ. 야곱의 소망하는 자세
성경 기자는 네 이름을 이스라엘이라 부를 것이니 네가 하나님과 사람으로 더불어 겨루어 이겼음이라 했고 야곱은 그곳을 '브니엘'이라고 했다고 기록했다. 여기서 '겨루어'는 히브리어 '사라'로서 '힘, 능력, 동력을 공급하다'는 의미로 인간이 동원할 수 있는 최선의 노력을 다하는 상태를 가리킨다. 성도가 축복의 근원되신 하나님을 끝까지 바라볼 때 은혜의 소망을 이루게 된다.
　* 참고 성구 *　벧전 4:13, 합 3:17-18, 고후 6:10, 히 10:34, 시 68:19

■ 기 도 ■ 야곱의 하나님! 오늘 사랑하는 성도가 개업 예배를 드렸습니다. 이 성도에게 야곱에게 허락하신 축복을 동일하게 내려 주옵소서. 예수 그리스도의 이름으로 기도 드립니다. 아멘

개업 축하및 사업 확장

잠언에 언급된 구제의 결과

- **찬 송** ♪ 354, 71, 348, 356
- **참 조** ☞ ③ 359p
- **본 문** …구제를 좋아하는 자는 풍족하여질 것이요 남을 윤택하게 하는 자는…【잠 11:24-25】
- **서 론** "열 술이면 한 끼의 밥, 곧 여러 사람이 조금씩 동정하면 한 사람을 구원할 수 있다는 말로서 이를 한문 숙어로 십시일반(十匙一飯)이라고 한다." 많든 적든 어렵고 힘든 이웃을 향해 정성을 모으는 것은 함께 하나님의 형상으로 지음받은 성도의 당연한 몫이다. 구제는?

- **말 씀**

Ⅰ. 성도의 구제는 하나님이 기뻐하신다
잠언 기자는 흩어 구제하여도 더욱 부하게 된다고 했다. 여기서 '흩어 구제한다' 는 히브리어 '파잘' 로서 '흩으다, 뿌리다' 는 뜻으로 이는 구제하는 것이 농부가 밭에 씨앗을 뿌림과 같다는 의미이다. 자신의 소유를 남에게 베풂은 참다운 사랑을 실천하는 행위로서 사랑을 명하시는 하나님을 기쁘시게 하기에 하나님은 이를 더욱 축복하시는 것이다.
　　＊ 참고 성구 ＊　히 13:16, 시 58:10, 마 5:42, 행 20:35

Ⅱ. 성도의 구제는 더욱 풍족해지는 첩경이다
잠언 기자는 구제를 좋아하는 자는 풍족하여진다고 했다. 여기서 '구제' 는 히브리어 '베라카' 로서 '복' 이라는 말과 동일한 뜻이다. 구약에 나오는 '축복' 이란 말은 거의 '베라카' 로 사용되었다. 하나님은 성도의 베푸는 행위에 범사에 축복하시고 더욱 풍족함으로 채워 주시며 그 마음에도 기쁨과 평안이 넘치게 한다. 또한 베푸는 자의 후손은 복의 열매를 거둔다.
　　＊ 참고 성구 ＊　신 15:10, 잠 19:17, 눅 6:38, 고후 9:6

Ⅲ. 성도의 구제는 하나님의 의의 확장이다
잠언 기자는 남을 윤택하게 하는 자는 윤택하여진다고 했다. 여기서 '윤택하게 하는' 은 히브리어 '마르웨' 로서 '갈증을 풀다, 흠뻑 마시게 하다, 충족시키다, 가득 채우다, 넉넉하게 하는' 의 뜻이다. 성도가 서로 구제하고 도와주는 것은 이 땅에 공평과 하나님의 의가 확장되고 구제로 인해 영혼의 구원까지 이루어지니 영육간에 윤택함을 끼치는 것이다.
　　＊ 참고 성구 ＊　행 2:44-47, 시 41:1, 전 11:1, 눅 14:14

- **기 도** 구제의 하나님! 당신은 불쌍한 사람에게 동정하는 것은 내게 꾸이는 것이라고 하셨습니다. 사랑하는 성도에게 당신의 축복으로 더욱 많이 구제할 수 있는 믿음과 능력을 주옵소서. 그리하여 당신의 의를 보이시옵소서. 예수 그리스도의 이름으로 기도 드립니다. 아멘

개업 축하및 사업 확장

아브라함이 이룬 평화의 비결

- **찬 송** ♪ 258, 255, 259, 263
- **참 조** ☞ ③ 29p
- **본 문** 아브람이 애굽에서 나올새 그와 그 아내와 모든 소유며 롯도 함께 하여… 【창 13:1-13】
- **서 론** 영국의 성직자요 저명한 주석가인 매튜 헨리는 "평화는 너무나 값진 보석과 같아서 그것을 위해서라면 진실을 제외한 모든 것을 다 내놓겠다."라고 했다. '많은 무리의 아비'라는 뜻에 걸맞는 아브라함이라는 이름을 가진 아브라함! 그가 이룩한 평화를 오늘의 중동사태에 적용하면?

- **말 씀**

I. 아브라함과 같이 자기 고집을 버려야 함
성경 기자는 아브라함이 롯에게 내 목자나 네 목자나 서로 다투게 말자고 기록했다. 여기서 '다투게'는 히브리어 '메리바'로서 '주장하다, 비난하다'에서 파생된 말로 격렬한 몸싸움이 아니라 소유권을 주장하는 말다툼을 의미한다. 자기 주장만 고집하면 남을 이해하는 이해심의 부족으로 마찰만 생기게 된다. 따라서 성도는 먼저 자기 고집을 버려야 한다.
* 참고 성구 * 빌 2:14, 잠 17:14, 20:3, 빌 2:3, 딤후 2:14, 약 3:14

II. 아브라함과 같이 용서가 있어야 함
성경 기자는 아브라함이 롯에게 네 앞에 온 땅이 있지 아니하냐 나를 떠나라고 기록했다. 굴러온 돌이 박힌 돌을 뺀다고 아브라함에게 빌붙어서 사는 주제에 싸움까지 걸었으나 아브라함은 용서하고 아량을 베풀었다. 성도가 화해할 수 없는 이유는 상대방의 실수를 용서하지 않기 때문이다. 용서는 깨어진 인간관계를 회복하는 첩경이요 처방이다.
* 참고 성구 * 마 6:14, 막 11:25, 눅 17:4, 엡 4:32, 골 3:13

III. 아브라함과 같이 사랑이 있어야 함
성경 기자는 아브라함이 롯에게 네가 좌하면 나는 우하고 네가 우하면 나는 좌하리라고 기록했다. 이것은 아브라함이 롯에게 우선권을 주는 최대의 양보와 예절을 나타내는 말이다. 아울러 이것에는 롯을 향한 사랑의 마음이 가득했기 때문이다. 감정의 대립을 해소하는 최선의 방법은 사랑이다. 주님의 사랑을 가진 자는 어떤 허물도 덮어줄 수 있다.
* 참고 성구 * 롬 13:10, 마 22:39, 요 15:12, 살전 3:12, 벧전 1:22

- **기 도** 아브라함의 하나님! 오늘 믿음의 아버지 아브라함의 자세를 보았습니다. 우리 성도들에게도 사업상 부딪치는 일이 많을지라도 아브라함의 자세를 본받아 당신께 영광돌리며 빛을 발하는 성도들이 될 수 있도록 축복하여옵소서. 예수 그리스도의 이름으로 기도 드립니다. 아멘

개업 축하및 사업 확장

십일조를 통해서 증거되는 여호와

■ 찬 송 ■ ♪ 72, 71, 346, 348　　　　■ 참 조 ■ ☞ ② 297p

■ 본 문 ■ …온전한 십일조를 창고에 들여 나의 집에 양식이 있게 하고 그것으로 나를 시험하여…【말 3:10】

■ 서 론 ■ "교회가 신앙적으로 굳게 섰느냐를 아는 척도는 헌금의 많고 적음에 있는 것이 아니라 십일조와 감사헌금의 비율이 얼마나 높으냐에 달려 있다." 어느 목회자의 말이다. 하나님은 성경에서 나를 시험해 보라고 단 한번 이 대목 말라기에서 말씀하셨다. 십일조를 통한 하나님은?

■ 말 씀 ■

Ⅰ. 주인되시는 여호와 하나님

성경 기자는 하나님이 너희의 온전한 십일조를 창고에 들여 나의 집에 양식이 있게 하라고 기록했다. 성도들의 모든 소득은 우리에게 힘과 능력을 주신 하나님의 은혜로 이룩되어진 것이기 때문에 우리의 소득의 주인은 하나님이심을 잊어버리면 안 된다. 성도는 물질뿐만 아니라 생명까지도 하나님의 것임을 유념해야 한다. 성도가 이렇게 청지기적 자세를 가질 때 더욱 주께 인정을 받는다.

＊ 참고 성구 ＊ 시 22:28, 대상 29:12-14, 학 2:8, 롬 14:8

Ⅱ. 은혜로우신 여호와 하나님

성경 기자는 하나님이 그것으로 나를 시험하면 내가 하늘 문을 여신다고 기록했다. 성도는 십일조를 받은바 은혜에 감사해서 최선의 표시로 드려야 한다. 축복을 더 받기 위해서 십일조를 드리는 것은 잘못된 것이다. 하나님의 것을 마땅히 돌려드리며 지극히 작은 것을 드림에도 하나님은 우리의 정성을 기뻐하시는 은혜로우신 분이시다.

＊ 참고 성구 ＊ 눅 21:3-4, 엡 3:19, 미 14:20, 계 4: 10-11

Ⅲ. 복 주시는 여호와 하나님

성경 기자는 하나님이 너희에게 복을 쌓을 곳이 없도록 붓지 아니하나 보라고 기록했다. 여기서 '쌓을 곳이 없도록'은 히브리어 '아드 발리 디' 로서 '요구가 없어질 때까지'의 뜻으로 온전히 충족될 때까지 공급하시는 하나님의 축복을 의미한다. 성도가 하나님께 드릴수록 풍성한 축복의 근원이신 하나님은 더 많은 것으로 돌려주신다.

＊ 참고 성구 ＊ 눅 6:38, 신 30:9-10, 사 30:23, 잠 3:9-10

■ 기 도 ■ 십일조의 주인이신 하나님! 모든 것이 당신의 것임에도 열 개 중에서 하나만 바치라는 은혜의 말씀을 감사드리오며, 항상 청지기의 자세로 앞으로 십에 구조까지 바칠 수 있는 믿음을 은혜로 축복하시고 채워 주옵소서. 예수 그리스도의 이름으로 기도 드립니다. 아멘

개업 축하 및 사업 확장

첫 곡물 봉헌 규례에 담긴 의의

■ 찬 송 ■ ♪ 353, 207, 98, 416 　　　■ 참 조 ■ ☞ ② 297p ③ 351p

■ 본 문 ■ …네 하나님 여호와께서 너와 네 집에 주신 모든 복을 인하여 너는 레위인과 너의 중에 우거하는 객과 함께 즐거워할지니라【신 26:1-11】

■ 서 론 ■ 영국의 성직자 콜턴은 "우리의 수입은 우리가 신은 신발과 같다. 만약 너무 작으면 우리를 스쳐 벗기고 꼬집을 것이요, 만약 너무 크다면 그것들이 우리를 넘어지게 하고 실족하게 한다."고 했다. 성도의 귀한 소득은?

■ 말 씀 ■

Ⅰ. 첫 소득은 하나님께 드릴 것

기자는 토지의 모든 소산의 맏물을 거둔 후에 광주리에 담아 제사장에게 나아가라고 했다. 여기서 '광주리'는 히브리어 '테네'로서 '짜다'에서 유래하여 '바구니'의 의미로 쓰였다. 이것은 거칠거칠한 버들가지로 만든 바구니로 제물과 짐을 나르는 데 사용되었다. 성도가 일할 기력을 주신 하나님께 첫 소득 모두를 드린다면 이보다 큰 감사의 표현도 없다.

＊참고 성구＊　잠 3:9, 레 2:12, 롬 11:16, 16:5, 약 1:18

Ⅱ. 첫 소득은 부모님께 드릴 것

기자는 여호와의 단 앞에 놓고 내 조상은 유리하는 아람 사람으로 소수의 사람을 거느리고 애굽에 내려갔다고 고백했다고 했다. 여기서 '유리하는'은 히브리어 '아바드'로서 '길을 잃다, 제물을 잃다'인데 헤매고 방황하는 것만이 아니라 죽음의 위협을 받는 것까지 의미한다. 이렇듯 부모님은 갓 태어난 아기 때부터 성인이 되기까지 길러 주셨으니 감사를 받으실 만하다.

＊참고 성구＊　엡 6:1-3, 출 20:12, 신 27:16, 마 15:4, 딤전 5:4

Ⅲ. 첫 소득은 이웃과 함께 나눌 것

기자는 너는 레위인과 너의 중에 우거하는 객과 함께 즐거워할지라고 했다. 성도는 자기 자신 혼자만으로는 아무런 이익을 얻을 수 없음을 알고, 주위의 이웃이 협력해 주었기에 첫 소득이 생겼음을 알아 이것을 감사하는 마음으로 그들을 위해 사용함이 마땅하다. 이와 같이 소득을 이웃과 함께 나누는 것은 또 다른 축복을 가져오는 첩경이다.

＊참고 성구＊　미 19:21, 시 41:1, 잠 19:17, 갈 2:10, 렘 22:16

■ 기 도 ■ 수확을 주시는 하나님! 오늘 당신의 축복으로 수확한 첫 결실을 가지고 왔나이다. 이것에 축복하시고 더욱 많은 것으로 채워 주셔서 가난한 이웃과 함께 나눌 수 있는 풍성한 믿음을 허락하옵소서. 예수 그리스도의 이름으로 기도 드립니다. 아멘

개업 축하및 사업 확장

하나님의 축복 분배의 원칙

■ 찬 송 ■ ♪ 488, 414, 65, 469   ■ 참 조 ■ ☞ ③ 97p

■ 본 문 ■ 둘째로 시므온 곧 시므온 자손의 지파를 위하여 그 가족대로 제비를 뽑았으니 그 기업은 유다 자손의 기업 중에서라… 【수 19:1-9】

■ 서 론 ■ 여의도순복음 교회의 조용기 목사는: "많은 것이 축복이 아니라 적절한 것이 더 큰 축복이다. 그대에게 지나치다 생각되는 순간 필요한 자에게 주라. 준 것은 배로 불어 그대의 창고에 채워져 있을 것이다."라고 했다. 하나님은 성도에게 어떻게 축복하시는가?

■ 말 씀 ■

I. 하나님은 빠짐없이 주심

기자는 둘째로 시므온 곧 시므온 지파를 위하여 그 가족대로 제비를 뽑았다고 했다. 일곱 지파 중 시므온 지파는 둘째로 제비를 뽑았고 분깃은 유다 지파의 기업 중에 포함되어 있었다. 이 분배는 하나님의 주권과 공의에 의해 각 지파의 실정대로 선하게 결정되었기에 불만이 없었다. 모든 성도는 하나님의 영적 자녀로 영육간에 축복을 상속받고 누릴 자격이 있다.

* 참고 성구 * 엡 1:3, 왕상 3:13, 시 107:38, 마 6:33, 계 21:7

II. 하나님은 공평하게 주심

기자는 자세하게 시므온 지파가 제비를 뽑아 얻은 기업을 열거하고 있다. 이와 같이 하나님께서는 결코 신분이나 지위 등에 구별을 두시지 않고 귀인이나 천민이나 부자나 가난한 자나 모든 믿는 성도들에게 그들의 형편과 처지에 맞게 그들의 믿음의 분량대로 공평하게 축복을 베푸시는 공의의 하나님이시다. 믿음의 세계에서는 믿음의 크기(=질)만이 역사할 뿐이다.

* 참고 성구 * 눅 6:35, 시 33:5, 갈 3:29, 잠 21:3, 롬 10:12, 마 15:28

III. 하나님은 넘치게 주심

기자는 유다 자손의 분깃이 너무 많으므로 시므온 자손이 자기의 기업을 그들의 기업 중에서 얻었다고 했다. 여기서 '너무 많으므로'는 히브리어 '라브'로서 '풍성한, 광대한, 채워진'이란 뜻으로 양적으로 넉넉할 뿐만 아니라 질적으로도 뛰어난 상태를 말한다. 야곱의 예언에 비하면 시므온 지파는 넘치는 축복을 받았다. 하나님의 풍성한 축복은 일시적이 아닌 영원한 것이다.

* 참고 성구 * 대상 29:14, 창 49:7, 대상 4:39-43, 눅 6:38, 벧후 1:11

■ 기 도 ■ 축복하시는 하나님! 시므온 지파를 그 아비 야곱의 예언에도 불구하고 이들을 긍휼히 여기사 크게 축복하심을 보았습니다. 오늘 사랑하는 성도의 사업에도 동일한 축복을 내려 주옵소서. 예수 그리스도의 이름으로 기도 드립니다. 아멘

개업 축하및 사업 확장

다윗의 축복에 대한 자세

■ 찬 송 ■ ♪ 13, 19, 26, 40　　　　　■ 참 조 ■ ☞ ③ 159p

■ 본 문 ■ …다윗과 온 이스라엘 족속이 즐거이 부르며 나팔을 불고 여호와의 궤를 메어 오니라
【삼하 6:12-15】

■ 서 론 ■ 히포의 감독으로 기독교 역사상 손꼽히는 인물인 성 어거스틴은 "축복은 우리의 욕구를 성취하는 데 있거나 우리가 정상적인 욕구를 가지는 데에 있다."라고 했다. 하나님의 궤를 다윗 성으로 옮기고 기뻐한 다윗의 심정은?

■ 말 씀 ■

Ⅰ. 기쁨을 표현한 다윗

기자는 다윗이 여호와 앞에서 힘을 다하여 춤을 추었다고 했다. 여기서 '힘을 다하여'는 히브리어 '베칼—오즈'로서 '그의 모든 힘을 다하여'라는 뜻으로 다윗의 기뻐하는 모습과 신앙적 충성심을 증거해 주는 구절이다. 하나님의 크신 축복을 받은 자는 넘치는 기쁨을 어떤 방법이 되었든 그것을 표현하는 것이 옳은데 이는 감사의 표현이기 때문이다.

* 참고 성구 *　시 126:2, 사 61:10, 렘 15:16, 벧전 1:8, 눅 19:6, 8

Ⅱ. 함께 즐거워한 다윗

기자는 다윗과 온 이스라엘 족속이 즐거이 부르며 나팔을 불었다고 했다. 영국의 성직자 로버트 사우스는 "기쁨의 교제는 그것을 배로 늘린다. 기쁨이 나의 친구를 밝히면 나 자신에게로 반향되며 그의 촛불이 밝게 타오를수록 내 것도 쉽게 타오르게 된다."고 했다. 나의 축복을 이웃과 함께 나누면 곱절이 되니 하늘의 축복은 나눌수록 더욱 풍성해진다.

* 참고 성구 *　롬 12:15, 시 5:11, 빌 4:4, 살전 5:16

Ⅲ. 영광을 하나님께 돌린 다윗

기자는 다윗이 여호와의 궤를 메어 오니라고 했다. 여기서 '메어 오니라'는 이 말의 히브리어는 '올려오려 함' (to bring up)이라는 의미뿐이고 어깨에 멘다는 뜻은 없다. 성도들의 기쁨이 상달될 곳은 바로 하나님이시다. 하나님께서 임재하신 거룩한 법궤 앞에서 제사를 드리고 기뻐하면 하나님은 우리의 기쁨을 통해 영광 받으시고 함께 기뻐하신다.

* 참고 성구 *　시 22:23, 마 5:16, 요 15:8, 고전 6:20, 롬 15:6

■ 기 도 ■ 영광 받으시기에 합당하신 하나님! 당신의 종 다윗의 기쁨을 보았습니다. 우리에게도 그 기쁨을 한가지 은총으로 내려 주옵소서. 오늘 당신의 성도를 통해서 큰 영광 받으시옵기를 예수 그리스도의 이름으로 기도 드립니다. 아멘

개업 축하및 사업 확장

이스라엘의 십일조 헌납이 주는 교훈

■ 찬 송 ■ ♪ 353, 71, 380, 346 　　■ 참 조 ■ ☞ ② 297p

■ 본 문 ■ …사독의 족속 대제사장 아사랴가 대답하여 가로되 백성이 예물을 여호와의 전에 드리기 시작함으로부터 우리가 족하게 먹었으나 남은 것이 많으니…【대하 31:4-10】

■ 서 론 ■ "과부의 두 렙돈의 교훈을 배우라. 가장 적은 금액이로되 가장 많은 것을 바쳤다고 한 것은 그것이 그의 소유의 전부였기 때문이다."라고 한경직 목사는 말했다. 성도가 바치는 헌금은?

■ 말 씀 ■

Ⅰ. 백성들은 헌금을 자원해서 드렸다

기자는 이스라엘 자손이 곡식과 포도주와 기름과 꿀과 밭의 모든 소산의 처음 것을 풍성히 드렸고 모든 것의 십일조를 많이 가져 왔다고 했다. 하나님은 중심을 살피시는 분이시므로 억지로 드리거나 기쁜 마음이 없이 바친 예물은 결코 열납지 않으신다. 진정 하나님의 은혜에 대한 감사가 넘치는 헌신의 마음이 담긴 예물을 하나님은 기쁘게 받으신다.

　　* 참고 성구 *　눅 8:1-3, 출 25:2, 대상 29:9, 고후 8:12, 창 4:4-5

Ⅱ. 백성들은 헌금을 구별해서 드렸다

기자는 유다 자손도 소와 양의 십일조를 가져 왔고 또 그 하나님 여호와께 구별하여 드릴 성물의 십일조를 가져 왔다고 했다. 하나님은 거룩하신 분이시다. 그러므로 하나님께 드리는 헌물은 따로 구별하여 드려야 쓰다가 남은 것을 드린다든지 꾸어서 드린다든지 하는 것은 바람직하지 못하다. 성도는 예물을 정성껏 분별하여 하나님께 드려야 한다.

　　* 참고 성구 *　신 16:17, 행 11:29, 고전 16:2, 잠 3:9, 말 3:10

Ⅲ. 백성들은 헌금을 아낌없이 드렸다

기자는 백성이 예물을 여호와의 전에 드려 그 백성에게 복을 주셨음이라 그 남은 것이 이렇게 많이 쌓였다고 했다. 여기서 '복'은 히브리어 '바룩'으로서 이는 '바라크'(하나님을 찬양하다)에서 파생된 말로서 하나님을 경외하는 자에게 임하는 하나님의 은혜를 의미한다. 성도의 소유는 근본적으로 모두 하나님의 것인즉 이를 인정하는 마음으로 아낌없이 드려야 한다.

　　* 참고 성구 *　고후 9:7, 출 35:22, 대상 29:3-4, 눅 21:1-4, 행 4:34-35

■ 기 도 ■ 성도의 예물을 받으시기에 합당하신 하나님! 이스라엘 백성이 드린 자세를 잘 보았습니다. 오늘 이 가정도 더욱 거룩한 낭비를 열심히 할 수 있도록 물질의 축복을 풍성히 내려 주옵소서. 예수 그리스도의 이름으로 기도 드립니다. 아멘

개업 축하및 사업 확장

히스기야의 감사 예배에 담긴 의의

■ 찬 송 ■ ♪ 488, 460, 408, 489　　■ 참 조 ■ ☞ ① 269p ② 401p

■ 본 문 ■ 제사 드리기를 마치매 왕과 그 함께 있는 자가 다 엎드려 경배하니라 히스기야 왕이 귀인들로 더불어 레위 사람을 명하여 다윗과 선견자 아삽의 시로… 【대하 29:29-31】

■ 서 론 ■ 영국의 성직자인 찰스 스펄전은 "촛불을 보고 감사하면 전등불을 주시고, 전등불을 보고 감사하면 달빛을 주시고, 달빛을 감사하면 햇빛을 주시고, 햇빛을 감사하면 천국을 주신다."고 했다. 감사는 성도의 믿음의 열매이다. 히스기야의 감사는?

■ 말 씀 ■

Ⅰ. 찬송으로 감사를 드린 히스기야

기자는 왕이 다윗과 선견자 아삽의 시로 여호와를 찬양하게 하매 저희가 즐거움으로 찬송하고 경배했다고 하였다. 여기서 '경배하다'는 히브리어 '미쉐타하윔'인데 이는 '절하다'는 뜻의 '사하흐'에서 유래되었다. 따라서 경배란 우리의 전인격이 하나님 앞에 꿇어 엎드리는 것임을 교훈한다. 찬송은 하나님이 기뻐하시므로 성도의 마땅히 드릴 감사의 표현이다.

* 참고 성구 *　시 100:4, 눅 19:37, 행 2:47, 히 13:15

Ⅱ. 몸으로 감사를 드린 히스기야

기자는 히스기야가 너희가 이제 몸을 깨끗케 하여 여호와께 드렸으니라고 했다. 여기서 '드렸으니'는 히브리어 '밀레템'으로 '채우셨으니'라는 의미로, 하나님께 대한 성도의 헌신과 헌물은 하나님의 마음을 흡족히 채우는 것임을 시사한다. 성도는 받은바 은혜에 보답하기 위하여 몸을 바쳐 열심히 헌신함으로써 하나님께 감사를 드릴 수 있다.

* 참고 성구 *　행 18:25, 골 4:13, 살전 2:9, 롬 12:1

Ⅲ. 제물로 감사를 드린 히스기야

기자는 히스기야가 제물과 감사 제물을 여호와의 전으로 가져 오라 하니 회중이 드디어 제물과 감사 제물을 가져왔다고 했다. 하나님은 성도의 감사의 마음이 넘쳐 인색함 없이 자원하여 당신께 바치는 예물을 기쁘게 흠향하시고 그들의 제사를 열납하신다. 성도가 이렇게 하나님께 헌신하는 것은 자신을 사랑하시고 구속하신 하나님께 전적으로 의지하는 것이다.

* 참고 성구 *　말 3:10, 창 4:4, 히 11:4, 빌 4:18, 살전 5:18

■ 기 도 ■ 히스기야의 감사예배를 흠향하신 하나님! 오늘 사랑하는 당신의 성도가 드리는 이 예배도 열납하시고 은혜로 풍성히 갚아 주옵소서. 예수 그리스도의 이름으로 기도 드립니다. 아멘

로마에서도 증거해야 할 바울

■ **찬 송** ■ ♪ 259, 270, 271, 261 　　　■ **참 조** ■ ☞ ② 375p, 409p

■ **본 문** ■ 그날 밤에 주께서 바울 곁에 서서 이르시되 담대하라 네가 예루살렘에서 나의 일을 증거한 것같이 로마에서도 증거하여야 하리라 하시니라 【행 23:1-11】

■ **서 론** ■ "그리스도의 말씀이 살아 있다는 증거는 그 말씀의 씨앗을 받은 심령들이 크게 변화를 일으킨다는 사실이다."라고 어느 목회자는 말했다. '모든 길은 로마로 통한다' 는 말이 있듯이 이제 세계의 심장부 로마로 향하는 바울의 마음엔 복음의 세계 확산이라는 큰 꿈을 가졌을 것이다. 성도는?

■ **말 씀** ■

Ⅰ. 성도는 복음을 담대히 증거할 것임

부활하신 주님은 네가 예루살렘에서 나의 일을 증거한 것같이 로마에서도 증거해야 한다고 하셨다. 여기서 '로마에서도 증거하여야 하리라' 는 헬라어 '데 이 카이 에이스 로멘 말투레사이' 로서 '로마에서도 반드시 증거하여야 한다'이다. 바울이 사도가 된 것은 예수의 이름을 이방인에게 전하기 위해서였고, '복음' 곧 '유앙겔리온' 의 확산이 그의 사명이었다.

　　* 참고 성구 *　엡 6:19, 고전 1:5-6, 고후 8:7, 골 4:3, 행 9:15

Ⅱ. 성도는 사랑을 담대히 증거할 것임

성도는 사랑이 식어지고 이기심만이 난무한 이 세상의 퇴색함 속에서 주님 예수께서 보여 주신 희생의 사랑을 이웃에게 실천하여 날로 강퍅해져가는 이 세상과 사회를 구원하기 위해서 진리의 말씀인 복음과 함께 사랑을 가지고 사망으로 줄달음치고 있는 이웃을 구원해 낼 뿐 아니라 변화시키는 사람이 되어야 한다. '사랑' 곧 '아가페' 는 조건 없이 주시는 하나님의 사랑이다.

　　* 참고 성구 *　벧전 1:22, 요 13:55, 롬 12:9, 살전 3:12, 요일 4:7

Ⅲ. 성도는 정의를 담대히 증거할 것임

성도는 온갖 거짓과 궤휼과 불의와 악독이 지배하는 이 세상에 공의의 하나님 뜻에 따라 의와 선을 외치고 행함으로 선지자 아모스가 말한바 정의가 하수처럼 흘러 하나님의 의가 세상을 뒤덮게 해야 한다. 영국의 신학자 조지 허버트는 "하나님의 맷돌은 서서히 돌지만 정확하다."라고 하였다. 하나님이 빠짐없이 샅샅이 살피듯 성도들도 악한 죄악을 샅샅이 폭로해야 한다.

　　* 참고 성구 *　시 56:1, 암 5:24, 잠 21:3, 롬 13:7, 요 5:30

■ **기 도** ■ 바울을 로마에 보내신 하나님! 오늘 우리에게도 당신의 복음과 사랑과 정의를 외치도록 동행하시는 축복을 내리소서. 예수 그리스도의 이름으로 기도 드립니다. 아멘

> 군입대 축하

하나님의 군사가 되는 자격의 요건

■ **찬 송** ■ ♪ 387, 385, 389, 391　　■ **참 조** ■ ☞ ② 68p

■ **본 문** ■ …계수함을 입은 자의 총계가 육십만 삼천 오백 오십 명이었더라 【민 1:1-46】

■ **서 론** ■ 미국의 초대 대통령 조지 워싱턴은 "전쟁 준비가 되어 있는 것은 평화를 유지하는데 가장 효과적인 방법 중의 하나이다"라고 했다. 십자가 군병들인 성도는 남북이 대치상태에 있는 현실의 국방뿐 아니라, 마귀와의 영적 전쟁도 치러야 하는 이중의 전쟁 수행 능력을 갖춰야 한다. 하나님의 군사인 성도는?

■ **말 씀** ■

Ⅰ. 하나님의 부름받음이 있어야 함

기자는 그들은 회중에서 부름을 받은 자라고 했다. 여기서 '부름을 받은 자'는 히브리어 '카리'로서 이는 '부르다, 낭송하다, 청함을 받다'(카라)에서 유래된 말로 총회로부터 택함을 받은 자를 뜻한다. 하나님의 군사는 인간적인 의지만으로 스스로 나서서 되는 것이 아니다. 따라서 하나님의 군사는 하나님께 합당한 자로 인정받아 지명된 자라야 한다.

　* 참고 성구 *　사 43:1, 신 7:6, 고전 1:26, 엡 1:4, 행 9:15

Ⅱ. 하나님의 강한 힘을 소유해야 함

기자는 그들의 가족과 종족을 따라 이십 세 이상으로 싸움에 나갈 만한 자를 그 명수대로 다 계수했다고 하였다. 여기서 '싸움'은 히브리어 '차바'로서 '싸우다, 복무하다'라는 동사에서 파생된 명사로 전투태세를 갖춘 군대가 전쟁에 참가하는 것을 의미한다. 성도는 세상의 악한 사단의 세력과 싸워 이기려면 강한 믿음과 담대한 용기와 영적 힘을 가져야 한다.

　* 참고 성구 *　고전 16:13, 고후 10:4, 엡 6:12, 딤전 1:18, 6:12, 딤후 2:4

Ⅲ. 하나님을 덧입은 성숙한 인격을 갖춰야 함

성도는 하나님의 강력한 군사가 되기 위해서는 강력한 능력을 소유해야 하겠지만 여기에다 바른 영적 지식과 경건의 훈련을 통한 영육간의 성숙함을 갖추어야 한다. 왜냐하면 사단과 그의 하수인은 교묘한 수단과 방법을 가리지 않고 우는 사자와 같이 삼킬 자를 찾아서 헤매고 있기 때문이다. 그러므로 하나님의 군사인 성도는 성숙한 신앙의 인격을 갖춰야 한다.

　* 참고 성구 *　딤전 4:12, 벧전 5:8-9, 엡 6:11, 고후 11:13, 15, 딛 2:7-8

■ **기 도** ■ 하나님 아버지! 당신의 군사로서 이 세상의 전쟁터로 나아가는 이 성도를 축복해 주시고 강건한 능력으로 보살펴 주시어 영육간의 모든 싸움에서 승리하게 하소서. 예수 그리스도의 이름으로 기도 드립니다. 아멘

군입대 축하

하나님의 거룩한 군사의 의무

■ 찬 송 ■ ♪ 350, 351, 493, 403   ■ 참 조 ■ ☞ ① 419p ③ 115p

■ 본 문 ■ …보라 이들이 발람의 꾀를 좇아 이스라엘 자손으로 브올의 사건에 여호와 앞에 범죄케 하여 여호와의 회중에 염병이 일어나게 하였느니라… 【민 31:13-31】

■ 서 론 ■ 독일의 목사요 신학자인 본회퍼는 "행동은 사고에서 생기지 않고 책임을 이행하려는 데서 생긴다"라고 했다. 하나님의 군사로 부름받은 성도는 거룩한 군사로서 그 책임을 이행하여야 한다. 영적 전쟁에 앞서 성도는?

■ 말 씀 ■

Ⅰ. 성도는 음행을 멀리할 것

기자는 남자와 동침하지 아니하여 사내를 알지 못하는 여자들은 다 살려 둘 것이라 했다. 여기서 '알지'는 히브리어 '야다'로서 이는 감각기관을 통해 얻는 다양한 지식을 가리키나 여기서는 남자와 여자의 성적 관계를 가리키는 데 사용되었다. 성도는 얼음처럼 차가운 절제의 능력을 갖추어서 영육간의 순결을 지키는 고귀함을 가져야 한다.

 * 참고 성구 * 창 39:9, 12, 19:5, 잠 6:26, 갈 5:16, 골 3:5

Ⅱ. 성도는 부정을 씻을 것

기자는 시체를 만진 자는 제 삼 일과 제 칠 일에 몸을 깨끗케 하라고 했다. 여기서 '만진'은 히브리어 '노게아'로서 이는 '손을 대다, 결합하다, 다다르다'라는 동사에서 나온 말로 이것은 성도가 부정과 세속에 물든 것을 상징한다. 성도는 죄로 물든 세상에서 동화된 어쩔 수 없는 부정을 날마다 성령의 정화된 물로 깨끗이 씻어내야 한다.

 * 참고 성구 * 시 51:7, 렘 4:14, 고후 7:1, 요일 3:3, 딤후 2:21

Ⅲ. 성도는 영광을 주께 돌릴 것

기자는 싸움에 나갔던 군인들로는 사람이나 소나 양떼의 오백분지 일을 여호와께 드리게 하되 절반을 여호와의 거제로 드렸다고 했다. '거제'는 히브리어 '테루마'로서 '높이 떠 바치는' 제사이다. 성도는 세상의 전쟁에서 취한 전리품인 명예와 존귀와 물질과 지식과 권력을 하나님께 드려서 하나님이 영광을 받게 하여야 한다. 종이 주인보다 부자로 보이는 것은 크게 잘못된 일이다.

 * 참고 성구 * 골 3:17, 행 3:6,12:23, 엡 5:20, 대상 10:13

■ 기 도 ■ 만군의 여호와 하나님! 오늘 이 시간 당신의 군사된 자가 취할 의무를 살펴보았습니다. 거룩한 군사로서 영적 전쟁에서 이겨서 당신께 많은 영광을 돌릴 수 있도록 능력을 주옵소서. 예수 그리스도의 이름으로 기도 드립니다. 아멘

세례및 침례

바울의 변증에 담긴 회심의 고백

■ 찬 송 ■ ♪ 194, 182, 183, 186 　　■ 참 조 ■ ☞ ① 421p

■ 본 문 ■ …일어나 주의 이름을 불러 세례를 받고 너의 죄를 씻으라 하더라 【행 22:16】

■ 서 론 ■ 영국의 성직자 칼렙 콜턴은 "과거를 되돌아보는 것과 과거로 되돌아가는 것은 별개의 일이다. 우리는 회고를 통해서 좀더 빨리 앞으로 나아갈 수 있다."라고 했다. 예루살렘에 도착한 후 유대 사람에게 붙잡힌 바울은 히브리 방언으로 다메섹 도상에서 부활하신 주님을 만난 극적인 상황을 얘기하고 세례를 받았음을 고백했다. 사울이 바울이 된 이 세례는?

■ 말 씀 ■

Ⅰ. 바울의 세례는 죄사함의 의미임

아나니아는 바울에게 왜 주저하느뇨 일어나 주의 이름을 불러 세례를 받고 너의 죄를 씻으라고 했다. 여기서 '주저하느뇨'는 헬라어 '멜레이스'로서 기본 동사 '멜로'는 '의도하다, 늦다, ~하려고 하다'의 뜻으로 어떤 일을 감당하기를 꺼려하여 머뭇거리며 지체함을 뜻한다. 세례는 물로 육체를 씻음같이 우리의 영혼을 죄에서 깨끗케 함을 받는 것이므로 머뭇거릴 일이 아니다.

　* 참고 성구 *　막 1:4, 마 26:28, 행 2:38, 히 9:22, 10:18, 벧전 3:21

Ⅱ. 바울의 세례는 그리스도와 연합의 의미임

'세례'는 헬라어 '밥티스테스'로서 기본 어근 '밥토'는 '물에 잠그다'는 뜻이다. 세례는 죄사함에서 더 나아가 새롭게 씻음을 받은 성도가 그리스도의 죽으심과 그의 부활에 동참하여 죄악의 옛 사람을 벗어버리고 신생의 새 사람으로 거듭나서 그리스도의 부활에 참예하게 되었음을 고백하는 것이다. 성령 세례는 성도를 '아담' 안에 있는 것이 아니라 '그리스도' 안에 있음을 상기시킨다.

　* 참고 성구 *　롬 6:3-5, 갈 6:15, 엡 2:15, 골 3:10

Ⅲ. 바울의 세례는 새 언약에의 참여의 의미임

회개는 천국의 문을 두드리는 죄인의 첫 행위요 하나님과의 가로막힌 담을 허는 첫 시도로서, 영국의 시인으로 '실락원'의 작가 존 밀턴은 "회개는 영원의 궁전을 여는 황금 열쇠"라고 했다. 회개하고 죄사함의 세례를 받은 성도는 새로운 피조물로 거듭나 하나님의 구원과 영생의 약속을 소유하는 새 언약에 참여하는 택한 성민이 되는 것이다.

　* 참고 성구 *　고후 5:17, 딛 3:5, 계 3:12, 요 1:13

■ 기 도 ■ 하나님 아버지! 세례를 통하여 진정 그리스도와 연합이 되어 새 언약에 참여하게 됨을 감사드립니다. 이제 새로운 피조물로 새 삶을 영위할 수 있도록 축복하여 주옵소서. 예수 그리스도의 이름으로 기도 드립니다. 아멘

임종 (신자)

하나님의 봉인된 두루마리 책에 기록된 내용

■ **찬 송** ■ ♪ 359, 235, 263, 93   ■ **참 조** ■ ☞ ② 285p ③ 273p
■ **본 문** ■ 내가 보매 보좌에 앉으신 이의 오른손에 책이 있으니 안팎으로 썼고… 【계 5:1-14】
■ **서 론** ■ 영국 교회의 주교였던 조셉 버틀러는 "인간의 얼굴 이상으로 책 제목에 있어서도 특징과 같은 것이 있어서 솜씨 좋은 관찰자는 그 제목만 보고도 그 내용이 무엇인지를 알아 차린다."라고 했다. 하나님의 오른손에 든 책에는 물론 성도의 이름뿐만 아니라 그 인생이 철저히 차근차근 기록되어 있을 것이다. 하나님의 두루마리엔?

■ **말 씀** ■

Ⅰ. 하나님의 두루마리 책에 성도의 믿음이 기록됨

기자는 오른손에 책이 있으니 안팎으로 썼고 일곱 인으로 봉하였더라고 했다. 여기서 '봉하였더라'는 헬라어 '카테스프라기스메논'으로 이는 '카타스프라기조' 곧 '봉인하다, 인봉하다'의 완료수동분사로서 하나님에 의해 일곱 인으로 봉인되어져 있는 것을 가리킨다. 하나님은 성도의 믿음을 헤아려 낱낱이 기록하시는데 이는 심판날 믿음을 계수하시기 위함이다.

　　＊ 참고 성구 ＊　 계 3:5, 사 61:10, 요일 5:4, 갈 5:6, 마 15:28

Ⅱ. 하나님의 두루마리 책에 성도의 행실이 기록됨

하나님의 오른손에 '책이 있으니 안팎으로 썼고'는 '비브리온 게그람메논 에소덴 카이 오피스덴'으로 '안과 그리고 밖으로 기록되어진 책'의 뜻으로 이는 안과 밖으로 가득히 씌어져 있는 책을 가리키는데 어떤 목적을 위해 기록된 책을 의미한다. 성도의 믿음의 행실은 상급과 연관되므로 우리의 삶의 모습이 하나님 앞에서 발라야 한다. 따라서 성도는 신전 의식으로 살아야 한다.

　　＊ 참고 성구 ＊　 출 32:33, 계 19:8, 시 132:9, 슥 3:4

Ⅲ. 하나님의 두루마리 책에 성도의 고난이 기록됨

기자는 향이 가득한 금대접을 가졌으니 이 향은 성도의 기도들이라고 했다. 여기서 '향'은 헬라어 '뒤미아마'로서 제사 때 쓰이는 향이며, 이 향이 성도의 기도라 함은 성도의 기도는 하나님께 올라가서 하나님을 기쁘게 하기 때문이다. 이 기도는 야고보가 의미한 고난을 가리키는 것으로 성도의 주를 위한 고난은 가장 귀하며 상급과 영광도 가장 크기에 인내하며 소망을 가진다.

　　＊ 참고 성구 ＊　 살후 1:4-7, 약 5:13, 마 5:12, 벧전 4:16, 딤후 4:8

■ **기 도** ■ 하나님 아버지! 당신이 가지신 봉인된 두루마리 책에 당신의 사랑하시는 성도의 믿음과 행실과 고난이 기록되었으니 이 성도에게 하늘의 상급으로 갚으시옵소서. 예수 그리스도의 이름으로 기도 드립니다. 아멘

임종 (신자)

다윗의 유언에 나타난 교훈

■ **찬 송** ■ ♪ 313, 315, 251, 323　　　　■ **참 조** ■ ☞ ① 253p

■ **본 문** ■ 내게 이르시기를 네 아들 솔로몬 그가 내 전을 건축하고 내 여러 뜰을 만들리니 이는 내가 저를 택하여 내 아들을 삼고 나는 그 아비가 될 것임이라 【대상 28:6】

■ **서 론** ■ 미국의 목사 헨리 비쳐는 "사람의 목적, 결심, 고백이 무엇이건 간에 하나님과 인간에 의해 판단되는 것은 그의 행실이다."라고 했다. 이제 삶을 마감하는 순간 이 세상에서의 자기 행실을 자손에게 권고함이 유언이 아닌가! 성도는?

■ **말 씀** ■

I. 성도는 하나님의 부르시는 소리에 귀기울일 것

하나님의 자녀된 성도가 하나님의 부르시는 소리에 귀를 기울일 것은, 하나님께서 주린 영혼을 위한 천국 잔치를 배설하시고 아무나 오라고 부르실 때에 모든 체면과 고집과 아집을 꺾어 버리고 하나님의 초청의 목소리에 순종해야 하기 때문이다. 이 초청을 듣는 자도 오라 할 것이요, 목마른 자도 올 것이요, 원하는 자는 값없이 생명수를 받을 것이다.

* 참고 성구 *　눅 14:16-17, 시 55:1, 마 22:4, 11:28, 계 22:17

II. 성도는 하나님의 책망하시는 소리에 귀기울일 것

하나님의 자녀된 성도가 하나님의 책망하시는 소리에 귀를 기울일 것은, 하나님께서 아버지와 같이 사랑하는 자녀의 잘못을 간과하지 않으시고 호된 책망의 회초리를 가지시고 사정없이 치시어 바른 길로 인도하시려는 징계의 채찍을 감사하여 즉시 죄에서 돌이켜야 하기 때문이다. 하나님의 책망은 자녀가 미워서가 아니라 오히려 사랑하시기 때문이다.

* 참고 성구 *　히 12:5, 잠 15:5, 전 7:5, 엡 5:11

III. 성도는 하나님의 위로하시는 소리에 귀기울일 것

하나님의 자녀된 성도가 하나님의 위로하시는 소리에 귀를 기울일 것은, 하나님께서 죄에서 돌이키게 하시려고 때리시다가도 감싸시며 상처를 싸매시며 어루만지시는 모든 회개한 자들에게 허락하신 용서와 회복의 말씀에 기쁨을 가지고 화답해야 하기 때문이다. 이럴 때 하나님께서는 성도를 긍휼히 여기사 우리의 머리털 하나도 상하지 않게 하시며 세심히 보살피신다.

* 참고 성구 *　골 1:20, 호 6:1, 시 51:17, 고후 7:10, 눅 7:50

■ **기 도** ■ 하나님 아버지! 다윗은 일생동안 자신을 부르신 하나님의 소리에 귀를 기울였습니다. 이제 영원한 당신의 나라에 들어가는 사랑하는 성도에게는 위로의 축복만을 내리시옵소서. 예수 그리스도의 이름으로 기도 드립니다. 아멘

임종 (신자)

흰 옷 입은 무리들의 영광의 의미

■ 찬 송 ■ ♪ 223, 289, 291, 224   ■ 참 조 ■ ☞ ① 351p, 419p

■ 본 문 ■ 이 일 후에 내가 보니 각 나라와 족속과 백성과 방언에서 아무라도 능히 셀 수 없는 큰 무리가 흰 옷을 입고 손에 종려 가지를 들고 보좌 앞과…【계 7:9-17】

■ 서 론 ■ 영국 교회의 목사요 찬송가 작가인 존 뉴턴은 "세상으로부터 그 영혼이 분리된 사람은 천국 백성이다. 우리의 마음이 천국에 가 있을 때 우리는 천국에 갈 준비가 되어 있는 것이다."라고 했다. 이 세상에서 믿음대로 살고 언약을 굳게 믿은 성도에게는 천국에서의 삶이 주어진다. 성도의 특권은?

■ 말 씀 ■
Ⅰ. 성도는 하나님 보좌 앞에 거하는 특권을 누린다
기자는 그들이 하나님 보좌 앞에 있고 성전에서 밤낮 하나님을 섬기며 보좌에 앉으신 이가 그들 위에 장막을 치셨다고 했다. 여기서 '장막을 치시리니'는 헬라어 '스케노세이'로서 '거하다, 만나다'의 뜻으로 하나님이 성도들을 친히 만나시고 함께 거하심을 말한다. 성도는 천국에서 하나님의 영광 가운데서 살게 되며 그분과 친밀한 교제를 누린다.
　　* 참고 성구 *　시 91:14, 고전 6:2, 눅 19:17, 계 3:21

Ⅱ. 성도는 영육간에 부족함이 없는 특권을 누린다
기자는 저희가 다시 주리지도 아니하며 목마르지도 아니하고 해나 아무 뜨거운 기운에 상하지 않는다고 했다. 여기서 '상하지'는 헬라어 '페세'로서 '쓰러지다'에서 파생된 말로 죽거나 멸망한다는 의미인데 하나님께서는 이렇게 되지 않도록 성도들을 인도, 보호하신다. 천국에서는 모든 것이 풍성하여 참된 부요함과 행복을 누리는데 이는 하나님의 은혜이다.
　　* 참고 성구 *　시 12:3, 살전 4:17, 시 36:8, 계 22:17

Ⅲ. 성도는 영원한 생명과 기쁨의 특권을 누린다
기자는 어린양이 생명수 샘으로 인도하시고 하나님께서 저희 눈에서 눈물을 씻어준다고 했다. 여기서 '인도하시고'는 헬라어 '호데게오'로서 '길을 보여주다, 안내하다'의 뜻으로 길을 잘 아는 사람이 앞장서서 설명하면서 안내함을 의미한다. 천국은 고통과 질병과 슬픔과 사망이 없고 하나님과 함께 영원한 생명과 찬송과 기쁨만 있는 곳이다.
　　* 참고 성구 *　계 21:4, 시 65:19, 렘 31:12, 요일 2:25

■ 기 도 ■ 하늘 보좌에 앉으신 하나님! 이제 사랑하는 성도의 영혼을 당신이 받으시사 영원한 낙원으로 데려가서 영생의 기쁨을 누리게 하소서. 예수 그리스도의 이름으로 기도 드립니다. 아멘

임종 (신자)

시편이 보여준 하나님 나라의 형태

■ 찬 송 ■ ♪ 223, 289, 291, 228 　　　■ 참 조 ■ ☞ ② 145p

■ 본 문 ■ 하나님이여 주의 판단력을 왕에게 주시고 주의 의를 왕의 아들에게 주소서. 저가 주의 백성을 의로 판단하며 주의 가난한 자를 공의로 판단하리니… 【시 72:1-4】

■ 서 론 ■ 영국의 극작가 제임스 워리는 "부, 기쁨, 화음, 건강, 미 등등 이 세상에서 듣고 생각하였던 모든 것들을 완성하는 곳이 천국이요, 이것들은 결코 시간을 낭비하는 것들이 아니라 영원한 세계로 이어진다."라고 했다. 성도들을 기다리는 하나님 나라는?

■ 말 씀 ■

Ⅰ. 하나님 나라는 공의의 나라임

기자는 주의 판단력을 왕에게 주시고 저가 주의 백성을 의로 판단하며 주의 가난한 자를 공의로 판단하리니라고 했다. 여기서 '판단력'은 히브리어 '미쉬파트'로서 '재판하다, 지배하다'(쇼파트)의 명사형으로 '재판'과 '의'를 포함하는 말로 국가를 다스리는 통치력을 뜻한다. 하나님 나라는 공의에 기초한 나라로 의의 통치자이신 주님이 다스리시는 나라이다.

* 참고 성구 * 암 5:24, 잠 21:3, 시 56:1, 계 15:3

Ⅱ. 하나님 나라는 평화의 나라임

기자는 백성에게 평강을 주머리고 했다. '평강'은 히브리어 '샬롬'으로 '평강, 안녕, 평안, 화평'의 뜻으로 우리의 대적 마귀 사단은 분열시키고 시기와 질투를 불러들이며 불안과 죽음의 세력이 가득 차게 하지만, 주님이 다스리시는 하나님의 나라는 주님의 사랑 안에서 하나되게 하며 완전한 안식과 화평을 이룬다. 이 화평은 이 세상이 줄 수 없는 온전한 화평이요 평안이다.

* 참고 성구 * 엡 4:3, 롬 14:17, 요 14:27, 계 14:13

Ⅲ. 하나님 나라는 풍요의 나라임

기자는 저가 백성의 가난한 자를 신원하며 궁핍한 자손을 구원한다고 했다. 여기서 '신원하며'는 히브리어 '쇼파트'로서 '변호하다'란 뜻으로 특히 가난하고 억압받는 자들을 적의 세력으로부터 구원한다는 의미이다. 하나님 나라는 불완전한 이 세상의 행복과는 달리 모든 것이 부족함이 없이 차고 넘치는 곳으로 영원한 참된 행복을 주는 곳이다.

* 참고 성구 * 레 19:9-10, 잠 29:14, 엡 1:18, 계 22:2

■ 기 도 ■ 하나님 나라를 우리에게 주신다고 하신 하나님! 당신께서 다스리시는 영생의 그 나라에서 당신과 영원히 동거동락하는 기쁨을 오늘 사랑하는 이 성도에게 풍성히 내려 주옵소서. 예수 그리스도의 이름으로 기도 드립니다. 아멘

입관및 영결

새 하늘과 새 땅에서 누릴 축복

■ **찬 송** ■ ♪ 228, 289, 229, 224   ■ **참 조** ■ ☞ ② 145p

■ **본 문** ■ 또 내가 새 하늘과 새 땅을 보니 처음 하늘과 처음 땅이 없어졌고 바다도 다시 있지 않더라 또 내가 보매 거룩한 성 새 예루살렘이 하나님께로부터… 【계 21:1-7】

■ **서 론** ■ 영국의 작가 한나 모어는 천국을 "완전한 순결, 충만한 기쁨, 영원한 자유, 완전한 안식, 완전한 건강, 그리고 아름다운 결실, 완전한 안전, 실제적이고 영원한 선으로 가득한 곳"이라고 표현했다. 이 땅의 장막집을 버리고 영원한 시온성인 천성을 향한 순례자인 성도. 성도들을 향해 손짓하는 그곳에서의 축복은?

■ **말 씀** ■

I. 슬픔이 변하여 기쁨이 되는 성도의 축복

기자는 모든 눈물을 그 눈에서 씻기시매 다시 사망이 없고 애통하는 것이나 곡하는 것이 있지 않다고 했다. 여기서 '씻기시매'는 헬라어 '엑사레잎세이'로서 이는 '엑사레이포' 곧 '씻어버리다'의 미래로서 '그가 씻겨주시리라'이며 이것은 하나님의 영원히 끝없이 베푸시는 사랑의 행복한 위로를 의미한다. 성도는 하늘나라에서 하나님의 위로로 참된 기쁨만 누리게 된다.

* 참고 성구 * 시 30:5, 사 35:10, 요 15:11, 롬 14:17

II. 고난이 변하여 영광이 되는 성도의 축복

기자는 보좌에 앉으신 이가 보라 내가 만물을 새롭게 하노라고 했다. 여기서 '새롭게'는 헬라어 '카이나'로서 이는 시간적이나 공간적으로 새로운 것이 아닌 근본적으로 전혀 다른 성질의 새로움을 의미한다. 성도는 주님과 그의 나라의 의를 위해 받았던 핍박과 고난이 영광의 면류관이 되어 새로운 만물을 상속받는 행복의 극치를 누린다.

* 참고 성구 * 롬 8:18, 고후 4:17, 빌 3:21, 골 3:4, 계 22:5

III. 목마름이 변하여 풍성함이 되는 성도의 축복

기자는 내가 생명수 샘물로 목마른 자에게 값없이 주리라고 했다. 여기서 '생명수 샘물'은 헬라어 '헤 페게 투 휘다토스 테스 조에스'로서 '그 생명의 물의 그 샘'으로 하나밖에 없는 유일하고 영원한 생명수의 샘물을 가리킨다. 오직 주의 나라에서의 생명수만을 갈급해 하던 성도들에게는 하늘의 영원한 생명수와 기업을 풍성히 받게 된다.

* 참고 성구 * 시 60:5, 시 36:8, 마 5:6, 요 4:14, 계 22:17

■ **기 도** ■ 새 하늘과 새 땅을 주시겠다고 하신 하나님! 당신의 나라의 기쁨과 영광과 풍성함으로 사랑하는 성도의 영혼에 채우소서. 예수 그리스도의 이름으로 기도 드립니다. 아멘

입관및 영결

히브리서에 나타난 안식에의 약속

■ 찬 송 ■ ♪ 474, 470, 467, 466   ■ 참 조 ■ ☞ ① 43p

■ 본 문 ■ 그러므로 우리는 두려워할지니 그의 안식에 들어갈 약속이 남아 있을지라도 너희 중에 혹 미치지 못할 자가 있을까 함이라 저희와 같이 우리도…【히 4:1-13】

■ 서 론 ■ 영국 교회의 주교였던 죠셉 홀은 "천국은 그에 관하여 말하는 입은 많고 그것을 보는 눈들은 많으나 천국을 감동시키는 마음은 별로 많지 않다."라고 했다. 이 땅에서 천국을 소유하기까지 거룩한 삶을 영위했던 성도! 영원한 안식을 누릴 자들은?

■ 말 씀 ■

I. 택함 받은 자가 영원한 안식에 들어감

기자는 그의 안식에 들어갈 약속이 남아 있을지라도 너희 혹 미치지 못할 자가 있을까 함이라 했다. 여기서 '미치지 못할'은 헬라어 '휘스테레케나이'로서 원뜻은 '목표에 도달하지 못하다'로 안식을 소망하는 성도들 중 낙후자가 생길까 염려한 것이다. 인간의 쉼은 잠시 잠깐이며 완전치 못하나 하나님의 택자인 성도들이 천국에서 얻는 안식은 영원하다.

  * 참고 성구 *   시 37:7, 시 28:12, 마 11:29, 계 14:13

II. 복음을 믿는 자가 영원한 안식에 들어감

기자는 복음 전함을 먼저 받은 자들은 순종치 아니함을 인하여 들어가지 못했다고 했다. 여기서 '복음' 곧 '유앙겔리온'은 '좋은 소식'으로 그것은 하나님이 약속하신 '안식' 곧 '카타파우시스'를 뜻한다. 참 안식의 길은 그리스도를 믿음으로 구원을 받는다는 복음을 받아들이는 것이며 이를 불순종하는 육에 속한 불신자들에게는 영원한 안식이 없다.

  * 참고 성구 *   요 1:12, 마 10:40, 골 1:23, 롬 10:9, 약 2:5

III. 유혹을 이기는 자가 영원한 안식에 들어감

세상은 죄악이 관영한 곳이기 때문에 성도들도 세상의 유혹, 곧 육신의 정욕과 안목의 정욕과 이생의 자랑 속에서 헤매는 경우가 있다. 그러나 택하신 하나님의 자녀인 성도는 세상의 온갖 유혹이 달려들지라도 끝까지 영적 싸움에서 사단 마귀를 대적하고 하나님의 전신갑주로 무장하여 믿음으로 승리를 이루어야 한다. 이렇게 믿음의 승리를 거둔 자에게만 영원한 안식이 있다.

  * 참고 성구 *   벧후 1:10, 엡 6:10, 요일 2:16, 마 20:21, 요 19:30, 히 12:4

■ 기 도 ■ 영원한 안식을 주시는 하나님! 오늘 끝까지 믿음을 지키고 이제 당신의 품에 안기는 사랑하는 성도에게 영원한 안식을 베푸시옵소서. 예수 그리스도의 이름으로 기도 드립니다. 아멘.

예수의 십자가 죽음이 주는 결과

■ 찬 송 ■ ♪ 144, 147, 148, 141   ■ 참 조 ■ ☞ ① 81p, 411p

■ 본 문 ■ 예수께서 다시 크게 소리 지르시고 영혼이 떠나시자 이에 성소 휘장이 위로부터 아래까지 찢어져 둘이 되고 땅이 진동하며 바위가 터지고 무덤들이… 【마 27:50-54】

■ 서 론 ■ 이 땅의 주의 크신 종으로 일제 때 순교하신 주기철 목사는 "학생이 배우는 길은 학교로 가야 되고, 어부의 고기 잡는 길은 물로 가야 되며, 인간의 활로는 십자가로 가야 된다."라고 하였다. 예수 그리스도의 십자가의 죽음으로 인류에게는 새로운 생명의 길이 열렸다. 죽으심으로 사는 길을 여신 예수의 죽음은?

■ 말 씀 ■

Ⅰ. 예수의 죽음으로 성소의 휘장이 찢어졌음

기자는 이에 성소 휘장이 위로부터 아래까지 찢어져 둘이 되고 땅이 진동하며 바위가 터졌다고 했다. 이 휘장은 성소와 지성소 사이에 있는 것으로 대제사장이 대속죄일에 지성소에 들어가기 위해 일년에 한 차례 열려졌는데 이 휘장이 찢어짐은 예수의 찢긴 육체를 통해 하늘에 이르는 생명의 길이 열리게 되었음을 의미한다. 이로써 성도는 직접 하나님과 영적 교류를 가지게 되었다.

* 참고 성구 * 히 10:19-20, 출 26:33, 요 14:6, 딤전 2:5

Ⅱ. 예수의 죽음으로 성도들의 무덤이 열렸음

기자는 무덤이 열리며 자던 성도의 몸이 많이 일어나되 예수의 부활 후에 저희가 무덤에서 나와서 거룩한 성에 들어가 많은 사람에게 보였다고 했다. 여기의 거룩한 성은 현실의 예루살렘 성을 가리키는 것으로 이렇게 무덤이 열린 성도들의 소생 사건은 예수 그리스도의 죽으심과 부활을 믿는 모든 성도들의 종말적 부활의 보증이 되는 사건이라고 할 수 있다.

* 참고 성구 * 고전 15:53, 빌 3:21, 골 3:4, 딤후 1:10, 계 21:4

Ⅲ. 예수의 죽음으로 하나님의 성자이심이 인정되었음

기자는 이는 진실로 하나님의 아들이었다고 했다. '십자가'는 헬라어 '스타우로스'로서 '스타오'(이룩하다)에서 유래한 말로, 십자가 사건과 인류 구속 사역 완성의 상관관계를 잘 드러내 준다. 예수 그리스도의 죽으심은 이제 천하만민으로 하여금 하나님의 독생자이신 예수 그리스도를 믿음으로 말미암아 귀한 하나님의 자녀가 되는 성도의 길을 가게 하였다.

* 참고 성구 * 행 14:27, 고후 4:13, 막 2:10, 요 20:27, 롬 8:17

■ 기 도 ■ 하나님 아버지! 당신의 독생자 예수 그리스도의 십자가 죽음으로 우리는 구원받고 영생을 얻게 되었습니다. 이제 사랑하는 당신의 자녀의 몸을 받으시고 마지막 날에 부활시켜 주옵소서. 예수 그리스도의 이름으로 기도 드립니다. 아멘

> 유족 위로 및 추도

예수 그리스도의 재림의 목적

■ 찬 송 ■ ♪ 168, 163, 498, 158　　　■ 참 조 ■ ☞ ② 333p, 391p

■ 본 문 ■ …볼지어다 구름을 타고 오시리라 각인의 눈이 그를 보겠고…【계 1:1-7】

■ 서 론 ■ 18세기 영국의 소설가 윌리엄 택커리는 "인생은 영혼의 탁아소요 영원한 세계로 들어가기 위한 훈련 장소이다." 라고 했다. 예수 그리스도의 재림으로 말미암아 누구나 그의 심판대 앞에서 선악간에 그 몸으로 행한 것에 따라 영생과 영벌에 처하게 된다. 예수의 재림으로?

■ 말 씀 ■

Ⅰ. 예수의 재림은 주를 믿는 자를 구원함에 있다

기자는 기록한 것을 지키는 자들이 복이 있나니 때가 가까움이라고 했다. 여기서 '때'는 헬라어 '카이로스'로서 자연적인 시간이 아니라 한정된 시간으로 여기서는 종말의 시기 또는 그리스도의 재림이 가까움을 나타낸다. 재림을 약속하신 주님은 그 때가 오면 그를 믿는 성도에게 구원의 영광을 베푸실 것인데 이것이 믿는 자에 대한 약속이다.

＊ 참고 성구 ＊　마 16:27, 25:31-32, 고전 4:5, 딤후 4:1, 히 9:28, 행 1:11

Ⅱ. 예수의 재림은 불의한 자를 심판함에 있다

기자는 그를 찌른 자들도 볼 터이요 땅에 있는 모든 족속이 그를 인하여 애곡한다고 했다. 여기서 '애곡하리니'는 헬라어 '콥손타이'로서 '콥토', 곧 '자른다, 끊어버리다, 꺾는다, 때린다, 슬퍼한다'의 미래 중간태로서 스스로 자신 때문에 가슴을 치고 통곡할 것을 의미한다. 예수를 부인하고 불의와 거짓을 일삼은 자들을 주님은 철저히 심판하실 것이다.

＊ 참고 성구 ＊　유 1:14-15, 마 24:26, 살전 5:23, 살후 1:8

Ⅲ. 예수의 재림은 모든 피조물을 회복함에 있다

예수 그리스도의 재림, 곧 '파루시아'는 하나님께서 창조하신 피조물들의 죄로 말미암아 부패되고 타락했던 것들을 본래의 모습으로 회복하기 위해서 이루어지는 하나님의 계획이다. 바울도 피조물의 고대하는 바는 하나님의 아들이 나타나는 것이라고 했다. 재림의 주님을 통치자로 하는 새 하늘과 새 땅을 성도들은 염원하고 이 소망은 궁극적인 것임을 명심하자.

＊ 참고 성구 ＊　롬 8:19, 계 22:1-5, 딤후 2:10, 벧후 3:13

■ 기 도 ■ 심판자이신 하나님! 당신의 독생자 예수 그리스도의 재림으로 알곡과 가라지는 구분되어 알곡은 천국의 창고에 기하게 됨을 믿습니다. 오늘 당신의 사랑하는 성도들에게 기쁨의 미래를 보여 주옵소서. 예수 그리스도의 이름으로 기도 드립니다. 아멘

유족 위로 및 추도

고센 땅이 구별받은 의미

■ 찬 송 ■ ♪ 233, 226, 228, 249　　■ 참 조 ■ ☞ ① 45p

■ 본 문 ■ …이스라엘 자손의 거한 고센 땅에는 우박이 없었더라【출 9:25-26】

■ 서 론 ■ 나일강 삼각주 지대의 남동 지역으로 보통 '고센 땅' 이라고 하는 고센(Goshen)은 '땅의 언덕' 이라는 뜻을 가지고 있다. 요셉이 애굽의 총리로 있을 때 여기에 야곱과 이스라엘 사람들이 정착했다. 하나님의 택하신 선민들이 거처했던 고센은 오늘 하나님의 백성인 성도들이 거처할 천국을 예표하기도 한다. 이 고센 땅은?

■ 말 씀 ■

Ⅰ. 고센 땅은 하나님이 구별하신 안전한 땅임

기자는 우박이 애굽 온 땅에서 사람과 짐승을 무론하고 무릇 밭에 있는 것을 쳤으며라고 했다. 여기서 '쳤으며' 는 히브리어 '나카' 로서 '치다, 때리다, 강타하다' 는 뜻으로, 단순히 '치는' 것이 아니라 '거듭 계속해서' 때려 치명적인 타격을 가하는 것을 의미한다. 하나님은 당신의 백성이 거하는 곳은 세상의 위험과 사단의 세력에서 안전히 보호하신다.

＊ 참고 성구 ＊ 시 46:1, 시 41:10, 43:2, 신 6:24, 잠 2:8, 딤후 4:18

Ⅱ. 고센 땅은 하나님이 구별하신 평화의 땅임

기자는 이스라엘 자손의 거한 고센 땅에는 우박이 없었다고 했다. 애굽 전역에 파리떼가 해를 입혔지만 하나님께서는 내 백성이 거하는 고센 땅을 구별하신다고 했다. 애굽 온 땅은 공포로, 고센 땅은 평화로 확실히 구별이 되었다. 이와 같이 불안과 두려움이 팽배한 이 세상에서 하나님은 당신의 백성을 구별하여서 해나 재앙이 없는 참된 안식과 평안과 위로를 얻는 곳에서 지켜 주신다.

＊ 참고 성구 ＊ 시 23:2, 4:8, 출 8:22, 눅 1:78-79, 계 21:3

Ⅲ. 고센 땅은 하나님이 구별하신 축복의 땅임

'구별' 은 히브리어 '파다하' 로서 하나님의 백성과 다른 백성을 분리시킬 때 사용한 단어이다. 여기서는 단순히 구분을 뜻하기보다는 '구원' 혹은 '구속' 을 의미한다고 할 것이다. 애굽의 전역에서 재앙이 계속되어도 하나님이 아낌없이 베푸시는 사랑 안에서 한없는 축복을 받아 누리게 되는 곳인 고센 땅은 이후 성도들이 취할 축복의 하늘나라를 예표한다.

＊ 참고 성구 ＊ 시 81:16, 출 11:7, 시 65:9, 계 22:17

■ 기 도 ■ 택하신 백성을 위해 구별하시는 하나님! 당신의 사랑하는 성도가 거처하는 땅이 어떤 곳인지 알았사오니 이곳에서도 지켜주시고 영원한 하늘나라를 우리에게도 허락하옵소서. 예수 그리스도의 이름으로 기도 드립니다. 아멘

유족 위로및 추도

그리스도인의 승리를 보장하는 요인

■ 찬 송 ■ ♪ 93, 86, 487, 495 　　■ 참 조 ■ ☞ ② 253p

■ 본 문 ■ …또 여러 형제가 어린 양의 피와 자기의 증거하는 말을 인하여 저를 이기었으니 그들은 죽기까지 자기 생명을 아끼지 아니하였도다…【계 12:10-12】

■ 서 론 ■ 프랑스의 수학자 파스칼은 "진정한 그리스도인만큼 행복하고 사리분별력이 뚜렷하고 덕스러우며 상냥한 사람은 없다. 비록 그 자신이 하나님께 연합된 것을 믿고 있으면서도 결코 허영을 느끼지 않는다. 비록 그는 자신이 이 땅의 벌레에 불과하다고 느끼고 있더라도 결코 낙담하지 않는다."라고 했다. 성도의 승리는?

■ 말 씀 ■

Ⅰ. 그리스도의 보혈이 승리를 보장함

기자는 여러 형제가 어린 양의 피를 인하여 저를 이기었다고 했다. 여기서 '어린 양의 피를 인하여'는 헬라어 '디아 토 하이마 투 알리우'로서 '어린 양의 그 피 때문이다'는 뜻으로, 사단과의 싸움에서 저들을 이긴 성도들의 이김과 승리의 원인이 전적으로 예수 그리스도의 피 때문이라는 의미이다. 성도의 능력의 근원은 그리스도의 보혈을 의지하는 것에 있다.

* 참고 성구 *　슥 3:1, 마 26:28, 롬 5:9, 요일 3:8

Ⅱ. 성도의 신앙 고백이 승리를 보장함

기자는 자기의 증거하는 말을 인하여 저를 이기었다고 했다. 여기서 '자기의 증거하는 말을 인하여' 곧 '디아 톤 로곤 테스 말튀리아스 아우톤'은 '저희의 그 증거의 말씀 때문에'이며, 성도의 이김은 저희가 증거했던 하나님의 말씀에 있었다는 뜻이다. 하나님의 말씀을 믿고 드리는 성도의 신앙고백은 영생의 승리를 얻게 할 뿐만 아니라 영원한 안식을 얻게 한다.

* 참고 성구 *　마 16:16, 요 4:29, 행 8:37, 빌 2:11

Ⅲ. 천국에의 소망이 승리를 보장함

기자는 하늘과 그 가운데 거하는 자들은 즐거워하라고 했다. 여기서 '거하는'은 헬라어 '스케눈테스'로서 '스케노오' 곧 '천막을 치다, 진치다, 거처하다, 살다'의 현재분사로 하늘에 주소를 두고 그곳에 머무는 자들을 의미한다. 성도가 흔들림 없이 세상에서 승리할 수 있는 것은 영원한 하늘 나라의 소망이 있기 때문이다. 바울은 이것을 하늘나라의 시민권을 가졌다고 그의 편지에서 갈파했다.

* 참고 성구 *　마 5:10, 눅 9:62, 행 14:22, 빌 3:20

■ 기 도 ■ 승리의 하나님! 성도들이 사단 마귀와 싸워 이길 수 있는 강력한 무기를 보았습니다. 우리에게 항상 승리를 주시는 당신을 찬양하며 이 땅에서 흔들림 없게 살아가도록 하옵소서. 예수 그리스도의 이름으로 기도 드립니다. 아멘

재림을 대비하는 종의 모습

■ **찬 송** ■ ♪ 162, 163, 165, 168　　■ **참 조** ■ ☞ ② 317p

■ **본 문** ■ 그러므로 깨어 있으라 어느 날에 너희 주가 임할는지 너희가 알지 못함이니라 너희도 아는 바니 만일 집주인이 도적이 어느 경점에 올 줄을 알았더면… 【마 24:42-51】

■ **서 론** ■ 일본 속담에 "양심을 가장 훌륭하게 발휘할 때가 바로 주인이 보지 않을 때이다."라는 말이 있다. 성실한 종은 누가 보든 안 보든 묵묵히 자기에게 맡겨진 일을 충성된 자세로 일하는 자이다. 그리스도의 종으로 스스로를 낮춘 성도는 주인이신 그리스도가 다시 오실 때까지 어떤 모습을 가져야 하나?

■ **말 씀** ■

Ⅰ. 재림을 대비하는 깨어 있는 종

기자는 그러므로 깨어 있으라고 했다. 여기서 '깨어 있으라'는 헬라어 '그레고레이테'로서 '정신 차리라, 주의하라'인데 이는 '그레고레오'(주시하다)에서 온 말로, 전투적인 자세로 긴장하여 정신 차리고 항상 경계하고 있으라는 뜻이다. 성도는 주님의 재림이 언제일지 알지 못하므로 세상에 취하지 말고 영적으로 항상 깨어 있어야 한다.

　＊ 참고 성구 ＊　계 16:15, 막 13:33, 살전 5:5-6, 눅 12:37

Ⅱ. 재림을 대비하는 예비하는 종

기자는 이러므로 너희도 예비하고 있으라 생각지 않은 때에 인자가 오리라고 했다. 여기서 '생각지 않은 때에'는 헬라어 '우 도케이테 호라'로서 '상상하지 않은 때에'를 뜻하며, 안일과 방탕에 빠져 있는 순간의 만족이 깨어지는 시간을 의미한다. 성도는 주님의 신부로서 주님 맞기에 합당한 거룩함을 예비해야 한다. 정결한 몸과 마음, 이것이 신부된 자로서 신랑에게 드릴 수 있는 최고의 선물이다.

　＊ 참고 성구 ＊　고후 11:2, 마 25:10, 눅 12:35-36, 막 13:35, 계 19:7

Ⅲ. 재림을 대비하는 충성된 종

기자는 충성되고 지혜 있는 종이 되어 주인이 올 때 보면 그 종이 복이 있다고 했다. 여기서 '충성'은 헬라어 '피스토스'로서 '믿을 만한' 가치가 있는 상태, 곧 하나님이 무엇이든 안심하고 맡길 수 있는 종을 의미한다. 또한 '복'은 '마카리오스'로서 현재적인 복보다 미래적 개념의 말이다. 성도는 청지기로서 하나님께서 맡기신 일을 성실히 행해야 한다.

　＊ 참고 성구 ＊　눅 19:17, 계 2:10, 고전 4:2, 벧전 4:10, 롬 14:12

■ **기 도** ■ 재림주 예수를 보내시는 하나님! 주님의 재림에 우리를 세상 연락에서 취하지 않고 깨어 예비하는 충성된 종이 되도록 하옵소서. 예수 그리스도의 이름으로 간절히 기도 드립니다. 아멘

유족 위로및 추도

'마라나타'의 신앙 고백에 담긴 의미

■ 찬 송 ■ ♪ 167, 313, 318, 410　　■ 참 조 ■ ☞ ② 391p, 437p
■ 본 문 ■ …내가 진실로 속히 오리라 하시거늘 아멘 주 예수여 오시옵소서… 【계 22:20-21】
■ 서 론 ■ 아람어(히브리어와 밀접한 연관이 있으며 여러 방언으로 발전된 서부 셈족어, 신약 성경에도 달리다굼, 에바다 등으로 사용됨) '마라나타'는 '주 예수여 오시옵소서'라는 의미로서 주님의 재림을 갈망하는데 흔히 쓰인 기도문이었다. 주님께서 속히 오시기를 고대하는 '마라나타'의 고백은?

■ 말 씀 ■

I. '마라나타'는 재림을 소망하는 성도의 신앙 고백임

기자는 내가 진실로 속히 오리라 하시거늘 아멘 주 예수여 오시옵소서라고 했다. 여기서 '아멘'이 문장의 첫 머리에 놓여서 '아멘 주 예수여 오시옵소서'는 '진실로 주 예수여 오시옵소서'로서 진실로 주 예수의 재림 곧 '파루시아'를 간절히 기다리는 자세를 보여준다. 성도는 예수의 재림을 소망하는 삶을 생활 속에서 구현하며 항상 소망을 잊지 말아야 한다.

＊참고 성구＊　벧후 3:12, 시 62:5, 빌 4:5, 히 10:37, 9:28

II. '마라나타'는 재림을 준비하는 성도의 신앙 고백임

성도는 예수 그리스도의 재림의 약속이 없었다면 그분의 갑작스런 재림에 당황해 할지도 모른다. 그러나 예수께서는 그 때와 그 시는 정하시지 않았지만 분명한 재림의 때를 준비하라고 내가 진실로 속히 오리라고 하셨으므로 성도는 일생동안 이 세상에서 살 동안에 무엇을 준비해야 하는지를 확실히 알게 되었다. 성도는 금강석처럼 빛나는 변치 않는 믿음의 준비를 해야 한다.

＊참고 성구＊　눅 12:40, 계 3:11, 고전 4:5, 마 25:31-32

III. '마라나타'는 재림을 전파하는 성도의 신앙 고백임

성도는 예수 그리스도께서 홀연히 재림하시는 날 이 세상은 모든 족속이 그를 인하여 애곡하는 슬픔의 무리와 이를 즐거워하는 기쁨의 두 모습을 보게 될 것이다. 이에 그 재림의 약속을 먼저 받은 성도는 예수의 재림의 소식을 이웃에게 전함으로 기쁨을 나누고 심판을 면하게 할 의무를 가지고 있다. 이 모든 것은 이웃의 영혼을 사랑할 때 가능해지는 것이다.

＊참고 성구＊　시 2:2, 계 1:7, 약 5:8, 딤후 4:1, 살전 5:23

■ 기 도 ■ 하나님 아버지! 주님은 속히 오시겠다고 하셨습니다. 이에 우리 성도들은 주 예수여 어서 오시옵소서라고 화답하며 재림을 대망하게 되었습니다. 그 날이 오기까지 당신께서 굳게 붙들어 주시옵소서. 예수 그리스도의 이름으로 기도 드립니다. 아멘

유족 위로및 추도

그리스도인을 위한 예수의 언약 보증

■ 찬 송 ■ ♪ 186, 190, 202, 337　　■ 참 조 ■ ☞ ② 413p

■ 본 문 ■ 이와 같이 예수는 더 좋은 언약의 보증이 되셨느니라 저희 제사장 된 자의 수효가 많은 것은 죽음을 인하여 항상 있지 못함이로되… 【히 7:22-25】

■ 서 론 ■ "하나님께서 인간과의 약속을 한 번도 어기신 때가 없는 데도 하나님의 신실하심을 믿지 않는 것은 내가 신실하지 못하기 때문이다." 어느 목사의 말이다. 신약 성경은 구원을 위하여 그리스도 예수의 인간을 향한 수고가 기록된 책이다. 성도를 구원하신 그 언약의 증표는?

■ 말 씀 ■

Ⅰ. 예수 그리스도의 희생이 구원 약속의 증표임

구약의 수많은 희생 제물의 피가 하나님께 드려졌으나 그것은 단순하고 일회적인 것으로 영원한 구원의 언약을 보장하지 못하였다. 그러나 이제 예수 그리스도의 보혈로 우리는 하나님의 영원한 구원의 언약에 참예하는 자들이 되었다. 주님은 성만찬 때 잔을 가지시고 이는 죄사함의 언약의 피라고 하셨다. '언약'은 헬라어 '디아데케' 로서 이는 주님의 말씀에 순응만 하면 되는 협약이다.

＊ 참고 성구 ＊ 마 26:28, 히 9:22, 10:18, 롬 5:9, 계 7:14

Ⅱ. 예수 그리스도의 간구가 구원 약속의 증표임

십자가에 달리셨다가 사흘만에 부활하시고 이제는 승천하셔서 보좌의 우편에 앉아 계시는 예수 그리스도께서 성도를 위해 하나님께 친히 간구하신다는 사실은 우리에게 있어서 더 없는 축복이요, 우리 안에서의 언약의 성취를 보장한다. 바울은 그는 하나님 우편에 계신 자요 우리를 위하여 간구하시는 자라고 했다. 기독교 최초의 순교자인 스데반의 죽음을 주님은 서서 받으셨다.

＊ 참고 성구 ＊ 롬 8:34, 눅 22:32, 요 14:16, 히 7:25, 행 7:55-56

Ⅲ. 예수 그리스도의 부활이 구원 약속의 증표임

예수 그리스도는 보혈을 흘리셨을 뿐 아니라 보좌의 우편에서 하나님께 친히 간구하심으로써 성도에게 구원의 언약의 보증을 삼으셨고, 친히 능력으로 죽음을 이기시고 부활하심으로써 구원과 영생이라는 영원한 언약을 완성시키신 분이다. 따라서 사망을 이기신 부활이야말로 성도의 믿음의 최고 핵심이다. 부활, 곧 '아나스타시스' 가 없으면 기독교는 존재할 수가 없다.

＊ 참고 성구 ＊ 엡 2:8, 고전 15:54-55, 롬 1:4, 살전 4:14

■ 기 도 ■ 하늘 보좌에 앉으신 하나님! 예수 그리스도의 희생과 간구와 부활이 우리 성도의 구원의 관건임을 보았습니다. 예수를 이 땅에 보내주신 당신께 다시 한번 감사의 기도를 예수 그리스도의 이름으로 기도 드립니다. 아멘

유족 위로및 추도

부활의 승리와 성도의 자세

■ 찬 송 ■ ♪ 159, 161, 152, 150   ■ 참 조 ■ ☞ ② 359p

■ 본 문 ■ 형제들아 내가 이것을 말하노니 혈과 육은 하나님 나라를 유업으로 받을 수 없고 또한 썩은 것은 썩지 아니 한 것을 유업으로 받지 못하느니라… 【고전 15:50-58】

■ 서 론 ■ 독일의 종교개혁자 마틴 루터는 "주님의 왕관에서 빛나는 금강석은 숨길 수 없는 아름다움으로 빛나고 마침내 천국의 불멸하는 존재들에게 내린 은총으로 부활한 모든 인간의 영혼에까지 다다른다."고 했다. 기독교는 부활의 종교이다. 바울은 부활이 없다면 모든 게 헛것이라고 했다. 성도는?

■ 말 씀 ■

Ⅰ. 성도는 사망에 대해서 담대해야 함

바울은 사망아 너의 이기는 것이 어디 있느냐 사망아 너의 쏘는 것이 어디 있느냐고 했다. 여기서 '쏘는'은 헬라어 '켄트론'으로 독충의 침이 사람을 찌르는 것을 가리키는 단어로 이처럼 사망은 인간에게 전갈의 독처럼 고통을 주고 있다. 성도는 무서운 사망 권세를 이기신 예수를 바라보며 기쁨으로 생을 살아야 한다. 이것이 신자와 불신자와의 큰 차이점이 되는 것이다.

* 참고 성구 * 롬 8:1-2, 요 8:32, 고전 15:26, 딤후 1:10, 계 21:4

Ⅱ. 성도는 부활에 대해서 확신해야 함

바울은 우리에게 이김을 주시는 하나님께 감사한다고 했다. 여기서 '이김'은 헬라어 '니코스'로서 '정복하다, 극복하다'는 뜻으로 그리스도의 부활을 믿음으로 죄와 사망의 세력을 물리치고 자유케 된 것을 의미한다. 성도는 부활의 첫 열매가 되신 그리스도로 말미암아 우리도 사망을 이기게 될 것을 믿고 흔들리지 않는다. '부활' 곧 '아나스타시스'는 우리의 소망의 관건이 된다.

* 참고 성구 * 요 10:28, 20:27, 고전 15:14, 15:23, 벧전 1:3, 행 24:15

Ⅲ. 성도는 주의 일에 더욱 힘써야 함

바울은 항상 주의 일에 더욱 힘쓰는 자들이 되라고 했다. '일'을 의미하는 헬라어의 일반적 용어 '에르곤'(일)에 뒤이어 '수고'(코포스)라는 말이 사용되었는데 이것은 주님을 위한 일의 힘듦과 그 일에는 고난과 고통이 수반됨을 암시한다. 성도는 죽은 자들의 부활과 산 자들의 변화가 있기까지 사람들에게 부활 신앙을 전도해야 한다.

* 참고 성구 * 사 49:6, 빌 2:12, 딤후 4:5, 막 13:34

■ 기 도 ■ 부활의 하나님! 사망 권세를 이기신 예수 그리스도의 부활의 능력을 믿고 따르는 성도들에게 그 날이 올 때까지 더욱 맡기신 일에 충성된 종들이 될 수 있도록 성령의 능력으로 덧입혀 주옵소서. 예수 그리스도의 이름으로 기도 드립니다. 아멘

유족 위로및 추도

바울이 말한 행위의 상과 벌

■ 찬 송 ■ ♪ 539, 439, 533, 376　　　■ 참 조 ■ ☞ ① 419p ② 407p

■ 본 문 ■ 우리가 담대하여 원하는 바는 차라리 몸을 떠나 주와 함께 거하는 그것이라 우리는 거하든지 떠나든지 주를 기쁘시게 하는 자 되기를 힘쓰노라… 【고후 5:8-10】

■ 서 론 ■ 미국 유일교회 목사인 윌리엄 마운트포드는 "영원한 세계는 거룩한 보화 창고요 소망은 그의 창으로서 그 창을 통하여 그 세계를 바라보도록 인간에게 허용되었다. 이 어둔 세상에서 소망의 창을 통하여 그 밝은 세상에서 하나님이 하시는 일을 볼 수 있다."라고 했다. 성도의 소망은?

■ 말 씀 ■

Ⅰ. 성도는 주님과의 동행을 소망할 것임

바울은 우리가 담대하여 원하는 바는 차라리 몸을 떠나 주와 함께 거하는 그것이라고 했다. 여기서 '담대하여' 는 헬라어 '달루멘' 으로 이는 '달레오' 곧 '용기를 가진다' 의 현재 분사로 담대한 상태를 뜻한다. 성도는 세상에 속한 자들이 아니라 하늘나라, 곧 주님께 속한 백성이매 주님과 동행하는 삶을 살아야 한다. 바울은 차라리 죽어서 주와 함께 사는 것을 원한다고 고백했다.

　　＊ 참고 성구 ＊　창 5:24, 5:22, 6:9, 말 2:6, 계 3:4, 히 11:5, 고후 5:8

Ⅱ. 성도는 주를 기쁘시게 함을 소망할 것임

바울은 우리는 거하든지 떠나든지 주를 기쁘시게 하는 자 되기를 힘쓰노라고 했다. '힘쓰노라' 는 '필로티무메다' 로서 '야망을 가진다, 열망한다, 영광으로 여긴다' 는 뜻이다. 성도는 죽든지 살든지 오직 주만 기쁘게 하는 삶을 열망하고 이를 삶의 영광으로 생각해야 한다. 성도의 삶은 매사에 주를 기쁘시게 하는 것은 무엇인지를 생각해 내고 이를 실행하는 것이다.

　　＊ 참고 성구 ＊　골 1:10, 히 11:6, 엡 4:1, 요일 2:6

Ⅲ. 성도는 주님이 주시는 영광의 면류관을 소망할 것임

바울은 우리가 다 반드시 그리스도의 심판대 앞에 드러나 각각 선악간 그 몸으로 행한 것을 따라 받으려 함이라고 했다. 성도가 주님의 자녀답게 살았는가 하는 증거는 심판날 어느 자리에 서 있는가에 달렸다. 택함받은 주의 자녀로서 성도는 영벌의 자리가 아니라 영광의 면류관을 쓰는 자리에 서야 한다. '면류관' 곧 '스테파노스' 는 '면류관, 상, 자랑' 의 뜻으로 이는 성도가 받을 상급이다.

　　＊ 참고 성구 ＊　계 2:10, 고전 9:25, 딤후 4:8, 약 1:12, 벧전 5:4, 행 7:59

■ 기 도 ■ 백보좌 심판의 심판장이신 하나님! 성도의 소망을 당신께서 아시오니 오늘 사랑하는 이 가정을 지켜주시고 그 심판 날에 착하고 충성된 종으로 면류관을 씌워 주옵소서. 예수 그리스도의 이름으로 기도 드립니다. 아멘

유족 위로및 추도

주의 재림을 예비하는 자세

■ **찬 송** ■ ♪ 162, 163, 167, 193　　■ **참 조** ■ ☞ ① 419p ② 391p

■ **본 문** ■ 허리에 띠를 띠고 등불을 켜고 서 있으라 너희는 마치 그 주인이 혼인집에서 돌아와 문을 두드리면 곧 열어 주려고 기다리는 사람과 같이 되라…【눅 12:35-40】

■ **서 론** ■ 러시아의 위대한 작가 톨스토이는 "이 세상에 죽음만큼 확실한 것은 없다. 그런데 사람들은 왜 겨우살이는 준비하면서 죽음은 준비하지 않는가."라고 했다. 성도는 죽음을 준비해야겠지만 죽음 이후의 세계도 예비함으로써 영생을 취하는 자가 되어야 한다. 심판과 함께 도래하는 주님의 재림에는?

■ **말 씀** ■

I. 재림을 예비할 때 영적 각성이 필요함

기자는 주인이 와서 깨어 있는 것을 보면 그 종들은 복이 있다고 했다. 여기서 '깨어 있는'은 헬라어 '그레고룬타스'로서 '그레고류오'의 현재분사로 '정신 차리라, 경계하다'의 뜻으로, 주의를 기울이고 세밀하게 지켜보고 있다는 의미이다. 성도는 주님의 재림을 맞이하기 위해 영적으로 깨어 있어 늘 교제를 나누어야 한다. 바울은 세월이 악하니 성령 충만을 받으라고 했다.

* 참고 성구 * 벧전 4:7, 마 25:13, 살전 5:5-6, 계 16:15, 엡 5:16-18

II. 재림을 예비할 때 진리의 분별력이 필요함

기자는 너희도 아는 바니 집주인이 만일 도적이 어느 때에 이를 줄 알았더면 그 집을 뚫지 못하게 하였으리라고 했다. 성도는 이 세상이 완악하여 거짓 선지자와 거짓 교사가 판을 치고 있는 이 때에 분별력을 가지고 경계할 것이며, 오직 진리 되시는 예수 그리스도를 바로 아는 자만이 미혹에 빠지지 않게 됨을 알자. 주님의 '재림' 곧 '파루시아'가 없다고 하는 이단을 조심하자.

* 참고 성구 * 요이 1:7-9, 렘 9-5, 롬 3:13, 벧후 2:1-3, 계 21:8

III. 재림을 예비할 때 기다림과 소망이 필요함

기자는 너희도 예비하고 있으라 생각지 않은 때에 인자가 오리라고 했다. 믿음의 주 예수 그리스도는 기다리는 성도에게 영원한 승리와 영광을 주시기 위해 반드시 다시 오실 것이다. 비록 성도는 그 때와 그 시를 알지 못해도 매일을 재림의 소망을 간직한 채 기다림으로써 재림 예수를 만날 것이다. 성도의 '인내' 곧 '휘포모네'와 '소망' 곧 '엘피도스'는 재림을 기다리는 관건이다.

* 참고 성구 * 계 22:20, 빌 4:5, 히 10:37, 약 5:8, 고전 16:22, 살전 1:3

■ **기 도** ■ 하나님 아버지! 당신의 독생자 예수 그리스도께서 재림으로 오시는 그 날까지 이 가정의 성도들을 지켜주시고 깨어 기다리는 믿음을 충만히 부어 주옵소서. 예수 그리스도의 이름으로 기도 드립니다. 아멘

시험및 사업에 실패함

불의한 재판관과 과부의 비유

■ 찬 송 ■ ♪ 484, 432, 487, 363   ■ 참 조 ■ ☞ ② 349p

■ 본 문 ■ 항상 기도하고 낙망치 말아야 될 것을 저희에게 비유로 하여 가라사대 어떤 도시에 하나님을 무시하는 한 재판관이 있는데… 【눅 18:1-8】

■ 서 론 ■ 영국의 성직자 칼렙 콜턴은 "위험을 기다리는 것보다 차라리 그것에 직면하는 것이 낫고, 바람이 부는 해안을 향하여 버티며 태풍을 예상하는 것이 폭풍을 당하여 배의 난파를 당하는 것보다 낫다."라고 했다. 인생의 위기를 당하여 강청하는 믿음을 보인 과부처럼 위기의 때에 성도는?

■ 말 씀 ■

Ⅰ. 성도는 위급할 때 유일하신 하나님을 찾을 것

기자 누가는 내가 그 원한을 풀어 주리라고 했다. 여기서 '원한을 풀어'는 헬라어 '엑크디케오'로서 '공의를 행함'에서 유래된 말로서 '변호하다, 벌하다'는 뜻으로 악인에 대한 합당한 보복적 징벌을 의미한다. 이렇듯 불의한 재판관도 원한을 풀어주거늘 하물며 유일신이신 성도의 하나님은 가장 완전하고 안전하게 선한 방법으로 결과를 이루어 주실 것이다.

* 참고 성구 *   신 6:4, 사 43:10, 고전 8:4, 엡 4:6, 딤전 2:5

Ⅱ. 성도는 위급할 때 다스리시는 하나님을 찾을 것

기자 누가는 하나님께서 택하신 자들의 원한을 풀어 주지 아니하시겠느냐고 했다. 여기서 '택하신'은 헬라어 '에크레고마이'로서 '선택한다, 택한다'의 뜻으로 성도의 처한 그 어떤 위급하고도 심각한 상황을 하나님께서는 이미 알고 계시기 때문에 만유를 다스리시는 하나님께서는 모든 위험한 상태를 타파하시고 해결해 주신다. 우리에겐 엄청난 일이 하나님께는 아무것도 아니다.

* 참고 성구 *   렘 32:17, 욥 42:2, 시 115:3, 마 19:26, 눅 1:37

Ⅲ. 성도는 위급할 때 응답하시는 하나님을 찾을 것

기자 누가는 내가 너희에게 이르노니 속히 그 원한을 풀어 주시리라고 했다. 택하신 자녀인 성도의 부르짖음을 사랑의 하나님께서는 당신을 찾고 부르짖을 때 결코 외면하시거나 구박하시지 않고 반드시 어떤 형태로든지 응답하셔서 결국엔 성도의 위급함을 해결하신다. 성도는 인내로써 주의 응답을 기다려야 한다. '인내' 곧 '휘포모네'는 바윗덩이로 누르는 것 같은 것을 견디는 것이다.

* 참고 성구 *   시 91:15, 사 58:9, 렘 33:3, 눅 11:9, 요 15:7

■ 기 도 ■ 만유의 주인이신 하나님! 여기 힘든 삶을 영위하는 당신의 택하신 자녀를 긍휼히 여기사 큰 응답으로 채워주시어 감사의 찬송을 돌리게 하소서. 예수 그리스도의 이름으로 기도 드립니다. 아멘

시험및 사업에 실패함

여호와의 보살피심이 신속한 이유

- **찬 송** ♪ 465, 500, 493, 359
- **참 조** ☞ ① 345p
- **본 문** 그들이 부르기 전에 내가 응답하겠고 그들이 말을 마치기 전에 내가 들을 것이며 【사 65:24】
- **서 론** 영국의 성직자 찰스 스펄전은 "정련업자는 자기 금이 용광로에 들어 있을 때는 한순간도 그 입구에서 떠나지 않는다. 마찬가지로 하나님께서는 자기의 거룩한 자녀들이 불 속에 던져 넣어졌을 때 항상 함께 불 속을 거닐고 계신다."라고 했다. 성도가 위기에 봉착했을 때 하나님께서 신속히 응답하심은?

- **말 씀**

Ⅰ. 성도를 사랑하시기 때문이다

기자는 하나님께서 그들이 부르기 전에 내가 응답하신다고 했다. 이렇듯 하나님의 보살피심이 신속한 것은 무엇 때문인가? 이는 성도가 하나님의 자녀로서 그 자녀인 성도를 사랑하시기 때문이다. 성도를 향한 하나님의 관심과 보살피심은 실로 지대하시고 또한 세밀하시고 적절하시므로 성도는 환란 가운데서도 믿음을 잃지 말고 하나님만 바랄 것이다.

* 참고 성구 * 요일 4:10, 신 7:8, 렘 31:3, 요 3:16, 시 31:23

Ⅱ. 성도 안에 내주하시기 때문이다

기자는 하나님께서 그들이 말을 마치기 전에 내가 들을 것이라고 했다. 이렇듯 하나님의 보살피심이 신속한 것은 무엇 때문인가? 이는 성도가 하나님의 자녀로 인침을 받았기에 하나님께서 성도 안에 내주하시기 때문이다. 하나님은 우리 안에 항상 함께 계시기 때문에 우리의 요구를 말씀드리기 전에 이미 그 간구하는 바를 다 알고 계신다.

* 참고 성구 * 요일 4:13~15, 롬 8:26~28, 사 41:10, 히 13:6

Ⅲ. 성도의 필요를 다 아시기 때문이다

하나님께서 이렇듯 성도를 위해 그 보살피심이 신속한 것은 무엇 때문인가? 하나님은 그분이 손수 지으신 피조물의 모든 필요를 이미 다 알고 계신다. 다 알고 계실 뿐만 아니라 그것들의 상황과 환경과 여건 속에서 최선의 해결책이 무엇인지를 준비하고 계시므로 성도는 아무리 어려운 상황이 닥치더라도 먼저 하나님께 기도로 아뢰고 응답을 기다리자.

* 참고 성구 * 심히 22:7, 시 34:15, 94:9, 창 22:13, 왕상 19:7, 벧전 3:12

- **기 도** 만유의 주인이신 창조주 하나님! 우리의 믿음 없음을 탓하지 마시옵고 이렇게 두 손 들고 당신께 가오니 사랑으로 싸안고 응답하여 주옵소서. 예수 그리스도의 이름으로 기도 드립니다. 아멘

시험및 사업에 실패함

벧엘로 다시 돌아가는 방법

- **찬 송** ♪ 317, 315, 321, 269
- **참 조** ☞ ① 109p ③ 51p
- **본 문** 하나님이 야곱에게 이르시되 일어나 벧엘로 올라가서 거기 거하며 네가 네 형 에서의 낯을 피하여 도망하던 때에 네게 나타났던 하나님께 단을 쌓으라…【창 35:1-7】
- **서 론** "만일 하나님께서 죄를 처벌하시지 아니 하신다면 그것은 하나님께서 선과 악을 동일시 하심이므로 자신을 거역하는 결과를 초래하게 된다. 하나님이 하나님 되시기 위해서는 죄를 벌함이 필연적인 일이다." 영국 주교 바벵크의 말이다. 야곱 가정에 큰 시련이 생긴 후 야곱은 다시 벧엘로 올라간다. 벧엘로 가기 위해서는?

■ 말 씀 ■

I. 이방 신을 제거해야 함

야곱은 현몽하신 하나님이 벧엘로 가라고 하는 말씀에 순종하여 자신의 모든 식구에게 너희 중에 이방 신상을 버리라고 했다. 이는 하나님과의 관계 회복을 위해서 하나님 외에 섬기던 모든 것을 제거하라는 말이다. 성도는 모든 우상을 버리고 인격적 유일신 신앙을 제외한 모든 범신론, 샤마니즘, 애니미즘적 사상과는 단호히 손을 끊어야 한다.

　참고 성구　딤후 2:16, 사 45:20, 행 17:29, 롬 1:22-23

II. 스스로 정결케 해야 함

야곱은 자신의 온 식구에게 자신을 정결케 하라고 했다. 하나님의 자녀는 세상과 구별되는 거룩함과 정결함과 고귀함에 이르러야 한다. 그리고 자신을 정결케 하기 위해서는 하나님의 말씀과 회개와 기도로 시작해야만이 정결함이 이루어진다. 이 결례 의식은 헌신과 순종을 뜻하는 것으로 후에 세례 요한이 전파한 회개의 세례와 유사하다.

　참고 성구　벧전 1:15, 1:22, 민 19:12, 레 14:8, 미 3:2, 6, 8

III. 자신의 삶을 개혁해야 함

야곱은 자신의 온 식구에게 의복을 바꾸라고 했다. 이는 시내산에서 모세에게 주어진 하나님의 이 명령은 영적이고 도덕적인 정결 상태를 외형적으로 나타내란 뜻으로, 이것은 성도의 의를 상징한다. 그리스도의 옷을 덧입은 자는 말과 행동에 있어서 이전의 것들은 벗어버리고 이제는 그리스도의 향기를 계속적으로 뿜는 자들이 되어야 한다.

　참고 성구　고후 2:15, 출 19:10, 히 10:22, 유 1:23, 계 19:2

■ 기 도 ■ 벧엘로 올라가라고 하신 야곱의 하나님! 야곱의 환란을 깨우치시고자 꿈으로 인도하신 당신의 긍휼하신 은혜를 감사드리며 그 은혜를 한가지로 이 가정에도 내려 주옵소서. 예수 그리스도의 이름으로 기도 드립니다. 아멘

시험 및 사업에 실패함

호렙 산의 엘리야가 주는 의미

■ 찬 송 ■ ♪ 348, 351, 183, 350 　　　■ 참 조 ■ ☞ ① 197p

■ 본 문 ■ 엘리야가 그곳 굴에 들어가 거기서 유하더니 여호와의 말씀이 저에게 임하여 이르시되 엘리야야 네가 어찌하여 여기 있느냐…【왕상 19:8-18】

■ 서 론 ■ 영국 교회 주교인 제레미 테일러는 "도우시는 분이 전능자이심을 기억할진데 사람이 결코 절망할 수 없다."라고 했다. 갈멜산의 대결에서 승리한 엘리야가 이세벨을 두려워해 로뎀 나무 아래서 죽기를 구하는 나약함을 보였다. 그러나 호렙 산의 엘리야는?

■ 말 씀 ■

I. 사명자는 과거의 자랑을 벗을 것

하나님의 엘리야야, 네가 어찌하여 여기 있느냐는 물음에 엘리야는 내가 하나님 여호와를 위하여 열심이 특심하다고 했다. 사명자의 과거 신앙이 아무리 특심하여도 지금 이 현재와 아울러 미래를 지탱하지 못하면 아무런 의미가 없다. 안일무사하게 과거의 능력에만 의지하지 말고 성도는 날마다 새로워지는 영적 훈련을 쌓아야 할 것이다. 바울은 과거의 자랑거리를 배설물이라 했다.

* 참고 성구 *　전 1:9-10, 빌 3:5-8, 갈 5:24, 사 40:31

II. 사명자는 하나님의 도우심을 발견할 것

엘리야는 불 후에 세미한 소리가 있어 이를 듣고 겉옷으로 얼굴을 가리우고 나가 굴 어귀에 섰다고 했다. 하나님은 모든 소란하고 장엄한 노도와 같은 격렬한 열정 속에서만 임재하시는 것이 아니라 느끼기 어려운 작고 고요한 소리, 외경과 침묵의 소리에서도 사명자에게 세밀함으로 돕고 계신다. 성도는 하나님의 임재를 일상생활의 세미함 속에서 발견해야 한다.

* 참고 성구 *　대하 14:11, 시 28:7, 사 41:10, 히 13:6

III. 사명자는 능력 있는 동역자를 찾을 것

하나님은 엘리사에게 기름을 부어 너를 대신하여 선지사가 되게 하라고 하시며, 바알에게 무릎 꿇지 않은 칠천 인을 남기셨다고 했다. 여기서 '꿇지'는 히브리어 '카라'로서 '엎드리다, 굴복하다'는 뜻으로 억압과 이교주의에 져서 여호와 신앙을 버림을 의미한다. 하나님의 사역은 위대한 능력자라 해도 혼자서는 감당키 힘들므로 동역자를 찾아 함께 일해야 한다.

* 참고 성구 *　고전 3:9, 고후 6:1, 행 11:26, 딤후 4:11

■ 기 도 ■ 엘리야의 하나님! 위축된 엘리야에게 나타나셔서 새로운 진로를 모색해 주신 것처럼 오늘 이 가정의 성도를 선한 길로 인도해 주옵소서. 예수 그리스도의 이름으로 기도 드립니다. 아멘

시험및 사업에 실패함

고난의 로마행을 기회로 삼은 바울

■ 찬 송 ■ ♪ 367, 102, 403, 519   ■ 참 조 ■ ☞ ② 421p

■ 본 문 ■ 얼마 못되어 섬 가운데로서 유라굴로라는 광풍이 대작하니 배가 밀려 바람을 맞추어 갈 수 없어 가는 대로 두고 쫓겨 가다가 가우다라는 작은 섬… 【행 27:14-26】

■ 서 론 ■ "시뻘겋게 달군 쇠를 두드리고 또 두드리는 것은 더 좋은 강철을 만들기 위함이다." 어느 성직자의 말이다. 이방인의 사도 바울은 복음을 위해 숱한 고난을 당하고 이제는 '모든 길은 로마로 통한다'는 제국의 중심 로마로 들어가 복음의 전세계 확산이라는 목표를 달성하고자 했다. 위기를 기회로 잡은 바울은?

■ 말 씀 ■

Ⅰ. 성도의 연단은 말씀의 열매를 줍는 기회이다

기자는 유라굴로라는 광풍이 대작하니라고 했다. 여기서 '대작하니'는 헬라어 '발로'로서 '던지다, 일어나다'의 뜻으로 아주 격렬하고 심하게 위협적으로 달려드는 것을 묘사한 말이다. 바울은 비록 죄인의 몸으로 로마에 가게 되었고, 광풍을 만났으나 고난 중에도 말씀을 상고하고 하나님과 교통함으로써 더욱 그분의 크고 놀라운 뜻을 깨닫게 되었다.

　＊ 참고 성구 ＊　시 105:17-19, 슥 13:9, 눅 6:48, 고전 3:13, 롬 5:3-4

Ⅱ. 성도의 연단은 섭리의 때를 가깝게 하는 기회이다

기자는 바울아 두려워 말라 네가 가이사 앞에 서야 하겠다고 했다. 여기서 우리는 하나님께서 로마에 복음을 증거하시려는 의지와 목적을 볼 수 있다. 바울은 고난 중에도 인내하며 기다림으로써 주님을 더 가깝게 체험하고 주님의 섭리의 때를 인지하여 더욱 가깝게 하는 계기가 되도록 했다. '연단' 곧 '도키메'는 '풍성, 인격, 자격, 시련'의 뜻으로 참고 인내하는 일에 숙달됨을 의미한다.

　＊ 참고 성구 ＊　요 9:3, 창 39:20, 잠 2:8, 딤후 4:18

Ⅲ. 성도의 연단은 차근히 성장하는 기회이다

기자는 바울이 여러분이여 안심하라 나는 내게 말씀하신 그대로 되리라고 하나님을 믿노라 그러나 우리가 한 섬에 걸리리라고 했다. 성도는 고난 중에도 인내하여 이것을 오히려 신앙인으로서 인격이 성장하는 계기가 되도록 하여 하나님 나라의 시민으로서의 합당한 모습을 갖추어 나가는 기회로 삼아야 한다. 모든 훌륭한 주의 종들은 이 연단의 시기에 자신의 삶을 성찰하였다.

　＊ 참고 성구 ＊　히 12:11, 욥 5:17, 23:10, 시 119:67, 고후 4:17

■ 기 도 ■ 바울의 하나님! 고난을 통해 바울은 더욱 철저히 당신을 의지하였습니다. 오늘 이 성도가 고난을 당하고 있사오니 주의 뜻이 무엇인지 이 시간에 확실히 깨닫게 하옵소서. 예수 그리스도의 이름으로 기도 드립니다. 아멘

시험및 사업에 실패함

여호사밧의 신앙에 나타난 과정

■ 찬 송 ■ ♪ 421, 422, 88, 429　　　　■ 참 조 ■ ☞ ① 203p

■ 본 문 ■ …이 전쟁에는 너희가 싸울 것이 없나니 항오를 이루고 서서 너희와 함께한 여호와가 구원하는 것을 보라 유다와 예루살렘아 너희는 두려워하며…【대하 20:12-19】

■ 서 론 ■ 러시아의 저명한 작가 톨스토이는 "나의 신앙이 강하면 강할수록 그 생활이 견고하다. 나의 생활에서 신앙이 없다면 그것은 금수의 생활이다." 라고 했다. 모압과 암몬의 연합 대군을 맞아 금식하며 부르짖은 여호사밧! 그의 승리의 비결이 오늘 우리에게 주는 교훈은?

■ 말 씀 ■

Ⅰ. 자신의 한계를 고백한 여호사밧

기자는 여호사밧이 오직 주만 바라본다며 고백하고 여호와 앞에 섰다고 했다. 여기서 '섰더라' 는 히브리어 '아마드' 로서 '머물다, 섬기다, 서다' 의 뜻으로 어떤 기대를 가지고 섬기는 마음과 경외의 태도로 확고하게 서 있음을 의미한다. 성도는 한치 앞을 내다보지 못하는 연약한 죄의 종으로서 죽을 수밖에 없는 존재임을 하나님께 겸손히 고백해야 한다.

　　* 참고 성구 *　고후 10:12, 3:5, 시 127:1, 요 15:5, 렘 10:23, 막 4:38

Ⅱ. 하나님의 능력을 인정한 여호사밧

기자는 야하시엘이 이 전쟁은 하나님께 속한 것이라고 하자 여호사밧이 몸을 굽혀 얼굴을 땅에 대었다고 했다. 여기서 '하나님께 속한' 은 히브리어 '레엘로힘' 으로 '하나님께 대한' 의 뜻으로 이 전쟁이 하나님께 대항한 전쟁이므로 하나님께서 대신 싸우신다는 뜻이다. 성도는 만사를 선하게 계획하시고 주관하시는 하나님의 크신 능력을 인정하면서 삶을 살아야 한다.

　　* 참고 성구 *　요일 5:5, 시 27:1, 시 12:2, 습 3:17

Ⅲ. 전적으로 하나님께 맡긴 여호사밧

기자는 여호사밧과 온 유다와 예루살렘 거민들이 여호와 앞에 엎드려 경배하고 레위 사람들은 하나님 여호와를 찬송했다고 했다. '찬송하다' 는 히브리어 '바라크' 로서 '경배하다' 와 동의어이다. 성도는 하나님께 자신을 맡기되 우선 진정한 믿음이 선행되어야 할 것이다. 따라서 일부만을 믿는 것이 아니라 영육간의 모든 것을 드려서 전적으로 하나님을 의뢰하여야 한다.

　　* 참고 성구 *　벧전 5:7, 마 6:25, 눅 21:34, 빌 4:6

■ 기 도 ■ 여호사밧의 하나님! 여호사밧의 신앙의 단계를 보았습니다. 오늘 이 가정의 성도에게도 여호사밧과 같은 믿음을 주시고 한가지 은혜를 내려 평안의 길로 인도하소서. 예수 그리스도의 이름으로 기도 드립니다. 아멘

시험및 사업에 실패함

욥기에 나타난 연단이 주는 유익

■ 찬 송 ■ ♪ 364, 367, 102, 519　　　■ 참 조 ■ ☞ ① 293p

■ 본 문 ■ 내가 주께 대하여 귀로 듣기만 하였삽더니 이제는 눈으로 주를 뵈옵나이다 그러므로 내가 스스로 한하고 티끌과 재 가운데서 회개하나이다…【욥 42:5-17】

■ 서 론 ■ 미국의 목사 헨리 비쳐는 "연단이란 자아를 육욕적인 상태에서 끌어올리는 것을 말한다. 그러한 영혼의 노력은 인생의 공통의 욕구와 목적을 영화시킨다."라고 했다. 동방의 의인이라던 욥은 연단 후 새로운 삶을 시작하게 되었다. 연단은 성도에게 어떤 유익을 주는가?

■ 말 씀 ■

Ⅰ. 연단은 성도로 하여금 죄를 회개케 함

기자는 욥이 내가 스스로 한하고 티끌과 재 가운데서 회개한다고 했다. 여기서 '회개하나이다'는 히브리어 '나함'으로 원래 '헐떡거리며 말하다, 갈망하다'의 뜻으로 자기 행위를 철회하겠다는 간절한 돌이킴을 의미한다. 성도는 시련의 불을 통하여 자신의 나약함과 불경건과 진리에의 무지를 깨닫고 자신을 던지는 통회자복이 있어야 할 것이다.

참고 성구　막 1:4-5, 겔 18:31, 행 3:19, 대하 7:14, 시 51:17

Ⅱ. 연단은 성도로 하여금 영적 성장의 계기가 되게 함

기자는 하나님께서 너희의 우매한 대로 너희에게 갚지 아니하리니 하시며 욥을 기쁘게 받으셨다고 했다. 여기서 '우매한'은 히브리어 '네발라'로서 '어리석게 행하다'의 명사형으로 '지적으로 어리석을 뿐 아니라 윤리적으로 수치스럽고 사악한 행위'를 뜻한다. 성도는 시련으로 더욱 깨끗해진 심령과 정비된 신앙관, 분명히 깨달은 은혜로 믿음이 그리스도의 장성한 분량에 이르러야 한다.

참고 성구　벧전 1:6-7, 욥 23:10, 시 48:10, 요 15:2

Ⅲ. 연단은 성도로 하여금 천국에 소망을 두게 함

기자는 여호와께서 욥의 모년에 복을 주사 처음 복보다 더하게 하셨다고 했다. 여기서 '모년'은 히브리어 '아하라트'로서 '지연하다, 늦다'에서 파생된 말로 '마지막, 끝, 남은 자'의 뜻으로 여기서는 욥의 만년을 지칭했다. 연단은 성도에게 세상의 것들보다 영원한 나라에 소망을 두게 해서 결국엔 그 소망한 것을 영원한 축복으로 얻게 한다.

참고 성구　행 14:22, 눅 9:62, 약 2:5, 벧후 1:11

■ 기 도 ■ 욥의 하나님! 연단 받은 후에 새롭게 소망의 삶을 시작했습니다. 오늘 이 가정의 성도에게도 욥에게 내리신 소망을 한가지 은혜로 내려 주옵소서. 예수 그리스도의 이름으로 기도 드립니다. 아멘

시험및 사업에 실패함

하나님만을 바라야 할 이유

■ 찬 송 ■ ♪ 432, 434, 478, 467   ■ 참 조 ■ ☞ ② 419p

■ 본 문 ■ 나의 영혼이 잠잠히 하나님만 바람이여 나의 구원이 그에게서 나는도다 오직 저만 나의 반석이시요 나의 구원이시요 나의 산성이시니⋯ 【시 62:1-7】

■ 서 론 ■ 독일의 학자요 성직자인 토마스 아 켐피스는 "자기의 소망을 인간이나 피조물에 두는 것은 어리석은 일이다."라고 했다. 극심한 시련을 겪으며 오직 소망을 하나님께 두며 그에게서 응답을 바라는 성도의 자세! 이 하나님은?

■ 말 씀 ■

I. 하나님이 구원의 근원이시기 때문이다

기자는 오직 저만이 나의 반석이시요 나의 구원이시라고 노래했다. 여기서 '반석'은 히브리어 '추르'로서 '바위, 산'의 뜻으로, 힘과 견고함을 상징하는데 이는 하나님만이 전능하심을 나타내는 시인의 고백이다. 이 세상의 그 무엇도 구원의 능력은 없다. 오직 하나님과 그의 보내신 예수 그리스도만이 구원의 능력을 소유하신 전능하신 분이시다.

  * 참고 성구 * 행 4:12, 요 10:9, 롬 5:9, 히 9:28

II. 하나님이 소망을 주시기 때문이다

기자는 나의 영혼아 잠잠히 하나님만 바라라 대저 나의 소망이 저로 좇아 나는도다라고 노래했다. 성도의 삶은 이 땅 위에만 머무르는 것이 아니다. 이 땅 위의 삶뿐이라면 지극히 빈약한 소망이요 육적인 소망이 최고의 가치를 가지겠지만 하나님께서는 성도를 구속하심으로써 하늘나라와 영생에 대한 소망을 간직하게 하셨다. 성도가 내생의 소망을 가졌기에 인내하는 것이다.

  * 참고 성구 * 약 1:12, 벧후 1:4, 요일 2:25, 고후 1:20

III. 하나님이 삶의 터전이시기 때문이다

기자는 오직 저만이 나의 반석이시요 나의 구원이시요 나의 산성이시니 내가 요동치 아니 하리로다라고 노래했다. 하나님께서는 성도들이 이 땅의 생활과 삶 속에서 절대로 흔들리지 않도록 당신이 반석이 되어 주시며 그 모든 삶의 방편을 제공하신다. 또한 성도의 삶을 친히 주관하시며 인도하시고 어려울 때 피할 피난처가 되어 주신다.

  * 참고 성구 * 욥 7:17-19, 미 7:24, 고전 3:11, 딤전 6:19, 사 28:16

■ 기 도 ■ 성도의 구원과 삶과 소망의 하나님! 오늘 다윗의 노래로 당신의 보살피심을 보았습니다. 오늘 당신의 사랑하는 성도에게 큰 소망을 허락하시어 큰 기쁨을 내리소서. 예수 그리스도의 이름으로 기도 드립니다. 아멘

가난함

솔로몬의 풍성한 축복에 담긴 교훈

■ 찬 송 ■ ♪ 493, 507, 169, 204   ■ 참 조 ■ ☞ ① 247p

■ 본 문 ■ …솔로몬의 사는 동안에 유다와 이스라엘이 단에서부터 브엘세바에 이르기까지 각기 포도나무 아래와 무화과나무 아래서 안연히 살았더라…【왕상 4:20-28】

■ 서 론 ■ 미국의 정치가인 벤쟈민 프랭클린은 "가난은 종종 인간에게서 영과 덕을 빼앗아 간다. 빈 자루가 꼿꼿이 서기는 매우 힘들다."라고 했다. 인류 역사상 전무후무한 부귀와 풍요를 누린 지혜의 왕 솔로몬! 솔로몬이 제시하는 풍요를 누리는 비결은?

■ 말 씀 ■

Ⅰ. 성도가 위탁하는 삶을 살 때 풍요를 누림

기자는 유다와 이스라엘이 먹고 마시며 즐거워하였다고 했다. 여기서 '즐거워하였으며'는 히브리어 '사마흐'로서 단순히 마음을 유쾌하게 할 뿐 아니라 '원기를 북돋우어 주는 것, 쾌활하게 하는 것'을 의미한다. 성도가 생사화복을 삶의 주관자이신 하나님께 위탁하고 기쁨으로 살아갈 때 하나님께서는 삶을 풍요롭게 하시며 부족함이 없게 하신다.

  * 참고 성구 *   롬 11:36, 잠 30:9, 신 29:9, 대상 22:13, 시 1:3

Ⅱ. 성도가 구별된 삶을 살 때 풍요를 누림

기자는 솔로몬의 사는 동안 백성이 포도나무 아래와 무화과나무 아래서 안연히 살았더라고 했다. 여기서 '안연히'는 히브리어 '라베타흐'로서 '담대하다, 평안하다'라는 뜻으로 당시 백성들이 적의 침략의 두려움 없이 편안한 삶을 누렸음을 의미한다. 이 세상에 살면서도 세상의 것에 완전히 물들지 않고 악에서 떠난 구별된 성도의 삶은 더욱 빛나고 아름답다.

  * 참고 성구 *   마 16:24, 약 1:27, 시 24:3-4, 벧후 3:14

Ⅲ. 성도가 동행하는 삶을 살 때 풍요를 누림

성도의 삶은 매일의 삶을 하나님께 아뢰고 하나님께로부터 인도함을 받는 생활이어야 한다. 이러한 삶을 사는 성도는 이 세상의 누구보다 더 풍요로운 삶을 사는 것이다. 에녹의 삶이 그랬었고, 노아의 삶이 그랬었고, 요셉의 삶이 그랬었다. 이들 신앙의 선진들은 하나님과 깊은 영적 교제를 나누었고 하나님의 마음에 드는 흠없는 생활로 하나님께 영광을 돌렸다.

  * 참고 성구 *   요 10:27, 창 39:3, 5:24, 6:9, 시 16:3

■ 기 도 ■ 솔로몬을 축복하신 하나님! 인간의 역사 중에 솔로몬처럼 부귀영화를 누린 자가 없다고 성경은 말하고 있습니다. 오늘 이 가정에 솔로몬에게 허락하신 풍요를 한가지 은혜로 내려 주옵소서. 예수 그리스도의 이름으로 기도 드립니다. 아멘

가난함

나발의 소행을 질타하는 이유

■ 찬 송 ■ ♪ 111, 71, 348, 346   ■ 참 조 ■ ☞ ① 357p

■ 본 문 ■ …내가 어찌 내 떡과 물과 내 양털 깎는 자를 위하여 잡은 고기를 가져 어디로서인지 알지도 못하는 자들에게 주겠느냐 한지라…【삼상 25:9-13】

■ 서 론 ■ 영국의 성직자 찰스 스펄전은 "사람이 기도하지 않고 크게 되면 그 크게 된 것 때문에 망한다."라고 했다. 어리석은 자의 대명사 나발! 지혜로운 부인을 두었으면서도 깨우치지 못한 그의 인생은 파국을 맞이하게 되었다. 나발, 그는?

■ 말 씀 ■

I. 그에게는 물질을 위탁받은 청지기적 자세가 없었다

기자는 나발이 내가 어찌 내 떡과 물과 내 양털 깎는 자를 위하여 잡은 고기를 가져라고 했다. 성도는 오늘 나에게 부여하신 많은 물질은 하나님이 주신 것으로 근본적으로 이것은 나의 것이 아니라 나를 통해서 사용하실 하나님의 재물임을 깨달아야 할 것이다. 그런데 나발은 자신의 모든 물질이 오로지 자신의 것으로만 생각한 어리석은 자였다.

* 참고 성구 *   빌 4:19, 눅 12:19, 19:13, 마 18:23, 벧전 4:10

II. 그에게는 물질을 달란트로 여기는 자세가 없었다

기자는 나발이 완고하고 행사가 악하며 갈멜 족속이었다고 했다. 여기서 '나발'은 히브리어로 '어리석은 자'란 뜻으로 이것이 그의 본래 이름이라기보다 사회적 지탄을 받아 붙여진 이름으로 보인다. 하나님은 사람의 능력과 성품에 따라 각기 재물과 능력을 주신다. 그렇기에 성도는 주께서 주신 달란트에 만족하고 그것을 주의 일을 위해 힘써 사용해야 한다.

* 참고 성구 *   단 1:17, 롬 12:6, 눅 12:21, 19:8, 요 19:38-40

III. 그에게는 물질을 선행의 도구로 여기는 자세가 없었다

기자는 나발이 어디로서인지 알지도 못하는 자들에게 주겠느냐 한지라고 했다. 하나님께서 맡겨주신 물질은 하나님의 뜻에 맞게 사용되어져야 하는데 그것은 특히 어려움을 당한 이들을 돕는 데 선하게 쓰여져야 한다. 그런데 나발은 도움받은 다윗을 외면하고 비꼬며 협조를 거절했다. 선한 일에 부한 자는 장래를 위해 자기 자신에게 좋은 터를 쌓는 것이다.

* 참고 성구 *   요일 3:17, 잠 19:17, 딤전 6:17-19, 렘 22:16

■ 기 도 ■ 우리에게 물질을 주신 하나님! 당신의 뜻을 거스린 나발은 심판을 받았습니다. 오늘 이 가정을 긍휼히 여기사 당신의 축복을 소낙비처럼 부어 주시옵소서. 예수 그리스도의 이름으로 기도드립니다. 아멘

가난함

다윗의 정복 기사가 주는 의미

■ 찬 송 ■ ♪ 491, 427, 500, 453　　　　■ 참 조 ■ ☞ ③ 159p

■ 본 문 ■ …다윗이 에돔에 수비대를 두매 에돔 사람이 다 다윗의 종이 되니라 다윗이 어디로 가든지 여호와께서 이기게 하셨더라【대상 18:9-13】

■ 서 론 ■ 미국의 시인 월트 휫트먼은 "보답이 없는 사랑은 없다. 이렇게 저렇게 방법은 다르겠지만 보답이 오는 것은 확실하다."라고 했다. 다윗이 생애 이룩한 모든 대사에는 하나님이 함께 하셨기에 가능한 일이었다. 성도의 하나님 사랑은?

■ 말 씀 ■

Ⅰ. 하나님을 사랑하면 늘 말씀을 생각하게 됨

하나님을 사랑하게 되면 하나님의 꿀보다도 더 달콤한 말씀을 사모하게 되어 늘 즐겨 읽고 묵상하게 되므로 성도의 마음밭이 옥토처럼 비옥해진다. 시편 기자는 여호와의 말씀을 많은 정금보다 더 사모할 것이며, 꿀과 송이꿀보다 더 달다고 했다. 다윗은 전쟁의 와중에서도 하나님의 말씀을 사모하여 그 말씀을 깊게 상고하며 주어진 일에 최선을 다했다.

　　* 참고 성구 *　행 17:11, 시 19:10,119:103, 신 17:19, 사 34:16, 요 5:39

Ⅱ. 하나님을 사랑하면 늘 아낌없이 드리게 됨

기자는 다윗 왕이 그것도 여호와께 드리되 여러 족속에게서 취하여 온 은금과 함께 하여 드렸다고 했다. 여기서 '드리되'는 히브리어 '히크디쉬'로서 '구별하다'는 뜻의 '카도쉬'에서 온 말로 거룩하신 하나님께 무엇을 드리려는 성도는 반드시 구별하여 드려야 할 것이다. 성도는 기쁨으로 드릴 뿐 아니라 같은 주의 자녀된 이웃과의 나눔에도 넉넉하게 할 것이다.

　　* 참고 성구 *　빌 4:18, 출 25:2, 대상 29:9, 고후 9:7, 8:12

Ⅲ. 하나님을 사랑하면 늘 기뻐하실 일만을 찾게 됨

기자는 다윗이 어디로 가든지 여호와께서 이기게 하셨더라고 했다. 하나님을 사랑하면 하나님께서 기뻐하실 일만 하므로 이에 하나님께서 축복하지 않을 수 없으니 매사에 형통한 일만 계속되는 것이다. 성도는 주님께 영광 돌리기를 간절히 원하는 심령이 되어 하나님이 기뻐하실 만한 의와 공평의 길로 행하면 주님께서 크게 들어 쓰실 것을 의심치 말아야 한다.

　　* 참고 성구 *　고전 15:34, 행 13:22, 빌 1:11, 딤전 6:11

■ 기 도 ■ 다윗을 이기게 하신 하나님! 오늘 사랑하는 이 성도의 가정에서도 이기는 축복이 넘쳐나도록 은혜를 베푸시옵소서. 예수 그리스도의 이름으로 기도 드립니다. 아멘

가난함

품꾼인 이스라엘이 갖는 특권

■ **찬 송** ■ ♪ 513, 509, 474, 510   ■ **참 조** ■ ☞ ① 77p

■ **본 문** ■ …이스라엘 자손은 나의 품꾼이 됨이라 그들은 내가 애굽 땅에서 인도하여 낸 나의 품꾼이요 나는 너희 하나님 여호와니라 【레 25:47-55】

■ **서 론** ■ 18세기 스위스의 성직자 아돌프 모놋은 "좋은 주인의 지갑과 자신의 지갑 둘을 가지고 있지만 청지기인 우리들은 다만 한 지갑만 가지고 있을 뿐이다."라고 했다. 성도는 하나님의 청지기이다. 청지기가 청지기답게 살아가려면 절대적인 하나님의 간섭을 받게 된다. 성도는 하나님에게서?

■ **말 씀** ■

I. 완전한 보호를 받음

하나님의 품꾼이 된 그의 백성, 곧 성도들은 하나님의 보호 속에서 머리털 하나라도 상하지 않게 안전히 거하며 또한 생활 속에서 필요한 모든 것을 공급받는다. 그러므로 그 어떤 강한 세력이라고 할지라도 하나님의 품꾼된 성도들을 해하지 못하며 종으로 삼을 수가 없는 것이다. 시편 기자는 저가 너를 새 사냥꾼의 올무에서 건지신다고 했다.

* 참고 성구 * 습 3:12, 시 31:20, 91:2-4, 시 26:3, 딤 6:22

II. 귀한 사명을 받음

하나님의 품꾼이 된 그의 백성, 곧 성도들은 하나님으로부터 받게 되는 사명과 책임을 결코 짐으로 여기거나 부담을 가지면 안 된다. 하나님께서 맡기시는 사명은 성도의 인생길에서 참된 가치와 결실이 있는 진정으로 복되고 귀한 일이다. 영국의 계관시인 알프레드 테니슨 경은 "사명의 길은 영광으로 통하는 길이다."라고 말했다. 이것은 우리들 성도에게 꼭 맞는 말이다.

* 참고 성구 * 고전 15:58, 히 6:10, 약 1:25, 마 25:23

III. 영원한 기업을 받음

하나님의 품꾼이 된 그의 백성, 곧 성도들은 종의 생활로써 받는 대가가 아닌 자녀로서의, 상속자로서의 하나님께서 주시는 기업을 받게 되는 것이다. 하나님께서 우리에게 주시는 그 기업은 실로 영원하며 또한 풍성한 것으로 이것은 순전히 하나님의 은혜의 선물이다. 요한은 이기는 자들은 이것을 유업으로 얻고 그는 내 아들이 되리라고 했다.

* 참고 성구 * 약 2:5, 엡 2:8, 골 3:2, 계 21:7

■ **기 도** ■ 이스라엘의 하나님! 당신의 사랑하는 이 가정을 이제부터 보호하시며 귀한 사명을 주시고 영원한 기업을 허락하소서. 예수 그리스도의 이름으로 기도 드립니다. 아멘

가난함

마리아 찬가에 언급된 하나님

■ 찬 송 ■ ♪ 55, 50, 404, 445   ■ 참 조 ■ ☞ ③ 401p

■ 본 문 ■ 마리아가 가로되 내 영혼이 주를 찬양하며 내 마음이 하나님 내 구주를 기뻐하였음은 그 계집종의 비천함을 돌아 보셨음이라 보라 이제 후로는… 【눅 1:46-55】

■ 서 론 ■ 17세기 스위스의 신학자 존 라바테르는 "하나님이 현명하고 선하고 겸손하며 관대하고 위대하며 관용적인 인간의 모습으로 인류에게 현시된다는 것은 내가 가장 좋아하는 생각 중의 하나이다."라고 했다. '마리아 찬가'(Magnificat)에 나타나신 하나님은 약자를 보살피는 긍휼의 하나님이시다. 이 하나님은?

■ 말 씀 ■

Ⅰ. 겸손한 자를 높이시는 긍휼의 하나님

마리아는 그 계집종의 비천함을 돌아보셨음이라고 노래하였다. 여기서 '돌아 보셨음이라'는 헬라어 '에피블레포'로서 '응시하다, 고려하다'라는 뜻으로 대상에 대한 관심과 사랑을 가지고 자세히 바라봄을 의미한다. 예수께서 섬기기 위해 오셔서 결국 구원의 주가 되셨듯이 하나님께 자신을 낮추는 자는 높임을 받게 된다. 겸손의 최고봉은 예수 그리스도로서 모든 겸손의 본이 된다.

    * 참고 성구 *   마 18:4, 잠 22:4, 약 4:10, 벧전 5:5, 빌 2:5-11

Ⅱ. 비천한 자를 사랑하시는 긍휼의 하나님

마리아는 권세 있는 자를 그 위에서 내리치셨으며 비천한 자를 높이셨다고 노래하였다. '내리치셨으며'는 헬라어 '카다이레오'로서 '낮아지게 하다, 파괴하다, 아래로 던지다'는 뜻으로 취하여 내동댕이쳐서 무가치하게 함을 의미한다. 예수께서는 낮고 천한 죄인을 찾아오셨다. 그들에게야말로 사랑과 용서가 필요했기 때문이다. 주님은 말로만이 아니라 실제로 그들과 함께 하셨다.

    * 참고 성구 *   사 1:18, 마 11:19, 눅 2:7, 10, 약 2:5

Ⅲ. 부족한 자를 채우시는 긍휼의 하나님

마리아는 주리는 자를 좋은 것으로 배불리셨으며 부자를 공수로 보내셨다고 노래하였다. 세상은 우리에게 아무것도 영원히 만족시켜 주지 못하지만 긍휼히 여기시는 하나님은 성도의 모든 필요를 헤아리시고 풍족히 공급해 주신다. '긍휼히 여기다'는 헬라어 '엘레아오'로서 '불쌍히 여긴다, 측은히 여긴다'는 의미이다. 성도들은 하나님의 긍휼하심으로 불쌍한 이웃을 돌보아야 한다.

    * 참고 성구 *   롬 10:12, 신 9:5, 빌 4:19, 히 13:16

■ 기 도 ■ 마리아 찬가의 하나님! 오늘 당신의 사랑하는 이 가정을 긍휼히 여기셔서 후히 흔들어 넘치는 영육간의 축복을 허락하옵소서. 예수 그리스도의 이름으로 기도드립니다. 아멘.

핍박받음

천국에 들어갈 자의 의미

■ **찬 송** ■ ♪ 227, 232, 250, 229 　　■ **참 조** ■ ☞ ② 145p

■ **본 문** ■ …그러나 먼저 된 자로서 나중 되고 나중 된 자로서 먼저 될 자가 많으니라 【마 19:13-30】

■ **서 론** ■ 독일의 종교 개혁자 마틴 루터는 "이 땅의 모든 기쁨을 주고 모든 부귀를 주며 비록 그것들이 수 천 수 만 년 지속되는 것들이라 해도 천국의 한 순간과는 결코 바꾸지 않을 것이다."라고 했다. 하나님의 나라 천국에서 하나님과 동행하며 영원히 왕노릇 하는 낙원에서의 삶! 어떤 자가 천국을 소유하나?

■ **말 씀** ■

Ⅰ. 하나님 앞에 겸손한 자가 천국을 소유함

예수께서는 어린아이들을 용납하고 내게 오는 것을 금하지 말라 천국이 이런 자의 것이라고 하셨다. '어린아이'는 헬라어 '파이디온'으로 보통 6-10세의 아동을 말한다. 성도는 자신의 연약함과 죄에 물든 품성을 깨닫고 이를 인정하고 겸손히 회개하며 통회자복함으로써 주님의 은혜 앞에 겸손히 엎드려야 한다. 하나님은 이런 자의 회개를 보시고 기뻐하시며 천국을 소유하게 하신다.

＊ 참고 성구 ＊ 　눅 18:13, 잠 22:4, 약 4:10, 벧전 5:5, 마 11:29

Ⅱ. 세상의 정욕을 버린 자가 천국을 소유함

예수께서는 부자 청년이 재물이 많으므로 근심하여 가자 부자는 천국에 들어가기가 어렵다고 하셨다. 여기서 '재물'은 헬라어 '크테마타'로서 '재산, 재물, 토지' 등을 의미한다. 성도는 세상의 썩어질 것들을 위해 살지 말고 그런 세상 것들에 대한 미련과 집착을 버리고 주님만 따르는 예수 제일주의로 살 때 버린 것보다 더 크고 영원한 천국을 소유하게 된다.

＊ 참고 성구 ＊ 　빌 3:7, 약 1:15, 요일 2:15-16, 눅 22:24

Ⅲ. 하나님만을 소망하는 자가 천국을 소유함

예수께서는 내 이름을 위하여 버린 자마다 여러 배를 받고 또 영생을 상속하리라고 하셨다. 여기서 '상속하리라'는 헬라어 '클레로노메오'로서 '물려 받는다, 차지한다, 소유한다, 이어받다, 제비를 뽑아 얻다'의 뜻으로 복된 삶을 누리는 그 자리에 빠지지 않고 함께 동참하게 됨을 의미한다. 오직 하나님만 의지하며 영생과 축복을 소망하면 천국에서 이루게 된다.

＊ 참고 성구 ＊ 　시 143, 막 10:28, 눅 14:33, 빌 3:8, 갈 5:24

■ **기 도** ■ 우리에게 천국을 예비하신 하나님! 이 세상에서 핍박을 당하나 천국의 소망을 바라보고 이 시련을 견디게 하시며 인내의 믿음을 더하여 주소서. 예수 그리스도의 이름으로 기도 드립니다. 아멘

핍박받음

부르짖는 자가 받을 축복의 의의

■ 찬 송 ■ ♪ 172, 169, 177, 173   ■ 참 조 ■ ☞ ③ 185p

■ 본 문 ■ …너는 내게 부르짖으라 내가 네게 응답하겠고 네가 알지 못하는 크고 비밀한 일을 네게 보이리라…【렘 33:1-9】

■ 서 론 ■ "기도하다 낙심한 자는 하나님께 간구한 것이 아니라 마귀와 짝하여 하나님을 공격하고 시험한 자이다." 어느 목회자의 말이다. 하나님께 간절히 부르짖는 자는 하나님께 외면을 당하지 않을 것이다. 하나님은 내게 부르짖으라고 명령하셨다. 이 하나님께서는?

■ 말 씀 ■

Ⅰ. 성도가 부르짖을 때 하나님은 응답을 내리심

하나님은 예레미야에게 너는 내게 부르짖으라 내가 네게 응답하겠다고 하셨다. 하나님께서는 당신을 향해 부르짖는 성도들에게 그 어떤 형태로든 응답을 내리신다. 이는 성도를 향하신 하나님의 약속이다. 또한 하나님의 응답이야말로 성도의 상태와 환경에 따라 가장 적절하고 안전하며 완벽한 것으로 베푸시는데 이는 최선의 진리이다.

* 참고 성구 *   사 65:24, 58:9, 시 91:15, 눅 11:9, 요 15:7

Ⅱ. 성도가 부르짖을 때 하나님은 비밀을 보이심

하나님은 네가 알지 못하는 크고 비밀한 일을 네게 보이리라고 하셨다. 여기서 '비밀한'은 히브리어 '베추로트'로서 '견고한, 능력 있는'의 뜻으로 인간의 힘으로는 도저히 알 수 없는 하나님의 능력으로서의 계시를 의미한다. 성도가 부르짖을 때 하나님은 비밀한 당신의 뜻과 섭리를 보여 주시고 진리와 소망의 길을 우리에게 제시하신다.

* 참고 성구 *   슥 13:9, 암 3:7, 잠 25:2, 고전 2:9-10

Ⅲ. 성도가 부르짖을 때 하나님은 상태를 회복시키심

하나님은 내가 이 성을 치료하며 고쳐 낫게 하고 평강과 성실함에 풍부함을 그들에게 나타낼 것이라고 하셨다. 하나님께서는 부르짖는 성도의 간구를 들으시고 당신의 사랑으로 인도하시며, 당신의 방법으로 끝내 회복시키시어 과거의 축복보다 더 큰 축복과 승리를 허락하실 것이다. 따라서 성도는 하나님의 응답이 오기까지 참고 견디는 자세를 가져야 한다.

* 참고 성구 *   신 30:3, 호 6:1, 사 53:5, 막 5:29

■ 기 도 ■ 부르짖는 자에게 응답하시는 하나님! 당신의 사랑하는 성도가 몹시 힘든 영적 전쟁을 치루고 있사오니 당신께서 응답하시고 능력의 오른손으로 붙잡아 주소서. 예수 그리스도의 이름으로 기도 드립니다. 아멘

■ 핍박받음

믿음의 연단을 위한 고난

■ 찬 송 ■ ♪ 383, 386, 347, 93 　　　　■ 참 조 ■ ☞ ② 217p, 421p

■ 본 문 ■ …너희 믿음의 시련이 불로 연단하여도 없어질 금보다 더 귀하여…【벧전 1:5-7】

■ 서 론 ■ 영국의 목사요 찬송가 작가인 존 뉴턴은 "시련은 우리의 은혜로우시고 지혜 많으신 의사가 처방하신 약이다. 우리들에게는 그 약이 필요하기 때문에 처방하신 것이다. 그 의사는 그 약 사용의 빈도의 비율과 함량의 무게를 필요한 경우 알맞게 조절하신다. 우린 그의 기술을 전적으로 믿고 그의 처방에 대해 감사하자."라고 했다. 시련은?

■ 말 씀 ■

I. 시련의 참 목적은 죄의 결과를 알게 함에 있음

기자는 너희가 여러 가지 시험을 인하여 잠깐 근심하게 되지 않을 수 없다고 했다. 여기서 '근심하지'는 헬라어 '뤼페덴테스'로서 '뤼페오' 곧 '매우 슬퍼하게 한다, 비탄하게 고통을 준다, 고민한다'의 뜻으로, 시험과 유혹과 핍박 속에서 번민과 갈등과 고통이 수반됨이 필연적임을 보여준다. 성도의 시련은 징계를 맛봄으로 죄악에 빠지지 않게 한다.

* 참고 성구 *　히 12:11, 민 14:22-23, 욥 42:6, 약 5:11

II. 시련의 참 목적은 견고한 믿음을 갖게 함에 있음

기자는 너희 믿음의 시련이 불로 연단하여도 없어질 금보다 더 귀하다고 했다. 여기서 '시련'은 헬라어 '도키미온'으로 '시험, 증거, 신임'의 뜻으로, 이것은 믿음의 연단을 위해 하나님이 허락하신 고난으로 성도를 향한 그분의 신임이 전제된다. 성도가 고통받는 중에도 흔들림 없는 믿음을 갖게 되면 그것이 성숙한 믿음이요 진실된 믿음이다.

* 참고 성구 *　롬 8:17, 창 22:1, 신 8:2, 약 1:2-3

III. 시련의 참 목적은 하늘의 상급을 준비하게 함에 있음

기자는 예수 그리스도의 나타나실 때에 칭찬과 영광과 존귀를 얻게 하려 함이라고 했다. 여기서 '영광'은 헬라어 '독사'로서 '찬양, 경배, 거룩'의 뜻으로 전쟁의 승리나 아주 어려운 일을 해냈을 때 얻게 되는 영예를 의미한다. 성도를 향한 하나님의 시련의 계획은 반드시 축복의 상급을 수반한다. 그러므로 끝까지 믿음을 지킬 때 하나님께서는 풍성한 상급을 주신다.

* 참고 성구 *　딤후 4:7-8, 빌 3:20-21, 골 3:4, 벧전 5:4

■ 기 도 ■ 성도에게 연단을 주시는 하나님! 연단은 당신의 백성에게 주시는 은혜임을 깨닫고 오늘 이 사랑하는 당신의 성도에게 굳건한 믿음을 허락하셔서 큰 상급을 얻게 하소서. 예수 그리스도의 이름으로 기도 드립니다. 아멘

핍박받음

가야바의 견해에 담긴 교훈

■ 찬 송 ■ ♪ 336, 440, 331, 417 　　■ 참 조 ■ ☞ ② 313p ③ 19

■ 본 문 ■ 이에 대제사장들과 바리새인들이 공회를 모으고 가로되 이 사람이 많은 표적을 행하니 우리가 어떻게 하겠느냐 만일 저를 이대로 두면 모든 사람이 저를… 【요 11:47-53】

■ 서 론 ■ 미국의 신학자 트라이언 에드워즈는 "모든 감옥, 족쇄, 교수대, 빗장, 창살, 쇠사슬은 인간이 인간의 타락을 인정하고 있다는 증거이다." 라고 했다. 대제사장 가야바는 끝내 정치적인 계산으로 예수를 죽이도록 부채질한다. 이들 이기적이고 타락한 종교인들은?

■ 말 씀 ■

I. 타락한 종교인은 진리를 훼방한다

기자는 만일 저를 이대로 두면 모든 사람이 저를 믿는다고 했다. 여기서 우리는 타락한 종교 권력가들이 자신들의 불의한 이익의 기득권을 옹호하고 보호하기 위해서 하나님의 진리를 훼방하고 혼돈시키는 작태를 보게 된다. 타락한 종교인들은 하나님의 뜻이 아닌 자기들의 뜻을 더 중요시한다. '훼방' 은 헬라어 '블라스페미아' 로서 상대방에 대한 '모독' 을 뜻하는데 '참람' 으로도 번역된다.

　　＊ 참고 성구 ＊　시 10:7, 마 12:31, 딤전 1:13, 1:20, 행 6:11-13

II. 타락한 종교인은 범죄를 모의한다

기자는 대제사장 가야바가 한 사람이 백성을 위하여 죽어서 온 민족이 망하지 않게 되는 것이 유익하다고 했다. 타락한 종교인들은 자신들의 욕구를 충족시키고 만족시키기 위해서는 수단과 방법을 가리지 않으며 끝내는 극악무도한 범죄까지 저지른다. 그러나 그들은 이것을 정당화하여 자신들의 주장이 옳다고 말한다. 이러한 범죄의 뒤에도 결국은 자신들의 이익이 결부되어 있다.

　　＊ 참고 성구 ＊　벧후 2:14, 렘 17:9, 전 8:11, 마 23:25, 히 3:12

III. 타락한 종교인은 하나님을 거스른다

기자는 이날부터 저희가 예수를 죽이려고 모의하니라고 했다. 여기서 '모의' 는 헬라어 '쉼불류오' 로서 '함께 협의하다, 충고하다' 의 뜻으로 여럿이 같은 생각으로 범죄의 계획 및 실행 수단을 의논함을 말한다. 결국 타락한 종교인들이 꾀하는 모든 행위는 하나님의 권위에 대적하는 것이 되고 그 뜻을 거스르게 된다. 또한 이들은 결국엔 진리를 거스르고 스스로 망하게 된다.

　　＊ 참고 성구 ＊　행 4:18, 5:33-39, 출 5:1-2, 계 12:7-9, 유 1:11,19

■ 기 도 ■ 박해받는 성도들의 하나님! 오늘 이 시간 타락한 종교인들의 실체를 보았습니다. 그들의 비참한 말로를 깨닫게 하시고 더욱 신앙의 핍박을 견디게 하옵소서. 하늘의 상급을 주시는 예수 그리스도의 이름으로 기도 드립니다. 아멘

핍박받음

핍박받는 초대 교회의 의미

- **찬 송** ♪ 389, 390, 384, 388
- **참 조** ☞ ② 427p
- **본 문** 사울이 그의 죽임 당함을 마땅히 여기더라 그 날에 예루살렘에 있는 교회에 큰 핍박이 나서 사도 외에는 다 유대와 사마리아 모든 땅으로 흩어지니라… 【행 8:1-3】
- **서 론** 카르타고 교회의 아버지라고 불리운 터툴리안은 "순교자의 피는 교회의 터가 되었다."라고 했다. 기독교 최초의 순교자 스데반의 죽음을 하늘 보좌 우편에 앉아 계시던 그리스도 예수께서 일어서서 받으셨다고 사도행전의 저자 의사 누가는 기록하고 있다. 핍박받는 초대 교회는?

말씀

I. 교회의 핍박의 역사

기자는 그 날에 예루살렘에 있는 교회에 큰 핍박이 났다고 했다. 여기서 '교회'는 헬라어 '에클레시아'로서 '에크'와 '칼레오' 곧 '불러 낸다'는 말에서 온 것으로, 예수의 은혜로 불러냄을 받은 집단이나 모임을 뜻한다. 구원사역을 시작하신 때로부터 주님에게 핍박이 그치지 않았던 것처럼 이 세상에 교회가 시작되면서 지금까지 엄청난 시련을 겪어야 했다.

＊참고 성구＊ 마 5:11, 10:22, 행 5:41, 9:16, 벧전 2:20, 고후 4:11

II. 교회의 핍박의 이유

기자는 사울이 교회를 진멸할새 각 집에 들어가 남녀를 옥에 넘겼다고 했다. 여기서 '진멸할새'는 헬라어 '엘뤼마이네토'로서 이는 '난폭'의 뜻인 '뤼메'의 파생어인데 포도원을 짓밟는 멧돼지의 난폭함과 같다는 의미이다. 교회는 세상에 속한 것이 아니라 하늘나라의 의로운 공동체이므로 악한 세력이 가득한 세상에서 미워함을 받음은 당연하다.

＊참고 성구＊ 요 15:19, 사 66:5, 눅 21:17, 요일 3:13, 계 12:13

III. 교회의 핍박의 결과

기자는 사도 외에는 다 유대와 사마리아 모든 땅으로 흩어지니라고 했다. 모이는 교회는 '에클레시아'이요, 흩어지는 교회는 '디아스포라'이다. 흩어지지 않았다면 이방인들에게 하나님의 복음이 선교되지 못했을 것이다. 교회가 당하는 핍박과 환란을 통해 복음은 더욱 확산되었고 또한 부흥되었다. 그리고 마지막 날에 최종 승리와 영광을 얻게 될 것이다.

＊참고 성구＊ 고후 4:9, 롬 8:35-37, 요일 5:4, 요 16:33, 계 17:14

- **기 도** 이 땅에 교회를 세우신 하나님! 핍박을 통해서 인간을 구원하는 복음은 더욱 확산되었습니다. 오늘 이 가정에도 최후의 승리와 영광을 쟁취할 수 있는 믿음과 인내를 주옵소서. 예수 그리스도의 이름으로 기도 드립니다. 아멘

핍박받음

에스더의 신앙에 내포된 의미

■ **찬 송** ■ ♪ 355, 360, 303, 519   ■ **참 조** ■ ☞ ② 205p

■ **본 문** ■ …당신은 가서 수산에 있는 유다인을 다 모으고 나를 위하여 금식하되 밤낮 삼 일을 먹지도 말고 마시지도 마소서 나도 나의 시녀로 더불어… 【에 4:1-17】

■ **서 론** ■ 영국의 성직자요 위대한 설교가였던 찰스 스펄전은 "작은 신앙은 모퉁이에서 빛나나 큰 신앙은 불 속에서도 찬송한다."라고 했다. 다니엘의 세 친구의 '그리 아니 하실지라도' (단 3:18) 신앙과 쌍벽을 이루는 '죽으면 죽으리이다' 신앙은?

■ **말 씀** ■

I. "죽으면 죽으리이다" 신앙은 순종의 신앙이다

모르드개는 에스더에게 왕에게 나아가 자기 민족을 위하여 간절히 구하라고 했다. 여기서 '간절히'는 히브리어 '하난'으로 '애원하다, 공손하게 탄원하는'으로 매달리는 듯한 자세로 호소하는 말, 즉 청원한다는 의미이다. 비록 그것이 어렵고 희생을 필요로 하여도 하나님의 섭리와 뜻이라면 따르겠다고 하는 순종의 신앙이 죽으면 죽으리이다 신앙이다.

* 참고 성구 *   약 4:15, 시 40:8, 마 26:42, 요일 2:17

II. "죽으면 죽으리이다" 신앙은 결단의 신앙이다

에스더는 모르드개에게 내가 부름을 입어 왕에게 나아가지 못한 지가 이미 삼십 일이라고 했다. 여기서 '부름'은 히브리어 '카라'로서 '말을 걸다'의 개념을 통해 '드러내다, 초대하다'의 뜻으로 명령과 권위를 과시하며 부르는 것을 의미한다. 그 길만이 최선이며 영생의 길일진대 현재 찰나에 불과한 편안함과 즐거움을 과감히 포기하는 신앙이 죽으면 죽으리이다 신앙이다.

* 참고 성구 *   수 24:15, 룻 1:16, 히 11:25, 눅 22:44

III. "죽으면 죽으리이다" 신앙은 확신의 신앙이다

에스더는 죽으면 죽으리이다 라고 했다. 여기서 '죽으면 죽으리이다'는 히브리어 '아바드티 아바드티'로서 '죽다'는 '멸망하다'의 뜻이다. 에스더는 민족과 운명을 같이 할 결심으로 이렇게 외쳤다. 인간적인 생각과 세상적인 기준으로는 불가능한 것처럼 보이나 믿음의 눈으로 볼 때 소망이 있기에 주님의 약속을 붙들고 나아가는 확신의 신앙이 죽으면 죽으리이다 신앙이다.

* 참고 성구 *   합 3:17-18, 시 37:5, 118:8, 잠 3:5, 행 26:29

■ **기 도** ■ 에스더의 하나님! 이름의 뜻과 같이 '별' 처럼 빛난 신앙 앞에서 우리는 부끄러움이 앞섭니다. 우리에게도 영원히 별처럼 빛나는 신앙을 허락하소서. 예수 그리스도 이름으로 기도 드립니다. 아멘

핍박받음

하나님의 약속의 원리

■ **찬 송** ■ ♪ 248, 250, 540, 264   ■ **참 조** ■ ☞ ③ 121p

■ **본 문** ■ 그들의 마음이 강퍅하여 이스라엘을 대적하여 싸우러 온 것은 여호와께서 그리하게 하신 것이라 그들로 저주받은 자 되게 하여 은혜를 입지 못하게 ··【수 11:20】

■ **서 론** ■ "하나님의 율법은 물론 우주 자연법칙도 하나님께서 피조물인 인간과 하신 약속을 이행하시는 것이다."라고 어느 신학자는 말했다. 약속을 하는 사람은 약속한 사람에게 빚을 지고 있다고 탈무드에 기록되어 있다. 하나님의 약속 원리는?

■ **말 씀** ■

I. 하나님은 약속을 먼저 정하신다

기자는 그들의 마음이 강퍅하여 이스라엘을 대적하여 싸우러 왔다고 했다. 여기서 '강퍅하여' 는 히브리어 '하자크' 로서 '완고하다, 붙들어 매다, 뻔뻔스럽다' 는 뜻으로, 도저히 돌이킬 수 없는 완악한 마음의 상태를 가리킨다. 하나님은 만유의 주로서 성도의 형편에 맞게 가장 유익하고 선한 약속을 미리 정하시고 그 뜻대로 약속을 체결하시는 분이시다.

* 참고 성구 *   출 20:19-20, 잠 29:1, 롬 2:5, 창 22:9-18, 엡 1:4

II. 하나님은 약속을 변개치 않으신다

기자는 그들로 저주받은 자 되게 하여 은혜를 입지 못하게 하신다고 했다. 여기서 '저주받은' 은 히브리어 '하람' 으로 기본 의미는 '격리하다' 인데 인간과 접촉을 금하고 하나님께 드린 바 되었다는 의미로 '멸망하다' 이다. 완전하신 하나님은 한 번 정하신 약속을 분명히 지키시는 분이시므로 그는 약속하신 것을 변경하시거나 없던 것으로 하시지 않는 철저하신 하나님이시다.

* 참고 성구 *   민 23:19, 시 102: 27, 약 1:17, 히 13:8, 삼상 2:30

III. 하나님은 약속을 반드시 이루신다

기자는 여호와께서 모세에게 명하신 대로 진멸하려 하심이었더라고 했다. 유대인의 지혜서 탈무드에는 "약속을 하는 사람은 약속한 사람에게 빚을 지고 있는 것이다."라는 말이 있다. 하나님의 약속은 때로는 성도의 눈에도 지연되는 것으로 보일 때가 있으나 하나님의 약속은 하나님의 주권 아래서 하나님의 정하신 때에 하나님의 방법으로 반드시 성취됨을 믿자.

* 참고 성구 *   갈 4:4, 히 6:17-18, 시 89:35, 딤전 2:6, 계 21:4-7

■ **기 도** ■ 약속을 이루시는 하나님! 당신의 약속을 믿고 의지하는 이 가정에 당신의 긍휼하심을 보이시옵소서. 예수 그리스도의 이름으로 기도 드립니다. 아멘

핍박받음

잠언이 말하는 보복을 금지하는 이유

■ 찬 송 ■ ♪ 508, 102, 493, 504   ■ 참 조 ■ ☞ ③ 131p

■ 본 문 ■ 너는 악을 갚겠다 말하지 말고 여호와를 기다리라 그가 너를 구원하시리라 【잠 20:22】

■ 서 론 ■ 영국의 철학자요 사상가인 프란시스 베이컨은 "복수할 것을 궁리하고 있는 자는 자신의 상처를 언제나 멍들어 시퍼렇게 하고 있는 것에 불과하니라. 그렇지 않다면 그 상처는 곧 나았을 것이다."라고 했다. 복수는 악마가 가져다 주는 속성으로 피차 물고 물어 서로 멸망에 빠지는 첩경이 된다. 용서는 예수님께서 성도에게 본을 보이셨다(눅 23:34). 보복의 금지는?

■ 말 씀 ■

Ⅰ. 보복의 금지는 원수 갚는 일은 하나님께 있기에

기자는 너는 악을 갚겠다 하지 말고 여호와를 기다리라고 했다. 여기서 '악'은 히브리어 '라아'로서 '상하게 하다'의 뜻으로 악은 그 자체가 벌과 해로움을 포함하고 있음을 의미한다. 죄악을 징벌하는 일은 공의의 하나님이신 여호와께서 하실 일이기 때문에 성도는 직접 나서서 원수를 갚지 말고 하나님의 주권에 이를 맡기는 성숙한 자세가 필요하다. 바울은 악으로 악을 갚지 말라고 했다.

 * 참고 성구 * 잠 25:21, 롬 12:17-21, 시 94:1, 마 5:39, 벧전 3:9

Ⅱ. 보복의 금지는 악인에게도 선을 베풀어야 하기에

미국의 시인이요 수필가인 랄프 에머슨은 "선을 사랑하는 자는 천사의 보호를 받고 덕망을 존경받으며 하나님과 동거한다."라고 했다. 선을 행하는 것은 성도의 의무로서 이것은 자신의 원수된 자에게도 행해야 할 결코 예외가 없는 일인 것이다. 주님께서는 하나님께서 해를 악인과 선인에게 비취게 하시며 비를 의로운 자와 불의한 자에게 내리신다고 하셨다.

 * 참고 성구 * 롬 2:4, 살전 5:15, 마 5:44-48, 눅 6:35

Ⅲ. 보복의 금지는 용서받은 자의 마땅한 도리이기에

스위스의 신학자 라바테르는 "원수를 용서해 보지 못한 사람은 인생에 있어서 가장 고상한 기쁨 중의 하나를 맛보지 못한 사람이다."라고 했다. 성도는 사망에 이르는 모든 죄를 용서받은 자이므로 우리에게 죄를 지은 자 역시 기꺼이 용서해 줄 수 있는 아량을 가져야 한다. 이뿐 아니라 그리스도의 사랑으로 그를 사랑하는 경지의 성숙한 신앙인이 되어야 한다.

 * 참고 성구 * 마 18:18, 22, 35, 막 11:25, 엡 4:32, 골 3:13

■ 기 도 ■ 보복을 하지 말라고 하신 하나님! 당신의 말씀은 진리입니다. 그러나 이 힘든 말씀을 좇아 믿음을 지킬 수 있도록 성령의 충만함을 채워 주옵소서. 예수 그리스도의 이름으로 기도 드립니다. 아멘

핍박받음

예수의 흔적을 가진 사람

■ 찬 송 ■ ♪ 102, 82, 101, 415 ■ 참 조 ■ ☞ ① 421p

■ 본 문 ■ 이 후로는 누구든지 나를 괴롭게 말라 내가 내 몸에 예수의 흔적을 가졌노라【갈 6:17】

■ 서 론 ■ 미국의 웅변가요 정치가인 다니엘 웹스터는 "나의 심정은 언제나 그리스도의 복음은 하나님의 진리임이 틀림없다는 확신으로 가득 차 있다. 산상수훈을 어찌 인간의 머리에서 짜낸 산물이라고 할 수 있으랴. 이 신앙이 내 양심 가장 깊은 곳까지 스며들어 있다. 그리고 인류의 역사 전체가 그것을 입증하고 있다."라고 했다. 과연 예수의 흔적을 가진 자는?

■ 말 씀 ■

Ⅰ. 바울과 같이 십자가만 자랑한다

바울은 내가 내 몸에 예수의 흔적을 가졌다고 했다. 여기서 '흔적'은 헬라어 '스티그마'로서 '찌르다, 꽂다' (스티조)에서 나온 말로 문신을 새겨 표시하고 낙인을 찍어 소유를 확인함을 의미하는 말로서 이는 그리스도의 십자가의 고난을 가리키는 것이다. 성도는 지식과 명예와 권력을 자랑 삼는 자가 아니라 오직 구원의 십자가만 자랑하여서 영생을 취한다.

　　* 참고 성구 *　 고후 2:15, 갈 6:14, 빌 2:8, 3:8, 히 12:2

Ⅱ. 바울과 같이 성령으로 살아간다

이 세상의 부와 발달한 문명은 이생의 삶에서 편리함은 줄 수 있을지 몰라도 그것으로 참된 평안을 성도들에게 주지 못함을 아는 것은 부가 많을수록, 문명이 발달할수록 극악한 범죄와 인간성의 파멸을 매일 대면하기 때문이다. 그러나 성도의 삶이 성령의 충만으로 성령의 역사 하심 속에서 살아갈 때 참 평안을 누리게 된다. 성도는 성령으로, 곧 '엔 프뉴마티 하기오'로 살아간다.

　　* 참고 성구 *　 요 16:13, 엡 6:17, 살전 5:19, 롬 8:9, 요일 2:27

Ⅲ. 바울과 같이 소망으로 기뻐한다

성도는 슬픔과 고난의 이 세상 삶 속에서도 영생에 대한 소망이 있기 때문에 인내하며 기쁨으로 삶을 살아간다. 이 '소망' 곧 '엘피스'는 기독교의 최종 목적이다. 바울이 오죽하면 우리가 담대하여 원하는 바는 차라리 몸을 떠나 주와 함께 거하고 싶다고 했겠는가. 바울은 오직 우리의 시민권은 하늘에 있는지라 거기로서 구원하는 자 예수 그리스도를 기다린다고 했다.

　　* 참고 성구 *　 롬 12:12, 고후 5:8, 빌 3:20, 행 24:15, 골 1:5

■ 기 도 ■ 바울의 하나님! 바울이 가진 고난의 흔적을 영생의 기쁨으로 넘치게 이 가정에 채워 주옵소서. 예수 그리스도의 이름으로 기도 드립니다. 아멘

범죄하고 낙심함

참된 금식의 삼대 의미

■ 찬 송 ■ ♪ 479, 483, 480, 482   ■ 참 조 ■ ☞ ③ 271p

■ 본 문 ■ …온 땅의 백성과 대제사장들에게 이르라 너희가 칠십 년 동안 오월과 칠월에 금식하고 애통하였거니와 그 금식이 나를 위하여…【슥 7:1-7】

■ 서 론 ■ "자고한 자는 그리스도를 만나지 못한다. 그 자고함을 그리스도께서 치시는 무기는 환란과 고통과 시련일 수 있으나 자신이 스스로 쳐서 겸손하게 하는 방법은 금식이다."라고 어느 목사는 말했다. 성도들은 어떤 명분으로든 금식 기도를 하나님께 드린 적이 있을 것이다. 이 금식은?

■ 말 씀 ■

Ⅰ. 금식은 성도의 온전한 헌신이다

기자는 우리가 여러 해 동안에 행한 대로 울며 재계하리이까 했다. 여기서 '재계'는 히브리어 '나자르'로서 '멀리 떨어지다, 금하다'의 뜻으로 성결하게 헌신하기 위해 부정한 것으로부터 분리하는 것을 가리킨다. 성도는 육체의 모든 욕구는 하나님보다 나를 위해 일하게 하므로 이를 금하고 모든 욕구를 버리면 하나님 앞에 온전한 헌신이 됨을 알자.

* 참고 성구 *   느 1:4, 사 58:5, 시 69:10, 욜 2:12, 눅 4:1-2

Ⅱ. 금식은 성도의 순전한 영의 간구이다

금식은 히브리어 '춤'으로 '(입을)덮어씌우다'에서 유래된 말이다. 가장 기본적인 육체적 필요까지도 배제함으로써 성도의 영은 모든 필요를 공급하시는 하나님께만 전적으로 매달려 간구하므로 하나님께 상달되는 기도가 될 것이다. 육신이 견디어 낼 수 있는 금식의 한계는 사십 일이다. 예수께서도 사십 일을 금식하며 육신이 죽음 직전에 이르렀을 때 성령의 도우심으로 마귀를 이기셨다.

* 참고 성구 *   시 58:3-9, 삼하 12:16, 벧전 2:11, 행 9:9

Ⅲ. 금식은 성도와 하나님과의 만남이다

성도가 세상의 소리와 세상의 일에 귀를 닫고 오직 하나님만을 바라고 기다리면 성도는 고요한 중에 임하시는 하나님의 임재를 체험할 수 있다. 많은 주의 종들과 신실한 성도들이 사십 일을 금식한 후 하나님을 체험하고 문제를 해결 받은 경우가 허다하다. 금식은 영혼의 아버지이신 하나님을 만나 뵙는 좋은 방편이 된다. 에스더는 금식 기도로 응답받은 대표적 인물이다.

* 참고 성구 *   왕상 19:12, 삼하 12:22, 마 6:16-18, 단 6:18-20, 에 4:16

■ 기 도 ■ 거짓된 금식을 꾸짖으신 하나님! 오늘 이 시간 금식으로 헌신하는 당신의 자녀를 힘있는 오른손으로 붙잡아 주옵소서. 예수 그리스도의 이름으로 기도 드립니다. 아멘

> 범죄하고 낙심함

아이 성 공격 실패가 주는 교훈

■ **찬 송** ■ ♪ 482, 484, 363, 487   ■ **참 조** ■ ☞ ② 99p

■ **본 문** ■ …그 위에 돌 무더기를 크게 쌓았더니 오늘날까지 있더라 여호와께서 그 극렬한 분노를 그치시니 그러므로 그곳 이름을 오늘날까지 아골 골짜기라 부르느라 【수 7:1-26】

■ **서 론** ■ 스코틀랜드의 소설가 이안 매크라렌은 "하나님께 사용되고 큰 축복의 위대한 가능성에 직면하게 만든 하나님의 섭리에 인도된 자가 하나님이 그를 제쳐놓으시고 다른 도구를 찾으시도록 자신을 보여드린 자는 무서운 정리를 자초하는 자이다." 라고 했다. 아이 성의 실패는?

■ **말 씀** ■

I. 영적 실패는 교만이 원인이었음

영국의 작가 리차드 버튼 경은 "거지를 말에 태워 보라. 그는 전속력으로 달릴 것이다."라고 교만을 비꼬아 말했다. 여리고 전투에서의 승리에 도취한 이스라엘은 아이 성을 얕잡아보고 하나님께 기도하지도 않고 치러 갔다가 혼쭐이 났다. 성도는 하나님을 의지하지 않고 자신의 힘만을 믿고 의지하여 교만하게 일을 시행할 때는 실패할 수밖에 없음을 꼭 명심해야 할 것이다.

* 참고 성구 * 고전 10:12, 잠 28:26, 마 26:33, 약 4:6, 잠 16:18

II. 영적 실패는 불순종이 원인이었음

기자는 이스라엘 가운데서 망령된 일을 행하였다고 했다. 여기서 '망령된 일'은 히브리어 '네바라'로서 '악하다, 어리석다'의 '나벨'에서 유래된 말로 지적, 도덕적 패륜 이상으로 하나님의 영광을 훼손하는 가증한 범죄를 의미한다. 성도가 불순종할 때 하나님은 시련의 징계로써 실패를 맛보게 하시고 그로 하여금 자신의 잘못을 깨닫게 하신다.

* 참고 성구 * 삼상 15:22-23, 잠 3:11, 행 5:29, 엡 5:6, 레 10:2

III. 영적 실패는 그릇된 방법이 원인이었음

여호수아는 아간에게 네가 어찌하여 우리를 괴롭게 하였느뇨 라고 했다. 여기서 '괴롭게 하였느뇨'는 히브리어 '아카르'로서 원뜻은 '잔잔한 물을 휘젓다'인데 '골치 아픈, 동요' 등의 상징적 의미를 내포한다. 성도는 동기가 아무리 선할지라도 일을 성취해가는 과정과 방법에 있어서 하나님의 뜻에 합당치 못할 때는 실패할 수밖에 없음을 기억하자.

* 참고 성구 * 시 7:10, 신 23:18, 잠 6:23, 약 4:3, 15-16

■ **기 도** ■ 이스라엘의 하나님! 이 시간 이스라엘이 실패한 이유를 잘 알았습니다. 이제 다시는 교만과 불순종의 영적 범죄를 저지르지 않도록 깨우쳐 주옵소서. 예수 그리스도의 이름으로 기도 드립니다. 아멘

범죄하고 낙심함

성경이 언급한 회개의 순서

■ 찬 송 ■ ♪ 338, 172, 330, 363　　■ 참 조 ■ ☞ ③ 173p

■ 본 문 ■ 그리고 내가 전과 같이 사십 주야를 여호와 앞에 엎드려서 떡도 먹지 아니하고 물도 마시지 아니하였으니 이는 너희가 여호와의 목전에 악을 행하여…【신 9:18-21】

■ 서 론 ■ 아일랜드의 시인 토마스 무어는 "영혼 깊이 느껴지는 참회로 흘러내리는 눈물은 죄인만이 알 수 있는 죄 사함에 대한 최초의 기쁨이다."라고 했다. 회개는 천국 문을 두드리는 첫 행위라고 할 수 있다. 진정한 회개는?

■ 말 씀 ■

Ⅰ. 자신의 죄를 발견할 것 / 1단계

모세는 이스라엘에게 여호와께서 심히 분노하사 너희를 멸하려 하셨으므로 내가 두려워하였었노라고 했다. 여기서 '두려워하였었노라'는 히브리어 '야고르'로서 '무서움으로 떨다'는 의미 외에 '경고를 받다'는 뜻도 있다. 죄 중에 있으면 죄를 발견할 수 없는 것이다. 하나님을 향해 바라봄으로써 비로소 스스로의 죄를 발견하고 자신의 죄악을 깨닫게 되는 것이다.

＊참고 성구＊　심하 12:13, 잠 28:13, 렘 3:13, 요일 1:9

Ⅱ. 결단하여 죄를 버릴 것 / 2단계

모세는 이스라엘에게 내가 아론을 위하여 기도했다고 하였다. 여기서 '기도하고'는 히브리어 '팔랄'으로서 '중재하다, 탄원하다'의 뜻으로 기도행위 자체뿐만 아니라 깨어진 관계를 회복하기 위한 중보적 요소가 강조됨을 의미한다. 성도는 세상적 쾌락을 가져다 주는 죄를 회개함으로써 하나님이 주실 상급을 먼저 바라보며 단호히 죄를 청산해야 할 것이다.

＊참고 성구＊　겔 18:31, 욥 11:14, 사 55:7, 엡 4:22, 벧전 2:11

Ⅲ. 새 삶의 바른 길로 행할 것 / 3단계

모세는 이스라엘에게 너희의 죄 곧 너희의 만든 송아지를 취하여 불살라 찧고 티끌같이 가늘게 갈아 그 가루를 산에서 흘러내리는 시내에 뿌렸다고 했다. 성도는 입으로든 마음으로든 시작한 회개는 행동으로 열매를 맺어야 함을 유념해야 한다. 행함이 없는 회개는 천국문을 노크하다가 그냥 뒤돌아 가는 것인 만큼 온전한 삶을 살아야 회개의 합당한 열매를 맺는 것이다.

＊참고 성구＊　시 37:3, 미 3:8, 약 2:17-18, 마 5:16, 빌 1:11

■ 기 도 ■ 회개를 주신 하나님! 당신의 사랑하는 성도가 두 손을 들고 겸손히 당신께 나아가오니 죄를 도말해 주시고 당신의 자녀로 인쳐 주옵소서. 예수 그리스도의 이름으로 기도 드립니다. 아멘

> 범죄하고 낙심함

이스라엘을 회복케 하시는 하나님

■ 찬 송 ■ ♪ 361, 490, 351, 353   ■ 참 조 ■ ☞ ① 345p

■ 본 문 ■ 그러나 너희 이스라엘 산들아 너희는 가지를 내고 내 백성 이스라엘을 위하여 과실을 맺으리니 그들의 올 때가 가까이 이르렀음이니라…【겔 36:8-15】

■ 서 론 ■ 영국의 여류 작가 조지 엘리옷은 "나와 하나님 사이에 완고한 죄의 그림자를 드리우고는 결코 평안히 살 수가 없었다."라고 했다. 죄에는 형벌이 따르고, 형벌 이후에는 다시 하나님의 자비로 회복하는 모습이 성경 전반에 기록되어 있다. 범죄한 이스라엘을 회복하심은?

■ 말 씀 ■

Ⅰ. 새로운 가지를 나게 하시는 하나님

기자는 너희는 가지를 내고 내 백성 이스라엘을 위하여 과실을 맺으리니 그들의 올 때가 가까이 이르렀음이라고 했다. 하나님은 썩은 나무 밑둥처럼 죽었던 우리 안에 새롭고 영원한 생명을 충만케 하시고 새로운 가지를 내게 하사 온전하고 새로운 모습으로 살게 만드시는 긍휼과 회복의 하나님이시다. 바울은 새 사람을 입었으니 이는 하나님의 새롭게 하심을 받은 자라고 했다.

＊ 참고 성구 ＊ 딛 3:5, 시 51:10, 고후 4:16, 롬 12:2, 골 3:10

Ⅱ. 영육간에 번성하게 하시는 하나님

기자는 많게 하되 생육이 중다하고 번성하게 할 것이라고 했다. 여기서 '많게…중다하고'는 히브리어 '라바…라바' 로서 '증가하다, 충분하다, 권위가 있다' 는 뜻으로 말을 반복하여 신적 축복으로 인한 급격한 증가를 묘사했다. 이스라엘과 같이 성도들은 죄로 말미암아 영육이 쇠퇴하고 타락했으나 하나님의 회복하심으로 전보다 더 충만케 됨을 체험케 된다.

＊ 참고 성구 ＊ 히 12:26-28, 고후 5:17, 엡 4:24, 눅 15:24

Ⅲ. 영원한 기업을 회복하게 하시는 하나님

기자는 다시는 네 나라 백성을 제하지 아니하리라고 했다. 여기서 '제하지' 는 히브리어 '카샬' 로서 '비틀거리다, 가냘프다, 쇠약해지다' 의 뜻으로 땅의 소출이 없어 극도의 영양 실조를 암시하는 표현이다. 이처럼 극도로 쇠약해진 자에게는 오직 하나님의 은혜만 필요할 뿐이다. 성도는 죄로 인해 잃어버렸던 영원한 기업의 축복이 하나님의 회복의 은총을 통해 더욱 풍성히 됨을 감사드리자.

＊ 참고 성구 ＊ 벧전 1:3-4, 시 119:111, 행 26:18, 골 1:12, 3:24

■ 기 도 ■ 영적 이스라엘을 회복케 하시는 하나님! 오늘 이 시간 당신의 사랑하는 자녀를 회복시키시어 영원한 천국의 자녀로 삼아 영원한 하늘나라를 상속케 하옵소서. 예수 그리스도의 이름으로 기도 드립니다. 아멘

범죄하고 낙심함

엘리야의 기도가 주는 교훈

- **찬 송** ♪ 217, 497, 490, 208   ■ **참 조** ☞ ① 197p
- **본 문** 엘리야가 모든 백성을 향하여 이르되 내게로 가까이 오라 백성이 다 저에게 가까이 오매 저가 무너진 여호와의 단을 수축하되…【왕상 18:30-46】
- **서 론** 영국 교회 주교였던 제레미 테일러는 "하나님께 드리는 우리 개인의 청원을 아무도 막을 수 없다. 모든 사람은 그의 가슴속에 성전을 짓고, 자신이 제사장이 되며, 그의 마음을 제물이요, 그가 밟고 있는 땅은 제단이 되는 것이다."라고 했다. 기도의 응답을 위해서는?

■ **말 씀** ■

Ⅰ. 성도는 기도의 응답을 위해 확신을 가져야 함

엘리야가 여호와여 내게 응답하소서라고 기도하자 불이 내려와 번제물을 태우고 도랑의 물까지 핥았다고 했다. 여기서 '태우고'는 히브리어 '토아칼'으로 '먹다, 해치우다'는 뜻으로 엘리야의 기도에 대해 하나님의 응답이 능력 있고 신속했음을 보여준다. 성도가 하나님이 반드시 응답하신다는 확신을 가지고 기도하면 놀라운 역사를 체험하게 될 것이다.

* 참고 성구 *   약 5:16, 살전 5:17, 삼상 1:27, 엡 6:18

Ⅱ. 성도는 기도의 응답을 위해 겸손해야 함

엘리야는 갈멜산 꼭대기로 올라가서 땅에 꿇어 엎드려 그 얼굴을 무릎 사이에 넣고 사환에게 바다 편을 바라보라고 했다. 여기서 '바라보라'는 히브리어 '나바트'로서 '열심히 바라보다, 골몰히 바라보다, 호감과 주의력을 가지고 잔상이 오래 남도록 보다'라는 뜻이다. 성도는 인간적인 자랑과 교만을 버리고 하나님께 회개하는 심정으로 엘리야의 자세처럼 간구의 기도를 드려야 한다.

* 참고 성구 *   스 9:6, 대하 7:14, 요일 3:22, 약 4:10

Ⅲ. 성도는 기도의 응답을 위해 소망을 가져야 함

엘리야는 사환이 바다에서 사람의 손만한 작은 구름이 일어난다고 하자 올라가 아합에게 비에 막히지 않도록 하라고 했다. 성도는 기도가 이루어질 것이라고 간절히 바라고 열심과 인내를 다한 기도를 드려야 할 것이다. 그렇게 하나님께 드려진 기도는 하늘의 보좌를 움직이는 능력 있는 기도가 되어 역동적으로 살아 움직일 것이다. 소망 없는 기도에는 응답 역시 없다.

* 참고 성구 *   막 11:24, 약 5:17, 시 91:15, 요 15:7, 계 5:8, 8:3

- **기 도** 엘리야의 하나님! 오늘 사랑하는 성도에게 큰 기도의 능력을 체험케 하시어 그의 마음을 위로해 주시고 당신을 향한 소망을 갖게 하소서. 예수 그리스도의 이름으로 기도 드립니다. 아멘

> 범죄하고 낙심함

다윗의 범죄가 주는 교훈

- **찬 송**: ♪ 215, 195, 351, 332
- **참 조**: ☞ ③ 171p
- **본 문**: …저녁때에 다윗이 그 침상에서 일어나 왕궁 지붕 위에서 거닐다가 그곳에서 보니 한 여인이 목욕을 하는데 심히 아름나워 보이는지라… 【삼하 11:1-21】
- **서 론**: 영국의 동양학자 윌리엄 존스 경은 "인간들에게 죄를 범하는 자는 발각될까 두려워서 떨지만 하나님에 대하여 범죄하는 자는 드러나지 않는 것이 하나도 없다."라고 했다. 신앙의 사람이요 성군이었던 다윗의 범죄는?

말 씀

I. 범죄는 불신과 교만에 기인한다

기자는 다윗이 예루살렘에 그대로 있었고 저녁에 왕궁 지붕 위를 걸었다고 했다. 부하들을 전쟁터에 보내놓고 다윗 자신은 한가로이 지붕 위를 걸었다. 성도는 하나님에 대한 신뢰가 감소되어 스스로 모든 일을 주도하며 그에 대한 과신과 만족이 더욱 하나님의 의로운 길에서 멀어지게 함을 깨달아야 한다. 환란 때보다 평안한 환경이 방심을 가져와 범죄할 가능성이 많다.

* 참고 성구 * 롬 14:23, 골 4:2, 마 26:41, 고전 10:12, 벧전 5:8

II. 범죄는 유혹을 동반한다

기자는 다윗이 여인을 알아보게 하고 결국엔 자기에게 데려오게 하여 더불어 동침하였다고 했다. 사단은 그럴듯한 모습으로 죄를 아름다운 열매로 달콤하게 가장해 놓는다. 요즘 저질과 저속으로 점철된 TV 드라마의 유행어가 내가 하면 사랑이요, 남이 하면 불륜이라는 말과 같은 말이다. 그러나 그 죄악의 열매를 먹는 자는 사단의 덫에 걸려 돌이킬 수 없는 범죄자가 된다.

* 참고 성구 * 요 8:44, 13:2, 시 51:1-3, 창 3:4-5, 고후 2:11, 엡 6:11

III. 범죄는 변명과 악순환을 초래한다

다윗은 각종 궤계를 부리다가 끝내는 우리아를 맹렬한 싸움에 앞세워 죽게 하였다. 여기서 '맹렬한'은 히브리어 '하자크'로서 '강렬한, 견고한'의 뜻으로 적당히 끝나는 전투가 아니라 생사를 걸고 끝장을 내는 싸움을 말한다. 이것은 다윗의 간접 살인을 의미한다. 한번의 죄는 그 죄를 합리화 시키려고 또다른 죄를 불러오게 된다. 이렇듯 죄는 계속 죄를 짓는 악순환을 가져오게 한다.

* 참고 성구 * 대상 10:13, 롬 5:12, 6:23, 벧전 2:11, 딛 3:3, 마 10:26

- **기 도**: 죄악을 미워하시는 하나님! 다윗 같은 사람도 범죄함을 보았습니다. 사단의 유혹이 얼마나 집요한지 항상 깨어 있어야 됨을 느낍니다. 그러나 회개하고 당신께 나아온 당신의 백성을 긍휼히 여기시어 그 죄악을 도말하소서. 예수 그리스도의 이름으로 기도 드립니다. 아멘

범죄하고 낙심함

므낫세에게 임한 환란의 목적

- **찬 송** ♪ 388, 386, 392, 443   **참 조** ☞ ③ 115p, 171p
- **본 문** 여호와께서 므낫세와 그 백성에게 이르셨으나 저희가 듣지 아니한 고로 여호와께서 앗수르 왕의 군대 장관들로 와서 치게 하시매 저희가 므낫세를…【대하 33:10-13】
- **서 론** "하나님은 영혼의 타작마당에서 환란의 바람으로 알곡과 쭉정이를 나누신다." 어느 목회자의 말이다. 징계가 없으면 사생아요 하나님의 징계는 마치 그 아비가 기뻐하는 아들을 징계함과 같다고 잠언 기자는 기록하고 있다(잠 3:12). 환란의 목적은?

■ 말 씀 ■

Ⅰ. 이는 므낫세를 회개시키기 위함이었음

기자는 앗수르가 와서 치게 하시어 저희가 므낫세를 사로잡고 쇠사슬로 결박해 바벨론으로 끌고 갔는데 이는 백성이 므낫세의 꾀임에 악을 행한 것이 심했기 때문이라고 했다. 여기서 '악을 행한 것이'는 히브리어 '타아'로서 '길을 잃다, 비틀거리다'의 뜻으로 푯대를 향한 길에서 벗어나 진리를 잃고 비틀거리며 방황함을 의미한다. 악은 하나님을 좇는 길에서 벗어난 모든 행위이다.

　　* 참고 성구 *　시 51:17, 행 8:22, 대하 7:14, 눅 15:21

Ⅱ. 이는 므낫세를 기도시키기 위함이었음

기자는 저가 환란을 당하여 그 하나님 여호와께 간구하고 그 열조의 하나님께 크게 겸비했다고 하였다. 환란을 통하여 자신의 잘못과 죄를 깨달은 자는 이제 환란을 이길 수 있는 힘을 하나님께 간구해야 한다. 하나님께서 환란을 당하게 하심은 성도로 하여금 간구하고 더욱 기도에 전념케 하여 하나님을 더욱 의지케 하고자 함이다. 기도는 하나님과의 영적 교제의 신비한 통로이다.

　　* 참고 성구 *　빌 4:6-7, 마 7:7, 살전 5:17, 약 5:13

Ⅲ. 이는 므낫세를 연단시키기 위함이었음

기자는 하나님이 간구를 들으시고 다시 왕위에 거하게 하시매 므낫세가 그제야 여호와께서 하나님이신 줄을 알았더라고 했다. 여기서 '알았더라'는 히브리어 '야다'로서 '가르치다, 동침하다, 분별하다'의 뜻으로 단순한 지식적 앎이 아니라 남녀가 삶 가운데 서로의 육체를 체득하는 경험적 앎처럼 아는 것이다. 환란은 믿음을 연단시키고 성숙케 하여 영원한 상급을 얻게 한다.

　　* 참고 성구 *　히 12:11, 롬 5:3-4, 엡 5:9, 벧전 4:12-13

- **기 도** 인생에게 환란을 주시는 하나님! 환란을 오히려 축복임을 알고 당신께서 나를 찾으시는 징표로 아는 성숙한 신앙인이 되도록 큰 믿음의 은혜를 내려주소서. 예수 그리스도의 이름으로 기도 드립니다. 아멘

범죄하고 낙심함

성도가 마음의 화평을 얻는 비결

■ 찬 송 ■ ♪ 469, 473, 478, 218 　　■ 참 조 ■ ☞ ① 267p

■ 본 문 ■ 마음의 화평은 육신의 생명이나 시기는 뼈의 썩음이니라【잠 14:30】

■ 서 론 ■ 이탈리아의 시인 페트라치는 "화평에 대한 다섯 가지 큰 적, 곧 탐욕, 야망, 질투, 노여움, 자부심은 우리의 내부에 존재한다. 이러한 적들을 추방시키면 우리는 영원한 화평을 누릴 수 있게 된다."라고 말했다. 주님은 화평케 하는 자는 하나님의 아들이라 일컬음을 받는다고 산상수훈에서 말씀하셨다(마 5:9). 마음의 화평은?

■ 말 씀 ■

Ⅰ. 탐심을 버려야 마음의 화평을 얻는다

영국의 신학자요 성직자인 로버트 사우스는 "탐심은 악마의 알파벳의 처음이요 마지막이다. 그것은 타락한 본성 중 맨 처음에 활동하고 맨 마지막에 소멸하는 악이다."라고 했다. 성도가 마음에 탐심이 있으면 사단의 시험을 받기 쉽다. 왜냐하면 이것으로 인한 근심과 염려가 성도의 마음을 흔들므로 마음의 화평을 얻기 위해서는 탐심을 버려야 한다.

　　＊ 참고 성구 ＊ 골 3:5, 출 20:17, 눅 12:15, 엡 5:3

Ⅱ. 교만을 버려야 마음의 화평을 얻는다

중국 춘추전국시대의 사상가 장자는 "탐욕스러운 자는 재산이 쌓이지 않으면 근심하고, 교만한 사람은 권세가 늘어나지 않으면 슬퍼한다."라고 했다. 성도가 남보다 높아지기 위하여 고심하면 아무리 선의의 경쟁이라고 해도 이는 마음의 화평을 잃기 쉽다. 남을 섬기는 겸손한 마음을 가진 자는 마음의 평화와 함께 하나님의 축복을 받을 것이다.

　　＊ 참고 성구 ＊ 마 9:41-44, 계 3:17, 잠 16:18, 애 3:5, 벧전 5:5

Ⅲ. 용서를 해야지 마음의 화평을 얻는다

영국의 신학자 조지 허버트는 "다른 사람을 용서할 수 없는 사람은 자신이 천국에 갈 때 건너가야 할 다리를 부수는 사람이다." 라고 했다. 성도는 마음속에 분노의 앙금을 남기지 말고 그리스도의 사랑으로 용서해야 한다. 남을 용서하는 것은 내가 용서받는 길이기 때문이다. 서로 이해하고 용서하는 사람에겐 참된 마음의 평화가 임한다. 마음의 평안, 곧 '샬롬'이 축복인 것이다.

　　＊ 참고 성구 ＊ 골 3:13-14, 막 11:25, 눅 17:4, 엡 4:32, 행 7:60

■ 기 도 ■ 성도에게 화평을 주시고자 하시는 하나님! 당신의 말씀에 의지해 탐심과 교만을 버리고 용서하며 살고자 하오니 큰 은총으로 심령을 주관하소서. 예수 그리스도의 이름으로 기도 드립니다. 아멘

범죄하고 낙심함

욥의 고난이 주는 교훈

■ 찬 송 ■ ♪ 368, 512, 372, 377 ■ 참 조 ■ ☞ ① 281p

■ 본 문 ■ 하루는 욥의 자녀들이 그 맏형의 집에서 식물을 먹으며 포도주를 마실 때에 사자가 욥에게 와서 고하되 소는 밭을 갈고 나귀는 그 곁에서 풀을 먹는데…【욥 1:13-22】

■ 서 론 ■ 로마의 정치가요 철학자인 키케로는 "고난이 크면 클수록 그 영광도 크다."라고 했다. 고난의 용광로를 거쳐 지나온 자라야 그 신앙의 크기를 짐작할 수 있다(단 3:18). 욥의 고난에서 성도는 무엇을 배울 것인가?

■ 말 씀 ■
Ⅰ. 참된 신앙인은 환경에 지배받지 않음
기자는 욥이 일어나 겉옷을 찢고 머리털을 밀고 땅에 엎드려 경배했다고 하였다. '경배하다'는 히브리어 '이쉬타하우'로서 '엎드리다'는 뜻이다. 성도는 풍족하고 강건할 때는 하나님을 잘 믿고, 궁핍하고 병들었을 때는 하나님을 욕하고 배척하는 신앙이 아니라, 자신의 환경이 좋을 때나 나쁠 때나 흔들리지 않고 한결같이 시종일관된 자세를 견지하는 성숙한 신앙인이 되어야 할 것이다.
　* 참고 성구 *　골 2:7, 시 125:1, 잠 12:19, 살후 2:16-17, 히 13:9

Ⅱ. 참된 신앙인은 조건을 제시하지 않음
기자는 욥이 내가 모태에서 적신이 나왔사온즉 또한 적신이 그리로 돌아가올지라 주신 자도 여호와시요 취하신 자도 여호와라고 하였다. 여기서 '모태'는 히브리어 '베텐'으로 '자궁'이란 뜻으로, 여기서는 '무덤' 또는 '죽음'을 의미한다. 성도는 손익을 계산하여 조건부로 하나님을 섬기는 자가 아니라 항상 겸손과 감사로 제사를 드리며 주님을 섬겨야 한다.
　* 참고 성구 *　딤전 6:10, 창 22:3, 10, 28:21, 욥 2:10, 막 14:36

Ⅲ. 참된 신앙인은 헌신의 준비가 되어 있음
기자는 욥이 여호와의 이름이 찬송을 받으실지니이다라고 하였다. 여기서 '찬송을 받으실지니이다'는 히브리어 '메보라크'로서 '축복을 받으실지니이다, 송축을 받으실지니이다'의 뜻인 '바라크'에서 파생된 말로 축복받은 성도의 삶은 고난의 슬픔과 시험의 번민 속에서 하나님의 뜻을 추구하며 감사의 찬송을 부르는 것이다. 성도는 항상 삶 전체를 바칠 마음의 결단이 서 있어야 한다.
　* 참고 성구 *　대하 15:15, 시 40:8, 엡 6:6, 롬 12:1, 빌 3:7-8

■ 기 도 ■ 욥의 하나님! 동방의 의인 욥이 재난을 당했음에도 불구하고 꿋꿋이 신앙의 절개를 지켰음을 보았습니다. 오늘 당신의 사랑하는 이 가정에도 이러한 빛나는 신앙이 태어나게 하소서. 예수 그리스도의 이름으로 기도 드립니다. 아멘

재난을 당함

엘리바스가 말한 바 하나님의 채찍

■ 찬 송 ■ ♪ 395, 402, 394, 395 　　　■ 참 조 ■ ☞ ② 211p

■ 본 문 ■ 볼지어다 하나님께 징계받는 자에게는 복이 있나니 그런즉 너는 전능자의 경책을 업신여기지 말지니라 하나님은 아프게 하시다가 싸매시며… 【욥 5:17-27】

■ 서 론 ■ 영국의 대법관을 지낸 토마스 모어 경은 "사나운 폭풍한설이 단단한 상수리나무를 좀더 깊이 땅속에 뿌리박게 하듯 외부의 공격과 환란이 오히려 유리하는 그리스도인들을 뿌리내리게 하고 확고히 정착하게 한다."고 했다. 하나님의 채찍은?

■ 말 씀 ■

Ⅰ. 하나님의 주권적 섭리의 채찍

기자는 하나님께 징계받는 자에게는 복이 있다고 했다. 여기서 '징계하다'는 히브리어 '야카흐'로서 '나타내다, 입증하다, 고정하다, 조종하다'는 뜻이며, '복'은 '아슈레'로서 바르며 행복하고 번영하는 축복을 의미한다. 사단의 온갖 궤계까지도 하나님의 허용하시는 때와 장소, 범위 내에서만 시행되며 이는 반드시 구원이라는 하나님의 선한 목적이 담겨 있다.

＊참고 성구＊ 신 8:5, 잠 3:11-12, 요 15:2, 계 3:19, 욥 2:6

Ⅱ. 사랑의 배려가 깃든 채찍

기자는 하나님은 아프게 하시다가 싸매시며 상하게 하시다가 그 손으로 고치신다고 했다. 하나님은 동쪽 문을 닫으실 때는 반드시 서쪽으로 창을 내시는 분이시므로 성도는 하나님께서 능히 감당할 만한 징계를 베푸시되 함께 피할 길도 마련하심을 굳게 믿고서 두려워 말아야 한다. 바울은 사람이 감당할 시험 밖에는 너희에게 당한 것이 없다고 했다.

＊참고 성구＊ 히 12:6, 고전 10:13, 약 1:2-3, 12, 벧후 2:9

Ⅲ. 기쁨의 단을 거두게 하는 채찍

기자는 밭에 돌이 너와 언약을 맺겠고 들짐승이 너와 화친할 것임이라고 했다. 여기서 '화친할'은 히브리어 '솰람'으로 '지불하다, 완전하다, 회복하다'의 뜻으로, 채권자에게 채무를 지불하여 완전하게 원래 관계가 회복된 상태를 의미한다. 성도를 사망의 길에서 돌이키게 하는 하나님의 징계는 자녀의 유익을 위한 것인즉 이로써 영적 진보와 갑절의 축복을 보장한다.

＊참고 성구＊ 잠 29:17, 히 12:11, 요 15:16, 골 1:10, 엡 5:9

■ 기 도 ■ 징계를 주시는 하나님! 성도가 당신의 자녀이매 징계를 주시지 사생자는 징계가 없다고 하신 당신의 말씀을 의지하여 힘을 내고자 하오니 도와주옵소서. 예수 그리스도의 이름으로 기도 드립니다. 아멘

어린 양의 피에 내포된 표적

■ 찬 송 ■ ♪ 199, 194, 339, 202   ■ 참 조 ■ ☞ ② 43p, 319p

■ 본 문 ■ 내가 애굽 땅을 칠 때에 그 피가 너희의 거하는 집에 있어서 너희를 위하여 표적이 될지라 내가 피를 볼 때에 너희를 넘어가리니 재앙이 너희에게 내려 멸하지 아니하리라 [출 12:13]

■ 서 론 ■ 피는 생명의 근원으로 생명 그 자체를 상징한다. 어린양의 피로 사람을 대속하는 것은 인간의 죄를 생명의 근원인 피로만 속죄할 수 있음을 나타내는데, 피 자체에 구속의 능력이 있는 것이 아니라 하나님의 약속에 구속이 보장된다. 어린 양의 피는?

■ 말 씀 ■

Ⅰ. 어린 양의 피는 하나님 백성됨의 표적임

기자는 애굽 땅을 칠 때에 그 피가 너희의 거하는 집에 있어서 너희를 위하여 표적이 될지라고 했다. 여기서 '표적'은 히브리어 '오트'로서 '외부적 징표'를 뜻한다. 하나님은 애굽 땅에서 종노릇하는 이스라엘 민족을 그들의 조상에게 언약한 대로 택하여 선민으로 삼아 기업을 얻게 하셨다. 성도는 어린 양 예수의 보혈로 구원받고 하나님의 자녀가 되어 하늘나라를 상속받게 된 자들이다.

　＊ 참고 성구 ＊　 엡 2:12-16, 고후 5:17, 갈 6:15, 골 3:10, 요일 3:9

Ⅱ. 어린 양의 피는 굴레에서 자유함의 표적임

기자는 하나님께서 내가 피를 볼 때에 너희를 넘어가리니라고 했다. 이것이 유월절, 곧 '페사흐'(pass over)의 기원이다. 이스라엘 백성은 죄악된 애굽에서 종노릇하고 죄악의 삶을 영위하였으나 어린 양의 피로 새로운 삶으로 출발하는 해방의 기점이 되었다. 성도는 어린 양 예수의 보혈로 죄와 사망의 굴레에서 해방되어 주 안에서 참된 자유를 누리며 진리 안에서 인도함을 받는 자들이다.

　＊ 참고 성구 ＊　 계 1:5, 사 1:18, 히 9:14, 딛 3:5, 요일 1:7

Ⅲ. 어린 양의 피는 영원한 생명의 표적임

기자는 하나님께서 재앙이 너희에게 내려 멸하지 아니하리라고 했다. 이스라엘 백성은 하나님의 심판을 당하지 않고 죄악된 애굽 땅에서 살아 남았다. 성도는 어린 양 예수의 보혈로 인하여 죄의 대가로 죽을 수밖에 없는 운명에서 탈바꿈하여 이제는 그의 한없는 은혜로 영원한 생명, 곧 영생을 얻게 되는 영광의 자리에 참예함을 받은 자들이다. 이것은 오직 주의 '은혜'로 된 일이다.

　＊ 참고 성구 ＊　 요 6:53-56, 17:3, 3:14-16, 갈 6:8, 계 7:14-17, 엡 2:10

■ 기 도 ■ 어린 양 예수 그리스도의 하나님! 주님께서 십자가에서 흘리신 보혈의 공로가 이토록 큰 것인지 다시 느꼈습니다. 보혈을 의지하여 당신 앞에 나아가오니 모든 환란에서 구하여 주옵소서. 예수 그리스도 이름으로 기도 드립니다. 아멘

재난을 당함

구원받은 노아가 주는 교훈

■ 찬 송 ■ ♪ 208, 204, 205, 491　　　■ 참 조 ■ ☞ ② 23p ③ 25p

■ 본 문 ■ 노아가 여호와를 위하여 단을 쌓고 모든 정결한 짐승 중에서와 모든 정결한 새 중에서 취하여 번제로 단에 드렸더니 여호와께서 그 향기를 흠향하시고… 【창 8:20-22】

■ 서 론 ■ 노아는 '휴식, 안위, 위로'라는 의미를 가진 이름으로, 그는 셋의 가계로 아담의 10대손이다(창 5:28-29). 패역한 시대에 의로운 사람으로 방주를 지어 대홍수로부터 구원을 받았다. 그는 후에 의로움과 신앙의 인물로 인정되었다(겔 14:14, 20; 히 11:7 ; 벧후 2:5). 구원받은 성도는?

■ 말 씀 ■

Ⅰ. 노아처럼 단을 쌓아야 한다

기자는 노아가 여호와를 위하여 단을 쌓았다고 했다. 여기서 '단'은 히브리어 '미즈베아흐'로서 '도살하다'(자바흐)에서 파생된 말이다. 노아의 여기 이 제단이 인류 역사상 처음으로 언급된 제단이다. 성도는 구원을 베푸신 하나님의 은혜에 항상 감사하고 그 은혜를 찬양하며 경배하는 예배의 단과 기도의 단과 말씀의 단을 꾸준히 쌓아나가는 경건의 훈련에 힘써야 할 것이다.

　　* 참고 성구 *　딤전 4:7, 마 25:16, 딤후 1:6, 벧후 1:13, 계 3:19

Ⅱ. 노아처럼 헌신을 해야 한다

기자는 노아가 모든 정결한 짐승 중에서와 새를 취하여 번제로 단에 드렸다고 했다. 여기서 '번제'는 히브리어 '올라'로서 '올라간다'는 '아라'에서 파생된 말로 번제의 연기가 하늘로 올라가는 것을 의미한다. 성도는 하나님 앞에서 항상 의롭고 거룩한 마음과 행동으로 하나님의 영광을 위해서 갖가지 모양으로 최선을 다하여 헌신하며 봉사하는 삶을 살아야 한다.

　　* 참고 성구 *　롬 12:1, 대상 29:5, 잠 23:26, 딛후 2:21

Ⅲ. 노아처럼 소망을 바라보아야 한다

기자는 노아의 제사를 받으신 여호와께서 그 향기를 흠향하시고 다시는 땅을 저주하지 않으신다고 했다. 여기서 '그 향기'는 히브리어 '레아흐 한나호아흐'로서 '달콤한 향기'를 뜻한다. 노아는 하나님의 영원한 무지개 언약을 받게 되었다. 성도는 이미 주님의 구원 약속의 성취를 체험한 자로서 더 크고 영원한 주님의 약속을 바라보며 끝까지 인내하며 신앙을 지켜야 한다.

　　* 참고 성구 *　히 6:11-12, 롬 8:24, 벧전 3:15, 요일 3:3

■ 기 도 ■ 노아의 하나님! 구원받은 노아의 모습처럼 오늘 이 가정에게 소망을 바라보게 하시고 헌신하게 하소서. 그리하여 모든 재난의 상처를 잊게 하옵시며, 회복하게 하옵소서. 예수 그리스도의 이름으로 기도 드립니다. 아멘

야고보서에 담긴 고난 중의 인내

■ **찬 송** ■ ♪ 363, 330, 471, 483   ■ **참 조** ■ ☞ ② 421p

■ **본 문** ■ 그러므로 형제들아 주의 강림하시기까지 길이 참으라 보라 농부가 땅에서 나는 귀한 열매를 바라고 길이 참아 이른 비와 늦은 비를 기다리나니… 【약 5:7-20】

■ **서 론** ■ 실락원의 작가 존 밀턴은 "가장 많이 고난을 당한 사람이 가장 많은 영화를 받을 것이며, 가장 위험한 곳을 지나온 사람이 큰 승리와 성공을 볼 것이다."라고 했다. 고난은 신앙인의 신앙의 됨됨이를 엿볼 수 있는 시금석이다. 고난의 용광로를 이겨낼 수 있는 것은?

■ **말 씀** ■

Ⅰ. 고난을 이기는 인내

기자는 길이 참고 마음을 굳게 하라고 했다. 여기서 '길이 참음'은 헬라어 '마크로뒤미아' 로서 '인내, 확고불변, 참을성, 견딤, 관용'의 뜻으로 본래 화를 내는 데서 오래 참는 것을 의미하는데 너그러운 신앙과 사랑의 정신으로 인내함을 뜻한다. 성도는 죽기까지 참으신 주님을 본받아 어떤 고난도 인내해야 한다. 인내, 곧 '휘포모네' 는 바윗덩이로 짓누름을 아래서 참는 의미이다.

　　＊ 참고 성구 ＊　 히 10:36, 롬 12:12, 눅 21:19, 약 1:4, 벧후 1:6

Ⅱ. 고난을 이기는 기도와 찬송

기자는 너희 중에 고난당하는 자가 있느냐 저는 기도할 것이요라고 했다. 여기서 '고난당하는' 은 헬라어 '카코파데오' 로서 '괴롭게 하다' 와 '고통' 의 합성어로서 성도들이 믿음 때문에 당하는 곤경을 뜻한다. 성도의 고난 중의 기도와 찬송은 고난을 극복한 믿음의 힘과 용기를 배가시키며 고난 가운데서 기뻐할 수 있는 믿음을 얻게 한다. 찬송은 빌립보 감옥의 옥터를 움직이게 했다.

　　＊ 참고 성구 ＊　 살전 3:10, 행 16:25, 단 6:10, 엡 5:19

Ⅲ. 고난을 이기는 영광을 향한 소망

로마의 정치가인 키케로는 "고난이 크면 클수록 그 영광도 크다."라고 했다. 성도가 받는 고난은 잠깐이요 장차 오게 되는 영광은 영원한 것으로 그 영광을 바라볼 때 현재의 힘든 고난에도 좌절하지 말아야 될 분명한 이유가 된다. 바울은 주와 함께 영광받기 위해서는 고난도 함께 받아야 한다고 했다. '함께 영광을 받는다' 는 헬라어 '순독사조' 로서 함께 찬양한다는 뜻이다.

　　＊ 참고 성구 ＊　 롬 8:17-18, 빌 3:21, 골 3:4, 계 22:5, 고후 4:17

■ **기 도** ■ 하나님 아버지! 고난을 받음으로써 영광을 취하는 진리를 깨달았습니다. 당신을 바라보며 간구하는 이 성도를 기억하여 주옵소서. 그리고 긍휼을 베푸시옵소서. 예수 그리스도의 이름으로 기도 드립니다. 아멘

재난을 당함

하나님이 고통을 주시는 목적

■ **찬 송** ■ ♪ 330, 338, 336, 380   ■ **참 조** ■ ☞ ② 217p, 421p

■ **본 문** ■ 내가 고통 중에 여호와께 부르짖었더니 여호와께서 응답하시고 나를 광활한 곳에… 【시 118:5-7】

■ **서 론** ■ 서양 격언에 "행복이 인간의 목적의 극치라고 한다면 고통은 그 목적을 달성하는 필요 조건이다."라는 말이 있다. 또한, "고통은 하나님이 모든 일에 부과하는 가격이다."는 말도 있다. 고통은 하나님께서 사랑하는 자에게 내리시는 선물을 싼 보자기가 아닌가! 이 고통은?

■ **말 씀** ■

I. 이는 하나님과의 교제의 기회이기 때문임

기자는 내가 고통 중에 여호와께 부르짖었더니라고 했다. '부르짖다'는 히브리어 '리나'로서 '외치다'는 뜻으로 기쁘거나 슬플 때의 외침을 뜻한다. 성도들은 영육간에 편안할 때 오히려 잘 기도하지 않고 하나님과의 영적 교제에도 불성실한 경우가 많다. 그러나 고통이 있을 때가 도리어 하나님을 향한 부르짖음과 하나님의 응답이 교차하는 영적 교제의 기회가 될 수 있다.

　* 참고 성구 *　 렘 33:3, 삼하 11:2, 시 51:10, 17, 요 15:7

II. 이는 하나님의 도움을 얻는 기회이기 때문임

기자는 여호와는 내 편이라 내게 두려움이 없나니 사람이 내게 어찌할꼬 했다. 영국의 목회자로 감리교를 창시한 존 웨슬리는 "모든 것 중에 제일은 하나님이 나와 함께 하심이라."고 했다. 성도의 고통을 보시고 하나님은 능력의 오른손을 펴시고 고통당하는 성도의 편이 되시어 함께 해 주신다. 이에 성도는 강력한 의지로써 승리의 삶을 살아나간다.

　* 참고 성구 *　 롬 8:31, 민 14:8, 시 3:6, 합 3:18

III. 이는 신앙이 성숙하는 기회이기 때문임

기자는 나를 미워하는 자에게 보응하시는 것을 내가 보리로다라고 했다. 여기서 '미워하는'은 히브리어 '소네아'로서 기본 어근은 '사네'(증오하다)로 마치 원수에 대해 갖는 것과 같은 지독한 혐오와 증오를 의미한다. 성도는 고통을 통해 자신을 제어하는 힘과 말씀의 능력을 깨닫게 되므로 고통은 당시는 힘들겠지만 성숙한 신앙의 길로 인도하는 계기가 된다.

　* 참고 성구 *　 벧전 5:7, 롬 12:19-21, 창 41:14-16, 욥 42:5-6

■ **기 도** ■ 하나님 아버지! 사랑하는 자식에게 초달하는 심정으로 고통을 주시는 줄 알았사오니 당신의 사랑하는 성도에게 이제는 영적 축복을 허락하소서. 예수 그리스도의 이름으로 기도 드립니다. 아멘

재난을 당함

하나님을 영화롭게 하는 성도

■ 찬 송 ■ ♪ 46, 36, 37, 33　　　　　■ 참 조 ■ ☞ ② 201p

■ 본 문 ■ 환란 날에 나를 부르라 내가 너를 건지리니 네가 나를 영화롭게 하리로다…【시 50:15-23】

■ 서 론 ■ 독일의 종교개혁자 마틴 루터는 "너는 참고 하나님을 바라며 기다리라. 하나님은 너의 정당한 형체를 주조하여 주시리라."고 했다. 하나님을 영화롭게 하는 것은 성도의 본분된 일이다. 성도의 존재의 이유는 하나님이 영광 받으심에 있는 것이다. 성도가 하나님을 영화롭게 함은?

■ 말 씀 ■

Ⅰ. 환란 날에 의지하는 성도가 하나님을 영화롭게 함

기자는 환란 날에 나를 부르라 내가 너를 건지리니 네가 나를 영화롭게 하리로다라고 했다. 여기서 '건지리니'는 히브리어 '나찰' 로서 '움켜 빼앗다' 는 뜻으로 자신의 백성을 구원하는 하나님의 심정이 잘 표현된 말이다. 성도가 절박한 환경 가운데서 자신의 힘과 능력을 의뢰함보다 하나님께 먼저 의지하여 문제를 해결함을 받을 때 성도는 찬양하며 하나님께 큰 영광을 돌려드릴 수가 있다.

＊ 참고 성구 ＊　욥 9:3, 11:4, 시 22:23, 마 5:16, 요 15:8, 고전 6:20

Ⅱ. 감사로 제사를 드리는 성도가 하나님을 영화롭게 함

기자는 감사로 제사를 드리는 자가 나를 영화롭게 하나니 그 행위를 옳게 하는 자에게 내가 하나님의 구원을 보이리라고 했다. 여기서 '감사로' 는 히브리어 '토다' 로서 '손을 펼치다'(야다)에서 유래한 '자복, 숭배, 찬송' 의 뜻으로 손을 펴서 예물을 드림으로써 감사의 표시를 함을 의미한다. 성도는 모든 것이 감사할 조건임을 알아 감사로 제사를 드려야 한다.

＊ 참고 성구 ＊　합 3:17-18, 시 100:4, 골 3:15, 살전 5:18

Ⅲ. 복음 전파에 열심인 성도가 하나님을 영화롭게 함

"그리스도가 없는 가슴마다 선교지요 그리스도를 품은 사람마다 선교사이다." 라고 어느 신학자는 말했다. 성도는 자신의 영혼을 구원받았음을 혼자 간직하는 자가 아니라 이 감격을 이웃과 세상에 알려서 하나님을 소개하고 그리스도의 복된 소식, '유앙겔리온' 곧 복음을 전하여야 한다. 그렇게 함으로써 복음 전파와 함께 주님의 영광을 확장시키게 된다.

＊ 참고 성구 ＊　딤후 1:11-14, 마 28:19, 막 16:15, 행 1:8

■ 기 도 ■ 영화로우신 하나님! 당신을 의지하며 감사로 제사를 드리며 복음전파에 열심인 성도가 되어 당신의 영광을 위해서 살아가는 자가 되도록 일으켜 주옵소서. 예수 그리스도의 이름으로 기도 드립니다. 아멘

근심 및 염려에 빠짐

아브라함의 연단이 주는 교훈

■ 찬 송 ■ ♪ 356, 346, 147, 403   ■ 참 조 ■ ☞ ② 421p ③ 29p

■ 본 문 ■ 그 일 후에 하나님이 아브라함을 시험하시려고 그를 부르시되 아브라함아 하시니 그가 가로되 내가 여기 있나이다 여호와께서 가라사대 네 아들 네 사랑하는 독자 이삭을 데리고 모리아 땅으로 가서… 【창 22:1-14】

■ 서 론 ■ 영국의 성직자요 설교가인 찰스 스펄전은 "하늘에서 면류관을 쓴 자들 가운데는 세상에서 십자가를 지지 않은 자가 하나도 없다."라고 했다. 성도는 각기 다른 모습의 자기 십자가를 지고 주를 따른다. 성도에게 임하는 연단에는?

■ 말 씀 ■

I. 성도는 하나님께 전적으로 의뢰한다

아브라함은 번제할 어린 양은 하나님이 자기를 위하여 친히 준비하시리라고 했다. '번제'는 히브리어 '올라'로서 온전한 헌신을 상징한다. 성도는 연단받는 것을 이상하다고 생각하지 말고 그 속에 내포된 자신을 향한 하나님의 의로우신 목적이 있음을 깨달아 두려워하지 말고 기쁨으로 하나님을 전적으로 신뢰하고 의지하는 신앙의 모습을 견지하는 것이 참된 신앙인의 자세이다.

 * 참고 성구 *   벧전 1:7, 4:12, 욥 23:10, 시 66:10, 시 48:10

II. 성도는 고통을 감수해야 한다

아브라함은 여호와의 사자로부터 네 독자라도 내게 아끼지 아니하였으니라는 말을 들었다. 여기서 '아끼지'는 히브리어 '하사크'로서 '붙들다, 보관해 두다'의 뜻으로, 절대 포기할 수 없는 귀중한 보물처럼 단단히 소유하려는 애착을 의미한다. 실로 이삭은 아브라함의 보물이었다. 성도는 고통이 하나님의 의로운 뜻이라면 주 안에서 담대히 그것을 감내하려는 자세를 가져야 한다.

 * 참고 성구 *   마 16:24, 눅 14:26-27, 롬 8:13, 갈 5:24

III. 성도는 소망을 가져야 한다

아브라함은 가서 그 수양을 가져다가 아들을 대신하여 번제로 드렸다고 했다. 여기서 '수양'은 히브리어로 '아일'인데 수양은 '하나님께서 자기를 위하여 친히 준비하시라'(엘로힘 이르예로)라는 아브라함의 믿음의 성취이다. 성도가 하나님을 향해서 소망을 가짐은 그것으로 새 힘을 얻을 수 있고 또한 그것이 연단하시는 하나님의 의로우신 뜻이기 때문이다.

 * 참고 성구 *   시 40:31, 시 25:5, 고후 1:7, 롬 8:24, 벧전 3:15

■ 기 도 ■ 아브라함의 하나님! 아브라함의 연단의 결국을 알았사오니 당신의 사랑하는 성도에게 산 소망을 허락하시고 그 영혼에게 평안을 주옵소서. 예수 그리스도의 이름으로 기도 드립니다. 아멘

근심및 염려에 빠짐

다니엘의 신앙에 담긴 특징

■ 찬 송 ■ ♪ 384, 397, 93, 451   ■ 참 조 ■ ☞ ② 273p

■ 본 문 ■ 다니엘이 이 조서에 어인이 찍힌 것을 알고도 자기 집에 돌아가서는 그 방의 예루살렘으로 향하여 열린 창에서 전에 행하던 대로 하루 세 번씩 무릎을… 【단 6:10】

■ 서 론 ■ 17세기 영국의 소설가 헨리 필링은 "역경은 본질적인 시련이다. 그 시련 없이 인간이 정직한지 아닌지 좀처럼 알 수 없다."라고 했다. 신앙으로 인해 목숨을 잃을 처지에 놓였으나 한결같이 신앙의 지조를 지킨 다니엘! '하나님은 심판하신다' 는 뜻을 이름으로 가진 다니엘의 신앙은?

■ 말 씀 ■

Ⅰ. 다니엘의 신앙은 세상을 두려워하지 않는 신앙이다

기자는 다니엘이 이 조서에 어인이 찍힌 것을 알고도라고 했다. 다니엘의 신앙 용단은 순교를 각오한 것이었다. 하나님을 섬기는 그의 불타는 신앙은 어려움을 당할수록 더욱 빛났다. 성도는 때로는 시험을 당할 때 먼저 두려워하여 신앙을 상실하는 경우가 많은데 그러나 두려워할 대상은 세상이 아니라 하나님 뿐이다. 주님은 몸과 영혼을 능히 지옥에 멸하는 자를 두려워하라 하셨다.

  * 참고 성구 *   마 10:28, 잠 29:25, 사 51:12, 빌 1:28, 삼상 17:45

Ⅱ. 다니엘의 신앙은 연단을 달게 받아들이는 신앙이다

기자는 다니엘이 자기 집에 돌아가서는 그 방의 예루살렘으로 향하여 열린 창에서 전에 행하던 대로라고 했다. 다니엘은 그의 세 친구의 '그리 아니 하실지라도' 의 신앙으로 인한 기적적인 구원을 보았기에 왕권에 대한 정당한 저항의 본보기로 변함 없이 하나님께 예배하여 연단을 각오하였다. 성도는 시련을 신앙성숙의 계기로 알아 오히려 더욱 신앙을 증거해야 한다.

  * 참고 성구 *   잠 17:3, 시 17:3, 욥 2:10, 고전 3:13, 히 12:11, 단 3:18

Ⅲ. 다니엘의 신앙은 하나님만을 바라보는 신앙이다

기자는 다니엘이 하루 세 번씩 무릎을 꿇고 기도하며 그 하나님께 감사하였더라고 했다. 성도들의 신앙의 뿌리는 믿음이요, 그 열매는 감사이다. 다니엘이 연단의 환경 속에서 오히려 감사한 것은 그가 하나님만 의지하였기 때문이다. 성도의 모든 승리는 하나님으로부터 오므로 세상의 시련에서 승리하려면 오직 하나님의 도우심의 손길을 바라보아야 할 것이다.

  * 참고 성구 *   시 63:7, 28:7, 사 41:10, 히 13:6, 벧전 5:7

■ 기 도 ■ 다니엘의 하나님! 다니엘을 지키신 것처럼 오늘 사랑하는 이 성도를 지키시어 그에게 진정한 신앙의 용기를 발하도록 능력을 베풀어 주옵소서. 예수 그리스도의 이름으로 기도 드립니다. 아멘

> 근심및 염려에 빠짐

하나님께 상달되는 기도의 금향로

■ 찬 송 ■ ♪ 486, 482, 93, 480 　　　　■ 참 조 ■ ☞ ① 389p

■ 본 문 ■ 또 다른 천사가 와서 제단 곁에 서서 금향로를 가지고 많은 향을 받았으니 이는 모든 성도의 기도들과 합하여 보좌 앞 금단에 드리고자 함이라… 【계 8:3-5】

■ 서 론 ■ 이탈리아 밀라노의 주교였던 성 암브로스는 "기도는 영혼이 하늘로 올라가는 데 필요한 날개요, 명상은 하나님을 보는 눈이다."라고 했다. 기도는 하늘의 보물창고를 열어 그것을 이 땅으로 가져오게 하는 신비한 능력의 통로이다. 성도의 기도를 담아 하나님 앞으로 가져가는 금향로에는?

■ 말 씀 ■

I. 금향로에는 성도의 진실된 기도의 향이 담겨짐

기자는 다른 천사가 와서 제단 곁에 서서 금향로를 가지고 많은 향을 받았다고 했다. 여기서 '금향로'는 헬라어 '리바노톤 크뤼순'으로 여기에는 많은 향과 성도의 기도가 담겨져 있다. 성도의 마음과 정성을 다해서 진실되게 고백되어진 기도만이 합당할 뿐 습관적이고 형식적인 기도는 아무리 많아도 소용이 없다. 진실된 기도만이 하늘 보좌를 움직이는 능력이 있다.

* 참고 성구 *　시 66:17-18, 출 32:31-32, 스 9:6, 마 6:7

II. 금향로에는 성도의 충성된 기도의 향이 담겨짐

금향로에 담긴 기도가 자신의 뜻과 의지만 주장되고 자신의 영광을 위해서 드려질 때는 탐욕의 악취만 심하게 풍기는 기도가 될 뿐이다. 성도의 기도는 오직 하나님의 뜻을 살피고 하나님의 영광만을 구하는 겸손하고 충성된 기도가 될 때 하나님 앞에 상달되도록 향기롭게 담길 수 있다. 충성은 헬라어 '피스토스'로서 '신실한, 믿을 만한'의 뜻으로 이 말은 '믿음' 곧 '피스티스'에서 온 말이다.

* 참고 성구 *　요 9:31, 눅 22:42, 시 40:8, 욥 1:21

III. 금향로에는 성도의 의로운 기도의 향이 담겨짐

금향로에 합당한 기도의 향은 자신의 부족한 의와 믿음을 부끄럽게 고백하며 그 의의 성숙을 위해서, 그리고 형제와 이웃을 위해서, 또한 나라와 민족을 위해서 드려지는 기도여야 한다. 하나님은 솔로몬의 기도를 들으시고 네가 부와 수도 구하지 아니하고 분별하는 지혜를 구했은즉 네게 지혜를 준다고 하셨다. 의는 헬라어 '디카이오쉬네'로서 이는 '피스튜오' 곧 믿고 맡길 때 가능하다.

* 참고 성구 *　약 5:16, 왕상 3:7-13, 잠 15:29, 마 13:43

■ 기 도 ■ 성도의 기도를 들으시는 하나님! 우리의 기도가 진실된 기도와 충성된 기도와 의로운 기도가 되게 하옵소서. 그리하여 응답받고 새 힘을 얻게 도우소서. 예수 그리스도의 이름으로 기도 드립니다. 아멘

근심및 염려에 빠짐

아브라함의 영적 침체에 나타난 결과

■ 찬 송 ■ ♪ 363, 467, 471, 485   ■ 참 조 ■ ☞ ② 27p ③ 29p

■ 본 문 ■ 아비멜렉이 그 아침에 일찍이 일어나 모든 신복을 불러 그 일을 다 말하여 들리매 그 사람들이 심히 두려워하였더라 아비멜렉이 아브라함을 불러서…【창 20:8-18】

■ 서 론 ■ "성경에는 실수하지 않은 사람보다 실수한 사람의 기록이 훨씬 더 많다. 그러나 그 실수는 실수하지 않는 방법을 제시해 주기 때문에 큰 가치를 지니는 것이다." 어느 목사의 말이다. 훌륭한 사람들도 인생에서 과오나 실수, 영적 침체를 겪는데 믿음의 조상 아브라함의 경우는?

■ 말 씀 ■

Ⅰ. 아브라함은 두려움을 갖게 되었다

아브라함은 이곳에서는 하나님을 두려워함이 없으니 내 아내를 인하여 사람이 나를 죽일까 생각했다고 하였다. 본 구절 성경 원전에는 '이곳에서는' 앞에 '확실히' 곧 히브리어 '라크'라는 말이 있어 하나님에 대한 '어떤' 두려움도 없겠다고 확신했음을 강조한다. 성도들이 믿음이 약해지면 세상 일에 대하여 대담하지 못하고 두려움과 불안감을 갖게 된다.

* 참고 성구 *   잠 29:25, 시 51:12, 요 7:13, 12:42, 갈 2:13

Ⅱ. 아브라함은 헛된 일을 하게 되었다

아브라함은 아내에게 나를 그대의 오라비라 하라 이것이 그대가 내게 베풀은 혜라 하였다. 성도가 믿음이 약해져서 참된 믿음과 영적 통찰력이 침체되고 저하되면 자신도 모르게 헛되고 거짓된 일에 힘쓰게 된다. 그러나 그것으로 인하여 자신은 결국엔 더 큰 영적 무익함과 영적 손실을 입고서 큰 후회를 하게 되나 그때는 이미 늦은 것이다.

* 참고 성구 *   전 4:4, 엡 4:17, 사 55:2, 마 12:43-45

Ⅲ. 아브라함은 타인을 실족시키게 되었다

기자는 네 수치를 풀게 하였노니 네 일이 다 선히 해결되었느니라고 했다. 아브라함으로 인해 아비멜렉이 실족할 뻔했고 사라는 수치를 갖게 되었다. 여기서 '선히 해결되었느니라'는 히브리어 '야카흐'로서 '증명하다, 변호하다, 바로잡다'의 뜻으로 주위 사람들에게 순결을 공식적으로 증명함을 뜻한다. 성도가 빛과 소금의 역할을 못할 때 자신과 남을 실족시키게 된다.

* 참고 성구 *   마 18:6-7, 롬 14:15, 고전 5:6, 고후 6:3

■ 기 도 ■ 하나님 아버지! 믿음이 해이해진 아브라함이 인간적인 생각으로 세상적인 행위를 하다가 큰 낭패를 보았습니다. 오늘 이 성도에게 신앙의 힘으로 다시 일어설 수 있도록 도와 주옵소서. 예수 그리스도의 이름으로 기도 드립니다. 아멘

> 근심및 염려에 빠짐

하나님이 이상을 보이시는 이유

■ 찬 송 ■ ♪ 542, 224, 231, 289   ■ 참 조 ■ ☞ ① 349p

■ 본 문 ■ …갈대아 땅 그발 강가에서 여호와의 말씀이 부시의 아들 제사장 나 에스겔에게 특별히 임하고 여호와의 권능이 내 위에 있으니라 【겔 1:1-3】

■ 서 론 ■ 여의도 순복음 교회를 세계적인 교회로 세운 조용기 목사는 "이상은 하나님께서 사랑하는 성도에게 주시는 것으로 그 이상을 마음에 간직하고 그의 성취를 바라보며 열심히 기도하라. 반드시 이뤄 주시리라."고 했다. 하나님께서 성도에게 이상을 보이시는 것은?

■ 말 씀 ■

Ⅰ. 이는 당신의 뜻을 계시하심이다

하나님께서 인간에게 보이시는 이상은 하나님의 계시의 한 방편으로서 인간은 이상을 통해서 하나님의 뜻을 짐작할 수 있다. '이상'은 히브리어 '하존'으로서 '묵시, 환상'을 의미하는데 하나님께서는 자신의 계시를 전달하시기 위해 에스겔에게 보다 구체적으로 나타나심을 의미한다. 하나님의 계시는 하나님께서 사명자에게 자신의 의중을 보이는 것이다.

　＊ 참고 성구 ＊　벧후 3:11-12, 암 3:7, 요 15:15, 고전 2:9-10, 민 12:6

Ⅱ. 이는 성도로 하여금 믿게 하심이다

기자는 여호와의 권능이 내 위에 있으니라고 했다. 여기서 '권능'은 히브리어 '야드'로서 '힘, 권력, 세력'을 가리키나 성경 원전의 원뜻은 '손'을 뜻하며 추상적으로는 이것은 어떤 일을 이룰 수 있는 능력을 상징한다. 성도가 때로 믿음이 연약하여 보지 못하고 증거가 없는 일은 믿지 못할 때가 있기에 하나님은 직접 가시적인 일들로서 계시하시기로 하신 것이다.

　＊ 참고 성구 ＊　창 15:6, 행 10:3, 고후 12:1, 계 1:12

Ⅲ. 이는 성도에게 장래를 준비하게 하심이다

사람이 자신의 뜻대로 제멋대로 행하는 이유는 장래의 결과를 알지 못하기 때문이다. 따라서 많은 시행착오를 겪고 울분을 터뜨리며 제한적인 삶을 살아간다. 그러나 하나님께서는 성도들에게는 장래의 일들을 미리 보여주시어 성도로 하여금 장래를 준비하게 하여 그가 신실한 삶을 영위할 수 있도록 지켜 주시며 인도하여 주신다. 다니엘은 주께 많은 계시를 받은 인물이다.

　＊ 참고 성구 ＊　암 1:1, 요 13:7, 16:13, 고전 13:12, 단 2:22

■ 기 도 ■ 이상을 보이시는 하나님! 사랑하는 성도들을 인도하시려고 이상을 주심을 감사드리오며 당신의 계시를 깨닫고 새로운 장래를 준비하도록 도와 주옵소서. 예수 그리스도의 이름으로 기도 드립니다. 아멘

근심및 염려에 빠짐

다니엘에게 임한 고난이 주는 교훈

■ 찬 송 ■ ♪ 482, 484, 487, 363   ■ 참 조 ■ ☞ ② 273p, 421p

■ 본 문 ■ 이에 다니엘이 자기 집으로 돌아가서 그 동무 하나냐와 미사엘과 아사랴에게 그 일을 고하고 하늘에 계신 하나님이 이 은밀한 일에 대하여 긍휼히… 【단 2:17-24】

■ 서 론 ■ 스위스의 유명한 교육자인 요한 페스탈로치는 "고난과 눈물이 나를 높은 예지로 이끌었다. 보옥과 즐거움은 이것을 만들지 못했을 것이다." 라고 했다. 하나님은 축복의 선물을 고난의 보자기에 싸서 보내시는 분이시다. 성도는 고난이 올 때 하나님의 축복을 생각하며 이를 이겨야 한다. 고난의 때에?

■ 말 씀 ■

Ⅰ. 성도는 고난 속에서도 기도를 끊지 말아야 한다

기자는 다니엘과 동무들이 죽임을 당치 않게 하시기를 그들로 구하게 하나라고 했다. 여기서 '구하다' 는 아람어 '베아' 로서 이는 통사정이 아니라 목적 달성을 위해 끝까지 조르는 것을 의미한다. 성도들에게 고난이 임할 때는 먼저 구원의 하나님께 간구하여 그분의 도우심을 바라야 한다. 하나님께 먼저 아뢸 때 하나님은 누구보다 먼저 성도를 돌보아 주신다.

  * 참고 성구 * 행 1:14, 대상 16:11, 살전 5:17, 약 5:13, 마 7:7

Ⅱ. 성도는 고난 속에서도 찬송을 끊지 말아야 한다

기자는 은밀한 것이 밤에 이상으로 나타나 보이매 다니엘이 찬송했다고 하였다. 여기서 '은밀' 은 아람어 '라즈' 로서 '감추인, 비밀' 의 뜻으로 감추어져 깨달을 수 없는 신비스러움을 나타내는 말이다. 다니엘은 은밀한 가운데 자신에게 응답이 있음을 깨닫고 찬송했다. 성도가 고난을 당하여 고통 중에 있을 때는 찬송을 해야 한다. 찬송은 성도에게 고난을 극복할 힘과 용기를 준다.

  * 참고 성구 * 마 11:28, 행 16:25-26, 시 95:1, 엡 5:19

Ⅲ. 성도는 고난 속에서도 말씀을 끊지 말아야 한다

기자는 다니엘이 빛이 그와 함께 있도다라고 했다. 여기서 '빛' 은 아람어 '느히르' 로서 상징적으로 빛과 같은 지혜를 의미하며 이는 우리가 능히 헤아릴 수 없는 지혜를 지니신 하나님을 보여 준다. 모든 지혜의 근원은 하나님이시며 빛은 하나님의 그림자이다. 성도는 고난을 극복하는 방법과 고난 중에 우리를 향하신 하나님의 뜻을 깨닫게 하시는 말씀을 보아야 한다.

  * 참고 성구 * 시 119:105, 130, 잠 6:23, 벧후 1:19, 엡 6:17, 약 1:5

■ 기 도 ■ 다니엘의 하나님! 임박한 죽음을 앞두고도 기도하고 찬송한 다니엘의 믿음을 오늘 이 가정에도 확산시켜 주시어 새 힘을 얻게끔 도와주소서. 예수 그리스도의 이름으로 기도 드립니다. 아멘

근심및 염려에 빠짐

다윗의 눈물에 내포된 신앙의 본질

■ 찬 송 ■ ♪ 432, 434, 478, 427　　　　■ 참 조 ■ ☞ ③ 159p

■ 본 문 ■ …다윗과 그와 함께 한 백성이 울 기력이 없도록 소리를 높여 울었더라…【삼상 30:1-6】

■ 서 론 ■ 미국의 유대교 랍비(=선생)인 에밀 히르쉬는 "무슨 일이 닥칠지를 아는 자는 그들의 어리석은 행위와 그들의 무지했던 길, 인생의 적당한 이해부족과 사랑의 진정한 의미를 알지 못했던 결과에 대하여 매우 비통하게 울게 될 뿐이다."라고 했다. 다윗의 눈물은?

■ 말 씀 ■

Ⅰ. 눈물의 간구는 왜소한 인간의 겸손함의 표시임

기자는 자기들의 아내와 자녀들이 사로잡히자 다윗과 그와 함께 한 백성이 울 기력이 없도록 소리 높여 울었다고 했다. 인간은 자신의 힘으로는 도저히 어떻게 할 방도가 없어 모든 것이 불가능하다고 느낄 때 비로소 하나님을 찾아 그 앞에 꿇어서 하나님만 의지하게 된다. 이와 같이 주 앞에서 겸손할 때 그 겸손은 큰 힘을 보장받는다. 주 앞에서 낮추라 그러면 높여 주신다고 했다.

　* 참고 성구 *　갈 6:14, 행 9:39, 약 4:10, 벧전 5:5, 요 11:35

Ⅱ. 눈물의 간구는 하나님의 능력에 대한 인정임

기자는 백성들이 마음이 슬퍼서 다윗을 돌로 치자 하니 다윗이 크게 군급하였다고 했다. 여기서 '마음이 슬퍼서'는 히브리어 '키 마라 네페쉬'로서 단순한 슬픔 이상으로 영혼을 찢어놓을 만한 비통을 뜻한다. 약해진 인간 다윗은 군급하였다. 곧 근심에 깊이 빠졌다. 그러나 인간은 약하나 하나님은 강하다는 진리를 깨달을 때 삶을 전적으로 하나님께 의탁할 수 있게 된다.

　* 참고 성구 *　빌 4:13, 시 40:31, 삼상 1:10-11, 시 34:6

Ⅲ. 눈물의 간구는 하나님의 약속에 대한 확신임

기자는 다윗이 그 하나님 여호와를 힘입고 용기를 얻었더라고 했다. 이는 히브리어 원전 그대로 해석하면 다윗이 '그의 하나님 여호와 안에서 강하여졌다'는 뜻으로서, 눈물의 간구로 절박한 상황 아래서 지금까지 임마누엘의 은혜로 함께 하신 하나님을 강하게 믿고 의지하여 힘을 얻었다는 말이다. 구하는 성도에게 주신다는 하나님의 약속은 약속을 믿는 자에게만 유효하다.

　* 참고 성구 *　렘 33:3, 시 37:5,118:8, 사 50:10, 잠 29:25

■ 기 도 ■ 다윗의 하나님! 다윗의 눈물의 간구를 가납하시고 힘을 주신 하나님 아버지 오늘 당신의 자녀에게 다윗에게 내리신 은혜를 한가지로 내려 주소서. 예수 그리스도의 이름으로 기도 드립니다. 아멘

근심및 염려에 빠짐

히스기야의 기도에 담긴 의미

■ 찬 송 ■ ♪ 451, 422, 427, 342   ■ 참 조 ■ ☞ ① 227p

■ 본 문 ■ 히스기야가 사자의 손에서 편지를 받아보고 여호와의 전에 올라가서 그 편지를 여호와 앞에 펴놓고 그 앞에서 기도하여 가로되… 【왕하 19:14-19】

■ 서 론 ■ 프랑스의 대주교인 프란시스 페늘롱은 "신념 없이 기도 드리는 사람은 그의 기도가 받아들여지리라고 기대할 수 없다."라고 했다. 기도는 성도의 호흡이다. 호흡하지 않으면 죽는 것처럼 기도하지 않는 성도는 영적으로 죽은 자이다. 히스기야의 기도는?

■ 말 씀 ■

Ⅰ. 히스기야의 기도는 절박한 기도였다

기자는 히스기야가 여호와의 전에 올라가서 그 편지를 여호와 앞에 펴놓았다고 했다. 여기서 '펴놓고'는 히브리어 '파라스'로서 '완전히 부수다, 산산조각 내다'라는 어원에서 유래하여 '펴서 그 본질까지 분명히 보여 주다'라는 뜻이다. 성도에게 닥친 위기가 중하면 중할수록 기도는 절박하게 되고 하나님은 이와 같이 급박한 상황에서는 더욱 빨리 응답하신다.

    * 참고 성구 * 렘 29:13, 신 4:29, 눅 11:10, 사 55:6

Ⅱ. 히스기야의 기도는 숨김없는 기도였다

기자는 히스기야가 산헤립이 사신 하나님을 훼방하러 보낸 말을 들으시옵소서라고 했다. 여기서 '훼방하러'는 히브리어 '레하래프'로서 '조롱하다, 무시하다, 책망하다'의 '하라프'에서 온 말로 지독한 욕설을 동반한 하나님께 대한 모욕을 뜻한다. 성도가 하나님 앞에 숨길 것은 아무것도 없다. 오직 하나님을 향한 진실된 고백과 간구만이 정확한 응답을 받게 한다.

    * 참고 성구 * 요일 5:15, 삼하 22:7, 시 34:15, 벧전 3:12

Ⅲ. 히스기야의 기도는 영화로운 기도였다

기자는 히스기야가 구원하소서 그리하시면 천하만국이 주 여호와는 홀로 하나님이신 줄 알리이다라고 했다. '알리이다'는 '야다'로서 분명하게 앎을 뜻한다. 성도의 기도가 궁극적으로 하나님의 영광을 위한 기도라면 하나님께서는 커다란 기쁨으로 그 기도에 필히 응답해 주시고 소원을 이루어 주실 것이다. "환란 날에 나를 부르라 내가 너를 건지리니 네가 나를 영화롭게 하리로다."

    * 참고 성구 * 요 14:14, 시 91:15, 50:15, 사 65:24, 눅 11:9

■ 기 도 ■ 히스기야의 하나님! 히스기야를 구출하신 것처럼 오늘 이 성도를 구출하여 의의 길로 인도하옵시고 영광받으시옵소서. 예수 그리스도의 이름으로 기도 드립니다. 아멘

근심및 염려에 빠짐

시편이 말하는 참된 만족의 비결

■ 찬 송 ■ ♪ 409, 405, 467, 464　　■ 참 조 ■ ☞ ③ 257p

■ 본 문 ■ 아침에 주의 인자로 우리를 만족케 하사 우리 평생에 즐겁고 기쁘게 하소서… 【시 90:14-17】

■ 서 론 ■ 미국의 저명한 소설가인 어네스트 헤밍웨이는 "만족은, 마음이 우리 주위의 환경에 지배되지 않는 데서 생긴다."라고 했다. 그리스도를 자기 마음에 모신 성도는 무엇에든 만족할 줄 알아야 한다. 만족할 줄 아는 마음이야말로 모든 것을 얻은 자라 할 것이다. 성도의 참된 만족은?

■ 말 씀 ■

Ⅰ. 만족은 참된 가치를 배움에 있다

기자는 주의 인자로 우리를 만족케 하사라고 했다. 여기서 '인자'는 히브리어 '헤세드'로서 '긍휼, 사랑, 은총'의 뜻이다. 성도는 썩어 없어질 세상 것들에 대한 미련을 끊고 절대자 하나님께서 사랑하시는 자녀에게 값없이 베푸시는 은총을 제일 귀한 것으로 여겨야 한다. 뿐만 아니라 예수 그리스도 한 분만을 구세주로 모시고 그분을 통하여 생의 가치와 목적을 깨달아 참된 만족을 얻는다.

* 참고 성구 *　 잠 15:16, 신 10:12, 신 25:12, 행 10:35, 요일 1:9

Ⅱ. 만족은 세상 염려를 극복함에 있다

기자는 우리를 곤고케 하신 날수대로와 우리의 화를 당한 년수대로 기쁘게 하소서 했다. 성도는 아무런 유익을 주지 않는 세상적 걱정과 근심과 불안 등을 떨쳐 버리고 그것들을 능히 해결할 능력을 주시는 하나님의 도우심을 믿고 의지할 것이다. 따지고 보면 성도들이 세상에서 당하는 고통들은 말씀대로 살지 않아서 생긴 성도 자신이 만들어 낸 결과물임을 명심하자.

* 참고 성구 *　 합 3:17-19, 빌 4:6, 잠 29:25, 시 26:3, 대 6:31

Ⅲ. 만족은 약속을 의지함에 있다

기자는 주 우리 하나님의 은총을 우리에게 임하게 하여 우리 손의 행사를 견고케 하시라고 했다. 여기서 '은총'은 히브리어 '노암'으로 '사랑, 동의'의 뜻으로 자신의 의도와 계획의 달성을 위해 하나님에게서 반드시 받아야 할 호의 및 인준을 가리킨다. 성도는 하나님께서 세상 끝날까지 지키시며 천국을 유업으로 주실 것임을 믿고 소망과 용기를 잃지 말 것이다.

* 참고 성구 *　 히 13:5-6, 잠 3:24, 요 14:18, 빌 3:20

■ 기 도 ■ 우리에게 참된 만족을 주시는 하나님! 세상 염려와 근심에 빠진 사랑하는 이 성도에게 참된 만족과 기쁨을 주소서. 예수 그리스도의 이름으로 기도 드립니다. 아멘

하나님의 뜻대로 사는 생활의 의미

■ 찬 송 ■ ♪ 491, 427, 480, 453　　　　■ 참 조 ■ ☞ ② 353p, 400p

■ 본 문 ■ 항상 기뻐하라 쉬지 말고 기도하라 범사에 감사하라 이는 그리스도 예수 안에서 너희를 향하신 하나님의 뜻이니라 【살전 5:16-18】

■ 서 론 ■ 미국의 교수요 변호사인 스파포드는 "하나님 아버지시여! 이 사랑하는 네 아이의 목숨을 건져 주소서, 그러나 그들이 죽는 것이 당신의 뜻이옵거든 우리는 기꺼이 죽음을 택하겠나이다."라고 외쳤다. 찬송가 470장은 그가 네 아이의 죽음의 소식을 듣고 지은 것이다. 성도를 향한 하나님의 뜻대로 사는 생활은?

■ 말 씀 ■
Ⅰ. 이는 '항상 기뻐하라' 이다
　바울은 항상 기뻐하라고 했다. 여기서 '항상 기뻐하라'는 헬라어 '판토테 카이레테'로서 '판토테'가 문장 앞에 나와 강조됨으로써 가다가 중단되지 않는 영원한 불변의 기쁨을 강조하고 있다. 성도는 무한한 축복을 베푸시는 하나님의 구원의 은총과 영생의 축복을 항상 기뻐하여 하나님의 뜻에 합당한 삶으로 더욱 가까이 가는 자들이 되어야 한다.
　　* 참고 성구 *　빌 4:4, 요 4:14, 롬 12:15, 고후 6:10

Ⅱ. 이는 '쉬지 말고 기도하라' 이다
　바울은 쉬지 말고 기도하라고 했다. 여기서 '쉬지 말고'는 헬라어 '아디아레잎토스'로서 '끊임없이, 계속적으로'의 뜻으로, 이는 성령을 힘입는 지속적인 집념의 기도를 의미한다. 성령의 기도가 아니고는 쉬지 않고 하는 계속적인 기도는 불가능하다. 성도는 하나님의 뜻을 알지 못함으로 인해 방황할 때 기도해야 한다. 그럴 때 하나님은 성도의 갈 길을 분명히 지시해 주실 것이다.
　　* 참고 성구 *　눅 18:1, 엡 6:18, 롬 8:27, 약 5:13, 딤전 2:8

Ⅲ. 이는 '범사에 감사하라' 이다
　바울은 범사에 감사하라고 했다. 여기서 '범사'는 헬라어 '엔 판티'는 '모든 것 안에서'로서 모든 조건과 환경 속에서 감사하는 것을 뜻하며, '감사'는 '유카리스티아'로서 '좋은 은혜, 좋은 매력, 좋은 선물'이라는 뜻이다. 성도는 하나님을 향한 감사의 삶을 사는 자로서 하나님의 모든 행하신 일에 감사하는 자가 하나님의 뜻을 이루어가는 자이다.
　　* 참고 성구 *　엡 5:20, 시 100:4, 골 1:12, 3:15, 딤전 4:4, 대상 16:8

■ 기 도 ■ 하나님 아버지! 당신의 뜻대로 사는 삶이 무엇인지 배웠습니다. 당신의 사랑하는 이 가정에서 오늘부터 감사의 찬양이 퍼질 수 있도록 은혜 내려 주옵소서. 예수 그리스도의 이름으로 기도 드립니다. 아멘

병문안 (신자)

히스기야에게 기적이 나타난 이유

■ 찬 송 ■ ♪ 340, 91, 539, 456 　　■ 참 조 ■ ☞ ① 227p

■ 본 문 ■ 그 즈음에 히스기야가 병들어 죽게 되니 아모스의 아들 선지자 이사야가 나아와 그에게 이르되 여호와께서 이같이 말씀하시기를 너는 네 집에 유언하라…【사 38:1-8】

■ 서 론 ■ "하나님은 인간의 연약함과 부족함을 알고 계시므로 어떤 병이든지 다 고칠 수 있는 약을 예비해 놓으셨다. 단지 인간이 아직 무지하여 그 약을 찾지 못했을 뿐이다."라고 어느 신학자는 말했다. 하나님께 통곡하여 생명을 15년간 연장받은 히스기야의 기적적인 치유! 이 치유는?

■ 말 씀 ■

Ⅰ. 히스기야가 순종했기 때문이다

기자는 히스기야가 병들어 죽게 되었다고 했다. 여기서 '히스기야'는 '강하게 하다, 치료하다'는 '하자크'와 '여호와'의 합성어로서 '여호와가 치료해 주신다'는 뜻이다. 즉위하면서 정치, 군사, 종교적인 면에서 혁신을 일으킨 히스기야는 순종의 사람으로, 울면서 내가 진실과 전심으로 행하였다는 기도에 잘 나타난다. 순종하는 자는 주님의 놀라운 역사를 체험하게 된다.

　　* 참고 성구 *　왕하 5:14, 왕상 3:14, 히 5:8, 마 7:24, 계 22:14

Ⅱ. 히스기야가 기도했기 때문이다

기자는 히스기야가 얼굴을 벽으로 향하고 여호와께 기도하되 심히 통곡했다고 하였다. 기도는 성도와 하나님을 연결하는 신비한 능력의 통로이다. 따라서 기도만이 만사를 변화시킨다. 하나님은 네 기도를 들었고 네 눈물을 보았다고 하셨는데 이는 히스기야의 기도의 내용이 어떠했으며, 그의 기도의 태도가 얼마나 진실되고 간절한 모습이었는가를 잘 보여준다.

　　* 참고 성구 *　고후 1:8-11, 대상 4:10, 히 5:7, 약 5:13

Ⅲ. 히스기야가 헌신했기 때문이다

기자는 히스기야가 주의 목전에서 선하게 행한 것을 추억하옵소서라고 했다. 여기서 '추억하옵소서'는 히브리어 '제카르'로서 '(알아보기 위해) 표해 놓다'에서 유래된 말로 함축적으로 '상기시키다, 기억을 되살리다'는 의미로 사용되었다. 성도가 히스기야처럼 주를 위해 모든 것을 바치는 자가 될 때 주께서 더욱 풍성하고 크신 축복의 기적을 넘치게 베푸실 것이다.

　　* 참고 성구 *　왕상 17:16, 엡 4:1, 요일 1:7, 요삼 1:3, 시 56:13

■ 기 도 ■ 히스기야의 하나님! 죽게 된 히스기야를 15년 동안이나 생명을 연장시켜 주신 놀라운 은혜를 보면서 오늘 당신의 사랑하는 성도에게도 은혜를 주시어 속히 쾌차하게 하옵소서. 예수 그리스도의 이름으로 기도 드립니다. 아멘

병문안 (신자)

토기장이의 뜻을 좇는 성도의 자세

■ 찬 송 ■ ♪ 217, 351, 332, 490   ■ 참 조 ■ ☞ ① 227p

■ 본 문 ■ 그러나 여호와여 주는 우리 아버지시니이다 우리는 진흙이요 주는 토기장이시니 우리는 다 주의 손으로 지으신 것이라…【사 64:8-9】

■ 서 론 ■ 영국의 성직자요 신학자이며, 찬송가 작가인 아이작 왓츠는 "우리는 진흙이요 주님은 토기장이시니 주께서 원하시는 그릇을 만드시옵소서."라고 찬양했다. 귀히 쓰이는 그릇이든 천히 쓰이는 그릇이든 나를 왜 이렇게 만들었냐고 만든 사람에게 항의할 수는 없는 것이다. 주의 뜻을 좇는 성도는?

■ 말 씀 ■

Ⅰ. 깨어지는 성도/ 일단계

토기장이의 뜻을 따르는 성도는 먼저 깨어져야 한다. 성도는 먼저 죄와 불의, 위선과 교만을 걸러내기 위해서는 옛 모습을 과감히 벗어버리고 자신을 깨뜨리는 회개의 과정을 거쳐야 한다. 이 회개의 과정을 거쳐야 하나님과의 사이에 놓인 담을 헐 수가 있으며, 하나님과도 대화의 창구를 마련하는 첫 과정이 되어 마음 문을 여는 것이다. 회개는 천국문을 두드리는 첫 행위이다.

＊ 참고 성구 ＊ 엡 5:8-9, 마 6:23, 롬 13:12, 시 1:18, 눅 18:13

Ⅱ. 거듭나는 성도/ 이단계

토기장이의 뜻을 따르는 성도는 다음으로 거듭나야 한다. 성도는 과거의 추악한 죄성에 물든 옛 사람의 모습을 벗어버리고 예수 그리스도 안에서 믿음으로 의롭다 함을 인정받아 하나님의 자녀로 거듭나는 새 사람을 입는 완전한 성령세례를 체험하는 놀라운 역사를 체득해야 한다. 이 과정을 거쳐야 진정한 하나님의 자녀가 되는 지위를 누리는 것이다.

＊ 참고 성구 ＊ 고후 5:17, 4:16, 시 51:10, 엡 4:22-23, 딛 3:5

Ⅲ. 변화되는 성도/ 삼단계

토기장이의 뜻을 따르는 성도는 마지막으로 변화되어야 한다. 성도가 깨어지고 거듭난 후에는 하나님께서 지으시는 대로 순순히 자기 자신을 변화시키고 하나님께서 사용하시고자 하는 대로 순종하고 따르는 변화된 삶을 유지해야 한다. 어머니 모니카의 수십 년 동안의 눈물의 기도가 하늘 보좌를 움직여 어거스틴은 철저히 이 과정을 거친 후 신앙의 위인이 되었다.

＊ 참고 성구 ＊ 벧후 3:11, 롬 12:2, 엡 4:24, 골 3:10, 빌 3:21

■ 기 도 ■ 토기장이이신 하나님! 당신이 빚으신 토기인 성도가 괴로워하오니 당신의 손길로 어루만져 완쾌하게 하시며 그 영혼을 긍휼히 여기소서. 예수 그리스도의 이름으로 기도 드립니다. 아멘

병문안 (신자)

소경을 고치신 예수의 의의

■ 찬 송 ■ ♪ 528, 529, 530, 463   ■ 참 조 ■ ☞ ① 425p

■ 본 문 ■ …예수께서 대답하시되 이 사람이나 그 부모가 죄를 범한 것이 아니라 그에게서 하나님의 하시는 일을 나타내고자 하심이니라【요 9:1-3】

■ 서 론 ■ 영국 작가 조지 쿨만은 "모든 의사를 다 찾아가도 고치지 못한 병이 있으면 그리스도께 나아오라. 치료비는 무료이다. 단, 그리스도의 능력을 인정하는 믿음만 가지고 나아오라. 그대의 병은 완전히 고침을 받으리라."고 했다. 질병에 대한 정의를 새롭게 내리신 주님! 주님은 질병을?

■ 말 씀 ■

Ⅰ. 질병은 하나님의 주권적 행사이다

기자는 제자들이 이 사람이 소경으로 난 것이 뉘 죄로 인함인가를 물었다고 했다. 여기서 '난 것이'는 헬라어 '겐네데'로서 이는 '겐나오' 곧 '낳는다, 산출한다'의 제1부정 과거수동 가정법으로 소경으로 이 세상에 태어난 것의 원인이 다른 누구에게 있음을 뜻하는 말이다. 그러나 인간의 질병에는 하나님의 깊은 섭리와 뜻이 담겨져 있음을 유념하자. 질병도 하나님의 역사가 될 수 있다.

* 참고 성구 *   고후 12:7, 욥 2:7, 행 9:9, 롬 9:19, 출 15:26

Ⅱ. 질병은 믿음을 성숙하게 하는 계기이다

인간은 만사가 평안하고 일이 잘 되어 돌아갈 때는 하나님을 잊어버리다가 자신에게 병이 나거나 사업이 어려울 때는 갈급한 마음으로 하나님을 찾고 열심히 기도를 한다. 그러므로 질병으로 하나님께 더 가까이 나아가게 하는 계기가 되는 경우가 허다하다. 성도들은 질병을 두려워 말고 믿음의 성숙을 위한 계기로 볼 것이며, 성도는 질병을 통한 하나님의 섭리를 잘 통찰하자.

* 참고 성구 *   약 1:2-4, 왕하 5:15, 호 6:1, 약 5:16

Ⅲ. 질병은 하나님의 영광에 동참하는 역사이다

기자는 예수께서 그에게서 하나님의 하시는 일을 나타내고자 하심이니라고 했다. 여기서 '하나님의 하시는 일'은 헬라어 '타 엘가 투 데우'로서 이는 '하나님의 그 일들'은 하나님이 자신을 나의 병을 통하여 계시하는 것이요, 나의 실패나 성공을 통해서 자신의 영광을 보여 주시며 인식케 하시는 것이다. 따라서 질병을 통해 성도는 하나님께 영광 돌리며 영광에 동참하는 것이다.

* 참고 성구 *   눅 7:16, 요 11:4, 마 9:8, 행 20:12

■ 기 도 ■ 치유의 하나님 아버지! 질병을 통하여 많은 것을 깨닫게 되었습니다. 이제 당신의 사랑하시는 이 성도를 일으키셔서 당신께서 큰 영광 받으시옵소서. 예수 그리스도의 이름으로 기도 드립니다. 아멘

병문안 (신자)

시편에 언급된 하나님 치유의 방법

■ 찬 송 ■ ♪ 413, 415, 528, 529   ■ 참 조 ■ ☞ ① 345p

■ 본 문 ■ 이에 저희가 그 근심 중에서 여호와께 부르짖으매 그 고통에서 구원하시되 저가 그 말씀을 보내어 저희를 고치사 위경에서 건지시는도다…【시 107:19-22】

■ 서 론 ■ 영국의 성직자 칼렙 콜턴은 "마음의 병도 육체의 병과 마찬가지이다. 우리는 병을 이해하기 전에 절반쯤 죽게 되고 우리가 병을 이해하면 반쯤은 낫는다."라고 했다. 하나님은 병든 심령을 어떻게 고치시는가?

■ 말 씀 ■

I. 하나님은 말씀을 통해 병든 심령을 고치심

기자는 저가 그 말씀을 보내어 저희를 고치사라고 했다. 죄악으로 인하여 곤고하고 피폐된 심령을 고치시는 하나님의 제일의 방법은 말씀으로써 그 심령의 골수를 쪼개사 애통하며 죄의 무거움을 깨닫고 돌이킬 마음을 주시는 것이다. 하나님의 말씀은 살았고 운동력이 있어 좌우에 날선 어떤 검보다 예리하여 혼과 영과 및 관절과 골수를 찔러 쪼갠다고 히브리서 기자는 언급했다.

＊참고 성구＊ 히 4:12, 렘 23:29, 5:14, 겔 37:7, 엡 6:17

II. 하나님은 사람을 통해 병든 심령을 고치심

하나님은 때로는 신앙의 선배들이나 부모, 형제 또는 친구들을 통해서 병든 심령을 위로하거나 죄악에 물든 심령을 책망하여 성도의 상한 심령을 치유하시기도 한다. 이것이 현대 의학에서 상담 치료가 되었다. 하나님은 범죄한 사울에게 악신을 보내어 그를 번뇌케 하셨는데 다윗이 수금을 취하여 손으로 탄즉 사울이 상쾌하여 낫고 악신이 그에게서 떠나가는 놀라운 역사가 일어났다.

＊참고 성구＊ 잠 15:5, 삼상 16:14, 23, 삼하 12:1-15, 말 4:2

III. 하나님은 상황을 통해 병든 심령을 고치심

기자는 위경에서 건지시는도다라고 했다. 여기서 '위경'은 히브리어 '쉐히트'로서 이는 '가라앉다, 하강하다'는 뜻의 '쇠하'의 명사형으로 '웅덩이, 무덤'의 뜻으로 죽음과 같은 삶의 어려운 상황을 말한다. 성도에게 갑자기 다가온 어려움과 고통의 순간이 바로 하나님이 우리를 사랑하사 멸망과 사망으로 치닫는 병든 심령을 치료하시는 한 과정이 되기도 한다.

＊참고 성구＊ 고후 2:4, 호 6:1, 렘 8:22, 욘 1:17, 고전 10:13

■ 기 도 ■ 치유의 하나님! 사랑하는 자녀가 영육간의 병으로 어려움을 겪고 있으니 치료의 광선을 발하시어 자리에서 일어나게 하옵소서. 예수 그리스도의 이름으로 기도 드립니다. 아멘

병문안 (신자)

나사렛 예수 그리스도 이름의 능력

■ 찬 송 ■ ♪ 91, 93, 94, 543   ■ 참 조 ■ ☞ ② 315p

■ 본 문 ■ 베드로가 가로되 은과 금은 내게 없거니와 내게 있는 것으로 네게 주노니 곧 나사렛 예수 그리스도의 이름으로 걸으라 하고 오른손을 잡아 일으키니…【행 3:6-8】

■ 서 론 ■ 영국의 목사 제임스 해밀턴은 "진정으로 좋은 이름은 덕스런 특성에서 향기가 난다. 그것은 순수하게 탁월하여 자연적으로 발산한다. 그런 이름은 이 땅에서 기억될 뿐만 아니라 하늘에도 기록되어 있다."라고 했다. 세상의 많은 이름 중에서 구원을 얻는 이름은 오직 예수 그리스도의 이름뿐이다. 이는?

■ 말 씀 ■

Ⅰ. 예수 그리스도의 이름으로 병자를 치유한다

기자는 베드로가 나사렛 예수 그리스도의 이름으로 걸으라고 했다. 여기서 '걸으라'는 헬라어 '페리파테이'로서 이는 시작과 계속의 개념을 가진 현재명령법으로서 '걷기 시작하라 그리고 계속 걸어다니라'는 뜻이다. 모든 치유의 능력의 근원은 예수의 이름이다. 예수의 이름을 힘입어 성도는 영육간의 회복의 기쁨을 맛본다. 예수께서 채찍에 맞음으로써 우리가 나음을 얻었다.

　＊ 참고 성구 ＊　막 16:18, 사 53:5, 벧전 2:24, 행 19:13

Ⅱ. 예수 그리스도의 이름으로 기도를 응답받는다

기자는 베드로가 오른손을 잡아 일으키니 발과 발목이 곧 힘을 얻었다고 했다. 여기서 '일으키니'는 헬라어 '에게이로'로서 '세우다, 깨우다'인데 몸을 잡아 세운다는 뜻뿐만 아니라 병, 죽음의 상태에서 벗어나게 한다는 뜻도 있다. 예수 그리스도께서는 당신의 이름으로 구하기만 하면 무엇을 구하든 시행하시겠다고 약속하셨다. 기도의 응답을 위해 예수의 이름으로 기도를 마친다.

　＊ 참고 성구 ＊　요 14:14, 15:16, 16:26, 빌 2:9-11, 빌 4:19

Ⅲ. 예수 그리스도의 이름으로 영혼을 구원한다

예수 그리스도의 이름이 그 무엇보다도 귀한 것은 예수 그리스도의 이름을 믿는 자들에게는 하나님의 자녀가 되는 권세가 주어진다는 축복된 사실이다. 따라서 성도는 바울이 자녀이면 또한 후사 곧 하나님의 후사요 그리스도와 함께한 후사라고 언급한 것에 유념하여 천국에서 왕노릇하는 귀한 존재임을 자랑하자. 사람이 예수를 구세주로 믿으면 그는 구원을 얻을 것이다.

　＊ 참고 성구 ＊　요 1:12, 롬 8:15-17, 갈 4:7, 히 9:12, 행 4:12

■ 기 도 ■ 예수 그리스도를 이 땅에 보내신 하나님! 예수의 이름을 힘입어 오늘 병마에 지친 당신의 사랑하는 성도에게 일으켜 세우심을 주옵소서. 예수 그리스도의 이름으로 기도 드립니다. 아멘

병문안 (신자)

징계가 가져다주는 유익한 것들

■ 찬 송 ■ ♪ 206, 201, 403, 183   ■ 참 조 ■ ☞ ② 211p

■ 본 문 ■ 그 날에 야곱의 영광이 쇠하고 그 살진 몸이 파리하리니 마치 추수하는 자가 곡식을 거두어 가지고 그 손으로 이삭을 벤 것 같고… 【사 17:4-7】

■ 서 론 ■ 영국이 식민지 인도와도 바꿀 수 없다는 극작가 셰익스피어는 "질병에 있어서 나는 '내 고통을 이기고 있다' 라고 말하기보다 '나는 고통 때문에 더 좋아지고 있다' 라고 말해야 한다."라고 했다. 징계도 이와 마찬가지로 징계 때문에 영적으로 더욱 좋아지는 경우가 많다. 성도는 징계로?

■ 말 씀 ■

Ⅰ. 징계로 인해 하나님을 간절히 찾게 됨

기자는 감람나무를 흔들 때에 가장 높은 가지 꼭대기에서 실과 이, 삼 개가 남음 같겠고 무성한 나무의 가장 먼 가지에서 사, 오개가 남으리라고 했다. 이는 이방인을 통한 혹독한 심판 중에서 깨닫고 눈을 세상 우상에서 하늘보좌로 돌린 회개하고 하나님을 찾는 자를 가리킨다. 징계는 하나님을 배반하던 자들이 돌이켜서 하나님을 간절히 찾게 한다. 따라서 징계는 유익한 것이다.

  * 참고 성구 *   히 12:10, 욥 5:19, 시 50:15, 사 9:13

Ⅱ. 징계로 인해 하나님의 사랑을 알게 됨

기자는 그 날에 사람이 자기를 지으신 자를 쳐다보겠으며라고 했다. 여기서 '쳐다보겠으며' 는 히브리어 '솨아' 로서 '도움을 청하려고 둘러 보다, 놀라서 어찌할 바를 모르겠다' 는 뜻으로 곤비한 자가 구원을 바라며 응시함을 뜻한다. 징계는 택한 백성을 끝까지 버리지 않으시고 멸망의 길에서 생명의 길로 옮기시는 하나님의 사랑을 깨닫게 한다.

  * 참고 성구 *   요 12:5, 히 12:11, 사 48:10, 벧전 1:7, 잠 3:11-12

Ⅲ. 징계로 인해 하나님께 더욱 가까이 가게 됨

기자는 그 눈이 이스라엘의 거룩하신 자를 바라보겠고라고 했다. 징계를 통해서 연단받고 연단을 통해서 하나님의 말씀을 더더욱 순종하는 성숙한 신앙을 갖게 됨으로써 축복의 하나님께 더 가까이 가게 된다. 연단을 거친 동방의 의인 욥은 내가 귀로 듣기만 하였삽더니 이제는 눈으로 주를 뵈옵나이다라고 고백하였다. 또한 그가 나를 단련하신 후 내가 정금같이 나오리라고 했다.

  * 참고 성구 *   롬 5:4, 욥 23:10, 5:17, 42:5, 벧전 4:12, 계 3:19

■ 기 도 ■ 성도에게 징계를 주시는 하나님! 아버지가 자녀에게 잘 되라고 회초리를 치는 것은 사랑하기 때문임을 압니다. 오늘 병고에 시달림은 또 다른 은혜임을 깨닫게 하소서. 예수 그리스도의 이름으로 기도 드립니다. 아멘

병문안 (불신자)

죄악이 영적 질병인 이유

■ 찬 송 ■ ♪ 528, 530, 217, 498 ■ 참 조 ■ ☞ ② 403p

■ 본 문 ■ …저가 네 모든 죄악을 사하시며 네 모든 병을 고치시며 네 생명을 파멸에서 구속하시고…【시 103:1-5】

■ 서 론 ■ 영국의 신학자 토마스 풀러는 "죄에 타락하는 자는 인간이요, 죄 때문에 비탄해 하는 자는 성도며, 죄를 자랑하는 것은 악마이다. 죄의 영광은 수치로서 죄의 오점을 가장 훌륭한 영혼의 모습으로 헤아린다."라고 했다. 죄악은 하나님의 법과 일치하지 않는 것이요, 그 법과 어긋나는 것을 말한다. 죄악이 질병인 것은?

■ 말 씀 ■

Ⅰ. 죄악이 고통을 유발하기 때문이다

미국 유일교회 목사 에드윈 헵벨 채핀은 "죄의 영향 중 최악의 것은 내적인 것으로서 결코 빈궁으로만 나타나지 않고 고통과 신체적인 파손으로 나타난다."라고 했다. 아무리 작은 질병이라도 몸에 침투하면 육체적 아픔을 느끼듯이 죄악도 양심과 영혼을 아프게 하며 피폐하게 하는 것이 육체의 질병과 마찬가지의 성격을 가지고 있다.

* 참고 성구 *   시 51:3, 32:3, 38:4, 행 2:37, 24:25

Ⅱ. 죄악이 전염성을 가졌기 때문이다

영국의 의사 토마스 브라운 경은 "죄가 앞으로 나아갈 때 그의 수가 기하급수적으로 증가하여 최후에는 수없이 많은 죄의 후손들이 뒤따르게 된다."라고 했다. 죄는 한 사람의 감염으로 끝나지 않고 박테리아처럼 이웃에게 급속히 확산되는 전염성을 지니고 있기 때문에 빨리 단절하지 아니하면 급속도로 퍼져 심각한 부패상을 낳게 된다.

* 참고 성구 *   살전 5:22, 레 13:2, 시 38:3-11, 고전 10:6

Ⅲ. 죄악이 끝내는 죽음에 이르기 때문이다

영국의 신학자요 캔터베리의 대주교였던 존 틸롯슨은 "죄를 범하는 순간마다 영혼을 걸고 모험을 하는 죄인과 같은 바보가 어디 있으랴."라고 했다. 육신의 질병이 깊어지면 결국에는 생명을 단축하여 죽음에 이르게 된다. 그런데 죄는 육신뿐만 아니라 영적인 생명까지 죽이는 실로 치명적인 것으로 죄가 장성하면 사망을 낳는다는 말씀은 진리이다.

* 참고 성구 *   창 3:19, 약 1:15, 잠 11:9, 롬 5:12, 6:23

■ 기 도 ■ 죄를 미워하시는 하나님! 죄에는 징벌이 따른다는 진리를 깨닫게 하시고 다윗처럼 회개하여 새 삶을 살게 인도하소서. 예수 그리스도의 이름으로 기도 드립니다. 아멘

병문안 (불신자)

소경 되었던 자의 신앙 고백의 의미

■ 찬 송 ■ ♪ 448, 99, 381, 359   ■ 참 조 ■ ☞ ② 155p, 291p

■ 본 문 ■ 그 사람이 대답하여 가로되 이상하다 이 사람이 내 눈을 뜨게 하였으되 당신들이 그가 어디서 왔는지 알지 못하는도다 하나님이 죄인을 듣지 아니하시고… 【요 9:24-34】

■ 서 론 ■ 미국의 목사 헨리 비처는 "당신은 믿음과 소망과 사랑의 은총을 받기 위해 기도하겠지만 기도만으로는 그것들을 얻을 수 없다. 그것들은 노력과 인내, 그리고 고통을 통해 당신 안에서 이루어져야 하는 것이다."라고 했다. 은혜를 체험한 소경의 신앙고백이 주는 것은?

■ 말 씀 ■

I. 은혜를 체험한 자는 담대히 대처한다

기자는 소경 되었던 자가 경건하여 그의 뜻대로 행하는 자는 들으시는 줄을 우리가 아나이다라고 했다. 여기서 '경건'은 헬라어 '데오세베스'로서 '신'(데오스)과 '예배하다'(세보)의 합성어로 어떤 대상에 대해 두려워하는 마음으로 공경함을 뜻한다. 눈을 뜬 소경과 같이 성도는 자기 체험이 확실한 믿음의 근거이므로 시련과 역경 속에서도 용기를 갖고 담대히 대처한다.

　　* 참고 성구 *　수 1:5-11, 삼상 17:37, 단 3:17, 행 27:25

II. 은혜를 체험한 자는 신앙이 성장한다

기자는 소경 되었던 자가 창세 이후로 소경으로 난 자의 눈을 뜨게 하였다 함을 듣지 못했다고 했다. 어떤 환경에서든 예수 그리스도를 만난 체험은 어떤 경우든 꺾이지 않는 신앙의 뿌리가 되어 풍성한 믿음의 열매를 맺으며 날이 가면 갈수록 신앙을 성장시킨다. 따라서 기독교를 체험의 종교라고 하는 것이다. 나아만은 요단 강물에 몸을 씻어 병이 낫자 여호와만 섬긴다고 고백했다.

　　* 참고 성구 *　벧전 2:2, 엡 4:13-15, 히 6:1, 벧후 1:5-6, 3:18, 왕하 5:17

III. 은혜를 체험한 자는 예수를 증거한다

기자는 소경 되었던 자가 이 사람이 하나님께로부터 오지 아니하였으면 아무 일도 할 수 없으리이다라고 했다. 예수 그리스도의 사랑을 체험한 사람은 이 사랑에 감격하여 그것을 보다 많은 사람에게 증거하려는 뜨거운 열정이 가슴에서 솟아난다. 사마리아 여인은 물동이를 내던지고 예수를 그리스도라 증거했다. 은혜 곧 '카리스'를 체험한 자는 증인 곧 '말투스'가 된다.

　　* 참고 성구 *　막 5:20, 렘 20:9, 마 16:16, 요 4:29

■ 기 도 ■ 우리에게 은혜를 주시는 하나님! 소경 되었던 자의 신앙고백이 오늘 우리의 고백이 되어 자리에서 일어나 더욱 당신을 증거하는 자가 되도록 치유시켜 주옵소서. 예수 그리스도의 이름으로 기도 드립니다. 아멘

> 병문안 (불신자)

중풍병자 친구들의 기적의 믿음

■ 찬 송 ■ ♪ 344, 456, 401, 377　　■ 참 조 ■ ☞ ① 377p

■ 본 문 ■ 수일 후에 예수께서 다시 가버나움에 들어가시니 집에 계신 소문이 들린지라 많은 사람이 모여서 문 앞에서라도 용신할 수 없게 되었는데… 【막 2:1-5】

■ 서 론 ■ 영국의 시인 에드워드 영은 "믿음은 순종하는 수단일 뿐만 아니라 순종의 주요 행위요, 희생을 드리는 제단일 뿐만 아니라 희생의 제물 자체이다."라고 했다. 믿음은 신앙의 뿌리요 감사는 그 열매이다. 가버나움의 병든 친구를 위해 수고하는 다른 친구들의 믿음은 끝내 기적을 일궈내었다. 그들의 믿음은?

■ 말 씀 ■

Ⅰ. 기적을 이룬 힘을 합하는 믿음

기자는 사람들이 한 중풍병자를 네 사람에게 메워 가지고 예수께로 왔다고 했다. 중풍병자의 친구들은 그를 들것에 싣고서 예수께로 왔다. 이와 같이 중풍병자의 친구들의 협력은 중보기도와 같은 능력을 발휘하여 믿음의 능력을 곱절이나 배가시키게 되었다. 믿음 곧 '피스티스'는 '피스튜오' 곧 '맡긴다, 믿는다'에서 온 말로서 주님께 모든 것을 맡길 때 기적이 일어난다.

　참고 성구　약 5:16, 출 17:12, 마 18:19, 빌 1:27

Ⅱ. 기적을 이룬 장애를 두려워 않는 믿음

기자는 예수께 데려갈 수 없으므로 그 계신 곳의 지붕을 뜯어 구멍을 내고 중풍병자의 누운 상을 달아 내렸다고 했다. 성도들은 그 어떤 환경의 장애가 가로막고 있을지라도 그것을 과감히 뚫고 나아가려는 강력한 믿음 위에 하나님의 보살피시는 기적이 베풀어짐을 진정 잊지 말아야 할 것이다. 가나안 여인은 주님께 개라는 말을 듣고도 기지를 발휘해 큰 믿음을 칭찬받았다.

　참고 성구　고전 16:13, 마 15:23-27, 신 8:2, 요 6:5-6

Ⅲ. 기적을 이룬 말씀에 순종하는 믿음

예수께서 저희의 믿음을 보시고 중풍병자에게 이르시되 소자야 네 죄 사함을 받았느니라고 하셨다. 여기서 '소자'는 헬라어 '테크논'으로 이는 정감어린 말로 '애야!' 이다. 성도는 인간적인 뜻이나 판단이 자신과 다르다고 할지라도 묵묵히 주님의 말씀만 순종하며 나아갈 때 믿음은 놀라운 기적을 낳게 됨을 알아야 한다. 말씀에 의지하여 그물을 내린 베드로의 믿음은 진정 순종의 믿음이다.

　참고 성구　롬 6:16, 마 7:24, 창 12:4, 눅 5:4-7, 삼상 15:22

■ 기 도 ■ 치유의 광선을 발하시는 하나님! 비록 지금은 주님을 믿지 않더라도 그를 위해 간구하는 성도의 기도를 외면하지 않으시는 줄 믿고 간구하오니 치료하여 주옵소서. 예수 그리스도의 이름으로 기도 드립니다. 아멘

병문안 (불신자)

소원을 이루는 가나안 여인의 믿음

■ 찬 송 ■ ♪ 342, 91, 340, 326   ■ 참 조 ■ ☞ ③ 369p

■ 본 문 ■ …이에 예수께서 대답하여 가라사대 여자야 네 믿음이 크도다 네 소원대로 되리라 하시니 그 새로부터 그의 딸이 나으니라 【마 15:21-28】

■ 서 론 ■ 미국 목사 브리지는 "기독교 신앙은 영혼의 모험이라는 것 외에 아무것도 아니다. 그것은 모든 정당한 공포를 무릅쓰고 그리스도에게 맡기는 것이요, 우리의 죄책감을 무릅쓰고 그리스도에게 나아가는 것이며, 그리스도를 위하여 모든 곤란과 낙망을 무릅쓰는 것이다."라고 했다. 가나안 여인의 믿음은?

■ 말 씀 ■

I. 가나안 여인의 부르짖는 믿음

기자는 가나안 여자 하나가 그 지경에서 나와서 소리 질러 주 다윗의 자손이여 나를 불쌍히 여기소서 내 딸이 흉악한 귀신들렸나이다라고 했다. 예수 그리스도의 도우심이 없이는 도저히 안 된다는 그 긴박하고 절박한 형편을 주님께 소리쳐 아뢰는 능동적인 믿음이야말로 응답받는 믿음의 첫째 조건이다. 성도는 자기의 형편과 환경을 솔직히 주님께 부르짖어 기도를 응답받자.

　　* 참고 성구 *　　시 18:6, 창 32:26, 사 38:2-3, 눅 23:24

II. 가나안 여인의 뜻을 살피는 믿음

기자는 예수께서 자녀의 떡을 취하여 개들에게 던짐이 마땅치 아니하니라고 했다. 여기서 '개'는 '퀴나리온'으로 '작은 개, 애완용 개'의 뜻으로, 경멸적 의미가 아니라 하나님의 선택된 민족이 아니라는 뜻이다. 가나안 여인이 우리에게 주는 교훈은 자신의 뜻과 의지대로 믿는 믿음이 아니라 주의 뜻을 살펴 그 안에서 바른 믿음을 가질 때 성취되는 믿음을 보여 주었다.

　　* 참고 성구 *　　호 6:3, 수 7:6, 창 22:8, 눅 22:42

III. 가나안 여인의 큰 믿음

기자는 예수께서 여자야 네 믿음이 크도다 네 소원대로 되리라 하셨다. 여기서 '믿음' 곧 '헤 피스티스'는 '그 믿음'으로 단 하나의 믿음을, '크도다' 곧 '메갈레'는 믿음의 외적 분량이 큰 것이 아니라 내적이며 질적인 분량이 큼을 의미한다. '소원대로'는 '호스 델레이스'로 '원하는 만큼'인데 간구하는 자는 준비하는 그릇이 커야 많이 받음을 시사한다.

　　* 참고 성구 *　　행 27:25, 마 8:10, 막 10:46-52, 요 6:8-9

■ 기 도 ■ 성도의 믿음을 보시는 하나님! 비록 이방 여인이었으나 큰 믿음을 소유한 가나안 여인이 믿음으로 딸이 치유함을 보며 오늘 이 자리에서도 놀라운 믿음이 나타나기를 예수 그리스도의 이름으로 기도 드립니다. 아멘

장기 환자

나아만의 질병이 주는 영적 교훈

■ 찬 송 ■ ♪ 528, 530, 217, 463   ■ 참 조 ■ ☞ ② 155p ③ 251p

■ 본 문 ■ 아람 왕의 군대 장관 나아만은 그 주인 앞에서 크고 존귀한 자니 이는 여호와께서 전에 저로 아람을 구원하게 하셨음이라 저는 큰 용사나 문둥병자더라…【왕하 5:1-14】

■ 서 론 ■ "결정적인 질병에는 결정적인 치유법이 분명히 있다." 어느 신학자의 말이다. 나아만의 문둥병은 요즘에는 피부병 정도로 여기나 당시에는 하나님 외에는 고칠 수 없는 죄와 연관된 병으로 알려져 있다. 문둥병자 나아만은?

■ 말 씀 ■

Ⅰ. 문둥병으로 인해 겸손해진 나아만

기자는 나아만이 하나님의 사람의 말씀대로 요단강에 일곱 번 몸을 잠그니 그 살이 여전하여 어린아이의 살 같이 깨끗하게 되었다고 했다. 여기서 '여전하여'는 히브리어 '슈브'로서 '돌아가다' 라는 어근에서 유래하여 '구원하다, 회복시키다' 의 뜻으로, 피부에 돋았던 종창이 자취를 감춤을 의미한다. 질병에 시달릴 때 인간은 나약함을 깨닫고 겸손해진다.

* 참고 성구 * 고후 12:7, 마 7:24, 약 4:10, 벧전 5:5

Ⅱ. 문둥병으로 인해 하나님을 의지하게 된 나아만

기자는 나아만이 내가 이제는 이스라엘 외에는 온 천하에 신이 없는 줄을 아나이다 당신의 종에게서 예물을 받으소서라고 했다. 인간의 한계성과 나약함을 깨달은 자는 창조주 하나님 앞에 엎드려 하나님의 능력만을 구할 수밖에 없게 되며, 하나님께 자신을 낮추고 겸손하게 이제는 스스로를 당신의 종이라고 지칭하며 의지하게 된다. 사람보다 하나님을 의지하는 자는 깨달은 자이다.

* 참고 성구 * 약 5:15-16, 대하 7:14, 렘 29:13, 막 11:24

Ⅲ. 문둥병으로 인해 영생을 알게 된 나아만

기자는 나아만이 이제부터는 종이 번제든지 다른 제든지 다른 신에게는 드리지 아니하고 다만 여호와께 드리겠나이다라고 했다. 이것은 놀라운 여호와 신앙의 고백으로 그가 육신의 구원뿐 아니라 영혼의 구원까지 취하게 됨을 의미한다. 하나님이 육신의 생명을 주관하심을 깨닫게 될 때 결국 영원한 생명이 있음을 알게 되고 영생을 주관하시는 하나님을 신앙하게 된다.

* 참고 성구 * 고후 12:9, 요 4:14, 갈 6:8, 계 22:17

■ 기 도 ■ 나아만을 고치신 하나님! 악성 종창으로 평생을 고생하던 나아만은 육신의 병뿐 아니라 영혼도 구원받는 은혜를 입었습니다. 오늘 많은 세월을 고통받는 당신의 자녀를 구원하소서. 예수 그리스도의 이름으로 기도 드립니다. 아멘

수술 직전

베드로의 신앙 고백의 의의

■ 찬 송 ■ ♪ 98, 86, 493, 417   ■ 참 조 ■ ☞ ① 387p

■ 본 문 ■ 예수께서 따로 기도하실 때에 제자들이 주와 함께 있더니 물어 가라사대 무리가 나를 누구라고 하느냐 대답하여 가로되 세례 요한이라 하고 더러는… 【눅 9:18-21】

■ 서 론 ■ 프랑스의 궁내관이요 도덕가인 라 로슈푸코는 "분별력과 천부적 재능을 가진 사람은 몇 마디 말로 많은 것을 말하나 연약하고 어리석은 자들은 많은 것을 말하고도 알맹이는 거의 없다."라고 했다. 베드로는 예수 그리스도의 질문에 '주는 살아 계신 하나님의 아들'이라고 고백했다. 성도의 신앙고백은?

■ 말 씀 ■

Ⅰ. 성도의 신앙고백은 믿음의 재확인이다

기자는 예수께서 너희는 나를 누구라 하느냐고 묻자 베드로가 하나님의 그리스도이니이다라고 했다. 베드로는 헬라어 '페트로스'인데 이는 '페트라' 곧 '바위, 돌, 반석'이란 말에서 온 것으로 믿음을 뜻한다. 과연 이름에 걸맞게 베드로는 군건한 믿음의 소유자답게 예수를 하나님의 그리스도 곧 메시야라고 신앙을 고백했다. 성도들은 하루하루 삶을 통해 고백하는 신앙을 갖자.

* 참고 성구 *   롬 10:9, 요 1:49, 4:29, 11:27, 20:28, 행 8:36

Ⅱ. 성도의 신앙고백은 영적 관계의 정립이다

성도들은 일상의 바쁜 생활 속에서 습관적이며 건실하지 못한 신앙생활을 하는 경우가 종종 있는데, 이는 성도들이 우리가 믿고 의지하는 하나님은 누구이시며 또한 나는 누구인지를 바로 고백하고 깨닫지 못하기 때문이다. 그러나 올바른 신앙고백을 통하여 우리는 겸손하고 진실된 마음으로 주 앞에 엎드리게 된다. 따라서 올바른 신앙고백은 주님과의 영적교제의 첫걸음이다.

* 참고 성구 *   요일 2:23, 4:15, 마 10:32, 빌 2:11, 롬 10:10

Ⅲ. 성도의 신앙고백은 신앙 성장의 계기이다

성도들은 자기는 예수를 평생동안 믿었느니 교회를 얼마나 다녔느니 하면서 신앙의 연륜과 경력과 이력을(?) 자랑삼아 말하곤 한다. 그러나 성도의 신앙은 삶의 연수가 더할수록, 신앙의 연륜이 더할수록 성숙한 신앙인이 되어야 하는데 이는 신앙고백을 통해서 확증되어질 것임은 두말할 나위 없다. 그러므로 올바른 신앙고백 아래서 올바른 신앙이 성장하는 것은 자명한 이치이다.

* 참고 성구 *   행 8:38, 마 16:16, 18, 요 1:2 히 1:3, 고전 12:3

■ 기 도 ■ 하나님 아버지! 성도의 신앙고백을 통하여 영광 받으시옵고 고백하는 성도에게 은총을 주셔서 모든 어려움을 참고 이기는 용기도 아울러 함께 주옵소서. 예수 그리스도의 이름으로 기도 드립니다. 아멘

> 정신질환자

바울의 악귀 축출이 주는 의미

■ 찬 송 ■ ♪ 235, 241, 313, 238   ■ 참 조 ■ ☞ ② 278p ③ 381p, 393p

■ 본 문 ■ …이와 같이 주의 말씀이 힘이 있어 흥왕하여 세력을 얻으니라【행 19:8-20】

■ 서 론 ■ 미국의 16대 대통령으로 민주주의의 초석을 다진 아브라함 링컨은 "성경은 하나님께서 사람에게 주신 가장 좋은 선물이다. 선하신 구주께서 세상에 주시는 모든 복된 말씀을 이 성경을 통해서만 알 수 있다. 만일 성경이 없었더라면 우리는 옳고 그른 것을 구별할 수 없었을 것이다."라고 했다. 사악한 악귀를 축출한 말씀의 힘은?

■ 말 씀 ■

I. 말씀의 힘은 곧 승리의 힘이다

기자는 주의 말씀이 힘이 있어 흥왕하여 세력을 얻으니라고 했다. 여기서 '흥왕하여'는 헬라어 '윕사넨'으로 '자라다, 더하다'의 뜻인 기본동사 '아욱사노'의 미완료 과거형으로, 곧 '계속 자라나고 있었다'는 뜻이다. 계속적으로 흥왕하여 세력을 얻는 중에 있다는 것은 악한 세력을 무찌르고 승리하는 것을 의미한다. 말씀으로 선재하신 예수는 말씀으로 마귀를 이기셨다.

* 참고 성구 *   시 119:103, 105, 110, 엡 6:17, 마 4:4, 7, 10

II. 말씀의 힘은 곧 치유의 힘이다

프랑스의 주교이자 작가였던 성 프랑시스는 "하나님이 영혼을 구원하시기 위하여 어떤 때는 우리 육신에 병을 주신다."라고 했다. 하나님의 말씀에는 영육간에 치유하는 능력이 있어 병든 육신을 온전케도 하고 상한 심령을 위로하고 강건케 한다. 이 모든 치유의 힘은 예수께서 채찍에 맞음으로써 가능해진 것이다. 백부장의 하인을 주님께서는 말씀 한 마디로 고치셨다.

* 참고 성구 *   시 107:20, 겔 37:7, 사 53:5, 벧전 2:24, 요 1:1-3, 마 8:13

III. 말씀의 힘은 곧 구원의 힘이다

말씀 곧 '로고스'의 원뜻은 '앞에 놓여진 것'으로 이는 항상 자기 앞에 놓고 삶의 지표를 삼아야 하는 것이 하나님의 말씀임을 교훈해 준다. 하나님께서 사람들에게 주신 말씀의 궁극적 목적은 죄악과 사망의 올무에 빠진 자들에게 구원의 도를 가르치고 또한 온전히 그 구원을 이루게 하는 것에 있다. 따라서 예수 그리스도께서는 진리를 알지니 진리가 너희를 자유케 하리라고 하셨다.

* 참고 성구 *   요 8:32, 18:37-38, 히 4:12, 롬 1:16, 10:8-10

■ 기 도 ■ 하나님 아버지! 말씀의 능력을 보았습니다. 당신의 말씀이 관절과 골수를 쪼개어 새사람으로 만들어 주셔서 구원의 삶을 살게 하소서. 예수 그리스도의 이름으로 기도 드립니다. 아멘

환자 발생시

세상의 빛이신 예수의 의미

■ 찬 송 ■ ♪ 88, 82, 102, 415   ■ 참 조 ■ ☞ ① 425p

■ 본 문 ■ 예수께서 또 일러 가라사대 나는 세상의 빛이니 나를 따르는 자는 어두움에 다니지 아니하고 생명의 빛을 얻으리라【요 8:12】

■ 서 론 ■ 영국의 시인 버나드 바튼은 "빛 속을 걸으라. 비록 가시밭길이라 해도 그대의 길을 밝게 볼 것이다. 하나님은 은혜로 그대 안에 거하시고 하나님 스스로가 빛이 되시기 때문이다."라고 했다. "빛은 하나님의 그림자이다."라고 그리스의 철학자 플라톤은 말했다. 하나님의 아들 예수는?

■ 말 씀 ■

I. 치료의 빛이신 하나님의 아들 예수

　예수 그리스도께서는 우리의 영육간의 모든 질병을 담당하시고 치료하는 능력의 빛이 되신다. 일찍이 이사야가 '고난받는 종'에서 예언한 대로 그가 채찍에 맞음으로 우리가 나음을 입은 것이다. 병 곧 '마스틱스'는 본래 '채찍'이란 뜻으로 질병도 하나님의 인간 연단의 한 방편임을 의미해 준다. 인간을 지으신 분이 인간을 낮게 하심은 진리이다.

　　＊ 참고 성구 ＊　　마 4:23, 사 53:5, 벧전 2:24, 막 15:15, 요 19:1

II. 사랑의 빛이신 하나님의 아들 예수

　예수 그리스도께서는 인간을 사랑하셔서 하늘 보좌로 버리시고 사랑으로 이 척박한 땅에 오셔서 사랑을 실천하시고 사랑으로 죽으시고 부활하심으로써 그 사랑을 완성시키신 사랑의 빛이시다. 이 사랑 곧 '아가페'는 높은 곳에서 낮은 곳으로 값없이 주시는 은혜로, 그렇기 때문에 그를 믿고 따르는 성도들은 그 사랑의 빛 안에 거하며 나아가 사랑의 빛을 전해야 할 사명이 있다.

　　＊ 참고 성구 ＊　　엡 5:2, 요 13:1, 15:9, 롬 8:35, 갈 2:20, 요일 3:16

III. 소망의 빛이신 하나님의 아들 예수

　기자는 예수께서 나를 따르는 자는 어두움에 다니지 아니하고 생명의 빛을 얻는다고 했다. 여기서 '따르는'은 헬라어 '아콜루돈'으로 '아콜루데오' (동반하다)의 현재분사로 어떤 환란에도 굴하지 않고 영원토록 뒤따르는 것을 의미한다. 예수 그리스도는 택하신 성도를 영원한 생명의 길로 인도하시는 소망의 빛이 되신다. 그러므로 우리는 영원히 주님과 함께 하며 추종하는 것이다.

　　＊ 참고 성구 ＊　　시 39:7, 요 14:6, 1:4, 롬 5:21, 8:24, 벧전 3:15

■ 기 도 ■ 성도의 아버지이신 하나님! 예수 그리스도를 이 땅에 보내어 빛이 되게 하심을 감사드립니다. 어둠에 있던 우리가 빛을 보고 빛의 자녀가 되었사오니 우리에게 영육간에 빛을 비추어 주옵소서. 예수 그리스도의 이름으로 기도 드립니다. 아멘

천재지변·전쟁

자연 재해가 주는 교훈

■ 찬 송 ■ ♪ 75, 78, 40, 32 　　　　■ 참 조 ■ ☞ ① 282p ③ 57p, 173p

■ 본 문 ■ …여호와께서 비 대신에 티끌과 모래를 네 땅에 내리시리니 그것들이 하늘에서 네 위에 내려서 필경 너를 멸하리라【신 28:22-24】

■ 서 론 ■ 스코틀랜드의 소설가 헨러 맥켄지는 "하나님의 선하심과 지혜에 대한 신앙을 통해서만 우리가 당하는 재난을 견뎌낼 수 있다."고 했다. 사람이 이해하기 힘든 불가사의한 천재지변이 많이 일어나고 있다. 성도는 이것을?

■ 말 씀 ■

I. 천재지변은 하나님의 주권적 섭리임을 깨닫자

기자는 여호와께서 풍재와 썩는 재앙으로 너를 치신다고 했다. 여기서 '풍재'는 히브리어 '쉐데파'로서 '곡식을 말림, 시듦'으로 이스라엘 동쪽에서 불어오는 바람에 곡식이 타거나 말라 죽는 치명적 자연 재해이며, '썩는 재앙' 곧 '예라콘'은 '시듦, 황달병'으로 아라비아의 따뜻한 바람이 곡식을 노랗게 하여 열매를 맺지 못하게 하는 병이다. 만물은 창조주의 지시에 따라 운행한다.

　　* 참고 성구 * 　사 45:7, 욥 42:2, 시 115:3, 마 19:26

II. 천재지변은 범죄한 인간에 대한 징벌임을 깨닫자

기자는 네 머리 위의 하늘은 놋이 되고 네 아래의 땅은 철이 될 것이라고 했다. 이것은 가뭄을 말하고 있는데 이른 비와 늦은 비는 하나님의 은혜의 표시인데 하늘이 놋이 되고 땅이 철이 된다는 것은 하늘에서 비가 내리지 않아 땅이 바짝 말라 붙는다는 뜻이다. 만물을 다스릴 권을 인간에게 주었으나 하나님과 약속을 어길 때는 만물이 징벌의 도구가 된다.

　　* 참고 성구 * 　출 23:25, 창 1:28, 왕상 8:35, 37, 레 26:21

III. 천재지변은 인간을 회개케 하기 위한 수단임을 깨닫자

기자는 여호와께서 비 대신에 티끌과 모래를 네 땅에 내리신다고 했다. 성도는 하나님의 창조물인 우주 앞에서 실로 인간은 초라하고 보잘것없는 존재일 뿐임을 깨우쳐야 한다. 그러므로 엄청난 자연의 재해는 사람으로 하여금 하나님 앞에 엎드리지 않을 수 없게 만든다. 하나님께서는 무서운 자연의 재앙을 보내어 범죄한 인간을 회개케 하신다.

　　* 참고 성구 * 　시 8:4, 시 102:25, 약 5:17-18, 출 7:14

■ 기 도 ■ 만물을 주관하시는 창조주이신 하나님! 천재지변은 당신의 무언의 징벌임을 깨닫고 당신의 뜻대로 살아가는 성도들이 되도록 축복하여 주옵소서. 예수 그리스도의 이름으로 기도 드립니다. 아멘

천재지변 · 전쟁

유다의 심판 때에 남을 자

■ 찬 송 ■ ♪ 421, 451, 93, 429   ■ 참 조 ■ ☞ ② 255p

■ 본 문 ■ 그러나 너희가 열방에 흩어질 때에 내가 너희 중에서 칼을 피하여 이방 중에 남아 있는 자가 있게 할지라 너희 중 피한 자가 사로잡혀 이방인 중에…【겔 6:8-17】

■ 서 론 ■ 독일의 작가 오토 조클러는 "슬기로운 자는 진리의 길을 걷는 자로서 의인이요 경건한 자며 정직한 자이다. 주 여호와를 경외하는 것이 지혜의 근본으로서 하나님께 완전한 헌신을 하게 한다."라고 했다. 성도는 심판을 면하고 새 시대를 건설해야 하는 자로서 이는?

■ 말 씀 ■

I. 이는 하나님의 계획을 이어갈 자임

기자는 너희가 열방에 흩어질 때 이방 중에 남아 있는 자가 있게 한다고 했다. 여기서 '흩어질'은 히브리어 '자라'로 '키질하다, 까부르다, 흩어버리다'의 뜻으로, 이스라엘이 이방에게 멸망당한 후 각처로 흩어짐을 실감나게 표현한 말이다. 하나님의 심판은 멸망으로 끝나지 않고 다시 일으켜 세우시고 회복시키심의 계획으로 남은 자를 예비해 두신다.

  * 참고 성구 *   스 9:8, 미 2:12, 롬 11:4-5, 딤후 2:10

II. 이는 하나님의 뜻을 깨닫는 자임

기자는 그들이 음란한 마음으로 나를 떠나고 우상을 섬겨 나로 근심케 한 것을 기억한다고 했다. 여기서 '음란한'은 히브리어 '자나'로 '간음하다'인데, 상징적으로 '우상을 섬기다'의 뜻으로 창녀처럼 상대를 가리지 않고 성관계를 가지는 퇴폐행위를 말한다. 심판 직후 하나님의 공의의 심판의 이유를 밝히 깨닫는 남은 자는 심판을 증거하고 구원을 간구한다.

  * 참고 성구 *   왕상 19:18, 느 1:6-11, 렘 23:5-6, 시 28:16

III. 이는 하나님의 선민을 이끌어 갈 자임

기자는 내가 이런 재앙을 그들에게 내리겠다 한 말이 헛되지 아니하리라고 했다. 여기서 '헛되지'는 히브리어 '엘 히남'으로 '히남'은 원래 '은혜를 베풀다'는 뜻의 '하난'에서 유래한 말이나 나쁜 의미로 쓰이면 '무익한'이란 뜻이다. 새로이 회복된 선민의 공동체에서 하나님의 뜻을 전달하고 그 뜻에 합당하게 선민을 인도할 책임이 남은 자에게 있다.

  * 참고 성구 *   사 10:22, 호 6:1, 욜 2:13, 스 10:1, 10-11 계 14:1

■ 기 도 ■ 심판주이신 하나님! 심판이 끝이 아니고 새로운 시작이매 당신의 남은 자가 되어 인침을 맞고 새 시대의 여명을 밝히게 하옵소서. 예수 그리스도의 이름으로 기도 드립니다. 아멘

천재지변 · 전쟁

에스겔 골짜기의 환상이 주는 교훈

■ **찬 송** ■ ♪ 208, 204, 493, 205　　　　■ **참 조** ■ ☞ ① 349p

■ **본 문** ■ 여호와께서 권능으로 내게 임하시고 그 신으로 나를 데리고 가서 골짜기 가운데 두셨는데 거기 뼈가 가득하더라 나를 그 뼈 사방으로 지나게 하시기로…【겔 37:1-23】

■ **서 론** ■ 미국의 제 35대 대통령으로 달라스에서 암살당한 금세기 가장 뛰어난 정치가인 존 F. 케네디는 "환상이 없는 국민은 소망이 없다."라고 했다. 멸망한 조국의 부흥을 꿈꾸는 선지자 에스겔! 이 에스겔에게 환상을 보이시는 하나님! 에스겔 골짜기의 환상이 우리에게 주는 교훈은?

■ **말 씀** ■

Ⅰ. 하나님은 영육간에 죽은 자의 생명을 소생시키심

기자는 뼈에 힘줄이 생기고 살이 오르며 생기는 없더라고 했다. 여기서 '오르며'는 히브리어 '알라'로 '싹트다, 회복하다, 깨어나다' 등을 뜻하며, '생기' 곧 '루아흐'는 '바람, 호흡, 영'인데 상징적으로 '생명'의 뜻이다. 하나님의 능력이 임하면 육으로 죽은 자뿐 아니라 영으로 죽은 자까지 다시 사는 은혜를 누리게 된다. 생명의 창조자이신 하나님만이 생명을 소생시키신다.

　＊ 참고 성구 ＊　 고전 15:12-19, 요 5:21, 6:63, 고후 5:17, 롬 8:11

Ⅱ. 하나님은 절망한 민족의 구원의 희망을 소생시키심

기자는 우리의 뼈들이 말랐고 우리의 소망이 없어졌으니 우리는 다 멸절되었다고 했다. 여기서 '말랐고'는 히브리어 '야베쉬'로서 '난처하다, 실망되다, 시들다'로 희망이나 대책이 더 이상 없고 모두 끝이 되어 버린 것을 말한다. 멸망한 민족을 다시 부흥케 하는 가장 근원적인 희망은 군사력도 경제력도 정치력도 아닌 하나님의 역사의 주관자가 되심에 있다.

　＊ 참고 성구 ＊　 히 11:32-33, 시 60:10, 슥 14:11, 믹 3:4

Ⅲ. 하나님은 하늘 나라에 대한 소망을 소생시키심

기자는 모든 처소에서 구원하여 정결케 한즉 그들은 내 백성이 되고 나는 그들의 하나님이 되리라고 했다. 여기서 '구원하여'는 히브리어 '야솨'로서 '돕다, 거들다, 조력하다'의 뜻으로 남이 필요로 하는 것을 아무 대가 없이 도와주는 것을 의미한다. 죄로 인해 천국의 소망이 단절되었으나 예수 그리스도의 오심으로 성도는 구원을 얻고 소망의 천국을 바라보게 되었다.

　＊ 참고 성구 ＊　 요 3:16, 창 3:15-19, 롬 10:9, 엡 2:8, 딤전 2:4

■ **기 도** ■ 부활의 하나님! 모든 죽은 것을 새롭게 소생시키시는 당신의 은혜를 찬송하며 영원한 하늘나라에 대한 믿음을 확실히 갖게 하소서. 예수 그리스도의 이름으로 기도 드립니다. 아멘

빌립보 성 감옥에서의 찬송 소리

■ 찬 송 ■ ♪ 29, 19, 36, 43   ■ 참 조 ■ ☞ ① 57p ② 369p

■ 본 문 ■ 밤중쯤 되어 바울과 실라가 기도하고 하나님을 찬미하매 죄수들이 듣더라 이에 홀연히 큰 지진이 나서 옥터가 움직이고 문이 곧 다 열리며 모든 사람의… 【행 16:25-40】

■ 서 론 ■ 영국의 시인 에드워드 영은 "찬양은 기도보다 더 거룩하다. 기도는 하늘로 가는 길을 우리에게 보여주나 찬양은 이미 그곳에 먼저 가 있다."라고 했다. 찬양은 노래로 하는 기도이다. 이 찬송소리에 하나님은 지진으로 응답하셨고 옥문이 열리는 기적이 일어난 것이다. 찬송은?

■ 말 씀 ■

Ⅰ. 찬송은 성도를 환란에서 구원함

기자는 바울과 실라가 하나님을 찬미하매 홀연히 큰 지진이 나서 옥터가 움직이고 문이 열렸다고 했다. 여기서 '찬미하여' 는 헬라어 '휨눈' 으로 '휨네오', 곧 '찬송한다, 찬미를 부른다' 의 미완료인데 '찬송하고 있었다' 이다. 이는 하나님을 찬송하여 계속 영광과 존귀를 돌렸음을 의미한다. 성도들이 처한 절망적 환경에서 담대히 찬양할 때 시험의 사슬이 풀린다.

* 참고 성구 *　마 26:30, 시 95:1, 고전 14:15, 엡 5:19, 약 5:13

Ⅱ. 찬송은 죄에 빠진 불신자를 구원함

기자는 바울과 실라가 찬미하매 죄수들이 듣더라고 했다. 성도들이 고난에 처해도 하나님께 찬양을 드리는 모습은 불신자들에게 은혜를 끼치어 말씀을 전하고 구원의 열매를 맺게 하는 데 유효하다. 여기서 '듣더라' 는 '에페크로온토' 인데 '에파크로아오마이' 곧 '귀를 기울인다, 순종한다, 잘 듣는다' 의 미완료 중간으로 이는 '자기들을 위해 잘 듣는다' 는 의미이다.

* 참고 성구 *　히 13:15, 벧전 2:9, 행 2:47, 삼상 16:23

Ⅲ. 찬송은 문제 해결의 열쇠를 제공함

기자는 바울이 옥에 가두었다가 이제는 가만히 우리를 내어 보내고자 하느냐고 했다. 여기서 '가만히' 는 헬라어 '라드라' 로서 '감추다' (란다노)에서 유래된 말로, 다른 사람이 알아채지 못하도록 은밀하고 비밀스럽게 의미한다. 시련과 역경 속에서의 감사와 찬송은 모든 문제를 해결하는 첫 걸음이 된다. 그러므로 성도는 기쁠 때나 슬플 때나 하나님을 찬양하며 영광을 돌리자.

* 참고 성구 *　시 144:1, 대하 20:22, 31:2, 사 12:1

■ 기 도 ■ 바울과 실라의 하나님! 빌립보 감옥에서 찬송의 능력으로 매인 것이 풀어짐 같이 오늘 당신의 사랑하는 백성에게 자유의 날을 허락하옵소서. 예수 그리스도의 이름으로 기도 드립니다. 아멘

수감자 위로

아그립바 앞에서의 바울의 변론

■ 찬 송 ■ ♪ 465, 493, 359, 425 　　　■ 참 조 ■ ☞ ① 421p
■ 본 문 ■ …이스라엘과 이방인들에게서 내가 너를 구원하여 저희에게 보내어 그 눈을 뜨게 하여 어두움에서 빛으로 사단의 권세에서 하나님께로 돌아가게 하고…【행 26:13-18】

■ 서 론 ■ 프랑스의 수학자요 철학자인 파스칼은 "훌륭한 그리스도인의 삶은 우울하고 어두운 것이어야 한다는 생각을 아예 가지지 말라. 오직 그만이 무한히 훌륭한 다른 것들을 즐기는 즐거움을 체념하고 있는 것이다."라고 했다. 사도 바울은 아그립바 앞에서 자신의 일생을 진술했다. 그 진술의 요지는?

■ 말 씀 ■

Ⅰ. 성도는 예수로 인해 죄에서 의로 변화된 자임

기자는 사도 바울의 사명이 눈을 뜨게 하여 어두움에서 빛으로 옮겼다고 했다. 여기서 '빛'은 헬라어 '포스'로서 곧 '파오'(드러나게 하다)에서 온 단어로 예수를 통한 구원의 빛을 뜻한다. 예수 그리스도의 오심으로 인해 죄와 강포로 어두워진 세상에 진리의 빛이 비춰었고, 따라서 예수 그리스도를 자신의 구주로 영접한 자들은 죄인의 자리에서 의인의 자리로 옮기운 축복이 임했다.

　　* 참고 성구 * 요 1:5,12, 고후 4:6, 엡 1:18, 벧전 2:9

Ⅱ. 성도는 예수로 인해 절망에서 희망으로 변화된 자임

기자는 바울의 사명이 사단의 권세에서 하나님께로 돌아가게 하였다고 했다. 여기서 '사단'은 '대적자'라는 뜻을 가져 하나님과 인간을 대적하는 존재를 가리킨다. 미국 유일교회 목사 시루스 A. 바톨은 "희망은 믿음의 어버이다."라고 했다. 죄의 지배를 받으며 죽음의 권세 아래 놓여 종노릇하며 오직 멸망밖에 없던 자들에게 예수 그리스도의 구원의 복된 소식과 영생의 소망이 전파되었다.

　　* 참고 성구 * 눅 2:10, 시 16:11, 롬 14:17, 5:8, 골 1:20

Ⅲ. 성도는 예수로 인해 죄의 종에서 하나님의 자녀로 변화된 자임

기자는 바울의 사명이 죄사함과 나를 믿어 거룩케 된 무리 가운데서 기업을 얻게 하리라고 했다. 여기서 '죄사함'은 헬라어 '아페신'으로 '해방, 탕감'이란 뜻이다. 악한 사단의 지배 아래 놓여 이 세상의 어두움에 처해 있던 죄의 종들이 이제는 영원한 하늘나라를 기업으로 상속받게 될 영광된 하나님의 자녀가 되었으니 이것은 모두 값없는 오직 하나님의 은혜이다.

　　* 참고 성구 * 요 1:12-13, 8:44, 롬 8:15, 고후 6:18, 갈 4:5-6, 엡 2:8

■ 기 도 ■ 성도의 지위를 변하게 하신 하나님! 하나님을 '아바' 아버지라고 부르게 하신 귀한 은혜를 감사드리며 여기 새롭게 희망을 가지고 변화된 삶을 살고자 하는 당신의 자녀를 기억하소서. 예수 그리스도의 이름으로 기도 드립니다. 아멘

수감자 위로

도피성에 내포된 그리스도의 은혜

■ 찬 송 ■ ♪ 384, 93, 400, 390　　　　■ 참 조 ■ ☞ ① 89p

■ 본 문 ■ …또 도피성에 피한 자를 대제사장의 죽기 전에는 속전을 받고 그의 땅으로 돌아가 거하게 하지 말 것이니라…【민 35:22-34】

■ 서 론 ■ 영국의 청교도 신학자인 토마스 브룩스는 "더위와 추위가 상반되고 빛과 어두움이 상반되듯 은혜와 죄는 상반된다. 불과 물이 같은 그릇에서 합하듯 은혜와 죄가 한 마음속에 내재하여 역사한다."라고 했다. 도피성이신 그리스도는?

■ 말 씀 ■

Ⅰ. 부지중의 죄를 용서하시는 그리스도

기자는 원한 없이 기회를 엿봄이 없이 해한 자는 규례대로 판결한다고 했다. 여기서 '원한'은 히브리어 '에바'로서 '적개심을 가지다'(아야브)에서 파생된 말이며, '기회'는 '체디야'로서 '매복, 앙심'의 뜻이다. 이는 실수로 저지른 죄를 뜻한다. 의인이 한 명도 없는 세상의 삶은 곧 죄인의 길이다. 그러나 믿음으로 회개하면 모든 죄를 용서받을 뿐 아니라 새 삶의 의인의 길로 가게 된다.

　　＊참고 성구＊　롬 3:22-24, 시 19:13, 갈 3:22, 마 18:22

Ⅱ. 죽음의 위협에서 보호하시는 그리스도

기자는 피를 보수하는 자의 손에서 살인자를 건져 내어 그가 피하였던 도피성으로 돌려보낼 것이요라고 했다. 여기서 '건져 내어'는 히브리어 '히치루'로서 '구출하다, 해방하다'의 '나차르'에서 파생된 말로 무엇을 움켜 빼앗아 확실히 취한다는 의미이다. 세상은 늘 죄의 유혹으로 생명을 위협받으나 성도를 건져 내신 예수의 품속은 영원히 생명을 보호받는 유일한 곳이다.

　　＊참고 성구＊　시 70:2, 렘 18:20, 엡 6:12, 벧전 5:8

Ⅲ. 기업을 다시 얻게 하시는 그리스도

기자는 대제사장의 죽은 후에는 그 살인자가 자기의 산업의 땅으로 돌아갈 수 있느니라고 했다. 죄로 인하여 잃어 버렸던 영생의 하나님 나라의 기업을 대제사장이신 예수 그리스도의 십자가의 피 흘리신 공로의 대가로 다시 찾게 되었으니 성도는 택함받은 하나님의 자녀로 그리스도와 함께 한 후사가 되었다. 그러므로 성도는 믿음의 주요 온전케 하시는 예수를 의지해야 한다.

　　＊참고 성구＊　계 3:20, 엡 3:6,2:12, 히 7:25-26,9:15,12:2

■ 기 도 ■ 도피성을 주신 하나님! 죄인뿐인 세상에서 그리스도의 공로로 의롭다 함을 입었습니다. 이제는 죄의 종이 아니라 의의 종이 되어 살아가고자 하오니 당신의 은혜로 빛을 비추어 주소서. 예수 그리스도의 이름으로 기도 드립니다. 아멘

수감자 위로

기름부음 받은 사울의 특징

■ **찬 송** ■ ♪ 184, 186, 193, 198 ■ **참 조** ■ ☞ ① 141p

■ **본 문** ■ 네게는 여호와의 신이 크게 임하리니 너도 그들과 함께 예언을 하고 변하여 새 사람이 되리라…【삼상 10:6-8】

■ **서 론** ■ 미국의 신학자인 트라이언 에드워즈는 "선하게 되기 위하여 선을 행하지 않으면 안 된다. 마치 근육을 사용하여 운동을 하면 그의 힘이 증가하듯 선을 행함으로써 선하게 되는 확실한 방법을 택하는 것이다."라고 했다. 사명자나 지도자는 선의 지평을 열어가는 자이다. 기름부음의 의미는?

■ **말 씀** ■

Ⅰ. 사명자로서 성령의 내주

기자는 사울에게 여호와의 신이 크게 임하리니라고 했다. 여기서 '신'은 히브리어 '루아흐'로서 '호흡, 바람, 영'의 뜻으로 번역되는데, 이외에 '하나님의 성령'을 가리킨다. '크게 임하리니'는 '차레하'로서 '힘있게 권능으로 오신다'는 뜻이다. 기름부음은 곧 하나님이 그와 함께 하심을 뜻하며, 따라서 성령이 거하지 않는 마음은 기름부음 받은 자가 아니다.

  * 참고 성구 *   롬 8:9, 행 2:1-5, 요 14:17, 요일 2:27

Ⅱ. 사명자로서 능력 행함

기자는 사울에게 너도 그들과 함께 예언을 하고라고 했다. 인간의 힘만으로는 능력 행함이 불가능하나 하나님의 성령의 기름부음을 받아 하나님이 함께 하시는 임마누엘의 축복 아래서는 모든 일을 능력 있게 행할 수 있게 된다. 하나님의 성령이 임했다는 것은 사명자에게 초자연적인 지혜와 용기, 신령한 은사로써 큰 능력을 행할 수 있다는 뜻이다.

  * 참고 성구 *   눅 10:19, 롬 14:4, 빌 4:13, 고후 3:6, 고전 12:4-11

Ⅲ. 사명자로서 새 사람의 삶

기자는 사울에게 새 사람이 되리라 이 징조가 네게 임하거든 너는 기회를 따라 행하라고 했다. 성도가 기름부음을 받기 이전과 이후의 삶은 이제 같을 수가 없으니 이제까지는 나를 위해서 살았으나 지금부터는 하나님을 위해 사는 새 사람이 되었고, 어제까지는 육신에 팔려 살았으나 오늘부터는 성령 안에서 하늘의 거룩한 것을 소망하며 살아가는 자가 되었다.

  * 참고 성구 *   골 3:10, 고후 5:17, 갈 6:15, 엡 2:15, 4:24

■ **기 도** ■ 사울의 하나님! 기름부음을 받은 사울은 새 사람이 되었으나 그의 교만이 그를 망하게 하였습니다. 오늘 우리에게도 교만을 물리치고 겸손으로 덧입는 바른 선택의 삶을 살게 하소서. 예수 그리스도의 이름으로 기도 드립니다. 아멘

수감자 전도

멜리데 섬에서 전도하는 바울

■ 찬 송 ■ ♪ 268, 355, 255, 265   ■ 참 조 ■ ☞ ② 283p

■ 본 문 ■ 우리가 구원을 얻은 후에 안즉 그 섬은 멜리데라 하더라 토인들이 우리에게 특별한 동정을 하여 비가 오고 날이 차매 불을 피워 우리를 다 영접… 【행 28:1-10】

■ 서 론 ■ 영국의 목사요 감리교의 창시자 존 웨슬리는 "나는 전 세계를 나의 교구로 보고 있으니 세계 어느 곳에서든지 구속의 복음을 듣기 원하는 사람에게 전도하는 것은 참으로 좋은 것이다. 이것을 나의 귀한 의무로 생각한다."라고 했다. 멜리데 섬의 바울처럼 성도의 전도는?

■ 말 씀 ■

I. 성도의 전도는 바울처럼 장소에 관계치 말 것임

기자는 우리가 구원을 얻은 후에 안즉 그 섬은 멜리데라 하더라고 했다. 성도가 전도를 하려고 하면 전도할 특별한 장소가 별도로 지정되어 있는 것이 아니다. 어디서든지 하나님께로 인도해야 할 사람이 있으면 그 있는 곳에서 전도의 사역은 끊임없이 진행되어야 하며 복음은 날로 확산되어야 할 것이다. 주님은 우물가에서, 바닷가에서, 육지에서 어디든 구원의 사역을 펼치셨다.

* 참고 성구 * 행 5:42, 8:35, 9:20, 10:36, 16:31, 고후 4:5, 요 4:7

II. 성도의 전도는 바울처럼 대상에 관계치 말 것임

기자는 토인들이 특별한 동정을 했다고 하였다. 여기서 '토인'은 헬라어 '바르바로스'로서 이 말은 '타민족'을 뜻하는데 고대 헬라인은 헬라어를 못할 때 누구나 이렇게 불렀다. 타민족의 말이 그들의 귀에 '발발'하게 들렸기 때문에 이렇게 이름을 붙였다. 전도는 온 인류를 대상으로 하므로 그가 누구냐, 내게 이익이 되느냐를 생각하는 전도는 있을 수 없는 일이다.

* 참고 성구 * 막 16:15, 마 24:14, 28:19, 눅 24:47, 행 26:17-18

III. 성도의 전도는 바울처럼 반응에 관계치 말 것임

기자는 후한 예로 우리를 대접하고 떠날 때에 우리 쓸 것을 배에 올리더라고 했다. 성도에게는 복음을 전할 사명만 있을 뿐이지 결과가 만족스럽지 않다고 실망하거나 낙심하지 말고 어떠한 어려움이 있더라도 전도의 끈을 늦추어서는 안 된다. 우리가 선을 행하되 낙심하지 말지니 피곤하지 아니하면 때가 이르매 거두리라. 주님은 영접지 않을 때 발의 먼지를 떨어 버리라고 하셨다.

* 참고 성구 * 행 20:23-24, 갈 6:9, 고전 4:6, 막 6:11, 마 10:14

■ 기 도 ■ 바울의 하나님! 성도는 어느 곳에서든지 전도하는 것을 바울을 통하여 보았습니다. 빌립보 성 감옥에서 일어난 역사가 이곳에서도 일어나게 하옵소서. 예수 그리스도의 이름으로 기도 드립니다. 아멘

수감자 전도

그리스도인의 자유에 대한 의미

■ 찬 송 ■ ♪ 204, 205, 198, 210 ■ 참 조 ■ ☞ ② 389p ③ 21p

■ 본 문 ■ 그리스도께서 우리로 자유케 하려고 자유를 주셨으니 그러므로 굳세게 서서 다시는 종의 멍에를 메지 말라【갈 5:1】

■ 서 론 ■ 미국의 여류소설가로서 '대지'의 저자인 펄벅은 "언제나 자유로웠던 자는 자유롭지 못한 자가 갖는 자유에 대한 희망이 얼마나 매혹적인 위력을 갖고 있는지를 이해하지 못할 것이다."라고 했다. 그리스도인은 모든 것으로부터 자유한 자로서 이 자유의 근원은 그리스도가 우리에게 주신 것이다. 부자유한 자를 자유케 하는 성도는?

■ 말 씀 ■

I. 성도는 죄에서 자유한 자들임

바울은 다시는 종의 멍에를 메지 말라고 했다. 이는 성도가 죄에서 자유한 자들임을 의미한다. '죄'는 헬라어 '하말티아'로서 이는 과녁의 목표에서 빗나감을 뜻하는데 하나님의 말씀대로 살지 않고 하나님을 삶의 목표에 두지 않고 비껴가는 모든 것이 죄이다. 죄의 결과는 불안, 초조, 사망에 이르며 성도는 이러한 사슬에서 해방되어 참 자유를 누리는 자이다.

* 참고 성구 *   요 8:32-36, 롬 8:21, 6:16, 7:23, 딤후 2:26, 벧후 2:19

II. 성도는 율법에서 자유한 자들임

바울은 앞에서 믿음이 오기 전에 율법 아래 매인바 되고라고 했다. 여기서 '율법 아래'는 헬라어 '휘포 노몬'으로 이는 율법의 세력과 지배와 통치 아래 있음을 의미한다. 성도는 믿음으로 의롭게 되는 길을 열어주신 예수로 인해 율법의 얽매임으로부터 해방되어 참 자유를 누리게 되었다. 법은 옳은 사람을 위하여 세운 것이 아니라 불법한 자 및 교훈을 거스리는 자를 위함이다.

* 참고 성구 *   롬 7:6, 갈 3:23, 딤전 1:8-9, 마 5:17, 갈 3:24

III. 성도는 사망에서 자유한 자들임

예수 그리스도를 믿음으로 구원을 받아 영생을 소유하게 된 성도는 눈물과 슬픔과 불안과 죽음도 없고, 썩지 않고 더럽지 않고 쇠하지 않는 하나님의 나라를 소망할 수 있게 되었다. 바울은 우리의 바라는 것이 다만 금생뿐이면 모든 사람 가운데 우리가 더욱 불쌍한 자니라고 했다. 주님의 '부활' 곧 '아나스타시스'는 사망을 이기신 승리로서 이제 주 안에서 성도는 자유함을 입게 되었다.

* 참고 성구 *   벧전 1:3-4, 롬 8:2, 살전 4:13, 계 21:4, 고전 15:19, 56

■ 기 도 ■ 성도에게 자유를 허락하신 하나님! 이 자유를 육체의 기회로 삼지 않게 하여 주시고 오직 거룩한 백성답게 경건히 살아 이웃에게도 구원의 기회가 되게 하소서. 예수 그리스도의 이름으로 기도 드립니다. 아멘

수감자 전도

아람 사람의 패배에 담긴 의미

■ 찬 송 ■ ♪ 332, 215, 178, 193　　　■ 참 조 ■ ☞ ③ 133p, 349p

■ 본 문 ■ 아람 사람이 자기가 이스라엘 앞에서 패하였음을 보고 사자를 보내어 강 건너편에 있는 사람을 불러내니 하닷에셀의 군대 장관 소박이 저희를… 【대상 19:16-19】

■ 서 론 ■ 영국의 신학자 존 스미스는 "고집은 악인들의 마음과 삶을 지배하는 모든 질투, 악의, 날카로운 정신, 불만, 성급함, 그밖에 캄캄한 감정, 지나친 욕망 및 육욕의 근원이요 샘이다."라고 했다. 갖가지 고집에 대해 성도는?

■ 말 씀 ■

Ⅰ. 성도는 악에서 돌이키지 않는 고집을 버릴 것

기자는 아람 사람이 이스라엘 앞에서 패하였음을 보고 사자를 보내어 강 건너편에 있는 아람 사람을 불러내었다고 했다. 아람 사람은 요압에게 패한 것을 분히 여기고 다시 전쟁 준비를 했고, 이를 하닷에셀이 이용하였다. 성도는 명백한 불의를 행한 자신을 하나님께 자복하고 회개하기는커녕 고집을 버리지 않고 거듭 죄의 늪에 빠지는 강퍅함을 보여서는 안 된다.

　＊ 참고 성구 ＊　마 11:20, 전 8:11, 렘 7:13, 암 4:6, 행 8:22

Ⅱ. 성도는 분을 그치지 않는 고집을 버릴 것

기자는 다윗이 아람 사람을 향하여 진을 치매 저희가 다윗으로 더불어 싸웠다고 했다. 성도는 분을 그치고 노를 버리라고 하신 하나님의 말씀을 순종하지 아니할 뿐만 아니라 오히려 이를 거역하고 쓸데없는 고집으로써 다툼을 일으켜 사회의 공동체나 주께서 피값으로 사신 몸된 교회에서 화목을 파괴하고 적개심을 가져 마귀가 틈탈 환경을 조성하면 안 된다.

　＊ 참고 성구 ＊　시 37:8, 잠 16:32, 19:11, 약 1:19, 엡 4:26-27

Ⅲ. 성도는 지혜자의 충고를 거절하는 고집을 버릴 것

기자는 이후로는 아람 사람이 암몬 자손 돕기를 싫어하니라고 했다. 성도는 경건에 이르기를 권면하고 촉구하는 지혜자의 훈계를 멸시할 뿐 아니라 자기가 옳다고 자신의 의만 주장하며 목회자나 함께 신앙의 동지가 된 교우들의 충심어린 권고를 등한시하거나 그들을 오히려 깔보고 비난하며 무리를 지어서 훼방하는 작태를 하루 속히 버려야 한다.

　＊ 참고 성구 ＊　왕상 12:12-15, 잠 14:8, 26:11, 15:5, 20:3, 좀 18:24

■ 기 도 ■ 하나님 아버지! 성도가 자기의 고집과 아집을 버리고 당신께 두 손 들고 나아와 회개하게끔 회개의 영을 부어주시고 그에게 새 삶을 인도하소서. 예수 그리스도의 이름으로 기도 드립니다. 아멘

수감자 전도

도피성에 언급된 하나님의 사랑

■ **찬 송** ■ ♪ 478, 476, 466, 79　　■ **참 조** ■ ☞ ① p 89p

■ **본 문** ■ …네 하나님 여호와께서 네게 기업으로 주시는 땅에서 무죄한 피를 흘림이 없게 하라 이같이 하면 그 피가 네게로 돌아가지 아니하리라 【신 19:1-10】

■ **서 론** ■ 일본의 저명한 기독교 사상가인 우찌무라 간조는 "사랑에 공포는 없다, 최상의 도덕이기 때문에. 사랑에 의혹은 없다, 최대의 진리이기 때문에. 사랑에 속박은 없다, 참다운 자유이기 때문에."라고 했다. 사랑의 하나님의 속성은?

■ **말 씀** ■

I. 하나님은 실수를 용서하신다

기자는 도끼가 자루에서 빠져 이웃을 맞춰 죽게 할 때 성읍 중 하나로 도피하여라고 했다. 여기서 '도끼'는 히브리어 '바르젤'로서 원뜻은 '철, 쇠'인데 금속이 귀했던 이스라엘의 대표적 철제 도구였다. 하나님은 인간을 나약한 존재요 실수가 많은 불완전한 존재임을 알고 계셔서 이를 불쌍히 여기셔서 정죄보다는 용서를 가지고 성도를 돌보시는 연민의 하나님이시다.

　＊ 참고 성구 ＊　전 7:20, 욥 9:20, 빌 3:12, 약 3:2, 마 18:22

II. 하나님은 약자의 편에 서신다

기자는 보수자의 마음이 뜨거워서 살인자를 따르는데 길이 멀면 그를 죽일까 하노라고 했다. 여기서 '뜨거워서'는 히브리어 '야함'으로 '분노하다, 달아오르다, 욕정에 불타다'의 뜻으로 피해를 당한 자가 격렬한 분노를 불태우는 것을 의미한다. 연약하고 죄 많은 자를 보호하시는 하나님의 사랑은 죄인을 부르러 오신 예수 그리스도를 통해 극명히 나타난다.

　＊ 참고 성구 ＊　시 41:10, 시 40:17, 히 13:6, 요 8:11, 마 11:19

III. 하나님은 생명을 존중하신다

기자는 여호와께서 네게 기업으로 주시는 땅에서 무죄한 피를 흘림이 없게 하라고 했다. 위대하신 만유의 주이신 하나님께서 인간들끼리의 잘잘못을 내버려두실 수 있음에도 불구하고 이를 간섭하시고 지키시는 까닭은 성도의 생명의 근원이 하나님으로부터 말미암았기 때문이다. 따라서 성도의 생명은 자신의 것이 아니라 하나님의 것임을 바르게 알아야 한다.

　＊ 참고 성구 ＊　마 16:26, 6:25, 요일 5:12, 창 2:7, 행 17:25

■ **기 도** ■ 인간에게 도피성을 주신 하나님! 죄 많고 험 많은 인생을 순수 돌보시는 당신의 긍휼하심을 감사 드리오며 이제부터는 당신의 사랑을 이웃에게 전하는 자가 되게 하소서. 예수 그리스도 이름으로 기도 드립니다. 아멘

속죄제가 주는 의미

- **찬 송** ♪ 197, 187, 42, 177   **참 조** ☞ ② 267p ③ 81p
- **본 문** 누구든지 증인이 되어 맹세시키는 소리를 듣고도 그 본 일이나 아는 일을 진술치 아니하면 죄가 있나니 그 허물이 그에게로 돌아갈 것이요…【레 5:1-6】
- **서 론** 중국 춘추전국시대의 사상가로서 유교의 창시자인 공자는 "죄를 뉘우치고 고치면 선하다."라고 했다. 마틴 루터의 말대로 죄는 본질적으로 하나님에게서 떠나는 것을 말한다. 따라서 죄인은 하나님과 거리를 두고 살아가는 불쌍한 자이다. 소망 없는 삶을 버리고 속죄를 위해서 성도는?

■ **말 씀** ■

Ⅰ. 죄를 속하기 위해 항상 자신을 돌아볼 것

기자는 무심중에 맹세하여 어떠한 일이든지 깨닫지 못하다가 그것을 깨달을 때에 허물이 있다고 했다. 여기서 '깨닫지 못하다가'는 히브리어 '네으람'으로 직역하면 '눈에 가리워져 있다가'이다. 이는 죄를 범하고도 죄인 줄 모르는 영적 무지의 상태를 나타내는 말이다. 성도는 죄성이 가득한 자신의 모습을 겸손하고 냉철하게 돌아보는 일을 게을리 하면 안 된다.

 * 참고 성구 * 시 119:59, 애 3:40, 마 7:5, 고전 11:28, 고후 13:5

Ⅱ. 죄를 속하기 위해 항상 말씀을 대할 것

기자는 이 중 하나에 허물이 있을 때에는 아무 일에 범과하였노라 자복하고라 했다. 여기서 '자복하고'는 히브리어 '히트와다'로서 '집어던지다, 내놓다'의 뜻인 '야다'에서 파생된 말로 하나님 앞에 모든 죄를 다 털어 내어놓는 것을 말한다. 성도는 진리의 빛과 등불인 하나님의 말씀을 항상 가까이 하여 하나님의 말씀 속에 자신을 비추어 보아야 할 것이다.

 * 참고 성구 * 시 119:9-11, 신 11:18, 골 3:16, 엡 5:26, 요 15:3

Ⅲ. 죄를 속하기 위해 항상 기도에 힘쓸 것

기자는 속죄제를 드릴 것이요 제사장은 그의 허물을 위하여 속죄할지니라고 했다. '속죄'를 뜻하는 히브리어 기본형 '카파르'는 '역청 따위로 단단히 덮어 씌우다'의 뜻으로, 제사 드리는 자의 죄가 희생제물의 피로 하나님 목전에서 확실히 가리워짐을 의미한다. 성도는 완전한 의를 이룰 수 없기에 항상 주의 사유하시는 능력만을 간절히 구하여야 한다.

 * 참고 성구 * 시 51:1, 벧전 3:18, 히 9:12, 22, 10:20, 마 9:6, 눅 18:14

■ **기 도** ■ 성도의 죄를 속하시는 하나님! 죄의 무거운 짐에서 벗어나고자 자신을 돌아보고 말씀을 읽으며 기도에 힘쓰고 있사오매 그리스도의 보혈을 기억하시어 우리를 자유케 하소서. 예수 그리스도의 이름으로 기도 드립니다. 아멘

수감자 전도

요압의 복수에 대한 원인

■ 찬 송 ■ ♪ 363, 330, 467, 483　　　■ 참 조 ■ ☞ ① 169p

■ 본 문 ■ …요압과 그 동생 아비새가 아브넬을 죽인 것은 저가 기브온 전쟁에서 자기 동생 아사헬을 죽인 까닭이었더라【삼하 3:27-30】

■ 서 론 ■ 미국의 신학자 존 메이슨은 "복수는 누워서 침뱉기이다. 마치 부메랑과 같아서 던질 때는 목적한 곳으로 날아가나 되돌아와서 자기 머리를 칠 것이요, 목적물을 적중할 때의 세기보다 훨씬 강하게 자기의 머리를 때릴 것이다."라고 했다. 악마의 정신인 복수는?

■ 말 씀 ■

I. 복수는 용서가 없는 까닭이다

기자는 아브넬을 요압이 조용히 말하려는 듯 저를 데리고 가서 배를 찔러 죽였다고 했다. 여기서 '조용히'는 히브리어 '바쉘리'로서 '개인적으로'라는 말이다. 이는 누설되지 않도록 아주 비밀스럽게 대화를 나누려는 태도를 의미한다. 상대방의 잘못을 하나님의 방법대로 용서하지 않고 오로지 인간적인 방법으로 해결하려고 시도하는 복수는 마귀의 몸짓과 같은 것이다.

＊참고 성구＊ 마 6:14, 막 11:25, 눅 17:4, 엡 4:32, 골 3:13

II. 복수는 이기심의 발동이다

기자는 그 죄가 요압의 머리와 그 아비의 온 집으로 돌아갈지어다라고 했다. 여기서 '돌아갈지어다'는 히브리어 '야후루'로서 '세게 내던지다'는 말에서 나온 것으로 저주와 고통 가운데 떨어지다는 의미이다. 사람의 조금도 손해를 입지 않으려는 이기심과 사소한 일에서도 항상 우위를 차지하려는 마음의 경쟁심및 욕심이 보복에 보복을 낳는 것이다.

＊참고 성구＊ 창 4:9, 에 6:6, 마 5:38-39, 잠 24:29, 벧전 3:9

III. 복수는 불완전한 믿음이다

기자는 요압과 아비새가 아브넬을 죽인 것은 저가 기브온 전쟁에서 자기 동생 아사헬을 죽인 까닭이었더라고 했다. 요압이 아브넬을 죽임은 공의로운 일이 아니고 사적인 복수의 행위였다. 또한 헤브론은 도피성이었으므로 이곳에서는 재판 없이 살인자를 죽일 수 없다. 죄값을 면하려면 성도는 설혹 손해를 입을지라도 원수 갚는 모든 일을 하나님께 맡겨 버려야 한다.

＊참고 성구＊ 롬 12:17-19, 수 21:13, 민 35:22-25, 살후 1:8, 히 10:30

■ 기 도 ■ 보수하시는 하나님! 비록 고통을 당할지라도 원수 갚음을 당신에게 맡기고 믿음으로 살고자 하오니 용서의 마음으로 당신께 보수를 의탁하나이다. 예수 그리스도의 이름으로 기도 드립니다. 아멘

초신자

기브온 거민이 구원받은 신앙

■ 찬 송 ■ ♪ 337, 144, 338, 321   ■ 참 조 ■ ☞ ① 171p ② 101p

■ 본 문 ■ …그들을 이스라엘 자손의 손에서 건져서 죽이지 못하게 하니라 【수 9:24-26】

■ 서 론 ■ 프랑스의 철학자요 수학자요 물리학자인 파스칼은 "신앙은 감각적으로 알 수 없는 많은 것들에 관하여 확언할 뿐 아무것도 부인하지 않는다. 신앙은 그들의 증거보다 강하나 결코 대치되지 않는다."라고 했다. 기브온 거민들을 살린 그들의 신앙은?

■ 말 씀 ■

Ⅰ. 기브온 거민의 들은 대로 믿는 신앙

기자는 기브온 거민이 이 땅의 모든 거민을 당신들의 앞에서 멸하라 하신 것이 당신의 종에게 분명히 들리므로라고 했다. 성도는 하나님의 말씀인 성경에 기록된 모든 구원의 말씀과 성도들의 구원을 받은 간증과 찬양을 통해서 만유를 다스리시는 능력의 하나님을 발견하고 그 구원의 역사를 전적으로 신뢰하여 의심 없이 믿을 때 신실한 구원의 믿음을 소유한 것이 된다.

　　* 참고 성구 *　요 6:47, 롬 10:17, 고후 4:5, 잠 18:15

Ⅱ. 기브온 거민의 경외하는 신앙

기자는 기브온 거민이 당신들을 인하여 우리 생명을 잃을까 심히 두려워하여 이같이 하였다고 했다. 이 신앙으로 인하여 기브온 거민들은 오히려 거룩한 하나님의 제단을 위해 봉사할 수 있는 직분을 허락받았다. 하나님의 위엄 앞에서 심히 두렵고 떨리는 마음으로 겸손히 엎드릴 때 하나님은 그 중심을 보시고 이를 기쁘게 받으셔서 구원의 은총을 허락하시는 것이다.

　　* 참고 성구 *　빌 2:12, 행 16:29-31, 10:2, 35, 시 31:19, 눅 1:50

Ⅲ. 기브온 거민의 의탁하는 신앙

기자는 기브온 거민이 당신의 의향에 좋고 옳은 대로 우리에게 행하소서라고 했다. 여기서 '의향'에 는 히브리어 '아인' 으로 이는 '눈, 평가' 의 뜻으로 객관적인 사실에 의거하지 않고 주관적인 판단력에 의해 평가하고 결정하는 것을 말한다. 모든 것을 하나님께 맡기고 순종하며 오직 하나님을 자신의 유일한 의지의 대상으로 따르고 섬길 때 구원의 축복을 받는다.

　　* 참고 성구 *　잠 16:3, 시 37:5, 시 26:3-4, 합 3:17-18

■ 기 도 ■ 하나님 아버지! 기브온 거민의 신앙은 결국 그들을 구원하고 주의 제단에서 주의 사역을 동참하는 귀한 사역을 얻게 하였습니다. 오늘 당신을 믿기로 작정한 당신의 백성을 축복하시고 귀하게 쓰시옵소서. 예수 그리스도의 이름으로 기도드립니다. 아멘

> 초신자

게네사렛 땅에서 나타난 믿음

■ 찬 송 ■ ♪ 345, 379, 397, 399   ■ 참 조 ■ ☞ ② 415p

■ 본 문 ■ 건너가 게네사렛 땅에 이르러 대고 배에서 내리니 사람들이 곧 예수신 줄을 알고 그 온 지방으로 달려 돌아다니며 예수께서 어디 계시단 말을… 【막 6:53 56】

■ 서 론 ■ 영국의 작가 프란시스 콸스는 "믿음은 언제나 위를 바라보고 멀리 떨어진 것을 그리는 것이다. 그러나 이성은 가까운 데 있는 것들만 발견할 뿐 위에 있는 것은 아무것도 보지 못한다."라고 했다. '왕의 정원' 이란 뜻을 가진 게네사렛 땅에서 요원의 불길처럼 피어난 그들의 믿음은?

■ 말 씀 ■

Ⅰ. 사람들의 주저하지 않는 믿음에 은혜가 임한다

기자는 게네사렛의 사람들이 온 지방으로 달려 돌아다니며 예수께서 어디 계시단 말을 듣는 대로 병든 자를 침상 채로 메어 나아왔다고 했다. 하나님께서는 조금의 망설임이나 불안함이 없이 담대히 확신을 가지고 당신께 나아오는 자들에게 은혜를 받게 하시며 뿐만 아니라 그의 육신과 영혼을 기름지게 하시며 윤택하게 하신다. 은혜 곧 '카리스' 는 선택된 자에게만 임한다.

 * 참고 성구 *   빌 1:6, 행 8:36, 16:33, 잠 8:34, 눅 5:27-28, 창 12:4

Ⅱ. 사람들의 열심 있는 믿음에 은혜가 임한다

기자는 게네사렛의 사람들이 아무데나 예수께서 들어가시는 마을이나 도시나 촌에서 병자를 시장에 두고라고 했다. 하나님께서는 당신에게 열심히 부르짖고 구하며 믿음의 도를 지키는 자에게 당신의 은혜를 소낙비를 쏟아 부어주듯이 하신다. 성령을 체험하고서 초대 교회의 시대에는 하루에 삼천 명이나 되는 사람이 회개하고 세례받고 은혜를 입었다.

 * 참고 성구 *   렘 29:12-13, 신 6:5, 행 2:41, 17:11, 욜 2:12

Ⅲ. 사람들의 순수한 믿음에 은혜가 임한다

기자는 게네사렛의 사람들이 예수의 옷가에라도 손을 대게 하시기를 간구하니 손을 대는 자는 다 성함을 얻으니라고 했다. 게네사렛 땅의 사람들이 예수님의 옷가에라도 손을 대면 치료가 될 수 있다는 확신을 가진 것은 그만큼 그들의 믿음의 순수성을 증명하고 남음이 있으니 순수한 마음에 먼저 하나님의 은혜가 내린다. 믿음 곧 '피스티스' 는 단순히 믿고 '맡기는' 것을 뜻한다.

 * 참고 성구 *   딤후 1:5, 히 11:1, 막 5:28, 34, 마 8:9-10

■ 기 도 ■ 우리에게 믿음을 주시는 하나님! 게네사렛 땅에서 나타난 큰 믿음이 오늘 이 가정에도 임하여 당신의 큰 능력을 체험하게 하시며 구원을 얻게 하소서. 예수 그리스도의 이름으로 기도 드립니다. 아멘

초신자

하나님의 말씀을 받는 과정

■ 찬 송 ■ ♪ 17, 20, 468, 55　　　　■ 참 조 ■ ☞ ② 279p

■ 본 문 ■ 그가 또 내게 이르시되 인자야 너는 받는 것을 먹으라 너는 이 두루마리를 먹고 가서 이스라엘 족속에게 고하라 하시기로 내가 입을 벌리니… 【겔 3:1-11】

■ 서 론 ■ 영국의 철학자요 저술가인 프란시스 베이컨은 "진리는 세 부분으로 되어 있다. 첫째는 탐구하는 것으로 애타게 조르는 것이요, 두 번째는 그것을 아는 것으로 그 진리의 존재이며, 세 번째로 믿음인데 그것을 즐기는 것이다."라고 했다. 진리의 말씀을 받아들이는 세 단계는?

■ 말 씀 ■

I. 성도는 귀를 열어 들어야 함 / 첫째 단계

기자는 하나님께서 에스겔에게 내가 네게 이를 모든 말을 너는 귀로 들으라고 하셨다. 성도는 하나님의 말씀이 울려 퍼질 때에는 들을 귀를 열어 하나라도 땅에 떨어지지 않도록 남김없이 듣고자 하는 간절한 마음의 자세가 있어야 한다. 잠언 기자는 명철한 자의 마음은 지식을 얻고 지혜로운 자의 귀는 지식을 구한다고 했고, 주님도 귀 있는 자는 들으라고 하셨다.

* 참고 성구 *　행 16:14, 롬 10:17, 잠 18:15, 마 13:9, 약 1:19

II. 성도는 마음으로 받아야 함 / 둘째 단계

기자는 하나님께서 네게 이를 모든 말을 너는 마음으로 받으라고 하셨다. 여기서 '마음'은 히브리어 '레바브'로서 종교가 깃드는 자리이다. 성도가 귀로 듣기만 하고 흘려버리는 하나님의 말씀은 아무 쓸데가 없다. 영혼의 양식인 말씀을 마음으로 받아서 먹을 때 비로소 그 말씀은 우리 안에서 역사하게 되며 참된 꿀이 될 수가 있다. 이럴 때 삼십 배, 육십 배, 백 배의 결실을 하게 된다.

* 참고 성구 *　행 16:15, 33, 눅 8:15, 마 13:23, 고후 4:6, 벧전 2:9

III. 성도는 입으로 외쳐야 함 / 셋째 단계

기자는 그들에게 고하여 이르기를 주 여호와의 말씀이 이러하시다라고 하였다. 여기서 '고하여'는 히브리어 '다바르'로서 '파괴하다, 약속하다'의 뜻으로 하나님의 약속을 대변하라는 뜻이다. 하나님의 말씀은 구원과 진리의 말씀이기에 나 혼자만이 아니라 모든 사람과 함께 공유해야 한다. 따라서 말씀을 먼저 받아 깨닫는 사람은 다른 이에게 마땅히 외쳐 전해야 한다.

* 참고 성구 *　렘 20:9, 사 62:1, 눅 8:39, 골 4:13, 살전 2:9

■ 기 도 ■ 우리에게 말씀을 주신 하나님! 영의 양식인 당신의 말씀을 통해 우리의 영혼은 기름진 꿀을 먹고 부유해졌습니다. 이 말씀을 이웃에게도 전할 용기와 능력을 주시옵소서. 예수 그리스도의 이름으로 기도 드립니다. 아멘

> 초신자

바울의 언급에 내포된 겸손의 의의

■ 찬 송 ■ ♪ 404, 405, 417, 141   ■ 참 조 ■ ☞ ② 201p

■ 본 문 ■ 그리스도께서 약하심으로 십자가에 못 박히셨으나 오직 하나님의 능력으로 살으셨으니 우리도 저의 안에서 약하나 너희를 향하여 하나님의 능력으로… 【고후 13:4】

■ 서 론 ■ 미국의 언론인이요 신문업자로서 퓰리처상을 제정한 퓰리처는 말하기를 "만일 그대가 세상에서 제일 보잘것없는 존재라고 생각할 수만 있다면 하나님은 반드시 그대를 들어 큰 일을 시키실 것이다."라고 했다. 겸손은 존귀의 앞잡이임에 틀림없다(잠 15:33). 진정한 겸손의 의의는?

■ 말 씀 ■

I. 성도는 자신의 약함을 인정한다

바울은 우리도 저의 안에서 약하다고 했다. 이것은 예수 그리스도께서 성육신과 십자가를 통해 나타난 육체를 입으신 사람으로서의 그리스도의 인성과 같이 바울도 약하여 많은 고난을 당했음을 의미한다. 성도는 아무리 부끄러운 것일지라도 자기 스스로의 약점을 인정하고 그로 인해 오히려 나의 약한 것을 위로하시는 하나님께 감사를 드려야 한다.

* 참고 성구 * 약 4:10, 벧전 5:5, 마 6:8, 빌 2:5, 고후 12:9

II. 성도는 하나님의 강함을 의지한다

바울은 너희를 향하여 하나님의 능력으로 저와 함께 살리라고 했다. 이것은 사망의 권세를 이기시고 부활하시고 승천하신 그리스도의 강한 신성과 같이 바울도 하나님의 능력으로 옷입을 것임을 의미한다. 성도가 약점투성이일지라도 그것으로 실망하지 않고 내 곁에 계시는 하나님의 강하심을 의지하여 승리의 삶을 살아가는 것이다. 능력 곧 '뒤나미스'는 큰 폭발력과 파괴력을 가진다.

* 참고 성구 * 롬 8:35-37, 시 118:8, 잠 29:25, 시 26:3, 딤후 1:12

III. 성도는 자신을 감추고 하나님을 드러낸다

성도는 모든 선한 일에 자신의 공적을 내세우지 않고 참된 주권자 되시는 하나님의 역사와 은혜만을 증거함으로써 온전히 하나님께만 영광을 돌려야 할 것이다. 바울은 나의 나 된 것은 하나님의 은혜로 된 것이니 내게 주신 그 은혜가 헛되지 않아 내가 모든 사도보다 수고하였으나 내가 아니요 오직 하나님의 은혜라고 했다. 좋은 주인의 영광을 위하여 살아가는 의무를 지닌다.

* 참고 성구 * 빌 3:3, 고후 1:12, 딤전 1:12, 고전 15:10

■ 기 도 ■ 바울의 하나님! 기독교 역사상 최고의 인물임에도 자신을 죄인의 괴수라고 한 바울의 겸손을 보면서 우리도 이웃에게 자신을 감추고 당신만 드러내는 자들이 되게 하소서. 예수 그리스도의 이름으로 기도 드립니다. 아멘

> 믿음을 버린 자

베드로를 향한 주님의 부인 예언

■ 찬 송 ■ ♪ 332, 215, 210, 193   ■ 참 조 ■ ☞ ② 357p

■ 본 문 ■ …예수께서 대답하시되 네가 나를 위하여 네 목숨을 버리겠느냐 내가 진실로 진실로 네게 이르노니 닭 울기 전에 네가 세 번 나를 부인하리라【요 13:36-38】

■ 서 론 ■ 영국의 시인이요 극작가인 셰익스피어는 "인생에 있어서 삶의 패턴은 선악이 같이 꼬여 있는 실타래와 같다. 우리의 실수가 덕을 채찍질하지 않으면 우리의 덕은 자만할 것이요 우리의 범죄는 미덕으로 감싸주지 않는다면 절망할 것이다." 라고 했다. 입으로만 주님을 모른다고 하는 것만 주님을 부인하는 것이 아니다. 주님을 부인하는 삶이란?

■ 말 씀 ■

I. 내 뜻대로 사는 삶은 주님을 부인하는 삶이다

영국의 신학자인 프레드릭 W. 로버트슨은 "그리스도인의 삶은 알고 들음에 있을 뿐만 아니라 그리스도의 뜻을 준행하는 데 있다."라고 했다. 성도가 의와 생명으로 인도하시는 예수를 따르지 않고 내 뜻만을 고집하면서 모든 아집에 집착하며 사는 자가 될 때 이것은 주권자 되시는 주님을 부인하는 삶이 된다. 주님은 철저히 하나님의 뜻에 부합되는 기도를 겟세마네 동산에서 드리셨다.

 * 참고 성구 * 딛 1:16, 살후 1:8, 시 40:8, 마 7:21, 26:39, 약 4:15

II. 불의를 범하는 삶도 주님을 부인하는 삶이다

영국의 정치작가 주니우스는 "가장 훌륭한 우리의 삶은 많은 악 가운데서 올바로 선택하는 것이다."라고 했다. 성도가 지극히 거룩하신 예수를 본받지 않고 갖은 불의와 악행과 죄악을 서슴지 않고 저지르는 자가 될 때 이것은 의의 심판자가 되시는 주님을 부인하는 삶이 된다. 주님은 이런 자를 향해서 꾸짖기를 불법을 행하는 자들아 내게서 떠나가라고 하셨다.

 * 참고 성구 * 롬 2:8, 벧후 2:1, 마 7:23, 엡 5:8-9

III. 구별되지 않는 삶도 주님을 부인하는 삶이다

영국의 과학자 토마스 H. 헉슬리는 "한 인간이 그리스도인이 되는 데는 많은 것을 필요로 하지 않는다. 그러나 그에게 있는 모든 것을 요구한다."라고 했다. 예수의 피로 죄 씻음을 받아 하늘나라에 속한 자가 되었음에도 불구하고 그 은혜를 잊고 세상과 구별되지 못한 삶을 사는 자들은 구세주이신 주님을 부인하는 삶이 된다. 이런 자들이 두 번 주님을 십자가에 못박는 자들이다.

 * 참고 성구 * 갈 5:24, 막 8:38, 히 6:4-6, 10:29, 엡 5:3, 약 1:27

■ 기 도 ■ 하나님 아버지! 주님을 부인하는 삶을 알았사오니 이 순간부터 주님을 저버리지 않고 주님을 모시고 사는 삶을 살고자 결단하오니 거두어 주옵소서. 예수 그리스도의 이름으로 기도 드립니다. 아멘

> 믿음을 버린 자

베냐민 지파의 대항이 주는 교훈

- **찬 송** ♪ 95, 92, 27, 429
- **참 조** ☞ ① 133p
- **본 문** 이스라엘 지파들이 베냐민 온 지파에 사람들을 보내어 두루 행하며 이르기를 너희 중에서 생긴 이 악이 어찜이뇨 그런즉 이제 기브아 사람 곧 그 비류를… 【삿 20:12-23】
- **서 론** 영국의 시인 로버트 사우티는 "사람은 자신의 영혼에 죄 짓지 않고 악한 방법으로 좋은 결과를 추구할 수 있다고 생각하는 것은 잘못이다. 악한 방법의 결과는 뻔한 것이다."라고 했다. 악을 감싸주는 것은 악을 옹호하는 것이다. 불의한 자들은?

- **말 씀**

I. 불의한 자들은 악에 거하기를 좋아함

기자는 이스라엘 중에서 망령된 일을 행한 대로 징계하고자 베냐민 지파에게 너희 중에서 생긴 이 악이 어찜이뇨 했다. 여기서 '망령된 일'은 히브리어 '나발라' 로서 '어리석음, 불경함'으로 부정한 행동이나 수치스런 악을 무분별하게 자행함을 말한다. 불의한 자는 죄가 거듭될수록 회개하여 주께 돌아가는 마음이 무디어져서 끝내는 죄 가운데 머무는 것을 더 좋아하게 된다.

  * 참고 성구 * 사 65:5, 롬 1:18, 2:8, 요 8:44, 갈 5:19-21

II. 불의한 자들은 하나님의 의인을 핍박함

기자는 이스라엘 중에 악을 제하여 버리게 하라고 하자 베냐민 자손은 싸우고자 하였다. 여기서 '제하여'는 히브리어 '바아르'로서 '치우다, 불로 소멸시키다, 없애다'의 뜻으로 불필요한 것을 불태우듯 극악한 죄의 영향력을 근절시키는 것을 말한다. 불의한 자는 하나님의 뜻을 좇는 사람을 질시하고 억압하며 죄의 올가미에 넣으려고 호시탐탐 기회를 노린다.

  * 참고 성구 * 잠 1:10-19, 행 7:52, 요 15:20-23, 딤후 3:12

III. 불의한 자들은 하나님을 향해 대적함

기자는 이스라엘 사람들이 다시 항오를 벌이니라고 했다. 여기서 '항오를 벌이다'는 히브리어 '아라크' 로서 원래 '한 줄로 세우다, 정돈하다'의 뜻으로 일사불란한 전투대열로 편성된 상태를 가리킨다. 불의한 자들은 의로운 권면의 말을 경홀히 여기고 하나님의 간섭을 싫어하므로 불순종과 반역, 패륜의 악행을 서슴지 않고 범하게 된다. 이런 자의 결국은 엄정한 심판뿐이다.

  * 참고 성구 * 유 1:15, 딤전 1:20, 딤후 4:14-15, 3:8, 행 13:10

- **기 도** 하나님 아버지! 불의한 자들의 행태를 보았사오니 택함 받은 성도는 더욱 믿음에 열심하여 영적 싸움에서 승리하게 도우소서. 예수 그리스도의 이름으로 기도드립니다. 아멘

믿음을 버린 자

이스라엘에게 임한 음행의 결과

■ 찬 송 ■ ♪ 504, 494, 417, 443   ■ 참 조 ■ ☞ ① 299p

■ 본 문 ■ 이스라엘이 싯딤에 머물러 있더니 그 백성이 모압 여자들과 음행하기를 시작하니라 그 여자들이 그 신들에게 제사할 때에 백성을 청하매… 【민 25:1-5】

■ 서 론 ■ 프랑스의 대주교 프란시스 페늘롱은 "더럽고 불명예스런 육욕이며, 가장 가공할 악이 판도라의 상자에서 나와서 마음 전체를 타락시키고 모든 선을 근절시킨다."라고 했다. 이스라엘의 음행은 하나님께 대한 영적 간음으로 거룩한 몸을 창녀와 뒤섞은 추잡한 짓거리이다. 이로써?

■ 말 씀 ■

Ⅰ. 이스라엘에 고통이 임했음

기자는 백성이 모압 여자들과 음행하기를 시작하니라고 했다. '음행'은 히브리어 '자나'로서 '행음, 음란, 간음'의 뜻으로, 하나님이 세우신 순결한 성적 질서를 깨뜨리는 비정상적인 행위로서 영적인 혼란과 부담을 주며 극히 불건전하여 육체적으로도 큰 고통을 수반한다. 사도 바울은 이스라엘의 타락은 간음에서 비롯되었다고 지적했다. 하나님은 성도에게 영육간의 순결을 요구하신다.

* 참고 성구 *   삼 6:32-35, 벧후 2:7-8, 출 20:3-5, 14, 고전 6:18-20, 10:8

Ⅱ. 이스라엘은 주와 관계가 단절됐음

기자는 이스라엘이 바알브올에게 부속된지라 여호와께서 이스라엘에게 진노하시니라고 했다. 여기서 '부속된지라'는 히브리어 '이차메드'로서 '강하게 결합되어 고정되었다'는 뜻으로 여기서는 마음이 미혹되어 하나님을 떠나 우상숭배 하는 것을 말한다. 음행은 거룩하신 하나님이 가장 싫어하시는 범죄로 당연히 하나님의 진노를 불러일으키게 되었다.

* 참고 성구 *   마 5:28, 출 32:9-10, 민 32:13, 벧후 2:12-14

Ⅲ. 이스라엘은 영적 죽음을 맛보았음

기자는 백성의 두령을 잡아 태양을 향하여 여호와 앞에 목베어 달라 그리하면 여호와의 진노가 이스라엘에서 떠나리라고 했다. 처음에는 순간적인 쾌락과 육체의 즐거움을 제공하는 것 같으나 종국에는 영육간에 사망의 나락으로 떨어지게 하는 무서운 죄악이 바로 음행의 죄이다. 이 죄는 철면피하고 이기적이며 파렴치한 행동을 수반하는 것이 특징이다.

* 참고 성구 *   고전 5:1, 5, 엡 5:3, 19, 살전 4:3-7, 히 13:4, 약 4:4

■ 기 도 ■ 음행을 미워하시는 하나님! 말세지말의 때에 성적인 범죄가 너무나 창궐합니다. 택한 백성에게 거룩하게 구별하는 마음을 주시어 온전한 삶을 영위토록 하소서. 예수 그리스도의 이름으로 기도 드립니다. 아멘

믿음을 버린 자

하나님의 생명에서 떠난 사람

■ 찬 송 ■ ♪ 378, 539, 543, 401　　　　■ 참 조 ■ ☞ ③ 21p

■ 본 문 ■ 그러므로 내가 이것을 말하며 주 안에서 증거하노니 이제부터는 이방인이 그 마음의 허망한 것으로 행함같이 너희는 행하지 말라…【엡 4:17-18】

■ 서 론 ■ "세속에 물들어 갈 때 경건은 사라지고 기도가 끊기며 결국에는 하나님과의 교제도 단절된다." 어느 목회자의 말이다. 이방인의 허망한 마음에는 각종 마귀가 가져다 주는 불순물로 가득 차 있기에 그들에게는 영생의 소망이 결여되어 있다. 하나님의 생명을 외면하고 떠난 자들은?

■ 말 씀 ■

I. 이는 어두움에 거하는 자를 말한다

바울은 저희 총명이 어두워지고라고 했다. 여기서 '총명'은 헬라어 '프로네시스'로서 '훈련하다, 처리하다'는 뜻으로 끊임없는 성찰과 연단을 통해 얻는 지적, 도덕적 통찰력과 행위를 의미한다. 하나님의 생명에서 떠난 자는 어두움에 거하는 자로서, 이들은 진리의 말씀을 들어도 깨닫지 못하고 참과 거짓을 분별하지 못하여 내내 어두운 사단의 세력 속에 거하는 자이다.

　　* 참고 성구 *　잠 4:19, 마 6:23, 요 3:19, 1:15, 롬 13:12, 살전 5:4

II. 이는 무지한 자를 말한다

바울은 저희 가운데 있는 무지함이라고 했다. 하나님의 생명에서 떠난 자는 무지한 자로서 이들은 하나님의 역사하심을 모르며 하나님을 아는 지식이 없는 자인 바 썩어 멸망할 이 세상의 것들이 전부인 양 착각하고 이것에 미쳐서 진리를 전혀 접할 수 없는 불쌍한 자이다. 바울은 아덴에서 이런 자들에게 설교했다. 성도는 세상 것에는 무지하고 하나님의 말씀에는 유식해야 한다.

　　* 참고 성구 *　롬 10:3, 렘 5:4, 4:22, 벧전 1:14-15, 행 17:22-31

III. 이는 마음이 굳어진 자를 말한다

바울은 저희 마음이 굳어짐으로 말미암아 하나님의 생명에서 떠나 있도다라고 했다. 여기서 '굳어짐으로'는 헬라어 '포로시스'인데 이는 의학용어로서 '피부 경화'라는 의미를 갖고 있는데 이 단어는 여기에서 도덕적이고 양심적인 무감각을 의미한다. 이들은 육에 속한 자들로서 마음에 인간적 욕심과 이기심만을 가득 채우고 하나님 모실 자리를 비워두지 않는 자이다.

　　* 참고 성구 *　출 7:14, 롬 1:28, 8:7, 골 1:21, 2:18, 딛 1:15

■ 기 도 ■ 하나님 아버지! 당신의 생명에서 떠난 사람들의 면면을 보았습니다. 가히 지옥 불에 떨어질 심판을 받을 만한 자이매 오늘 우리에게는 믿음의 상급인 천국을 허락하소서. 예수 그리스도의 이름으로 기도 드립니다. 아멘

믿음을 버린 자

요시야의 종교 개혁에 담긴 의미

■ 찬 송 ■ ♪ 384, 380, 379, 514   ■ 참 조 ■ ☞ ① 231p

■ 본 문 ■ 왕이 뭇 백성에게 명하여 가로되 이 언약 책에 기록된 대로 너희의 하나님 여호와를 위하여 유월절을 지키라 하매 사사가 이스라엘을 다스리던 시대부터… 【왕하 23:21-24】

■ 서 론 ■ 영국의 칼빈주의 신학자인 토플레디는 "썩고 오래된 집에 흰 회칠을 하는 것과 집을 헐고 그 자리에 새 집을 짓는 것이 다르듯이 외적인 단순한 개혁도 재생과는 다른 것이다."라고 했다. 요시야의 종교 개혁은?

■ 말 씀 ■

Ⅰ. 성도는 온전한 헌신을 회복할 것

기자는 요시야가 백성에게 이 언약 책에 기록된 대로 너희의 하나님 여호와를 위하여 유월절을 지키라고 했다. 여기서 '유월절'은 히브리어 '페사흐'로서 하나님의 재앙이 그들의 집을 '넘어 지나갔다'(pass over)는 것을 의미한다. 애굽의 종살이에서 해방됨을 기념하는 것처럼 성도는 하나님을 만난 첫사랑이 지금은 얼마만큼 주를 위해 살고 있는지를 돌아보아야 한다.

　* 참고 성구 *　 마 16:24, 계 2:4, 딤전 5:12, 호 10:2

Ⅱ. 성도는 불붙는 열심을 회복할 것

기자는 사사가 이스라엘을 다스리던 시대부터 이스라엘 열 왕의 시대에든지 유다 열 왕의 시대에든지 이렇게 유월절을 지킨 일이 없었다고 했다. 성도는 신앙의 연륜이 깊어가면 갈수록 하나님을 만나는 시간은 점점 줄어들고 자신도 모르게 나태하고 안일한 신앙의 자세를 보이고 있지는 않은지 자신을 돌아보고 경계로 삼아야 한다. 경건은 금생과 내생에 약속이 있는 유익한 것이다.

　* 참고 성구 *　 렘 20:9, 계 2:5, 3:19, 신 6:5, 욜 2:12, 딤후 1:6, 딤전 4:8

Ⅲ. 성도는 순전한 마음을 회복할 것

기자는 요시야가 우상과 모든 가증한 것을 다 제하였다고 했다. 여기서 '우상'은 히브리어 '쉬쿠츠'로서 '정 떨어지는, 가증스러운 오물, 몹시 싫은 형상' 등을 뜻하며 이는 우상 숭배가 가증한 행위임을 말하는 것이다. 성도는 하나님께서 죄씻음 받았던 우리의 마음이 점차 다시 죄에 물들고 있음을 보시고 마음 아파하시지 않도록 순전한 마음으로 돌아가야 한다.

　* 참고 성구 *　 막 12:30, 신 10:12, 살후 3:5, 엡 6:24

■ 기 도 ■ 요시야의 하나님! 침체되었던 신앙을 회복코자 동분서주한 요시야의 모습을 보았습니다. 우리들도 다시 한번 신앙을 회복하여 당신을 기쁘게 해드리며 우리 영혼을 기름지게 할 다짐을 하겠사오니 힘 주시옵소서. 예수 그리스도의 이름으로 기도 드립니다. 아멘

믿음을 버린 자

제자들에게 현현하신 예수

■ 찬 송 ■ ♪ 208, 204, 205, 493　　　■ 참 조 ■ ☞ ② 327p

■ 본 문 ■ 저희가 서로 말하되 길에서 우리에게 말씀하시고 우리에게 성경을 풀어 주실 때에 우리 속에서 마음이 뜨겁지 아니하더냐 하고 곧 그 시로 일어나… 【눅 24:32-49】

■ 서 론 ■ "성도는 그리스도의 사랑의 띠로 서로 묶인 자들로서 같은 목표를 향하여 달리는 운동선수들이다."라고 어느 목회자는 말했다. 부활하신 예수를 다시 만난 제자들은 이제 모든 의심과 걱정과 염려를 접고 새로운 삶을 행해 달리는 자들이 되어 세상을 변화시키는 몸짓을 시작했다. 성도는?

■ 말 씀 ■

I. 주님을 만난 성도는 주를 향한 열심을 나타냄

기자는 우리에게 성경을 풀어 주실 때에 우리 속에서 마음이 뜨겁지 아니하더냐 했다. 여기서 '뜨겁지'는 헬라어 '카이오메네'로서 '불이 붙다, 빛내다, 태우다'는 뜻으로 용광로처럼 활활 타올라 밝게 빛나는 상태를 뜻한다. 성도는 성령 충만한 뜨거운 마음으로 주님을 향한 열심을 소유하여 그것이 생활 속에서 아름답게 드러나야 한다. 열심의 행위에는 상급이 함께 따른다.

* 참고 성구 * 행 2:33, 계 3:15, 19, 22:12, 딤후 1:6, 고후 9:2, 롬 9:3

II. 주님을 만난 성도는 의로운 교제에 힘을 쏟음

기자는 일어나 예루살렘에 돌아가 보니 열 한 사도와 및 그와 함께 한 자들이 모여 있어라고 했다. 성도는 이 세상에 화목을 주시려고 오신 예수 그리스도의 삶을 본받아 하나님의 나라에 이를 때까지 성도끼리 서로 아끼며 사랑하고 봉사하고 함께 구제하는 의로운 삶의 교제를 힘써야 할 것이다. 교제 곧 '코이노니아'는 슬픔과 기쁨, 사랑과 은혜를 같이 나누는 생사고락을 의미한다.

* 참고 성구 * 요일 1:3,7, 시 119:63, 행 2:42, 롬 1:12, 16:4, 딤후 1:16

III. 주님을 만난 성도는 주의 복음을 곳곳에 증거함

기자는 모든 족속에게 전파될 것이 기록되었으니 너희는 이 모든 일의 증인이라고 했다. 여기서 '전파될'은 헬라어 '케뤼크데나이'로서 '케뤼소'(전파하다)의 부정과거로 한번 전파된 것이 이후 영원한 효력을 미치게 될 것을 뜻한다. 주를 만난 기쁨을 복음, 곧 '좋은 소식'인 '유앙겔리온'을 알지 못하는 자들에게 증거하기를 힘쓰는 것이 성도의 사명이다.

* 참고 성구 * 갈 6:14, 눅 8:39, 살전 2:9, 마 28:19, 행 1:8

■ 기 도 ■ 하나님 아버지! 주님을 만난 자들이 행해야 할 자세를 보았습니다. 오늘 우리들도 다시 힘을 얻어 열심을 내도록 성령의 능력을 덧입혀 주옵소서. 예수 그리스도의 이름으로 기도 드립니다. 아멘

믿음이 흔들리는 자

여호수아의 마지막 당부에 담긴 교훈

■ **찬 송** ■ ♪ 357, 415, 93, 101   ■ **참 조** ■ ☞ ② 105p

■ **본 문** ■ 그러므로 스스로 조심하여 너희 하나님 여호와를 사랑하라 너희가 만일 퇴보하여 너희 중에 빠져 남아 있는 이 민족들을 친근히 하여…【수 23:6-16】

■ **서 론** ■ "임종의 장면은 인생의 마지막 청산이요, 그가 가는 미래를 설명해 주는 장면이다."라고 어느 목사는 말했다. 오늘날 택하라 오직 나와 내 집은 여호와를 섬기겠노라(수 24:15)고 외친 여호수아의 당부는 신실한 신앙인의 믿음의 자세로서 오늘의 우리를 숙연하게 만든다. 성도는?

■ **말 씀** ■

Ⅰ. 성도는 우상 섬김을 조심할 것

여호수아는 그것을 떠나 좌로나 우로나 치우치지 말라고 했다. 여기서 '치우치지'는 히브리어 '수르'로서 '곁길로 가다, 율법에서 떠나다, 하나님으로부터 돌아서다'라는 뜻으로 정도를 걷지 않고 다른 길로 나아가는 것을 뜻한다. 우상 섬김은 하나님께서 가장 싫어하시므로 이것에는 반드시 하나님의 진노가 따름을 알아 성도는 하나님 제일주의로 살아야 한다.

＊ 참고 성구 ＊ 신 5:7, 출 20:4, 사 42:8, 요일 5:21, 골 3:5

Ⅱ. 성도는 불의와의 타협을 조심할 것

여호수아는 그러므로 스스로 조심하여 너희 하나님 여호와를 사랑하라고 했다. 여기서 '조심하여'는 히브리어 '솨마르'로서 '지키다'는 뜻으로 이는 잘못된 행동을 범하지 않기 위해 항상 자신의 몸과 마음을 점검하면서 지키는 것을 의미한다. 불의의 용납은 이것이 성도에게 계속적인 올무가 되어 얽매고 종국에는 하나님으로부터 멀어지게 만든다.

＊ 참고 성구 ＊ 롬 8:13, 고후 6:14-15, 엡 5:11, 살후 3:6

Ⅲ. 성도는 신앙의 퇴보를 조심할 것

여호수아는 너희가 퇴보하면 모든 불길한 일도 너희에게 임한다고 했다. 여기서 '불길한'은 히브리어 '라'로서 '쓸모 없게 하다'에서 유래되어 '해로운, 비참한'의 뜻으로 상대를 해하여 비참하리 만큼 쓸모 없는 것이 되게 한다는 의미이다. 성도가 처음 사랑을 상실하고 나태해질 때 사단의 유혹은 더욱 극심하므로 성령으로 깨어 있는 믿음을 유지해야 한다.

＊ 참고 성구 ＊ 계 2:4-5, 마 22:5, 24:12, 렘 2:2, 딤전 5:12

■ **기 도** ■ 여호수아의 하나님! 성도들에게 당부한 신앙의 선배들의 권면을 마음에 새겨 우리의 믿음이 흔들리지 않도록 인도하소서. 예수 그리스도의 이름으로 기도 드립니다. 아멘

믿음이 흔들리는 자

그리스도 예수 안에서 행할 원리

■ **찬 송** ■ ♪ 521, 265, 303, 256 　　■ **참 조** ■ ☞ ① 425p ② 231p

■ **본 문** ■ 그러므로 너희가 그리스도 예수를 주로 받았으니 그 안에서 행하되 그 안에 뿌리를 박으며 세움을 입어 교훈을 받은 대로 믿음에 굳게 서서 감사함을…【골 2:6-7】

■ **서 론** ■ 프랑스의 물리학자요 수학자인 파스칼은 "인간마다 가슴속에 공백이 있는데 이 공백은 다른 무엇으로 채울 수 없고 오직 예수 그리스도에 의해 채워진다."라고 했다. 성도는 예수 안에서 예수 그리스도의 장성한 분량이 충만한 데까지 이르러야 한다(엡 4: 13). 예수 안에서 성도는?

■ **말 씀** ■

Ⅰ. 성도는 예수 안에서 뿌리를 내릴 것

바울은 그 안에 뿌리를 박으며라고 했다. 여기서 '뿌리를 박으며는 헬라어 '엘리조메노이' 로서 이는 '리조오', 곧 '뿌리를 박게 한다' 의 완료수동태분사로서 이미 하나님에 의해 믿음의 뿌리가 내려져 있는 상태를 의미한다. 성도는 하나님의 말씀 위에서 신앙의 근거를 찾고 행동의 원리를 그 안에다가 맞추어야 한다. 진리이신 주님께 뿌리를 내릴 때 성도는 흔들리지 않는 믿음을 가진다.

* 참고 성구 * 　롬 14:8, 고전 12:3, 3:11, 마 7:24, 엡 2:20, 딤후 2:19

Ⅱ. 성도는 예수 안에서 성장할 것

바울은 세움을 입어 교훈을 받은 대로 믿음에 굳게 서서라고 했다. 여기서 '세움을 입어' 는 헬라어 '에포이코도무메노이' 로서 '에포이코도메오' 곧 '…위에 건축한다' (to build upon)의 현재수동태분사로 현재 성령에 의하여 계속 건축되어져 가는 것을 의미한다. 성도는 세상을 향해 가지를 뻗어 성숙해 가는 실천적 삶을 살아야 한다. 실천이 없는 믿음은 죽은 믿음이나 마찬가지이다.

* 참고 성구 * 　롬 16:25, 엡 2:22, 4:13, 살후 2:17, 고전 15:58, 약 2:26

Ⅲ. 성도는 예수 안에서 열매를 맺을 것

바울은 감사함을 넘치게 하라고 했다. 여기서 '감사함을' 은 헬라어 '엔 유카리스티아' 로서 '감사 안에, 감사를, 좋은 매력을, 좋은 선물을' 의 뜻으로 감사 안에 계속 머물러 있는 상태를 뜻한다. 하나님 은혜에 대한 표현이 감사인즉 성도는 빛을 발하듯 감사함으로써 선한 열매를 맺어 하나님께 영광을 돌려서 그 행함을 증거하고 인정받아야 한다.

* 참고 성구 * 　시 100:4, 골 1:12, 3:15, 살전 5:18, 엡 5:20

■ **기 도** ■ 하나님 아버지! 성도를 향하신 당신의 뜻을 잘 알았습니다. 오늘 이 시간부터 새로운 각오를 삶의 자세를 더욱 굳게 하겠사오니 은혜로 채워주소서. 예수 그리스도의 이름으로 기도 드립니다. 아멘

> 믿음이 흔들리는 자

여호와가 베푸신 사역의 특징

■ 찬 송 ■ ♪ 75, 78, 63, 74   ■ 참 조 ■ ☞ ② 233p

■ 본 문 ■ …이스라엘이 여호와께서 애굽 사람들에게 베푸신 큰 일을 보았으므로 백성이 여호와를 경외하며 여호와와 그 종 모세를 믿었더라 【출 14:13-31】

■ 서 론 ■ 미국의 성직자요 교육자인 존 바커는 "하나님에 대한 고대의 상형문자는 그가 모든 것을 보시고 다스리신다는 것을 나타내기 위해 왕홀(王笏)의 눈으로 묘사되었다."라고 했다. 택하신 선민 이스라엘을 애굽으로부터 구원하신 하나님의 사역은 홍해에서 그 절정을 맞이하게 되었다. 여호와 하나님의 사역은?

■ 말 씀 ■

I. 여호와의 크신 사랑을 볼 것

모세는 여호와께서 너희를 위하여 싸우시리니 너희는 가만히 있을지니라고 했다. 여기서 '싸우시리니' 는 히브리어 '라함' 으로 '전투하다' 인데 상대와 정면 대결하여 투쟁하는 것으로 완벽한 승리를 확신하는 전투를 말한다. 죄인인 인간을 먼저 사랑하시고 반역 앞에서도 인내하시며 택한 백성이라고 손수 대적을 맞아 싸우시는 하나님의 자비와 사랑을 보라.

＊ 참고 성구 ＊ 요일 4:10, 16, 신 7:8, 요 3:16, 롬 5:8

II. 여호와의 크신 역사를 볼 것

기자는 달리기를 극난하게 하시니 애굽 사람들이 도망하자 여호와가 그들을 위하여 싸워 애굽 사람을 친다고 했다. 여기서 '극난하게' 는 히브리어 '비크베두트' 로서 '무겁다' 는 뜻의 '카바드' 에서 온 말로 병거가 무거운 짐을 실은 듯 힘겹게 움직이는 것을 묘사한 말이다. 우주의 창조자로서 성도의 구원을 위해 치밀하게 계획하시고 주관하신 하나님의 구원의 역사를 보라.

＊ 참고 성구 ＊ 사 28:29, 짐 21:1, 대하 25:8, 시 115:3, 롬 16:25-27

III. 여호와의 크신 소망을 볼 것

기자는 바다의 그 세력이 회복된지라 애굽 사람들이 물을 거스려 도망했다고 했다. 여기서 '세력이(회복된지라)' 는 히브리어 '에탄' 으로 '영속적인, 길이 흐르는' 으로 바다의 영속적인 흐름이나 움직임을 뜻하며 이는 잠깐 멈췄던 바다가 예전대로 흐름을 의미한다. 자기 백성을 구원하시고 영원한 소망을 바라는 자에게 그것을 이루게 하시는 소망의 하나님을 바라보라.

＊ 참고 성구 ＊ 히 6:18-19, 롬 8:24, 행 24:15, 골 1:5, 벧전 1:3

■ 기 도 ■ 여호와 하나님! 이스라엘 백성을 구원하신 당신의 사역을 통해 더욱 확실한 신앙을 갖게 되었습니다. 지금 이 시간부터 더욱 굳센 믿음으로 생을 살고자 하오니 영육간에 축복하소서. 예수 그리스도의 이름으로 기도 드립니다. 아멘

믿음이 흔들리는 자

아비야의 연설에 내포된 교훈

■ 찬 송 ■ ♪ 502, 497, 429, 456　　■ 참 조 ■ ☞ ② 187p

■ 본 문 ■ 우리에게는 여호와께서 우리 하나님이 되시니 그를 우리가 배반치 아니하였고 여호와를 섬기는 제사장들이 있으니 아론의 자손이요 또 레위 사람이 【대하 13:10-12】

■ 서 론 ■ 한국이 낳은 위대한 부흥사인 이성봉 목사는 "하나님의 은혜를 받고도 배도한 자의 말로는 죽음이다. 두려울진저 회개하라."고 외쳤다. 예수를 배반하는 것은 예수를 다시 십자가에 못박는 행위인 것이다. 성도가 배반하지 않을 때?

■ 말 씀 ■

Ⅰ. 배반치 않을 때 주가 되어 주심

기자는 우리에게는 여호와께서 우리 하나님이 되시니 그를 우리가 배반치 아니하고 여호와를 섬기는 제사장들이 있다고 했다. 성도들에게는 만유를 창조하시고 지배하시는 하나님께서 친히 머리가 되시며 주인이 되시사 인생의 모든 삶을 주관하시고 그 갈 길을 손수 인도하신다. 주님께서는 너희에게는 머리털까지 다 세신 바 되었다고 하시며 하나님의 철저하심을 말하셨다.

　＊ 참고 성구 ＊　시 32:8, 마 11:30, 신 14:2, 렘 31:33, 엡 1:4

Ⅱ. 배반치 않을 때 함께 하여 주심

기자는 하나님이 우리와 함께 하사 우리의 머리가 되시고 그 제사장들도 우리와 함께하여라고 했다. 여기서 '그 제사장들'은 히브리어 '코하나이'로서 정확히 번역하면 '그의 제사장들'로서 '여호와의 제사장들'을 의미한다. 성도들에게 하나님은 항상 함께하셔서 악한 세력으로부터 건져 주시고 육과 영에게 두려움이 없는 기쁨과 소망으로 가득 찬 평안한 삶을 살게 하여 주신다.

　＊ 참고 성구 ＊　시 12:5, 시 31:5, 잠 29:25, 합 3:18, 마 1:23

Ⅲ. 배반치 않을 때 형통하게 하심

기자는 여호와와 싸우지 말라 너희가 형통치 못하리라고 했다. 여기서 '형통'은 히브리어 '찰레아흐'로서 '번영하다, 순조로운, 능력이 임하다'인데 이는 외부의 힘에 의해 삶의 길이 윤택하고 평탄하게 번영함을 뜻한다. 성도들에게 하나님은 무슨 일을 하든, 어떤 길을 가든 미리 그 길을 예비하사 형통케 하시고 바르게 인도하셔서 궁극적 승리를 보장해 주신다.

　＊ 참고 성구 ＊　수 1:7, 창 39:3, 신 29:9, 시 1:3, 빌 3:13-14

■ 기 도 ■ 하나님 아버지! 아비야의 연설 속에서 당신을 발견하였습니다. 잠시 잠깐 당신을 떠난 삶을 회개하오니 사랑으로 용서하시고 앞길을 인도해 주소서. 예수 그리스도의 이름으로 기도 드립니다. 아멘

믿음이 흔들리는 자

성도가 쉽게 미혹되는 경우

■ 찬 송 ■ ♪ 507, 347, 475, 506　　　■ 참 조 ■ ☞ ③ 281p

■ 본 문 ■ 소안의 방백은 지극히 어리석었고 바로의 가장 지혜로운 모사의 모략은 우준하여졌으니 너희가 어떻게 바로에게 이르기를 나는 지혜로운 자들의 자손이라… 【사 19:11-15】

■ 서 론 ■ 영국의 퀘이커 교도(=무교회주의자)로서 미국 펜실베이니아주의 식민지 부설자인 윌리엄 펜은 "하나님은 형식을 취한 많은 기도보다 악의 유혹을 배척하는 것을 가상히 여기신다."라고 했다. 종말의 징조 중 하나가 거짓 사도들이 일어나 택하신 자로 할 수만 있으면 미혹하려 드는 것이다. 미혹은?

■ 말 씀 ■

Ⅰ. 믿음이 연약할 때 쉽게 미혹됨

러시아의 작가 톨스토이는 "사람들을 가장 큰 불행으로 이끄는 유혹은 남들도 다 그렇게 하니까 라는 말에 표현되는 미혹이다."라고 했다. 성도는 우리를 공격하기 위해 항상 살피고 있는 사단의 유혹을 물리치기 위하여는 언제나 근신하고 깨어서 믿음을 굳게 지키지 않으면 안 된다. 믿음은 시련의 파도가 몰아치는 환란의 때보다 평안할 때 더욱 무디어지고 연약해진다.

　* 참고 성구 *　벧후 2:14, 잠 1:10, 창 3:1, 고후 2:11, 11:3, 삼하 11:2

Ⅱ. 무지할 때 쉽게 미혹됨

기자는 여호와께서 애굽에 정하신 뜻을 알 것이요라고 했다. 여기서 '알'의 히브리어 어근은 '야다'로서 분명하게 아는 것을 뜻한다. 성도는 죄의 정체가 무엇이며, 죄의 근원은 무엇인지, 또한 죄를 이길 수 있는 무기는 무엇인지를 아는 영적인 지혜가 없으면 미혹되기 쉬움을 알아서 영적 지혜의 보고인 하나님의 말씀이 들어 있는 성경을 항상 상고하고 마음판에 새겨야 한다.

　* 참고 성구 *　딤후 2:7, 3:7, 렘 5:4, 롬 10:3, 엡 4:18

Ⅲ. 자기 욕심에 끌릴 때 쉽게 미혹됨

기자는 여호와께서 그 가운데 사특한 마음을 섞으셨다고 했다. 여기서 '사특한'은 히브리어 '아으에'로서 '구부리다, 굽게 만들다'에서 유래된 말로 참된 지혜대로 행하지 않고 왜곡하여 불의를 행하는 것을 의미한다. 인간적 정욕은 사단의 미혹에 쉽게 빠져들므로 성도는 육신과 세상의 정욕을 피하고 오직 주님의 십자가만 바라보며 성결한 생활을 힘쓸 것이다.

　* 참고 성구 *　약 1:14, 창 3:6, 수 7:21, 잠 9:17, 요일 2:16

■ 기 도 ■ 하나님 아버지! 성도가 미혹되는 까닭을 알았사오니 이제부터는 믿음이 흔들리지 않고 견고히 나아갈 수 있도록 붙잡아 주옵소서. 예수 그리스도의 이름으로 기도 드립니다. 아멘

믿음이 흔들리는 자

시삭의 침공이 주는 교훈

■ **찬 송** ■ ♪ 518, 515, 506, 376　　　■ **참 조** ■ ☞ ③ 235p

■ **본 문** ■ 르호보암이 나라가 견고하고 세력이 강하매 여호와의 율법을 버리니 온 이스라엘이 본받은지라… 【대하 12:1-8】

■ **서 론** ■ 영국의 경제학자 존 S. 밀은 "이 세상에 태어나서 한 번도 좋은 결심을 하지 않은 사람은 별로 없다. 단지 그것이 계속되지 않을 따름이다."라고 했다. 정치적으로 경제적으로 나라가 안정되자 교만해진 르호보암은 하나님의 율법을 버렸다. 이 때 애굽 왕 시삭의 침공이 시작되었다. 환란의 때에 성도는?

■ **말 씀** ■

Ⅰ. 성도는 말씀 위에 서야 함

기자는 르호보암이 나라가 견고하고 세력이 강하매 여호와의 율법을 버렸다고 했다. 여기서 '버리니'는 히브리어 '아자브'로서 '잊다, 떠나다, 배반하다'의 뜻으로 율법을 어길 뿐만 아니라 오히려 거역하고 반항하는 능동적인 범죄를 의미한다. 하나님의 말씀은 성도를 바른 길로 가게 하며 유혹을 이기는 방패 역할을 하므로 좌우로 치우치지 말고 말씀을 따라 행하자.

　　* 참고 성구 *　출 15:26, 마 7:24, 고전 3:11, 엡 2:20, 히 13:9

Ⅱ. 성도는 스스로 겸비해야 함

기자는 너희가 나를 버렸으므로 나도 너희를 버렸노라 하자 왕이 스스로 겸비했다고 하였다. 여기서 '버렸으므로'는 히브리어 '아자브템'으로 '거절하다, 떨어지다'는 뜻으로 마음으로 배척하며 행위로는 곁길로 나아가 버린 것을 의미한다. 교만은 패망의 선봉인즉 하나님만을 겸손히 받들어 섬길 때 하나님은 승리의 길을 열어 주신다. 주 앞에서 낮추면 그가 높여 주신다고 했다.

　　* 참고 성구 *　롬 12:16, 약 4:10, 잠 16:18, 22:4, 벧전 5:5

Ⅲ. 성도는 악을 대적해야 함

기자는 여호와께서 대강 구원하여 나의 노를 시삭의 손으로 예루살렘에 쏟지 않는다고 하셨다. 여기서 '대강'은 히브리어 '므아트'로서 '조금, 단축, 쉬움, 부족함, 잠깐'의 뜻으로 질적인 면이 아닌 양적인 면에서의 조금을 의미한다. 성도는 악을 미워하되 철저히 대적하고 그 모양조차도 멀리하여 선에 속한 깨어 있는 생활을 해야지 얼렁뚱땅 대충해서는 안 된다.

　　* 참고 성구 *　살전 5:22, 히 12:4, 벧전 3:11, 고전 10:6

■ **기 도** ■ 시삭의 침공으로 경계를 삼으신 하나님! 오늘 이 시간 우리의 믿음을 살펴보고 혹이나 당신의 진노를 염려하오니 우리로 겸비토록 하소서. 예수 그리스도의 이름으로 기도 드립니다. 아멘

> 믿음이 흔들리는 자

부림절 제정에 내포된 의의

■ 찬 송 ■ ♪ 475, 513, 470, 477   ■ 참 조 ■ ☞ ① 279p

■ 본 문 ■ …에스더의 명령이 이 부림에 대한 일을 견고히 하였고 그 일이 책에 기록되었더라 【에 9:1-32】

■ 서 론 ■ 부림절(Purim)의 뜻은 '제비 뽑기'이다 아달월(2-3월)의 14,15일에 거행된 유대인의 절기인 부림절은 사악한 하만의 음모에서 히브리인들이 구원받은 것을 기념하는 날이다. 대적 하만의 마수에서 벗어난 유대 백성이 오늘 우리에게 주는 부림절의 교훈은?

■ 말 씀 ■

I. 신앙을 끝까지 지킬 때 대적으로부터 벗어난다

기자는 모르드개가 존귀하여 점점 창대했다고 하였다. 여기서 '창대하매'는 히브리어 '호라크 웨가돌'로서 '나가다'(하라크)와 '위대한'(가돌)으로 된 숙어로서 점점 힘을 얻게 되어 강성해짐을 뜻한다. 우는 사자처럼 성도를 공격하던 대적들이 전멸하고 오히려 죽을 것 같았던 성도들이 대적을 뒤엎고 생명을 구원받았을 뿐 아니라 힘과 세력을 얻어 존귀하게 되었다.

* 참고 성구 *   시 44:4-8, 37:5, 잠 29:25, 시 26:3, 딤후 1:12

II. 신앙을 끝까지 지킬 때 하나님의 뜻을 깨닫는다

기자는 애통이 변하여 길한 날이 되었으니 가난한 자를 구제하라고 했다. 여기서 '구제하라'는 히브리어 '미쉴로아흐'로서 '보내다, 주다, 받게 하다'인데 '주며'와 동일하며 음식이나 재산의 일부를 보내 주는 행위를 의미한다. 모든 상황과 조건들이 하나님께서 성도를 배려하신 최선의 것임을 역사 속에서 깨닫고 이 구원과 구속의 은총을 남을 도움을 통해서 열매를 맺는다.

* 참고 성구 *   창 45:7, 시 37:28, 잠 2:8, 딤후 4:18

III. 신앙을 끝까지 지킬 때 하나님께 영광을 돌린다

기자는 이 두 날을 연하여 지켜 폐하지 아니하기로 작정했다고 하였다. 여기서 '폐하지'는 히브리어 '아바르'로서 '지나가다, 건너다'의 뜻으로 잘못을 추궁하지 않고 모른 척하고 지나쳐 버리는 행위, 곧 망각한 상태를 의미한다. 성도가 얻는 모든 영광과 승리의 결과는 하나님께서 베풀어 주셨기에 이를 잊지 않고 하나님께 영광을 돌림으로써 큰 기쁨을 맛보는 것이다.

* 참고 성구 *   요 15:8, 마 5:16, 고전 6:20, 살후 1:12

■ 기 도 ■ 영광 받으실 하나님! 끝까지 믿음을 지킨 유다인을 구원하심을 보았습니다. 오늘 낙망하여 믿음이 흔들리는 당신의 백성을 붙들어 주시고 그 길을 인도하옵소서. 예수 그리스도의 이름으로 기도 드립니다. 아멘

기도 생활에 게으른 자

아브라함의 중보기도에 담긴 의미

■ 찬 송 ■ ♪ 431, 217, 429, 457 　　■ 참 조 ■ ☞ ② 27p ③ 29p

■ 본 문 ■ 그 사람들이 거기서 떠나 소돔으로 향하여 가고 아브라함은 여호와 앞에 그대로 섰더니 가까이 나아가 가로되 주께서 의인을 악인과 함께 멸하시려나이까… 【창 18:22-33】

■ 서 론 ■ 미국의 목사 햅포트 루콕은 "우리의 기도는 하나님의 공을 우리의 중재 가운데 가져오는 것을 돕는다는 뜻에서 의미 있는 일이다. 그렇게 되면 우리의 기도는 자기 자신의 사리의 좁은 시야에 매이는 일이 없게 될 것이다."라고 했다. 믿음의 조상 아브라함이 간절히 하나님께 드린 중보기도는?

■ 말 씀 ■

Ⅰ. 이는 타인을 위한 기도였음

기자는 주께서 의인을 악인과 함께 멸하시려나이까라고 했다. 성경 원문에는 의인을 앞에 '하물며'(욥 4:19), '참으로'(창 3:1)라는 뜻의 단어 '아프'가 첨가되어 있는데 이에는 의인의 멸망에 대한 아브라함의 안타까움이 잘 드러나 있다. 성숙한 성도는 자신만을 위해 기도하지 않고 연약한 자를 위하여 하나님께 간절히 중보기도를 하며 도움을 주고자 애쓰는 것이다.

* 참고 성구 * 요일 3:22, 출 32:32, 삼상 7:5, 대상 21:17, 엡 1:16

Ⅱ. 이는 끈기 있는 기도였음

기자는 내 주여 노하지 마옵시고 말씀하게 하옵소서라고 했다. 여기서 '노하지'는 히브리어 '하라'로서 타오르는 불꽃같이(왕하 23:26) 맹렬한 진노(출 22:24)를 말하는데, 이 위험에도 불구하고 아브라함은 끈기 있게 중보자의 역할을 했다. 기도에는 인내가 필요한데 성도들이 인내하는 성숙한 신앙의 자세가 없이는 온전한 기도의 응답을 기대하기 어렵다.

* 참고 성구 * 신 9:18, 창 32:26, 마 15:27, 눅 22:44

Ⅲ. 이는 간절한 기도였음

기자는 또 가로되 주는 노하지 마옵소서 내가 이번만 더 말씀하리이다라고 했다. 성도의 성숙한 기도에는 중심이 있어야 하는데 그 중심에는 하나님을 절대적으로 의지하고 그 품속을 바라는 신뢰가 전제되어야 한다. 하나님께서는 그러한 믿음을 소유한 자가 가슴 깊은 곳에서 간절히 부르짖을 때 이 기도를 외면하지 아니하시고 들어 응답하신다고 약속하셨다.

* 참고 성구 * 렘 29:13, 행 12:5, 약 5:17, 시 65:24

■ 기 도 ■ 아브라함의 하나님! 무례한(!) 아브라함의 기도를 끝까지 들으시고 양보하신 당신의 긍휼함에 감사드리오며 오늘 우리도 그러한 기도를 드릴 수 있는 기도의 사람이 되게 하옵소서. 예수 그리스도의 이름으로 기도 드립니다. 아멘

기도 생활에 게으른 자

겟세마네 동산의 제자들 모습

■ 찬 송 ■ ♪ 484, 363, 514, 515   ■ 참 조 ■ ☞ ② 115p, 321p

■ 본 문 ■ 기도 후에 일어나 제자들에게 가서 슬픔을 인하여 잠든 것을 보시고 이르시되 어찌하여 자느냐 시험에 들지 않게 일어나 기도하라 하시니라【눅 22:45-46】

■ 서 론 ■ '겟세마네'는 예루살렘에서 기드론 골짜기를 가로지르는 어느 동산으로 그 뜻은 '기름 짜는 틀'이다. 십자가를 앞두고 하나님께 간곡히 기도 드리기를 땀이 피방울이 되도록 기도하시고 시험을 이기신 주님 예수와는 대조적으로 제자들은 피곤과 세상 염려에 영적 죽음의 위치에 있었다. 기도를 쉬면?

■ 말 씀 ■

I. 성도가 기도를 쉬면 세상의 유혹을 허용하게 됨

기자는 제자들에게 가서 슬픔을 인하여 잠든 것을 보셨다고 했다. 여기서 '잠든'은 헬라어 '코이모메누스'로 '죽다, 잠에 빠지다'는 뜻으로 잠시 존 것이 아니라 긴장이 풀려 쏟아지는 잠에 취한 것을 의미한다. 성도가 기도를 쉬면 마귀는 은밀히 성도를 미혹시켜 세상의 정욕과 쾌락을 좇게 만들고 세상적 일에 빠지게 만든다. 기도는 호흡과 같은 것이므로 쉬면 죽게 된다.

* 참고 성구 *   마 26:41, 13:22, 고전 7:32-33, 엡 2:2, 딤후 4:10, 약 5:5

II. 성도가 기도를 쉬면 세상의 공격에 무너지게 됨

기자는 이르시되 어찌하여 자느냐 시험에 들지 않게 일어나라고 했다. 여기서 '시험'은 헬라어 '페이라스모스'로서 '시험, 유혹, 꾀임'의 뜻이다. 성도가 기도를 쉼으로써 해이해진 신앙은 세상의 공격 앞에 무력하여 쉽게 쓰러지고 실패하게 된다. 또한 성도가 기도를 쉬는 것은 하나님 도움 없이 하나님의 일을 하겠다는 교만이다. 사무엘은 기도를 쉬는 것도 죄라고 분명히 말했다.

* 참고 성구 *   행 12:5, 삼상 12:23, 대상 16:11, 살전 5:17

III. 성도가 기도를 쉬면 세상의 고난에 빠져들게 됨

기자는 기도하라 하시니라고 했다. 여기서 '기도하라'는 헬라어 '프로슈케스데'로서 '기도하다'의 복수 현재 명령형으로, 지금이야말로 기도하지 않으면 안 될 위급한 상황임을 강조해 준다. 그리고 과거에 기도를 아무리 많이 했어도 현재 기도하지 않으면 시험에 빠진다는 말이다. 성도가 기도를 쉴 때 끝내는 좌절과 절망과 슬픔의 늪에 빠진다. 기도하지 않은 제자들은 모두 도망쳤다.

* 참고 성구 *   약 5:13, 시 91:15, 롬 8:26-27, 눅 18:7, 막 14:50-52

■ 기 도 ■ 성도의 기도를 들으시는 하나님! 성도가 기도를 쉴 때 어떤 상황이 닥치는가를 잘 보았습니다. 기도생활에 게을렀던 죄를 용서하시고 이제부터 드리는 신실한 기도에 응답하소서. 예수 그리스도의 이름으로 기도 드립니다. 아멘

> 기도 생활에 게으른 자

엘리에셀의 찬송에 담긴 의미

■ **찬 송** ■ ♪ 265, 251, 253, 233 　　　　■ **참 조** ■ ☞ ② 31p

■ **본 문** ■ …가로되 나의 주인 아브라함의 하나님 여호와를 찬송하나이다… 【창 24:10-27】

■ **서 론** ■ 찬송가 해설자 김경선 장로는 "찬송은 아무나 부를 수 있는 것이 아니다. 은혜와 축복을 받은 성도가 감사와 찬양과 기도와 간구를 노래에 담아 하나님께 드리는 것이다."라고 했다. 찬송은 노래로 하는 기도이다. 아브라함의 노종 엘리에셀은 하나님을 찬송했다. 이는?

■ **말 씀** ■

Ⅰ. 엘리에셀은 하나님의 인자하심을 찬송했음

기자는 엘리에셀이 주의 인자를 찬양했다고 하였다. '인자'는 히브리어 '헤세드'로서 '긍휼, 사랑, 은총'의 뜻이다. 무탈하게 주인의 아들의 배필을 만나게 해 주신 하나님의 은혜와 그의 인자하심을 찬양하는 것은 당연한 것이다. 다윗은 자신에게 은혜를 주신 하나님께 극구 감사하였다. 성도는 은혜받을 수 없는 죄인에게 자비를 나타내시어 은혜를 주신 하나님의 인자하심을 찬양해야 한다.

＊ 참고 성구 ＊ 시 59:16, 대상 17:16, 애 3:22-23, 딛 3:5

Ⅱ. 엘리에셀은 하나님의 성실하심을 찬송했음

기자는 엘리에셀이 성실을 끊이지 아니하신 하나님을 찬송했다고 하였다. 여기서 '찬송'은 히브리어 어근 '바라크'로서 '무릎을 꿇다, 감사하다, 축복하다'의 뜻으로 찬송은 곡조가 붙은 노래 이전에 하나님의 권능에 대한 감사의 순종을 반영하는 것이다. 성도는 하나님의 구원과 축복의 약속을 끝까지 지켜 주시며 이를 이루어 주시는 성실하신 하나님을 찬양해야 할 것이다.

＊ 참고 성구 ＊ 히 6:17, 시 89:1, 고전 1:9, 벧전 4:19, 딤후 2:13

Ⅲ. 엘리에셀은 하나님의 인도하심을 찬송했음

기자는 오늘날 나로 순적히 만나게 하사라는 기도가 이루어진 엘리에셀이 길에서 나를 인도하셨다고 찬송했다. 여기서 '순적히'는 히브리 원문에는 없으나 70인역에 따라 삽입된 글로서 정확한 번역은 아니나 본문 뜻을 훼손치 않아 대부분 역본에 채용되었다. 인간의 계획을 이루시는 분은 하나님이시므로 그러한 인도자 되시는 하나님을 성도는 찬양해야 한다.

＊ 참고 성구 ＊ 시 23:2, 시 58:11, 잠 16:9, 요 16:13

■ **기 도** ■ 아브라함의 하나님! 아브라함의 노종 엘리에셀의 발걸음을 인도하시어 그의 기도를 가납하셨음을 보았습니다. 우리도 찬송과 기도의 생활로 당신께 영광돌리는 성도들이 되도록 은혜내려 주옵소서. 예수 그리스도의 이름으로 기도 드립니다. 아멘

기도 생활에 게으른 자

겟세마네 동산의 기도의 의의

■ 찬 송 ■ ♪ 480, 482, 483, 358　　■ 참 조 ■ ☞ ① 389p ② 321p

■ 본 문 ■ …시험에 들지 않게 깨어 있어 기도하라 마음에는 원이로되 육신이 약하도다 하시고 다시 나아가 동일한 말씀으로 기도하시고 【막 14:37-38】

■ 서 론 ■ 미국의 저명한 부흥사 빌리 그래엄 목사는 "기도는 아침의 열쇠요 저녁의 자물쇠이다."라고 했다. '기름 짜는 틀' 이라는 의미의 겟세마네! 주님 예수께서는 십자가를 앞두고 간절히 하나님께 기도하시기를 누가는 땀이 핏방울처럼 땅에 떨어졌다고 기록하고 있다. 이 동산의 기도는?

■ 말 씀 ■

I. 성도는 하나님의 뜻을 분별하기 위해 기도함

주님은 겟세마네 동산에서 나의 원대로 마옵시고 아버지의 원대로 하옵소서라고 하셨다. 여기서 '원'은 헬라어 '델레마' 로서 '뜻, 의지, 목적' 을 의미한다. 성도는 연약하고 무지한 인간이므로 하나님의 뜻과 그의 섭리를 보다 분명하게 깨닫기 위해서는 항상 영적으로 깨어 있어 기도로써 하나님의 뜻을 구하고 분별해야 한다. 기도는 하나님과 성도 사이에 놓인 신비한 영적 통로이다.

＊ 참고 성구 ＊　고전 2:14, 왕상 3:9, 히 5:14, 사 11:3, 행 10:34

II. 성도는 시험에 들지 않기 위해 기도함

주님은 제자들에게 시험에 들지 않게 깨어 있어 기도하라고 하셨다. 여기서 '시험' 은 헬라어 '페이라스모스' 로서 '시험, 유혹, 꾀임' 이며, '깨어 있다' 는 '그레고레오' 로서 '정신 차리고 있다' 이며 '기도하라' 는 '프로슈케스데' 로서 함께 지금 기도하라는 뜻이다. 성도의 기도는 모든 사단의 유혹과 공격과 고난을 물리치는 성령의 힘을 덧입는 것이다.

＊ 참고 성구 ＊　눅 22:46, 마 7:7, 엡 6:18, 살전 5:17, 약 5:13

III. 성도는 하나님의 은혜를 받기 위해 기도함

주님은 동일한 말씀으로 또 기도하셨다. 여기서 '동일한 말씀' 은 헬라어 '톤 아우톤 로곤' 으로 글자 하나 틀리지 않는 똑같은 말을 의미하는데, 하나님의 뜻이 이루어지게 하는 기도는 은혜의 최고봉에 이른 자만이 드릴 수 있는 기도이다. 성도는 주님의 일을 위해 성령의 은사와 권능을 받게끔 기도에 힘쓰는 삶을 살며, 은사 곧 '카리스마' 와 권능 곧 '뒤나미스' 는 성도의 무기이다.

＊ 참고 성구 ＊　빌 4:19, 딤후 2:1, 딛 3:7, 엡 2:7

■ 기 도 ■ 성도의 기도를 들으시는 하나님! 겟세마네 동산의 주님의 기도를 보았습니다. 우리도 시험에 들지 않게 기도의 권능을 채우시어 주님이 승리하신 것처럼 우리도 승리하게 하소서. 예수 그리스도의 이름으로 기도 드립니다. 아멘

> 기도 생활에 게으른 자

주를 향해 손드는 자의 기도

■ 찬 송 ■ ♪ 342, 340, 91, 509　　　　■ 참 조 ■ ☞ ③ 185p

■ 본 문 ■ 밤 초경에 일어나 부르짖을지어다 네 마음을 주의 얼굴 앞에 물 쏟듯 할지어다 각 길머리에서 주려 혼미한 네 어린 자녀의 생명을 위하여… 【애 2:19】

■ 서 론 ■ 미국의 복음전도자요 부흥사인 무디 선생은 "기도는 하나님의 자녀가 가진 가장 무서운 무기이다."라고 했다. 기도는 하늘의 보물창고를 열어 이 땅으로 가져오게 하는 하나님과 성도 사이에 놓인 신비한 능력의 통로로서 기도는 만사를 변화시키는 능력 그 자체이다. 이 기도는?

■ 말 씀 ■

Ⅰ. 기도에는 자격 요건이 없음

영국의 목사 왓슨은 "로마의 치안 판사는 언제나 그의 문을 열어놓아 소청이 있는 사람은 자유로이 출입하게 했다. 하늘의 문은 열려 있어서 하나님께 소청이 있는 사람은 언제나 하나님께 아뢸 수 있게 되어 있다."라고 했다. 하나님과의 영적 교제의 시간인 기도는 모든 자에게 허락되어져 있으니 진정 주님께 무릎을 꿇는 성도는 기도의 축복을 누릴 수 있다.

＊ 참고 성구 ＊　롬 8:26-27, 시 65:2, 계 5:8, 8:3, 눅 18:7

Ⅱ. 기도는 지금 해도 늦지 않음

영국의 작가 프란시스 퀄스는 "인간의 마음이 벙어리일 때도 하늘은 결코 귀머거리였던 때는 없다."라고 했다. 성도는 때때로 기도하기는 이제 늦었다고 생각하는 경우가 종종 있을지 모르나 그때라도 성도에게 기도할 마음을 주신 하나님의 뜻을 빨리 깨닫고 기도해야 할 기회를 놓치지 않는 자들이 되어야 한다. 기도는 영혼의 호흡이니 때를 가릴 수가 없는 것이다.

＊ 참고 성구 ＊　시 62:8 사 50:10, 대상 16:11, 딤전 1:27

Ⅲ. 기도는 분량에 지나침이 없음

미국의 목사요 비평가인 사무엘 오스굿은 "인간의 삶은 궁핍에 연속이기 때문에 끊임없이 간구함이 당연하다."라고 했다. 하나님과의 영적 대화의 시간은 다다익선(多多益善), 곧 많으면 많을수록 더욱 좋은 것이다. 그 기도의 시간은 진정 하나님으로부터 오는 참된 기쁨과 축복의 영적 통로이기 때문에 주님께서는 밤이 맞도록 기도하신 모범을 주셨다.

＊ 참고 성구 ＊　엡 6:18, 눅 6:12, 미 6:6, 창 32:26, 신 9:18

■ 기 도 ■ 성도의 기도를 응답하시는 하나님! 기도는 당신과의 유일한 직통 전화임을 압니다. 세상적인 일로 바쁜 핑계로 영혼의 호흡을 중단하는 일이 없도록 기도의 시간을 허락하소서. 예수 그리스도의 이름으로 기도 드립니다. 아멘

기도 생활에 게으른 자

엘리후가 말한 응답받는 기도의 요건

■ 찬 송 ■ ♪ 481, 172, 482, 483   ■ 참 조 ■ ☞ ① 389p

■ 본 문 ■ 사람은 학대가 많으므로 부르짖으며 세력 있는 자의 팔에 눌리므로 도움을 부르짖으나 나를 지으신 하나님 곧…【욥 35:9-13】

■ 서 론 ■ 영국의 시인 로버트 헤릭은 "기도할 때 유쾌한 마음의 찬동이 없으면 입술이 결코 승리하는 역할을 할 수 없다."라고 했다. 기도는 하나님과 성도 사이에 놓인 직통전화와 같은 것이다. 예레미야는 333번(렘 33:3), 마태는 77번(마 7:7)이라고 한다. 응답 받는 성도의 전화번호는?

■ 말 씀 ■

Ⅰ. 하나님을 바로 찾는 기도가 응답됨

영국의 침례교 목사요 천로역정의 저자인 존 번연은 "아침에 하나님으로부터 도망친 자는 하루 종일 그를 발견하지 못한다."라고 했다. 성도는 구할 바를 마땅히 구하지 않는 교만을 버리고, 한낱 우상에 불과한 대상을 섬기는 어리석은 자가 되지 말고, 오직 만유의 주요 전지전능하신 하나님만을 찾으며 그에게 의탁하여 응답을 바랄 때 그 기도는 바로 응답된다.

* 참고 성구 *   시 105:4, 시 55:6, 신 4:29, 눅 11:10, 렘 29:13

Ⅱ. 믿음과 소망이 있는 기도가 응답됨

기자는 사람으로 밤중에 노래하게 하시며라고 했다. 여기서 '밤중'은 히브리어 '라일' 로서 이는 '빛이 빗나가다' 에서 유래된 말로 '흑암, 밤' 의 뜻이나 여기서는 인생에게 임하는 최악의 고난 또는 역경을 상징한다. 성도가 슬픔의 한 복판에서 도리어 감격의 노래를 부르는 일은 오직 신앙의 위대한 능력으로 고난 속에서 찬송하며 소망 가운데서 부르짖을 때 기도는 응답된다.

* 참고 성구 *   약 5:13, 대상 16:11, 살전 5:17, 눅 1:13

Ⅲ. 헛된 것을 구하지 않는 기도가 응답됨

기자는 헛된 부르짖음은 하나님이 결코 듣지 아니하시며라고 했다. 여기서 '부르짖음' 은 히브리어 '리나' 로서 기쁘거나 슬플 때 '외치다' 는 뜻이다. 성도는 외식하는 자처럼 입으로만 부르짖거나 자기의 사리사욕을 충족시키기 위한 정욕을 구하는 기도는 응답이 없음을 알고 오직 하나님의 나라와 그 의를 먼저 구하고 그것의 실현을 위해 노력하는 기도를 드릴 때 함께 응답 받음을 명심하자.

* 참고 성구 *   약 4:3, 마 6:33, 눅 18:30, 왕상 19:4

■ 기 도 ■ 기도를 응답하시는 하나님! 기도생활에 게으른 것도 불경이요 교만의 죄임을 알았사오니 이제부터 기도생활에 전념할 수 있는 큰 믿음을 주옵소서. 예수 그리스도의 이름으로 기도 드립니다. 아멘

기도 생활에 게으른 자

중보기도가 필요한 이유

■ 찬 송 ■ ♪ 487, 467, 86, 483　　■ 참 조 ■ ☞ ② 27p

■ 본 문 ■ 종말로 형제들아 너희는 우리를 위하여 기도하기를 주의 말씀이 너희 가운데서와 같이 달음질하여 영광스럽게 되고 또한 우리를 무리하고 악한 사람들에게서… 【살후 3:1-2】

■ 서 론 ■ 영국의 청교도 목사인 토마스 부룩스는 "하나님은 무릎 꿇고 있는 자에게 가장 아름답고 향내나는 꽃을 주신다. 기도는 하늘의 문이요 낙원에 들어가는 문을 여는 열쇠이다."라고 했다. 중보 기도는 성도들이 모든 처지의 사람들을 위해 기도하는 것이다. 중보 기도가 필요함은?

■ 말 씀 ■

Ⅰ. 이는 주 안에서 하나되는 길이기 때문이다

바울은 우리를 위하여 기도하라고 했다. 기도는 헬라어 '프로슈케'로서 '프로스' 곧 '…을 향하여'와 '유코마이' 곧 '소원하다'의 합성어로 기도는 마음 중심이 주님을 향하여 바라는 것이다. 기도는 하나님과 성도의 영적인 대화인 동시에 성도와 성도간의 영적 교통을 가능케 하는 신령한 통로이다. 그러므로 주님 안에서 믿음으로 한 가족이 된 성도는 서로 기도함으로써 상대방을 위로해야 한다.

＊ 참고 성구 ＊　 고전 1:9-10, 고후 13:11, 엡 4:3, 출 32:32, 창 18:23

Ⅱ. 이는 시험을 이기게 하는 능력이기 때문이다

바울은 우리를 무리하고 악한 사람들에게서 건지옵소서 하라고 했다. 여기서 '무리하고'는 헬라어 '아토포스'로서 '장소, 지위, 위치'란 뜻의 '토포스'와 부정의 뜻을 지닌 '아'가 합쳐진 말로서 탈선 또는 무질서한 상태를 나타낸다. 성도의 중보기도는 시험으로 고통받는 자에게 큰 힘이 된다. 하나님은 이 기도에 응답하시고 속히, 담대히 시험을 이기도록 해 주신다.

＊ 참고 성구 ＊　 막 2:5, 12, 출 17:12, 마 18:19, 눅 22:45-46

Ⅲ. 이는 같은 구원에 이르는 길이기 때문이다

바울은 건지옵소서 하라 믿음은 모든 사람의 것이 아님이라고 했다. 여기서 '건지옵소서'는 헬라어 '뤼스도멘'으로 '돌진하여 끌어내다'는 뜻으로 이는 위험에 처한 자를 위해 생명을 내어놓고 뛰어들어 구출하는 것을 의미한다. 믿음은 믿는 자의 것이므로 하나님의 뜻을 따르는 성도들은 구원을 이루는 길에 있어서 협력하고 서로 도와야 함은 마땅하다.

＊ 참고 성구 ＊　 롬 8:28, 9:3, 딤전 2:4, 벧후 1:10-11, 몬 1:16

■ 기 도 ■ 중보기도를 응답하시는 하나님! 오늘 왜 중보기도가 필요한지를 배웠습니다. 이제는 나만 아니라 이웃을 위해서도 기도하는 성숙한 신앙인이 되도록 인도하소서. 예수 그리스도의 이름으로 기도 드립니다. 아멘

거짓 사도의 미혹의 특징

■ 찬 송 ■ ♪ 384, 390, 397, 93   ■ 참 조 ■ ☞ ② 385p

■ 본 문 ■ …그러므로 사단의 일꾼들도 자기를 의의 일꾼으로 가장하는 것이 또한 큰 일이 아니라 저희의 결국은 그 행위대로 되리라【고후 11:1-15】

■ 서 론 ■ 로마의 황제요 철학자였던 마르쿠스 아우렐리우스 안토니우스는 "인간의 마음은 네 가지 유혹에 직면하고 있다. 그것은 공상이며, 자만심이고, 허위이다. 그리고 네 번째는 색욕이다."라고 했다. 거짓 교사는 사단의 하수인으로 하기만 하면 성도를 실족시키려 간계를 놓고 있다. 성도가 조심할 것은?

■ 말 씀 ■

I. 성도는 헛된 육체를 자랑하는 거짓 교사를 조심할 것

바울은 뱀이 그 간계로 이와를 미혹케 한 것같이라고 했다. 여기서 '미혹케'는 헬라어 '파눌기아'로서 '영리, 교활'의 뜻으로 주로 나쁜 의미로 사용되어 말이나 생각의 교묘함과 속임의 능란함을 의미한다. 사단이 물질로 하와를 유혹했듯이 거짓교사들은 그럴듯한 달변과 눈에 보이는 축복들을 내세우며 성도를 미혹시킨다. 육체의 연습은 약간의 유익이 있으나 경건은 범사에 유익하다.

* 참고 성구 * 엡 5:6, 고전 6:9, 살후 2:3, 요일 3:7-8, 딤전 4:8

II. 성도는 다른 복음을 전하는 거짓 교사를 조심할 것

바울은 너희의 받지 아니한 다른 복음을 받게 할 때에는 너희가 잘 용납하는구나라고 했다. 여기서 '다른 복음'은 헬라어 '유앙겔리온 헤테론'으로 바울이 전하지 않은 질적으로 다른 율법적 복음을 의미한다. 거짓 교사들의 교리는 하나님의 진리에 기초한 것이 아닌 자기 멋대로 해석한 것이므로 성도는 말씀을 항상 가까이 해야 한다. 말씀에 기초한 진리만이 참 진리가 된다.

* 참고 성구 * 갈 1:6-7, 롬 16:18, 빌 3:18-19, 딤후 2:17-18, 요이 1:7

III. 성도는 의로움을 가장한 거짓 교사를 조심할 것

바울은 사단의 일꾼들도 자기를 의의 일꾼으로 가장하는 것이 큰 일이 아니라고 했다. 여기서 '가장하는'은 헬라어 '메타스케마티조메노이'로서 따르다(메타)와 형상(스케마)의 합성어로 악의를 감추기 위해 선한 것처럼 '형태(모양)를 바꾸는' 것을 의미한다. 거짓 교사가 하나님의 의로운 일꾼인 양 가장하지만 속에는 악한 궤계와 술수만 가득하다.

* 참고 성구 * 시 28:3, 창 3:5, 마 4:6, 고후 2:11, 벧전 5:8-9

■ 기 도 ■ 하나님 아버지! 이 시간에 거짓 사도의 활동을 보았습니다. 우리에게 거짓 신앙에 미혹되지 않도록 자신을 지키고 말씀을 가까이 하는 신실한 신앙생활을 하도록 인도하옵소서. 예수 그리스도의 이름으로 기도 드립니다. 아멘

거짓 신앙에 빠진 자

들릴라의 유혹이 초래한 결국

■ 찬 송 ■ ♪ 401, 289, 366, 313　　　■ 참 조 ■ ☞ ② 115p

■ 본 문 ■ …들릴라가 삼손으로 자기 무릎을 베고 자게 하고 사람을 불러 그 머리털 일곱 가닥을 밀고 괴롭게 하여 본즉 그 힘이 없어졌더라…【삿 16:15-22】

■ 서 론 ■ 영국의 비평가요 사회 개혁자인 존 러스킨은 "사람은 스스로 유혹으로부터 벗어나겠다고 진지하고 단호하게 마음먹고 최선을 다하지 않는 한 유혹에서 진지하게 또는 소망적으로 구출될 수 없다."라고 했다. 들릴라(=사단)의 유혹은 집요하고도 달콤했다. 이에 삼손은?

■ 말 씀 ■

Ⅰ. 삼손은 번뇌했다

기자는 재촉하여 조르매 삼손의 마음이 번뇌하여 죽을 지경이라고 했다. 여기서 '번뇌하여'는 히브리어 '카차르'로서 '잘게 자르다(찢다)'는 뜻이 내포된 말로 이는 갈등과 고뇌에 사로잡힌 삼손의 심적 상태를 생동감 있게 전달해 준다. 유혹은 성도의 마음에 갈등을 심어서 참과 거짓, 공의와 불의, 신앙과 불신앙의 사이에서 번민하게 만드는 영혼에 치명적인 것이다.

＊ 참고 성구 ＊　사 57:20-21, 잠 1:10, 시 51:2-3, 벧후 2:18, 왕상 11:4

Ⅱ. 삼손은 분별력을 상실했다

기자는 내 머리가 밀리우면 내 힘이 내게서 떠나고 나는 약하여져서 다른 사람과 같으리라고 했다. 유혹은 사람으로 하여금 판단력을 흐리게 하여 실수를 범하게 하며 더욱이 유혹에 빠져서 영적인 눈이 어두워지면 돌이키기 어려운 영과 육의 범죄를 짓고도 아무런 죄의식을 느끼지 못하는 심각한 상태에 빠지게 되므로 성도는 신앙으로 항상 깨어 있어야 한다.

＊ 참고 성구 ＊　사 44:18-19, 삼하 11:4, 15, 27, 창 3:6, 수 7:21

Ⅲ. 삼손은 하나님과 분리됐다

기자는 삼손이 여호와께서 이미 자기를 떠나신 줄을 깨닫지 못하였더라고 했다. 여기서 '떠나신'은 히브리어 '수르'로서 '내버려두다, 외면하다'의 뜻으로 하나님으로부터 외면당하는 것, 곧 유기되는 것이야말로 가장 끔찍한 형벌이다. 유혹은 성도를 하나님과의 사이를 멀어지게 하여 사망의 길로 몰아넣는 마귀의 술책으로서 유혹에 빠진 자의 결국은 멸망밖에 없다.

＊ 참고 성구 ＊　신 13:5, 창 3:19, 잠 11:19, 롬 6:23, 약 1:14-15

■ 기 도 ■ 하나님 아버지! 삼손을 침몰시킨 여인 들릴라의 유혹의 방법은 사단의 수단과 흡사함을 보았습니다. 택함 받은 성도로서 더욱 신앙에 정진하도록 당신의 강한 오른손으로 붙들어 주소서. 예수 그리스도의 이름으로 기도 드립니다. 아멘

거짓 신앙에 빠진 자

거짓 선지자의 예언에 담긴 교훈

■ 찬 송 ■ ♪ 430, 191, 436, 453   ■ 참 조 ■ ☞ ① 195p

■ 본 문 ■ 그러므로 나 주 여호와가 또 말하노라 너희가 허탄한 것을 말하며 거짓된 것을 보았은즉 내가 너희를 치리라 나 주 여호와의 말이니라…【겔 13:8-16】

■ 서 론 ■ 영국의 성직자 칼렙 콜턴은 "참 종교는 한 가지 범죄를 예방하는데 거짓된 종교는 천개의 범죄에 대한 구실을 제공해 주었다."라고 했다. 거짓 선지자나 거짓 목자, 거짓 종교의 가장 큰 특징을 모두가 이기적이라는 데에는 공감할 것이다. 진정한 종교는 이타적으로 남을 위한 삶이다. 거짓 선지자는?

■ 말 씀 ■

Ⅰ. 거짓 선지자는 자신의 뜻에 따른 예언만 한다

기자는 그 선지자들이 허탄한 묵시를 보며 거짓 것을 점쳤다고 했다. 모든 예언은 하나님께로부터 나오는 것이다. 그런데 거짓 선지자들의 예언은 하나님에게서가 아니라 자신의 인간적 판단과 감정에 따라서 마음대로 예언을 하고 있는데 이것은 진정한 예언이 아니라 거짓으로 점철된 사설이요 사기에 지나지 않음을 성도는 잘 유념해야 할 것이다.

＊ 참고 성구 ＊ 렘 28:15, 신 13:5, 마 7:15, 24:11, 막 13:22

Ⅱ. 거짓 선지자는 자신의 유익만을 위한 예언만 한다

기자는 그들이 내 백성을 유혹하여 평강이 없으나 평강이 있다 함이라고 했다. 미국의 성직자 존 밀러는 "진실을 말할 용기가 부족한 사람은 거짓을 말한다."고 했다. 참다운 예언은 하나님의 의와 영광을 목적으로 진리를 전하는데 거짓 예언자는 자신의 일신의 영달을 위해 악한 거짓을 전함으로서 백성을 부패시키고 타락시켜 끝내는 멸망에 이르게 한다.

＊ 참고 성구 ＊ 사 8:19-20, 빌 3:19, 벧후 2:3, 딛 1:11

Ⅲ. 거짓 선지자는 자신의 파멸이 담긴 예언만 한다

기자는 회칠하는 자에게 폭풍이 열파하리니라고 했다. 여기서 '열파하리니'는 히브리어 '바카'로서 '갈기갈기 찢다, 산산조각 내다'는 뜻으로 하나님의 심판으로 말미암은 철저한 파괴를 강조하는 말이다. 거짓 선지자가 입을 벌려 말하는 것 자체만으로도 이미 자기 파멸을 예고한 것이나 마찬가지인데, 이는 하나님이 이런 자들을 징벌하실 것은 자명한 이치이기 때문이다.

＊ 참고 성구 ＊ 시 37:38, 고후 11:15, 히 6:8, 벧전 4:17, 계 21:8

■ 기 도 ■ 하나님 아버지! 거짓 선지자의 종말을 보았사오니 이제부터는 진리의 예언인 말씀만 붙들고 살아가는 성도가 되도록 그 길을 인도하소서. 예수 그리스도의 이름으로 기도 드립니다. 아멘

거짓 신앙에 빠진 자

오홀리바의 음행에 담긴 의미

■ 찬 송 ■ ♪ 203, 184, 343, 186   ■ 참 조 ■ ☞ ① 299p

■ 본 문 ■ 그 아우 오홀리바가 이것을 보고도 그 형보다 음욕을 더하여 그 형의 간음함보다 그 간음이 더 심하므로 그 형보다 더 부패하여졌느니라…【겔 23:11-35】

■ 서 론 ■ 미국 목사인 허셀 포드는 "성경은 이해하기 힘든 곳이 많다. 하지만 십계명 중 제 7계명인 간음하지 말지니라에 대해서는 아주 분명하다."라고 했다. 성도는 그리스도의 신부로서 정결한 몸과 마음을 유지해야 한다. 그리스도 이외에 모든 것을 그리스도의 자리에 두는 것은 음행이다. 영적 간음은?

■ 말 씀 ■

I. 영적 간음은 불륜의 사랑을 맺음

기자는 그가 보고 곧 연애하여 사자를 갈대아 그들에게로 보내매라고 했다. 여기서 '연애하여'는 히브리어 '아가브'로서 문자적으로 '숨을 쉬다'(헐떡이다)는 뜻으로 주로 육체적으로 관능적이며 무절제한 사랑에 빠짐을 일컫는 표현이다. 사망의 올무가 되는 세상을 사랑할 때 성도는 세상과의 불륜의 관계를 맺게 되고 더 심각한 죄의 열매를 낳게 되는 것이다.

* 참고 성구 *   딤전 4:12, 약 4:4, 삿 2:17, 호 5:4

II. 영적 간음은 하나님과의 관계를 저버림

기자는 내 마음이 그 형을 싫어한 것같이 그를 싫어하였느니라고 했다. 갈대아(바벨론)의 강력한 국력에 이끌려 그와 동맹을 맺은 유다의 죄는 불륜의 사랑으로 인한 영적 간음을 한 것으로 곧 하나님을 버린 것이다. 하나님은 간음하는 자를 절대로 용납하지 않으시므로 하나님의 자녀로 택함을 받은 성도는 오로지 하나님께만 속한 자가 되어야 하며 자신을 구별하여 드릴 필요가 있다.

* 참고 성구 *   렘 2:5, 겔 14:5, 미 15:8, 대상 5:25-26, 엡 2:12

III. 영적 간음은 자멸의 길임을 깨닫지 못함

기자는 네가 그 잔을 다 기울여 마시고 그 깨어진 조각을 씹는다고 했다. 여기서 '잔'은 히브리어 '코스'로서 '분깃'이라는 뜻이며, '기울여 마시고'는 '마차'로서 '바닥까지 핥아 마시다, 빨아들이다'는 뜻으로, 멸망한 사마리아의 분깃에 동참해 유다도 철저히 파멸의 길을 걷게 됨을 암시한다. 영적 간음에 빠진 자들은 무감각해져서 그 끝을 보지 못한다.

* 참고 성구 *   호 2:4, 대하 36:16, 히 10:29-30, 벧후 2:9, 계 14:11

■ 기 도 ■ 하나님 아버지! 오홀리바인 남 유다도 영적 간음을 저질러 끝내는 멸망의 길을 걸었습니다. 당신의 택한 백성인 성도는 당신 이외에 세상의 모든 우상을 버려서 거룩한 순결을 지키게 하소서. 예수 그리스도의 이름으로 기도 드립니다. 아멘

거짓 신앙에 빠진 자

곡의 침입 예언에 담긴 의미

■ 찬 송 ■ ♪ 388, 384, 390, 93　　■ 참 조 ■ ☞ ③ 217p

■ 본 문 ■ 나 주 여호와가 말하노라 그 날에 네 마음에서 여러 가지 생각이 나서 악한 꾀를 내어 말하기를 평원의 고을들로 올라가리라 성벽도 없고…【겔 38:10-12】

■ 서 론 ■ 독일의 종교 개혁자 마틴 루터는 "나의 원수가 로마시에 있는 지붕의 기왓장보다 많다."라고 했다. 원수 사단은 원래 하나님 주위에서 비파를 켰던 천사장 '루시퍼'로서 그가 교만하여 타락해 하늘에서 내쫓겨 공중의 권세를 잡은 마귀가 되었다(겔 28:13-17, 계 12:9). 사단의 사역은?

■ 말 씀 ■

I. 사단은 성도의 신앙을 방해함

기자는 그 날에 네 마음에서 여러 가지 생각이 나서 악한 꾀를 낸다고 했다. 여기서 '마음'은 히브리어 '데바림'으로 '마음속에 떠오르거나 계획된 생각'을 나타낸다. 성도의 믿음 성장은 사단의 세력의 위축을 뜻하므로 사단은 기를 쓰고 온갖 악한 궤계와 흉계로써 성도와 교회를 대적하여 일어날 것이다. 따라서 말세지말에 성도는 깨어 있어 성령 충만으로 무장해야 한다.

＊ 참고 성구 ＊ 행 13:10, 엡 6:11, 고후 2:11, 11:3, 계 12:9

II. 사단은 성도의 평화를 깨뜨림

기자는 빗장이 없어도 염려없이 다 평안히 거하는 백성에게 나아가서라고 했다. 여기서 '평안히'는 히브리어 '라베타흐'로서 어근인 '바타흐'는 신뢰하다, 조심 없는'이란 뜻으로 성읍 내의 신뢰 분위기에 젖은 나머지 외부 침략에 대해서는 전혀 무방비 상태에 있음을 가리킨다. 성도는 평화가 방해받을 때 사단의 역사임을 깨달아야 한다. 사단의 역사는 분쟁과 속임과 거짓이다.

＊ 참고 성구 ＊ 창 3:4, 행 5:8, 시 36:4, 벧전 5:8

III. 사단은 성도의 생명을 해침

기자는 물건을 겁탈하여 노략하리라고 했다. 이 세상을 자신이 당하게 된 운명인 죽음으로 함께 몰아가려는 것이 사단의 계획이므로 이에 성도는 하나님께서 베푸신 생명의 길에서 어그러진 길로 향해질 때 성도는 그것이 사단의 계교임을 빨리 깨닫고서 즉시 물리쳐야 대적은 꼬리를 내리고 도망칠 것이다. 성경은 성령의 검 곧 하나님의 말씀을 가지라고 우리에게 권면하고 있다.

＊ 참고 성구 ＊ 마 17:15, 약 4:7, 벧전 5:9, 엡 6:12-17, 계 20:8-10

■ 기 도 ■ 하나님 아버지! 사단의 행태를 잘 보았습니다. 성도는 깨어 있어 믿음을 지키고 사단의 계획을 파하여 능히 대적할 수 있는 능력을 허락하소서. 예수 그리스도의 이름으로 기도 드립니다. 아멘

술과 방탕에 빠진 자

타락한 소돔 인생이 주는 모습

■ 찬 송 ■ ♪ 336, 331, 417, 177 　　　■ 참 조 ■ ☞ ② 25p

■ 본 문 ■ 날이 저물 때에 그 두 천사가 소돔에 이르니 마침 롯이 소돔 성문에 앉았다가 그들을 보고 일어나 영접하고 땅에 엎드리어 절하여… 【창 19:1-11】

■ 서 론 ■ 그리스의 철학자 소크라테스는 "방탕한 자들이 얻는 것이란 마치 절벽에서 자란 무화과나무가 줄 끊어져 달아나는 연이나 걸리게 하고 까마귀가 앉아 우는데 사용되는 것과 같이 매춘부들이나 아첨꾼들의 말 상대가 되어줄 뿐이다."라고 했다. 타락한 소돔 사람들의 행태는?

■ 말 씀 ■

I. 그들은 악행을 일삼았음

기자는 이끌어 내라 우리가 그들을 상관하리라고 했다. 여기서 '상관하리라'는 히브리어 '야다' 로서 구체적인 경험을 통한 깊은 지식인 '성관계' 나 '부부의 동침' 등 성교를 통해서 아는 친밀한 사이를 가리키지만 여기서는 그들이 천사들과 성관계(동성애)를 갖겠다는 악의적 표현이다. 남색을 의미하는 영어 '소도미' (Sodomy)는 성적 문란으로 타락한 소돔(Sodom)에서 파생된 말이다.

　참고 성구　잠 1:16, 삿 19:22, 롬 1:26-27, 고전 6:9, 레 20:13

II. 그들은 훈계를 무시했음

기자는 롯을 밀치며 가까이 나아와서 그 문을 깨치려 하는지라라고 했다. 여기서 '깨치려 하는지라' 는 히브리어 '솨발' 로서 '산산조각 내다' 는 의미로, 죄에 눈이 어두운 악인의 무분별한 맹목성과 과격성을 볼 수 있다. 강퍅한 자들은 남의 훈계를 수용하지 않고 도리어 무시한다. 이처럼 타락한 자들은 주의 의로운 훈계와 명령을 쉽게 무시하고 욕을 한다.

　참고 성구　잠 23:12, 6:23, 전 12:11, 벧후 2:7-8, 딤전 1:19-20

III. 그들은 유리 방황했음

기자는 그 눈을 어둡게 하니 그들이 문을 찾느라고 곤비하였다라고 했다. 이 모습을 성경 주석가 '랑게' 는 "천계의 신령한 능력과 지상의 마귀적 충동이 정면 충돌한 필연적 결과"라고 시적으로 표현했다. 이미 욕정에 눈이 어두워진 상태에서 육안까지 먼 그들은 실로 캄캄한 가운데 거하는 멸망과 진노의 자식들이었다. 타락한 자들은 참된 소망이 없어 낙심케 된다.

　참고 성구　호 9:17, 마 17:12, 롬 1:18, 27, 살후 2:3, 유 1:7

■ 기 도 ■ 타락한 소돔 사람을 심판하신 하나님! 오늘 일락에 물든 세상적 행위를 청산하고 성도답게 거룩하고 구별된 삶을 살게 인도하소서. 예수 그리스도의 이름으로 기도 드립니다. 아멘

술과 방탕에 빠진 자

노아의 영적 실수가 주는 교훈

■ 찬 송 ■ ♪ 213, 197, 91, 455　　　■ 참 조 ■ ☞ ② 23p ③ 25p

■ 본 문 ■ …노아의 이 세 아들로 좇아 백성이 온 땅에 퍼지니라 노아가 농업을 시작하여… 【창 9:18-27】

■ 서 론 ■ 미국의 시인 롱펠로우는 "더 이상 술잔에 손대지 말라. 가슴 속속들이 병들게 한다. 술잔의 향기는 죽음의 천사가 뿜는 입김이요, 잔 속에 보이는 빛은 죽음의 천사의 흉한 눈초리이다. 조심하라, 질병과 슬픔과 근심은 모두 술잔 속에 있나니." 라고 했다. 술은 당세의 의인이요 완전한 자였던 노아를 실족케 했다. 노아는?

■ 말 씀 ■

Ⅰ. 노아는 영적으로 나태했다

기자는 노아가 포도주를 마시고 취했다고 했다. 히포의 주교요 참회록의 저자인 성 어거스틴은 "술 취한다는 것은 악마의 달콤한 독약을 마신 것이요, 악마의 아첨에 속은 자이다."라고 했다. 술은 사단이 보내는 대리인이다라는 말이 있다. 성도는 악한 세력의 유혹과 공격 앞에서 한순간도 영적인 경계의 태세를 늦추어서는 안 된다. 영적으로 나태해지면 이내 타락하기 쉬워지기 때문이다.

＊ 참고 성구 ＊　롬 13:13, 잠 20:1, 사 5:11, 눅 21:34, 엡 5:18

Ⅱ. 노아는 영적으로 무분별했다

기자는 노아가 장막 안에서 벌거벗은지라 함이 그 아비의 하체를 보고라 했다. 노아의 잘못은 술을 마신 자체보다 술을 마시고 추태를 부린 데 있었다. 여기서 '하체'는 히브리어 '에르와'로서 '드러내다, 발가벗기다'에서 파생된 말로 사람의 성기를 표현하는 것으로 당사자의 큰 수치를 의미한다. 성도는 영적 분별력을 가지고 매순간 자신의 정욕을 억제할 줄 알아야 한다.

＊ 참고 성구 ＊　마 26:41, 벧전 5:8, 창 19:33, 애 1:10, 단 5:1-6

Ⅲ. 노아는 쉽게 저주를 발했다

기자는 술이 깨어 가나안은 저주를 받아 그 형제의 종들의 종이 되기를 원한다고 했다. 여기서 '종들의 종'은 히브리어 '에베드 아비딤'으로 동일한 단어 '에베드(노예, 신하)'를 반복하여 최상급을 만들어 '가장 비참한 종'이란 뜻이 되었다. 당세의 의인 노아도 잠시 방탕한 자세로 쉽게 노를 발하고 저주를 일삼아 돌이킬 수 없는 영적 실수를 저질렀다.

＊ 참고 성구 ＊　출 21:17, 잠 20:20, 30:11, 눅 6:28, 롬 12:14, 약 3:10

■ 기 도 ■ 하나님 아버지! 당세의 의인이요 완전한 자요 하나님과 동행한 자라는 일컬음을 받는 노아도 영적 실수를 발하였습니다. 오늘 이 시간 방탕의 세월을 청산하고 겸허히 당신께 나온 이 성도를 받아주시고 그 길을 인도하소서. 예수 그리스도의 이름으로 기도 드립니다. 아멘

> 술과 방탕에 빠진 자

지혜 있는 자의 세 가지 생활

■ **찬 송** ■ ♪ 177, 178, 174, 337 ■ **참 조** ■ ☞ ③ 301p

■ **본 문** ■ 술 취하지 말라 이는 방탕한 것이니 오직 성령의 충만을 받으라 시와 찬미와 신령한 노래들로 서로 화답하며 너희의 마음으로 주께 노래하며 찬송하며… 【엡 5:18-21】

■ **서 론** ■ "성령 받은 첫째 증거는 마음에 기쁨이 가득하다는 것이요, 두 번째 증거는 성령의 능력을 힘입어 삶이 변화되고 그리스도를 증거하게 된다."고 어느 성도는 고백했다. 성령 충만한 삶은 이 땅에서 천국의 삶을 체험하는 것이다. 성령 충만한 성도는?

■ **말 씀** ■

Ⅰ. 성도는 성령 충만으로 늘 찬송한다

바울은 신령한 노래들로 서로 화답하며 찬송하며라고 했다. 여기서 '신령한 노래'는 헬라어 '오다이스 프뉴마티카이스' 로서 이는 성령을 통하여 영혼과 마음으로 주님께 부르는 모든 시와 찬송과 찬양을 의미한다. 성도는 성령 충만으로 하나님의 은혜를 영의 언어로 칭송하며 신앙 고백적 찬양을 하나님께 드리는 삶을 살아야 한다. 찬양은 하나님께 영광을 돌리는 행위이다.

* 참고 성구 * 시 150:6, 33:2, 히 13:15, 벧전 2:9, 행 2:47

Ⅱ. 성도는 성령 충만으로 늘 감사한다

바울은 항상 아버지 하나님께 감사하며라고 했다. 여기서 '감사'는 헬라어 '유카리스티아' 로서 '좋은 은혜, 좋은 선물, 좋은 매력' 이란 뜻이며, '감사하며' 에 해당하는 헬라어 '유카리스툰테스' 는 현재 분사로 끊임없는 계속적인 감사를 의미한다. 성도는 구원과 영생이라는 참된 기쁨과 축복을 보장하시는 예수 그리스도의 이름으로 항상 감사할 제목이 있어야 한다.

* 참고 성구 * 히 3:1, 살전 5:18, 시 100:4, 골 1:12, 빌 4:6

Ⅲ. 성도는 성령 충만으로 늘 복종한다

바울은 그리스도를 경외함으로 피차 복종하라고 했다. 여기서 '피차 복종하라' 는 헬라어 '휘포타스소메노이 알레로이스' 는 '서로를 위해서 서로에게 복종하라' 는 의미이다. 이 복종은 사랑과 겸손으로 일치되는 것을 뜻하며, 이와 같은 복종은 주님을 경외하는 신앙으로부터 나오는 것이다. 성도는 주님의 진리의 말씀에 항상 복종하는 모습을 보여야 한다.

* 참고 성구 * 시 40:8, 마 6:10, 눅 1:38, 롬 6:13, 약 4:7

■ **기 도** ■ 찬송받으실 하나님!, 성령 충만한 자의 삶을 보았습니다. 이제는 택함받은 자답게 성령 안에서 새 삶을 살고자 결단하오니 큰 능력으로 함께 하옵소서. 예수 그리스도의 이름으로 기도 드립니다. 아멘

> 술과 방탕에 빠진 자

과음이 사람에게 끼치는 해악

■ 찬 송 ■ ♪ 337, 144, 338, 332   ■ 참 조 ■ ☞ ② 113p

■ 본 문 ■ 이 유다 사람들도 포도주로 인하여 옆걸음 치며 독주로 인하여 비틀거리며 제사장과 선지자도 독주로 인하여 옆걸음 치며 포도주에 빠지며… 【사 28:7-8】

■ 서 론 ■ 히포의 주교인 성 어거스틴은 "술 취한다는 것은 악마의 달콤한 독약을 마신 것이요, 악마의 아첨에 속은 자이다."라고 했다. 한국 속담에도 "사람이 술을 마시고, 술이 술을 마시며, 술이 사람을 마신다."고 했다. 사단은 그의 대리인으로 먼저 술을 보낸다는 말도 있다. 과도한 음주는?

■ 말 씀 ■

Ⅰ. 과음으로 마음을 빼앗긴다

기자는 이상을 그릇 풀며 재판할 때에 실수한다고 했다. 여기서 '실수하나니'는 히브리어 '푸크' 로서 원뜻은 '술 취한 사람처럼 비틀거리다, 흔들리다' 로 주어진 일을 정상적으로 수행할 수 없는 상태를 묘사함이다. 술은 마약과 같은 것으로 사람의 마음을 혼미하게 만들어 그 마음을 헛된 데로 인도하며 사람으로 하여금 분별력과 판단력을 잃게 만든다. 성경은 술취하지 말라고 했다.

* 참고 성구 * 잠 31:4-5, 민 6:3, 단 1:8, 눅 1:15, 롬 14:21, 엡 5:18

Ⅱ. 과음으로 가난하게 된다

미국의 부흥사 무디 선생은 "악인이 죽어서 떨어지는 지옥을 우리가 살고 있는 이 세상에서 보려면 술 마시는 자의 가정을 들여다 보라."고 했다. 또한 로마의 노예 시인 시루스는 "바다에 빠져 죽은 사람보다 술에 빠져 죽은 사람이 더 많다."고 했다. 술을 즐기는 자는 쾌락을 즐기는 일에만 몰두하므로 자신의 일에 충실하지 못하여 현세에서도 가난하다.

* 참고 성구 * 잠 23:20-21, 21:17, 렘 35:6, 눅 15:14, 전 10:17, 행 24:25

Ⅲ. 과음으로 영육이 피폐하게 된다

기자는 모든 상에는 토한 것, 더러운 것이 가득하고 깨끗한 곳이 없도다라고 했다. 여기서 '더러운 것' 은 히브리어 '초아' 로서 이는 '분출하다, 튀어나오다' 의 '야차' 에서 유래된 말로 사람의 배설물을 의미한다. 술은 영적 감각을 마비시킬 뿐만 아니라 육체적으로도 큰 해악을 끼쳐 영육이 피폐되면서 서서히 멸망의 길로 가게 하는 사단이 보낸 대리인이다.

* 참고 성구 * 사 5:11, 눅 21:34, 롬 13:13, 고전 6:10, 잠 19:36

■ 기 도 ■ 하나님 아버지! 술이 사람에게 끼치는 무서운 해악을 보았습니다. 이제는 술을 멀리하고 방탕한 상황을 접고 생명의 길인 예수를 좇는 길로 인도하소서. 예수 그리스도의 이름으로 기도 드립니다. 아멘

술과 방탕에 빠진 자

이 세상의 연락에 빠진 결과

■ 찬 송 ■ ♪ 320, 318, 324, 317　　　　■ 참 조 ■ ☞ ③ 19p

■ 본 문 ■ 아침에 일찍이 일어나 독주를 따라가며 밤이 깊도록 머물러 포도주에 취하는 그들은 화 있을진저…【사 5:11-17】

■ 서 론 ■ 영국의 신학자 토마스 아담스는 "술주정뱅이는 겸양의 번민이요, 말썽 많은 예절이며, 재산을 낭비하는 자요, 이성을 산만케 하는 자며, 양조업자의 기쁜 고객이요, 거지의 친구이며, 경찰의 두통거리요, 처자의 슬픔이며, 이웃의 조롱거리요, 자신의 수치니라."고 했다(딤전 5:6). 이 세상의 연락은?

■ 말 씀 ■

Ⅰ. 하나님의 행사에 무관심하게 됨

기자는 여호와의 행하심을 관심치 아니하며 그의 손으로 하신 일을 생각지 아니한다고 했다. 여기서 '관심치'는 히브리어 '나바트'로서 '주목하다, 바라보다'의 뜻으로 단순히 보는 것이 아니라 존경심을 갖고 예의 주시하는 것을 가리킨다. 세상의 쾌락은 사람의 영의 눈과 귀를 막아 소위 영적 불감증에 빠지게 하여 더욱 깊은 타락의 길로 가게 한다.

＊ 참고 성구 ＊ 눅 8:14, 딤후 3:4, 벧후 2:13, 행 17:18

Ⅱ. 영육간에 병을 얻게 됨

기자는 나의 백성이 무지함을 인하여 사로잡힐 것이요 그 귀한 자는 주릴 것이요 무리는 목마를 것이라고 했다. 스코틀랜드의 작가 제임스 버그는 "관능적 즐거움에 사로잡힌 인간은 마음의 즐거움을 빼앗긴 사람의 상태보다 더 비참하다."고 했다. 세상의 연락에 빠져 방종하는 자들은 영육간에 병을 얻게 되는 것은 아주 흔한 경우라 할 것이다. 일락을 좋아하는 자는 살았으나 죽은 자이다.

＊ 참고 성구 ＊ 호 5:7, 시 1:30, 41:17, 시 63:1, 68:6, 눅 15:14, 딤전 5:6

Ⅲ. 심판 앞에서 화를 당하게 됨

기자는 음부가 그 욕망을 크게 내어 한량없이 그 입을 벌린즉이라 했다. 여기서 '음부'는 히브리어 '스올'이며, '욕망'은 '네페쉬'로서 '숨쉬다'의 '나파쉬'에서 유래된 말로 호흡하는 '사람' 및 그 '의지' 또는 '소원'이나 '식욕'(입)을 뜻한다. 음부가 거대하고 탐욕이 가득한 괴물의 모습으로 묘사되고 있다. 세상 연락을 멀리하지 않으면 하나님의 심판과 함께 화를 당하게 될 것이다.

＊ 참고 성구 ＊ 마 25:41,46, 살후 1:9, 계 19:20, 벧후 2:6,12:14

■ 기 도 ■ 하나님 아버지! 세상 연락에 빠진 자의 결국은 심판 때에 함께 화를 당하는 것임을 알았사오니 이제는 성령 충만한 영적 기쁨에 취하게 하소서. 예수 그리스도의 이름으로 기도 드립니다. 아멘

세상만을 따르는 자

발람을 실족시킨 유혹

■ 찬 송 ■ ♪ 395, 402, 394, 432　　　■ 참 조 ■ ☞ ① 115p ② 75p

■ 본 문 ■ …밤에 하나님이 발람에게 임하여 이르시되 그 사람들이 너를 부르러 왔거든 일어나 함께 가라 그러나 내가 네게 이르는 말만 준행할지니라【민 22:15-20】

■ 서 론 ■ 영국의 극작가 셰익스피어는 "악마가 가장 검은 죄를 우리가 짓도록 유혹할 때 처음에는 그것들이 하늘의 것인 양 속여서 우리를 유혹한다."라고 했다. 패역무도한 자로 성경에 기록된(유 1:11) 발람! 어떤 유혹이 발람을 실족케 했나?

■ 말 씀 ■

Ⅰ. 명예의 유혹이 발람을 실족케 함

기자는 내가 그대를 높여 크게 존귀케 하고라고 했다. 여기서 '존귀케'는 히브리어 '카베드'로서 일차적 의미는 '무거운'이며 상징적으로는 '타인에게 비중 있는 인물로 인정받는'이란 의미이다. 한국 속담에 "호랑이는 죽어서 가죽을 남기고 사람은 죽어서 이름을 남긴다"는 말도 있듯이 사람의 마음에는 자신의 이름을 자랑하고 싶은 욕심이 있으며 사단은 이것을 미끼로 삼는다.

*참고 성구 *　요일 2:15, 약 4:4, 골 3:2, 마 16:26, 딛 2:12

Ⅱ. 권력의 유혹이 발람을 실족케 함

기자는 그대가 내게 말하는 것은 무엇이든지 시행하리니라고 했다. 영국의 저술가 사무엘 존슨은 "권력은 과격하고 거만한 자를 즐겁게 하고 재물은 조용하고 소심한 자를 기쁘게 해 준다. 따라서 청춘은 권력에 덤벼들고 노인은 부에 아첨한다."고 했다. 사람을 휘하에 두고 부리는 힘과 무엇이든 할 수 있는 힘 곧 절대 권력을 사람들은 갖기를 원한다. 그렇기에 이것을 '대권'이라고 한다.

*참고 성구 *　눅 4:6, 단 2:6, 고후 11:3, 엡 6:11, 요 5:44

Ⅲ. 물질의 유혹이 발람을 실족케 함

기자는 은금을 가득히 채워서 내게 줄지라도 내가 하나님의 말씀을 어기어 덜하거나 더하지 못한다고 했다. 여기서 '어기어'는 히브리어 '라아보르'로서 원동사 '아바르'는 '건너가다, 넘어가다'의 뜻으로 교만한 마음으로 하나님의 법을 거역하는 것을 의미한다. 대부분 욕심은 물질에서 시작되므로 사단은 물질의 유혹을 가장 많이 사용하며, 발람도 이 유혹에 결국 넘어가게 된다.

*참고 성구 *　딤전 6:10, 왕하 5:20-27, 수 7:21, 골 3:5, 유 1:11

■ 기 도 ■ 하나님 아버지! 세상적 가치에 빠져 유혹받은 발람처럼 우리를 향하는 유혹이 매순간 다가오니 분별력 있게 깨어 있는 삶을 허락하시고 성령 충만한 생활이 되게 하소서. 예수 그리스도의 이름으로 기도 드립니다. 아멘

세상만을 따르는 자

이방 족속이 가진 악한 풍속

■ 찬 송 ■ ♪ 366, 102, 403, 519   ■ 참 조 ■ ☞ ① 113p

■ 본 문 ■ …너희는 내가 너희 앞에서 쫓아내는 족속의 풍속을 좇지 말라 그들이 이 모든 일을 행하므로 내가 그들을 가증히 여기노라… 【레 20:22-27】

■ 서 론 ■ 금세기 한국이 낳은 위대한 목사인 한경직은 "하나님께서 가장 싫어하시는 죄가 음란이요 우상 숭배는 신앙적으로 음란한 행위를 하는 것이다."라고 했다. 야고보서 기자는 자기를 지켜 세속에 물들지 아니하는 이것이 경건이라고 했다(약 1:27). 성도는 세상의 풍속과 시류에 휩쓸리지 말아야 한다. 경계할 풍속은?

■ 말 씀 ■

Ⅰ. 이방 족속의 불신앙

기자는 너희는 나의 모든 규례와 법도를 지켜 행하라 그리하여야 땅이 너희를 토하지 아니하리라고 했다. 여기서 '법도'는 히브리어 '후카'로서 '포고하다, 새겨 기록하다'(하카크)에서 유래된 말로, 하나님이 선포하고 사람은 마음에 새겨야 할 생활과 가치 기준을 온갖 불의와 하나님의 존재를 인식하지 못하는 이방의 정치, 사회는 갖은 불의와 폭력이 난무하는 혐악한 세상이다.

* 참고 성구 * 롬 12:2, 창 19:14, 마 13:58, 요 3:36, 히 3:12, 4:11

Ⅱ. 이방 족속의 음행과 음란

기자는 내가 너희 앞에서 쫓아내는 족속의 풍속을 좇지 말라고 했다. 여기서 '풍속'은 히브리어 '후카'로서 '고정된, 습관이 된'이란 뜻의 '하카크'에서 유래한 말로서 여기서는 타락한 이방의 온갖 법, 규례, 관습 등을 가리킨다. 이방인들은 극도의 음란한 성문화에 빠져서 윤리와 도덕이 무너진 사회 속에서 갖가지 추악한 성의 문란은 심각한 병폐를 초래하고 있다.

* 참고 성구 * 롬 13:13, 1:27, 벧후 2:6-7, 고전 5:1, 엡 5:3, 갈 5:19

Ⅲ. 이방 족속의 우상 숭배

기자는 그들이 이 모든 일을 행하므로 내가 그들을 가증히 여기노라고 했다. 여기서 '가증히'는 히브리어 '쿠츠'로서 '슬퍼하다, 혐오하다'의 뜻으로 모든 우상에 대하여 하나님이 느끼시는 슬픔과 혐오의 감정을 말한다. 우상이란 하나님 이외의 존재를 하나님의 자리에 대치시켜 올려놓은 것으로 물질, 명예, 권력 따위가 하나님의 자리에 앉아 있는 것이다.

* 참고 성구 * 레 26:1, 출 20:4, 롬 11:22-23, 행 17:29, 골 3:5

■ 기 도 ■ 이방의 풍속을 혐오하시는 하나님! 세상이 하나님 외의 것에 짝하여 심히 불결하오니 세상에 속해 있는 성도들을 구출하여 거룩하게 하소서. 예수 그리스도의 이름으로 기도 드립니다. 아멘

세상만을 따르는 자

이방 풍속 추종 금지에 담긴 교훈

■ 찬 송 ■ ♪ 212, 215, 490, 507 ■ 참 조 ■ ☞ ① 113p

■ 본 문 ■ …나는 여호와 너희 하나님이니라 너희는 그 거하던 애굽 땅의 풍속을 좇지 말며 내가 너희를 인도할 가나안 땅의 풍속과 규례도… 【레 18:1-5】

■ 서 론 ■ "그리스도인이 망하는 것은 세상에 살아서가 아니라 그 안에 세상이 살고 있기 때문이다."라고 어느 목사는 말했다. 바울이 가슴 아프게 생각한 사람 중 '데마'가 있는데 바울은 이 세상을 사랑하며 나를 버리고 갔다고 증거하고 있다(딤후 4:10). 이 시대의 성도는?

■ 말 씀 ■

Ⅰ. 이 시대의 쾌락주의를 좇지 말라

미국의 성직자 리차드 풀더는 "대개 세속적이고 관능적인 쾌락은 짧고 거짓되며 기만적일 뿐 아니라 마치 술취함 같아서 한 시간의 미칠 듯한 기쁨이 슬픈 후회의 시간을 낳게 한다. 일생을 유흥으로만 보낸 자는 마치 아무것도 입지 않고 옷술만 걸치며 양념만 먹고 산 사람과 같다."고 했다. 인간의 정욕과 쾌락만 추구하는 세대 속에서 성도의 삶은 하늘의 소망과 기쁨을 추구하는 삶이다.

  * 참고 성구 * 눅 21:34, 약 4:4, 요일 2:15, 골 3:2, 딛 2:12

Ⅱ. 이 시대의 물질만능주의를 좇지 말라

물질에 대한 탐심과 숭배가 극에 달하고 있는 오늘의 세태 속에서 성도들은 그 물질의 헛됨을 깨닫고 진정한 부귀와 영광은 오직 주 예수께만 있음을 발견하고 주님 안에서 부유함을 누리는 자들이 되어야 한다. "돈이 있으면 십자가는 살 수 있지만 구세주는 불가능하며, 종교의 사원은 지을 수 있을지 몰라도 하늘 나라는 불가능하다."라고 어느 선각자는 말했다.

  * 참고 성구 * 갈 5:16, 마 13:22, 눅 12:19, 욥 31:24-25, 딤전 6:17

Ⅲ. 이 시대의 과학만능주의를 좇지 말라

인본주의와 합리주의의 시대 사조에 빠져 신앙까지도 과학적으로 분석해 보는 잘못되어진 오늘의 세태 속에서 성도들은 과학 만능의 헛되고 어리석음을 깨달아 진정 예수 그리스도 안에서 지혜를 믿고 의지하는 자들이 되어야 한다. 프랑스의 개신교 개혁자인 칼빈은 "예수의 정신이 없는 과학은 다만 한 줄기 연기에 불과하다."라고 선언했다.

  * 참고 성구 * 롬 12:2, 행 21:14, 요 7:17, 골 3:10, 엡 4:24

■ 기 도 ■ 하나님 아버지! 현대의 이방 풍속을 살펴보았습니다. 성도는 오직 말씀에 의거하여 새 사람의 삶을 살고 당신의 뜻을 준행하는 자가 되게 하소서. 예수 그리스도의 이름으로 기도 드립니다. 아멘

세상만을 따르는 자

에서가 범한 실책

■ 찬 송 ■ ♪ 394, 386, 384, 512   ■ 참 조 ■ ☞ ① 33p

■ 본 문 ■ 그 아이들이 장성하매 에서는 익숙한 사냥꾼인고로 들사람이 되고 야곱은 종용한 사람인고로 장막에 거하니 이삭은 에서의 사냥한 고기를 좋아하므로… 【창 25:27-34】

■ 서 론 ■ 영국의 시인 그레빌 경은 "남에 의해서 보다는 자기 자신에 의해서 더 혹독스럽게 기만을 당해보지 않은 사람이 없다."고 했다. 영적인 것보다 육적인 것에 더욱 관심을 가졌던 에서! 이런 에서를 히브리서 기자는 '망령된 자' 라고 경멸하고 있다(히 12:16). 에서가 주는 교훈은?

■ 말 씀 ■

I. 에서는 성급하게 행동했음

기자는 에서가 내가 죽게 되었으니 이 장자의 명분이 내게 무엇이 유익하리요 라고 했다. 독일 격언에 "모난 돌이 정 맞는다."(서두르면 일을 그르친다), "작은 그릇이 쉬 끓는다."는 말이 있다. 어떤 일을 함에 있어서 차분하고 신중하게 생각하지 않고 성급하게 행동하는 자는 계속해서 실수하게 마련이다. 요즘 '냄비 근성'이라는 말이 유행인데 빨리 달았다 빨리 식는 것을 빗댄 말이다.

* 참고 성구 *   딤후 3:4, 마 26:33-35, 고전 10:12, 잠 28:26, 막 6:23

II. 에서는 육의 양식에만 관심을 가졌음

기자는 에서가 장자의 명분을 야곱에게 팔고 떡과 팥죽을 먹고 마시며 일어나서 갔다고 했다. 에서의 정신은 "내일 죽을 터이니 오늘 실컷 먹고 마시자"라고 말한 에피큐리안의 정신과 비슷하다. 이런 자들은 미래의 축복보다는 현재의 만족을 원하는 자들로서 육의 양식에만 관심을 가지고 육적인 탐욕에 젖어 그것만 궁구하므로 하나님 뜻을 생각지 않는다.

* 참고 성구 *   신 32:6, 행 17:18, 시 22:13, 전 2:1, 롬 8:8

III. 에서는 장자의 명분을 소홀히 했음

기자는 에서가 장자의 명분을 경홀히 여김이었더라고 했다. 여기서 '장자의 명분'은 히브리어 '빼코라'로서 '장자권'을 뜻하는데, 성경은 에서를 망령된 자라 일컫는데 이는 하나님의 주신 생의 거룩한 기회를 희롱하여 값싸게 다루는 자란 뜻이다. 하나님이 주신 장자의 명분과 그 축복을 생각지 않음은 하나님을 무시하며 은혜를 거절하는 어리석은 모습이다.

* 참고 성구 *   마 7:6, 히 12:16, 롬 9:13, 벧후 2:11

■ 기 도 ■ 하나님 아버지! 세상적이며 육적인 에서의 경거망동을 잘 보았습니다. 성도로 부름입은 우리는 땅엣 것보다 위엣 것을 구하는 자들이 되게끔 이끌어 주옵소서. 예수 그리스도의 이름으로 기도 드립니다. 아멘

세상만을 따르는 자

벧세메스 사람에게 임한 재앙의 원인

■ 찬 송 ■ ♪ 189, 182, 410, 340   ■ 참 조 ■ ☞ ① 265p ② 131p

■ 본 문 ■ 벧세메스 사람들이 여호와의 궤를 들여다 본 고로 그들을 치사 (오만) 칠십 인을 죽이신지라 여호와께서 백성을 쳐서 크게 살육하셨으므로… 【삼상 6:19-21】

■ 서 론 ■ 영국의 성직자 토마스 풀러는 "호기심은 때로는 인간의 목에 걸려 그를 질식시킬 수도 있는 금지된 과일의 인(咽)과 같다."라고 했다. 거룩한 여호와의 궤를 들여다 본 벧세메스 사람들의 경거망동은 죽음의 결과를 초래했다. 그들이 화를 당한 원인은?

■ 말 씀 ■

I. 그들이 경건을 상실했기 때문임

기자는 벧세메스 사람들이 여호와의 궤를 들여다 본 고로 그들을 치셨다고 했다. 이들이 법궤를 들여다 본 것은 말씀을 어긴 죄악으로 법궤를 단지 호기심과 구경거리로 본 것이고 하나님을 경외함이 아니라 거룩한 것을 세속적으로 취급함이었다. 한낱 피조물에 불과한 인간이 창조주 하나님께 대한 불경은 곧 그분을 무시하고 반역 행위를 한 것이나 진배없다.

  * 참고 성구 *   딤전 4:8, 민 4:20, 욥 1:5, 단 6:10

II. 그들이 겸손을 상실했기 때문임

기자는 여호와께서 백성을 쳐서 크게 살육하셨으므로 백성이 애곡하였더라고 했다. 여기서 '살륙' 은 히브리어 '마카' 로서 '쳐부수다, 타파하다' 라는 동사에서 나왔다. 이는 일격을 가하여 쳐부수는 것으로 하나님의 심판의 용어로 자주 쓰인다. 성도는 하나님께서 행사하심에 있어서 머리 숙여 경배함이 없는 자들을 하나님은 반드시 그들을 무너뜨림을 기억해야 할 것이다.

  * 참고 성구 *   신 8:2-3, 약 4:10, 잠 22:4, 마 18:4, 벧전 5:5

III. 그들이 믿음을 상실했기 때문임

기자는 기럇여아림 거민에게 사자들을 보내어 여호와의 궤를 도로 가져왔으니 너희는 내려와서 그것을 너희에게로 옮겨 가라고 했다. 법궤에 대한 율법을 어긴 자들은 이미 믿음을 상실한 자들이다. 하나님은 거룩한 언약궤를 단순한 구경거리로 전락시킨 벧세메스 사람을 형벌로 다스리시고 당신의 거룩하심을 보존하셨다. 성도는 하나님의 주되심을 믿고 그 의를 따라야 한다.

  * 참고 성구 *   히 12:5-11, 민 4:15, 사 6:3, 고후 7:1, 벧후 3:11

■ 기 도 ■ 벧세메스 사람에게 재앙을 내리신 하나님! 거룩한 것을 세속적으로 취급한 형벌은 죽음이었음을 보았사오니 이제는 세상을 좇지 않고 거룩한 백성다운 삶을 살게 인도하소서. 예수 그리스도의 이름으로 기도 드립니다. 아멘

세상만을 따르는 자

포도원을 탐내는 아합의 욕심의 속성

■ 찬 송 ■ ♪ 186, 190, 202, 337 　　　■ 참 조 ■ ☞ ① 201p

■ 본 문 ■ 그 후에 이 일이 있으니라 이스르엘 사람 나봇이 이스르엘에 포도원이 있어 사마리아 왕 아합의 궁에서 가깝더니…【왕상 21:1-19】

■ 서 론 ■ 동유럽 유대인의 격언에는 "다른 사람의 잔치에는 언제나 식욕이 돋는다."는 말이 있고 또한 러시아의 격언에는 "여우는 잠을 자면서도 꿈속에서 암탉들을 센다."는 말이 있다. 왕의 자리에 있으면서도 남의 포도원을 탐낸 아합왕! 욕심의 속성은?

■ 말 씀 ■

Ⅰ. 욕심은 불만족에서 기인한다

기자는 그보다 더 아름다운 포도원을 네게 줄 것이요 만일 합의하면 그 값을 돈으로 주리라고 했다. 여기서 '합의하면'은 히브리어 '토브 베에네카'로서 '네 눈에 들면, 네가 원하면'의 뜻으로 아합이 나봇에게 먼저 선택권을 준 것을 의미한다. 그러나 이것은 악한 계교이매 불만족에 기인하는 인간의 탐욕은 더욱 영원히 만족을 누릴 수 없게 하며 근심만이 가득 차게 만든다.

＊ 참고 성구 ＊　잠 27:20, 출 20:17, 눅 12:15, 골 3:5

Ⅱ. 욕심은 이기심에서 기인한다

기자는 아합이 근심하고 답답하여 식사를 아니하니라고 했다. 여기서 '근심하고'는 히브리어 '사르'로서 '안달하다'는 뜻으로 아합이 자신의 이기적 욕심을 이루지 못해 속이 타고 안달하는 상태를 묘사한 말이다. 욕심은 모든 일에 자신의 유익만 구하게 하여 이웃에 대한 이해나 배려와 도움을 잊게 만들고 이기심의 충족을 위해 불법적인 죄까지 서슴지 않고 저지른다.

＊ 참고 성구 ＊　수 7:20-21, 렘 17:11, 딤전 6:10, 마 26:15-16, 벧후 2:15

Ⅲ. 욕심은 멸망의 심판을 초래한다

기자는 개들이 나봇의 피를 핥은 곳에서 네 몸의 피도 핥으리라고 했다. 여기서 '개'는 히브리어 '케레브'로서 '짖다, 공격하다'라는 뜻에서 유래하여 저주받은 사람의 피를 핥는 '야생견, 남자 매춘부'를 나타내기도 한다. 아합은 하나님의 선언대로 심판을 받았다. 욕심은 마음에서 품은 것으로 끝나지 않고 범죄를 저지르게 하여 결국엔 하나님의 심판을 받게 한다.

＊ 참고 성구 ＊　미 2:2-3, 잠 11:21, 렘 11:11, 암 9:2, 살전 5:3

■ 기 도 ■ 아합을 심판하신 하나님! 탐욕으로 끝내 자신을 망친 자의 최후를 보았습니다. 우리에게 탐욕을 버리게 하시고 이타적인 마음으로 희생하는 신앙의 본질을 회복하게 도와 주소서. 예수 그리스도의 이름으로 기도 드립니다. 아멘

세상만을 따르는 자

사사 시대의 부패와 혼란이 주는 교훈

■ 찬 송 ■ ♪ 212, 215, 490, 508   ■ 참 조 ■ ☞ ② 107p

■ 본 문 ■ 그 때에 이스라엘에 왕이 없으므로 사람이 각각 그 소견에 옳은 대로 행하였더라 【삿 21:25】

■ 서 론 ■ 미국 유일교회 목사 에드윈 채핀은 "사람이 전쟁터에 나가 대포의 총구 앞에 서고 싸움터에 나가 적과 대치하여 싸우지 않고는 군사가 될 수 없는 것처럼 사람이 악에 대치하여 그것을 정복하지 않고는 결코 그리스도인이 될 수 없다."라고 했다. 악이 창궐한 이 시대에 성도는?

■ 말 씀 ■

Ⅰ. 부패한 시대에 성도는 하나님 보시기에 합당한가를 따질 것

기자는 사람이 각각 그 소견에 옳은 대로 행하였더라고 했다. 여기서 '옳은'은 히브리어 '야솨르'로서 '좌우로 치우치지 아니한' 이란 뜻으로 '정도를 벗어난'의 뜻인 '솨가그'가 '그릇된' 이라는 의미로 쓰인다는 점에서 대조된다. 성도는 말씀에 비추어 보아 하나님의 뜻에 위배되거나 하나님 영광에 손상을 입힐 만한 여지가 있는지 분별하여 삶을 살아야 할 것이다.

 * 참고 성구 * 시 119:9-11, 사 1:16, 고후 7:1, 약 4:8, 요일 3:3

Ⅱ. 부패한 시대에 성도는 덕을 세우는 것인가를 따질 것

독일의 시인이요 철학자인 괴테는 "선덕은 인간 최고의 복리이며, 악덕은 비참 이외에 아무것도 주는 것이 없다."라고 했다. 하나님의 자녀인 성도는 예수 그리스도의 몸된 교회와 지체된 다른 성도들뿐만 아니라 믿지 않는 불신자들에게까지 선한 본이 되어서 그들에게 참된 기쁨과 유익을 줄 수 있는지를 따져보며 분별하여 행하는 것이 성도의 바른 자세일 것이다.

 * 참고 성구 * 살전 5:11, 롬 15:2, 엡 5:2,15, 요일 1:7, 2:6

Ⅲ. 부패한 시대에 성도는 영적으로 유익이 되는가를 따질 것

성도는 매순간 행하는 일들이 일순간의 쾌락에 그칠 일이 될 것인지 아니면 영적인 성숙과 성장에 큰 도움이 될 일인지 아니면 예수 그리스도의 장성한 분량에 이르는 것을 오히려 방해하지는 않을지를 세심한 주의를 기울여 분별토록 해야 한다. 이렇게 주의하여 세심히 분별하지 않으면 한순간의 실수가 큰 영적 침체로 이어져 성도 자신이 큰 손실을 보기 때문이다.

 * 참고 성구 * 딤전 6:11-12, 엡 6:12, 4:13, 롬 13:12, 살전 5:8

■ 기 도 ■ 하나님 아버지! 성도의 삶의 지침인 말씀이 희귀해져서 각기 자기 소견대로 살아간 죄악의 사사시대는 오늘날과 흡사한 줄 믿사오니 우리에게 분별력을 허락하시어 유익한 길로 가게 하소서. 예수 그리스도의 이름으로 기도 드립니다. 아멘

> 세상만을 따르는 자

심판받을 자가 걷는 세 가지 길

■ **찬 송** ■ ♪ 399, 344, 379, 465   ■ **참 조** ■ ☞ ① 435p ② 255p

■ **본 문** ■ 화 있을진저 이 사람들이여, 가인의 길에 행하였으며 삯을 위하여 발람의 어그러진 길로 몰려갔으며 고라의 패역을 좇아 멸망을 받았노다…【유 1:11-13】

■ **서 론** ■ 영국의 철학자요 역사가인 토마스 칼라일은 "결코 심판의 날을 잊지 말라. 어리석은 자들은 악한 일에 대한 심판은 더디며 이 땅에는 우연만 있고 공의가 없다고 생각하나 심판은 반드시 오며 비록 한 세기 두 세기 늦어질지 모르나 인간에게 죽음이 있는 것처럼 분명히 심판이 있다."고 했다. 심판받을 자의 길은?

■ **말 씀** ■

Ⅰ. 심판받을 자가 걷는 가인의 길

기자는 가인의 길에 행하였다고 했다. '가인' 이라는 이름에는 '대장장이' 라는 뜻이 담겨져 있다. 무엇이 가인의 길인가? 가인의 길은 창조주 하나님을 최고로 섬기지 못하며, 하나님의 주권적 선택과 은혜에 불만을 가지며, 그 결과 인류 최초의 살인자가 되어 의로운 자 아벨을 죽이고 멸시하기까지 하는 교만하고 악한 마음의 소유자로서 종국에는 심판에 이르고 말 것이다.

* 참고 성구 *   창 4:1-9, 14:6, 히 11:4, 요일 3:12

Ⅱ. 심판받을 자가 걷는 발람의 길

기자는 삯을 위하여 발람의 어그러진 길로 몰려갔으며라고 했다. '발람' 이라는 이름에는 '백성의 주' 라는 뜻이 담겨져 있다. 무엇이 발람의 길인가? 하나님의 진리에 굳게 서지 못하고, 세상의 환경과 유혹에 타협하며 자신의 세상적인 유익에 연연하여 남을 속이고 욕심을 부려 그것을 구하는 데에만 정열을 바치는 자들로서 온 세상이 심판을 받을 때 함께 심판을 받을 것이다.

* 참고 성구 *   민 22-24, 신 23:4, 수 13:22, 벧후 2:15, 미 6:5, 계 2:14

Ⅲ. 심판받을 자가 걷는 고라의 길

기자는 고라의 패역을 좇아 멸망을 받았도다라고 했다. '고라' 라는 이름에는 '우박' 또는 '대머리' 라는 뜻이 담겨져 있다. 무엇이 고라의 길인가? 자신에게 맡겨진 성스러운 직책과 주어진 길을 거부하고 하나님의 택하신 권위에 도전하고 하나님의 뜻을 거스려 배교할 뿐 아니라 많은 사람들을 멸망의 길로 인도하는 고라의 후예는 심판의 날에 슬피 울고 이를 갊이 있을 것이다.

* 참고 성구 *   민 16:1-40, 26:9-11, 대상 12:6, 시 42편, 마 25:30

■ **기 도** ■ 백보좌 심판을 결행하시는 하나님! 세상을 좇는 가인과 발람과 고라의 길을 보았습니다. 이제는 정결한 마음으로 예수의 길을 좇게 하여 주소서. 예수 그리스도의 이름으로 기도 드립니다. 아멘

세상만을 따르는 자

사람이 의지하는 세 가지 헛된 신뢰

■ 찬 송 ■ ♪ 364, 492, 367, 83   ■ 참 조 ■ ☞ ③ 129p

■ 본 문 ■ 이와 같이 애굽의 포로와 구스의 사로잡힌 자가 앗수르 왕에게 끌려 갈 때에 젊은 자나 늙은 자가 다 벗은 몸, 벗은 발로 볼기까지 드러내어… 【사 20:4-6】

■ 서 론 ■ "양손에 세상의 것을 잔뜩 들고 있다면 어찌 하나님의 손을 붙들 수 있겠는가. 세상의 것을 놓는 순간 하나님이 그대의 손을 붙들 것이다."라고 어느 성직자가 말했다. 이 세상의 썩어질 재물과 권력과 육체에의 신뢰를 내리고 영원하신 하나님을 신뢰하는 것이 새 삶의 첩경이다. 세상의 헛된 신뢰는?

■ 말 씀 ■

Ⅰ. 재물에 대한 신뢰가 헛됨

기자는 볼기까지 드러내어 애굽의 수치를 보이리니 했다. 애굽은 당대의 대제국으로 인간적 권위와 부와 교만의 상징이었다. 이런 애굽이 수치를 당한다고 했다. 세상 재물은 정함이 없으므로 소망을 두어서는 안 된다. 성도는 썩어 없어질 것으로 우리의 신뢰의 대상으로 삼아서는 절대로 아니 될 것이니 어리석은 자가 되지 않기 위해서이다. 영생을 포기한 청년의 근심을 기억하자.

* 참고 성구 *   딤전 6:17, 9, 눅 12:20, 잠 23:5, 렘 17:11, 마 19:22

Ⅱ. 권력에 대한 신뢰가 헛됨

기자는 그들이 바라던 구스와 자랑하던 애굽을 인하여 놀라고 부끄러워할 것이라고 했다. 여기서 '바라던'은 히브리어 '마바트'로서 '열심히 바라보다'에서 유래되어 호감과 기쁨을 가지고 도움받기를 기대하며 주의하여 본다는 뜻이다. '권불십년(權不十年) 화무십일홍(花無十日紅)'이라고 했다. 세상의 권력과 명예는 하루아침에 무너질 수 있는 안개와 같은 것임을 유념하자.

* 참고 성구 *   행 12:23, 단 4:31-33, 롬 13:1, 호 5:10

Ⅲ. 육체에 대한 신뢰가 헛됨

기자는 우리가 어찌 능히 피하리요 하리라고 했다. 이는 하나님을 자신의 힘과 방패와 요새로 생각하지 않고 세상의 것들을 의지하던 자들이 위기에 처했을 때 내뱉는 단말마적 신음이다. 성도는 재물과 권력뿐 아니라 인간의 육체 또한 신뢰하면 안 된다. 복잡다단한 세상 속에서 제한적인 지혜와 순간적으로 무너지는 건강이 어찌 우리의 영원한 신뢰의 대상이 되겠는가.

* 참고 성구 *   빌 3:2-4, 욥 3:1, 딤후 4:20, 고후 12:7

■ 기 도 ■ 우리의 피난처시요 요새가 되시는 하나님! 사람이 세상 것에 헛된 신뢰를 가짐이 얼마나 어리석은 일인지요. 이제부터는 영생의 근원이신 당신만 신뢰하고 당신의 뜻만 좇는 자가 되겠나이다. 예수 그리스도의 이름으로 기도 드립니다. 아멘

죄에 물든 자

가인을 통한 하나님 은혜의 양면성

■ **찬 송** ■ ♪ 405, 141, 417, 404   ■ **참 조** ■ ☞ ① 435p ② 21p

■ **본 문** ■ …그후 그들이 들에 있을 때에 가인이 그 아우 아벨을 쳐 죽이니라 여호와께서 가인에게 이르시되 네 아우 아벨이 어디 있느냐 그가 가로되…【장 4:1-15】

■ **서 론** ■ "하나님의 생각, 그의 뜻, 사랑, 심판은 모든 인간의 본향이다. 그의 생각을 생각하는 것, 그의 뜻을 선택하는 것, 그의 사랑을 사랑하는 것, 그의 심판을 심판하는 것, 그리하여 그가 우리 안에 계시다는 것을 아는 것은 우리가 본향에 있는 것이다." 라고 스코틀랜드 소설가 조지 맥도날드는 말했다. 하나님 은혜의 양면성은?

■ **말 씀** ■

I. 하나님의 징계와 구원의 양면성

기자는 땅이 그 입을 벌려 네 손에서부터 네 아우의 피를 받았은즉 네가 땅에서 저주를 받으리라고 했다. 여기서 구약성경 원전의 원문에는 '지금, 방금' 이란 말이 초두에 '아타' 로 나와 사태의 심각성을 현실감 있게 전달하고 있다. 하나님은 범죄한 자에 대한 징계를 잊지 않으시는 공의의 하나님이시지만 회개하고 돌이키는 자에게는 은혜를 베푸시는 사랑의 하나님이기도 하시다.

* 참고 성구 *   고전 11:32, 시 94:12, 잠 3:11-12, 요 15:2, 계 3:19

II. 하나님의 고난과 축복의 양면성

기자는 네가 밭 갈아도 땅이 다시는 그 효력을 네게 주지 아니할 것이며 너는 유리하는 자가 되리라고 했다. 여기서 '효력' 은 히브리어 '코아흐' 로서 '힘, 생산력, 능력' 의 뜻으로 수고한 만큼 돌아와야 할 결실을 의미한다. 의로운 자라 할지라도 세상에 사는 동안 고난과 시련의 과정을 회피할 수 없지만 위로의 하나님은 고난을 인내하는 자에게 놀라운 축복을 예비해 놓으셨다.

* 참고 성구 *   고후 4:17, 욥 5:17, 시 119:67, 히 12:11, 계 7:14

III. 하나님의 시험과 성숙의 양면성

기자는 가인에게 표를 주사 만나는 누구에게든지 죽임을 면케 하시니라고 했다. 여기서 '표' 는 히브리어 '오트' 로서 '징조, 표적' 을 뜻하는 말로 구약에서 '내적 확신' 또는 '외부적 징표' 로 사용되는데 여기서는 전자가 유력하다. 하나님은 때로 성도들에게 감당키 어려운 시험도 주시나 그것은 더 큰 믿음과 축복을 허락하시고자 계획하신 하나님의 섭리의 일환이기도 함을 깨닫자.

* 참고 성구 *   시 26:2, 신 8:2, 창 22:1, 약 1:2-3, 욥 23:10

■ **기 도** ■ 가인의 하나님! 범죄한 가인이 회개하자 은혜를 베푸신 당신의 긍휼을 오늘 이 가정에도 베푸시어 죄악을 도말하소서. 예수 그리스도의 이름으로 기도 드립니다. 아멘

죄에 물든 자

무교병이 주는 교훈

■ 찬 송 ■ ♪ 206, 201, 192, 183   ■ 참 조 ■ ☞ ② 45p

■ 본 문 ■ 그들이 가지고 나온 발교되지 못한 반죽으로 무교병을 구웠으니 이는 그들이 애굽에서 쫓겨남으로 지체할 수 없었음이며 아무 양식도 준비하지 못하였음이었더라 【출 12:39】

■ 서 론 ■ 영국의 작가 프란시스 콸스는 "일을 내일 하는 것으로 하나님을 섬긴 자는 하나도 없다. 우리가 그리스도를 존귀하게 여기고 축복을 받았다면 우리는 오늘 하는 것으로 주께 헌신해야 하리라. 해결하는 데 많은 시간이 걸리는 자는 상대방으로 하여금 부인할 수 있는 시간의 여유를 주는 것이요 대비하도록 경고를 주는 것이다."라고 했다. 지체치 말고 성도는?

■ 말 씀 ■

I. 지체치 말고 악의 자리에서 돌이키라

우상 숭배 등 세상의 죄가 가득한 곳에서(애굽) 빠져나와 하나님이 허락하시는 의의 길로(가나안) 행하는 일은 죽음에서 생명으로 옮겨지는 절박하고도 시급한 문제이기 때문에 지체해서는 안 된다. 영국의 시인 알렉산더 포프는 "인간들이 악한 생각에 그들의 의지를 굽혔을 때 그 악에서 헤엄쳐 나오는 방편을 얼마나 빨리 찾을 수 있을까?"라고 했다.

* 참고 성구 *   창 19:15, 22 출 12:11, 벧후 2:8, 엡 4:22, 히 12:1

II. 지체치 말고 주의 뜻을 깨달아 헌신하라

스코틀랜드의 선교사로서 암혹 대륙 아프리카에서 선교한 데이빗 리빙스톤은 "나의 예수, 나의 왕, 나의 생명, 나의 전체이시여! 나는 다시 한번 내 전생애를 당신께 드리나이다."라고 했다. 성도를 향한 하나님의 의로우신 뜻과 계획을 바로 깨달아 우리의 짧은 인생 여정을 통해서 최선의 헌신을 바치는 귀한 일에 절대로 지체해서는 안 될 것이다.

* 참고 성구 *   대하 24:5, 마 8:21, 25:11-12, 눅 13:25, 히 12:17

III. 지체치 말고 주의 도우심을 간구하라

신학자 캐터린 밀러는 "하나님도 자기의 자존심을 버리고 도움을 요청하는 사람들을 사랑하신다."라고 했다. 성도가 매일의 생활 가운데서 기도를 쉬지 않는 일은 영적 호흡을 유지하는 일로서, 특히 유혹과 불 같은 시련이 닥쳐올 때 그것들을 이길 수 있는 우리의 힘의 근원이 되시는 하나님께 도우심을 구하는 일은 결코 지체할 수 없는 일이다.

* 참고 성구 *   슥 8:21, 시 105:4, 사 55:6, 눅 11:10, 막 10:51

■ 기 도 ■ 하나님 아버지! 지체하지 말고 빨리 돌이켜야 할 경우를 보았습니다. 오늘 당신의 성도가 빨리 죄악의 자리에서 떠나 의의 길로 갈 수 있도록 결단할 마음을 허락하소서. 예수 그리스도의 이름으로 기도드립니다. 아멘

죄에 물든 자

벨릭스가 두려워한 바울의 강론

■ 찬 송 ■ ♪ 276, 258, 259, 275　　　　■ 참 조 ■ ☞ ② 279p

■ 본 문 ■ …바울이 의와 절제와 장차 오는 심판을 강론하니 벨릭스가 두려워하여 대답하되 시방은 가라 내가 틈이 있으면 너를 부르리라 하고… 【행 24:24-27】

■ 서 론 ■ 영국 교회 주교인 길버트 버넷은 "가장 훌륭한 설교는 들은 회중이 와자지껄하게 칭찬하는 설교가 아니라 들은 회중이 깊은 생각에 잠기고 심각해지며 혼자 있으려고 서두르게 만드는 것이다."라고 했다. 비록 감옥에 갇혔으나 바울의 설교는 강렬한 메시지를 전달하는 것이었다. 바울의 강론은?

■ 말 씀 ■

Ⅰ. 바울의 강론은 의에 대한 것이었음

'의'에 대한 헬라어는 '디카이오쉬네'로서 '옳음, 올바름, 정의, 의'를 뜻하며 이는 하나님 자신을 의미하는데 하나님의 속성이 의로움이시기 때문이다. 도덕적 가치와 윤리관이 혼돈되고 황폐하며 정의가 땅에 떨어진 이 시대에 오로지 하나님의 의만이 참된 가치 판단의 기준이 되어야 마땅하다. 성도는 인생살이 속에서 이 하나님의 의로 삶의 잣대를 삼아야 한다.

＊참고 성구＊　마 5:20, 6:33, 고전 15:34, 엡 6:14, 빌 1:11, 딤전 6:11

Ⅱ. 바울의 강론은 절제에 대한 것이었음

'절제'에 대한 헬라어는 '엥크라튜오마이'로서 '자제한다, 삼간다, 스스로 제어한다'는 뜻으로 이는 분명한 목적지에 이를 때까지 자기 몸을 스스로 쳐서 복종케 하는 것을 의미한다. 향락적 문화가 파도처럼 밀려오는 세태에 필요한 것은 악한 욕구와 감각적 본능을 제어할 절제가 필요한데 절제는 성령의 열매 중 마지막 것이다. 성도의 성령 충만한 삶의 열매는 이렇게 나타난다.

＊참고 성구＊　잠 25:28, 롬 6:12, 약 3:2, 벧후 1:5-7, 고전 9:27

Ⅲ. 바울의 강론은 심판에 대한 것이었음

'심판'에 대한 헬라어는 '크리시스'로서 '나눈다, 구별한다, 판결한다, 단죄한다, 정죄한다, 언도한다'는 '크리노'에서 온 말로 인간의 종말적인 최후의 마지막 심판을 의미한다. 성도는 바울처럼 불의와 무절제한 음란한 생활 속에 젖어들어 벗어나지 못하는 이 세대에서 하나님의 분명하고도 철저한 심판을 계속 선포해야 한다. 이럴 때 하나님의 구원이 이웃에게 임하는 것이다.

＊참고 성구＊　히 9:27, 마 25:31-32, 벧후 2:9, 3:7, 요일 4:17, 계 20:11-12

■ 기 도 ■ 바울의 하나님! 바울은 비록 갇힌 몸이었으나 담대히 의와 절제와 심판에 대해 선포하였습니다. 우리도 바울처럼 죄악이 관영한 이 땅에 당신의 진리를 알리게 하시고 죄에서 돌아오게끔 능력의 외침이 되게 하소서. 예수 그리스도의 이름으로 기도 드립니다. 아멘

죄에 물든 자

다윗의 화목제에 내포된 의미

- **찬 송** ♪ 500, 491, 102, 425
- **참 조** ☞ ② 267p
- **본 문** …그곳에서 여호와를 위하여 단을 쌓고 번제와 화목제를 드렸더니 이에 여호와께서 그 땅을 위하여 기도를 들으시매 이스라엘에게 내리는 재앙이 그쳤더라【삼하 24:17-25】
- **서 론** "화목하라 함은 어떤 사람의 말이 아니고 천래성(天來聲)이요, 하나님의 지상 명령이다."라고 어느 책에 기록되어 있다. 다윗의 화목 제사를 가납하신 하나님은 이스라엘의 재앙을 그치게 했다. 하나님과 화목하기 위해서 성도는?

■ 말 씀 ■

Ⅰ. 성도는 하나님과 화목키 위해 회개할 것

기자는 다윗이 나는 범죄하였고 악을 행하였삽거니와라고 했다. 여기서 '악을 행하였삽거니와'는 히브리어 '헤에웨티' 로서 이는 왜곡되게 행동했다는 말로서 여기서는 하나님께로부터 돌이켜 자기 길로 간 것을 의미한다. 성도는 하나님과 멀어질 수밖에 없었던 자신의 죄악을 모두 하나님 앞에 내어놓고 성결한 몸과 마음으로 하나님을 찾아 만나야 한다.

  * 참고 성구 *   행 3:19, 욜 2:12, 왕상 21:27, 눅 18:13, 마 5:4

Ⅱ. 성도는 하나님과 화목키 위해 간구할 것

기자는 다윗이 번제와 화목제를 드렸더니 이에 여호와께서 그 땅을 위하여 기도를 들으셨다고 했다. 여기서 '번제'는 히브리어 '올라' 로서 하나님과 정상적인 관계 유지와 온전한 헌신을, '화목제' 곧 '셀렘' 은 하나님과 경배자 사이의 화목과 친교를 말한다. 성도는 하나님과의 관계 회복과 아울러 이전의 받은 은혜들을 다시 누리기 위해 하나님께 간구해야 한다.

  * 참고 성구 *   시 145:18, 34:18, 렘 23:23, 삿 21:4, 엡 5:2, 6:18

Ⅲ. 성도는 하나님과 화목키 위해 감사할 것

기자는 이스라엘에게 내리는 재앙이 그쳤더라고 했다. 여기서 '그쳤더라'는 히브리어 '테아차르' 로서 '머물다, 닫다, 억제하다' 는 뜻으로 여기서는 하나님의 재앙의 역사가 닫혀지고 회수됨을 의미한다. 하나님께서는 성도를 불쌍히 여기시고 다시금 교제를 나누기를 기뻐하시며 아울러 많은 축복을 예비하고 계시기 때문에 성도는 감사함으로써 하나님 앞에 나아가야 한다.

  * 참고 성구 *   골 1:12, 2:7, 3:15, 시 104:4, 신 8:10, 살전 5:18

- **기 도** 다윗의 하나님! 범죄한 다윗의 제사를 흠향하시고 열납하신 당신께서 오늘 이 택한 성도의 회개를 가납하시고 감사로 제사를 드리는 은혜를 내려 주시옵소서. 예수 그리스도의 이름으로 기도 드립니다. 아멘

죄에 물든 자

바울이 언급한 성별된 생활

■ 찬 송 ■ ♪ 219, 490, 496, 337   ■ 참 조 ■ ☞ ② 403p

■ 본 문 ■ 너희는 믿지 않는 자와 멍에를 같이 하지 말라 의와 불법이 어찌 함께하며 빛과 어두움이 어찌 사귀며 그리스도와 벨리알이 어찌 조화되며… 【고후 6:14-7:1】

■ 서 론 ■ 미국의 찬송가 작가 화니 크로스비는 "만약에 하나님이 나에게 시력을 허락해 주신다 해도 나는 받지 않으련다. 하늘에 가면 밝은 눈을 주시는데 세상에서 더럽혀지지 않는 깨끗한 눈으로 하늘에 가서 우리 주님의 얼굴을 보련다."라고 했다. 성도가 성결함을 유지하려면?

■ 말 씀 ■

I. 성도의 성결은 하나님의 자녀임을 기억하는 데 있다

미국의 교회 주교요 찬송가 작가인 필립스 부룩스는 "우리가 하나님의 자녀임을 인식하는 유일한 길은 그리스도로 하여금 우리를 그의 아버지께로 인도하시게 하는 것이다."라고 했다. '성도'라는 이름은 거룩하신 하나님의 자녀된 자에게만 붙이는 이름이므로 성도는 늘 본분을 잊지 말고 하나님을 본받아 거룩하게 되어야 한다. '성도'라는 뜻의 헬라어는 '하기오스'로서 성별을 뜻한다.

* 참고 성구 * 사 43:1, 신 14:2, 요 1:12, 롬 8:15, 벧전 1:15-16

II. 성도의 성결은 세상 유혹을 경계하는 데 있다

기자는 거룩함을 온전히 이루라고 했다. 여기서 '거룩함'은 헬라어 '하기오쉬네'로서 이는 하나님께 구별되고 받혀지고 봉헌된 상태로 곧 '성화'를 의미한다. 성도는 의보다 불의가, 진리보다 거짓이, 믿음보다 불신이 횡행하는 이 세상에서 성결을 유지하기란 힘들지만 세상 죄의 유혹이 가까이 있음을 깨닫고 성령 안에서 진리의 삶으로 경계할 때 성결은 가능함을 알자.

* 참고 성구 * 벧전 3:11, 고전 10:6, 살전 5:22, 약 1:14, 요일 2:16

III. 성도의 성결은 경건의 훈련을 힘쓰는 데 있다

기자는 육과 영의 온갖 더러운 것에서 자신을 깨끗케 하자라고 했다. 여기서 '깨끗하게 하자'는 헬라어 '카다리조'로서 종교적으로 도덕적으로 깨끗함을 의미하는 것으로 경건을 뜻한다. 성도는 말씀과 기도와 찬양을 생활화하여 경건의 훈련에 힘씀으로써 몸과 마음 모두가 성결해지도록 노력해야 한다. 경건은 범사에 유익하고 금생과 내생에 약속이 있다.

* 참고 성구 * 마 25:16, 딤후 1:6, 욥 1:5, 딤전 4:7-8, 눅 6:12

■ 기 도 ■ 성도의 아버지이신 하나님! 성별된 생활을 왜 해야 하는지를 알았사오니 경건의 훈련을 힘써서 좌우로 치우치는 유혹을 경계토록 도우소서. 예수 그리스도의 이름으로 기도 드립니다. 아멘

죄에 물든 자

성화의 삶을 사는 자의 모습

■ 찬 송 ■ ♪ 202, 182, 184, 186   ■ 참 조 ■ ☞ ① 421p

■ 본 문 ■ …이는 죽은 자가 죄에서 벗어나 의롭다 하심을 얻었음이니라 만일 우리가 그리스도와 함께 죽었으면 또한 그와 함께 살 줄을 믿노니…【롬 6:6-11】

■ 서 론 ■ "그리스도인들은 칼날 위를 걷는 것과 같은 조심으로 세상을 살아야 한다."고 어느 목사님은 말했다. 이는 그만큼 세상이 죄악에 물들여져 있고, 호시탐탐 노리는 사단의 궤계는 언제 우리를 실족시킬지 모르기 때문이다. 사도 바울이 설파한 성화의 삶은?

■ 말 씀 ■

Ⅰ. 성화의 삶은 죄의 유혹에 응답하지 않는 삶임

바울은 죄의 몸이 멸하여 다시는 우리가 죄에게 종노릇하지 아니하려 함이니라고 했다. 여기서 '죄'는 헬라어 '하말티아'로서 '(목표에서) 벗어남'의 뜻으로 죄의 뿌리를 말한다. 그러나 십자가에 죽은 자는 이미 죄의 몸이 멸하여졌기에 죄의 종이 될 수 없다. 성도는 십자가 안에서 쾌락과 편안함과 세상적 영광을 보여주며 다가오는 죄의 유혹을 응답치 않는 단호함이 있어야 한다.

* 참고 성구 * 마 5:29, 롬 13:14, 갈 5:16, 골 3:5, 벧전 2:11

Ⅱ. 성화의 삶은 죄의 위협에 응답하지 않는 삶임

바울은 사망이 다시 그를 주장하지 못할 줄을 앎이로라고 했다. 여기서 '주장하지'는 헬라어 '퀴리유오'로서 '주인이 되다'의 뜻으로 이는 '주인(퀴리오스)에서 파생된 말로 주인의 자격으로 행사하는 권리와 행동을 의미한다. 성도는 십자가 안에서 불의한 사단의 공격과 시험과 죄악된 세상의 핍박 속에서도 이에 굴하지 않는 담대함과 용기가 있어야 한다.

* 참고 성구 * 엡 2:3-5, 빌 3:19-20, 벧전 4:3, 7, 벧후 3:3, 7

Ⅲ. 성화의 삶은 죄의 지배에 응답하지 않는 삶임

바울은 그의 죽으심은 죄에 대하여 단번에 죽으심이요라고 했다. 여기서 '단번에'는 헬라어 '에파팍스'로서 이는 어떤 행동이 단 1회로 종결되었음을 강조하는 말이다. 성도는 십자가 안에서 원죄로 인하여 유전되어 온 죄성의 지배가 끝났음을 알고서 이제는 우리 내부에서 우리를 쓰러뜨리려 하는 숨겨진 죄성과 악한 정욕을 철저히 끓어 버리는 과단성이 있어야 한다.

* 참고 성구 * 약 4:1, 롬 5:18, 딛 3:3, 요일 5:19, 창 3:15

■ 기 도 ■ 하나님 아버지! 예수와 함께 못 박힌 성도는 이제는 죄의 유혹과 위협과 지배에 응답하지 않고 예수 안에서 당신께 대하여 산 자가 되었습니다. 이제부터는 우리의 지체를 의의 병기로 당신께 드리게 하소서. 예수 그리스도의 이름으로 기도 드립니다. 아멘

회개하기를 원하는 자

아이 성 공격 실패에 나타난 회개의 요소

■ 찬 송 ■ ♪ 330, 338, 424, 363 ■ 참 조 ■ ☞ ② 99p ③ 173p

■ 본 문 ■ …이스라엘이 범죄하여 내가 그들에게 명한 나의 언약을 어기었나니 곧 그들이 바친 물건을 취하고 도적하고 사기하여 자기 기구 가운데 두었느니라…【수 7:10-15】

■ 서 론 ■ 영국의 성직자 윌리엄 네빈스는 "회개의 순간이 오기를 사람은 아무리 기다려도 오지 않을 것을 기다리는 것과 같다. 그 자신이 해야 할 일을 기다리는 것은 어리석은 일이다."라고 했다. 회개는 천국의 문을 두드리는 첫 행위이다. 진정한 회개는?

■ 말 씀 ■

I. 죄를 시인하라 / 첫째 단계

기자는 그들이 바친 물건을 취하고 도적하고 사기하여 자기 기구 가운데 두었다고 했다. 여기서 '사기하여' 는 히브리어 '카하쉬' 로서 '거짓말하다, 아첨하다' 란 뜻으로 진실을 왜곡시켜 남에게 그럴듯하게 꾸며대는 비열한 행위를 가리킨다. 성도가 먼저 자기가 저지른 죄악에 대해서 잘못을 인정하고 시인할 때 미쁘시고 의로우신 하나님은 용서의 손길을 뻗치심을 잊지 말자.

* 참고 성구 * 요일 1:9, 스 10:11, 잠 28:13, 렘 3:13, 눅 15:7

II. 용서를 구하라 / 둘째 단계

기자는 너희는 스스로 성결케 하여 내일을 기다리라고 했다. 여기서 '내일을 기다리라' 는 히브리어 '레마하르' 로서 원뜻은 '내일을 위하여 준비하라' 인데 단순한 기다림이 아닌 내일의 상황을 기대하며 긴장하라는 의미이다. 하나님은 성도가 자신의 죄로 애통해 하며 자복할 때 그에게 긍휼을 베푸시고 회개하는 자의 죄를 도말해 주시는 자비의 하나님이시다.

* 참고 성구 * 미 5:4, 시 51:17, 시 66:2, 욜 2:13, 고후 7:10

III. 죄를 끊어 버리라 / 셋째 단계

기자는 이스라엘 가운데서 망령된 일을 행하였음이라고 했다. 여기서 '망령된 일' 은 히브리어 '네바라' 로서 이는 '악하다, 어리석다' 의 '나벨' 에서 유래된 말로 지적, 도덕적, 패륜 이상으로 하나님의 영광을 훼손하는 가증한 범죄를 의미한다. 성도는 똑같은 죄를 다시는 반복하지 않겠다는 단호한 결단과 그에 수반된 노력이 있을 때 죄를 끊어버리는 행위가 될 것이다.

* 참고 성구 * 미 3:8, 5:16, 막 4:20, 눅 13:9, 요 15:16

■ 기 도 ■ 죄를 미워하시는 하나님! 아이 성 공격이 실패한 원인을 보았고 이것을 회복하는 과정을 배웠습니다. 오늘 회개의 영을 보내어 이 가정에 회개의 불길이 일어나게 하소서. 예수 그리스도의 이름으로 기도 드립니다. 아멘

> 회개하기를 원하는 자

돌이키는 자를 위한 하나님의 자비

■ 찬 송 ■ ♪ 328, 329, 412, 314　　■ 참 조 ■ ☞ ③ 173p

■ 본 문 ■ 그러나 네가 거기서 네 하나님 여호와를 구하게 되리니 만일 마음을 다하고 성품을 다하여 그를 구하면 만나리라… 【신 4:29-31】

■ 서 론 ■ 프랑스의 신학자 앙셀은 "하나님은 회개하는 자를 용서하여 주신다고 약속하셨다. 그러나 죄를 지은 자에게 회개를 약속하시지는 않았다."라고 했다. 후회와 회개는 그 개념이 철저히 다르다. 십자가 사건 후 가룟 유다는 후회했고 베드로는 회개했다. 회개할 때?

■ 말 씀 ■

Ⅰ. 회개할 때 하나님은 버리지 않으심

기자는 그가 너를 버리지 아니하시며라고 했다. 여기서 '버리지'는 히브리어 '라파'로서 '풀다, 약하다, 피곤하다, 게으르다'는 뜻으로 하나님은 한번 선택한 자를 잃어버릴 여지를 일절 두지 않으신다. 만약 사단을 따르던 자라도 그가 회개하고 자복하여 하나님 앞에 두 손을 들고 돌아오기만 하면 당신의 자녀가 되는 큰 위로를 얻게 하시는 분이시다.

＊ 참고 성구 ＊　마 5:4, 대하 7:14, 사 55:7, 눅 15:7, 행 2:38

Ⅱ. 회개할 때 하나님은 멸하지 않으심

기자는 환란을 당하다가 여호와께 돌아와도 너를 멸하지 아니하신다고 했다. 여기서 '환란'은 히브리어 '차르'로서 '꺾쇠로 죄다, 압제하다'(차라르)에서 유래된 말로 대적의 무자비한 압제에 의해 겪게 되는 육체적, 심리적 고난을 의미한다. 죄의 결국은 사망이나 회개하는 자를 위하여 하나님께서 세우신 계획은 특별하여 사망에서 생명으로 옮기신다.

＊ 참고 성구 ＊　애 3:22-23, 시 103:17, 요 5:24, 딛 3:5, 약 1:15

Ⅲ. 회개할 때 하나님은 언약을 기억하심

기자는 끝날에 네가 하나님 여호와께 돌아와도 네 열조에게 맹세하신 언약을 잊지 아니하신다고 했다. 여기서 '언약'은 히브리어 '베리트'로서 동사형 '바라'는 '끊다, 자르다'란 뜻으로, 이것은 짐승을 잡아 양편으로 갈라놓고 조약을 맺던 고대의풍습에서 유래된 말이다. 영원히 변치 않을 하나님의 언약은 회개하는 자에게도 똑같은 효력을 발생하여 회개에 따른 축복을 받게 한다.

＊ 참고 성구 ＊　창 17:2, 롬 11:25-29, 고전 11:25, 히 12:6, 8:10

■ 기 도 ■ 자비하신 하나님! 범죄한 이스라엘에서부터 지금 이 시간까지 회개한 자를 위한 당신의 배려를 보았습니다. 오늘 이 시간 천국문을 두드리는 첫 행위인 회개의 영을 넣어 주셔서 구원을 이루소서. 예수 그리스도의 이름으로 기도 드립니다. 아멘

회개하기를 원하는 자

요엘의 회개 촉구가 주는 의미

■ **찬 송** ■ ♪ 339, 338, 172, 186   ■ **참 조** ■ ☞ ③ 173p

■ **본 문** ■ 여호와의 말씀에 너희는 이제라도 금식하며 울며 애통하고 마음을 다하여… 【욜 2:12-14】

■ **서 론** ■ 미국의 성직자 가디너 스프링은 "우리가 죄에 대해 한탄하는 이유는 죄는 우리를 지옥으로 보내는 악이기 때문이다. 우리가 죄에 대해 한탄하는 또 다른 이유는 그것이 우리 자신에게 해를 입히며 하나님을 거역하는 잘못된 것이기 때문이다. 죄는 무섭고 비천한 것이다."라고 했다. 회개는 죄악된 행위를 그만 두는 것이다. 회개의 때에는?

■ **말 씀** ■

Ⅰ. 회개할 때 강퍅한 마음을 찢을 것

기자는 너희는 옷을 찢지 말고 마음을 찢으라고 했다. 무슨 마음을 찢어야 하는가? 첫째 강퍅한 마음이다. '강퍅'의 어원은 '카샤'로서 '딱딱하게 하다'는 뜻이다. 성도는 죄악에 깊이 물들어 갖은 악독과 패역으로 점철된 굳어진 마음을 찢어 버리고 순결하고 선한 마음을 사모하며 은혜를 아끼지 않으시는 하나님께로 돌아와야 한다. 하나님은 통회자복하는 마음을 외면하지 않으신다.

　＊ 참고 성구 ＊ 호 14:2, 짐 1:23, 겔 18:31, 시 51:17, 행 3:19

Ⅱ. 회개할 때 교만한 마음을 찢을 것

미국의 설교가인 헨리 W. 비쳐는 "교만은 하늘에서 떨어진 천사들의 죄였다. 교만한 자는 감사할 줄 모른다. 자기가 받을 만한 것을 받는다고 생각할 뿐이다."라고 했다. 천사장 '루시퍼'가 교만하여 하나님을 대적하고 마귀 사단이 되었다. 성도는 자신의 뜻과 고집만을 내세우며 자랑하던 교만한 마음을 찢고 겸손한 마음으로 하나님께서 내리시는 은혜만을 구하며 돌이켜 나아와야 한다.

　＊ 참고 성구 ＊ 눅 18:13,15:18, 왕상 21:29, 대하 34:27, 마 11:29, 약 4:10

Ⅲ. 회개할 때 의심의 마음을 찢을 것

아일랜드의 언론인 존 보일 오라일리는 "의심은 절망의 형제 악마이다."라고 했고, "의심은 인간의 마음속에 있는 지옥이다."라고 프랑스의 작가 가스파링 부인은 말했다. 성도는 하나님의 은혜와 그 은총으로 도우심에 대한 불신의 마음을 찢고 구원에 대한 강한 확신과 소신을 가지고 그에 소망을 두고서 하나님께 돌아와야 한다. 회개는 자아를 꺾고 하나님을 찾아 엎드리는 것이다.

　＊ 참고 성구 ＊ 눅 23:42-43, 약 1:6-8, 마 14:31, 히 3:12, 4:11

■ **기 도** ■ 요엘의 하나님! 당신께 돌아올 때 어떤 마음으로 돌아와야 하는지 말씀으로 배웠습니다. 오늘 당신의 사랑하는 이 성도의 회개도 이런 마음이 되도록 인도하소서. 예수 그리스도의 이름으로 기도 드립니다. 아멘

> 회개하기를 원하는 자

하나님께서 돌아보시는 이유

■ 찬 송 ■ ♪ 423, 443, 459, 464 　　■ 참 조 ■ ☞ ① 282p ② 291p

■ 본 문 ■ …내가 야곱과 맺은 내 언약과 이삭과 맺은 내 언약을 생각하며 아브라함과 맺은 내 언약을 생각하고 그 땅을 권고하리라 【레 26:40-42】

■ 서 론 ■ 영국의 성직자요 신학자인 조지 허버트는 "하나님의 제분기는 천천히 돌지만 빠짐없이 빻는다(하늘은 무심한 듯하나 빠짐없이 살핀다는 뜻)"라고 했다. 하나님은 범죄한 이스라엘이 회개할 때 그들의 조상과 맺은 언약을 상기하시고 벌을 거두신다고 하셨다. 하나님께서 돌아보심은?

■ 말 씀 ■

I. 연약한 자이므로

하나님께서는 연약한 자를 돌아보시며 부족한 자를 채우시는 긍휼의 하나님이시다. 따라서 인간의 존재가 근본적으로 연약한 것을 아시므로 시편 기자는 저희 육체는 가고 다시 오지 못하는 바람임을 기억하셨다고 했다. 그러나 질그릇 속에 믿음의 보물을 간직한 성도가 기쁨과 소망을 잃지 않고 초라함 속에서도 의연함은 바로 자비의 하나님을 의뢰하기 때문이다.

　　* 참고 성구 *　고후 12:7-10, 시 78:39, 히 4:15, 요 5:5-6

II. 고난받는 자이므로

하나님은 당신의 의를 위해서 세상에서 고난을 받는 자들을 결코 외면하시거나 그냥 버려두지 않는다. 따라서 고난을 받는 성도들은 끝내 승리에의 확신을 잃지 말아야 할 것이다. 바울은 누가 우리를 그리스도의 사랑에서 끊으리요 환란이나 곤고나 핍박이나 기근이나 적신이나 위험이나 칼이랴고 담대히 외쳤다. 주를 위한 고난은 주님께서 책임져 주시는 원리이다.

　　* 참고 성구 *　출 4:31, 롬 8:35, 8:17, 시 86:15, 행 5:41, 마 10:22

III. 자복하는 자이므로

기자는 마음이 낮아져서 그 죄악의 형벌을 순히 받으면이라고 했다. 여기서 '순히 받으면'은 히브리어 '이르추'로서 기본형 '라차'는 '인정하다, 동의하다'라는 뜻인데 곧 이 말은 주의 형벌에 겸손히 동의하는 것이 회복에의 첩경임을 뜻하고 있다. 당신을 배반하고 떠나갔던 자녀가 자복하는 순간 하나님은 자비의 눈길로 돌아보시고 의롭다고 인정하신다.

　　* 참고 성구 *　요일 1:9, 잠 28:13, 렘 3:13, 눅 15:7,18

■ 기 도 ■ 하나님 아버지! 당신께서 외면하지 않으시는 것은 성도가 연약하고, 고난을 받으며, 자복하는 이유 때문인 줄 알아 오늘 당신께 회개의 제사를 드리는 이 성도를 받아 주시고 그 죄를 도말해 주옵소서. 예수 그리스도의 이름으로 기도 드립니다. 아멘

회개하기를 원하는 자

이스라엘의 회개에 내포된 의미

■ **찬 송** ■ ♪ 485, 483, 177, 217 ■ **참 조** ■ ☞ ③ 173p

■ **본 문** ■ 모든 백성이 사무엘에게 이르되 당신의 종들을 위하여 당신의 하나님 여호와께 기도하여 우리로 죽지 않게 하소서 우리가 우리의 모든 죄를 왕을 구하는… 【삼상 12:19-25】

■ **서 론** ■ 독일의 학자요 성직자이며 우리에게 '그리스도를 본받아' 라는 책으로 유명한 토마스 아 켐피스는 "죄를 범한 후 지나친 변명을 하는 것보다 진실한 참회의 눈물을 흘리는 것이 낫다."라고 했다. 성도의 회개는?

■ **말 씀** ■

I. 회개 후 응답받기 위해서는 확고한 믿음을 가질 것

기자는 구원하지도 못하는 헛된 것을 좇지 말라 그들은 헛되니라고 했다. 여기서 '헛된' 은 히브리어 '토후' 로서 '쓰레기, 찌꺼기, 공허한 것' (사 41:29)으로 전혀 무가치하여 쓸모가 없을 뿐 아니라 오히려 해를 주는 것이란 뜻이다. 성도의 기도가 응답받기 위해서는 먼저 하나님께 대한 확신을 가져야 하는데 하나님께서 우리의 기도에 귀기울이시며 응답하심을 굳게 믿어야 할 것이다.

* 참고 성구 * 막 11:24, 대하 20:20, 히 11:6, 약 1:5-6, 엡 6:16

II. 회개 후 응답받기 위해서는 열심과 인내를 품을 것

기자는 너희를 위하여 행하신 그 큰 일을 생각하여 오직 그를 경외하라고 했다. 여기서 '생각하여' 는 히브리어 '라아' 로서 '보다, 분별하다' 의 뜻으로 여기서는 하나님께서 하신 일을 주의깊게 살펴서 자신을 돌아보라는 의미가 있다. 성도는 단 한번의 기도로 응답받을 줄 생각하지 말고 하나님은 더 열심히, 더 애타게 부르짖는 자에게 먼저 응답하심을 유념하자.

* 참고 성구 * 눅 18:5, 창 32:26, 신 9:18, 마 15:27, 행 12:5

III. 회개 후 응답받기 위해서는 응답받을 만한 삶을 살 것

기자는 만일 너희가 여전히 악을 행하면 너희와 너희 왕이 다 멸망하리라고 했다. 여기서 '멸망하리라' 는 히브리어 '티사푸' 로서 생명을 파괴시키고 쓸어버린다는 말이다. 계속해서 습관적으로 악행하는 자들을 하나님께서는 이같이 심판하신다. 성도가 입술로는 간절히 기도하나 하나님이 보시기에 그 행동이나 마음 씀씀이가 바르지 못하다면 어떤 응답을 주시겠는가!

* 참고 성구 * 요일 3:22, 약 2:14, 17, 마 5:16, 25:35-36, 벧전 2:12

■ **기 도** ■ 성도의 기도를 응답하시는 하나님! 우리의 회개로써 당신의 진노하심을 멈추어 주시고 당신의 긍휼과 자비로써 불쌍히 여기시고 기도를 들어 응답하소서. 예수 그리스도의 이름으로 기도 드립니다. 아멘

회개하기를 원하는 자

다윗의 금식이 참되는 이유

■ 찬 송 ■ ♪ 212, 215, 490, 507　　■ 참 조 ■ ☞ ③ 171p, 271p

■ 본 문 ■ …시방은 죽었으니 어찌 금식하랴 내가 다시 돌아오게 할 수 있느냐 나는 저에게로 가려니와 저는 내게로 돌아오지 아니하리라【삼하 12:15-23】

■ 서 론 ■ "자고한 자는 그리스도를 만나지 못한다. 그 자고함을 그리스도께서 치시는 무기는 환란과 고통과 시련일 수 있으나 자신이 스스로 쳐서 겸손하게 하는 방법은 금식이다."라고 어느 목회자는 말했다. 다윗의 금식은?

■ 말 씀 ■

Ⅰ. 다윗은 철저히 회개했다

기자는 다윗이 아이를 위하여 하나님께 간구하되 금식하고라 했다. '간구하다'는 히브리어 '타하눈'으로 '몸을 굽히다, 은총을 입다' 는 뜻이다. 이는 은총을 받기 위해 자신을 낮추고 간절히 매달리는 것을 뜻한다. 다윗의 철저한 회개는 그가 범죄한 후 노래한 시편 51편에 잘 나타나 있다. 성도는 찢겨진 상한 심령을 하나님께 보이며 그분의 긍휼하심을 믿고 치유의 손길을 바라보아야 한다.

＊ 참고 성구 ＊　시 51:4, 겔 18:31, 욜 2:12, 행 8:22, 마 5:4

Ⅱ. 다윗은 온전히 헌신했다

기자는 그 집의 늙은 자들이 곁에서 다윗을 일으키려 하되 왕이 듣지 아니하고 저희로 더불어 먹지도 아니하였다고 했다. 여기서 '늙은 자'는 히브리어 '자켄'으로 장로로도 번역되는 다윗의 신하 중 원로급의 사람들을 가리킨다. 성도의 금식은 하나님과의 진실한 영혼의 교제이기에 인간적인 정욕을 제하여 버리고 오직 하나님께만 몸과 마음을 바쳐야 하는 것이다.

＊ 참고 성구 ＊　마 6:17-18, 출 34:28, 삼상 7:6, 단 10:3

Ⅲ. 다윗은 하나님 뜻대로 했다

기자는 돌아오게 할 수 있느냐 나는 저에게로 가려니와 저는 내게로 돌아오지 아니하리라고 했다. 여기서 '돌아오게'는 히브리어 '하시보'로서 '회복하다, 소생하다' 라는 '슈브'에서 파생된 말로 즉 떠나간 영혼을 다시 돌아오게 하는 것을 의미한다. 성도의 간구하는 바가 어떠하였든간에 하나님 앞에 엎드려 그분의 주권을 인정하고 명령대로 순종하려는 자세를 갖추는 것이 중요하다.

＊ 참고 성구 ＊　시 40:8, 마 26:42, 욥 1:21, 막 14:36, 요 18:11

■ 기 도 ■ 다윗의 금식 기도를 받으신 하나님! 당신께서는 솔로몬을 주심으로 다윗과의 관계를 회복하셨습니다. 오늘 우리도 다윗처럼 철저히 회개하고 당신께 나아가서 당신의 뜻대로 임하는 응답에 감사하는 성도들이 되게 하소서. 예수 그리스도의 이름으로 기도 드립니다. 아멘

회개하기를 원하는 자

이스라엘의 회개가 주는 의미

■ 찬 송 ■ ♪ 334, 333, 337, 349   ■ 참 조 ■ ☞ ③ 173p

■ 본 문 ■ 에스라가 하나님의 전 앞에 엎드려 울며 기도하여 죄를 자복할 때에 많은 백성이 심히 통곡하매…【스 10:1-4】

■ 서 론 ■ 스코틀랜드의 성직자 윌리엄 테일러는 "진정한 회개는 단지 형벌이 아닌 죄악을 혐오하는 것이다. 그것을 통해 하나님의 사랑을 발견하고 느꼈기 때문에 진정한 회개는 무엇보다도 죄악을 혐오하게 되는 것이다."라고 했다. 회개는 죄악 때문에 가로막힌 하나님과 성도 사이의 담을 허무는 것이다. 회개는?

■ 말 씀 ■

Ⅰ. 진정한 회개는 마음을 찢는 통회가 있어야 함

기자는 에스라가 울며 기도하여 죄를 자복할 때에 많은 백성이 심히 통곡했다고 했다. 여기서 '자복하고' 는 히브리어 '토다' 로서 '찬미, 감사의 기도' 의 뜻으로 쓰이지만 여기서는 잘못을 깨닫고 시인하여 돌이키는 것을 말한다. 성도는 단지 감정적으로 눈물을 흘리는 회개가 아니라 마음 깊은 곳에서 우러나오는 진실된 통회의 과정이 여과 없이 꼭 필요하다.

　* 참고 성구 *　시 34:18, 왕상 21:27, 왕하 22:19, 막 14:72, 눅 18:13

Ⅱ. 진정한 회개는 우러나오는 입술의 고백이 있어야 함

기자는 우리가 우리 하나님께 범죄하여 이 땅 이방 여자를 취하여 아내를 삼았다고 했다. 히포의 감독으로 불후의 명저 '참회록' 의 저자인 성 어거스틴은 "하나님이 우리를 구원할 수 있기 전에 우리는 자신의 잘못을 깨닫고 고백해야 한다."라고 했다. 성도는 마음을 찢는 절실한 참회와 아울러 우리의 입술로써 자신의 죄악을 시인하고 고백하는 자복의 시간이 꼭 필요하다.

　* 참고 성구 *　요일 1:9, 심하 12:13, 눅 15:18, 잠 28:13

Ⅲ. 진정한 회개는 단호히 돌아서는 결단이 있어야 함

기자는 우리 하나님의 명령을 떨며 준행하는 자의 의논을 좇으라고 했다. 여기서 '의논' 은 히브리어 '에차' 로서 '충고' 란 뜻과 더불어 '계획' 곧 바른 길을 찾기 위해 의견을 구하며 계획을 세우는 것을 말한다. 성도는 다시는 전에 지었던 죄악을 반복하지 않겠다는 결연한 의지와 아울러 그 죄악에서 단호히 돌아서는 결단의 모습이 외부로 나타나야 한다.

　* 참고 성구 *　마 3:8, 대하 31:1, 느 13:19, 왕하 23:4, 골 1:10

■ 기 도 ■ 진정한 회개를 가납하시는 하나님! 이 시간 진실된 회개가 무엇인지 보았습니다. 이제까지 죄악된 행동을 버리고 당신이 기뻐하시는 회개의 열매를 맺고자 하오니 은혜로 함께 하소서. 예수 그리스도의 이름으로 기도 드립니다. 아멘

시편에 언급된 성도의 값진 눈물

- **찬 송** ♪ 343, 189, 91, 186
- **참 조** ☞ ② 201p
- **본 문** …주께서 저희를 눈물 양식으로 먹이시며 다량의 눈물을 마시게 하셨나이다… 【시 80:4-7】
- **서 론** "천국 한 구석에는 기도는 못했으나 많이 울었던 사람이 있을 곳이 마련되어 있다."라고 어느 신학자는 말했다. 또한 영국의 주석가 매튜 헨리는 "의인이 뿌린 슬픔의 눈물은 모두 진주가 되어 나온다."고 했다. 성도가 흘려야 할 값진 눈물은?

- **말 씀**

Ⅰ. 성도의 값진 회개의 눈물

영국의 성직자요 신학자인 로버트 사우스는 "회개는 정화하는 효능을 가지고 있고 모든 눈물은 깨끗하게 씻는 효능을 가지고 있다. 그러나 이 뉘우침의 구름은 계속 비를 내리게 해야 한다. 한 줄기의 소나기로는 족하지 않기 때문이요 회개는 단순한 행동이 아니라 하나의 과정이기 때문이다."라고 했다. 성도가 패역무도했던 지난날을 돌아보는 진정한 뉘우침의 눈물을 하나님은 돌아보신다.

* 참고 성구 * 시 56:8, 눅 15:18, 막 1:5, 요일 1:9, 마 26:75

Ⅱ. 성도의 값진 감사의 눈물

영국의 작가 아이잭 월튼은 "하나님의 거하시는 곳은 두 곳이다. 하나는 천국이요 다른 하나는 겸손하고 감사하는 심령이다."라고 했다. 성도가 죄인에서 의인으로, 사망에서 옮겨 생명으로, 마귀의 앞잡이에서 하나님의 자녀로, 지옥에서 천국으로 인도하신 하나님의 구원과 축복과 영생에 대한 감사로 말미암아 눈물을 흘릴 때 하나님은 이를 기쁘게 받으신다.

* 참고 성구 * 눅 7:38, 44, 골 1:12, 살전 5:18, 빌 4:6

Ⅲ. 성도의 값진 사랑의 눈물

스코틀랜드의 소설가요 시인인 월트 스콧 경은 "사랑은 눈물로 방부조치를 했을 때 비로소 가장 아름다운 사랑이 된다."라고 했다. 성도가 아직 구원의 반열에 들지 못하고 세상의 죄 가운데서 유리하며 방황하는 영혼들을 불쌍히 여기며, 이들의 영혼을 위해 측은한 심정으로 흘리는 눈물이야말로 가장 값진 눈물로서 이것이야말로 하늘나라의 다이아몬드가 될 것이다.

* 참고 성구 * 요 11:35-36, 빌 1:3, 삼상 20:17, 딤후 1:16, 마 9:36

- **기 도** 성도의 눈물을 받으시는 하나님! 오늘 우리가 흘려야 할 눈물을 보았사오니 먼저 우리의 마음밭에 성령의 감동감화로 은혜의 강이 터지게 하소서. 예수 그리스도의 이름으로 기도 드립니다. 아멘

회개하기를 원하는 자

예후의 개혁이 주는 의의

■ **찬 송** ■ ♪ 329, 318, 313, 322   ■ **참 조** ■ ☞ ② 159p

■ **본 문** ■ …예후가 일어나 집으로 들어가니 소년이 그 머리에 기름을 부으며 이르되 이스라엘 하나님 여호와의 말씀이 내가 네게 기름을 부어 여호와의 백성 곧…【왕하 9:1-37】

■ **서 론** ■ 신대륙을 발견한 콜롬부스는 "남이 하는 것을 보고 모방하는 일은 누구나 다 할 수 있지만 다른 사람이 하기 전에 먼저 개혁하는 일은 아무나 할 수 있는 일이 아니다."라고 했다. 성도의 개혁은?

■ **말 씀** ■

Ⅰ. 성도는 나태한 신앙의 자세를 개혁할 것

기자는 내가 네게 기름을 부어 여호와의 백성 곧 이스라엘의 왕으로 삼노라고 했다. 여기서 '삼노니'는 히브리어 '메쇠헤티카'로서 '기름을 바르다'의 '마솨'에서 유래되어 '성별하다'는 뜻으로 쓰이는데 하나님께서 왕을 거룩하게 구별하여 세우심을 뜻한다. 자기 욕심을 채우는 일에는 열심이나 하나님 섬기는 일에 게으른 성도의 자세는 신앙 성장을 방해하는 요소이다.

 * 참고 성구 *   롬 12:11, 사 62:1, 눅 8:39, 딤후 1:6, 계 3:19

Ⅱ. 성도는 무지한 신앙의 자세를 개혁할 것

기자는 그 미친 자가 무슨 까닭으로 그대에게 왔더뇨라고 했다. 여기서 '미친 자'는 히브리어 '메슈가'로서 '날뛰다'는 뜻의 '솨가'에서 온 말로 소년 선지자가 엘리사의 말에 순종하여 날뛰어 도망한 것을 미쳤다고 생각했다. 하나님의 진리의 말씀과 신앙의 기초지식에 대해 알지 못하면서 이 귀중한 하나님의 진리를 알려는 노력도 없는 무지한 신앙은 그릇된 길로 빠지기 쉽다.

 * 참고 성구 *   시 73:22, 렘 5:4, 롬 1:28, 10:3, 엡 4:18, 벧후 3:5

Ⅲ. 성도는 혼합적 신앙의 자세를 개혁할 것

기자는 이세벨의 음행과 술수가 이렇게 많으니 어찌 평안이 있으랴고 했다. 여기서 '음행'은 히브리어 '제누네'로서 '간음하다, 간통하다'의 '자나'에서 나온 말로 일반적으로는 매춘 행위를 뜻하나 상징적으로는 우상 숭배를 뜻한다. 우상 숭배는 영적으로 간음죄에 해당하는데 유일신 하나님뿐 아니라 세상의 것들과 우상의 타종교를 함께 섬기는 것은 심판을 초래할 죄악이다.

 * 참고 성구 *   고후 6:15-4, 출 20:4, 시 42:8, 요일 5:21, 엡 5:5

■ **기 도** ■ 하나님 아버지! 예후를 택하시어 타락한 이스라엘을 개혁하심을 보았습니다. 오늘 깜깜한 세상의 죄악에 묻혀 갈 바를 모르는 자들에게 회개와 구원을 전하게 능력으로 덧입히소서. 예수 그리스도의 이름으로 기도 드립니다. 아멘

교회를 부인하는 자

중앙 성소의 예배에 언급된 의미

■ 찬 송 ■ ♪ 84, 466, 313, 88   ■ 참 조 ■ ☞ ② 51p

■ 본 문 ■ …오직 너희의 한 지파 중에 여호와의 택하실 그곳에서 너는 번제를 드리고 또 내가 네게 명하는 모든 것을 거기서 행할지라 【신 12:4-14】

■ 서 론 ■ 영국의 장군 더글라스 헤이그 경은 "그리스도의 교회는 세상에서 유일한 사회의 소망이요 평화의 약속이다."라고 했다. 바울은 이 집은 살아 계신 하나님의 교회요 진리의 기둥과 터라고 했다(딤전 3:15). 하나님의 성전은?

■ 말 씀 ■

I. 하나님의 성전은 구별된 곳임

기자는 너희 하나님 여호와께서 자기 이름을 두시려고 너희 모든 지파 중에서 택하신 곳인 그 거하실 곳이라고 했다. 여기서 '택하신'은 히브리어 '베후로트'로서 '시험하다' (바하르)에서 유래된 말로 기준에 합당하므로 성별됨을 의미한다. 지금 우리들이 살고 있는 터는 불의와 악행이 끊임없이 나타나는 곳이므로 불의한 곳을 떠나 하나님의 공의로 구별된 곳을 찾아야 한다.

  * 참고 성구 *   줄 3:5, 신 16:16, 사 37:1, 시 122:1, 눅 24:52-53

II. 하나님의 성전은 정결한 곳임

기자는 너희는 너희 하나님 여호와께서 자기 이름을 두시려고 한 곳을 택하실 그 곳으로라고 했다. 하나님께서 자기 이름을 두신다는 것은 당신의 성품과 속성을 드러낼 뿐만 아니라 인격과 존재 자체를 표현하신 것이므로, 거룩하신 하나님은 정결한 곳에서 마음이 청결한 당신의 백성을 만나시기를 기뻐하시고 이를 원하시며 서원물을 기대하고 계신다.

  * 참고 성구 *   사 57:15, 시 16:29, 요 4:24, 미 11:17

III. 하나님의 성전은 고요한 곳임

기자는 너희의 한 지파 중에 여호와의 택하실 그 곳에서 너는 번제를 드리라고 했다. 하나님께서는 당신의 모든 권위와 영광과 존재를 당신이 친히 선택하신 거룩한 처소, 곧 중앙 성소에서 당신의 백성들의 찬양과 경배를 받으시겠다고 하셨다. 소음이 가득 찬 곳에서는 하나님의 말씀을 들을 수도 없고 제사를 드릴 수도 없으니 고요한 자연의 성전을 찾을 것이다.

  * 참고 성구 *   행 17:24, 요 2:16, 눅 19:46, 전 5:1, 사 2:3

■ 기 도 ■ 택하신 성전에서 경배를 받으시는 하나님! 성전은 구별되고 정결하며 고요해야 됨을 알았사오니 당신의 임재하신 곳에서 영적 교제를 통해 구별된 삶을 살게 하소서. 예수 그리스도의 이름으로 기도 드립니다. 아멘

> 교회를 부인하는 자

에스겔 성전이 주는 삼대 의의

■ **찬 송** ■ ♪ 242, 245, 246, 250   ■ **참 조** ■ ☞ ① 235p ② 271p

■ **본 문** ■ 그가 내게 이르되 좌우 골방 뜰 앞 곧 북편 남편에 있는 방들은 거룩한 방이라 여호와를 가까이 하는 제사장들이 지성물을 거기서 먹을 것이며…【겔 42:13-14】

■ **서 론** ■ 미국의 복음전도자인 윌리엄 선데이는 "교회에 간다는 것은 자동차가 차고에 들어가는 것과 같아서 그대를 그리스도인으로 만들지 않는다."라고 했다. 생활에 변화가 없이 교회를 출입만 하면 무엇 하는가. 살아 계신 하나님이 거처하시는 하나님의 성전은?

■ **말 씀** ■

Ⅰ. 성전은 생명의 양식을 먹는 곳이다

기자는 곧 북편 남편에 있는 방들은 거룩한 방이라 여호와를 가까이 하는 제사장들이 지성물을 거기서 먹을 것이며라고 했다. '거룩한'은 히브리어 동사 어근 '카다쉬'로서 '경건, 구별, 봉헌, 분리'의 뜻이 있다. 사람이 삶을 영위하는데 가장 중요한 것은 특히 생명의 양식이다. 성도의 영생을 위해서는 참된 생명의 떡이 필요한데 하나님의 성전은 이러한 영의 양식을 공급하는 곳이다.

* 참고 성구 *   요 6:53-58, 시 55:2, 고전 10:3-4, 미 5:2

Ⅱ. 성전은 거룩한 옷으로 갈아입는 곳이다

기자는 제사장의 의복은 거룩하므로 수종드는 그 의복을 그 방에 두고 다른 옷을 입으라 했다. 여기서 '수종드는'은 히브리어 '쇠라트'로서 '(종으로) 시중들다, 섬기다'의 뜻으로 거룩한 하나님의 일을 맡은 자의 자세를 일러준다. 성도가 아무리 심각한 죄에 빠졌더라도 예수께 나아오면 주께서는 우리를 새로운 의의 옷으로 입히시고 거룩한 삶으로 바꾸어 주신다.

* 참고 성구 *   고후 5:17, 갈 6:15, 엡 4:24, 골 3:10

Ⅲ. 성전은 참된 삶의 출발점인 곳이다

"달이 밤에만 세상에 빛을 주듯 교회도 세상이 어두웠을 때 그리스도의 빛을 뚜렷하게 비춰준다."고 어느 신학자는 말했다. 성도들의 삶은 성전에서의 삶과 세상에서의 삶이 분리되어서는 안 된다. 하나님의 자녀인 성도는 성전에서 은혜받은 삶을 그대로 가지고 세상에 나가서 빛과 소금으로서의 참되고 복된 삶을 살며 이웃에게 갈증을 해소시켜주는 역할을 해야 한다.

* 참고 성구 *   빌 3:17, 마 5:13-16, 딤전 4:2, 히 10:24

■ **기 도** ■ 하나님 아버지! 영으로 예배드리는 당신의 성전은 영혼이 꿀을 먹는 거룩한 곳인줄 알았사오니 이 꿀을 먹고 세상에 나가 당신의 영광을 드높이는 자들이 되도록 인도하소서. 예수 그리스도의 이름으로 기도 드립니다. 아멘

교회를 부인하는 자

이사야가 경고한 형식적인 예배

■ 찬 송 ■ ♪ 425, 95, 502, 93   ■ 참 조 ■ ☞ ① 365p

■ 본 문 ■ …이 백성이 입으로는 나를 가까이 하며 입술로는 나를 존경하나 … 【사 29:13-14】

■ 서 론 ■ 영국의 신학자 랄프 벤딩은 "마음 없이 입으로만 하나님을 찬미하는 것은 단지 울리는 징과 같고, 소리 없이 마음으로만 하나님을 찬미하는 것은 아름다우나 고요한 음악에 불과하다. 이 두 가지가 조화있게 표현될 때 하나님께 드리는 찬미가 하늘과 땅을 충만하게 하고 기쁨으로 가득하게 하는 것이다."라고 했다. 형식적인 예배는?

■ 말 씀 ■
Ⅰ. 형식적인 예배란 마음이 없는 예배를 가리킨다
기자는 이 백성이 입으로는 나를 가까이 하며 입술로는 나를 존경하나라고 했다. 하나님께서는 표리부동한 외식하는 자들의 예배를 받지 않으시고 거절하신다. 그러나 신령과 진정으로 헌신하는 마음이 담긴 예배는 하나님이 원하시고 흠향하시는 제사가 되어 이를 기뻐하신다. 성도는 마음에 진실로 하나님을 사모하여 간절한 마음으로 헌신하는 예배를 드리자.
　　* 참고 성구 *　요 4:24, 창 4:5, 히 11:4, 마 23:23, 삼상 15:22

Ⅱ. 형식적인 예배란 목적이 잘못된 예배를 가리킨다
기자는 그 마음은 내게서 멀리 떠났나니 그들이 나를 경외함은 사람의 계명으로 가르침을 받았을 뿐이라고 했다. 예배를 하나님께 드리는 자는 마땅히 하나님을 공경하여 그분께 경배하고 또한 모든 영광을 하나님께 돌리는 것을 최고의 목적으로 삼아야지 자신의 정욕을 위한 예배나, 달라고 달라고 구걸하기 위한 등의 다른 목적으로 예배를 드리면 안될 것이다.
　　* 참고 성구 *　딤후 3:5, 마 6:5, 딛 1:16, 시 51:17, 롬 14:17

Ⅲ. 형식적인 예배란 실천이 없는 예배를 가리킨다
성도는 지적 신앙과 실천적 신앙, 곧 인식의 신앙과 행위의 신앙의 표리부동한 상태가 얼마나 모순된 것인가를 알아야 한다. 이 두 가지는 결코 구별될 수 없는 신앙으로서 불가분의 관계에 있다. 성도의 예배는 성전에서 시간이 정한 대로 드리는 것이 아니라 모든 생활 속에서 의와 선을 실천함으로써 예배의 완성을 이루어 나가야 할 것이다. 성경은 행함이 없는 믿음은 죽은 믿음이라 했다.
　　* 참고 성구 *　사 1:17, 마 7:21, 약 2:17, 26, 롬 12:1

■ 기 도 ■ 성도의 예배를 받으시는 하나님! 형식적 예배를 질타하시고 거절하신 당신의 뜻을 알았사오니 이 시간 당신의 뜻을 좇아 우리 몸을 거룩한 산 제사로 드리겠사오니 열납하여 주옵소서. 예수 그리스도의 이름으로 기도 드립니다. 아멘

■ 출석을 게을리하는 자

안식일 규례에 내포된 의의

■ 찬 송 ■ ♪ 57, 58, 209, 469　　　　■ 참 조 ■ ☞ ② 19p

■ 본 문 ■ 엿새 동안은 일할 것이요 일곱째 날은 쉴 안식일이니 성회라…【레 23:3】

■ 서 론 ■ 미국의 목사요 설교가인 헨리 비쳐는 "안식일이 없는 세상은 웃음이 없는 사람이요, 꽃 피지 않는 여름과 같으며 정원 없는 집과 같다. 안식일은 일주일 중에 가장 기쁜 날이다."라고 했다. 안식일은 하나님께서 복 주신 거룩한 날로서 성도는 필히 이 날을 거룩되이 지켜야 한다. 안식일에는?

■ 말 씀 ■

Ⅰ. 안식일에는 예배할 것

기자는 일곱 째 날은 쉴 안식일이니 성회라고 했다. 여기서 '안식일'은 히브리어 '솨바트'로서 원래 창조사역의 기념일로 기억하는 것이며, '성회' 곧 '미크라 코데쉬'는 '거룩한 모임'을 가리킨다. 안식일은 구약에는 하나님의 창조사역을 기념하였고, 신약에서는 그리스도의 구속사역을 지키는 주일로 승화, 발전되었다. 성도는 안식일에 신령과 진정으로 예배하고 헌신해야 한다.

　참고 성구　 출 20:8-10, 느 10:31, 시 58:13-14, 요 4:24, 마 12:8

Ⅱ. 안식일에는 안식할 것

기자는 너희는 무슨 일이든지 하지 말라 이는 너희 거하는 각처에서 지킬 여호와의 안식일이니라고 했다. 성도는 엿새 동안의 창조사역을 마치신 후 하루를 쉬신 하나님을 본받아 하루를 완전히 안식함으로써 창조주 하나님을 기억하고 아울러 성도에게 다가올 하늘나라의 영원하고도 완전한 안식을 기다리며 그 날을 소망하여 하루를 평안히 보내야 할 것이다.

　참고 성구　 눅 23:56, 창 2:2-3, 시 118:24, 히 4:10-11

Ⅲ. 안식일에는 선행할 것

성도는 병들고 소외되었던 자들과 함께 하셨던 예수 그리스도 주님을 기억하고 그분의 사랑을 받은 자로서 그 받은 바 사랑에 감동하여 그 사랑을 이웃을 향해서 전달하는 선행을 힘씀으로써 온전히 주님께 영광을 돌리는 날이 되도록 힘써야 한다. 또한 선행은 장래에 자기를 위하여 좋은 터를 쌓아 참된 생명을 취하는 것임을 잊지 말 것이다. 이렇듯 선행에는 상급이 따른다.

　참고 성구　 마 12:12, 막 6:2, 요 9:14, 행 16:13, 딤전 6:19, 계 22:12

■ 기 도 ■ 안식일의 주인이신 하나님! 안식일에 성도로서 해야 할 것이 무엇인지 알았사오니 거룩한 안식일에 당신과의 영적 교제를 더욱 힘쓰게 하옵소서. 예수 그리스도의 이름으로 기도 드립니다. 아멘

> 출석을 게을리하는 자

성경에 나타난 주일 성수의 방법

■ 찬 송 ■ ♪ 57, 56, 209, 458   ■ 참 조 ■ ☞ ② 19p

■ 본 문 ■ 여호와 너의 하나님이 네게 명한 대로 안식일을 지켜 거룩하게 하라… 【신 5:12-15】

■ 서 론 ■ 영국의 법률가 매튜 해일 경은 "오래 되고 확실한 경험에 의하면 주일을 마땅히 지키고 안식일에 해야 할 의무를 다할 때 독특한 위로와 유익이 나에게 온다는 사실을 깨닫게 되었다. 안식일 성수는 나의 여생에 축복을 주고 그렇게 시작한 한 주는 나에게 축복으로 변창하는 날들이 된다."라고 했다. 주일에는?

■ 말 씀 ■

I. 성도는 안식일에 신령한 예배를 드린다

기자는 여호와 너의 하나님이 네게 명한 대로 안식일을 지켜 거룩하게 하라고 했다. 여기서 '거룩하게'는 히브리어 '카다쉬'로서 '성별하다, 구별하다, 봉헌하다'의 뜻으로 악하고 더러운 것에서 분리되어 하나님께 적극적으로 소속되는 것을 의미한다. 성도는 하나님의 보호하심을 잊지 말고 하나님께 공손히 나아가 찬양하여 예배를 드림으로 안식일을 시작해야 한다.

　＊ 참고 성구 ＊　사 58:13-14, 출 20:8, 행 17:2, 시 84:4, 26:8, 요 4:24

II. 성도는 안식일에 거룩한 안식을 취한다

기자는 제 칠 일은 너의 하나님 여호와의 안식인즉 아무 일도 하지 말라고 했다. 영국 교회의 주교 리차드 만트는 "안식일은 창조주의 안식에 대한 영원한 기념이다."라고 했다. 하나님의 자녀인 성도는 첫 안식일이 그러했듯이 우리도 하나님 안에서 쉼을 얻고 또 새로운 힘을 공급받아 새로운 날들을 맞을 준비를 하며 거룩한 안식과 영원한 안식을 취해야 한다.

　＊ 참고 성구 ＊　마 11:29, 출 34:21, 히 4:3, 계 14:13

III. 성도는 안식일에 진실한 선행을 베푼다.

기자는 너는 기억하라 여호와가 강한 손과 편 팔로 너를 거기서 인도하여라고 했다. 여기서 '기억하라'는 히브리어 '자카르'로서 '알아보기 위하여 표하다'란 기본 뜻으로 과거의 회상뿐 아니라 현실에 적용시키려는 적극적 노력을 뜻한다. 안식일의 구속사적 의미를 되새기며 이를 감사하게 생각하여 성도는 선한 행동으로 이웃을 향한 선행으로 열매를 맺어야 한다.

　＊ 참고 성구 ＊　마 12:12, 요 9:14, 7:23, 히 13:16, 약 4:17

■ 기 도 ■ 하나님 아버지! 안식일에 성도가 해야 할 바를 알았사오니 주일을 성수하며 진실한 선행을 베풀어 당신이 구속해 주신 은혜를 이웃에게 전달하는 계기가 되게 하소서. 예수 그리스도의 이름으로 기도 드립니다. 아멘

출석을 게을리하는 자

혼인 잔치의 비유에 담긴 의미

■ 찬 송 ■ ♪ 322, 313, 329, 360   ■ 참 조 ■ ☞ ② 307p

■ 본 문 ■ 예수께서 다시 비유로 대답하여 가라사대 천국은 마치 자기 아들을 위하여 혼인 잔치를 베푼 어떤 임금과 같으니 그 종들을 보내어 그 청한 사람들을… 【마 22:1-14】

■ 서 론 ■ 미국 유일교회 목사인 헨리 벨로즈는 "예배 시간에 습관적으로 빠지는 사람치고 조만간 자신이나 그의 가족에게 슬픈 일이 생기지 않은 사람을 본 적 없다."라고 했다. 믿는 사람이 교회의 출석을 게을리해도 알 수 없는 재난이 닥치는데 하물며 주님의 초청을 거절한 사람들에게는 오죽하랴! 이들은?

■ 말 씀 ■
I. 주의 초청을 거절하는 불의한 죄인들
기자는 저희가 돌아보지도 않고 하나는 자기 밭으로 갔다고 했다. 여기서 '자기 밭으로'는 헬라어 '에이스 톤 이디온 아그론'으로 '자기의 그 밭을 향하여'인데 이는 세상의 재물과 보화를 자신의 삶을 목적으로 삼고 살아가는 자를 의미한다. 주의 의로운 잔치보다 세상의 재물과 풍속과 정욕에 빠져 그것들만 추구하는 자는 불의한 죄인들이라 할 수 있다.
* 참고 성구 *   요일 5:17, 롬 1:18, 벧후 2:15, 살후 2:12, 고전 6:9

II. 주의 초청을 거절하는 불순종의 죄인들
기자는 하나는 자기 상업차로 갔다고 했다. 여기서 '자기 상업차로'는 헬라어 '에피 텐 엠폴리안 아우트'로서 '자기의 상업을 향하여'인데 '장사' 곧 '엠폴리아'는 '장사, 사업, 시장'이란 말로 호화로운 세상에서 자기의 이익을 꾀하고 추구하는 쾌락적이며 물질적 인간을 의미한다. 주의 귀한 생명의 초청을 거부하고 무시하는 자는 불순종한 죄인들이라 할 수 있다.
* 참고 성구 *   신 11:28, 잠 12:15, 엡 5:6, 살후 1:8, 딤전 1:9

III. 주의 초청을 거절하는 불신앙의 죄인들
기자는 그 남은 자들은 종들을 붙잡아 능욕하고 죽였다고 했다. 여기서 '능욕'은 헬라어 '휘브리스'로서 '모욕, 학대, 핍박'을 뜻하는 말이다. 주께서 연약하고 부족하며 죄 많은 인생들에 베푸시는 당신의 사랑과 은혜의 초청을 믿지 못할뿐더러 구원의 소식을 전하시려고 보내신 그분의 종들을 오히려 학대하고 핍박하고 모욕하는 자들은 불신앙의 큰 죄를 범한 자들이라 할 수 있다.
* 참고 성구 *   벧후 3:7, 시 73:12, 딤후 2:16, 유 1:4, 28, 롬 1:18

■ 기 도 ■ 혼인 잔치를 배설하신 하나님! 당신의 초청을 거절한 자들의 행태를 보았습니다. 우리도 죄인이 되지 않도록 영생의 잔치에 참예하는 신앙을 허락하소서. 예수 그리스도의 이름으로 기도 드립니다. 아멘

바른 믿음의 세 가지 모습

■ 찬 송 ■ ♪ 399, 344, 379, 387   ■ 참 조 ■ ☞ ② 415p

■ 본 문 ■ …모이기를 폐하는 어떤 사람들의 습관과 같이 하지 말고 오직 권하여 그 날이 가까움을 볼수록 더욱 그리하자 【히 10:22-25】

■ 서 론 ■ 영국의 성직자 칼렙 콜턴은 "인간에게 있어서 영혼과 몸을 분리할 수 없음같이 믿음과 행함은 그리스도인의 신령한 삶에 있어서 필요불가결의 요소이다. 믿음은 종교의 영혼이요 행함은 종교의 몸이기 때문이다."라고 했다. 성도가 세상을 이기는 이 믿음은?

■ 말 씀 ■

Ⅰ. 온전한 믿음이 바른 믿음임

기자는 온전한 믿음으로 하나님께 나아가자라고 했다. 여기서 '온전한 믿음'은 헬라어 '엔 프레로포니아 피스테오스' 로서 '믿음의 확신으로, 충만한 믿음 안에서' 의 뜻으로 이는 그리스도를 진실히 믿으며 그리스도께서 나의 주님이 되심을 의심치 않고 확실히 믿는 마음을 의미한다. 주님의 말씀에 뿌리내린 온전한 믿음은 성도의 길잡이가 되어 바른 삶과 신앙으로 이끌어 줄 것이다.

  * 참고 성구 * 롬 14:23, 고후 5:7, 갈 5:6, 히 11:6

Ⅱ. 소망하는 믿음이 바른 믿음임

기자는 우리가 믿는 도리의 소망을 움직이지 말고 굳게 잡으라고 했다. 여기서 '믿는 도리의 소망' 은 헬라어 '텐 호몰로기안 테스 엘피도스' 로서 '그 희망의 그 고백' 인데 그리스도의 재림을 기다리는 미래적인 신앙을 지향하는 상태를 의미한다. 성도의 삶은 이생에서 끝나는 것이 아니므로 천국을 바라며 하나님께서 주실 상급의 면류관을 소망할 때 풍성한 믿음의 열매를 거둘 것이다.

  * 참고 성구 * 요 10:28, 고전 15:58, 갈 6:8, 요일 2:25, 딤후 4:8

Ⅲ. 실천하는 믿음이 바른 믿음임

기자는 서로 돌아보아 사랑과 선행을 격려하며라고 했다. 여기서 '돌아보다' 는 헬라어 '카타노에오' 로서 '주목한다' 인데 어떤 목적을 가지고 돌보고 생각해 주는 것을 의미한다. 성도가 자기만 위하는 믿음은 바른 믿음의 자세라고 할 수 없다. 주께로부터 받은 사랑을 나누고 전하는 믿음이야말로 칭찬을 받을 만한 믿음이다. 이웃에게 사랑을 실천하는 믿음이 행함의 믿음이다.

  * 참고 성구 * 딤전 6:18, 약 2:17, 요일 5:4, 마 5:16, 히 13:16

■ 기 도 ■ 하나님 아버지! 우리에게 바른 믿음을 알게 하시니 감사합니다. 오늘 배운 믿음의 모습대로 행하여서 당신께 칭찬받고 사람들에게 당신의 영광을 돌리는 성도가 되게 하소서. 예수 그리스도의 이름으로 기도 드립니다. 아멘

> 출석을 게을리하는 자

이스라엘의 제단 건설에 대한 의미

■ 찬 송 ■ ♪ 243, 245, 250, 246   ■ 참 조 ■ ☞ ① 255p

■ 본 문 ■ 이스라엘 자손이 그 본성에 거하였더니 칠월에 이르러 일제히 예루살렘에 모인지라 요사닥의 아들…【스 3:1-7】

■ 서 론 ■ 영락교회를 일으킨 한경직 목사는 "아무리 잘 타는 장작불도 하나하나 헤쳐 놓으면 불이 꺼지듯 교회도 성도들이 많이 모여서 기도하고 찬송해야 힘이 생긴다."라고 했다. 진실된 교회의 참 모습은 초대교회 성도들의 공동체적인 삶이 아닌가 싶다. 참된 교회 생활은?

■ 말 씀 ■

Ⅰ. 참된 교회 생활은 모이기에 힘씀에 있다

기자는 일제히 예루살렘에 모인지라고 했다. 이것은 모든 백성이 '한 마음' 곧 일심동체가 되어서 모였음을 뜻하는 것으로 원어상으로도 '한 사람같이' 이다. 성도들이 하나님의 사랑 안에서 하나님을 중심에 모시고 모일 때 하나님의 일을 감당할 힘이 곱절이나 생기는 것은 당연한 일이다. 히브리서 기자는 말세지말에 모이기를 폐하는 습관을 철저히 경계했다.

* 참고 성구 *   행 2:1, 히 10:25, 롬 12:5, 갈 3:28, 엡 4:13

Ⅱ. 참된 교회 생활은 하나님 말씀의 준행에 있다

기자는 기록된 규례대로 드리고 여호와께 즐거이 드리는 예물을 드렸다고 했다. 여기서 '즐거이 드리는 예물'은 히브리어 '네다바'로서 '자유로운 예물'을 뜻하는데 하나님께서는 자원하는 성도의 헌신을 기뻐하신다. 성도는 하나님께서 원하시는 목적에 합당한 삶을 살기 위해서는 하나님이 주신 말씀을 항상 기억하고 말씀대로 준행하는 자세가 꼭 필요하다.

* 참고 성구 *   딤후 3:16-17, 행 17:11, 미 18:3, 잠 1:7

Ⅲ. 참된 교회 생활은 하나님 역사에 동참함에 있다

기자는 이에 석수와 목수에게 돈을 주고 시돈 사람과 두로 사람에게 먹을 것과 마실 것과 기름을 주었다고 했다. 미국의 복음전도자 윌리엄 A.선데이는 "교회에 간다는 것은 자동차가 차고에 들어가는 것과 같아서 그대를 그리스도인으로 만들지 않는다."라고 했다. 성도는 하나님의 거룩한 역사에 부름받은 자로서 충성과 봉사로 함께 할 책임을 가지고 있음을 유념하자.

* 참고 성구 *   미 6:8, 고전 15:58, 3:14, 느 3:1-32, 행 23:11

■ 기 도 ■ 성도의 예배를 흠향하시는 하나님! 오늘 참된 교회생활이 무엇인지를 배웠습니다. 이 배움이 헛되지 않도록 사랑하는 성도를 붙들어 주시고 진리 가운데로 인도하소서. 예수 그리스도의 이름으로 기도 드립니다. 아멘

> 교우간에 불화한 자

르호보암과 여로보암의 전쟁이 주는 교훈

■ 찬 송 ■ ♪ 523, 525, 97, 249   ■ 참 조 ■ ☞ ① 193p ② 147p

■ 본 문 ■ …르호보암과 여로보암 사이에 사는 날 동안 전쟁이 있었더니…【왕상 15:1-8】

■ 서 론 ■ 중국의 고사성어 가운데 골육상쟁(骨肉相爭)이라는 말이 있는데 이는 뼈와 살이 서로 싸운다는 뜻으로, 즉 부자지간에, 형제지간에, 동족지간의 싸움을 일컫는 것이다. 북이스라엘과 남유다는 원래는 통일 국가였으나 솔로몬 사후 분리되었는데 성도의 분쟁은?

■ 말 씀 ■

Ⅰ. 성도간에 분쟁하면 세상 세력이 개입한다

독일 격언에 "큰 전쟁은 그 나라에 세 개의 부대를 남겨준다. 첫째는 불구의 대부대요, 둘째는 애곡하는 대 부대이며, 셋째는 도적의 대 부대이다."라는 말이 있다. 하나님의 백성들 사이에서 싸움이 일어나면 이를 제일 기뻐하며 박수를 치며 환영하는 것은 바로 사단이다. 사단은 분쟁을 기뻐할 뿐만 아니라 하나님의 일을 방해하여 더 큰 분열을 조장하려 애쓴다.

＊ 참고 성구 ＊   왕상 15:20, 시 140:2, 잠 26:21, 17:19, 합 1:3, 눅 11:17

Ⅱ. 성도간에 분쟁하면 영적으로 곤핍해진다

성도들이 사단의 세력과 싸우는 일에만 전력을 기울여도 힘이 부족할 것인데 택한 선민간에 싸우는 것은 더욱 심령을 피폐하게 만들고 영적으로 곤핍하게 한다. 영국의 궁내관이요 항해사인 월터 라라이 경은 "전쟁 행위는 하나님의 눈에 어찌나 증오스럽게 보이는지 하나님의 무한한 자비가 아니라면 그 중의 어느 것도 살아남을 소망이 없다."라고 했다.

＊ 참고 성구 ＊   잠 17:14, 창 37:4, 삼상 18:8, 마 20:12, 고전 3:3

Ⅲ. 성도간에 분쟁하면 하나님의 영광을 가리게 된다

그리스의 철학자요 수학자인 피타고라스는 "우리가 진정으로 치러야 하는 전쟁은 다섯 가지이다. 즉 육신의 병과의 싸움, 마음의 무지, 육신의 정욕, 도시의 무질서, 가족들의 불화 등과의 전쟁이다."라고 했다. 하나님의 백성들간의 다툼은 무엇보다도 하나님을 믿지 않는 이방의 불신자들에게 하나님의 영광을 가리며, 그들을 구원하려는 구원의 길에 장애가 되고 차질을 빚는다.

＊ 참고 성구 ＊   고전 1:10, 6:6, 빌 4:2, 딤후 2:14, 막 9:50

■ 기 도 ■ 하나님 아버지! 당신의 택하신 자녀들끼리 싸우면 어떤 결과가 초래되는지를 배웠습니다. 부디 사랑으로 서로 종노릇하는 믿음으로 화목케 하도록 도와주소서. 예수 그리스도의 이름으로 기도 드립니다. 아멘

교우간에 불화한 자

성도간의 친교가 주는 유익

■ 찬 송 ■ ♪ 523, 525, 524, 534　　■ 참 조 ■ ☞ ① 419p

■ 본 문 ■ 주를 경외하는 자가 나를 보고 기뻐할 것은 내가 주의 말씀을 바라는 연고니이다 여호와여 내가 알거니와 주의 판단은 의로우시고 주께서 나를 괴롭게 하심은…【시 119:74-79】

■ 서 론 ■ 영국의 시인이요 극작가인 셰익스피어는 "사람들이 우리의 사랑을 받을 자격이 있는 것으로 보이기 전에 그들을 사랑하지 않으면 안 된다."라고 했다. 성도간의 화목한 모습은 진정 천국을 이 땅에 옮겨놓은 모습인 것이다. 친교의 유익은?

■ 말 씀 ■

Ⅰ. 성도가 참된 사랑을 공유한다

어느 목회자는 "성도의 행위는 하나님의 역사의 연장이다."라고 했다. 세상의 모든 대부분의 인간 관계는 자신의 정치적 경제적, 이익이 연루된 것이 태반이다. 하지만 성도들끼리의 교제, 곧 '코이노니아'는 하나님 안에서 참된 사랑에 근거해서 이루어질 뿐만 아니라 그 사랑을 구체적으로 배우게 한다. 바울 사도는 목회자로 변신한 디모데를 믿음 안에서 아들이라고 했다.

* 참고 성구 *　요일 5:1, 갈 5:6, 엡 3:17-19, 골 3:14, 고전 4:17

Ⅱ. 성도가 영적인 기쁨을 느낀다

영국의 성직자 로버트 사우스는 "기쁨의 교제는 그것을 배로 늘린다. 기쁨이 나의 친구를 밝히면 나 자신에게도 반향되며 그의 촛불이 밝게 타오를수록 내 것도 쉽게 타오르게 된다."라고 했다. 하나님 나라를 향한 여정에서 같은 신앙을 가진 성도 사이의 교제는 말씀을 중심으로 행해지며 이에 복된 말씀으로 주의 은혜를 공유하므로 기쁨 또한 배가 되는 것이다.

* 참고 성구 *　빌 4:4, 롬 12:15, 살전 5:16, 몬 1:7, 딤후 1:16

Ⅲ. 성도가 천국의 체험을 소유한다

성도의 아름다운 친교는 완전하지는 않지만 장차 성도들이 들어갈 하나님 나라의 구성원들과의 교류를 통하여 하늘 나라의 평화와 화목과 사랑을 미리 느껴볼 수 있게 된다. 신학자 라우셴부쉬는 "신의 왕국은 신의가 충만한 인간들의 의로운 사회제도이니 자유와 사랑으로 결합된 곳이다."라고 했다. 참된 교회생활은 이 땅에 이룩된 작은 천국이라 할 수 있다.

* 참고 성구 *　행 2:43-47, 막 10:15, 롬 14:17, 눅 17:21

■ 기 도 ■ 하나님 아버지! 성도 사이의 친교가 주는 유익함을 알았사오니 당신 안에서 우리 가운데 작은 천국을 이루게 하소서. 예수 그리스도의 이름으로 기도 드립니다. 아멘

> 교우간에 불화한 자

빌레몬을 칭찬한 바울의 기쁨

■ 찬 송 ■ ♪ 525, 93, 278, 407　　　　■ 참 조 ■ ☞ ① 419p

■ 본 문 ■ …이로써 네 믿음의 교제가 우리 가운데 있는 선을 알게 하고 그리스도께 미치도록 역사하느니라 형제여 성도들의 마음이 너로 말미암아 평안함을…【몬 1:4-7】

■ 서 론 ■ "아름다운 날개가 그 새를 아름답게 하듯이 교제하는 친구를 보아 그의 인격이 나타난다."고 어느 목사는 이야기했다. 성도는 어느 누구로부터도 칭찬을 듣는 존재가 되어야 한다. 그래야 하나님의 영광을 가리지 않기 때문이다. 세속에 물들지 않고 자신을 지키며 해야 할 성도의 교제는?

■ 말 씀 ■

Ⅰ. 성도가 추구할 그리스도와의 믿음의 교제

바울은 주 예수와 및 모든 성도에 대한 네 사랑과 믿음이 있음을 들었다고 했다. 여기서 '믿음'은 헬라어 '텐 피스틴'으로 '그 믿음'인데 이는 그리스도만을 믿는 유일한 믿음을 뜻한다. '믿음' 곧 '피스티스'는 '충성'이라는 말과 동일하게 사용되는 말이다. 성도의 기본적인 믿음의 교제는 예수 그리스도와 이루어져야 한다. 왜냐하면 그리스도를 믿음으로써 우리의 구원이 이루어지기 때문이다.

＊ 참고 성구 ＊　롬 1:17, 요 11:27, 엡 6:24, 벧전 1:8, 딤후 1:13

Ⅱ. 성도가 추구할 성도 사이의 사랑의 교제

바울은 모든 성도에 대한 네 사랑과 믿음이 있음이니라고 했다. 여기서 '모든 성도에 대한'은 헬라어 '에이스 판타스 투스 하기우스'인데 '모든 성도들을 향하여'라는 뜻으로, 이는 모든 성도들을 향해서 고루고루 깊이 부어지는 그리스도의 무조건적 사랑을 가리킨다. 하나님 안에서 형제 자매된 성도는 서로 돌아보고 아끼며 나누어 줄 때 하나님의 사랑을 체험하게 된다.

＊ 참고 성구 ＊　막 10:43-45, 시 119:63, 행 2:42, 요일 1:7, 빌 1:5

Ⅲ. 성도가 추구할 이웃과의 복음의 교제

빌레몬이라는 이름은 '필레오' 곧 '사랑한다, 좋아한다'는 말에서 왔는데 '사랑이 깊다, 애정이 깊다'는 의미를 가진다. 성도들의 주위에는 아직도 구원의 복음을 외면하여 사망의 길로 향하는 많은 무리가 있다. 죽어가는 이웃의 영혼의 무리들을 향해 빌레몬처럼 그 이름에 걸맞게 그리스도의 사랑으로 끊임없이 복음을 가지고 다가가는 복음의 교제가 필요하다.

＊ 참고 성구 ＊　막 16:15-16, 마 28:19, 눅 24:47, 행 1:8, 골 1:23

■ 기 도 ■ 빌레몬의 하나님! 사람들에게 기쁨과 사랑과 위로를 준 빌레몬처럼 우리들도 그를 본받아 주님과 성도와 이웃을 사랑하고 깊은 교제를 누리게 하소서. 예수 그리스도의 이름으로 기도 드립니다. 아멘

교우간에 불화한 자

성도간의 바른 송사의 원칙

■ 찬 송 ■ ♪ 279, 278, 280, 357   ■ 참 조 ■ ☞ ① 419p

■ 본 문 ■ …다른 이로 더불어 일이 있는데 구태여 불의한 자들 앞에서 송사하고… 【고전 6:1-11】

■ 서 론 ■ "밀가루 장수와 굴뚝 청소부가 싸움을 하면 밀가루 장수는 까맣게 되고 굴뚝 청소부는 하얗게 된다." 탈무드에 있는 말이다. 탈무드는 '연구, 교훈, 학습'의 뜻이 있는데, 초대 교회 당시 유대인들의 저작물 모음집으로 팔레스타인 탈무드와 바빌로니아 탈무드가 있는데 후자가 더 권위가 있다. 성도의 분쟁은?

■ 말 씀 ■

I. 성도들은 불신자 앞에서 다투지 말아야 한다

바울은 구태여 불의한 자들 앞에서 송사하고라 했다. 여기서 '송사하고'는 헬라어 '크리네스다이'로서 이는 '크리노' 곧 '나눈다, 구별한다, 판단한다, 정죄한다, 고소한다, 언도한다'는 현재수동 부정사로 '심판을 당하고'라는 말이다. 이는 믿는 자들이 세상의 불의한 자들 앞에서 그들에게 정죄당하는 부끄러운 일이다. 따라서 이는 주님을 욕되게 하는 일인 것이다.

＊ 참고 성구 ＊   요일 3:10, 잠 25:8, 마 5:25, 40, 약 3:14, 빌 2:3

II. 성도들은 사랑과 용서로 분쟁을 해결해야 한다

바울은 너희는 불의를 행하고 속이는구나 저는 너희 형제로다고 했다. 여기서 '형제'는 헬라어 '아델포스'로서 허물 없이 지내는 같은 형제를 의미한다. 이 같은 자들인 성도는 조금씩 손해가 있더라도 법정에 서기보다 먼저 양보하고 사랑과 용서로 화해하는 것이 최선의 해결책이 된다. 참으로 하나님의 자녀다운 삶은 이웃의 형제를 용서하고 덮어주는 삶인 것이다.

＊ 참고 성구 ＊   엡 4:32, 마 18:22, 6:12, 막 11:25, 골 3:13

III. 성도들은 화목하여 하나님의 이름을 높여야 한다

일본 속담에 "화목하지 못한 자들은 두 구덩이를 파는 결과를 만든다. 서로가 상대방의 함정을 파기 때문이다."는 말이 있다. 성도들이 주님의 사랑 안에서 분쟁을 해결하는 모습은 믿지 않는 사람들에게 신선한 충격을 주어 효과적인 전도가 될 수도 있으며 이로써 하나님께 영광을 돌리는 결과를 낳게 된다. 성도간에 화목한 교제, 곧 '코이노니아'는 이를 보는 불신자들에게 큰 은혜를 끼치게 한다.

＊ 참고 성구 ＊   딛 2:7-8, 잠 12:20, 막 9:50, 롬 12:18, 히 12:14

■ 기 도 ■ 화목을 원하시는 하나님! 세상의 작은 이익 때문에 형제들 사이에 분쟁이 있음을 부끄럽게 생각합니다. 이로써 당신께 누를 끼치는 일이 없도록 서로 용서하고 사랑 안에서 하나되게 성령께서 역사하옵소서. 예수 그리스도의 이름으로 기도드립니다. 아멘

교우간에 불화한 자

사도 바울의 문안 인사의 의미

■ 찬 송 ■ ♪ 361, 490, 353, 377   ■ 참 조 ■ ☞ ① 421p

■ 본 문 ■ 내가 겐그레아 교회의 일꾼으로 있는 우리 자매 뵈뵈를 너희에게 천거하노니 너희가 주 안에서 성도들의 합당한 예절로 그를 영접하고 무엇이든지… 【롬 16:1-4】

■ 서 론 ■ 영국의 시인 에드워드 영은 "그리스도인은 인간의 가장 고상한 모형이다."라고 했다. 베드로가 천국에 가보니까 천국에 있는 사람들은 긴 포크로 서로를 먹여 주어 배부르게 식사를 하는데, 지옥에 있는 사람들은 긴 포크에 음식을 찍어 자기 입에만 넣으려고 애쓰고 있었다는 우화가 있다. 성도의 교제는?

■ 말 씀 ■

Ⅰ. 성도의 교제는 서로 돌아보는 것이다

바울은 겐그레아 교회의 일꾼으로 있는 뵈뵈를 천거한다고 했다. 여기서 '일꾼'은 히브리어 '디아코노스'로서 종종 '집사'로도 번역되는데 이 말은 비공식적 의미의 조력자로 사용되었다. 성도는 주님 안에서 한 형제, 자매로서 수시로 관심을 보이고 기도와 위로의 말로 문안하여 돌아봄으로써 함께 신앙과 삶을 나누어야 한다. 바울은 오네시보로에게 은혜가 내리도록 기도했다.

  * 참고 성구 * 벧전 4:8-10, 롬 12:13, 딤전 5:10, 딛 1:8, 딤후 1:16

Ⅱ. 성도의 교제는 서로 돕는 것이다

바울은 그가 여러 사람과 나의 보호자가 되었음이니라고 했다. 여기서 '보호자'는 헬라어 '프로스타티스'로서 이 말은 신약성경 다른 곳에서 전혀 사용되지 않는 희귀한 용어인데 보살핌과 보호를 제공하는 '조력자'의 뜻이다. 성도들이 영육간에 돕고 도우며 사랑을 나눌 때 이를 나의 선행으로 여기지 말고 예수의 제자 곧 '마데테스'의 마땅한 도리로 알아야 한다.

  * 참고 성구 * 잠 11:24-25, 히 13:2, 눅 12:33, 행 20:35

Ⅲ. 성도의 교제는 서로 감사하는 것이다

바울은 이방인의 모든 교회도 저희에게 감사하느니라고 했다. 여기서 '감사'는 헬라어 '유카리스티아'로서 '좋은 은혜, 좋은 매력, 좋은 선물'이라는 뜻이다. 주님 안에서 한 가족이 되며, 신앙을 공유할 수 있는 것, 이 모든 것이 성도들에게 있어서 서로를 향한 감사의 제목, 곧 좋은 은혜를 나누는 것이 되어야 한다. 성도의 교제 곧 '코이노니아'는 생사고락을 함께 하는 것이다.

  * 참고 성구 * 살전 5:18, 빌 4:6, 골 3:15, 엡 5:20

■ 기 도 ■ 하나님 아버지! 당신의 사랑 안에서 이루어지는 성도의 교제는 아름답기 그지없는 행위입니다. 우리가 서로를 돌아보아 사랑이 꽃피며 천국의 체험을 할 수 있도록 하나가 되게 하소서. 예수 그리스도의 이름으로 기도 드립니다. 아멘

교우간에 불화한 자

성도들 사이에 지녀야 할 태도

■ 찬 송 ■ ♪ 523, 525, 249, 534   ■ 참 조 ■ ☞ ① 419p

■ 본 문 ■ 믿음이 연약한 자를 너희가 받되 그의 의심하는 바를 비판하지 말라 어떤 사람은 모든 것을 먹을 만한 믿음이 있고 연약한 자는 채소를 먹느니라… 【롬 14:1-12】

■ 서 론 ■ 프랑스의 시인 퐁테너는 "이웃을 볼 때는 고양이같이 날카로운 눈으로, 자기를 볼 때는 두더지같이 먼 눈으로 본다."라고 했다. 주님께서는 산상수훈을 마치시며 형제의 눈 속에 있는 티는 보고 네 눈 속에 있는 들보는 깨닫지 못하느냐고 질책하셨다(마 7:3). 성도의 현명한 태도는?

■ 말 씀 ■

I. 성도들은 남을 판단하지 말아야 함

바울은 먹는 자를 판단하지 말라 이는 하나님이 저를 받으셨음이니라고 했다. 여기서 '받으셨음이니라'는 헬라어 '프로셀라베토'로서 '프로스람바노' 곧 '옆으로 데리고 간다, 영접한다'의 제2 과거중간으로 이는 하나님이 스스로 단번에 영접해 주심을 뜻한다. 성도는 성도의 신앙 성숙에 차이가 있음을 알고 자기가 판단하지 말고 하나님의 주권적 판단에 모든 것을 맡겨야 한다.

   * 참고 성구 *   히 5:13-14, 마 7:1, 고전 4:5, 약 4:11-12, 롬 2:1

II. 성도들은 먼저 낮아져야 함

바울은 저가 세움을 받으리니 이는 저를 세우시는 권능이 주께 있음이라고 했다. 여기서 '세움을 받으리니'는 헬라어 '스타데세타이'로서 이는 '히스테미' 곧 '놓는다, 세운다, 굳게 세운다'의 미래수동으로 하나님에 의해 견고해짐을 의미한다. 성도는 상대의 믿음에 걸림돌이 될 행동과 말을 삼가고 겸손함으로 낮아질 것은 성도의 믿음의 굳셈과 강함이 하나님에게서 오기 때문이다.

   * 참고 성구 *   빌 2:7, 마 20:28, 눅 22:27, 요 13:4-5

III. 성도들은 서로 존중해야 함

바울은 우리 각인이 자기 일을 하나님께 직고하리라고 했다. 여기서 '직고하다'는 헬라어 '로곤 도세이'로서 '로곤'은 '말, 책, 장부'란 뜻으로 곧 장부에 적힌 대로 세밀히 회계한다는 의미이다. 성도는 하나님의 심판대 앞에서 믿음을 가지고 남을 멸시, 비판하던 허물을 심판받으니 그러므로 서로 존중하고 받은 바 달란트대로 조화로운 교제를 할 것이다.

   * 참고 성구 *   골 2:16, 마 18:23, 벧전 4:4-5, 눅 19:13

■ 기 도 ■ 하나님 아버지! 비록 당신의 자녀일지라도 세상적인 갈등을 가지고 있는 자들이 오늘 말씀을 배우고 서로 낮아지며 존중하고 비판하지 않기로 하였사오니 이들을 축복하시옵소서. 예수 그리스도의 이름으로 기도 드립니다. 아멘

자랑과 외식하는 자

성경이 금지하는 각종 금언들

■ 찬 송 ■ ♪ 216, 490, 219, 337　　　■ 참 조 ■ ☞ ③ 127p

■ 본 문 ■ 너는 허망한 풍설을 전파하지 말며 악인과 연합하여 무함하는 증인이 되지 말며 다수를 따라 악을 행하지 말며 송사에 다수를 따라 부정당한 증거를… 【출 23:1-3】

■ 서 론 ■ 유대인의 경전인 탈무드에는 "남의 입에서 나오는 말보다도 자기 입에서 나오는 말을 잘 들어라."는 구절이 있다. 또한 한국 속담에 "가루는 칠수록 고와지고 말은 할수록 거칠어진다."는 말도 있다. 야고보도 말에 실수가 없는 자면 온전한 사람이라고 했다(약 3:2). 말도 많은 말, 말, 말, 성도는?

■ 말 씀 ■

I. 성도는 거짓 증언을 금할 것

기자는 악인과 연합하여 무함하는 증인이 되지 말라고 했다. 여기서 '연합하여'는 히브리어 '타쉐트 야드'로서 '손을 주다, 돕다'는 뜻으로 악인을 도와주는 일은 궁극적으로 악에 참예함이 된다. 성도들은 오직 진실되고 참된 말만 증거해야 함에도 불구하고 자신의 세상적 이익이나 편의를 위해, 혹은 힘있는 악한 자의 편에 서서 거짓 증언하는 것을 삼갈 것이다.

　　* 참고 성구 *　약 4:11, 잠 24:28, 왕상 21:13, 출 20:16, 마 19:18

II. 성도는 무책임한 말을 금할 것

영국의 속담에 "눈은 둘, 귀도 둘, 입은 다만 하나이다. 이는 많이 보고, 많이 듣고, 그리고 조금만 떠들라는 것일 것이다."라는 말이 있다. 성도들은 실수를 감싸주고 위로를 해주어야 함에도 불구하고 그 사람에 대한 나쁜 감정 때문에 근거가 없는 소문이나 책임을 지지 못할 말들을 퍼뜨려서는 안 된다. 무책임한 말은 부메랑처럼 꼭 자기에게 돌아와서 해를 끼치게 한다.

　　* 참고 성구 *　딛 2:8, 골 4:6, 약 3:2, 잠 25:11, 전 12:11

III. 성도는 헛되고 악한 말을 금할 것

조선의 26대 왕 고종은 "깜빡이는 한 점의 불티가 능히 넓고 넓은 숲을 태우고 반 마디 그릇된 말이 평생의 덕을 허물어뜨린다."라고 했다. 성도들은 하나님의 뜻에 따라 사랑의 말과 덕스러운 말에 힘써야지 다수의 풍조에 따라 헛된 말과 남을 비방하고 저주하거나 매도하는 악한 말을 해서는 안 된다. 말은 그 사람의 내면을 드러내며 인격과 품성을 알게 하는 잣대가 된다.

　　* 참고 성구 *　딤후 1:13, 벧전 2:1, 욥 16:3, 시 59:12, 잠 16:24

■ 기 도 ■ 하나님 아버지! 야고보는 말에 실수가 없는 자면 곧 온전한 사람이라고 했습니다. 이 한세상 살아가며 말을 하되 은혜로운 말만 하는 성도들이 되도록 축복하옵소서. 예수 그리스도의 이름으로 기도 드립니다. 아멘

자랑과 외식하는 자

행위로 하는 성숙한 믿음 생활

■ 찬 송 ■ ♪ 379, 539, 543, 401 　　■ 참 조 ■ ☞ ② 415p

■ 본 문 ■ …하나님 아버지 앞에서 정결하고 더러움이 없는 경건은 곧 고아와 과부를 그 환란 중에 돌아보고 또 자기를 지켜 세속에 물들지 아니하는 이것이니라 【약 1:21-27】

■ 서 론 ■ 미국의 교육자 호레이스 만은 "나는 사도들의 결심에 대하여 어떤 것도 들은 적이 없다. 오직 그들의 행동에 대해 많은 것을 들었을 뿐이다."라고 했다. 믿음을 중요시한 종교개혁가 루터는 행위를 중요시한 야고보서를 지푸라기 복음이라고 폄하했으나 믿음과 행위는 동전의 앞뒷면과 같다. 행위의 신앙생활은?

■ 말 씀 ■

I. 행위의 신앙생활이 중요함은 이것이 믿음의 증거이기 때문임

기자는 너희는 도를 행하는 자가 되고 듣기만 하여 자신을 속이는 자가 되지 말라고 했다. 여기서 '도'는 헬라어 '로고스'로서 '말씀'을 뜻하고, '속이는'은 '파라로기조마이'로서 '반대로 계산한다'는 의미이다. 하나님의 말씀을 듣기만 하고 실천이 없는 자는 반대로 계산하는 자들이다. 하나님을 향한 성도의 믿음은 하나님의 명령을 실천할 때 바르게 증거될 수 있다.

　　* 참고 성구 * 　히 13:16, 마 7:21, 요 13:15, 롬 2:13

II. 행위의 신앙생활이 중요함은 이것이 믿음의 열매이기 때문임

기자는 고아와 과부를 그 환란 중에 돌아보고라 했다. 여기서 '돌아보고'는 헬라어 '에피스켑테스다이'로서 이는 '에피스켑토마이' 곧 '자세히 본다, 선택한다, 방문한다, 돌본다'의 현재 중간태부정사로 억지로 돌아보는 것이 아니고 스스로 즐거운 마음으로 돌아보고 배려하며 사랑을 베푸는 것을 의미한다. 성도의 믿음의 궁극적 열매는 구원이지마는 세상에서는 선행이다.

　　* 참고 성구 * 　벧전 2:12, 딤전 6:18, 히 10:24, 살전 1:3

III. 행위의 신앙생활이 중요함은 이것이 믿음의 확산이기 때문임

기자는 자기를 지켜 세속에 물들지 아니하는 이것이니라고 했다. 여기서 '세속에'는 헬라어 '아포 투 코스무'로서 '그 세상으로부터'이며, '물들지 않는'은 '아스피론'으로 '흠 없는, 완전한' 상태를 의미한다. 세상에서 흠없는 생활은 그리스도의 아가페 사랑을 수행하는 것으로, 전도는 말로써만 하는 것이 아니라 성도의 행동으로 믿게 하는 것이 가장 빠른 전도의 길이다.

　　* 참고 성구 * 　마 5:16, 25:35-36, 행 9:36, 약 4:17, 고후 4:5

■ 기 도 ■ 성도의 선한 행실을 기뻐하시는 하나님! 믿음을 행위로 표출하는 성숙한 신앙인이 되도록 인도해 주시고 당신께 영광돌리는 선한 사업에 힘쓰도록 축복하소서. 예수 그리스도의 이름으로 기도 드립니다. 아멘

자랑과 외식하는 자

외식하는 자들을 향한 주님의 질책

■ 찬 송 ■ ♪ 362, 354, 348, 363   ■ 참 조 ■ ☞ ① 283p

■ 본 문 ■ 화 있을진저 외식하는 서기관과 바리새인들이여 너희가 박하와 회향과 근채의 십일조를 드리되 율법의 더 중한 바 의와 인과 신은 버렸도다… 【마 23:23】

■ 서 론 ■ 영국의 시인으로 '실락원'의 작가인 존 밀턴은 "외식이란 하나님을 제외한 모든 사람에게 보이지 않게 걸어가는 악이다."라고 했다. 외식은 인간이 가진 이중적인 삶에 대한 한 부분으로 선하게 보이려고 마음속으로 애쓰는 지나칠 정도의 노력(?)이다. 성도가 온전히 하나님께 드릴 것은?

■ 말 씀 ■

I. 온전한 예물을 하나님께 드릴 것

주님은 너희가 박하와 회향과 근채의 십일조를 드리는 것을 행하라고 하셨다. 성도는 성도의 중심을 보시는 하나님 앞에 드리는 예물이 더욱 온전해지려면 예물뿐만 아니라 드리는 사람의 감사하는 마음과 진실한 정성을 함께 드려야 한다. 이렇게 드릴 때 하나님께서는 이 예물을 아벨의 제사처럼 기쁘게 받으신다. 부정한 수단의 가증한 예물은 하나님이 열납지 않으신다.

　　＊ 참고 성구 ＊　막 12:43, 창 4:4, 히 11:4, 6, 말 3:10, 신 23:18

II. 온전한 헌신을 하나님께 드릴 것

주님은 의와 인과 신을 버리지 말라고 하셨다. 여기서 '의'는 헬라어 '크리시스'로서 '율법의 공정성'을 말하며, '인'은 '엘레오스'로 '자비, 긍휼'을 뜻하며, '신'은 '피스티스'로 '믿음'을 의미한다. 성도는 성도의 자세를 눈여겨보시는 하나님 앞에 인내의 봉사를 드리되 하나님께서 율법에 포함시키신 공의와 인자와 겸손을 함께 행해야 한다. 이럴 때 비로소 온전한 헌신이 된다.

　　＊ 참고 성구 ＊　행 20:19, 눅 6:46, 딛 1:16, 삼상 15:22, 미 6:8

III. 온전한 기도를 하나님께 드릴 것

성도의 향기로운 기도를 흠향하시고 가납하시는 하나님 앞에서 성도의 기도는 하나님의 뜻에 맞게 의롭고 신실하게 드려져야 한다. "기도하다 낙심한 자는 하나님께 간구한 것이 아니라 마귀와 짝하여 하나님을 공격하고 시험한 자이다."라고 어느 목회자는 말했다. 우리의 기도는 주님 예수께서 '당신의 뜻대로 하옵소서'라고 하신 기도를 본받아야 한다.

　　＊ 참고 성구 ＊　미 6:33, 삼하 12:22-23, 눅 22:42, 계 5:8, 8:3

■ 기 도 ■ 하나님 아버지! 우리의 믿음을 자랑하지 말고 당신께 먼저 온전한 예물과 헌신과 기도를 드림을 기뻐하는 자들이 되게 인도하소서. 예수 그리스도의 이름으로 기도 드립니다. 아멘

자랑과 외식하는 자

엘리후의 변론에 담긴 대화의 원칙

■ 찬 송 ■ ♪ 525, 278, 93, 279　　■ 참 조 ■ ☞ ③ 327p, 127p

■ 본 문 ■ 그런즉 욥이여 내 말을 들으며 나의 모든 말에 귀를 기울이기를 원하노라 내가 입을 여니 내 혀가 입에서 동하는구나…【욥 33:1-7】

■ 서 론 ■ 미국의 작가 워싱턴 어빙은 "예리한 혀는 사용할수록 더욱 날카로워지는 날이 선 유일한 연장이다."라고 했다. 또한 영국 속담에는 "천사의 말을 하면 천사의 날개소리를 듣는다."는 말이 있다. 상대방과의 대화에서 성도는?

■ 말 씀 ■

Ⅰ. 바람직한 대화는 일방적이어서는 안 됨

기자는 나의 모든 말에 귀를 기울이기를 원하노라 내가 입을 여니 내 혀가 입에서 동하는구나 했다. 여기서 '동하는구나'는 히브리어 '디베라'로서 '말하다, 정돈되다'의 뜻으로, 입을 열자 잘 정돈되어 조리 있는 말이 거침없이 나옴을 의미한다. 성도가 자신의 주의, 주장만 급급히 피력하고 상대방의 말을 귀담아 듣지 않거나 처한 상황을 이해하지 않는 것은 바람직하지 못하다.

＊참고 성구＊　벧전 3:8, 고전 1:10, 고후 13:11, 행 23:2

Ⅱ. 바람직한 대화는 오직 진실만을 말해야 함

기자는 내 말이 내 마음의 정직함을 나타내고라 했다. 여기서 정직은 히브리어 '메솨림'으로 '곧게 가다'에서 파생된 말이다. 중국 춘추시대의 사상가인 장자는 "개가 잘 짖는다고 좋은 개가 아니요 사람이 말을 잘 한다고 현인이 아니다."라고 했다. 성도는 위기를 모면하려 거짓을 입에 담지 말고 자신에게 불리한 결과가 올지라도 정직한 자세로 임하여 진실만을 말해야 한다.

＊참고 성구＊　벧전 2:12, 잠상 20:17, 마 5:37, 약 3:2

Ⅲ. 바람직한 대화는 유익한 내용이어야 함

기자는 내 권세로는 너를 누르지 못하느니라고 했다. 여기서 '권세'는 히브리어 '아크피'로서 '굴복시키다, 기를 꺾다, 강요하다'의 명사형으로 저항할 수 없는 '억압, 압력, 부담'을 의미한다. 성도의 대화는 남의 험담이나 실속 없는 농담과 이웃을 두렵게 하는 말이 아니라 서로가 갖고 있는 문제의 해결점을 주 안에서 찾으려는 영적으로 진지하고 유익한 것이어야 한다.

＊참고 성구＊　엡 4:29, 잠 16:24, 잠 12:11, 사 50:4, 눅 24:32

■ 기 도 ■ 하나님 아버지! 이 시간 성도의 대화는 어찌해야 됨을 배웠습니다. 우리의 대화가 당신 안에서 은혜로운 말이 오가며 풍성한 기쁨을 공유하는 유익한 대화가 되도록 이끌어 주옵소서. 예수 그리스도의 이름으로 기도 드립니다. 아멘

헌금에 시험든 자

이스라엘 자손의 헌신이 주는 교훈

■ 찬 송 ■ ♪ 59, 62, 433, 438   ■ 참 조 ■ ☞ ① 77p

■ 본 문 ■ …마음에 원하는 이스라엘 자손의 남녀마다 여호와께서 모세의 손을 빙자하여 명하신 모든 것을 만들기 위하여 물품을 가져다가 여호와께 즐거이 드림이 이러하였더라【출 35:20-29】

■ 서 론 ■ 미국의 시인이요 찬송가 작가인 올리버 홈즈는 "헌신으로 꿇는 모든 무릎은 성스럽다."고 했다. 성도의 헌신은 받은 바 은혜에 감사해서 자신의 모든 것을 아낌없이 하나님께 드리는 행위이다. 성도의 아름다운 헌신은?

■ 말 씀 ■

I. 성도의 아름다운 자원하는 헌신

기자는 무릇 마음이 감동된 자와 무릇 자원하는 자가 와서라고 했다. 여기서 '감동된'은 히브리어 '나사'로서 '올리다, 높이 들다'의 뜻으로 마음과 얼굴을 하나님께로 높이 드는 것 또는 '사람이 높임을 받아' 마음이 자극됨을 의미한다. 성도들이 하나님의 사랑과 은혜에 감사하여 감격적인 마음을 가지고 할 일을 스스로 찾아서 하는 헌신이야말로 가장 아름다운 헌신이다.

* 참고 성구 * 시 110:3, 삿 5:2, 고전 15:58, 살전 2:8, 미 6:21

II. 성도의 아름다운 아낌없는 헌신

기자는 마음이 슬기로운 모든 여인은 손수 실을 낳고라 했다. 여기서 '슬기로운'은 히브리어 '하캄'으로서 '지혜로운'과 동의어이며, '낳고'는 '타와'로서 '짜다, 직조하다'의 뜻으로 직물을 제조하기 위해 실을 뽑아 내어 베를 짜는 것을 의미한다. 성도들이 가장 좋은 귀한 물건과 시간과 정성까지도 아낌없이 드리는 헌신이야말로 하나님이 진정 기뻐하시는 가장 귀한 헌신이 된다.

* 참고 성구 * 출 36:5, 대상 29:3-4, 눅 21:1-14, 행 4:34-35, 롬 12:1

III. 성도의 아름다운 협력하는 헌신

기자는 마음에 원하는 이스라엘 자손의 남녀마다 모든 것을 만들기 위하여 즐거이 드렸다고 했다. 여기서 '만들기 위하여'는 히브리어 '아사'로서 '실행하다, 공급하다'는 뜻으로 필요한 재료를 공급하는 것을 의미한다. 성도들이 필요한 재능을 가지고 적재적소에서 오로지 하나님의 영광을 위하여 기술과 정성을 한데 모아 하나로 헌신하는 모습은 진정 참된 헌신이 된다.

* 참고 성구 * 느 4:21, 빌 4:3, 갈 6:2, 롬 16:3

■ 기 도 ■ 성도의 헌신을 기뻐하시는 하나님! 이 시간 헌신에 대한 말씀을 들었습니다. 옛날 이스라엘 백성이 성막을 지을 때 헌신한 것처럼 오늘 우리도 아름답고 귀한 헌신을 드리게 은혜 베푸시옵소서. 예수 그리스도의 이름으로 기도 드립니다. 아멘

헌금에 시험든 자

예물을 드리는 참된 자세

■ 찬 송 ■ ♪ 71, 346, 348, 380   ■ 참 조 ■ ☞ ③ 231p

■ 본 문 ■ …무릇 즐거운 마음으로 내는 자에게서 내게 드리는 것을 너희는 받을지니라… 【출 25:1-9】

■ 서 론 ■ 중국 선교의 아버지라 불리우는 허드슨 테일러는 "하나님께 모두 바치고 홀가분해지니 번민할 일이 전혀 없어졌다."라고 했다. 신앙은 곧 헌신이요, 헌신은 내가 하는 일의 모든 것을 하나님 위주로 행하는 것이다. 예물은 하나님께 받은 축복의 열매를 다시 하나님께 돌려드림이다. 성도는?

■ 말 씀 ■

I. 성도는 예물을 드릴 때 자원하는 마음으로 드림

기자는 내게 예물을 가져 오라 하라고 했다. 여기서 '예물'은 히브리어 '코르반'으로 '준비하다, 가까이 가져가다'란 뜻의 '카랍'에서 파생된 말로, 높은 자에게 가까이 나아가는 데 필요한 어떤 것을 말한다. 이스라엘의 구속자이신 하나님께서는 헌신을 요구할 권리가 있으시고, 이스라엘 백성은 애굽의 종살이에서 해방시켜 주신 은혜에 마땅히 자원으로 헌신해야 할 책임이 있다.

* 참고 성구 * 고후 9:11, 출 35:22, 36:5, 민 7:3, 눅 21:1-4, 빌 4:18

II. 성도는 예물을 드릴 때 즐거운 마음으로 드림

기자는 무릇 즐거운 마음으로 내는 자에게서 내게 드리는 것을 너희는 받을지니라고 했다. 성도들이 즐거운 마음으로 예물을 드림은 헌신의 기본 자세이다. 하나님은 기쁜 마음으로 바치는 예물은 즐겨 받으시지만 인색함으로나 억지로 내는 예물은 단호히 거절하신다. 성도는 하나님께 무엇인가 드릴 수 있다는 기쁨에 넘치는 예물을 드리는 자세를 견지하자.

* 참고 성구 * 고후 8:11-12, 9:7, 시 43:24, 신 16:17, 대상 29:9

III. 성도는 예물을 드릴 때 온전한 마음으로 드림

기자는 내가 그들 중에 거할 성소를 그들을 시켜 나를 위하여 짓되라고 했다. 거룩하신 하나님 앞에 드려지는 성도의 예물은 정결하고 정성스러워야 한다. 성도가 마음에 하나님의 것을 하나님께 바친다는 청지기적 자세로 바칠 때에 온전한 마음으로 드리는 온전한 예물이 된다. 초대 교회의 아나니아와 삽비라가 인색한 마음으로 드린 예물은 거짓된 예물이었다.

* 참고 성구 * 말 3:8, 고전 16:2, 잠 3:9, 마 23:23, 행 5:2-4

■ 기 도 ■ 성도의 예물을 받으시는 하나님! 우리가 당신께 어떤 마음으로 예물을 드려야 하는지를 배웠습니다. 이 시간부터 인색한 예물이 아닌 즐겁고 온전하며 자원하는 예물을 드리오니 열납해 주옵소서. 예수 그리스도의 이름으로 기도 드립니다. 아멘

■ 헌금에 시험든 자

화목 제물에 내포된 의미

■ **찬 송** ■ ♪ 71, 72, 346, 348 　　　■ **참 조** ■ ☞ ② 267p

■ **본 문** ■ …너희가 여호와께 감사 희생을 드리거든 너희가 열납되도록 드릴지며… 【레 22:17-33】

■ **서 론** ■ "자기 보존은 자연의 첫째가는 법이요, 자기 희생은 은혜의 가장 고차원적인 법칙이다."라고 어느 선각자는 말했다. 하나님께 드리는 제물은 하나님께서 흠향하시고 열납되도록 정성과 기쁨으로 흠이 없는 것을 드려야 한다. 이는 아벨의 제사가 열납된 원인이다(창 4:4). 하나님께 드리는 제물은?

■ **말 씀** ■

Ⅰ. 정성이 있어야 열납된다

기자는 서원한 것을 갚으려든지 자의로 예물을 드리려든지 하여 화목제 희생을 여호와께 드리는 자이라고 했다. 여기서 '서원'은 히브리어 '네데르'로서 기본 동사 '나다르'는 '약속하다'라는 뜻으로 인간이 하나님께 무엇을 바치기로 약속한 것을 가리킨다. 성도가 하나님께 제물을 바치기로 했으면 정성이 있어야 한다. 하나님은 재물 속에 깃든 마음의 정성을 보시는 분이시다.

* 참고 성구 * 　요 4:23-24, 대상 29:3, 느 10:39, 고전 16:2

Ⅱ. 흠이 없는 것이어야 열납된다

기자는 이는 결점이 있고 흠이 있는 것인즉 너희를 위하여 열납되지 못할 것임이라고 했다. 여기서 '결점이 있고'는 히브리어 '솨하트'로서 이는 '부패하다'의 뜻으로 부패하여 불완전한 모습을 지닌 상태를 의미한다. 성도가 마음에 분과 독을 품고서 드리는 제물은 열납되지 못한다. 따라서 주께 회개하여 성결케 되고 이웃과 화목을 이룰 때 그 제물은 열납될 만한 것이다.

* 참고 성구 * 　말 3:3, 벧전 2:19, 신 23:18, 마 5:24, 히 11:4

Ⅲ. 기쁨으로 드려야 열납된다

기자는 여호와께 감사 희생을 드리거든 너희가 열납되도록 드릴지며라고 했다. 여기서 '열납되도록'은 히브리어 '리르초네켐'으로 '만족하다, 기뻐하다'란 뜻의 '라차'에서 유래된 말로 곧 제물이 하나님께 기쁨이 되도록 드리라는 뜻이다. 성도가 감사의 마음이 없이 억지로 드리는 것은 하나님이 받지 않으신다. 우리가 드리는 제물은 감사와 기쁨이 가득 찬 것이어야 한다.

* 참고 성구 * 　대상 29:9, 대하 24:10, 눅 19:8, 고후 9:7, 8:12

■ **기 도** ■ 제사를 열납하시는 하나님! 이 시간 열납되는 제물이 어떤 것인지 알았습니다. 우리가 드리는 헌금이 기쁨으로 흠향되고 열납되기를 예수 그리스도의 이름으로 기도 드립니다. 아멘

헌금에 시험든 자

마게도냐 교회의 연보의 의의

■ **찬 송** ■ ♪ 523, 525, 249, 349   ■ **참 조** ■ ☞ ② 383p ③ 359p

■ **본 문** ■ …하나님께서 마게도냐 교회들에게 주신 은혜를 우리가 너희에게… 【고후 8:1-15】

■ **서 론** ■ 이슬람교의 경전인 코란에는 다음과 같은 말이 있다. "기도는 우리로 신에게 반쯤 가게 하고, 금식은 신이 계시는 궁의 문전까지 가게 하나, 사랑의 행위는 그 궁에 들어가는 입장권을 받는 것이다." 성도의 구제는 하나님께 함께 지음받은 자들을 향한 형제애와 같은 것이다. 구제시에는?

■ **말 씀** ■

I. 구제에 임할 때 자원하는 마음의 자세로 할 것

바울은 저희가 힘대로 할 뿐 아니라 힘에 지나도록 자원하여라고 했다. 여기서 '자원하여'는 헬라어 '아위다이레토이'로서 '자원하여, 자발적으로, 스스로 선택하여, 스스로 좋아하여'의 뜻으로 하나님의 뜻을 좇는 자는 스스로 봉사하고 충성하는 자임을 의미한다. 성도가 이웃을 구제할 때는 있으면 있는 대로 없으면 없는 대로 실천하려는 자원의 자세가 중요하다.

* 참고 성구 *   신 15:7, 24:12, 시 41:1, 잠 19:17, 21:13, 렘 22:16

II. 구제에 임할 때 주님의 사랑을 본받는 자세로 할 것

바울은 부요하신 자로서 너희를 위하여 가난하게 되심이라고 했다. 여기서 '부요'는 헬라어 '프루토스'로서 이는 '부, 재산, 윤택, 부유'라는 의미로 주께서 우리의 구원의 부요를 위해서 십자가의 수치와 고통을 받았으니 성도는 주님께 배운 바 그분의 은혜와 사랑의 모범을 아는 자로서 마땅히 형제들에게 주님에게서 받은 은혜를 나누어 주는 것이 도리인 것이다.

* 참고 성구 *   마 19:21, 6:20, 딤전 6:19, 빌 3:8, 갈 2:10

III. 구제에 임할 때 하나님의 뜻을 실천하는 자세로 할 것

바울은 평균케 하려 함이니 너희의 유여한 것으로 저희 부족을 보충함이라 했다. 여기서 '평균'은 '이소테토스'로 '평등, 동등'으로 삶의 형편이 같아짐을, '유여'는 '페리스슈마'로서 '풍부, 충만, 나머지, 부스러기'라는 뜻이며, '부족'은 '휘스테레마'로서 '결핍, 궁핍, 부족, 결점'의 뜻으로 넉넉한 것을 부족한 이에게 나눠주고 받아 누리는 것은 하나님의 공평원리에의 순종이다.

* 참고 성구 *   행 4:32-35, 출 16:18, 마 14:20, 눅 6:38

■ **기 도** ■ 구제를 기뻐하시는 하나님! 우리의 구제가 어떤 모습이어야 하는지를 배웠습니다. 함께 지음받고 함께 택한 백성이 된 이웃을 위하여 자선의 마음이 넘치도록 하소서. 예수 그리스도의 이름으로 기도 드립니다. 아멘

지도자를 거역하는 자

요나의 불순종이 주는 교훈

■ 찬 송 ■ ♪ 431, 217, 465, 492   ■ 참 조 ■ ☞ ① 97p ② 281p
■ 본 문 ■ …여호와께서 이미 큰 물고기를 예비하사 요나를 삼키게 하셨으므로… 【욘 1:1-17】
■ 서 론 ■ "하나님의 명령을 불순종하는 사람이 있는 가정이나, 교회나, 사회, 국가는 그로 인하여 다른 사람도 다 같은 풍랑을 겪어야 한다."라고 어느 목회자는 말했다. "불순종은 반항이요 반란이다. 마귀는 하나님의 자녀들로 하여금 불순종하게 꾀이며, 그 불순종한 자식들을 이끌고 하나님께 반항하고 반란을 일으킨다."라고 어느 목사는 말했다. 불순종은?

■ 말 씀 ■
Ⅰ. 불순종은 자신의 생명을 위협함
기자는 폭풍이 대작하여 배가 거의 깨어지게 된지라고 했다. 여기서 '대작하여' 는 히브리어 '가돌' 로서 '더 큰, 더 넓은, 더 늙은' 의 뜻으로 여기서는 사건이나 상황이 상상 이상으로 더욱 심해짐을 의미한다. 하나님의 말씀을 거역하는 불순종은 죄를 범하는 그 자신에게 있어 심각한 죄이며 이는 곧 사망으로 인도하는 지름길이다. 원죄가 발생된 원인이 바로 불순종에 기인한다.
　* 참고 성구 *　심상 15:11, 22, 레 10:1-2, 신 11:28, 살후 1:8, 창 2:17, 3:6

Ⅱ. 불순종은 이웃의 생명을 위협함
기자는 여호와여 구하고 구하오니 이 사람의 생명 까닭에 우리를 멸망시키지 마옵소서라고 했다. 여기서 '구하오니' 는 히브리어 '안나' 로서 이는 동사가 아니라 감탄사인데 따라서 이 말은 "오! 제발!"과 같은 생사의 위기에 처한 인간의 절박한 외침으로 이해하여야 한다. 죄는 전염성이 강해 한 사람의 죄는 이웃에게까지 확산되어 그들까지 죽음의 위협으로 몰고 간다.
　* 참고 성구 *　요삼 1:11, 롬 5:19, 삼하 24:17, 엡 5:6

Ⅲ. 불순종은 국가의 존립을 위협함
영국의 청교도 목사 존 하우는 "사람들이 보편적으로 하나님에게 불순종한다는 것은 마음의 소원과 악의를 나타낸다. 왜냐하면 복종이 사랑에서 나오듯이 불순종은 악의에서 나오기 때문이다."라고 했다. 인류의 시조 아담의 범죄는 인류를 죄로, 아간의 범죄는 이스라엘을 아이 성에서 패배하게 만들었다. 이처럼 한 사람의 불순종으로 죄는 엄청난 결과를 초래한다.
　* 참고 성구 *　창 3:17-19, 수 7:1, 25-26, 유 1:6, 욘 3:10

■ 기 도 ■ 불순종을 미워하시는 하나님! 요나가 불순종하여 이웃에게까지 해를 입힘을 보았습니다. 우리 성도는 모두 순종의 사람이 되어 당신의 뜻을 좇는 자들이 되게 하소서. 예수 그리스도의 이름으로 기도 드립니다. 아멘

지도자를 거역하는 자

불순종의 사울이 남겨놓은 교훈

■ 찬 송 ■ ♪ 377, 380, 369, 350 　　　■ 참 조 ■ ☞ ② 125p

■ 본 문 ■ …순종이 제사보다 낫고 듣는 것이 수양의 기름보다 나으니…【삼상 15:10-23】

■ 서 론 ■ 영국의 청교도 목사 존 하우는 "사람들이 보편적으로 하나님께 불순종한다는 것은 마음의 소원과 악의를 나타낸다. 왜냐하면 복종이 사랑에서 나오듯이 불순종은 악의에서 나오기 때문이다."라고 했다. 성도의 순종의 우월성은?

■ 말 씀 ■

I. 순종이 우월한 것은 자발적인 행위이기 때문임

기자는 명령을 이루지 아니하였음이라 하신지라 사무엘이 근심하여 온 밤을 부르짖었다고 했다. 여기서 '근심하여'는 히브리어 '하라'로서 달아오르다, 분노로 타오르다'의 뜻으로 단순한 걱정 이상으로 타오르는 불꽃과 같은 맹렬한 분노를 의미한다. 하나님께 순종하는 것은 율법에 얽매인 것이나 굴레에 매인 것이 아닌 하나님을 앙망하는 마음에서 자발적으로 우러나오는 것이다.

　　* 참고 성구 *　신 26:16, 창 6:22, 22:2-3, 행 26:19, 히 5:8

II. 순종이 우월한 것은 거짓 없는 행위이기 때문임

기자는 사무엘이 사울에게 가만히 계시옵소서 간밤에 여호와께서 내게 이르신 것을 왕에게 말하리이다 했다. 여기서 '가만히 계시옵소서'는 히브리어 '헤레프'로서 문자적으로는 '중지하다'는 뜻으로 구차한 변명이나 책임의 전가를 그만두도록 명함이다. 제사를 잘 드린다 해도 겉과 속은 다를 수 있으나 순종은 거짓과 위선이 아니라 중심에서 우러나오는 참 마음의 행위이다.

　　* 참고 성구 *　렘 7:23, 마 7:21, 행 5:29, 수 11:15, 롬 16:19

III. 순종이 우월한 것은 하나님이 원하시기 때문임

기자는 왕이 여호와의 말씀을 버렸으므로 여호와께서도 왕을 버렸다고 했다. 여기서 '버렸으므로'는 히브리어 '마아세타'로서 '배척하다'는 뜻의 '마아스'에서 나온 말로 이는 경멸하여 멀리한다는 뜻으로 하나님의 말씀을 거부했다는 말이다. 하나님은 형식적인 제사보다 순종을 더 원하신다고 말씀하셨는데 이는 그것이 더욱 하나님을 사모하는 마음의 표시이기 때문이다.

　　* 참고 성구 *　시 51:16-17, 잠 5:1, 호 6:6, 딤후 3:5

■ 기 도 ■ 불순종을 경멸하시는 하나님! 이스라엘의 초대 왕 사울을 폐하심도 그의 불순종에 기인했음을 보았습니다. 오늘 우리는 더욱 당신께 순종하여 진실한 마음의 믿음을 보이고자 하오니 가납하여 주옵소서. 예수 그리스도의 이름으로 기도 드립니다. 아멘

지도자를 거역하는 자

압살롬을 추종한 자들이 주는 교훈

■ 찬 송 ■ ♪ 547, 498, 481, 433   ■ 참 조 ■ ☞ ① p 151p

■ 본 문 ■ …그 때에 압살롬에게 청함을 받은 이백 명이 그 사기를 알지 못하고 아무 뜻 없이 예루살렘에서 저와 함께 갔으며… 【삼하 15:7-12】

■ 서 론 ■ 영국의 극작가 벤 존슨은 "내가 아는 정신병은 무지뿐이다. 이것은 치명적인 악이며 인생을 어둡게 하고 이성을 어지럽게 하며 진실을 혼란시킨다."라고 했다. 무지한 것은 결백한 것이 아니라 오히려 죄악이다. 무지한 자들은?

■ 말 씀 ■
Ⅰ. 무지한 자들은 그 갈 길을 알지 못한다
기자는 청함을 받은 이백 명이 그 사기를 알지 못하고 아무 뜻 없이 예루살렘에서 저와 함께 갔다고 했다. 여기서 '아무 뜻 없이'는 히브리어 '레투맘'으로 이는 '타맘'(실패하다)에서 온 단어로 생각 없이 행하는 일은 좋지 못하거나 실패로 돌아갈 뿐임을 시사하는 말이다. 무지한 자들은 자신이 가진 뚜렷한 목표가 없기 때문에 그저 다수에 밀려 휩쓸려 가기 마련이다.
  * 참고 성구 * 엡 4:18, 마 27:23, 전 8:7, 벧전 1:14

Ⅱ. 무지한 자들은 그 결과를 예측하지 못한다
기자는 다윗의 모사 길로 사람 아히도벨을 그 성읍 길로에서 청하여 온지라고 했다. 여기서 '모사'는 히브리어 '케쉐르'로서 '묶다, 매다'란 뜻에서 파생된 명사로 왕과 함께 국사를 공모하는 신하를 뜻한다. 무지한 자는 자기가 가는 그 길의 끝이 어디인지 어떤 상황에 처하게 될는지 파악조차도 하지 못하고 죄의 끝까지 따라나서서 비참한 결말을 보고야 만다.
  * 참고 성구 * 잠 27:1, 마 27:25, 24:43, 전 9:12, 10:14, 약 4:14

Ⅲ. 무지한 자들은 그 진행을 돌이키지 못한다
기자는 반역하는 일이 커가매 압살롬에게로 돌아오는 백성이 많아지니라고 했다. 여기서 '커가매'는 히브리어 '아미츠'로서 '강한, 용기있는'의 뜻으로 여기서는 반역하는 자들의 마음이 더욱 굳어진 것을 뜻한다. 무지한 자는 설혹 자기 길이 잘못됨을 알게 될지라도 어떻게 그 길에서 벗어나야 하는지, 무엇을 목표로 삼아야 할지를 몰라 죄의 자리에 주저앉을 수밖에 없다.
  * 참고 성구 * 롬 1:28, 마 27:26, 엡 4:17, 잠 23:7

■ 기 도 ■ 하나님 아버지! 무지한 자의 행태를 보았습니다. 우리는 목표 없는 하루살이 인생들이 되지 않게 하시고 오직 예수로 옷 입고 예수를 구주로 모시고 영원한 그 나라를 좇게 하소서. 예수 그리스도의 이름으로 기도 드립니다. 아멘

> 지도자를 거역하는 자

제비뽑기에 내포된 신앙

■ **찬 송** ■ ♪ 377, 506, 492, 365   ■ **참 조** ■ ☞ ① 341p ② 177p

■ **본 문** ■ 그핫 자손의 남은 자에게는 므낫세 반지파 족속 중에서 제비 뽑아 열 성을 주었고…【대상 6:61-66】

■ **서 론** ■ 제비(lots)는 어떤 문제를 결정하거나 하나님의 뜻을 알기 위하여 사용한 방법 중의 하나로 고대에 유대인들이 자주 사용했는데 땅 위에 던지거나 용기에서 뽑는 형식의 제비가 널리 사용되었다(에 3:7, 욘 1:7). 제비뽑기에 나타난 성도의 신앙은?

■ **말 씀** ■

Ⅰ. 제비뽑기는 주권에 의뢰하는 신앙임

기자는 므낫세 반 지파 족속 중에서 제비뽑아 열 성을 주었다고 했다. 여기서 '제비'는 히브리어 '고랄'로서 동사형 '가랄'은 '돌처럼 거칠다'는 뜻으로 곧 당시 사용되던 제비(lot)는 자갈(pebble)처럼 생긴 것임을 알 수 있다. 인간의 뜻과 방법에 의지하지 않고 모든 일의 주권자이신 하나님의 주권을 깨달아 그것을 믿고 맡기는 겸손한 신앙이 제비뽑기 신앙이다.

  * 참고 성구 *   마 6:10, 26:39, 눅 1:38, 대상 29:12, 행 17:24

Ⅱ. 제비뽑기는 주권에 순종하는 신앙임

기자는 이 위에 기록한 여러 성을 제비뽑아 주었더라고 했다. 여기서 '이 위에 기록한'은 히브리어 '이케레우 에트햄 베쉐모트'로서 이를 직역하면 '그들이 그들의 이름으로 부른'이다. 즉 제비뽑기 전 각각의 제비에 성의 이름을 기록한 것으로 이렇게 하는 것은 다툼이 생기지 않도록 하려는 뜻이다. 자신의 뜻과 방법과는 다르지만 거역치 않고 순종하는 온전한 신앙이 제비뽑기 신앙이다.

  * 참고 성구 *   삼상 15:22, 잠 18:18, 왕상 3:14, 마 7:24

Ⅲ. 제비뽑기는 주권에 감사하는 신앙임

하나님이 인생에게 베푸신 모든 계획과 섭리, 그리고 행사가 가장 선하시며 가장 뛰어난 것임을 인정하고 그것을 허락해 주신 하나님께 감사하는 축복된 신앙이 제비뽑기 신앙이다. 헬라의 입법자였던 라이피곱스는 "감사할 줄 모르는 자들을 벌하는 법을 따로 세우지 않은 까닭은 감사할 줄 모르는 자들은 하나님께서 벌하시기 때문이다."라고 했다.

  * 참고 성구 *   살전 5:18, 시 100:4, 엡 5:20, 빌 4:4, 골 3:17

■ **기 도** ■ 제비뽑기를 성도에게 주신 하나님! 제비뽑기를 통하여 당신께 순종하는 신앙을 보았습니다. 오직 순종함으로써 우리의 믿음을 드러내게 하시고 순종에 축복하소서. 예수 그리스도의 이름으로 기도 드립니다. 아멘

지도자를 거역하는 자

그리스도의 교회의 징계 원칙

■ 찬 송 ■ ♪ 494, 497, 502, 433   ■ 참 조 ■ ☞ ② 211p, 427p

■ 본 문 ■ 근심하게 한 자가 있었을지라도 나를 근심하게 한 것이 아니요 어느 정도 너희 무리를 근심하게 한 것이니 어느 정도라 함은 내가 너무 심하게…【고후 2:5-11】

■ 서 론 ■ 미국의 교육자인 호레이스 만은 "책망은 마치 수은제나 아편제와 같은 약과 같아서 부적절하게 행하면 좋아지기는커녕 오히려 해를 주게 된다."라고 했다. 히브리서 기자는 징계가 당시에는 슬퍼 보이나 후에 그로 연달한 자에게는 의의 평강한 열매를 맺는다고 했다(히 12:11). 성도의 징계시에는?

■ 말 씀 ■

I. 성도를 징계할 때 하나님의 공의를 나타내야 함

바울은 이러한 사람이 많은 사람에게서 벌받은 것이 족하도다라고 했다. 성도들이 인간적인 감정으로 하는 책망에는 하나님의 공의가 가리워지기 마련이기 때문에 따라서 성도들은 하나님의 뜻을 살펴서 하나님의 공의가 드러나도록 징계해야 할 것이다. 하나님의 공의가 나타나는 징계는 성도들 사이에 앙금과 갈등이 없이 원만한 수긍과 회개로 이끌게 한다.

* 참고 성구 * 히 12:11, 잠 21:3, 요 12:5, 시 56:1, 롬 2:2

II. 성도를 징계할 때 바른 길로 인도해야 함

바울은 너희는 차라리 저를 용서하고 위로할 것이니라고 했다. 여기서 '위로할 것이니'는 헬라어 '파라칼레사이'로서 이는 '파라칼레오' 곧 '위로하다, 격려하다, 곁으로 부르다'의 제1과거로서 무조건 위로하고 격려하는 것을 의미한다. 교회에서 물의를 일으킨 사람을 징계하는 근본 목적은 그로 하여금 잘못을 깨닫고 바른 신앙으로 돌아오게 하는 데에 있다.

* 참고 성구 * 딤후 2:25, 엡 4:21, 히 12:5, 시 94:12, 살전 5:14

III. 성도를 징계할 때 사랑으로 질책해야 함

바울은 너희를 권하노니 사랑을 저희에게 나타내라고 했다. 여기서 '사랑을 저희에게 나타내라'는 헬라어 '퀴로사이 에이스 아우톤 아가펜'으로 이는 '저를 향하여 사랑을 맺으라, 저에게 사랑을 확인하라'는 의미이다. 성도들은 과도한 질책으로 형제의 마음을 아프게 하는 것보다 사랑으로 권면하고 그가 잘못을 깨달을 때 용서하고 받아들이는 자세가 필요하다.

* 참고 성구 * 갈 6:1, 히 12:6, 계 3:19, 잠 17:9, 벧전 4:8

■ 기 도 ■ 사랑하는 자에게 징계를 내리시는 하나님! 우리의 징계는 세상적인 심판이 아니라 사랑 안에서 위로와 용서임을 알았사오니 복음적인 책망으로 하나되게 하소서. 예수 그리스도의 이름으로 기도 드립니다. 아멘

정치인

기드온이 지혜로운 지도자가 된 이유

■ **찬 송** ■ ♪ 103, 102, 539, 512 　　　■ **참 조** ■ ☞ ② 111p

■ **본 문** ■ 에브라임 사람들이 기드온에게 이르되 네가 미디안과 싸우러 갈 때에 우리를 부르지 아니하였으니 우리를 이같이 대접함은 어찜이뇨 하고 크게 다투는지라…【삿 8:1-23】

■ **서 론** ■ 미국의 유일교회 목사인 윌리엄 R. 앨저는 "진정한 지도자란 국민을 특정한 상태로 끌어 올리고, 현재의 상태에서 좀더 건전한 상태로 바꾸는 예술을 가진 사람이다."라고 했다. 기드온이 지혜로운 지도자인 것은?

■ **말 씀** ■

Ⅰ. 기드온은 자신의 분수를 지켰음

기자는 기드온이 나의 한 일이 어찌 능히 너희의 한 것에 비교되겠느냐고 하자 그들의 노가 풀렸다고 했다. 성도는 무릇 큰 업적을 이루었다고 하더라도 겸손해야 한다. 이는 세인의 칭송과 부추김에 자칫 잘못하여 교만하여져서 자신의 본분을 망각한 채 하나님께 돌리는 영광을 가로채는 죄악을 범해서는 안 되기 때문이다. 자신의 분수를 아는 것은 참으로 현명하고 지혜로운 처신이다.

 * 참고 성구 * 약 4:10, 잠 16:18, 좋 5:2, 눅 18:11, 벧전 5:5

Ⅱ. 기드온은 온유한 마음을 지켰음

기자는 기드온이 너희가 만일 그들을 살렸더라면 나도 너희를 죽이지 아니하였으리라고 했다. 성도는 무릇 자신이 힘이 있는 자라고 하여 자신의 지위와 힘을 가지고 상대방을 강포하게 휘두르지 말고, 자기를 절제하고 부정하는 훈련을 계속하며 매사를 온유한 마음을 가지고 처리하여 공동체의 분열을 막고 화목을 도모하는 데에 일익을 담당해야 한다.

 * 참고 성구 * 잠 15:1, 딤후 2:25, 4:16, 민 12:3, 마 11:29, 5:5

Ⅲ. 기드온은 믿음과 의를 지켰음

기자는 기드온이 여호와께서 너희를 다스리시라고 했다. 여기서 '다스리시다'는 히브리어 '마솰' 로서 '관찰하다, 치리하다'의 뜻으로 어떤 자격을 가지고 관리하거나 지배하여 강압적으로 이끄는 것을 말한다. 성도는 비난이나 오해를 두려워하거나 분수를 떠난 욕심을 자제하여 오직 하나님의 말씀과 그 뜻에 입각하여 시종일관 믿음과 의로운 길만을 고집해야 한다.

 * 참고 성구 * 신 16:20, 시 82:3, 미 6:8, 왕상 9:4, 요 5:30

■ **기 도** ■ 기드온의 하나님! 오늘 이 나라는 오합지졸들이 자기의 정치적 이익만을 위해 이전투구하고 있사오니 이 나라의 백성을 불쌍히 여기시어 기드온처럼 당신을 두려워하고 온유하여 분수를 아는 지도자를 보내어 주소서. 예수 그리스도의 이름으로 기도 드립니다. 아멘

정치인

모세가 위대한 지도자인 이유

■ 찬 송 ■ ♪ 402, 397, 390, 394   ■ 참 조 ■ ☞ ② 91p

■ 본 문 ■ 모세가 모압 평지에서 느보 산에 올라 여리고 맞은편 비스가 산 꼭대기에 이르매 여호와께서 길르앗 온 땅을 단까지 보이시고… 【신 34:1-12】

■ 서 론 ■ 영국의 신학자요 성직자였던 어거스트 W. 헤아는 "진정한 지도자는 대중의 의견에 귀를 기울이는 자라야 하고, 대중의 의견에 가장 가까운 결단을 과감히 내릴 수 있는 자라야 한다."라고 했다. 출애굽의 영웅 모세의 위대함은?

■ 말 씀 ■

I. 모세는 어려운 일에 항상 앞장섰다

모세는 아무도 나서지 않는 애굽의 바로 앞과, 광야의 생활에서 백성의 지도자답게 앞장서서 하나님의 말씀을 대언하였다. 기자는 그후로 모세와 같은 선지자가 이스라엘에서 일어나지 못했고 모세는 여호와께서 대면하여 아시던 자라고 했다. 여기서 '아시던'은 히브리어 '야다'로서 지적인 앎뿐만 아니라 깊은 교제를 통해 체험적으로 본질을 명확히 파악하여 아는 상태를 의미한다.

　　＊ 참고 성구 ＊　딤후 2:3-4, 엡 6:12, 딤전 1:18, 6:12, 히 11:24-25, 갈 6:14

II. 모세는 하나님의 말씀에 순종했다

모세는 이스라엘 백성 모두가 불순종할 때에도, 그리고 약속의 땅 가나안을 눈앞에 두고 죽음을 명하시는 하나님의 말씀에 순종함으로 무릎을 꿇었다. 기자는 모세가 여호와의 말씀대로 모압 땅에서 죽었다고 했다. 여기서 '말씀'은 히브리어 '페'로서 직역하면 '입'인데, 이는 신인동형 동성론적 표현으로 선포된 하나님의 '말씀'을 보다 구상적으로 표현한 의도로 볼 수 있다.

　　＊ 참고 성구 ＊　마 26:42, 7:21, 히 3:5, 삼상 15:22, 행 5:29

III. 모세는 사역을 위해 후계자를 양성했다

기자는 모세가 여호수아에게 안수하였으므로 그에게 지혜의 신이 충만했다고 했다. 여기서 '신'은 히브리어 '루아흐'로서 '불다'에서 유래되어 '바람, 호흡, 생명, 영'을 의미하는데 여기서는 육체와 대조되는 순수한 영으로서의 하나님(성령)을 가리킨다. 여호수아가 모세의 뒤를 이어 위대한 하나님의 역사를 이루어갈 수 있었던 것은 모세의 곁에서 늘 훈련을 받았기 때문이다.

　　＊ 참고 성구 ＊　딤전 5:21, 고전 4:17, 골 1:7, 계 17:14

■ 기 도 ■ 모세의 하나님! 당신의 위대한 일꾼이었던 모세는 사환으로 충성하였으며 특히 당신의 사역을 위해 또 다른 걸출한 인물 여호수아를 배출하였습니다. 오늘 자신의 때를 알고 모세처럼 역사의 무대에서 사라지지 않고 권력을 죽기까지 쥐려고 하는 자들을 내치시고 분단의 땅을 통일로 이끄는 모세같은 지도자를 보내주소서. 예수 그리스도의 이름으로 간절히 기도 드립니다. 아멘

새심방설교 *281*

> 정치인

산헤드린 의원 요셉의 삶이 주는 의의

■ 찬 송 ■ ♪ 249, 247, 289, 227   ■ 참 조 ■ ☞ ③ 437p

■ 본 문 ■ 공회 의원으로 선하고 의로운 요셉이라 하는 사람이 있으니… 【눅 23:50-56】

■ 서 론 ■ 스코틀랜드의 목사로서 순교자인 사무엘 루터포드는 "우리는 자신과 죄 많은 세상을 사랑하는 마음에서 먼 것만큼 하늘에 가깝다."라고 했다. 아리마대 출신의 산헤드린 의원 요셉은 예수의 시신을 빌라도에게서 받아 자기 무덤에 장사지낸 용감한 주의 제자였다(마 27:57-60). 천국을 기다리는 자는?

■ 말 씀 ■

I. 천국을 대망하는 자는 선하고 의로워야 함

기자는 공회 의원으로 선하고 의로운 요셉이라 하는 사람이 있었다고 했다. 여기서 '공회 의원'은 헬라어 '불류테스'로서 이는 '불류오' 곧 '결정한다, 결의한다'에서 온 말로 산헤드린 회원을 뜻한다. 하나님은 의로우신 분이시므로 그분이 다스리시는 하늘 나라를 기다리며 이 곳을 사모하여 가기를 원하는 자는 하나님의 의로우시며 선하심을 본받는 삶을 살아야 한다.

* 참고 성구 *   전 12:13, 약 1:27, 창 5:24, 6:9, 딤후 1:5, 딛 2:7

II. 천국을 대망하는 자는 부화뇌동하지 않아야 함

기자는 저희의 결의와 행사에 가타하지 아니한 자라 하나님의 나라를 기다리는 자라고 했다. 여기서 '기다리는'은 헬라어 '프로스데코마이'로서 '기대하다, 받아들이다, 환영하다'란 뜻으로 이는 믿음을 가지고 지속적으로 하나님 나라를 갈망함을 의미한다. 성도는 다수의 악한 세력이 공격할지라도 흔들림 없이 믿음을 지키며 끝까지 하나님 나라를 향하는 삶을 살아야 한다.

* 참고 성구 *   롬 14:8, 막 15:15, 행 12:1-3, 심하 15:11, 25:9, 골 3:22

III. 천국을 대망하는 자는 세상에 연연하지 말아야 함

기자는 빌라도에게 가서 예수의 시체를 달라고 했다. 복음서 기자 마가는 '당돌히' 달라고 말했다고 기록했다. '당돌히'는 헬라어 '톨마오'로서 '용기를 가진다, 뱃심이 좋다'는 의미이다. 요셉은 자기 신변에 치명적 손실을 입힐 결과를 알고서도 주님의 시신을 당돌히 달라고 하여 안장했다. 성도는 세상에 대한 집착과 염려를 끊어버리고 천국의 삶을 더 소망하는 자들이 되어야 한다.

* 참고 성구 *   시 20:7, 막 15:43, 전 12:13, 고후 5:8, 요일 2:17

■ 기 도 ■ 아리마대 요셉의 하나님! 요셉은 의로우며 자기 지위와 재산과 명예에 연연하지 않고 하나님 나라를 대망하였습니다. 오늘 이 나라에도 부정과 부패를 미워하고 당신의 공의를 좇으며 백성을 위해 희생할 줄 아는 지도자가 속히 나와서 이 나라를 구출하게 도와 주소서. 예수 그리스도의 이름으로 기도 드립니다. 아멘

정치인

왕에 대한 법에 내포된 자격의 의의

■ 찬 송 ■ ♪ 517, 508, 424, 102   ■ 참 조 ■ ☞ ① 191p ② 161p

■ 본 문 ■ …그리하면 그의 마음이 그 형제 위에 교만하지 아니하고 이 명령에서 떠나… 【신 17:14-17】

■ 서 론 ■ 영국의 정치가요 웅변가인 에드먼드 버크는 "진정한 지도자는 현재의 상황을 이끌어 가는 것이 아니라 미래의 상황을 이끌어 가는 자이다."라고 했다. 지도자는 하나님이 세우신 권세를 위임받은 자이다(롬 13:1). 위정자는?

■ 말 씀 ■
I. 위정자는 하나님의 뜻에 합당한 자라야 한다
기자는 반드시 네 하나님 여호와의 택하신 자를 네 위에 왕으로 세울 것이며, 네 형제 중에서 한 사람으로 하라고 했다. 이것은 이스라엘의 진정한 왕은 하나님이시며 세상 군주는 단순한 하나님의 대리자라는 사실을 암시하며, 또한 순수한 여호와 신앙을 갖춘 사람을 뽑으라는 말이다. 성도가 하나님과 올바른 영적 관계를 유지할 때 사람들을 하나님 뜻대로 다스릴 수 있다.
    * 참고 성구 *   딤후 2:4, 롬 13:1, 행 9:15, 고전 1:27-28, 요 15:16

II. 위정자는 죄악을 멀리하는 자라야 한다
기자는 왕 된 자는 말을 많이 두지 말 것이라고 했다. 이것은 말의 주산지 애굽과 접촉을 방지하려는 뜻으로 애굽은 각종 우상 숭배의 산실이기 때문이며, 또한 말은 군사력을 상징하는데 왕이 말을 많이 두게 되면 하나님보다 군대의 힘을 더 의존할 가능성이 많아지기 때문이다. 성도는 죄악은 늘 우리 곁에 있으므로 기도하는 자만이 의를 행사할 수 있음을 알자.
    * 참고 성구 *   눅 21:34, 잠 23:20, 왕상 12:11, 고전 9:27

III. 위정자는 개인적인 욕심을 버린 자라야 한다
기자는 아내를 많이 두어서 미혹되게 말 것이며 은금을 쌓지 말라고 했다. 이것은 왕이 국정보다 개인적 향락에 빠지는 것을 방지함이요, 왕이 하나님을 의뢰함보다 정략 결혼을 통해 국력을 신장시키려는 정치적 술책을 방지하고, 왕이 이기적 목적으로 재물을 탐하면 백성이 궁핍과 도탄에 빠질 수 있기 때문이다. 성도가 먼저 욕심을 버릴 때 남을 위해 충심으로 일할 수 있다.
    * 참고 성구 *   마 19:23, 왕상 11:1-13, 믹 4:19, 딤전 6:9, 7

■ 기 도 ■ 위정자를 세우시는 하나님! 당신의 뜻을 좇고 죄를 멀리하며 개인의 욕심을 버린 자에게 대권을 맡겨 이 나라가 통일되며 국민이 평안할 뿐 아니라 당신의 영광을 전세계에 나타내는 선택된 백성이 되도록 인도하소서. 예수 그리스도의 이름으로 기도 드립니다. 아멘

정치인

르호보암의 우매함이 주는 교훈

■ 찬 송 ■ ♪ 442, 191, 437, 453   ■ 참 조 ■ ☞ ① 193p

■ 본 문 ■ 르호보암 왕이 그 부친 솔로몬의 생전에 그 앞에 모셨던 노인들과 의논하여 가로되 너희는 어떻게 교도하여 이 백성에게 대답하게 하겠느뇨…【왕상 12:6-15】

■ 서 론 ■ 독일의 정치가로 철혈재상이라고 불리운 비스마르크는 "진정 위대한 사람은 세 가지 특징으로 알 수 있다. 설계 구상에 나타난 관대함, 집행에 나타난 인간성, 그리고 성공에 나타난 겸손 등이다."라고 했다. 훌륭한 지도자는?

■ 말 씀 ■

I. 훌륭한 지도자는 섬기는 자임

기자는 왕이 이 백성의 종이 되어 저희를 섬기고 좋은 말로 대답하라고 했다. 선각자 암브로스 비어스는 "그리스도인들과 낙타들은 무릎을 꿇고 그들의 짐을 받는다."라고 했다. 지도자가 섬김을 받을 것을 염두에 둘 때 그는 이미 지도자가 아닌 정치 모리배에 불과하다. 예수 그리스도처럼 자기를 낮추는 겸손함이야말로 섬김을 받는 지도자의 첫 걸음이요 첫 관문이 된다.

  * 참고 성구 *   약 4:10, 눅 18:14, 마 20:28, 요 13:4-5, 빌 2:7

II. 훌륭한 지도자는 귀가 열린 자임

기자는 왕이 노인의 교도하는 것을 버렸다고 했다. 여기서 '교도하다'는 히브리어 '야아츠'로서 '충고하다, 조언하다'인데 이는 일반적 교훈과는 달리 아랫사람이 윗사람에게 겸손히 말할 때 사용된다. 지도자는 독선적인 자신의 뜻보다 온유하게 다른 사람의 의로운 충고에 귀를 기울이는 아량과 그 충고를 좇아 선한 일을 결행하는 용기도 아울러 갖추어야 할 것이다.

  * 참고 성구 *   출 18:24, 잠 25:12, 18:15, 왕하 5:13-14, 마 27:18, 26

III. 훌륭한 지도자는 사심을 버린 자임

기자는 내 부친은 채찍으로 너희를 징치하였으나 나는 전갈로 너희를 징치한다고 했다. 여기서 '전갈'은 히브리어 '아크라빔'으로 '가시가 돋아있는 채찍'의 뜻으로 백성들을 더욱 잔인하게 다루겠다는 왕의 의지가 단적으로 나타난 말이다. 지도자는 백성들에게 압박을 주어 수탈하는 자가 아니라 개인의 욕심이나 친분 관계를 떠나 공사를 분명하게 하는 공의의 신념이 있어야 한다.

  * 참고 성구 *   겔 13:19, 출 23:8, 잠 17:23, 사 33:15, 심상 12:3-5

■ 기 도 ■ 하나님 아버지! 우리에게 섬기는 자로서 귀가 열리고 사심이 없는 사람을 보내어 이 나라가 반석 위에 세워지고 하나님의 영광을 나타내는 신앙의 대국이 되게 하여 주소서. 예수 그리스도의 이름으로 기도 드립니다. 아멘

정치인

솔로몬의 기도에 내포된 의미

■ 찬 송 ■ ♪ 479, 483, 480, 482　　■ 참 조 ■ ☞ ③ 185p

■ 본 문 ■ 이에 왕이 제사하러 기브온으로 가니 거기는 산당이 큼이라 솔로몬이 그 단에 일천 번제를 드렸더니 기브온에서 밤에 여호와께서 솔로몬의 꿈에…【왕상 3:4-15】

■ 서 론 ■ 미국의 교육자 호레이스 만은 "어느 누구든지 위대해지고 싶으면 먼저 위대해질 생각을 버리고 진리를 구하라. 그러면 위대해짐은 물론 진리도 구하게 될 것이다."라고 했다. 백성을 잘 다스릴 지혜를 구한 솔로몬의 기도의 특색은?

■ 말 씀 ■

I. 솔로몬은 간절한 기도를 드렸음

기자는 솔로몬이 기브온 산당에서 여호와께 일천 번제를 드렸다고 했다. 여기서 '번제'는 히브리어 '올라'로서 이는 가죽을 제외한 모든 제물을 불로 태워 연기가 하늘로 올라가 하나님께서 흠향하시는 제사법이다. 이는 하나님께 대한 온전한 헌신을 상징하는데 솔로몬은 처음부터 마지막까지 천 번이나 번제를 드렸으니 솔로몬이 얼마나 간절한 마음으로 간구했는지 여실히 나타난다.

참고 성구 　렘 33:3, 행 12:5, 창 32:26, 눅 22:14

II. 솔로몬은 확신에 찬 기도를 드렸음

기자는 주께서 저에게 큰 은혜를 베푸셨고 주께서 또 저를 위하여 이 큰 은혜를 예비하시고라 했다. 여기서 '은혜'는 히브리어 '헤세드'로서 '인사하다, 근접하다'에서 파생된 말로 창조주이신 하나님께서 친히 피조물인 인간을 찾아오셔서 자비를 베푸심을 의미한다. 성도는 지금까지 돌보신 은혜를 통해 미래에 대한 확고한 신뢰를 가지는데 확신에 찬 기도에는 믿음의 열매가 맺힌다.

참고 성구 　애 3:22-23, 막 9:23, 잠 17:27, 행 27:25

III. 솔로몬은 의를 구하는 기도를 드렸음

기자는 지혜로운 마음을 종에게 주사 주의 백성을 재판하여 선악을 분별하게 하옵소서라고 했다. 여기서 '지혜로운'은 히브리어 '솨마'로서 '귀담아 듣다, 청취하다'라는 뜻으로 참 지혜는 하나님의 말씀을 잘 듣는 데서 비롯됨을 의미한다. 선악을 분별하는 지혜는 세상의 무엇보다도 귀하고 의로운 것이다. 하나님의 의와 영광 그리고 지혜를 구하는 자에겐 복과 생명을 덤으로 주신다.

참고 성구 　잠 3:13-14, 마 6:33, 고전 2:14, 히 5:14, 왕상 10:23

■ 기 도 ■ 솔로몬의 하나님! 솔로몬이 당신이 나라와 의를 구하여 부귀와 생명까지 덤으로 받았음을 보았습니다. 오늘 이 땅의 정치인들도 마음을 비우고 의로운 기도를 당신께 드려 나라가 부강하고 백성이 잘 사는 나라가 되게 하소서. 예수 그리스도의 이름으로 기도 드립니다. 아멘

정치인

솔로몬의 국가 개혁에 담긴 의

■ **찬 송** ■ ♪ 402, 391, 400, 390 　　■ **참 조** ■ ☞ ⓘ 251p

■ **본 문** ■ …왕이 이에 여호야다의 아들 브나야로 요압을 대신하여 군대 장관을 삼고…【왕상 2:13-35】

■ **서 론** ■ 미국의 성직자요 저술가인 찰스 시몬스는 "참된 개혁가는 악을 증오할 뿐만 아니라 그 자리를 선으로 채우고자 열심히 노력할 것이다."라고 했다. 다윗의 후계자로서 솔로몬은 왕이 되자 그는 국가를 개혁하고 체제를 정비코자 각종 개혁을 단행했다. 이는?

■ **말씀** ■

Ⅰ. 국정 쇄신에 필요한 정치적 의

기자는 브나야를 보내매 저가 아도니야를 쳐서 죽였다고 했다. 아도니야는 아비삭, 곧 다윗의 마지막 첩이자 상속자인 이 여인을 아내로 삼아 다윗의 왕위를 노렸으나 오히려 반역의 죄명으로 처형당했다. 지도자는 백성의 삶과 사회를 혼란하게 만드는 권력 싸움은 추호라도 발을 붙이지 못하게 하여 오직 정의가 실현되고 구현되는 정치를 추구해야 한다.

* 참고 성구 *　암 5:24, 딤 4:27, 에 7:10, 신 16:20, 잠 21:3

Ⅱ. 국정 쇄신에 필요한 종교적 의

기자는 아비아달을 쫓아내어 여호와의 제사장 직분을 파면하니 여호와께서 실로에서 엘리의 집에 대하여 하신 말씀을 응하게 했다고 하였다. 하나님의 교회는 부정직한 지도자와 제단 뿔을 잡은 위선적 인물들의 도피처가 아니다. 교회는 항상 세상을 향하여 공의를 선포하는 하나님의 통치 기구가 되어야 한다. 솔로몬은 새로운 인물 사독을 아비아달을 대신하여 제사장으로 삼았다.

* 참고 성구 *　마 23:25-26, 시 1:16, 딤후 2:12, 딛 3:5, 계 2:5

Ⅲ. 국정 쇄신에 필요한 군사적 의

기자는 요압이 까닭 없이 흘린 피를 나와 내 부친의 집에서 네가 제하리라고 했다. 한 국가의 군대의 임무는 국토의 방위와 수호이다. 그러나 군대가 본연의 의무를 망각하고 그 역할에서 벗어나 문화를 지배하려는 그릇된 욕심을 가져서는 안 되며 더욱이 불의한 공격을 일삼아서도 안 될 것이다. 솔로몬은 브나야를 요압을 대신하여 군대 장관으로 삼았다.

* 참고 성구 *　시 127:1, 대상 10:13, 잠 11:19, 신 20:48

■ **기 도** ■ 솔로몬의 하나님! 솔로몬은 당신의 은혜를 입고 집권하자 다방면에 걸쳐 당신의 의를 세우려고 일대 개혁을 하였습니다. 우리의 부패하고 추악한 사회 전반을 개혁하고 당신의 공의가 물 흐르듯 하는 나라로 만들 지도자를 보내 주소서. 예수 그리스도의 이름으로 기도 드립니다. 아멘

정치인

책사 아히도벨의 인생이 주는 교훈

■ 찬 송 ■ ♪ 357, 415, 93, 497　　　■ 참 조 ■ ☞ ① 155p

■ 본 문 ■ …아히도벨이 자기 모략이 시행되지 못함을 보고 나귀에 안장을 지우고 떠나 고향으로 돌아가서 자기 집에 이르러 집을 정리하고 스스로 목매 죽으매…【삼하 17:1-23】

■ 서 론 ■ 영국의 시인 에드워드 영은 "하나님을 생각하지 않고 하늘 아래의 것에만 뜻을 세운 자들은 자신들의 짓는 것이 아주 낮다는 사실을 깨달아야 한다."라고 했다. 압살롬의 모사로서 책사인 아히도벨은 비극적 생을 마쳤다. 그 이유는?

■ 말 씀 ■

I. 악인의 모략은 그 공로가 허무해진다

기자는 후새가 압살롬에게 이르되 이 때에는 아히도벨의 베푼 모략이 선치 아니하니이다라고 했다. 아히도벨의 다윗 왕만 처죽이면 자연적으로 왕위 계승이 된다는 뛰어난 정략적인 전술이 압살롬에게 외면당한 것은 하나님께 기름 부음 받은 자의 특수한 신분을 망각한 처사였다. 훌륭한 업적도 근본 바탕이 악에 기초하면 환영받지 못하고 이슬처럼 스러진다.

＊참고 성구＊　전 10:8, 잠 11:14,22:5, 시 9:15, 에 5:14, 마 27:5

II. 악인의 모략은 하나님께 버림을 받는다

기자는 후새의 모략은 아히도벨의 모략보다 낫다 하니 이는 여호와께서 압살롬에게 화를 내리려 하사 아히도벨의 좋은 모략을 파하기로 작정하셨음이라고 했다. 영국의 격언에 "계획은 사람이 하지만 이루시는 이는 하나님이시다."는 말이 있다. 하나님은 악인의 앞길을 보장해 주지 않으신다. 오히려 그를 파멸로 치닫게 내버려두시고 외면하신다. 이것이 하나님으로부터 오는 징벌이다.

＊참고 성구＊　마 7:23, 욥 12:13, 잠 24:6, 20:5, 요 15:6, 고전 9:27

III. 악인의 모략은 영원한 죽음에 이른다

기자는 아히도벨이 집을 정리하고 스스로 목매어 죽었다고 했다. 여기서 '정리하고'는 히브리어 '예차우'로서 가족에게 위임하여 지시하고 명령하는 것을 뜻한다. 이는 아히도벨이 자살할 것을 결심하였음을 보여 주는 말이다. 악인은 스스로 삶의 가치를 찾지 못하고 또한 죄값을 치러야 하기에 이생에서뿐만 아니라 내세에서까지도 죽음의 고통을 맛보게 된다.

＊참고 성구＊　말 4:1, 마 25:46, 살후 1:9, 벧후 2:9, 계 20:15

■ 기 도 ■ 아히도벨을 물리치신 하나님! 악인의 모략은 그 끝이 비참하여 영원한 죽음에 이름을 보았습니다. 오늘 어설픈 모략만이 난무하는 이 세상에 진정 당신의 큰 지혜를 가지고 백성을 섬기는 모략을 가진 지도자를 보내 주옵소서. 예수 그리스도의 이름으로 기도 드립니다. 아멘

> 정치인

하나님을 떠난 암몬에게 임한 결국

■ 찬 송 ■ ♪ 521, 265, 256, 303　　■ 참 조 ■ ☞ ③ 141p

■ 본 문 ■ …새벽에 적진 중에 들어가서 날이 더울 때까지 암몬 사람을 치매…【삼상 11:1-15】

■ 서 론 ■ 영국의 경제학자로서 공리주의자였던 아버지의 철학을 이어받아 체계화 시킨 존 스튜어트 밀은 "한 국가의 가치는 그 국가를 구성하고 있는 개개인의 가치이다."라고 했다. 로마는 하루 아침에 이루어지지 않았으나 그리스도교 탄압으로 멸망을 재촉했다. 주를 떠난 민족은?

■ 말 씀 ■

Ⅰ. 하나님을 떠난 민족은 침략을 당함

기자는 하나님의 신에게 크게 감동되매 그 노가 크게 일어났다고 했다. 여기서 '노'는 히브리어 '아프'로서 '코, 콧김'의 뜻으로 사건에 대한 흥분으로 콧김을 내뿜다란 의미에서 '분노'의 뜻이 나왔다. 하나님께서는 사울에게 성령의 능력을 덧입게 하셔서 의로운 분노를 극에 달하게 하였다. 이는 하나님께서 이미 암몬 족속을 쳐서 멸하시기로 작정하심을 의미하는 것이다.

＊참고 성구＊ 잠 24:21-22, 신 10:12, 수 24:14, 전 12:13, 벧전 1:17

Ⅱ. 하나님을 떠난 민족은 수치를 당함

암몬 족속은 아브라함의 조카 롯이 소돔과 고모라 성이 음란한 죄악으로 하나님의 유황불 심판을 받을 때 도망하여 술에 취해 자신의 딸과 근친상간하여 낳은 수치의 아들 벤암미의 후예들이다. 이들은 우상 '몰록'을 섬기고 온갖 가증한 짓을 일삼았고 선민 이스라엘 백성을 괴롭히며 강자로 군림했으나 하나님께서는 당신을 배반한 민족에게 큰 징벌을 가하셨다.

＊참고 성구＊ 창 19:38, 왕상 11:7, 수 6:26, 삿 5:23, 갈 3:10

Ⅲ. 하나님을 떠난 민족은 멸망을 당함

기자는 오늘날 이스라엘 중에 구원을 베푸셨음이니라고 했다. 여기서 '베푸셨음이니라'는 히브리어 '아사'로서 '일하다, 창조하다'의 뜻으로 이것은 하나님께서 구원을 주도하시며 성취하시는 분이심을 가리키는 말이다. 하나님을 떠난 민족은 역사상으로 존속된 적이 거의 없다. 모압, 암몬, 아말렉 족속 등등 하나님의 구원을 외면하고 선민을 괴롭힌 족속은 멸망을 당할 수밖에 없다.

＊참고 성구＊ 잠 17:11, 시 32:10, 대 27:25, 벧후 2:10

■ 기 도 ■ 암몬 족속을 멸하신 하나님! 사울을 보내시어 암몬 족속을 심판하신 당신의 뜻을 분명히 깨닫고 이 나라를 반석 위에 올려놓기 위해서는 먼저 당신의 뜻에 순종하고 당신의 의를 구하는 것이 중요함을 뼈저리게 느끼는 지도자를 보내 주옵소서. 예수 그리스도의 이름으로 기도 드립니다. 아멘

정치인

스바 여왕의 칭송에 담긴 의의

■ 찬 송 ■ ♪ 512, 404, 415, 353　　　■ 참 조 ■ ☞ ① 189p

■ 본 문 ■ 복되도다 당신의 사람들이여, 복되도다 당신의 이 심복들이여, 항상 당신의 앞에 서서 당신의 지혜를 들음이로다 당신의 하나님 여호와를 송축할지어다… 【대하 9:7-8】

■ 서 론 ■ 조선시대의 기인으로 '토정비결'을 펴낸 토정 이지함은 "권세가 본디 흉한 것은 아니건만 고관들의 재앙은 이 권세에서 많이 오며, 보옥이 본디 나쁜 것이 아니건만 일반 사람들의 재앙은 보옥에서 많이 온다."고 했다. 권력자는?

■ 말 씀 ■

I. 권세를 가진 자는 하나님께서 세우셨음을 기억할 것

기자는 여호와를 송축할지로다 하나님이 당신을 기뻐하시고 그 위에 올리사 당신의 여호와를 위하여 왕이 되게 하셨다고 했다. 여기서 '송축할지로다'는 히브리어 '예히 바루크'로서 '복이 있도다'라는 뜻으로 하나님을 복되다고 하는 것은 곧 그분의 속성을 찬송하는 것이다. 모든 권세는 스스로의 힘에 의한 것이 아닌 오직 하나님의 계획 아래 허락된 것임을 깨닫고 겸손해야 한다.

* 참고 성구 *　롬 13:1, 왕상 16:2, 벧전 2:13-14, 삼상 24:6, 마 17:27

II. 권세를 가진 자는 공의를 시행해야 함을 기억할 것

기자는 당신의 하나님이 이스라엘을 사랑하사 영원히 견고하게 하시려고 당신을 세워 저희 왕을 삼아 공과 의를 행하게 하셨다고 했다. 위정자들은 하나님의 뜻을 좇아서 하나님의 사랑하시는 백성들인 성도들에게 공의를 베풀고 유익을 끼치는 정사를 펴나가야 한다. 선지자 아모스는 오직 공법을 물같이, 정의를 하수같이 흘릴지로다고 설파했다.

* 참고 성구 *　잠 21:3, 암 5:24, 시 56:1, 롬 13:7, 골 4:1

III. 권세를 가진 자는 주의 영광을 나타내야 함을 기억할 것

모든 성도들이 하나님의 무한하신 능력과 사랑과 공의를 증거하는 영적인 도구로서 택함을 입은 자들인 것과 같이 권세자들 또한 더욱 하나님의 영광을 드러내기에 힘써야 한다. 미국의 작가 엘버트 허브드는 "권력은 쓸 줄 아는 사람에게로 흘러간다"고 했다. 권세자들은 하나님의 영광을 빛내고 자신은 감추어야지 자신의 영광을 드러낼 때는 파멸을 재촉하는 것이 된다.

* 참고 성구 *　시 29:2, 잠 29:2, 마 5:16, 행 12:23, 요 15:8

■ 기 도 ■ 모든 권세의 주인이신 하나님! 권세를 위임받은 자로서 백성을 위하고 당신의 영광을 드러내는 겸손하고 능력 있는 지도자를 많이 보내시어 이 나라에 평화가 오게 하소서. 예수 그리스도의 이름으로 기도 드립니다. 아멘

법조인(변호사)

요나단의 탄원에 내포된 변호의 근거

■ 찬 송 ■ ♪ 265, 251, 259, 233 　　　■ 참 조 ■ ☞ ② 123p

■ 본 문 ■ …그가 자기 생명을 아끼지 아니하고 블레셋 사람을 죽였고 여호와께서는 온 이스라엘을 위하여 큰 구원을 이루셨으므로 왕이 이를 보고 기뻐하셨거늘…【삼상 19:4-5】

■ 서 론 ■ 영국의 신학자 로버트 사우스는 "진정한 친구는 하나님의 선물이다. 마음을 창조하신 분만이 그들의 마음을 묶어 주실 수 있다."라고 했다. 사울의 아들 요나단은 친구 다윗을 위해 생명을 걸고 그를 변호했다. 그의 변호는?

■ 말 씀 ■

Ⅰ. 요나단은 하나님의 진리에 의거해서 변호했다
　기자는 요나단이 사울에게 다윗을 포장하여 왕은 다윗에게 범죄치 말라고 권면하고 무죄한 피를 흘려 범죄하느냐고 했다. 여기서 '포장하여'는 히브리어 '토브'로서 '선한, 기뻐할 만한, 친절한'의 뜻으로 어떤 대상을 선하게 대접하거나 사랑하는 마음으로 두둔함을 의미한다. 성도는 하나님을 의식하고 하나님의 진리에 입각해 죄의 유무를 판단하여 변호해야 한다.
　　＊ 참고 성구 ＊　롬 3:4, 신 32:4, 잠 25:26, 딛 1:2, 히 6:18

Ⅱ. 요나단은 진실에 기초하여 변호했다
　기자는 그는 왕께 득죄하지 아니하였고 그가 왕께 행한 일은 심히 선함이니이다라고 했다. 영국의 시인 로버트 브라우닝은 "인생의 의의는 거짓을 미워하며 진실을 사랑하는 데 있다."라고 했다. 우리가 사는 세상이 참과 거짓을 가려내기 어려운 혼탁한 세상일지라도 성도는 늘 참을 따라서 살아가며, 살아가고자 노력하는 자를 위해서 변호해야 한다.
　　＊ 참고 성구 ＊　슥 8:16-17, 잠 12:19, 말 2:6, 엡 4:25, 6:14

Ⅲ. 요나단은 공로를 언급하며 변호했다
　기자는 그가 자기 생명을 아끼지 아니하고 블레셋 사람을 죽였다고 했다. 다윗은 모든 이스라엘 군사들이 블레셋의 골리앗을 무서워하여 공포에 질려 있을 때 하나님의 이름을 걸고 하나님을 의지하는 믿음으로 나가서 승리하였다. 이 세상은 의인은 선행을, 악인은 악행을 하게 마련이다. 따라서 사람의 행동의 열매는 그 사람을 표방하므로 이것을 보고 변호해야 한다.
　　＊ 참고 성구 ＊　시 3:10, 삼상 17:26, 37, 47, 시 58:11, 계 22:12

■ 기 도 ■ 요나단의 하나님! 불의한 사울에게 이러한 아들이 있음은 놀라울 뿐 아니라 그의 다윗을 향한 변호는 너무나 조리가 있고 완벽하였습니다. 오늘 이 땅에서도 요나단의 변호와 같은 변호가 넘쳐서 의인이 죄를 뒤집어쓰지 않도록 하소서. 예수 그리스도의 이름으로 기도 드립니다. 아멘

법조인(판사)

성경에 언급된 판단의 종류

■ **찬 송** ■ ♪ 334, 344, 333, 484   ■ **참 조** ■ ☞ ② 121p ③ 157p

■ **본 문** ■ …사무엘이 기름 뿔을 취하여 그 형제 중에서 그에게 부었더니 이 날 이후로 다윗이 여호와의 신에게 크게 감동되니라 사무엘이 떠나서 라마로 가니라【삼상 16:6-13】

■ **서 론** ■ 이탈리아의 애국지사로서 이탈리아 통일의 이론을 제공한 주세페 마치니는 "인간의 판단은 루터의 술취한 농부처럼 한쪽으로 쓰러지는 것을 구하면 다른 한쪽으로 넘어지곤 한다."라고 했다. 성경에 언급된 판단의 모습은?

■ **말 씀** ■

Ⅰ. 성경에는 인간의 판단이 있음

기자는 나의 보는 것은 사람과 같지 아니하니 사람은 외모를 보거니와라고 했다. 여기서 '외모'는 히브리어 '아인'으로서 직역하면 '눈'인데 인간의 불완전한 눈을 통해 파악된 외모는 하나님의 척도나 선택 기준에 못 미친다. 인간이 지닌 외적 조건들은 영원하거나 완전한 것이 아니므로 성도는 인간의 외적 환경, 조건 등에 집중하지 말고 내면적 신앙 성숙에 전력해야 한다.

  ＊ 참고 성구 ＊   눅 23:23, 고후 10:7, 5:12, 엡 1:18, 벧전 3:4, 시 24:4

Ⅱ. 성경에는 율법의 판단이 있음

영국의 군인이요 시인인 필립 시드니 경은 "판단을 하는데 있어서 마음에 편견을 두지 말라. 그렇지 않으면 모든 말이나 행동이 잘못된 자로 재어지게 될 것이다. 마치 황달에 걸린 사람에게는 모든 것이 노랗게 보이는 것처럼."이라고 했다. 구약에서는 흔히 인간을 율법의 기준으로 판단하곤 했으나 그것 역시 형식적이고 편협된 판단에 그치기 쉽다.

  ＊ 참고 성구 ＊   요 7:24, 8:5, 11, 행 7:38, 마 23:27

Ⅲ. 성경에는 하나님의 판단이 있음

기자는 나 여호와는 중심을 보느니라고 했다. 여기서 '중심'은 히브리어 '레밥'으로 '심장'이라는 뜻인데 심장은 생명의 원천이요 모든 감정을 대표하는 말로서 하나님은 이처럼 사람의 속 전체를 살피신다. 하나님께서는 사람을 판단하는 기준이 인간의 그것과 다른데, 사람은 껍질을 보지만 하나님은 일꾼이 지닌 속 알맹이의 겸손한 신앙과 진실성을 보신다.

  ＊ 참고 성구 ＊   시 32:2, 마 5:8, 미 6:8, 요 1:47-48, 딤전 1:5

■ **기 도** ■ 하나님 아버지! 사람이 사람을 판단하는 것이 세상살이에 없을 수는 없으나 성도는 이웃을 신앙의 눈을 가지고 판단하여 행동의 열매를 보고 선악간에 구별하게 하소서. 예수 그리스도의 이름으로 기도 드립니다. 아멘

파수꾼의 사명에 내포된 의미

■ 찬 송 ■ ♪ 500, 491, 102, 490   ■ 참 조 ■ ☞ ③ 321p

■ 본 문 ■ …그러나 파수꾼이 칼이 임함을 보고도 나팔을 불지 아니하여 …【겔 33:1-6】

■ 서 론 ■ 스위스의 신학자 존 라바테르는 "나의 시대, 나의 나라, 나의 이웃, 그리고 나의 친구에게 나는 무슨 빚을 지고 있는가? 이와 같은 질문은 선한 사람이라면 당연히 자신에게 자주 물어야 할 질문인 것이다."라고 했다. 성도는 시대를 내다보는 오늘의 파수꾼이다. 이 파수꾼의 사명은?

■ 말 씀 ■

I. 파수꾼의 근신해야 할 사명

기자는 자기 중에 하나를 택하여 파수꾼을 삼은 그 사람이라고 했다. 여기서 '파수꾼'은 히브리어 '차파'로서 '망보다, 관찰하다'에서 유래된 '주의, 감시, 발견'의 뜻으로 원래 성읍이나 타작 마당을 야간에 지키는 임무를 담당하였다. 파수꾼은 일반 사람과 달리 편히 잠잘 수도 휴식을 취할 수도 없고 일말의 나태함이나 정욕에 따른 방종을 삼가고 근신하는 자세를 견지해야 한다.

* 참고 성구 *   잠 4:23-27, 신 4:9, 딤전 5:22, 히 13:17

II. 파수꾼의 경계해야 할 사명

기자는 칼이 그 땅에 임함을 보고 나팔을 불어라고 했다. 여기서 '칼'은 히브리어 '헤레브'로서 '(가뭄으로) 황폐하다, 살해하다'는 뜻인 동사 '하라브'에서 유래된 말로 여기서는 하나님의 심판을 상징한다. 영적 파수꾼은 한시도 경계를 늦춰서는 안 된다. 경계를 늦출 때 죄와 악이 우리에게 침투되어 우리를 송두리째 사단에게 넘겨 주므로 항상 깨어 살피고 확인하는 자세를 가져야 한다.

* 참고 성구 *   마 27:65, 느 4:9, 렘 31:6, 시 127:1

III. 파수꾼의 경고해야 할 사명

기자는 경비를 하였던들 자기 생명을 보전하였을 것이니라고 했다. 여기서 '경비를 하였던들'은 히브리어 '자하르'로서 문자적 의미는 '비추다, (경고에 의해) 계몽하다, 훈계하다'의 뜻이다. 파수꾼은 나팔을 불어야 한다. 조용한 정적이 깨어질지라도 나팔을 불어 모든 이에게 위험을 알리고 생명을 보호하도록 해야 한다. 나팔 소리를 듣고 훈계를 받고 안 받고는 자신의 선택이지만.

* 참고 성구 *   시 21:11-12, 마 3:6, 요 3:19, 롬 13:12, 살전 5:14

■ 기 도 ■ 하나님 아버지! 파수꾼의 사명을 보았습니다. 오늘 이 시간에는 이 시대의 영적 파수꾼이 되어 나라와 민족과 교회의 파수꾼으로서 역할을 다하도록 능력으로 인도하소서. 예수 그리스도의 이름으로 기도 드립니다. 아멘

아론의 중보 사역에 담긴 자세

■ 찬 송 ■ ♪ 416, 353, 512, 137   ■ 참 조 ■ ☞ ① 241p

■ 본 문 ■ …백성 중에 염병이 시작되었는지라 이에 백성을 위하여 속죄하고… 【민 16:41-50】

■ 서 론 ■ 미국의 시인이요 수필가인 랄프 에머슨은 "어느 세대이고 위대한 사람들은 그의 민족을 사랑하는 사람들이었다. 모든 사람들의 진정한 지도자는 모두 그랬다. 사람들에 대한 믿음과 그들에 대한 사랑은 진정한 위대성의 변함없는 표시이다."라고 했다. 아론은?

■ 말 씀 ■

I. 아론은 범죄한 동포를 위해 하나님 앞에 엎드렸음

기자는 내가 순식간에 그들을 멸하려 하노라 하시매 그 두 사람이 엎드리니라고 했다. 여기서 '순식간에'는 히브리어 '케라가'로서 '눈 깜짝할 동안에, 혼란케 하다(욥 26:12), 눈을 깜빡이다'(욥 20:5)를 뜻하는 '라가'에서 파생된 말로 돌발적이거나 찰나적인 것을 가리킨다. 성도는 자신의 죄를 깨닫지 못해 죽게 된 사람을 대신해 주께 나아가 엎드리는 신앙의 겸손이 있어야 한다.

　　* 참고 성구 *　레 19:18, 막 12:31, 갈 5:14, 롬 9:3, 눅 23:34

II. 아론은 범죄한 동포를 위해 속죄의 중보 기도를 드렸음

기자는 이에 백성을 위하여 속죄하고라 했다. 여기서 '속죄하다'의 기본형 '카파르'는 '역청 따위로 단단히 덮어 씌우다'란 뜻으로 제사 드리는 자의 죄가 희생 제물의 피로 하나님 목전에서 확실히 가리워진다는 뜻이다. 성도는 예수 그리스도께서 우리를 대신하여 십자가에서 제물이 되시어 속죄양이 되었듯이 죄에 빠진 사람들의 영혼을 위해 대신 속죄하는 심령으로 기도해야 한다.

　　* 참고 성구 *　레 4:20, 창 18:23, 19:29, 출 32:32, 행 7:60

III. 아론은 범죄한 동포를 위해 죽은 자와 산 자의 사이에 섰음

기자는 죽은 자와 산 자 사이에 섰을 때에 염병이 그치니라고 했다. 이것은 죽어야 할 자와 용서받을 자를 분명히 구별하였을 때라는 의미로, 삶과 죽음의 중간에 서 있는 아론의 이 같은 행위는 중보자로서 희생적 사랑을 보이신 예수 그리스도를 예표하고 상징한다. 성도는 구원받았다고 교회 안에만 머물지 말고 죄로 죽어가는 동포에게 복음을 들고 가야 한다.

　　* 참고 성구 *　짐 24:11, 신 5:5, 실전 1:10, 빌 2:6-8, 롬 5:8, 막 9:5-8

■ 기 도 ■ 아론의 하나님! 범죄한 동포를 위해 중보의 기도를 드리고 행동한 아론의 믿음으로 백성들은 구원을 받았습니다. 오늘 이 시간 우리에게로 아론과 같이 이웃을 위해 헌신하는 성도들이 되어 주님의 뒤를 좇는 자들이 되도록 인도하소서. 예수 그리스도의 이름으로 기도 드립니다. 아멘

공무원

하나님의 신이 감동한 요셉의 의의

■ 찬 송 ■ ♪ 259, 276, 268, 266   ■ 참 조 ■ ☞ ③ 55p, 301p

■ 본 문 ■ …이와 같이 하나님의 신이 감동한 사람을 우리가 어찌 얻을 수 있으리요…【창 41:37-45】

■ 서 론 ■ "성령은 우리들의 심령에 거하시는 동반자이시다."라고 목사 카우맨은 말했다. 요셉이 애굽에서의 고통과 인간적 배신을 이기고 소망을 가지고 현실에 잘 적응한 것은 요셉과 함께 하신 하나님의 신, 곧 성령의 도움이 큰 것은 두말할 나위도 없다(롬 8:26). 성령 충만한 자는?

■ 말 씀 ■

I. 하나님의 신에 감동된 자는 지혜가 충만하다
기자는 이와 같이 하나님의 신에 감동한 사람을 우리가 어찌 얻을 수 있으리요 했다. 여기서 '신'은 히브리어 '루아흐'로서 '바람, 호흡, 생기, 영'의 뜻으로 여기서는 하나님의 성령을 가리킨다. 하나님이 주시는 지혜는 세상의 지식이나 지혜와는 그 근본부터 판이하게 다르다. 하나님께서 성도들에게 주시는 영적 지혜는 능히 세상을 변화시키고 다스릴 힘이 있다.

  * 참고 성구 * 고전 2:6, 겔 36:27, 요 14:17, 요일 2:27, 약 3:17, 1:15

II. 하나님의 신에 감동된 자는 세상이 두려워한다
기자는 너와 같이 명철하고 지혜 있는 자가 없도다라고 했다. 여기서 '명철하고'는 히브리어 '빈'으로 사리를 깨달아(단 9:2) 알며(단 10:1), 분변하여(욥 6:30) 지혜롭게 행할(대하 11:23) 능력을 가진 상태를 의미한다. 세상의 권위를 다스리고 지배하는 하나님의 권위가 성도에게 있기 때문에 세상에 있는 모든 자들이 두려워하는 대상이 되는 것이다.

  * 참고 성구 * 요일 5:4, 단 2:46-47, 수 2:11, 출 23:27

III. 하나님의 신에 감동된 자는 높임을 받는다
기자는 내가 너로 애굽 온 땅을 총리하게 하노라고 했다. 여기서 '총리하게'는 히브리어 '나탄'으로 '주다, 위임하다'의 뜻으로 이는 단순히 주는 것이 아니라 온 땅을 대신 맡겨서 다스리도록 통치권을 위임시키는 것을 의미한다. 성도가 세상에서 볼 때는 약한 자라고 할지라도 하나님이 함께 하시면 지혜로운 자, 강한 자, 영광된 자로서 크게 높임을 받게 된다.

  * 참고 성구 * 단 3:30, 시 91:14, 고전 6:2, 창 45:8, 계 3:21

■ 기 도 ■ 하나님 아버지! 당신의 성령에 감동된 요셉을 두고 애굽의 파라오는 경악을 금치 못했고 나중엔 감탄하였습니다. 오늘 이 땅에도 주의 성령으로 덧입고 나라를 위해 헌신하는 성도들이 많이 나오게 하여 나라를 부강하게, 통일의 역군이 되게 하소서. 예수 그리스도의 이름으로 기도 드립니다. 아멘

군인

사사 에훗이 세움을 입은 이유

■ 찬 송 ■ ♪ 346, 351, 493, 512　　■ 참 조 ■ ☞ ③ 135p

■ 본 문 ■ …그 때에 모압 사람 일만 명 가량을 죽였으니 다 역사요 용사라… 【삿 3:15-29】

■ 서 론 ■ 영국의 극작가 제임스 셀리는 "오직 의로운 자들의 행위만이 티끌 속에서도 향기가 나며 꽃을 피우리라."고 했다. 하나님은 자신의 사역을 대행할 사람을 선택하여 세우실 때 하나님의 판단에 의해서 세우신다(삼상 16:7). 세우심을 입은 사사 에훗은 하나님의 어떤 기준을 통과했나?

■ 말 씀 ■

I. 하나님은 하늘의 지혜를 소유한 자를 세우심

기자는 여호와께서 그들을 위해 한 구원자를 세우셨다고 했다. 이때 세움을 입은 에훗은 먼저 모압 왕 에글론을 살해하고 그 후에 지도자를 잃고서 허둥대는 모압 군대를 격파하기로 결의하고 주도면밀하게 실행으로 옮겼다. 하나님은 오직 당신만이 만물의 주인이시요 역사의 주관자이심을 알고 경외하는 참 지혜로운 자를 택하여 당신의 사역의 도구로 쓰신다.

　　* 참고 성구 *　고전 2:6, 1:25, 호 14:9, 단 2:20-21, 딤후 3:15, 약 3:17

II. 하나님은 영혼이 깨끗하고 강건한 자를 세우심

기자는 베냐민 사람 게라의 아들 왼손잡이 에훗이라고 했다. 여기서 '왼손잡이'라는 말의 히브리어는 '오른손이 불구가 된 자'라는 뜻을 지니고 있는데 에훗은 불구자였음에도 하나님께서 들어 쓰심으로써 자기 민족을 구원하는 위대한 업적을 남겼다. 하나님께서는 기골이 장대하거나 용모가 준수한 자보다 그 심지가 견고하여 죄악에 물들지 않는 깨끗한 심령의 성도를 세우신다.

　　* 참고 성구 *　사 26:3, 시 24:4, 빌 1:11, 딤전 6:11, 삼상 16:7

III. 하나님은 당신을 향한 소명감에 불타는 자를 세우심

기자는 나를 따르라 여호와께서 너희 대적 모압 사람을 너희의 손에 붙이셨느니라고 했다. 여기서 '붙이셨느니라'는 히브리어 '나탄'으로 '넘겨 주다, 양도하다'는 뜻으로 모압 사람의 패망이 하나님의 주권적 섭리 아래 있음을 암시한다. 하나님은 뜨거운 정열로써 자신의 신앙을 고백하며 삶의 방향을 결단하는 자를 기쁘게 여기시어 당신의 역사에 동참케 하신다.

　　* 참고 성구 *　수 24:15-16, 민 14:8, 시 37:5, 잠 29:25, 사 6:8

■ 기 도 ■ 에훗의 하나님! 모압 족속이 패망하고 이스라엘이 승리한 이면에는 사사 에훗의 뛰어난 전략과 당신을 의지한 신앙이 있었습니다. 오늘 이 땅에서 국방을 수호하는 모든 장병이 에훗과 같은 용사가 되도록 은혜를 내리소서. 예수 그리스도의 이름으로 기도 드립니다. 아멘

군인

여리고 성 함락에 담긴 승리의 비결

■ 찬 송 ■ ♪ 390, 387, 384, 392   ■ 참 조 ■ ☞ ② 97p

■ 본 문 ■ …여호와께서 여호수아에게 이르시되 보라 내가 여리고와 그 왕과 용사들을 네 손에 붙였으니… 【수 6:1-20】

■ 서 론 ■ 영국의 수상으로 제2차 세계대전을 승리로 이끈 윈스턴 처칠은 "어떤 대가를 치르더라도 승리하고, 어떤 공포에서도 승리하며, 그 길이 아무리 멀고 험해도 승리해야 한다. 승리 없이는 생존이 없기 때문이다."라고 했다. 강력한 성 여리고를 무찌르고 승리한 이스라엘의 비결은?

■ 말 씀 ■

I. 영적 승리의 비결은 말씀에 있다

기자는 보라 내가 여리고와 그 왕과 용사들을 네 손에 붙였으니라고 했다. 여기서 '붙였으니'는 히브리어 '나탄'으로 '넘겨주다, 양도하다'는 뜻으로 이는 여리고의 왕과 용사들의 멸망이 하나님의 주권적 섭리하에 있음을 뜻한다. 성도의 모든 승리는 하나님 안에 있기에 따라서 성도는 먼저 하나님이 무엇을 원하시며, 어떻게 하기를 바라시는지 말씀을 통해 알아야 한다.

 * 참고 성구 *   시 119:105, 출 14:14, 왕하 6:17, 삼하 5:24, 마 6:33

II. 영적 승리의 비결은 순종에 있다

기자는 너희 음성을 들레지 말며 너희 입에서 아무 말도 내지 말라고 했다. 여기서 '들레지 말며'는 히브리어 '로 테쉐미우'로서 마음이 뜬 상태에서 지껄이는 잡담을 일체 삼가라는 뜻으로 이스라엘 백성들에게는 순종과 기다림만이 요구되었다. 성도가 사람의 연약한 힘을 의지하지 않고 오직 하나님의 힘과 방법대로만 순종하면 축복의 승리가 임하는 것이다.

 * 참고 성구 *   요일 5:3, 수 1:8, 삼상 15:22, 마 7:21, 히 5:8

III. 영적 승리의 비결은 인내에 있다

기자는 일곱 번째에 제사장들이 나팔을 불 때에 여호수아가 백성에게 외치라 여호와께서 너희에게 이 성을 주셨다고 했다. 여기서 '외치라'는 히브리어 '루아'로서 '귀가 먹게 하다, 소리치다, 파괴하다'의 뜻으로 귀가 먹을 정도로 힘차게 소리지른다는 뜻이 내포되어 있다. 성도의 삶의 과정은 고난과 인내의 연속으로 승리를 이루기까지 끝까지 낙심치 말고 인내해야 한다.

 * 참고 성구 *   갈 6:9, 벧전 1:13, 히 12:1, 마 10:22, 계 3:11

■ 기 도 ■ 여리고 성을 이스라엘에게 주신 하나님! 승리의 비결은 말씀과 순종과 인내에 있음을 배웠습니다. 오늘 우리 군에 장군에서 사병까지 이 하나님의 역사를 잊지 않게 하소서. 예수 그리스도의 이름으로 기도 드립니다. 아멘

군인

이스라엘 군대의 신앙의 특징

■ 찬 송 ■ ♪ 543, 545, 292, 387   ■ 참 조 ■ ☞ ③ 103p

■ 본 문 ■ …곧 계수함을 입은 자의 총계가 육십만 삼천 오백 오십 명이었으며… 【민 2:1-34】

■ 서 론 ■ 영국의 수필가요 역사가이자 철학자인 토마스 칼라일은 "위대한 신앙을 가진 민족은 위대한 국가를 건설한다"고 했다. 출애굽 후 가나안 복지를 향한 이스라엘 군대는 체제를 정비하여 군사를 조련했고 그 위에 신앙으로 똘똘 뭉쳐 일기당천의 용맹을 과시했다. 이스라엘 군대의 신앙적 삶은?

■ 말 씀 ■

Ⅰ. 하나님을 중심으로 하는 삶이었다

이스라엘 백성은 성막을 중심으로 사방에 진을 쳤다. 여기서 '성막'은 히브리어 '쇠칸'으로 이는 '(임시로) 거주하다'에서 유래된 말인데 일반적으로 장막이나 여기서는 하나님께서 백성들과 함께 거하시는 성전 이전의 임재 장소를 뜻한다. 성도는 세상의 재물이나 직업, 명예나 지식 등의 세상적 가치들이 아닌 하나님을 중심으로 하여 하나님의 영광을 위한 삶을 살아야 한다.

* 참고 성구 *   빌 2:5, 마 16:24, 요 15:10, 고후 8:7, 벧전 2:21-23

Ⅱ. 성도간의 협력하는 삶이었다

이스라엘 백성은 성막을 중심으로 종족을 상징하는 기를 쳤다. 여기서 '기'는 히브리어 '데겔'로서 '보다, 쳐다보다'(다갈)에서 파생되어 '군기, 깃발'의 뜻으로 이는 세 갈래로 이루어진 큰 전투용 깃발을 가리킨다. 성도들 사이에는 같은 목표를 향하여 가면서 서로 돕고 사랑하고 권면하면서 그리스도의 지체가 되는 유기적 관계 속에서 협력하는 삶을 살아야 한다.

* 참고 성구 *   행 2:42-47, 시 119:63, 요일 1:7, 골 2:19

Ⅲ. 하나님 나라를 향한 삶이었다

이스라엘 백성은 기를 따라 진치기도 하며 진행하기도 하였다. 여기서 '진행하기도'는 히브리어 '나사'로서 '뽑아내다'인데 천막 말뚝을 뽑아 챙긴다는 기본적 의미가 '발행하다, 여행하다'라는 의미로 파생되어 발전되었다. 성도들의 인생 여정 속에서 마지막 목적지는 하나님의 나라이다. 이 삶의 최종적 목적지에 다다를 때까지 믿음을 변치 않고 진행하는 삶을 살아야 한다.

* 참고 성구 *   빌 3:14, 고전 9:24, 갈 5:7, 히 12:1, 딤후 4:7-8

■ 기 도 ■ 이스라엘의 하나님! 이스라엘 군대는 당신이 계신 성막을 중심으로 하여 적을 무찌르고 싸우고 나아갔습니다. 우리 성도들도 영적 가나안에 이르기까지 선한 싸움을 싸우고 무사히 목적지에 도달할 수 있도록 인도하소서. 예수 그리스도의 이름으로 기도 드립니다. 아멘

군인

칭찬받은 백부장의 믿음

■ 찬 송 ■ ♪ 397, 341, 340, 389   ■ 참 조 ■ ☞ ③ 361p

■ 본 문 ■ 예수께서 가버나움에 들어가시니 한 백부장이 나아와 간구하여 가로되 주여 내 하인이 중풍병으로 집에 누워 몹시 괴로워하나이다… 【마 8:5-13】

■ 서 론 ■ "믿음이 있으면 산도 움직일 수 있으나 불신은 자기 자신의 실존까지도 부인한다."라고 작가 센베르크는 말했다. 백부장은 백명의 부하를 둔 로마 군대의 장교로서, 그는 하찮게 집에서 부리는 하인의 병 때문에 주님 앞에 나아왔다. '군대식 믿음'으로 주님까지 놀라게 만든 그의 믿음은?

■ 말 씀 ■

Ⅰ. 이는 자신을 낮추는 겸손한 믿음이었다

기자는 내 집에 들어오심을 나는 감당치 못하겠다고 했다. 여기서 '나는 감당치 못하겠사오니'는 헬라어 '우크 에이미 히카노스'로서 이는 '나는 가치가 없다'라는 말인데 신앙의 가치와 척도는 오직 예수께만 있다. 성도가 자신을 내세우지 않고 하나님 앞에 온전히 엎드려서 자신의 부족함과 연약함을 인정하고 솔직히 도움을 요청하는 고백하는 믿음이 겸손한 믿음이다.

* 참고 성구 *   약 4:10, 잠 29:23, 마 18:4, 눅 22:26, 벧전 5:5

Ⅱ. 이는 하나님의 권능을 신뢰하는 믿음이었다

기자는 다만 말씀으로만 하옵소서 그러면 내 하인이 낫겠삽나이다라고 했다. 여기서 '다만 말씀으로만 하옵소서'는 헬라어 '알라 모논 에이페 로고'로서 '오직 말씀만 말하소서' 인데 이것은 예수의 말씀의 유일성과 절대성을 보여준다. 성도는 백부장이 주님께서 말씀만 하시면 병이 나을 것을 확신했듯이 우리의 소원을 이루어 주시는 주님의 무한한 능력을 믿고 의지할 것이다.

* 참고 성구 *   행 27:25, 딛 3:17, 삼상 17:37, 마 21:22

Ⅲ. 이는 천국의 축복을 소망하는 믿음이었다

기자는 네 믿음대로 될지어다 하시니 그 시로 하인이 나으니라고 했다. 여기서 '믿음대로'는 헬라어 '호스 에피스튜사스'로서 이는 '믿음만큼'인데 말씀만의 신앙의 특징은 내가 믿음을 가진 만큼만 이루어지는 것이다. 백부장의 믿음은 하늘나라의 영원한 축복과 영광을 바라보며 그 소망이 변치 않을 뿐 아니라 하늘 나라를 차지하려는 이방인의 적극적인 침노하는 신앙이다.

* 참고 성구 *   마 8:11, 11:12, 엡 3:6, 행 13:48, 롬 15:9

■ 기 도 ■ 하나님 아버지! 백부장의 믿음을 보고는 이 만한 믿음을 찾아보지 못했다고 주님은 놀라움으로 말씀했습니다. 오늘 우리 성도들도 이 백부장의 믿음처럼 강건하게 하옵소서. 예수 그리스도의 이름으로 기도 드립니다. 아멘

군인

아말렉과의 전쟁이 주는 교훈

■ 찬 송 ■ ♪ 390, 392, 387, 384   ■ 참 조 ■ ☞ ③ 71p

■ 본 문 ■ …여호와께서 맹세하시기를 여호와가 아말렉으로 더불어 대대로 싸우리라… 【출 17:8-16】

■ 서 론 ■ 미국의 장군으로 대전차 군단을 이끌고 제 2차 세계대전시 독일을 무찌른 패튼은 "전쟁은 무기로써 싸워지는 것이 아니라 인간에 의해 승리한다. 승리를 얻는 것은 이끄는 자와 따르는 자의 정신이다."라고 했다. '여호와 닛시'의 대승리를 거둔 이 전쟁의 이스라엘쪽 이면에는?

■ 말 씀 ■

I. 전쟁의 승리에는 훌륭한 지도자가 있었음

기자는 내가 하나님의 지팡이를 손에 잡고 산꼭대기에 서라고 했다. 전쟁을 승리하려면 어떠한 일에도 판단력이 흐트러지지 않고 두려워하지 않는 지도자로 말미암은 강한 힘을 결집시켜야 한다. 뿐만 아니라 모세와 같이 하나님의 절대적 권능을 의뢰하여 믿음의 지팡이를 가지고 이스라엘의 승리를 기원하는 중보기도를 해서 하나님의 역사를 이끌어내야 한다.

* 참고 성구 * 삼상 12:20-23, 시 37:5, 잠 3:5, 딤전 4:10, 딤후 1:12

II. 전쟁의 승리에는 성실한 참모진이 있었음

기자는 아론과 훌이 모세의 손을 붙들어 올렸더니 그 손이 해가 지도록 내려오지 아니한지라고 했다. 여기서 '내려오지 아니한지라'는 히브리어 '에무나'로서 '확고 부동한지라'란 말로 계속 확고하게 모세의 팔을 받쳐 세우고 있음을 의미한다. 성도가 영적 전쟁을 승리하려면 아론과 훌처럼 훌륭한 지도자를 돕는 참모들의 성실한 협력과 기도가 필요한 것이다.

* 참고 성구 * 롬 8:28, 삼상 14:6-7, 왕하 6:1-3, 마 18:19, 막 2:3

III. 전쟁의 승리에는 용감한 군사들이 있었음

기자는 여호수아가 칼날로 아말렉과 그 백성을 쳐서 파하니라고 했다. 여기서 '파하니라'는 히브리어 '할라쉬'로서 '약하다, 뒤엎다'인데 이는 다시 회복될 수 없도록 완벽하게 뒤집어 엎어 버림, 곧 완전한 파괴를 의미한다. 전쟁을 승리하려면 지도자의 명령에 생명을 아끼지 않고 싸우는 용감한 군사들의 솟구치는 용기와 적을 겁내지 않고 덤벼드는 담대한 행동이 있어야 한다.

* 참고 성구 * 딤후 2:4, 고후 10:4, 엡 6:12, 딤전 1:18, 6:12, 히 12:4

■ 기 도 ■ 아말렉을 도말하신 하나님! 전쟁에서 승리하는 인적 요인을 보았습니다. 오늘 우리에게 임한 영적 전쟁에서도 교회를 중심으로 힘을 얻어 실생활 속에서 범죄와의 전쟁을 승리하도록 능력을 주옵소서. 예수 그리스도의 이름으로 기도 드립니다. 아멘.

경제인

성경이 언급한 부의 위험성

■ **찬 송** ■ ♪ 71, 346, 348, 354   ■ **참 조** ■ ☞ ③ 297p

■ **본 문** ■ …네 하나님 여호와를 기억하라 그가 네게 재물 얻을 능을 주셨음이라… 【신 8:11-18】

■ **서 론** ■ "부를 누린 자가 더 큰 공경에 빠지고, 성공한 줄 알았으나 그것이 순간적이었으며, 기쁨을 얻은 줄 알았더니 그 뒤에 바로 슬픔의 그림자가 도사리고 있다."라고 전 단국대 예술대학장이었던 조상현 장로는 말했다. 성경이 경고한 부에의 위험은?

■ **말 씀** ■

I. 물질만능주의를 경고했음

기자는 네 우양이 번성하여 네 은금이 증식되며 네 소유가 풍부하게 될 때에 두렵건대라고 했다. 중국 춘추전국시대의 사상가인 장자는 "알맞으면 복이 되고 너무 많으면 해가 되나니 세상에 그렇지 않은 것이 없거니와 재물에 있어서 더욱 심하다."라고 했다. 성도가 물질로 못할 것이 없다는 세상적 삶에 편승하여 집착하지 말아야 할 것은 오히려 마음의 편안을 잃게 되기 때문이다.

* 참고 성구 *   잠 23:5, 시 49:10, 렘 17:11, 마 6:19, 딤전 6:7

II. 교만을 경고했음

기자는 네 마음이 교만하여 네 하나님 여호와를 잊어버릴까 하노라고 했다. 풍성한 소유는 하나님의 축복의 결과인데 자신의 공로인 양 착각하는 사람들이 있다. 인간은 물질적인 풍족함으로 인해 여유를 가지게 되면 나태와 방종 속에 쉽게 빠지며 결국은 물질만능을 내세우는 교만한 상태로 전락될 우려가 다분하다. 성도는 부유할 때 더욱 근신하고 하나님만 의지하는 신앙으로 살아야 한다.

* 참고 성구 *   전 5:19, 잠 30:8-9, 시 17:10, 눅 6:25, 딤전 6:8-9

III. 불신앙과 타락을 경고했음

기자는 내 능과 내 손의 힘으로 내가 이 재물을 얻었다 할까 하노라고 했다. 여기서 '재물'은 히브리어 '하일'로서 일차적으로 '힘'(시 18:32), '능력'(대상 26:8)이며, 집합적 의미로는 '군대'(출 14:4)를 의미하고 여기서는 경제적 능력, 곧 부를 뜻한다. 물질에 대한 만족은 더 이상 하나님을 기억하지 않게 하며 나아가 죄악된 쾌락과 향락의 길을 좇게 만들어 결국엔 영육이 피폐케 된다.

* 참고 성구 *   마 19:23, 6:24, 막 4:19, 잠 23:5, 약 5:3, 딤전 6:17-19

■ **기 도** ■ 하나님 아버지! 부의 위험성을 보았습니다. 성도가 당신의 축복하신 재물을 하늘에 쌓고 선한 사업에 투자하여 많은 가난한 이웃을 섬기는 자들이 되게 하소서. 예수 그리스도의 이름으로 기도 드립니다. 아멘

경제인

기업 분배에 대한 하나님의 원칙

■ 찬 송 ■ ♪ 526, 95, 279, 407 　　■ 참 조 ■ ☞ ③ 97p

■ 본 문 ■ …오직 그 땅을 제비뽑아 나누어 그들의 조상 지파의 이름을 따라 얻게 할지니라 그 다소를 물론하고 그 기업을 제비뽑아 나눌지니라【민 26:52-56】

■ 서 론 ■ 아일랜드의 풍자가 조나단 스위프트는 "부가 선과 재능과 타당한 것에 경의를 표할 때만 하나님께서 그에게 무엇을 강조하고 계시는지 알게 된다. 하나님께서는 모든 피조물들 중 가장 무가치하고 보잘것없는 천한 자에게 부를 허락하시는 수가 많다."라고 했다. 하나님의 분배의 원칙은?

■ 말 씀 ■

Ⅰ. 이는 공평한 분배이다

기자는 이 계수대로 땅을 나눠 주어 기업을 삼게 하라고 했다. 여기서 '나눠 주어' 는 히브리어 '테하레크' 로서 '분배하다, 약탈하다' 의 뜻으로 여기서는 제비뽑기로 할당된 토지를 말하며 이는 하나님의 지시에 의한 것이다. 하나님은 넘치게도, 부족하게도 공급하시는 분이 아니시며 오로지 필요한 만큼 소용대로 적절하게 나누어 주시는 공평하신 하나님이시다.

　　* 참고 성구 *　잠 30:8, 욥 34:18-19, 마 5:45, 행 10:34-35, 롬 10:12

Ⅱ. 이는 의로운 분배이다

기자는 그들의 계수함을 입은 수대로 각기 기업을 주되라고 했다. 여기서 '계수함' 은 히브리어 '파카드' 로서 이는 '운반하다, 들어올리다, 받아들이다'(나사)에서 유래되었으며 양과 부피를 산출하여 집계한다는 뜻이다. 의의 기준이 되시는 하나님께서는 사람의 시비와 분쟁이 일어나지 않는 가장 공의의 방법으로 성도의 기업을 분배하시고 이를 나누어 주신다.

　　* 참고 성구 *　빌 2:14, 신 32:4, 습 3:5, 요 5:30, 롬 2:2

Ⅲ. 이는 언약에 준한 분배이다

기자는 오직 그 땅을 제비뽑아 나누어 그들의 조상 지파의 이름을 따라 얻게 할지라고 했다. 여기서 '지파' 는 히브리어 '쉐베트' 로서 '장대, 지팡이, 막대, 부족' 의 뜻으로 종족의 각 계열을 뜻하고 의미상으로는 지도력, 지배력을 말한다. 하나님은 친히 언약의 보증이 되시므로 성도들에게 약속하신 기업의 분배도 언약을 실천하시는 주님의 은혜의 선물이다.

　　* 참고 성구 *　창 49:1-28, 민 34:13, 시 89:28, 사 59:21, 히 6:17

■ 기 도 ■ 성도의 기업을 나눠 주시는 하나님! 오늘 이 시간 당신의 분배의 원칙을 보았습니다. 이 시간 우리들에게 믿음의 분량대로 각 사람의 그릇의 분량대로 하늘 상급을 나누어 주시옵소서. 예수 그리스도의 이름으로 기도 드립니다. 아멘

경제인

불의한 청지기의 비유에 담긴 교훈

■ 찬 송 ■ ♪ 69, 346, 348, 356 ■ 참 조 ■ ☞ ③ 403p, 407p

■ 본 문 ■ 또한 제자들에게 이르시되 어떤 부자에게 청지기가 있는데 그가 주인의 소유를 허비한다는 말이 그 주인에게 들린지라 주인이 저를 불러 가로되… 【눅 16:1-13】

■ 서 론 ■ 조선 순조 때의 의주 거상 임상옥은 "재물은 평등하기가 물과 같고, 사람은 바르기가 저울과 같다"(財上平如水 人中直似衡)라고 했다. 상도(商道) 경영으로 조선의 상권을 손아귀에 쥐었으나 죽기 직전 자신의 모든 재산을 사회에 환원했던 의로운 경제인 임상옥! 성도는 재물을?

■ 말 씀 ■

I. 성도는 재물을 의로운 방법으로 벌어들일 것

기자는 그가 주인의 소유를 허비한다는 말이 그 주인에게 들린지라고 했다. 여기서 '허비한다'는 헬라어 '디아스콜피존'으로 '디아스콜피조' 곧 '뿌린다, 흩어지게 한다, 탕진한다, 허비한다'의 현재분사로 계속적인 낭비와 탕진을 의미한다. 사람들이 범죄하여 얻은 불의의 소득은 불의를 위해 사용되게 마련이다. 성도가 열심히 땀흘려 얻은 소득만이 참된 가치가 있다.

＊ 참고 성구 ＊ 레 19:35-36, 잠 11:1, 10:4, 창 31:41, 왕상 21:7, 롬 12:11

II. 성도는 재물을 하늘 나라에 쌓아둘 것

기자는 불의의 재물로 친구를 사귀라 영원한 처소에서 영접하리라고 했다. 여기서 '재물'은 헬라어 '맘모나스'로서 영어 'mammon'(맘몬: 부, 배금)의 어원으로 악용되는 경우에 있어서의 '부'를 가리키는 말이다. 이것은 썩어질 세상 재물로 가난한 자를 구제하는 것이 곧 보물을 하늘 나라에 쌓아두는 길임을 의미하는 바 성도는 장차 올 세상을 예비해야 한다.

＊ 참고 성구 ＊ 마 6:19-20, 눅 12:33, 빌 3:8, 딤전 6:17-19, 계 3:18

III. 성도는 재물에 청지기적 자세를 가질 것

기자는 누가 참된 것으로 너희에게 맡기겠느냐라고 했다. 여기서 '맡기겠느냐'는 헬라어 '피스튜오'로서 이는 '믿는다'(to believe)는 뜻으로, 이것은 현실 생활 속에서 재물과 시간과 재능 및 하나님께서 부여하신 모든 것을 잘 활용해야 한다는 교훈이 내포되어 있는데, 이는 삶에 대한 성실함과 미래의 주관자이신 하나님에 대한 믿음이 없으면 결코 성취될 수 없는 것이다.

＊ 참고 성구 ＊ 마 25:14-15, 눅 19:13, 고전 4:2, 벧전 4:10

■ 기 도 ■ 만유의 주인이신 하나님! 불의한 청지기도 자기 살 길을 찾아 재주를 부렸는데 하물며 성도는 더욱 열심히 일하여 당신께 영광돌리며 이웃을 구제하여 당신의 상급을 기다리는 자 되게 하소서. 예수 그리스도의 이름으로 기도 드립니다. 아멘

경제인

성경에 언급된 금전에 대한 관계

■ 찬 송 ■ ♪ 526, 525, 93, 465   ■ 참 조 ■ ☞ ③ 403p

■ 본 문 ■ 네가 형제에게 꾸이거든 이식을 취하지 말지니 곧 돈의 이식, 식물의 이식, 무릇 이식을 낼 만한 것의 이식을 취하지 말 것이라…【신 23:19-20】

■ 서 론 ■ 영국의 법률가요 철학자인 프란시스 베이컨은 "돈은 비료와 같다. 쓰지 않으면 소용이 없는 것이다."라고 했다. 돌고 돈다고 해서 돈이 되었다는 말이 있듯이 돈에는 선과 악의 양면성이 있다. 성경이 말하는 돈으로 인한 성도의 관계는?

■ 말 씀 ■

I. 성도간에는 이자를 받지 말 것

미국의 정치가요 저술가이며 발명가인 벤자민 플랭클린은 "돈의 가치를 알고 싶거든 돈을 빌리러 나가 보라!"고 했다. 돈은 귀한 것이나 하나님의 똑같은 자녀된 성도 사이에 돈을 빌려주는 일이 생기면 거절하지 말고 빌려줄 것이다. 왜냐하면, 돈은 나에게 맡겨진 하나님의 것을 빌려주는 것이기에 그것을 금전적 이해로 이득을 얻으려는 욕심을 가져서는 안 된다.

* 참고 성구 * 눅 6:35, 신 15:8, 시 37:26, 112:5, 마 5:42

II. 성도간에는 부담을 주지 말 것

유대인의 지혜서 탈무드에는 "만일 사람에게 돈을 빌려주고 그 사람이 진정으로 돈을 갚을 수 없음을 알았으면 그의 집 가까이 가서는 안 된다."는 말이 있다. 성도간에 돈을 꾸기 위해 사랑의 의무를 내세워 다른 성도에게 무리한 요구를 하여 부담과 불편을 끼치거나, 돈을 꾸어 주었다고 꾸임받은 사람에게 무례한 부탁을 일삼는 것은 서로 실족하고 세상에 덕이 되지 못한다.

* 참고 성구 * 시 37:21, 잠 22:7, 출 22:14, 왕하 6:5

III. 성도간에는 필요한 만큼 베풀 것

영국의 목회자요 감리교 창시자인 존 웨슬리는 "돈을 많이 벌고, 돈을 많이 저축하고, 돈을 많이 쓰라."고 했다. 성도가 물질이 부족할 때 이것이 올무가 되어 신앙의 성장에 해를 끼치기도 한다. 그러므로 성도들은 진정 도움이 필요한 자를 외면하지 말고 상대의 처지를 이해하고 자신이 베풀 수 있는 대로 최선을 다해 베풀어 하나님 앞에 함께 나아가야 하겠다.

* 참고 성구 * 빌 4:10-19, 눅 10:34-35, 롯 2:15, 잠 25:21, 행 20:35

■ 기 도 ■ 하나님 아버지! 세상에서 생명처럼 귀하게 여기는 돈에 관한 가르침을 받았습니다. 먹고살기도 힘든 세상에 돈을 꾸어주고 꾸어받고 하는 것을 오직 성경적 원리로 행하여 진정 하나님의 축복을 체험하는 성도들이 되게 하소서. 예수 그리스도의 이름으로 기도 드립니다. 아멘

경제인

딸의 기업 상속권에 내포된 교훈

■ 찬 송 ■ ♪ 384, 390, 397, 400   ■ 참 조 ■ ☞ ② 79p

■ 본 문 ■ …어찌하여 아들이 없다고 우리 아버지의 이름이 그 가족 중에서 삭제되리이까 우리 아버지의 형제 중에서 우리에게 기업을 주소서 하매…【민 27:1-11】

■ 서 론 ■ "사업의 성공은 경영과 관리의 덕택이다. 그리고 경영과 관리의 능력은 상식이라고 불리우는 기능, 힘, 또는 자질에 기인한다."고 어느 기업인은 말했다. 성도가 믿음생활이라는 하나님이 주신 기업을 성공적으로 이끌기 위해서는?

■ 말 씀 ■

I. 성도는 영원한 하늘 나라를 빼앗기지 말 것임

기자는 우리 아버지의 형제 중에서 우리에게 기업을 주소서라고 했다. 여기서 '기업'은 히브리어 '나하라'로서 점유하거나 상속된 몫으로 토지나 재산을 말하는데 하나님의 백성이요 자녀된 성도의 영원한 기업은 천국이다. 성도들은 가장 큰 소망의 기업인 영원한 하늘 나라를 악한 사단의 세력으로 인해 탈취당하지 않도록 믿음의 완전무장으로 이를 지켜나가야 할 것이다.

* 참고 성구 *   벧전 5:8, 엡 6:12-13, 마 26:41, 고전 10:12, 16:13

II. 성도는 축복의 말씀을 빼앗기지 말 것임

성도는 성도의 영육간에 구원과 축복의 보장이 되는 하나님의 말씀들을 이 세상적인 일로 인하여 분주함이나 자신의 나태한 악함 속에서 빼앗기지 말고 말씀은 세상의 무엇보다도 귀중한 생명의 꼴임을 항상 유념하여 소중히 간직하고 이를 실천해야 할 것이다. 하나님의 말씀만이 타락하고 부패하고 가증한 것이 넘쳐나는 이 세상으로부터 성도를 지키는 유일한 방법이다.

* 참고 성구 *   엡 6:14-17, 잠 3:24, 히 13:6, 고전 3:11, 마 7:24

III. 성도는 주의 은사를 빼앗기지 말 것임

성도는 하나님의 자녀로 택함을 입은 귀한 존재로서, 하나님의 거룩하신 사역을 맡은 하나님의 신실한 일꾼이 된 자로서 마땅한 삶을 살 수 있도록 주어진 하나님의 은혜의 은사, 곧 달란트를 잃지 말고 이를 선용하여 받은 바 달란트대로 큰 이문을 남겨서 하나님께 착하고 충성된 종이라는 칭찬과 아울러 하늘의 상급을 받는 자리에 참예하는 자들이 되어야 할 것이다.

* 참고 성구 *   마 25:23-29, 딤전 4:7, 딤후 1:6, 벧후 1:13, 계 3:19

■ 기 도 ■ 하나님 아버지! 우리가 얻을 기업 가운데 하늘의 기업이 가장 중요한 줄 깨닫게 하시고 오늘 이 세상에서 살아갈 때 당신이 주신 은사를 잘 활용하여 당신께 칭찬받는 성도들이 되게 하소서. 예수 그리스도의 이름으로 기도 드립니다. 아멘

경제인

불의한 소득에 내포된 교훈

■ 찬 송 ■ ♪ 452, 446, 98, 82   ■ 참 조 ■ ☞ ② 185p

■ 본 문 ■ 적은 소득이 의를 겸하면 많은 소득이 불의를 겸한 것보다 나으니라 【잠 16:8】

■ 서 론 ■ "불의로 취한 재물은 끓는 물에 뿌려지는 눈(雪)과 같고, 뜻밖에 얻어진 전지(田地)는 물결에 밀리는 모래와 같다. 교활한 꾀를 생활하는 방법으로 삼는다면 그것은 흡사 아침에 피는 구름과 저녁에 지는 꽃과 같은 것이다." 명심보감에 쓰여 있는 한 구절이다. 갖가지 부정을 저지르고 법의 단죄를 받는 부패한 기업가들이 요즘 매스컴을 요란하게 장식하고 있다. 불의한 소득은?

■ 말 씀 ■
Ⅰ. 불의한 소득은 참다운 기쁨이 없다
사람들은 자기 손을 부지런히 놀려서 일하고 수고하여 얻은 결과인 수입을 통해서 만족과 보람과 삶의 기쁨을 누리게 되는데, 땀을 흘리지 않거나 불의하고 편안한 방법으로 얻은 소득에 대한 기쁨은 잠시 스치는 바람과 같을 뿐인 것이다. 그리고 이러한 불의의 삯들은 사람을 망치는 쾌락과 향락으로 깊이 빠져들게 한다. '의'는 히브리어 '체데크'로서 '굳다, 곧다'는 뜻이다.
* 참고 성구 * 전 5:18, 암 5:11, 잠 28:8, 사 22:13, 빌 3:19

Ⅱ. 불의한 소득은 근심이 더하게 된다
미국의 소설가로 주홍글씨의 작가 나다니엘 호돈은 "우리가 부동산이라고 부르는 것 즉 집을 지을 수 있는 단단한 땅은 이 세상의 거의 모든 죄가 머물러 있는 넓은 기반이다."라고 했다. 불의의 소득은 장차 자기를 옭아매는 올무가 될 수도 있음을 금번 국회 총리 인사청문회에서 적나라하게 보여 주었고, 또한 그로 인한 마음의 근심과 불안은 자신의 영혼을 해롭게 할 것이다.
* 참고 성구 * 시 39:6, 잠 21:6, 11:1, 수 7:11, 겔 22:14, 딤전 6:9

Ⅲ. 불의한 소득은 덧없이 사라진다
미국과 영국의 속담에 "쉽게 얻은 것은 쉽게 없어진다."(easy come easy go)라는 말이 있다. 사람들이 떳떳하지 못한 방법으로 얻은 소득, 예를 들면 부동산 투기나 마약 거래 같은 것으로 얻은 재물에 대해서는 그것을 귀하게 여기는 마음이 있을 리가 없고 따라서 이것을 헛되이 소모하기는 쉽다. 더욱이 이런 불의의 소득은 하나님의 공의의 심판의 대상이 된다.
* 참고 성구 * 잠 11:29, 14:19, 렘 17:11, 약 5:4, 왕상 21:19

■ 기 도 ■ 불의한 소득을 공의로 심판하시는 하나님! 이 나라에 부정과 부패가 하늘을 찌르고 있으나 이런 불의를 개탄하기는커녕 뇌물 못먹는 놈은 병신이라는 사람도 있사오니 이들에게 성경의 진리를 가르치옵소서. 예수 그리스도의 이름으로 기도 드립니다. 아멘

> 경제인

이 세대의 부자들이 기억할 사항

■ 찬 송 ■ ♪ 370, 371, 378 213   ■ 참 조 ■ ☞ ② 185p ③ 297p, 403p

■ 본 문 ■ 네가 이 세대에 부한 자들을 명하여 마음을 높이지 말고 정함이 없는 재물에 소망을 두지 말고 오직 우리에게 모든 것을 후히 주사 누리게 하시는…【딤전 6:17-18】

■ 서 론 ■ 중국 춘추전국시대의 사상가로 노자와 쌍벽을 이룬 도교의 창시자 장자는 "물질로 인하여 자기를 상실하고 세속으로 말미암아 본성을 잃는 사람을 본말이 전도된 사람이라고 한다."라고 했다. 자본주의 시장경제 체제에서는 돈에 최고의 가치로 두고 돈으로 모든 것을 평가한다. 그러나 성도는?

■ 말 씀 ■

I. 재물을 가진 이들은 교만하지 말 것

기자는 네가 이 세대에 부한 자들을 명하여 마음을 높이지 말고라 했다. 이 말은 헬라어 '토이스 프루시오이스 엔 토 뉜 아이오니 파랑겔레 메 휖세로프로네인'으로 이는 '네가 이 세대에서 부한 자들에게 마음을 높이지 말라고 명령하라'는 뜻으로, 돈 많은 신자들은 자칫하면 하나님을 생각하지 않고 교만한 마음을 가지기 쉽기 때문이다. 교만한 마음은 모든 죄악의 근본이 된다.

* 참고 성구 *   잠 23:5, 벧전 5:5, 렘 17:11, 딤전 6:7, 약 4:6

II. 재물을 가진 이들은 탐욕을 버릴 것

기자는 정함이 없는 재물에 소망을 두지 말고라 했다. 여기서 '정함이 없는'은 헬라어 '아델로테티'로서 '확실하지 않은, 목적이 없는, 방향이 없는'의 뜻으로 세상의 재물은 썩어서 없어질 것이기에 그것에 소망을 두는 것은 지극히 헛된 일이요 무가치한 일인 것이다. 바울은 탐욕은 그 이름이라도 부르지 말라고 했다. 성도는 오직 소망을 하늘 나라에 두어야 함을 잊지 말자.

* 참고 성구 *   잠 23:6, 심히 12:4, 엡 5:3-5, 눅 12:15, 골 3:5

III. 재물을 가진 이들은 선한 사업을 행할 것

기자는 선한 일을 행하고 선한 사업에 부하라고 했다. 여기서 '선한 사업에 부하고'는 헬라어 '프루테인 엔 엘고이스 칼로이스'로서 하나님의 복음을 증거하는 복음사업에 세상의 재물을 사용토록 하라는 의미인데, 하나님께로부터 받은 재물은 선하게 사용되어야 하는데 하나님께 함께 지은 바 된 어려운 이웃을 돕고 나누는 것이 하늘나라의 사랑의 질서를 따르는 길이다.

* 참고 성구 *   행 2:44-47, 잠 25:21, 눅 12:33, 히 13:16, 고후 9:6

■ 기 도 ■ 성도에게 재물을 축복하신 하나님! 이 재물로 당신의 복음확장과 당신의 나라의 건설에 이바지하는 영광된 축복을 내려 주시옵소서. 예수 그리스도의 이름으로 기도 드립니다. 아멘

언론인

성도가 애통해야 할 세 때

■ 찬 송 ■ ♪ 185, 141, 351, 356   ■ 참 조 ■ ☞ ③ 345p

■ 본 문 ■ 그들이 칠 때에 내가 홀로 있는지라 엎드리어 부르짖어 가로되…【겔 9:8】

■ 서 론 ■ 인도의 신비주의자요 기독교 성자로 추앙받는 썬다 싱은 "이 세상은 대양과 같다. 우리는 이 세상에 띄워진 배라고 할 수 있다. 배란 물 속에 있어야 쓸모가 있는 법이다. 그렇지 않고 물이 배 안으로 들어오면 잠기기 마련이다."라고 했다. 세상에 환란의 폭풍이 일 때 성도는?

■ 말 씀 ■

Ⅰ. 세상에 죄가 만연할 때 성도는 애통할 것

하나님께서 준행하라고 명하신 길에서 벗어난 것이 죄인즉 이 죄악이 세상에 만연하고 전염병과 같이 창궐할 때는 사람들은 죄를 죄로서 느끼지 못하고 죄에 대해서 감각이 무디어지는 것이다. 이러한 때에 하나님의 택함을 입은 성도는 그러한 가중한 세태를 위해서 회개의 눈물을 흘려야만 한다. 비록 자기 자신은 주 앞에 떳떳할지라도 중보의 눈물의 기도를 드려야 하는 것이다.

＊ 참고 성구 ＊ 눅 13:34, 렘 4:8, 미 2:4, 암 5:1-2, 출 32:32

Ⅱ. 세상에 우상 숭배가 범람할 때 성도는 애통할 것

몇 해 전 타계한 한국 기독교계의 큰 인물 한경직 목사는 "하나님께서 가장 싫어하시는 죄가 음란이요, 우상 숭배는 신앙적으로 음란한 행위를 하는 것이다."라고 했다. 성도는 하나님 이외에 하나님의 자리에 앉아 있는 것, 곧 권력, 명예, 재물, 자식 등등 뿐만 아니라 넓은 의미로 남의 것을 탐하는 탐욕까지도 우상 숭배인 줄 알아 이런 것들이 판을 치고 있는 세태를 향해 애통해야 한다.

＊ 참고 성구 ＊ 신 6:4-5, 엡 5:5, 골 3:5, 눅 12:15, 출 20:4-5

Ⅲ. 세상에 하나님의 진노가 임할 때 성도는 애통할 것

기자는 오호라 주 여호와여 예루살렘을 향하여 분노를 쏟으시오니라고 했다. 여기서 '쏟으시오니'는 히브리어 '솨파크'로서 '엎지르다'인데 상징적으로 '소비하다'의 강세형으로 '쭉 높다'는 뜻으로 억제된 감정 혹은 스트레스가 분출되는 것을 의미한다. 역사를 심판하시는 하나님의 징계의 징조가 느껴질 때 성도들은 앞서서 통회의 기도를 하나님께 드려야 한다

＊ 참고 성구 ＊ 욘 1:12, 왕하 22:13, 롬 1:18, 엡 5:6, 요 3:36

■ 기 도 ■ 성도의 통회자복을 받으시는 하나님! 세상에 죄악이 관영하여 당신의 심판을 초래할 경각의 때에 성도들은 옷을 찢고 슬피 울며 먼저 회개하는 자가 되게 하소서. 예수 그리스도의 이름으로 기도 드립니다. 아멘

언론인

욥이 말한 지혜로운 말의 능력

■ 찬 송 ■ ♪ 453, 437, 430, 455 ■ 참 조 ■ ☞ ② 37p

■ 본 문 ■ …너희가 내 마음을 번뇌케 하며 말로 꺾기를 어느 때까지 하겠느냐… 【욥 19:1-6】

■ 서 론 ■ 영국의 퀘이커 교도(=무교회주의자)로 미국 펜실베니아주 식민지 총독이었던 윌리엄 펜은 "진심에서 나오는 말이 아니고는 사람의 마음을 움직일 수 없고 맑은 양심에서 나오는 말이 아니고서는 사람의 양심을 꿰뚫을 수가 없다."라고 했다. 성도의 지혜로운 말은?

■ 말 씀 ■

Ⅰ. 지혜로운 말은 죄지은 자를 회개케 하는 능력이 있음

기자는 나를 학대하고도 부끄러워 아니 하는구나라고 했다. 여기서 '학대하고도'는 히브리어 '하카르'로서 '실신시키다, 마비시키다, 어리석게 만들다'는 뜻으로 기절시킬 정도로 정신과 육체에 심한 고통을 가하는 것을 의미한다. 성도의 진정한 이해와 사랑에서 비롯된 권면의 말은 강퍅한 자로 하여금 자신의 마음을 돌이켜 하나님께로 향하게 한다.

* 참고 성구 * 겔 3:18, 시 51:17, 34:18, 욜 2:13, 삼하 12:13

Ⅱ. 지혜로운 말은 병든 자를 치유케 하는 능력이 있음

기자는 나를 향하여 자긍하며 내게 수치될 행위가 있다고 증명하려면이라 했다. 여기서 '자긍하며'는 히브리어 '가달'로서 '자신을 크게 나타내다, 교만하게 행동하다'는 뜻으로 자신을 남에게 과대포장하여 스스로 높아짐을 말한다. 성도의 참된 위로의 말은 심령이 상한 자에게 평강을 주고 육신의 병마로 고통받는 자에게는 재활의 소망과 의지를 줄 수 있는 것이다.

* 참고 성구 * 시 50:4, 약 1:26, 잠 16:24, 전 12:11, 눅 24:32

Ⅲ. 지혜로운 말은 죽은 자를 소생케 하는 능력이 있음

기자는 하나님이 나를 굴하게 하시고라고 했다. 여기서 '굴하게'는 히브리어 '이웨타니'로서 '위조하다, 부정하게 하다'라는 뜻으로, 비난하는 친구들에 대한 욥의 항변의 심증이 잘 나타나 있다. 이 말에는 하나님에 대한 욥의 원망 섞인 항변이 내포되어 있다. 참된 지혜와 생명의 말씀인 복음은 이미 영적으로 죽은 자의 영혼을 소생시켜 영생의 문으로 인도한다.

* 참고 성구 * 엡 3:6, 행 16:31, 롬 10:9, 약 1:21, 요 3:16

■ 기 도 ■ 신령한 지혜의 하나님! 고통중에 있는 성도를 말로써 재차 옥죄는 일이 없게 하시고 고통을 인하여 당신께 원망하는 일이 없도록 지혜의 말씀이신 예수 그리스도를 소개하여 큰 능력을 나타내게끔 도와주소서. 예수 그리스도의 이름으로 기도 드립니다. 아멘

언론인

시편에 나타난 금해야 할 말들

■ 찬 송 ■ ♪ 235, 241, 313, 409　　■ 참 조 ■ ☞ ② 223p

■ 본 문 ■ 네 혀를 악에서 금하며 네 입술을 궤사한 말에서 금할지어다【시 34:13】

■ 서 론 ■ "언제 어느 곳에서든 당신이 하는 말을 하나님께서 듣고 계시다는 것을 알아야 한다. 사람의 말은 곧 사람의 성품을 의미하는 것이다."라고 목사 허쉘 포드는 말했다. 한국 속담에도 "말 한 마디로 천냥 빚을 갚는다."고 했다. 성도는 은혜로운 말을 많이 건네고 덕담으로 삶에 힘을 돋워야 한다. 성도가 금할 말은?

■ 말 씀 ■

Ⅰ. 성도는 악독한 말을 금할 것

중국 춘추전국시대의 사상가요 유교의 창시자 공자는 "군자는 말 한 마디로써 지혜롭다고 평가되기도 하고 말 한 마디로써 어리석다고 평가되기도 한다. 말이야말로 삼가지 않을 수 없다."라고 했다. 성도는 복되고 덕스럽고 사랑과 위로가 넘치는 말을 해야지 자기와 견해가 다르다고 남을 저주하고 모함하는 말을 함으로써 상대를 실족시키는 일이 있어서는 안 될 것이다.

　　＊ 참고 성구 ＊　약 3:9-10, 잠 21:23, 벧전 3:10, 2:1, 엡 4:31

Ⅱ. 성도는 거짓된 말을 금할 것

기자는 네 입술을 궤사한 말에서 금할지어다라고 했다. 여기서 '궤사한'은 히브리어 '미르마'로서 '속이다'의 명사형인데 이는 '사기, 속임'의 뜻으로 남을 속여 물건을 취하려는 거짓된 말과 행동을 의미한다. 성도는 항상 진리의 말씀과 진실된 마음에서 나오는 정직한 말만 해야 하는데 거짓된 말을 서슴지 않고 내뱉어서 하나님의 영광을 가리는 일이 있으면 안 된다.

　　＊ 참고 성구 ＊　마:37, 시 58:3, 딤후 1:13, 딛 2:8, 벧후 2:3

Ⅲ. 성도는 허망한 말을 금할 것

유대인의 지혜서 탈무드에는 "입을 다물 줄을 모르는 사람은 문이 닫히지 않는 집과 다를 바가 없다."라는 글이 있다. 성도는 소망이 있고 선한 열매를 맺을 수 있는 말을 힘써야지 헛된 사설이나 유익함이 없는 비난을 일삼는다면 그것은 참된 성도의 모습이라 할 수 없다. 모름지기 성도는 유익한 말과 덕이 되는 말을 가지고 사람을 감동감화 시켜야 한다.

　　＊ 참고 성구 ＊　딤후 2:16, 욥 16:3, 딤전 6:20, 전 5:3, 딛 1:10

■ 기 도 ■ 하나님 아버지! 이 시간 성도가 금해야 할 말에 대하여 배웠습니다. 성도는 오로지 선한 말과 덕스러운 말과 은혜의 말로 이웃에게 영감을 주며 하나님께 영광이 되는 귀한 존재가 되게 하소서. 예수 그리스도의 이름으로 기도 드립니다. 아멘

의사

벳새다의 소경 치유가 주는 의미

■ 찬 송 ■ ♪ 208, 204, 205, 493   ■ 참 조 ■ ☞ ① 425p

■ 본 문 ■ 벳새다에 이르매 사람들이 소경 하나를 데리고 예수께 나아와 … 【막 8:22-25】

■ 서 론 ■ 영국 작가 조지 쿨만은 "그리스도는 만병의 의사로되 인간이 고칠 수 있는 병은 인간에게 고치게 하고 인간이 고칠 수 없는 병만 고치신다. 그러므로 모든 의사를 다 찾아가도 고치지 못한 병이 있으면 그리스도께 나아오라. 치료비는 무료이다. 단 그리스도의 능력을 인정하는 믿음만 가지고 나아오라. 그대의 병은 완전히 고침을 받으리라."고 했다. 벳세다의 소경은?

■ 말 씀 ■
I. 예수로 인해 어두움 가운데서 빛을 봄
기자는 저가 주목하여 보더니 나아서 만물을 밝히 보는지라고 했다. 여기서 '밝히'는 헬라어 '텔라우고스'로서 '자세히, 멀리에서도 분명히'라는 뜻으로 이는 소경의 눈이 완전히 회복된 것을 증거해 준다. 벳새다의 소경은 육신의 눈을 회복하여 빛을 보게 되었다. 성도는 예수 안에서 죄와 불의가 가득 찬 어두움을 물리치고 의와 진리의 참 빛을 발견해야 할 것이다.
    * 참고 성구 *   눅 1:79, 요 1:5, 9, 8:12, 사 9:2, 고후 4:6, 계 21:23

II. 예수로 인해 절망 가운데서 소망을 봄
영국의 시인이요 극작가인 셰익스피어는 "지옥에 있는 자는 결코 소망이 소용없고, 천국에 있는 자는 결코 소망이 필요치 않다. 비참한 자는 소망 외에 다른 치료약이 없다."라고 했다. 벳새다의 소경은 육신의 눈을 회복하여 소망을 보게 되었다. 성도는 예수 안에서 실패와 좌절뿐인 유한한 세상에서 참된 기쁨과 행복을 보장하는 영원한 소망을 보게 될 것이다.
    * 참고 성구 *   행 24:15, 골 1:5, 딛 2:13, 히 6:18-19, 벧전 1:3

III. 예수로 인해 사망 가운데서 생명을 봄
"이 세상은 영원한 세상의 현관이다. 영원한 세상에 들어가는 자는 그 현관에서 입장권을 받아야 한다. 그 입장권은 그리스도의 보혈이요, 그 문을 통과할 때 사용되는 암호는 '예수'이다." 벳새다의 소경은 육신의 눈을 회복하여 생명을 보게 되었다. 성도는 예수 안에서 죽음만 바라보며 살아가던 자에서 이제는 그 죽음 이후의 영생의 삶을 바라보게 되었다.
    * 참고 성구 *   요 3:16, 마 25:46, 롬 2:7, 딛 1:2, 요일 2:25

■ 기 도 ■ 하나님 아버지! 벳새다의 소경은 예수를 만나서 세 가지 귀한 체험을 하였습니다. 오늘 우리도 작은 예수가 되어 육신의 눈뿐만 아니라 영혼의 눈을 뜨게 하는 자들이 되게 하소서. 예수 그리스도의 이름으로 기도 드립니다. 아멘

의사

문둥병 진단에서 나타난 하나님의 모습

■ 찬 송 ■ ♪ 404, 403, 417, 405 　　■ 참 조 ■ ☞ ② 67p

■ 본 문 ■ …제사장은 진찰할지니 그 병이 피부에 퍼졌으면 그를 부정하다 진단할 것이라… 【레 13:1-17】

■ 서 론 ■ "모든 섭리 속에서 하나님은 우리의 선을 위해 일하신다. 행복 속에서 우리의 감사를, 평범 속에서 우리의 만족을, 불행 속에서 우리의 순종을, 어둠 속에서 우리의 믿음을, 유혹을 통해 우리의 확고함을, 그리고 언제나 그에 대한 복종과 신뢰를 하나님은 시험하신다."라고 어느 의사는 말했다. 하나님은 당신의 택하신 성도에 대해 관심이 많으신 분이시다. 환자를 보시는 하나님은?

■ 말 씀 ■
Ⅰ. 하나님의 세밀하심
기자는 제사장은 진찰할지니라고 했다. 여기서 '진찰할지니'는 히브리어 '라아'로서 이는 '인지하다, 바라보다'의 뜻으로 독수리가 희생물이 될 새를 노려보듯이 뚫어지게 쳐다본다는 의미로 신중하고 세밀한 조사를 가리킨다. 하나님은 불결하고 악한 것을 철저히 진단하시고 세심하게 살피시는 분이시므로 지금 성도의 모든 더럽고 추한 것들도 세심히 감찰하시고 있다.
　* 참고 성구 * 　마 10:30, 렘 17:10, 대상 28:9, 히 4:12, 롬 8:27

Ⅱ. 하나님의 완전하심
기자는 그가 이미 부정하였은즉 금고하지는 않는다고 했다. 여기서 '금고'는 히브리어 '사가르'로서 '싸다, 닫다, 폐쇄하다, 밀폐시키다'의 뜻으로 다른 사람들과의 접촉을 막기 위해 밀폐된 공간에 분리, 고립시키는 것을 말하는데 이는 죄의 오염을 철저히 방지함을 암시한다. 악은 모양이라도 허락지 않으시는 하나님의 완전하신 의와 거룩함은 성도에게도 요구되어지는 것이다.
　* 참고 성구 * 　벧전 1:15-16, 출 15:11, 사 6:3, 고후 7:1, 엡 4:24

Ⅲ. 하나님의 구별하심
기자는 제사장이 난육을 보고 부정하다 진단할지니라고 했다. 여기서 '부정하다 진단할지니'는 히브리어 '타메'로서 실제 '부패함', 도덕적 '더러움', 의식적 '부정함'을 (공중 앞에) 선언하다라는 의미이다. 하나님은 불결한 자와 정결한 자를 철저히 구별시키시는데 지금 이 세상에서 성도를 거룩하게 구별시키실 뿐 아니라 마지막 날에 이르러 그 구별은 최종 완성될 것이다.
　* 참고 성구 * 　눅 17:34, 시 52:11, 요 15:19, 엡 5:11, 계 22:15

■ 기 도 ■ 하나님 아버지! 문둥병은 죄의 대표적 상징이기에 판별을 제사장이 하셨습니다. 오늘 당신이 죄를 어떻게 보시며 행하시는지를 알게 하시어 택한 자답게 성별된 생을 영위하게 하소서. 예수 그리스도의 이름으로 기도 드립니다. 아멘

의사

히브리 산파가 보여준 모본

■ 찬 송 ■ ♪ 515, 522, 508, 514   ■ 참 조 ■ ☞ ① 173p

■ 본 문 ■ …너희는 히브리 여인을 위하여 조산할 때에 살펴서 남자여든 죽이고…【출 1:15-22】

■ 서 론 ■ 영국의 의사 토마스 브라운 경은 "죽음을 두려워하지 않는 것이 용감한 행위라고 할 수 있으나 삶이 죽음보다 더 무섭다는 것을 깨달을 때에는 용감하게 사는 것이 진정한 용기이다."라고 했다. 절대 군주인 애굽의 바로 왕의 엄명을 거부하고 양심껏 이스라엘의 산모를 돌본 히브리 산파의 신앙은?

■ 말 씀 ■

Ⅰ. 히브리 산파는 하나님을 두려워하였음

기자는 산파들이 하나님을 두려워했다고 하였다. 여기서 '두려워하여'는 히브리어 '야레'로서 '무서워하다, 경외하다'는 뜻으로 이는 단순한 공포심이 아니라 하나님을 경외하며 그분의 영광을 높이는 경건한 삶의 태도를 가리킨다. 성도의 신앙은 근본적으로 하나님을 어떻게 생각하고 어떻게 대하느냐에 달려 있다. 사람보다 하나님을 두려워하는 자는 하나님을 거역하지 않는다.

* 참고 성구 *   마 10:28, 신 10:12, 전 12:13, 벧전 1:17, 행 10:35

Ⅱ. 히브리 산파는 생명을 귀하게 여겼음

기자는 애굽 왕의 명령을 어기고 남자를 살린지라고 했다. 히브리의 두 산파는 왕명을 거역하고 목숨을 걸고서 새 생명들을 살려 내었다. 사단은 위대한 구속사적 인물인 모세의 탄생을 방해하고자 했지만 하나님을 경외하는 경건한 여인들의 지혜를 통해서 그의 작전은 실패로 끝났다. 성도는 오직 생명을 다스릴 권한은 한 분 하나님밖에 없음을 망각하지 말자.

* 참고 성구 *   잠 12:28, 마 2:16, 요 10:10, 딤후 1:10, 요일 5:12

Ⅲ. 히브리 산파는 불의와 타협하지 않았음

'히브리'라는 말은 '아발' 곧 '건너가다, 통과하다'는 말에서 유래된 것으로, 히브리 사람의 조상들은 전진하는 동적인 삶을 살았는데 하나님이 지시하는 미래의 약속된 희망을 위해 믿음을 통하여 앞으로 전진했다. 따라서 이 히브리 사람, 곧 선민 이스라엘 백성처럼 참된 진리를 아는 자들은 결코 불의의 편에 서지 않고 어떤 위험 속에서도 결단코 악인의 꾀를 좇지 않는다.

* 참고 성구 *   시 1:1, 고후 6:14, 고전 15:33, 요이 1:10, 엡 5:11, 신 26:5

■ 기 도 ■ 히브리 산파를 축복하신 하나님! 그녀들의 당신을 위한 믿음을 오늘 우리도 본받게 하시고 그녀들은 몰랐겠지만 섭리의 구속사를 위해 놀라운 일을 하게 된 것은 그녀들의 신앙이 견실했음 때문임을 오늘 우리가 깨닫게 하소서. 예수 그리스도의 이름으로 기도 드립니다. 아멘

예수 그리스도 안에서 얻는 지식

■ 찬 송 ■ ♪ 506, 493, 82, 511   ■ 참 조 ■ ☞ ② 231p, 411p

■ 본 문 ■ …내 주 그리스도 예수를 아는 지식이 가장 고상함을 인함이라… 【빌 3:3-16】

■ 서 론 ■ 영국의 시인으로 실락원의 저자로 유명한 존 밀턴은 "모든 배움의 결과는 하나님을 아는 것이요, 그 지식의 결과로 하나님을 사랑하고 그와 친밀하게 되며, 그를 닮게 된다."라고 했다. 이방인의 사도 바울은 그리스도를 아는 지식 외에는 모든 것을 배설물로 여긴다고 했다. 이 지식은?

■ 말 씀 ■
Ⅰ. 이는 참 구원을 주는 지식이다
바울은 예수를 아는 지식이 가장 고상함을 인함이라 했다. 여기서 '지식'은 헬라어 '그노시스'로서 배워서 점점 구체적으로 아는 지식을 의미하며, '가장 고상함을 인함이라'는 '디아 토 휘펠레콘'은 '가장 탁월하기 때문에, 가장 가치 있기 때문에'라는 뜻이다. 세상 지식은 약간의 유익을 주지만 예수 안에서 얻는 지식은 성도들에게 궁극적인 구원과 영생의 축복을 얻게 한다.
  * 참고 성구 *   요 17:3, 8:31-32, 벧후 1:5, 호 6:3, 골 1:10.

Ⅱ. 이는 이타적인 지식이다
바울은 그 부활의 권능과 그 고난에 참여함을 알려 하여라고 했다. 여기서 '알려 하여'는 헬라어 '그노나이'로서 이는 계속하여 알려는 앎의 결단을 나타내는 말이다. 바울은 그리스도는 하나님의 비밀이며, 비밀 가운데 있는 하나님의 지혜이며, 하나님의 충만이 그리스도 속에 있음을 보았다. 세상 지식은 부귀와 영화를 주지만 이 지식은 모든 사람을 구원으로 이끄는 지식이다.
  * 참고 성구 *   요 17:3, 8:31-32, 벧후 1:5, 호 6:3, 골 1:10

Ⅲ. 이는 의로운 지식이다
바울은 푯대를 향하여 예수 안에서 하나님이 위에서 부르신이라 했다. 여기서 '푯대를 향하여'는 헬라어 '카타 스코폰'으로 이는 '목표를 따라서, 목표를 향하여'라는 의미인데 이는 '그리스도의 부활'을 뜻한다. 그리스도를 안다는 것은 곧 그리스도의 부활을 아는 것을 의미한다. 세상 지식은 인간의 타락한 본성에서 나온 것이나 이것은 하나님에게서 나온 의롭고 완전한 지식이다.
  * 참고 성구 *   롬 11:33, 시 104:24, 잠 3:19, 고전 1:25, 요일 2:20

■ 기 도 ■ 하나님 아버지! 예수 그리스도를 통하여 우리는 부활과 구원과 영생에 대한 지식을 알았습니다. 이 지식을 혼자서만 아는 것이 아니라 이웃에게도 전하고 가르치게 하여 그들도 복음의 생활을 하도록 인도하소서. 예수 그리스도의 이름으로 기도 드립니다. 아멘

교육자

성도의 영적 생활에 유익한 지혜

■ 찬 송 ■ ♪ 235, 241, 238, 313   ■ 참 조 ■ ☞ ② 37p

■ 본 문 ■ …이것을 얻으면 정녕히 네 장래가 있겠고 네 소망이 끊어지지 아니하리라 【잠 24:14】

■ 서 론 ■ 영국의 철학자요 역사가인 토마스 칼라일은 "사람에게서 제일 무서운 것은 행운의 결핍 또는 행복의 결핍이 아니라 지혜의 결핍이다."라고 했다. 지혜의 왕 솔로몬은 그의 잠언에서 미련한 자는 지혜와 훈계를 멸시한다고 했다(잠 1:7). 유익한 지혜는 성도에게 무엇을 얻게 하나?

■ 말 씀 ■

I. 유익한 지혜는 구원을 얻게 함

기자는 지혜가 네 영혼에게 이와 같은 줄을 알라고 했다. 여기서 '알라'는 히브리어 '데에'로서 '야다'(확실히 알다, 경험적으로 알다)의 미완료과거로 지금까지 알아 왔듯이 앞으로도 계속해서 깨달으라는 뜻이다. 하나님을 아는 지혜로써 성도는 삶의 참된 목적과 방향을 바르게 알게 되고 이로 인해서 성도는 하나님이 주시는 구원의 길로 나아가게 되는 것이다.

  * 참고 성구 *   잠 15:24, 시 26:7, 렘 42:3, 마 7:14, 눅 1:79

II. 유익한 지혜는 은총을 받게 함

기자는 이것을 얻으면 정녕히 네 장래가 있겠고라고 했다. 여기서 '장래'는 히브리어 '아하릿'으로 이는 '맨 끝부분'을 뜻하는 말이나 간혹 '보상, 상급'으로 의미되기도 한다. 하나님의 거룩한 지혜는 하나님의 뜻을 온전하게 분별하게 하여 하나님을 기쁘시게 함으로써 성도로 하여금 하나님의 더욱 풍성한 축복, 곧 보상과 상급을 얻는 데에 거하게 한다.

  * 참고 성구 *   잠 8:35, 창 4:4, 출 2:25, 욥 33:26, 눅 1:30

III. 유익한 지혜는 선한 길로 인도함

기자는 네 소망이 끊어지지 아니하리라고 했다. 하나님이 내리시는 하늘의 지혜는 성도로 하여금 하나님이 원하시고 인정하시는 선한 길로 가게 하고, 따라서 성도를 의롭고도 아름다운 삶을 영위하도록 하여 궁극적으로는 영원한 생명의 소망의 길로 이끌어 준다. 그러므로 잠언 기자는 지혜가 너로 선한 자의 길로 행하게 하며 또 의인의 길을 지키게 한다고 하였다.

  * 참고 성구 *   잠 2:20, 시 62:5, 빌 1:20, 요 14:6, 약 1:5, 3:13-17

■ 기 도 ■ 하나님 아버지! 당신께로부터 온 유익한 지혜는 성도를 구원하고 선한 길로 인도하는 참 지혜임을 배웠습니다. 오늘 우리들도 이 지혜를 인하여 당신의 축복을 받았사오니 이 지혜는 바로 예수 그리스도임을 전파하게 하소서. 예수 그리스도의 이름으로 기도 드립니다. 아멘

교육자

참 교사가 힘쓸 세 가지 일들

■ 찬 송 ■ ♪ 517, 508, 102, 424   ■ 참 조 ■ ☞ ② 161p

■ 본 문 ■ 네가 이것들을 명하고 가르치라 누구든지 네 연소함을 업신여기지 못하게 하고 오직 말과 행실과 사랑과 믿음과 정절에 대하여 믿는 자에게 본이 되어…【딤전 4:11-16】

■ 서 론 ■ 스위스의 저명한 교육개혁자인 요한 페스탈로치는 "재주와 지혜만 양성하여 성장하면 도리어 사람에게 해독이 될 수 있다. 그러므로 모든 학문의 근본인 단정한 심지의 밭을 함께 양성하여야 한다."고 했다. 바울은 믿음으로 낳은 아들 디모데에게 본이 되라고 했다. 참 교사는?

■ 말 씀 ■

Ⅰ. 참 교사는 말씀 연구에 힘써야 한다

기자는 내가 이를 때까지 읽는 것에 착념하라고 했다. 여기서 '읽는 것'은 헬라어 '테 아나그노세이'로서 '그 읽는 것에' 인데 이는 하나님의 말씀을 읽고 연구하는 데 머물러 있는 상태를 말하며, '착념하다' 곧 '프로세코'는 '주목한다, 관심을 가진다, 전념한다, 몰두한다' 인데 하나님의 종은 말씀을 연구하는 일에 마음을 집중하여 전념하고 몰두해야 함을 의미한다.

　　＊ 참고 성구 ＊　신 17:19, 시 34:16, 요 5:39, 행 17:11, 롬 15:4

Ⅱ. 참 교사는 말씀 선포에 힘써야 한다

기자는 권하는 것과 가르치는 것에 착념하라고 했다. 여기서 '권하는' 은 헬라어 '파라칼레오'로서 '곁으로 부른다, 이끈다, 강권한다, 권면한다, 위로한다' 이며, '가르치는 것에' 는 '테 디다스칼리아' 곧 '그 가르침에' 로서 오로지 가르치는 일에 붙들리고 소유된 상태를 의미한다. 하나님의 종은 그리스도의 이름으로 권하고 가르치는 것이 가장 중요하며 이는 기본적인 선교 방침이다.

　　＊ 참고 성구 ＊　스 7:10, 느 8:7, 눅 24:27, 행 8:35, 18:26, 28:23

Ⅲ. 참 교사는 말씀의 본이 되게 힘써야 한다

기자는 네가 네 자신과 가르침을 삼가 이 일을 계속하라고 했다. 여기서 '네가 네 자신과 가르침을 삼가' 는 헬라어 '에페케 세아우토 카이 테 디다스 칼리아' 로서 이는 '너 자신을 주목하고 그 가르침에 목표하라' 는 뜻으로 하나님의 종은 항상 자신을 돌아보고 주의하여 사람들에게 본이 되게 생활하여야 한다. 그럴 때 자신의 발전과 교회의 부흥을 가져오게 하는 것이다.

　　＊ 참고 성구 ＊　딤전 3:2, 히 13:17, 딛 2:7, 살후 3:9, 행 20:35

■ 기 도 ■ 참 교사를 세우신 하나님! 오늘 우리는 참 교사요 당신의 종인 사도 바울의 가르침을 보았습니다. 우리도 이 말씀들을 명심하여 가르치는 자로서의 본분을 다하게 하소서. 예수 그리스도의 이름으로 기도 드립니다. 아멘

농업

생명의 떡이신 예수의 의미

■ **찬 송** ■ ♪ 422, 93, 429, 456 　　■ **참 조** ■ ☞ ① 157p

■ **본 문** ■ …내가 곧 생명의 떡이니 내게 오는 자는 결코 주리지 아니할 터이요… 【요 6:32-35】

■ **서 론** ■ "그대의 문을 두드리며 비참하게 애걸하는 진리를 친절히 대하라. 그렇지 않으면 언젠가는 진리이신 예수 그리스도께서 누더기를 입고 오실 때 분별하는 데 실패할 수가 있느니라."고 미국의 안과의사 오스틴 오말리는 말했다. 진리 되시는 예수 그리스도를 전파하는 사명을 가진 성도는 세상의 영적 기근을 돌봐야 하는데 이는?

■ **말 씀** ■

I. 성도는 진리의 기근을 돌아볼 것

주님은 내게 오는 자는 결코 주리지 아니할 터이요라고 하셨다. 여기서 '내게 오는 자'는 헬라어 '호 엘코메노스 프로스 메'로서 '나를 향하여 오는 자'이며, '결코 주리지 아니할 터이요'는 '우 메 페이나세'로서 '우', '메'란 부정사가 두 개나 겹쳐 붙어 가장 강한 부정을 나타냈다. 이는 예수를 신앙의 대상으로 삼고 삶의 목적으로 전진하는 자는 결코 기근이 없음을 뜻한다.

　* 참고 성구 *　암 8:11, 눅 15:14, 엡 2:12, 딤전 6:5, 계 3:17

II. 성도는 영혼의 기근을 돌아볼 것

주님은 나를 믿는 자는 영원히 목마르지 아니하리라고 하셨다. 여기서 '영원히 목마르지 아니하리라'는 헬라어 '우 메 디훼세이 포포테'로서 이 역시 같은 뜻의 강한 부정이다. 이는 예수께 오는 자는, 곧 예수를 믿는 자는 결단코 기갈이 없으며 신앙의 불만과 삶의 갈증을 느끼지 아니한다는 의미이다. 성도는 영적으로 굶주리며 목말라 하는 심령을 예수께로 인도하는 자들이 되어야 한다.

　* 참고 성구 *　요 4:13-15, 시 55:1, 58:11, 시 107:9, 계 22:17

III. 성도는 양식의 기근을 돌아볼 것

성도들은 전세계의 각처에서 벌어지고 있는 무모한 전쟁과 또 이로 인한 각종 질병들과 자연 재해 등의 재난이 끊이지 않고 있음을 주목하고, 이것들로 인하여 세계 각지에서 먹을 것과 마실 것이 없어 헐벗고 굶주려 죽어가는 수많은 불쌍한 사람들이 있음을 간과하지 말고 그들을 기도와 행동으로 돌아보는 자들이 되자. 이것이 실천하는 신앙이요, 행동하는 믿음인 것이다.

　* 참고 성구 *　시 105:16-17, 창 41:54-57, 마 24:7, 계 6:8, 약 2:26

■ **기 도** ■ 하나님 아버지! 육신의 기근과 기갈도 중요하지만 더욱 영혼의 기근과 기갈을 돌아보는 성도들이 되어 말세지말에 더욱 근신하며 많은 이에게 영의 양식을 공급하는 자가 되게 하소서. 예수 그리스도의 이름으로 기도 드립니다. 아멘

농업

씨뿌리는 자의 비유에 담긴 의미

■ 찬 송 ■ ♪ 369, 512, 511, 378   ■ 참 조 ■ ☞ ① 399p ② 307p

■ 본 문 ■ …이에 예수께서 여러 가지 비유로 가르치시니 그 가르치시는 중에 저희에게 이르시되 들어라 씨를 뿌리는 자가 뿌리러 나가서 뿌릴새 더러는 길가에… 【막 4:1-20】

■ 서 론 ■ 영국의 성직자인 스펄전은 "우리는 복음의 진리를 느끼는 것 외에 다른 방법으로 복음을 배우는 방법이 없다. 어떤 과학은 머리로 배울 수 있으나 십자가에 못박힌 그리스도의 과학은 마음으로만 배울 수 있다."라고 했다. 각양각색의 마음밭에 복음의 씨를 뿌리지만 결실하는 밭은 하나뿐이다. 씨뿌리는 자의 비유는?

■ 말 씀 ■

Ⅰ. 복음을 즉각 거부하는 사람

기자는 길가에 뿌리웠다는 것은 이들이니 곧 말씀을 들었을 때에 사단이 즉시 와서 저희에게 뿌리운 말씀을 빼앗는 것이라고 했다. 이들 부류의 사람들은 하나님의 복음을 듣기는 하지만 복음의 말씀의 씨앗이 들어오기 전에 사단의 역사로 인하여 마음밭에 받아들이지도 못하는 경우이다. 대개 이런 사람들은 완고하거나 교만하여 영혼에 무관심한 사람들이다.

* 참고 성구 * 살후 1:8, 롬 2:5, 마 22:5, 딤전 1:9, 엡 5:6

Ⅱ. 복음을 받으나 배반하는 사람

기자는 돌밭에 뿌리웠다는 것은 이들이니 곧 말씀을 들을 때에 즉시 기쁨으로 받으나 그 속에 뿌리가 없어 환란이나 핍박이 일어나는 때에는 넘어지는 자라 했다. 이들 부류의 사람들은 하나님의 복음을 받아들여 얼마간 믿어 복음의 씨앗이 자라는 것 같지만 여러 가지 이유로 인하여 결국에는 믿음을 버리게 되는 경우이다. 대개 이런 사람들은 세상적인 사람들이다.

* 참고 성구 * 고후 4:3-4, 마 10:17, 눅 21:34, 딤전 6:9, 딤후 4:10

Ⅲ. 복음을 받고 열매를 맺는 사람

기자는 좋은 땅에 뿌리웠다는 것은 곧 말씀을 듣고 받아 삼십 배와 육십 배와 백 배의 결실을 하는 자니라고 했다. 여기서 '결실하는'은 헬라어 '칼포포레이'로서 '열매를 맺는다, 수확을 낸다'는 뜻으로 현재 그리스도를 위하여 수확을 산출하는 상태를 의미한다. 이런 부류의 사람들은 복음을 받고 끝까지 믿음을 지켜 선한 열매로 그 믿음의 진실성을 증명하는 사람이다.

* 참고 성구 * 빌 2:22, 살전 2:13, 행 17:11, 갈 5:22, 마 5:16

■ 기 도 ■ 하나님 아버지! 복음에 대한 사람들의 반응을 보았습니다. 우리는 열매를 맺는 사람들이 되어 당신께 영광 돌리며 이웃에게도 복음의 씨를 뿌리는 자들이 되게 하소서. 예수 그리스도의 이름으로 기도 드립니다. 아멘

목축업

이스라엘의 거짓 목자에 대한 경고

■ **찬 송** ■ ♪ 244, 245, 246, 247　　■ **참 조** ■ ☞ ③ 371p

■ **본 문** ■ …내 양의 무리가 온 지면에 흩어졌으니 찾고 찾는 자가 없었도다 【겔 34:1-6】

■ **서 론** ■ "목자가 양을 돌보듯, 목사는 성도들의 영혼을 돌보는 영혼의 목자이다." 성경 은유영해라는 모음집에 나와 있는 말이다. 목축업이 발달한 이스라엘에서는 이스라엘 백성과 하나님과의 관계를 양과 목자에 많이 비유하고 있는데 다윗의 시편 23편은 그 대표적인 노래이다. 거짓 목자는?

■ **말 씀** ■

Ⅰ. 거짓 목자는 자기의 유익만 구하는 목자이다

기자는 자기만 먹는 이스라엘 목자들은 화 있을진저 목자들이 양의 무리를 먹이는 것이 마땅치 아니하냐고 했다. 목자의 사명은 양을 돌보는 데에 있다. 그래서 다윗은 그의 시에서 그가 나를 푸른 초장에 누이시며 쉴 만한 물가으로 인도하신다고 했다. 그런데 양을 먹이기보다 그 양을 오히려 먹이감으로 삼아 자신을 돌보기에 급급한 목자는 참 목자가 아니라 거짓 목자이다.

* 참고 성구 *　시 56:10-12, 시 23:2, 막 10:37, 빌 2:21, 눅 10:31-32

Ⅱ. 거짓 목자는 양을 찾지 않는 목자이다

기자는 쫓긴 자를 돌아오게 아니하며 잃어버린 자를 찾지 아니하고라 했다. 목자의 사명은 양을 잃지 않기 위해서 늘 관심을 가지고 돌아봐야 하는 데에 있다. 주님은 나는 선한 목자라 선한 목자는 양들을 위하여 목숨을 버린다고 했다. 그런데 잃어버린 양에 대한 관심도 없고 더우이 애정도 내팽개치고 찾으려는 노력도 하지 않는 목자는 거짓 목자이다.

* 참고 성구 *　요 10:11-12, 렘 23:2, 눅 15:4-5, 벧전 5:2-3

Ⅲ. 거짓 목자는 강포로 돌보는 목자이다

기자는 다만 그것들을 강포로 다스렸도다 목자가 없으므로 그것들이 흩어졌다고 했다. 여기서 '흩어졌으되'는 히브리어 '푸츠'로서 '산산이 부수다, 사방으로 던지다'는 뜻으로 뿔뿔이 흩어지는 상태를 의미한다. 목자는 사랑으로 양을 돌봐야 한다. 그런데 거짓 목자는 강포함으로 양을 내해서 상처받게 하고 어긋날 길을 걷게 하고 좋은 초장으로 인도는커녕 뿔뿔이 흩어지게 한다.

* 참고 성구 *　마 9:36, 요 10:9, 13, 행 20:29-30, 사 40:11, 벧전 2:25

■ **기 도** ■ 참 목자이신 하나님! 이 시간 거짓 목자로 나타난 이스라엘의 권력자들을 보았습니다. 그들은 이리와 같은 자들로서 끝내는 당신의 백성을 흩어지게 하였음을 보면서 우리로 이것을 큰 경계로 삼아 거짓 목자를 분변케 하옵소서. 예수 그리스도의 이름으로 기도 드립니다. 아멘

목축업

선한 목자 예수의 의미

■ 찬 송 ■ ♪ 97, 487, 86, 102   ■ 참 조 ■ ☞ ② 309p

■ 본 문 ■ …내가 문이니 누구든지 나로 말미암아 들어가면 구원을 얻고… 【요 10:7-18】

■ 서 론 ■ 히포의 주교였던 성 어거스틴은 "너희가 동서남북 어디를 방황하든지 예수 그리스도의 품에 안기우기 전에는 참다운 평안이 없다."라고 했다. 주님은 자신을 양의 문이라고 하시며 들어가고 나오며 꼴을 얻는다고 하셨다. 주님이야말로 생명의 떡이시요 생명의 음료이시다. 예수께서는?

■ 말 씀 ■

Ⅰ. 예수께서는 사단의 권세를 멸하시기 위해 이 땅에 오심

주님은 나보다 먼저 온 자는 다 절도요 강도니라고 하셨다. 여기서 '절도'는 헬라어 '크렢테스'로서 '도둑, 도적'을 말하며, '강도'는 '레스테스'로서 '강도, 도둑, 폭도, 반도'라는 말이다. 이들은 거짓 선생, 거짓 지도자, 거짓 메시야들로서 사단의 하수인들이다. 주님께서 성육신(incarnation)하신 순간부터 세상을 죄와 사망으로 이끌던 사단의 권세는 무너지기 시작했다.

  * 참고 성구 * 요일 3:8, 창 3:15, 요 12:30-31, 8:44, 살후 2:8, 히 2:14

Ⅱ. 예수께서는 영생을 주시기 위해 이 땅에 오심

주님은 들어가며 나오며 꼴을 얻으리라고 하셨다. 여기서 '꼴'은 헬라어 '노메'로서 '목장, 목초'인데 이는 많은 양의 꼴을 뜻하며, '꼴을 얻으리라'는 '노멘 휴레세이'로서 '꼴을 발견하리라'이다. 구원은 내가 만드는 것이 아니라 발견하는 것이요, 들어가며 나가며 꼴을 발견하는 것은 풍부한 양식으로 사는 기름진 생애이며, 또한 이는 부활을 통한 영생을 취하는 것이다.

  * 참고 성구 * 딛 1:2, 요일 2:25, 요 10:28, 고전 15:19

Ⅲ. 예수께서는 도리어 섬기시기 위해 이 땅에 오심

주님은 선한 목자는 양들을 위하여 목숨을 버린다고 하셨다. 여기서 '양들을 위하여'는 헬라어 '휘펠 톤 프로바톤'으로 이는 '그 양들을 위해서'인데 그 양들은 세상의 이리에게 쫓기고 고통당하는 양들이요, 목숨을 위협받는 양들을 의미한다. 주님은 죄인들을 위해 자신을 바쳐서 구원의 길을 여시고 가난하고 소외된 자들을 섬기고 위로하시려고 이 땅에 오셨다.

  * 참고 성구 * 마 20:28, 눅 22:27, 요 13:4-5, 빌 2:7

■ 기 도 ■ 선한 목자 되시는 하나님! 이 시간 당신의 독생자 예수께서 이 땅에 오신 사역을 배웠습니다. 오늘 당신의 양으로 성도로 부름받은 우리는 오직 주님을 찬양하고 감사하며 믿음을 지키는 일에 최선을 다하게 도와주소서. 예수 그리스도의 이름으로 기도 드립니다. 아멘

목축업

잠언이 말하는 참된 목자의 자세

■ **찬 송** ■ ♪ 103, 430, 453, 442   ■ **참 조** ■ ☞ ② 161p

■ **본 문** ■ 네 양떼의 형편을 부지런히 살피며 네 소떼에 마음을 두라【잠 27:23】

■ **서 론** ■ 아일랜드계 미국인으로 장로교 목사요 저술가인 존 홀은 "목사는 진짜 사람이어야 하고, 살아 있는 사람이어야 하며, 진실한 사람이요, 소박한 사람이어야 하며 그의 사랑, 삶이나, 그의 일에나, 단순성이나 온유하고 부드러운 면이 매우 뛰어나야 한다."라고 했다. 하나님이 위탁하신 양떼를 잘 보살피려면 목사는 수퍼맨이 되어야만 한다. 참된 목자는?

■ **말 씀** ■

Ⅰ. 참된 목자는 마음에 두는 자이다

미국의 신학자 나다니엘 에몬스는 "설교하기는 매우 쉬우나 좋은 설교를 하기란 매우 어렵다. 목사의 일만큼 그토록 많이 정신 노동을 요구하는 직업은 없다. 아마 배는 더 필요할 것이다."라고 했다. 좋은 목자는 일어서나 앉으나 자나깨나 양떼를 늘 마음에 두고 관심을 가질 뿐만 아니라 양떼를 위해 그들의 안전을 걱정하며 항상 기도하는 자이다.

* 참고 성구 * 삼상 12:23, 눅 15:4-5, 사 40:11, 마 18:12, 요 10:3

Ⅱ. 참된 목자는 살피는 자이다

"목자들은 양들의 영혼의 안전을 지키는 파수꾼들이다." "목사는 이 땅에서 하늘나라의 사신으로 일을 한다." 이 두 금언은 성경은유영해라는 책에 실린 글이다. 참된 목자는 양떼를 알기에 힘쓰며 양떼의 처지나 형편을 살펴서 개선하고 보완하며 치료하고 아낌없이 보살피는 가운데 자신의 유익을 구하지 아니하고 양떼의 유익을 위한 노력을 한결같이 하는 자이다.

* 참고 성구 * 시 23:2, 창 33:13-14, 벧전 5:1-2, 요 10:11, 엡 4:12

Ⅲ. 참된 목자는 선도하는 자이다

"목사는 빗자루와 같다. (성도가 쓰는 대로 쓸려가므로) 그래도 사람이 빗자루 뒤를 따라가며 쓸어가듯 목사님의 뒤를 어디든지 따라갈 각오가 되어 있다." 이는 스펄전 목사와 올네이 집사의 대화중의 말로서, 참된 목자는 양떼를 올바른 생명의 길로 인도할 뿐만 아니라 기름지고 풍성한 영혼의 말씀으로 양떼의 영적인 강건함을 도모하여 그들을 유리하고 방황하지 않게 하는 자이다.

* 참고 성구 * 출 18:20, 창 29:2-10, 마 9:36, 히 13:20, 벧전 2:25

■ **기 도** ■ 참된 목자이신 하나님! 오늘 참된 목자는 양떼를 어떻게 보살피는지를 보았습니다. 우리는 당신의 양떼로서 오직 당신께만 의지하고 인도함을 받고자 하오니 우리를 영육간에 강건케 하소서. 예수 그리스도의 이름으로 기도 드립니다. 아멘

목축업

욥이 말한 나무에서 얻는 신앙의 교훈

■ 찬 송 ■ ♪ 311, 434, 442, 418   ■ 참 조 ■ ☞ ① 281p

■ 본 문 ■ 나무는 소망이 있나니 찍힐지라도 다시 움이 나서 연한 가지가 끊이지 아니하며 그 뿌리가 땅에서 늙고 줄기가 흙에서 죽을지라도 물 기운에 움이 돋고… 【욥 14:7-9】

■ 서 론 ■ 영국의 시인 진 잉켈로우는 "신앙을 굳게 만드는 것은 이성이 아니라 인생이다."라고 했다. 험난한 인생 역정 속에서 내 뜻대로 살다가 주님께 붙잡혀 이제는 내가 사는 것이 아니라 내 속에서 주님이 사신다는 바울의 고백처럼 성도는?

■ 말 씀 ■

Ⅰ. 성도는 나무와 같이 새로워져야 한다

영국의 역사가 그린은 "영국은 이 성경 하나만으로 변화를 가져왔다."라고 했고, 어느 목회자는 "성경은 만민을 변화시킬 능력을 가지고 있다."라고 했다. 한겨울에 죽은 듯이 보이던 나무가 봄의 따사로운 햇살과 물기운에 움이 돋고 가지가 발하듯 성도는 생명의 원동력이시요 근원이신 예수 그리스도와 접함으로써 늘상 새롭게 변화받는 신앙을 가져야 할 것이다.

  * 참고 성구 *   고후 5:17, 롬 12:1, 사 40:31, 고후 4:16, 골 3:10

Ⅱ. 성도는 나무와 같이 견딜 줄 알아야 한다

영국의 수필가 조셉 애디슨은 "우리의 진정한 축복이 때로는 고통과 아픔과, 손실과 낙망의 형태로 나타나는 경우가 많다. 그러나 그것들을 참고 이겨내면 우리는 곧 축복의 진정한 형태를 보게 될 것이다."라고 했다. 새 싹을 틔울 봄을 기다리며 겨울을 나는 나무처럼 성도는 고난의 혹한 풍설이 닥쳐올지라도 주님 예수만 의지하며 잠잠히 새 날을 소망하는 신앙을 가져야 한다.

  * 참고 성구 *   롬 12:12, 히 10:36, 약 1:4,5:11, 살후 1:4

Ⅲ. 성도는 나무와 같이 열매를 맺어야 한다

유대인의 지혜서 탈무드에는 "착한 행실의 가장 큰 상은 또 하나의 착한 행실을 할 수 있다는 것이다."라는 글이 있다. 뿌리가 튼튼하여 깊이 뻗어 있어 날로 성장하는 바른 나무는 반드시 크고 실한 열매를 맺기 마련인 것과 같이, 성도는 선한 행위의 열매를 많이 맺어서 이것들을 풍성하게 수확하여 주님을 기쁘시게 하는 열매 맺는 신앙을 가져야 한다.

  * 참고 성구 *   마 7:17-19, 13:8, 빌 1:11, 골 1:10, 요 15:16, 엡 5:9

■ 기 도 ■ 하나님 아버지! 성도의 신앙 여정을 나무를 통해서 교훈을 받았습니다. 나무를 심은 당신께 기쁨을 드리는 신실한 나무가 되도록 많은 과실로 축복하소서. 예수 그리스도의 이름으로 기도 드립니다. 아멘

목축업

무화과나무의 저주에 담긴 의미

■ 찬 송 ■ ♪ 519, 367, 508, 506   ■ 참 조 ■ ☞ ② 341p

■ 본 문 ■ 이른 아침에 성으로 들어오실 때에 시장하신지라 길가에서 한 무화과나무를 보시고 그리로 가사 잎사귀밖에 아무것도 얻지 못하시고 나무에게 이르시되… 【마 21:18-19】

■ 서 론 ■ "진정한 종교는 하나님의 살아 계심을 생활에서 확신시킨다."라고 작가 도날드 행키는 말했다. 신앙생활은 믿음과 행위가 동전의 앞뒷면과 같이 동시에 행해지는 것으로, 이는 성숙한 신앙인의 보편적인 자세이다. 주님은 잎만 무성한 무화과나무를 저주하셨다. 외식하는 신앙인은?

■ 말 씀 ■

Ⅰ. 잎만 무성한 열매 없는 신앙인

기자는 한 무화과나무를 보시고 그리로 가사 잎사귀밖에 아무것도 얻지 못하시고라 했다. 여기서 '잎사귀밖에'는 헬라어 '풀라 모논'으로 '잎사귀만' 인데 열매가 하나도 없음을 뜻하며, '얻지 못하시고'는 '우덴 휴렌'으로서 '발견하지 못하시고' 이다. 이는 가까이 가셔서 애써 찾으신 것을 의미한다. 성도는 입으로만 믿음이 있는 척하는 열매 없는 외식적인 신앙인이 되지 말자.

＊참고 성구＊   마 13:22, 눅 13:6, 19:20, 요 15:2, 히 6:8

Ⅱ. 악한 열매만 있는 신앙인

주님은 못된 나무가 아름다운 열매를 맺을 수 없느니라고 하셨다. 열매, 곧 '칼포스'는 '열매, 결과, 결실, 이득'의 뜻으로 이는 악한 행위를 뜻한다. 성도는 하나님의 영생의 말씀을 들었음에도 불구하고 믿음의 바른 열매를 맺지 못하고 여전히 육에 속한 사람처럼 악한 본성에서 나오는 추악한 악한 열매만을 간직하고 있는 가증한 신앙인이 되지 말자.

＊참고 성구＊   마 7:17, 신 32:32, 시 5:2, 호 10:3, 갈 5:19-21

Ⅲ. 제 때 열매 맺지 못하는 신앙인

주님은 주인이여 금년에도 그대로 두소서 이 후에 만일 실과가 열면 이어니와 그렇지 않으면 찍어 버리소서 하였다고 하셨다. 여기서 '그대로 두소서'는 헬라어 '아페스 아우텐'으로 '그것을 용서하소서'의 뜻이다. 성도는 예수께서 그 믿음의 열매를 찾으실 때에 내어놓을 것이 없어 결국엔 가차없이 찍혀서 심판의 유황불에 태워지고야 말 심판받는 신앙인이 되지 말자.

＊참고 성구＊   눅 13:9, 19:23, 약 4:17, 요 15:16, 막 4:20, 살전 5:3

■ 기 도 ■ 하나님 아버지! 택함을 입은 자로서 열매 없는 신앙인이 되지 않게 하시고 믿음의 선행을 쌓아 당신을 기쁘게 해드리는 훌륭한 무화과나무로 성장케 하옵소서. 예수 그리스도의 이름으로 기도 드립니다. 아멘

기념 돌비에 나타난 의미

■ 찬 송 ■ ♪ 236, 274, 411, 404　　　■ 참 조 ■ ☞ ① 69p ② 164p

■ 본 문 ■ …너는 이 율법의 모든 말씀을 그 돌들 위에 명백히 기록할지니라 【신 27:1-8】

■ 서 론 ■ 독일의 종교개혁자 마틴 루터는 "하나님의 율법은 우리가 지켜야 하는 것이요, 복음은 하나님께서 우리에게 주시겠다고 약속하신 것이다."라고 했다. 시편 기자는 여호와의 율법은 완전하여 영혼을 소성케 한다고 했다(시 19:7-8). 율법, 곧 하나님의 말씀을 육의 심비에 기념비를 새김은?

■ 말 씀 ■

I. 말씀의 기념비를 마음에 굳건히 세울 것

기자는 이 율법의 모든 말씀을 그 위에 기록하라고 했다. 여기서 '기록하라'는 히브리어 '카타브'로서 기본 의미는 '새기다'인데 고대 법령을 돌판에 기록한 것을 반영한 표현으로 상징적으로는 '규정하다'는 의미이다. 성도는 하나님의 말씀을 생명의 양식으로 삼아서 늘 마음밭에 간직하고 굳건히 세워서 이것으로 인하여 항상 새 힘을 얻어야 할 것이다.

＊참고 성구＊　골 3:16, 고후 3:3, 신 11:18, 롬 10:8, 시 37:31

II. 말씀의 기념비를 지워지지 않게 새길 것

기자는 너는 이 율법의 모든 말씀을 그 돌들 위에 명백히 기록할지니라고 했다. 여기서 '명백히'는 히브리어 '바아르 야타브'로서 '뚜렷하게 새기다'(바아르)라는 말(합 2:2)과 '자세히'(야타브)라는 말(신 17:4)을 결합하여 의미를 강조했다. 성도가 한 번 들은 말씀을 그냥 흘려 버리고 만다면 그것은 듣지 않은 것보다 못하다. 주의 말씀은 항상 기억하여 나의 것으로 삼아야 한다.

＊참고 성구＊　벧전 1:25, 마 24:35, 신 6:6, 시 119:11, 눅 2:51

III. 말씀의 기념비를 늘 묵상하며 실천할 것

미국의 유일교회 목사 존 드와이트는 "성경은 희망의 창문이다. 그 창문을 통하여 우리는 영원한 세계를 바라본다."라고 했다. 성도가 마음밭에 새겨져 있는 하나님의 말씀을 늘 묵상하며 상고하고 이를 생활 속에서 실천함으로써 말씀의 기념비를 육의 심비에 바로 세울 때, 성도는 영육간에 승리하는 삶을 얻게 됨과 아울러 미래의 하늘나라를 소유하는 자들이 된다.

＊참고 성구＊　시 119:9, 렘 4:14, 고후 1:7, 딤후 2:21, 요일 1:7

■ 기 도 ■ 말씀을 성도에게 주신 하나님! 오늘 이 시간 당신의 생명의 말씀을 기념비로 우리 마음에 세우고 새기며 실천하여 우리의 영혼이 해갈하는 기쁨을 만족하게 하소서. 예수 그리스도의 이름으로 기도 드립니다. 아멘

운수 · 해운업

항해에 비유되는 인생살이

■ **찬 송** ■ ♪ 327, 328, 189, 82   ■ **참 조** ■ ☞ ③ 53p

■ **본 문** ■ 다메섹에 대한 말씀이라 하맛과 아르밧이 수치를 당하리니 이는 흉한 소문을 듣고 낙담함이라 바닷가에 슬픔이 있고 평안이 없도다【렘 49:23】

■ **서 론** ■ 그리스 격언에 "인생은 위험한 항해이다."라는 말이 있고, 또한 프랑스의 작가로 유명한 '레 미제라블'을 쓴 빅토르 위고는 "인생은 항해자이다."라고 했다. 우리 인생은 세월이라는 물 위를 믿음이라는 배를 타고 소망의 항구를 향해 쉬지 않고 달려가는데 이것이 성도의 일생이다. 성도는?

■ **말 씀** ■

Ⅰ. 우리는 모두 인생의 항해자이다

기자는 흉한 소문을 듣고 낙담함이라 바닷가에 슬픔이 있고 평안이 없도다라고 했다. 여기서 '낙담함'은 히브리어 '무그'로서 이는 '녹다, 무기력하다'인데 요동하여 녹아 내림을 의미한다. 성도는 인생의 항해자들로서 순풍이 오는지 광풍이 오는지 모르는 항해에서 낙담하는 죽음이 오는 그 순간까지 정박할 곳이라곤 없는 인생을 정처 없이 항해해야 하는 존재이다.

  * 참고 성구 *   시 78:39, 103:14, 욥 5:7,14:1, 사 2:22, 마 14:22

Ⅱ. 환란과 시련의 파도가 온다

프랑스의 격언에 "당신은 태어난 그날부터 사는 일뿐만 아니라 죽는 일도 시작한 것이다."라는 말이 있다. 성도는 인생을 항해하며 살아갈 때 인생항로에서 우리를 위협하는 큰 파도의 시련과 환란의 바닷바람에 위험한 지경까지 몰리는 어려움에 봉착할지라도 이것을 극복하고 승리함으로써 헤밍웨이의 '노인과 바다'에 나오는 주인공처럼 기쁨을 누리기도 한다.

  * 참고 성구 *   행 27:13-18, 요 1:4, 욥 1:19, 막 14:72

Ⅲ. 평안의 인도자와 동행하자

영국 목사로서 감리교를 창시한 존 웨슬리는 임종의 말에서 "무엇보다도 가장 좋은 것은 하나님이 우리와 함께 하심이라."고 했다. 성도가 홀로 떠나는 항해에는 불안과 공포가 엄습할 것이지만 하나님과 함께 할 때는 성도의 항해는 오히려 기쁨과 즐거움이 가득 차며, 안전하며, 바른 항로를 찾음으로 해서 참 평안을 누릴 수가 있다. 성도는 오직 주님이 주시는 평안, 곧 '샬롬'을 누리자.

  * 참고 성구 *   시 89:9, 좀 14:16, 막 4:39, 욥 38:8, 마 14:32-33, 요 14:27

■ **기 도** ■ 인생의 바다를 다스리시는 하나님! 성도는 인생을 항해하는 순례자로서 일생을 살아가오니 당신께서 함께 하셔서 영원한 하늘나라에 이를 때까지 보호하고 인도하소서. 예수 그리스도의 이름으로 기도 드립니다. 아멘

성경에 나타난 공정한 상거래의 조언

■ 찬 송 ■ ♪ 522, 302, 510, 520   ■ 참 조 ■ ☞ ③ 167p, 281p

■ 본 문 ■ 너는 주머니에 같지 않은 저울추 곧 큰 것과 작은 것을 넣지 말 것이며…【신 25:13-16】

■ 서 론 ■ 눈앞의 이익을 뛰어넘어 도덕성을 바탕으로 소비자의 신뢰를 이끌어내는 윤리경영으로 조선시대 순조 때 최고의 거상으로 이름을 남긴 임상옥은 "재물은 평등하기가 물과 같고, 사람은 바르기가 저울과 같다."는 명언을 남겼다. 절제, 균형, 신뢰를 상도의 덕목으로 본 임상옥! 성도의 비즈니스는?

■ 말 씀 ■

Ⅰ. 공정한 상거래를 위해 정직할 것

기자는 너는 주머니에 같지 않은 저울추 곧 큰 것과 작은 것을 넣지 말 것이며 했다. 여기서 '같지 않은 저울추'는 히브리어 '에벤 와아벤'으로 직역하면 '한 돌과 또 한 돌'인데 동일한 저울추를 사용하지 않음을 표현한 말이다. 무거운 추는 물건을 살 때, 가벼운 추는 물건을 팔 때 사용해 부당 이익을 챙겼다. 남을 속여 얻는 이익은 양심에 고통을 주므로 정직한 거래가 이득이요 기쁨이다.

* 참고 성구 *   잠 11:1, 20:14, 21:6, 레 19:35-36, 호 12:7, 미 6:11

Ⅱ. 공정한 상거래를 위해 친절할 것

미국의 기자요 노예제도 폐지론자인 가말리엘 베일리는 "친절은 지혜이다. 인생에서 친절이 필요치 않은 사람은 아무도 없다. 그러므로 그토록 필요한 친절을 적절히 베풀도록 배워야 하리라."고 했다. 물건을 사고 팔 때 상인은 이득을 얻어 좋고 손님은 필요한 것을 얻을 수 있어 좋으므로 서로 친절로써 감사의 마음을 표현하는 것이 바람직하다.

* 참고 성구 *   욥 22:29, 롬 13:10, 갈 5:14, 히 13:2, 벧전 4:9

Ⅲ. 공정한 상거래를 위해 신용할 것

스코틀랜드의 소설가요 시인인 월터 스코트 경은 "신용은 마치 거울과 같아서 인간의 호흡으로 더러워지면 다시 닦으면 되나 한 번 깨어지면 결코 수리될 수 없다."라고 했다. 상거래에서 서로간에 믿음이 없으면 거래가 이루어질 수 없는 것이다. 따라서 공정한 상거래에서는 먼저 서로를 신뢰하는 마음가짐이 필수적이요, 신용한다는 것은 서로를 인정한다는 것이다.

* 참고 성구 *   렘 22:13, 잠 16:8, 약 5:4, 막 10:19, 고전 6:8

■ 기 도 ■ 공정한 상거래를 명령하신 하나님! 당신께서 부정직을 가증히 여기심은 이로 인하여 나 하나 때문에 크게는 사회와 국가의 존립 기반이 무너지기 때문이었습니다. 오늘 우리 성도들은 말씀대로 행하여 선한 상인이 되도록 축복하소서. 예수 그리스도의 이름으로 기도 드립니다. 아멘

상업

열 므나의 비유에 담긴 교훈

■ 찬 송 ■ ♪ 370, 258, 371, 381   ■ 참 조 ■ ☞ ③ 407p

■ 본 문 ■ …그 종 열을 불러 은 열 므나를 주며 이르되 내가 돌아오기까지 장사하라… 【눅 19:11-27】

■ 서 론 ■ 베스트셀러 작가 최인호가 펴낸 상도(商道)라는 실화 소설의 주인공 임상옥은 "진정한 장사란 이문을 남기는 것이 아니라 사람을 남기는 것이다."라는 말을 평생의 좌우명으로 삼고 최고의 거상이 되었다. 그는 죽을 때 전재산을 사회에 환원함으로써 인생의 청지기적 사명을 깨달은 선각자였다. 열 므나의 비유는?

■ 말 씀 ■

I. 성도의 달란트 활용의 청지기적 사명

기자는 악한 종아 내가 네 말로 너를 판단하노니라고 했다. 여기서 '악한'은 헬라어 '포네레'로서 원뜻은 '병든'으로 죄에 오염되어 영적 중태에 처한 것을 의미한다. 성도를 하나님이 부르신 것은 목적이 있고 부름받은 자는 목적에 합당한 삶을 살아야 할 책임이 있다. 따라서 성도는 받은 달란트를 잘 사용하여 하나님의 영광을 위해 돌려 드려야 할 것이다

　＊ 참고 성구 ＊ 벧전 4:10, 마 25:14-25, 고전 4:2, 롬 14:12

II. 성도의 세상 유지의 청지기적 사명

기자는 내 은을 은행에 두지 아니하였느냐라고 했다. 여기서 '은행'은 헬라어 '트라페자'로서 '식탁, 탁자, 상'의 뜻으로 돈을 세고 바꾸어 주기 위한 고리대금업자의 사무실을 의미한다. 우리가 사는 세상은 하나님이 주신 것이기 때문에 잘 다스리고 가꾸어서 모든 피조물과 함께 어울려서 하나님 보시기에 아름다운 세상으로 만들어야 할 책임이 성도에게 있다.

　＊ 참고 성구 ＊ 창 1:28, 시 8:6, 히 2:8, 롬 8:19, 요 1:12

III. 성도의 천국 건설의 청지기적 사명

기자는 곁에 섰는 자들에게 이르되 그 한 므나를 빼앗고 열 므나 있는 자에게 주라고 했다. 이것이 게으르고 악한 종의 결국이다. 성도가 하나님의 청지기로 택함을 받은 것은 궁극적으로 하나님 나라의 일꾼이 되기 위함에서이다. 따라서 세상에서 하나님 나라를 확장하고 하나님의 의를 실현시키는 사명을 잘 감당하는 성도만이 하늘나라에서 칭찬을 받고 상급을 받을 것이다.

　＊ 참고 성구 ＊ 마 10:42, 25:23, 눅 6:35, 롬 2:10, 엡 6:8, 골 3:24

■ 기 도 ■ 성도를 당신의 청지기로 부르신 하나님! 우리는 받은 바 은사를 달란트로 잘 활용하여 이문을 남기는 자가 되어야지 악한 종이 되어 책망받고 있는 것까지 빼앗기는 자들이 되지 않도록 은혜내려 주옵소서. 예수 그리스도의 이름으로 기도드립니다. 아멘

예수의 성전 정화 사건의 의미

■ 찬 송 ■ ♪ 256, 273, 259, 266   ■ 참 조 ■ ☞ ① 397p

■ 본 문 ■ 저희가 예루살렘에 들어가니라 예수께서 성전에 들어가사 성전 안에서 매매하는 자들을 내어쫓으시며 돈 바꾸는 자들의 상과 비둘기 파는 자들의…【막 11:15-18】

■ 서 론 ■ 영국의 작가 프란시스 콸스는 "좀처럼 성내지 않는 사람이라고 해서 성낼 줄 모르는 것이 아니다. 그는 성내기에 오래 걸린다는 것뿐이요 일단 성이 나면 걷잡을 수 없이 강력하고 오래 간직된다. 억누른 인내가 폭발하여 격노하였기 때문이다."라고 했다. 성도는 의로운 분노를 언제 발하는가?

■ 말 씀 ■

Ⅰ. 성도들은 세속주의에 대해서 노를 발해야 한다

기자는 너희는 강도의 굴혈을 만들었도다라고 했다. 여기서 '강도'는 헬라어 '레스테스'로서 '레이조마이'(약탈하다)에서 유래한 단어로 본래 '가축을 노획하던 약탈자'를 가리킨다. 주님께서 하나님께 바칠 가축들과 관련하여 불의를 일삼는 무리를 가리켜 이 용어를 쓰심은 아주 자연스럽다. 성도는 은밀히 교회에 침투해 신앙을 변질시키는 세속주의적 요소를 시정해야 한다.

* 참고 성구 *   요일 2:15-17, 시 24:34, 약 1:217, 딤전 1:5, 마 5:8

Ⅱ. 성도들은 이단사상에 대해서 노를 발해야 한다

베드로서 기자는 멸망케 할 이단을 가만히 끌어 들여 자기들을 사신 주를 부인하고라 했다. 여기서 '멸망케 할 이단'은 헬라어 '하이레세이스 아폴레이아스'로서 '멸망의 종교 파당, 멸망의 거짓당, 멸망의 거짓 교훈'인데 영원한 멸망에 매이고 소유되어진 자들을 가리키며 이는 거짓과 허위와 짝하는 자들이다. 성도는 교회를 혼돈시키고 멸망으로 이끄는 이단을 잘 분별하여 척결해야 한다.

* 참고 성구 *   벧후 2:1-2, 딛 3:10, 딤전 4:1, 고전 11:19, 갈 1:7

Ⅲ. 성도들은 인본주의에 대해서 노를 발해야 한다

인본주의는 신본주의와는 대조적으로 인간의 본성에 가치를 부여하고 인간의 이상을 실현하는 방편으로 종교적 감성 내지는 덕성을 활용한다. 그래서 최근에는 종교적 휴머니즘과 동일시 되는 경향이 있다. 프로타고라스, 콩트, 니체, 사르트르 등이 인본주의의 대표격이다. 성도는 온전히 하나님이 중심이 되어야 할 교회가 인본주의의 병폐에 빠짐을 책망해야 한다.

* 참고 성구 *   잠 16:5, 시 73:6, 10:4, 눅 16:15, 롬 10:3

■ 기 도 ■ 하나님 아버지! 오늘날 교회에는 각종 사상과 주의가 침범하여 혼탁한 가운데 있사오니 당신의 거룩과 순결로 흠 없는 복음적인 생활을 하도록 이끌어 주옵소서. 예수 그리스도의 이름으로 기도 드립니다. 아멘.

체육인

전령자 구스 사람이 주는 의미

■ **찬 송** ■ ♪ 274, 264, 270, 257 　　■ **참 조** ■ ☞ ② 189p

■ **본 문** ■ …저가 아무쪼록 달음질하겠노라 하는지라 요압이 가로되 그리하라 하니 아히마아스가 들길로 달음질하여 구스 사람보다 앞서니라 【삼하 18:19-23】

■ **서 론** ■ 독일의 시인으로 괴테와 쌍벽을 이룬 실러는 "결국 내가 발견한 바로는 인생의 큰 행복은 어떤 기계적인 사명을 정규적으로 이행하는 데 있다."라고 했다. 성도는 복음을 전하라는 주님의 명령을 준행하여 복된 소식을 전하는 자인즉 이는?

■ **말 씀** ■

Ⅰ. 성도는 생명의 소식을 전하는 자이다

기자는 구스 사람에게 이르되 네가 가서 본 것을 왕께 고하라 했다. 여기서 '본'은 히브리어 '라아'로서 '관찰하다, 경험하다, 분별하다'의 뜻으로 즉 눈으로 자세히 관찰하고 경험하여 사건의 추이를 이해한 것을 의미한다. 아기의 탄생, 질병의 쾌유 등의 생명의 소식이 기쁨을 주듯 성도의 그리스도의 탄생과 부활의 소식은 이웃의 삶에 참된 의미와 아울러 영생의 기쁨을 가져다 준다.

　　* 참고 성구 *　딤후 1:8-10, 요 1:4, 10:10, 11:25, 롬 5:21, 요일 5:12

Ⅱ. 성도는 구원의 소식을 전하는 자이다

찬송가 작가 필립 폴 블리스는 "주님은 위대한 등대이시다. 우리 성도들은 작은 등대로 빛을 발하여 빛을 찾는 어두운 세계의 생명들을 하나님께로 인도해야 한다."라고 했다. 성도는 예수 그리스도의 십자가로 인해 우리에게 전해진 구원의 기쁜 소식을 이웃뿐만 아니라 전세계에 전해야 할 것인데, 이 구원의 소식이야말로 우리가 전해야 할 최대의 기쁜 소식이다.

　　* 참고 성구 *　살후 2:13-14, 요 10:9, 행 4:12, 롬 5:9, 히 9:28

Ⅲ. 성도는 회개의 소식을 전하는 자이다

영국의 역사가요 철학자인 토마스 칼라일은 "인간의 모든 행동 중 회개야말로 가장 성스러운 것이다. 오류들 가운데 가장 큰 잘못은 회개를 의식하지 않는 것이다."라고 했다. 이 죄악된 세상에서 죄인 하나가 회개를 했다는 소식에 하나님은 크게 기뻐하실 뿐만 아니라 이 회개의 소식을 전한 자를 위해서 하늘의 상급을 예비해 놓고 계신다.

　　* 참고 성구 *　눅 15:7, 대하 7:14, 시 55:7, 겔 18:12, 행 2:38

■ **기 도** ■ 하나님 아버지! 성도는 생명과 구원과 회개의 소식을 전하는 자로서 달리고 달려서 온 세상에 이 기쁜 소식을 전하는 영광을 허락하시옵소서. 예수 그리스도의 이름으로 기도 드립니다. 아멘

의류업

술에 예표된 그리스도의 의의

- **찬 송** ♪ 208, 204, 205, 491
- **참 조** ☞ ① 355p ② 332p
- **본 문** 여호와께서 모세에게 일러 가라사대 이스라엘 자손에게 명하여 그들의 대대로 그 옷단 귀에 술을 만들고 청색 끈을 그 귀의 술에 더하라… 【민 15:37-41】
- **서 론** 이스라엘 백성은 옷에 술을 붙임으로써 하나님의 명령을 지키며 그의 앞에서 거룩한 삶을 살아야 할 것을 기억했다. 각각의 술은 여덟 가닥의 실과 다섯 개의 매듭으로 되어 있어 13이라는 숫자를 암시한다. 이 술은?

■ 말 씀 ■

I. 술은 거룩한 백성임을 깨우침

기자는 그들의 대대로 그 옷단 귀에 술을 만들고라 했다. 여기서 '술'은 히브리어 '치치트'로서 '장식, 끈' 등으로 해석할 수 있는데 청자색 실로 상의의 맨 끝단에 달았다. 그것은 율법이 이스라엘 자손에게 생명의 꽃이라는 상징적 의미를 내포하고 있다. 예수로 술을 삼으면 죄와 사망의 법에서 해방되어 이전의 삶과는 구별된 새로운 생명의 삶이 열린 것을 깨닫게 한다.

  * 참고 성구 * 고후 5:17, 갈 6:15, 엡 2:15, 4:24, 골 3:10, 요일 3:9

II. 술은 하나님의 계명을 기억함

기자는 이 술은 너희로 보고 여호와의 모든 계명을 기억하여 준행하고라 했다. 여기서 '계명'은 히브리어 '미츠와'로서 '명령하다, 요구하다'(차와)에서 파생된 말로 군주나 사령관 등의 절대적인 권한에 의해 짤막한 말로 하달된 것을 가리킨다. 예수로 술을 삼으면 주님은 율법을 새롭고 완전하게 하시려고 오셨으므로 율법의 완성자이신 주와 동행하면 참된 진리의 계명을 기억하게 한다.

  * 참고 성구 * 마 5:17, 시 19:7, 롬 7:12, 딤전 1:8, 고후 3:15

III. 술은 안목의 정욕을 물리침

기자는 너희로 방종케 하는 자기의 마음과 눈의 욕심을 좇지 않게 하기 위함이라고 했다. 여기서 '마음'은 히브리어 '레바브'로서 '심장, 이해, 정신'의 뜻으로 추상적 의미로 인간의 내적 상태의 전체 부분, 즉 비물질적인 본성의 총체를 가리킨다. 예수로 술을 삼으면 성도들이 각종 우상과 정욕에서 생기는 모든 욕심으로부터 돌이켜 하나님을 보게 한다.

  * 참고 성구 * 요일 2:15-17, 삿 2:17, 마 20:21, 요 5:44

- **기 도** 이스라엘 자손에게 술을 명하신 하나님! 오늘 이 시간 술을 주님 예수로 재해석하여 말씀을 배웠습니다. 택함받은 성도로서 주님과 동행하는 삶을 살아 영생을 취하게 하소서. 예수 그리스도의 이름으로 기도 드립니다. 아멘

의류업

아론의 성의에 내포된 의의

■ 찬 송 ■ ♪ 514, 303, 520, 510　　■ 참 조 ■ ☞ ③ 73p

■ 본 문 ■ …아론의 성의는 아론의 후에 그 아들들에게 돌릴지니 그들이 그것을 입고…【출 29:29-30】

■ 서 론 ■ 제사장의 옷을 아름답고 정교하게 꾸미는 이유는 장막을 영광스럽게 하고, 여호와 하나님의 거룩함과 독특한 아름다움을 표현하려는 의도에서이며, 제사장의 옷을 자랑하기 위해서가 아니라 오직 여호와 하나님을 섬기기 위한 것이다. 아론의 성의는?

■ 말 씀 ■

Ⅰ. 제사장의 거룩한 복장임

기자는 아론의 성의는 아론의 후에 그 아들들에게 돌릴지니라고 했다. 성의는 제사장이 입는 거룩한 복장이다. 여기에 거룩한 '관유' 곧 '쉐멘 미쉬하트' 즉 '임명 기름'이 거룩하게 뿌려졌다. '거룩하다'는 히브리어 '카다쉬'로서 '정결하다'는 뜻이다. 제사장의 복장에 거룩한 관유가 뿌려졌듯이 성도 또한 예수 그리스도의 거룩한 보혈이 뿌려진 거룩하고 의로운 옷을 덧입어야 한다.

　＊ 참고 성구 ＊　요일 1:7, 벧전 1:18-19, 엡 4:24, 벧후 3:11, 히 9:14

Ⅱ. 제사장의 구별된 복장임

기자는 그들이 그것을 입고 기름 부음으로 위임을 받을 것이며라 했다. 거룩한 의복을 입고 구별된 자로서 기름 부음을 받은 제사장의 복장은 일반 백성들과는 구별되었다. 구별하다는 히브리어 '히트카디쉐템'으로 '거룩하다'는 뜻의 '카다쉬'에서 유래된 말이다. 성도 역시 하나님으로부터 선택을 받은 자답게 세속의 세상과는 구별된 생활과 자세와 모습을 하고 살아가야만 한다.

　＊ 참고 성구 ＊　요일 3:10, 시 24:3-4, 마 5:8, 딤전 1:5, 약 1:27

Ⅲ. 제사장의 섬김의 복장임

기자는 그를 이어 제사장이 되는 아들이 회막에 들어가서 성소에서 섬길 때에는이라 했다. 여기서 '제사장'은 '코헨'으로 동사형 '카한'은 '가운데 서다, 중재하다'란 뜻으로 제사장은 하나님과 백성 사이에 서서 중재하는 자임을 알 수 있다. 제사장의 복장이 하나님을 온전히 섬기고 봉사하는 자로서의 복장이듯 성도 역시 하나님과 이웃을 사랑하고 섬기는 모습으로 살아가야 한다.

　＊ 참고 성구 ＊　히 6:10, 마 5:16, 행 9:36, 살전 1:3, 딤전 6:18

■ 기 도 ■ 제사장에게 성의를 입히신 하나님! 오늘 이 시간 당신이 입히신 성의를 우리들도 입고자 말씀을 보았습니다. 성도로 택함받은 자답게 거룩하고 구별되며 섬기는 신앙인의 자세를 잃어버리지 않게 항상 사랑으로 인도하소서. 예수 그리스도의 이름으로 기도 드립니다. 아멘

가나안 땅 경계에 내포된 영적 의미

■ **찬 송** ■ ♪ 410, 137, 138, 412 ■ **참 조** ■ ☞ ① 117p

■ **본 문** ■ …그 경계가 또 요단으로 내려가서 염해에 미치나니… 【민 34:1-12】

■ **서 론** ■ 더블린의 대주교 리차드 워틀리는 "하나님으로부터 축복받는 것에 관하여 큰 관심을 갖지 않는 자들이 일반적으로 자주 축복을 받게 되고, 규칙적으로 받게 된다는 것은 사실이다."라고 했다. 축복은 내가 받고 싶다고 받는 것이 아니라 주실 분이 주셔야 받는 것이니 받을 만한 삶을 살아야 할 것이다. 가나안 땅의 경계의 의미는?

■ **말 씀** ■

I. 이는 구체적인 축복을 의미함

기자는 그 땅은 너희의 기업이 되리니 곧 가나안 사방 지경이라고 했다. 여기서 '되리니'는 히브리어 '타페르'로서 '떨어지다, 쓰러지다'의 '나파르'에서 유래된 말로 여기서는 가나안 땅이 이스라엘의 기업으로 확보됨을 의미한다. 하나님의 은혜는 성도들에게 막연하게 주어지는 것이 아니라 눈에 보일 만큼 구체적이며 가시적인 모습을 지니고 우리에게 임한다.

* 참고 성구 * 요 1:14, 사 7:14, 9:6, 눅 1:31, 빌 2:7, 딤전 3:16

II. 이는 적정 규모의 축복을 의미함

기자는 서편 경계는 대해가 경계가 되나니라고 했다. 여기서 '경계'는 히브리어 '게부르'로서 이는 '한도가 있다'는 '가바르'에서 나온 말로 '국경, 지경, 지계표, 지역'의 뜻으로 공간이나 지역의 영역의 한계를 나타낼 때 사용한다. 하나님의 선물은 감당하기 벅찰 정도로 크지도 않고 왜소할 만큼 부족하지도 않다. 오로지 성도의 삶에 적절하고 적합한 크기로 은혜를 베푸신다.

* 참고 성구 * 잠 30:8, 창 49:28, 고후 12:7-9, 출 16:18

III. 이는 보호되어지는 축복을 의미함

기자는 경계가 요단으로 내려가서 염해에 미치나니 했다. 우리가 가나안 경계선 묘사에서 한 가지 주목할 것이 있는데 그것은 국경이 사해, 광야, 바다와 같은 것으로 되어 있다는 점이다. 하나님이 택하신 나라는 이런 환경에 둘러싸여 있으면서 하나님의 영광을 나타내는 것이다. 이는 성도를 죄악에 물들이지 않게 지키시며 당신의 주권 아래서 백성을 보호하시는 은혜의 보장이 되신다.

* 참고 성구 * 사 41:10, 시 28:7, 히 13:6, 요 10:28-29

■ **기 도** ■ 이스라엘에게 가나안 복지를 주신 하나님! 이 땅을 주심으로 당신은 축복을 구체적으로 보이셨습니다. 우리도 당신께 받은 기업을 소중히 여기고 그 땅에 내포된 영적 진리를 지명을 통해서 깨닫게 하소서. 예수 그리스도의 이름으로 기도 드립니다. 아멘

> 요식업

아모스의 영적 기갈에 담긴 의미

■ **찬 송** ■ ♪ 513, 510, 509, 474   ■ **참 조** ■ ☞ ① 325p

■ **본 문** ■ 주 여호와께서 가라사대 보라 날이 이를지라 내가 기근을 땅에 보내리니 양식이 없어 주림이 아니며 물이 없어 갈함이 아니요 여호와의 말씀을… 【암 8:11-14】

■ **서 론** ■ 영국의 작가인 한나 모어는 "이 땅의 영혼은 영원한 손님이요, 비실재적인 잔치에서 굶기를 강요당하고, 다가올 휴식을 갈망하는 순례자이며, 본향을 매우 사모하는 유랑자이다."라고 했다. 성도의 기갈과 기근은 영혼의 꿀을 만족하게 얻고자 하는 영적인 몸부림이다. 성도는 주님에게서?

■ **말 씀** ■

Ⅰ. 성도는 말씀의 기갈을 해결받자

사람은 하나님의 형상(Imago Dei)으로 지음받은 지·정·의를 가진 영적 존재이다. 육을 가진 인간이 육을 위해 음식을 먹어야 하듯이 영을 가진 사람은 영적 양식을 섭취해야 한다. 성도는 믿음의 도를 가르치고 영생이 보장되는 하나님의 말씀이 우리 안에서 말라가지 않도록 주야로 말씀을 듣고 그 말씀을 묵상하여서 영혼의 영적 기갈을 해결받아야 한다.

  * 참고 성구 *   시 119, 렘 5:14, 23:29, 겔 37:7, 롬 1:16, 히 4:12

Ⅱ. 성도는 의의 기갈을 해결받자

성경에서 '의'로 번역되는 히브리어는 언제나 '체데크'와 '체다카'이고 헬라어에서는 '디카이오쉬네'로서 그 뜻은 '곧은, 단단한, 옳음, 올바름, 정의, 의, 규준에 맞는'으로 하나님 자신을 의미한다. 하나님의 속성 중 하나가 의로움이기 때문이다. 성도는 세상의 빛과 소금이 되어야 할 생활 속에서 의와 사랑이 말라가지 않도록 주의 의와 사랑을 본받는 노력을 끊이지 말아야 한다.

  * 참고 성구 *   히 10:38, 힙 2:4, 롬 5:1, 갈 3:6, 빌 3:9

Ⅲ. 성도는 은혜의 기갈을 해결받자

미국의 신학자 조나단 에드워즈는 "마치 해뜰 무렵부터 해질 무렵까지 하루 종일 태양에서 빛이 오듯 은혜는 처음에 하나님으로부터 온 것처럼 계속적으로 그로부터 오는 것이다."라고 했다. 성도는 하나님의 은혜와 성령의 도우심을 힘입을 때만 영육간의 삶이 복될 수 있기에 항상 기도와 찬양으로 넘치도록 풍성한 주님의 은혜 안에 거해야 할 것이다.

  * 참고 성구 *   욥 33:26, 딤후 2:1, 딛 3:5, 엡 1:7, 행 15:11

■ **기 도** ■ 하나님 아버지! 세상에는 영적 기갈이 심해져서 말씀이 희귀해졌습니다. 우리는 진정한 말씀과 의와 사랑과 은혜의 기갈을 해결받고 이 갈증을 이웃에게도 베풀어주는 자가 되게 하소서. 예수 그리스도의 이름으로 기도 드립니다. 아멘

만나 속에 감추인 그리스도의 은혜

- 찬 송 ♪ 434, 438, 456, 447   ■ 참 조 ☞ ② 47p
- 본 문 ···이제는 우리 정력이 쇠약하되 이 만나 외에는 보이는 것이 아무것도 없도다 하니 만나는 깟 씨와 같고 모양은 진주와 같은 것이라··· 【민 11:4-9】
- 서 론 만나는 이스라엘 백성이 광야 생활을 하는 동안 공급받은 특별한 식량으로 성경은 만나가 선택된 백성을 위한 임시 양식이었음을 분명히 나타내고 있다. 주님께서는 자기 자신을 만나와 비교해 말씀하셨다(요 6:48-51). 만나는?

■ 말 씀 ■

Ⅰ. 하나님의 선물인 만나

광야의 이스라엘 백성들에게 하늘로부터 내린 만나가 값없이 주어진 하나님의 선물인 것과 같이 성도들이 예수 그리스도를 통해서 은혜를 받는 것도 값없이 얻는 하나님의 선물이다. 주님은 자신을 하늘로서 내려온 산 떡이라고 하셨다. 성도는 생명의 떡집 베들레헴에서 나셔서 우리에게 생명을 주시려고 생명의 떡이 되신 주님의 은혜를 찬양하고 감사드리자.

＊참고 성구＊   딤후 1:9, 요 6:48-51, 미 5:2, 고전 10:3-4, 계 2:17

Ⅱ. 풍요롭게 내리는 만나

광야의 이스라엘 백성들에게 만나는 모자람 없이 충분히 공급되었다. 또한 성도들에게도 그리스도의 은혜는 항상 넘치도록 풍요롭게 공급된다. 성경에는 만나를 하늘 곡식, 하늘로부터 온 양식, 신령한 식물, 이기는 자가 받을 상급 등으로 비유적으로 표현하고 있다. 성도는 그리스도 안에서 신령하고 풍요로운 각종 은사를 받아 영적 삶을 윤택하게 할 것이다.

＊참고 성구＊   시 78:24, 105:40, 마 11:28, 눅 10:19, 요 4:14, 10:28, 계 21:6

Ⅲ. 끊임없이 공급되는 만나

광야의 이스라엘 백성들에게 매일 밤 만나가 공급되듯이 하나님을 의지하는 성도들에게 임하시는 예수 그리스도의 은혜도 끊임없이 계속 공급된다. 주님은 너희에게 후히 되어 누르고 흔들어 넘치도록 하여 너희에게 안겨 주리라 하시며, 모든 자가 다 배불리 먹고도 남은 조각이 열 두 바구니에 찰 만큼 우리들에게 모자람이 없이 끊임없이 공급하신다.

＊참고 성구＊   눅 11:3, 6:38, 마 14:20, 22:4, 요 14:2, 히 11:16

■ 기 도 ■ 이스라엘 백성에게 만나를 주신 하나님! 오늘 우리에게도 생명의 만나이신 예수를 성령 안에서 끊임없이 먹고 마시게 하시고 이웃에게도 나누어주는 은혜를 허락하소서. 예수 그리스도의 이름으로 기도 드립니다. 아멘

요식업

만나 속에 내포된 교훈

■ 찬 송 ■ ♪ 489, 451, 500, 408   ■ 참 조 ■ ☞ ② 47p

■ 본 문 ■ …모세가 가로되 오늘은 그것을 먹으라 오늘은 여호와께 안식일인즉 오늘은 너희가 그것을 들에서 얻지 못하리라…【출 16:21-30】

■ 서 론 ■ 조선의 26대왕 고종은 "몸에 한 가닥 실오라기라도 감았거든 항상 베 짜는 여인의 수고를 생각하고, 하루 세 끼 밥을 먹거든 매양 농부의 노고를 생각하고 감사하라."고 했다. 주님은 일용할 양식에 대해 주기도문에서 언급하셨는데(마 6:11) 이는 하나님 중심의 삶을 살라는 의도이다(잠 30:8-9). 성도는?

■ 말 씀 ■

I. 일용할 양식을 대할 때 은혜에 감사할 것

기자는 무리가 아침마다 각기 식량대로 거두었다고 했다. 성도는 일용할 양식을 제공하시는 하나님의 은혜에 늘 감사하는 자세를 가져야 한다. 하나님은 이런 자의 모습을 보시고 더욱 축복을 내리셔서 크고 풍성한 것을 공급해 주신다. 주님께서는 제자들에게 가르치신 주기도문에서 '오늘날 우리에게 일용할 양식을 주옵시고'라고 은혜가 임할 것을 이르셨다.

* 참고 성구 * 신 8:10, 마 6:11, 잠 30:8, 고전 10:31

II. 일용할 양식을 대할 때 소중히 여길 것

기자는 해가 뜨겁게 쪼이면 그것이 스러졌더라고 했다. 여기서 '스러졌더라'는 히브리어 '나마스'로서 '용해하다, 녹다'는 뜻의 '마사스'에서 온 말로 만나가 눈 녹듯이 녹아 버린 것을 의미한다. 하나님이 주신 일용할 양식을 소중히 여기지 않고 절제하지 못하고 무분별하게 낭비하다가 양식이 없어지면 어떻게 할 것인가. 성도는 하나님의 은혜를 값없이 여기지 말자.

* 참고 성구 * 잠 21:17, 시 56:12, 딤전 5:6, 벧후 2:13, 고전 9:27

III. 일용할 양식을 대할 때 바르게 활용할 것

기자는 너희가 구울 것은 굽고 삶을 것은 삶고 그 나머지는 다 너희를 위하여 아침까지 간수하라고 했다. 양식은 필요한 때를 위하여 아끼고 잘 보관하였다가 필요한 때 적절하게 사용할 수 있어야 한다. 이것은 성도가 하나님의 것을 하나님의 뜻에 맞게끔 올바르게 활용할 줄 알아야 하는 것을 이른 것으로 이는 양식을 맡은 청지기의 자질에 속한 문제이다.

* 참고 성구 * 눅 16:1, 12:20, 마 25:14-15, 벧전 4:10, 행 9:36

■ 기 도 ■ 만나를 내려 주신 하나님! 당신이 주신 만나를 감사히 먹고서 이를 소중히 여기며 바르게 활용하여 영육간에 건강하여 당신의 사역의 훌륭한 청지기가 되게 하소서. 예수 그리스도의 이름으로 기도 드립니다. 아멘

예술인

은나팔의 규례에 내포된 의미

■ 찬 송 ■ ♪ 168, 158, 163, 161　　■ 참 조 ■ ☞ ② 73p

■ 본 문 ■ …은나팔 둘을 만들되 쳐서 만들어서 그것으로 회중을 소집하며 진을 진행케… 【민 10:1-10】

■ 서 론 ■ 하나님께서 나팔 부는 방법까지 가르쳐 주심은 자세하게 이스라엘 민족의 생활을 지도하셨음을 알 수 있고, 은나팔은 진영의 집합과 해산의 신호로 사용되었고 또한 의식적인 목적으로 엄숙한 절기일에 사용되었다. 은나팔의 규례가 의미하는 뜻은?

■ 말 씀 ■

Ⅰ. 성도를 소집하는 은나팔

기자는 그것으로 회중을 소집하여 진을 진행케 하라고 했다. 여기서 '회중'은 히브리어 '에다'로서 기본동사 '야아드'는 '지명하다, 불러내다'라는 뜻으로 만민 중에 하나님이 특별히 불러 내셨다는 뜻이다. 성도는 하나님의 자녀로 택함을 받은 먼저 믿은 자들로서 아직도 구원을 모르는 불신의 이방을 향해서 예수 그리스도의 이름으로 구원의 복음을 외쳐야 한다.

　　* 참고 성구 *　마 28:18-20, 막 16:15, 눅 27:47, 행 1:8, 16:31

Ⅱ. 성도의 행군하는 은나팔

기자는 너희가 그것을 울려 불 때에는 동편 진들이 진행할 것이고라 했다. 여기서 '울려 불 때'는 히브리어 '타카 테루아'로서 이는 '경계 나팔을 불다'는 뜻으로 짧게 끊어 계속 울리게 부는 상태를 말한다. 성도는 하나님의 나라에 이를 때까지 한 사람의 심령도 낙오되지 않도록 서로 격려하는 신앙 여정의 행군의 나팔 소리가 있어야 할 것이다.

　　* 참고 성구 *　살전 4:16-18, 고전 15:19-28, 고후 1:3-4, 롬 15:4

Ⅲ. 성도의 전쟁하는 은나팔

기자는 너희가 자기를 압박하는 대적을 치러 나갈 때에는 나팔을 울려 불지니라 했다. 여기서 '압박'은 히브리어 '차라르'로서 '꺾쇠로 죄다, 괴롭히다'의 뜻으로 몹시 심한 고통을 주는 행위를 묘사한 말이다. 성도는 하나님의 자녀로서 불의와 죄악에 물든 어두움의 이 세상을 향하여 두려움 없이 담대하게 하나님의 정의를 선포하고 선한 싸움을 싸워야 한다.

　　* 참고 성구 *　렘 20:9, 행 4:20, 고전 9:16, 딤 6:12

■ 기 도 ■ 이스라엘에게 은나팔을 불게 하신 하나님! 오늘 우리도 은나팔을 불어 죄인을 부르고 복음의 삶을 살며 죄악과 싸우는 영적 전쟁에서 이겨 영원한 하늘나라에 입성하는 자들이 되게 하소서. 예수 그리스도의 이름으로 기도 드립니다. 아멘

예술인

유다의 종말을 슬퍼한 애가

- **찬 송** ♪ 195, 190, 197, 187
- **참 조** ☞ ③ 165p, 173p
- **본 문** 너는 이스라엘 방백들을 위하여 애가를 지어 부르기를 네 어미는 무엇이냐 암사자라 그가 사자들 가운데 엎드리어 젊은 사자 중에서 그 새끼를 기르는네…【겔 19:1-9】
- **서 론** 미국의 목사 헨리 자일즈는 "노래는 모든 설교보다 오래 기억에 살아 남는다."라고 했다. 이 세대는 황금만능주의가 팽창하여 모든 것의 척도는 돈이 되었다. 바울은 돈을 사랑하는 것은 일만 악의 뿌리가 된다고 했다(딤전 6:10). 돈에 울고 돈에 웃는 타락한 세대에 성도의 노래는?

■ 말 씀 ■

I. 성도의 이 세대에 만연한 죄의 확산을 우려한 애가

기자는 젊은 사자가 되어 식물 움키기를 배워 사람을 삼켰다고 했다. 여기서 '움키기를'은 히브리어 '타라프'로서 '갈기갈기 찢다, 물어뜯다, 먹이다'의 뜻으로 톱니 모양으로 잔인하게 찢기어 나가는 것을 의미한다. 이 시대의 가장 슬픈 현실은 은혜보다 죄를 더 쉽고 빠르게 받아들인다는 것이다. 도처에 만연한 죄악은 성도의 입에서 탄식을 내뿜게 하며 눈물을 흘리게 만든다.

* 참고 성구 * 벧전 5:8, 잠 1:16, 6:18, 사 59:7, 미 2:1, 벧후 2:14

II. 성도의 이 세대에 만연한 영적 능력의 상실을 우려한 애가

미국의 복음전도자 윌리엄 A. 선데이는 "교회에 간다는 것은 자동차가 차고에 들어가는 것과 같아서 그대를 그리스도인으로 만들지 않는다."라고 했다. 하나님의 교회가 이 땅에서 교회의 역할을 다하지 못하고, 세상의 빛과 소금이 되어야 할 성도가 빛과 소금의 역할을 포기할 때에 이 세상에는 기쁨보다도 슬픔이 만연해지며 소망이 사라지게 되는 것이다.

* 참고 성구 * 엡 5:8, 눅 16:8, 요 12:36, 살전 5:5, 빌 2:15

III. 성도의 이 세대에 만연한 회개의 거부를 우려한 애가

영국의 성직자 로버트 사우스는 "진정한 회개는 양면성을 가지고 있다. 하나는 과거를 눈물어린 눈으로 보는 것이고 다른 하나는 미래를 조심스런 눈으로 바라보는 것이다."라고 했다. 사람들이 타락의 연락에 빠져서 죄와 불법을 자행하고도 돌이킬 줄 모르며 주어지는 회개의 기회를 무시해 버리는 것이야말로 최대의 비극이며 구원을 외면하는 처사가 된다.

* 참고 성구 * 눅 16:31, 왕하 17:14, 느 9:29, 계 9:21, 잠 1:7

- **기 도** 하나님 아버지! 말세지말에 만연된 죄악이 하늘을 덮고 있사오니 먼저 성도가 회개하고 자복하여 새 사람을 입고 세례자 요한처럼 회개의 운동을 일으키도록 능력으로 채워 주소서. 예수 그리스도의 이름으로 간절히 기도 드립니다. 아멘

시내 산의 모세가 갖춘 모습

■ 찬 송 ■ ♪ 17, 19, 47, 55   ■ 참 조 ■ ☞ ① 101p, 431p

■ 본 문 ■ …또 여호와께 가까이 하는 제사장들로 그 몸을 성결히 하게 하라…【출 19:7-25】

■ 서 론 ■ 프랑스의 주교 성 프란시스 드 살은 "가장 좋은 겸손의 훈련 중 하나는 우리 자신의 불완전성에 대해 애태우지 않는 데 있다. 우리는 날카롭고 소란스럽고 격정적인 반성보다는 조용하고 꾸준한 참회로 우리 자신을 더 잘 고칠 수 있다."라고 했다. 시내 산의 모세에게는?

■ 말 씀 ■

I. 모세에게는 준비의 모습이 있었음

기자는 너는 백성에게로 가서 오늘과 내일 그들을 성결케 하며라고 했다. 여기서 '성결케 하며'는 히브리어 '카다쉬'로서 '거룩하게 하다, 봉헌하게 하다'인데 이는 더러움으로부터 구별하여 깨끗하고 순수하게 함 또는 죄악을 제거함을 뜻한다. 성도는 정신 없이 바쁘게 지내다가 간신히 주께 나아감이 아니라 시간에 맞춰서 자신의 몸과 마음을 정돈시키고 정성된 자세로 임해야 한다.

　＊참고 성구＊　딤후 2:21, 고후 9:2, 벧전 3:15, 눅 12:35-36, 막 13:35

II. 모세에게는 회개의 모습이 있었음

기자는 내려가서 백성을 신칙하라 백성이 돌파하고 나 여호와께로 와서라고 했다. 여기서 '신칙하라'는 히브리어 '하에드'로서 '반복하다, 훈계하다'의 뜻인 '우드'에서 온 말로 아주 중요한 교훈이므로 반복해서 훈계하라는 뜻이다. 성도는 먼저 하나님의 거룩함을 해치지 않도록, 또한 그분께 영광돌릴 만한 정결한 상태를 만들기 위해 깊고 진실된 회개의 모습을 가져야 한다.

　＊참고 성구＊　시 51:17, 겔 18:31, 행 3:19, 욥 42:6, 눅 18:13

III. 모세에게는 감사의 모습이 있었음

기자는 너는 내려가서 아론과 함께 올라오라고 했다. 성도는 한낱 죄인의 몸으로서 거룩하신 하나님을 가까이서 만나뵙게 되는 시간이 허락된 것에 대해서 감사하는 마음을 가지고 온전히 자기 자신을 헌신할 수 있는 자세가 필요하다. 감사하는 마음은 은혜를 체험한 자의 신앙생활의 열매이며, 순종과 더불어 하나님께서 가장 기쁘시게 받으시는 산 제사라 할 수 있다.

　＊참고 성구＊　시 100:4, 골 3:5, 살전 5:18, 롬 12:1, 빌 4:6

■ 기 도 ■ 시내산에서 모세를 맞으신 하나님! 오늘 우리도 당신을 뵙기 위해선 여러 모습을 갖추어야 함을 느꼈습니다. 죄인을 자녀로 인쳐 주신 당신의 은혜를 감사하여 늘 당신의 영광을 위해 사는 자가 되게 하소서. 예수 그리스도의 이름으로 기도 드립니다. 아멘

산악인

시내 산의 아침이 주는 축복

■ 찬 송 ■ ♪ 68, 63, 64, 66 　　　　■ 참 조 ■ ☞ ② 81p

■ 본 문 ■ …아침 전에 예비하고 아침에 시내 산에 올라와 산꼭대기에서 내게 보이되 아무도 너와 함께 오르지 말며 온 산에 인적을 금하고 양과 소도 산 앞에서 먹지 못하게 하라… 【출 34:1 9】

■ 서 론 ■ 영국의 시인으로 '실락원'의 저자인 존 밀턴은 "아침의 향기가 그윽하고 가장 일찍 일어나는 새들의 노래로 아침은 한층 더 신비를 더한다."라고 했다. 아침은 황금의 빛을 온 세상에 뿌리며 그 용좌를 드러낸다. 이른 아침의 축복은?

■ 말 씀 ■

Ⅰ. 이른 아침의 기도의 축복

미국의 목사요 설교가인 헨리 워드 비처는 "아침의 기도는 하나님의 자비와 축복의 보화 창고 문을 여는 열쇠요, 저녁의 기도는 그의 보호와 안전의 날개 아래로 우리를 가두고 잠그는 자물쇠이다."라고 했다. 시간에 쫓기는 분주한 아침 대신, 이른 아침에 차분한 마음을 가지고 하루를 온전히 의뢰하는 기도의 시간을 갖는 것이 성도가 축복된 아침과 하루를 누리는 비결이다.

　　* 참고 성구 *　시 5:3, 창 28:16-18, 대하 29:20, 욥 1:5, 막 1:35

Ⅱ. 이른 아침의 찬송의 축복

영국의 시인 에드워드 영은 "찬양은 기도보다 더 거룩하다. 기도는 하늘로 가는 길을 우리에게 보여 주나 찬양은 이미 그곳에 먼저 가 있다."라고 했다. 짜증과 불평으로 불쾌한 아침 대신, 풀잎마다 맺힌 아침 이슬과 같이 맑고 깨끗하며 영롱한 기쁜 찬양을 통해 축복된 하루를 시작하는 성도는 온종일 은혜의 충만한 영혼으로 지내므로 그는 매일 축복된 하루를 보내는 자이다.

　　* 참고 성구 *　시 57:8, 33:2, 대상 23:30, 히 13:15, 벧전 2:9

Ⅲ. 이른 아침의 말씀의 축복

"그대의 아침의 첫 생각을 하나님의 품에 바치고 복의 세례를 먼저 받자. 아침의 첫 시간은 그날의 방향타이니라."고 어느 목회자는 말했다. 아무런 깊은 의미 없이 마냥 흘러가는 아침 대신 신선한 아침 공기를 마시며 하나님의 자녀로서 하나님의 말씀을 상고하여 하루 동안의 성도의 바쁜 걸음을 준비하고 시행함이 축복된 하루를 가져다 주는 요인이 된다.

　　* 참고 성구 *　시 119:147-148, 수 1:8, 렘 15:16, 엡 5:26, 딤전 4:15

■ 기 도 ■ 이른 아침에 영광받으시는 하나님! 우리에게 당신께 가까이 나아갈 시간을 주시고 우리의 영육을 살지우게 하시니 감사합니다. 영원한 하늘나라에 갈 때까지 이 마음의 소원을 이루게 하시옵소서. 예수 그리스도의 이름으로 기도 드립니다. 아멘

이드로의 조언이 주는 의미

■ 찬 송 ■ ♪ 171, 265, 93, 455   ■ 참 조 ■ ☞ ③ 99p

■ 본 문 ■ …이제 내 말을 들어라 내가 그대에게 방침을 가르치리니 하나님이 그대와 함께 계실지로다 그대는 백성을 위하여 하나님 앞에 있어서 소송을… 【출 18:13-27】

■ 서 론 ■ 로마의 풍자시인인 플라우투스는 "사람이 아무리 슬기롭다 할지라도 인생사에 있어서는 어진 친구의 충고가 없이는 살아갈 수 없다."라고 했다. 모세의 장인 이드로(=호밥)는 최고 지도자로서 모세가 많은 일을 감당하여 스트레스가 심하자 조직관리를 체계적으로 운영하도록 조언을 했다. 조언자는?

■ 말 씀 ■

I. 조언자는 관심과 사랑이 있어야 함

기자는 그대가 이 백성에게 행하는 이 일이 어찜이뇨 어찌하여 그대는 홀로 앉았고 백성은 아침부터 저녁까지 그대의 곁에 섰느뇨 했다. 여기서 '일'은 히브리어 '다바르'로서 '사건, 심판'이란 뜻으로 이는 백성들 사이의 소송사건을 지칭한다. 무관심 속에서는 훌륭한 조언이나 권면이 나올 수 없다. 조언은 한 영혼을 사랑하는 진실한 마음과 관심에서 비롯되는 것이다.

* 참고 성구 *   살전 2:3-4, 수 24:15, 왕상 18:21, 롬 12:8, 히 3:13

II. 조언자는 솔직함과 자상함이 있어야 함

기자는 그대의 하는 것이 선하지 못하도다 그대와 함께한 이 백성이 필연 기력이 쇠하리니 이 일이 그대에게 너무 중함이라 그대가 혼자 할 수 없으리라고 했다. 잘못된 것을 자상하게 알려주지 않고 무조건 행동만을 고치라고 한다면 상대의 오해를 초래하게 된다. 이드로가 모세에게 말한 것처럼 진정 상대를 위한 자상하고 솔직한 조언이야말로 좋은 처방이 된다.

* 참고 성구 *   잠 25:11, 11:14, 전 9:17, 12:11, 왕하 5:13

III. 조언자는 지혜로운 대안이 있어야 함

기자는 어려운 일은 모세에게 베풀고 쉬운 일은 자단하더라고 했다. 여기서 '자단하더라'는 히브리어 '쇠파트'로서 '재판하다, 심판하다'인데 스스로 생각하여 판단함의 뜻으로 재판권을 가지고 논쟁되는 송사를 옳다, 그르다 함을 의미한다. 잘못의 책망은 능사가 아니므로 고칠 수 있는 대안을 주님의 뜻에 입각하여 제시할 수 있는 사람이 진정 지혜로운 조언자이다.

* 참고 성구 *   창 41:37, 행 5:38-39, 잠 15:22, 왕상 12:6-7

■ 기 도 ■ 하나님 아버지! 지혜로운 조언자 이드로의 모습을 보았습니다. 우리들도 이웃을 권면할 때 이런 자세를 본받게 하셔서 당신께는 영광이요 이웃에게는 희망을 주는 자들이 되게 하소서. 예수 그리스도의 이름으로 기도 드립니다. 아멘

상담원

요압의 충고가 주는 교훈

■ **찬 송** ■ ♪ 372, 424, 369, 366 　　　 ■ **참 조** ■ ☞ ① 169p

■ **본 문** ■ …요압이 집에 들어가서 왕께 말씀하되 왕께서 오늘 왕의 생명과 왕의 자녀의 생명과 처첩들의 생명을 구원한 모든 신복의 얼굴을 부끄럽게 하시니… 【삼하 19:1-8】

■ **서 론** ■ 도산 안창호는 "어리석은 자는 충언과 간언을 분간하지 못하여 간언을 충언으로 받아들여 일을 그르친다."라고 했다. 다윗의 최측근으로 요즘 국방장관에 해당하는 요압은 다윗에게 충심으로 귀한 충고를 하였다. 귀한 충고는?

■ **말 씀** ■

Ⅰ. 귀한 충고는 바른 길로 돌이키게 함

기자는 오늘 장관들과 신복들을 멸시하심을 나타내심이라고 했다. 여기서 '멸시하심'은 히브리어 '엔'으로서 상대방의 존재나 인격을 인정치 않는 것을 의미하는 말이다. 인간의 본성은 나약하여 혼자의 힘으로 환란과 시련에서 일어설 수 없을 때가 있으며, 또한 본성이 악하여 그릇된 길로 가기 쉽다. 귀한 충고는 이렇듯 넘어지고 딴 길로 행하는 자를 바로 세울 수가 있다.

　　* 참고 성구 *　잠 6:23, 12:1, 전 12:11, 왕하 5:13, 엡 4:21

Ⅱ. 귀한 충고는 큰 힘을 얻게 함

기자는 왕의 신복들의 마음을 위로하여 말씀하소서라고 했다. 사람은 누군가가 자기의 편이 되어 주는 것만큼 큰 힘이 되는 것도 없다. 귀한 충고는 우리에게 할 수 있다는 자신감과 함께 동류감을 갖게 하여 큰 힘을 얻게 하는 원동력이다. 잠언 기자는 도략이 없으면 백성이 망하여도 모사가 많으면 평안을 누린다고 했다. 이드로의 충언은 모세에게 큰 깨우침을 주었다.

　　* 참고 성구 *　잠 11:14, 15:22, 출 18:13-27, 왕상 2:1-10, 마 7:24

Ⅲ. 귀한 충고는 선을 이루게 함

기자는 왕이 문에 앉아 계시다 하니 모든 백성이 왕의 앞으로 나아오니라고 했다. 영국의 신학자요 성직자인 토마스 풀러는 "좋은 권고를 지키는 것은 은혜의 사슬에 묶이는 것이다."라고 했다. 귀한 충고나 훈계는 그것을 듣고 지키는 자에게는 선한 결과를 가져올 것이다. 만약에 그 권면의 말이 신한 열매를 맺지 못할 때는 그 충고는 참된 가치가 없는 무의미한 타령에 지나지 않는다.

　　* 참고 성구 *　롬 8:28, 행 5:35-40, 계 3:18, 요 4:26, 39

■ **기 도** ■ 하나님 아버지! 귀한 충고가 역사하는 힘을 보았습니다. 오늘 우리들도 이웃의 불신자들에게 선한 충고를 하여 그들이 그리스도를 통한 구원의 반열에 서게 하는 역사가 있게 하소서. 예수 그리스도의 이름으로 기도 드립니다. 아멘

그리스도인의 대인 관계의 의의

■ 찬 송 ■ ♪ 515, 522, 514, 544   ■ 참 조 ■ ☞ ② 89p

■ 본 문 ■ …무슨 일을 하든지 마음을 다하여 주께 하듯 하고 사람에게 하듯 하지 말라 이는 유업의 상을 주께 받을 줄 앎이니 너희는 주 그리스도를 섬기느니라【골 3:18-24】

■ 서 론 ■ 미국의 시인 존 G. 휘티어는 "하나님은 너그러운 생각을 축복하시고 너그러운 말을 하는 사람을 기뻐하시며 진리를 알고 너그럽게 행동하는 사람과 동행하신다."라고 했다. 성도는 받은 바 은혜를 감사하여 이웃에게 그리스도의 향기를 내뿜는 관용의 사람, 희생의 사람이 되어야 한다. 성도는?

■ 말 씀 ■

Ⅰ. 성도는 그리스도의 사랑을 이웃에게 베풀어야 한다

독일의 신학자 프레드릭 스판하임은 "그리스도의 진정한 제자는 가장 많이 아는 자가 아니라 가장 많이 사랑하는 자이다."라고 했다. 성도는 우리를 향한 그리스도의 사랑을 본받아 다른 사람을 사랑해야 한다. 그런데 그 사랑은 어떠한 대가를 기대하여 사랑하는 것이 아니라 값없이 베푸는 사랑이어야 한다. 이것이 아가페적 사랑으로 선한 사마리아 사람처럼 진정한 사랑의 행위이다.

 * 참고 성구 *   마 22:39, 요 13:35, 15:12, 롬 12:9, 살전 3:12, 벧전 1:22

Ⅱ. 성도는 그리스도의 십자가를 본받아 이웃을 위해 희생해야 한다

히포의 감독이었으며 불후의 명저 '참회록'의 저자인 성 어거스틴은 "아! 희생의 사랑 없이 어찌 십자가의 섭리가 이루어질 수 있을까."라고 했다. 하나님께 대한 순종과 자신의 몸의 희생을 통해서 우리에게 생명을 주신 예수 그리스도의 십자가는 성도의 삶의 표본이다. 이에 이웃을 위해 아낌없이 자신을 내어놓고 또 서로 복종하는 삶이 성도의 삶이어야 할 것이다.

 * 참고 성구 *   고전 1:18, 갈 6:14, 빌 2:8, 마 19:21, 요일 3:16

Ⅲ. 성도는 그리스도의 면류관을 좇아 천국의 상을 바라보아야 한다

'상'을 의미하는 헬라어 '미스도스'는 '품삯, 보수, 보상'의 의미가 있는데 이는 하나님이 확실히 갚아 주시는 상을 가리킨다. 비록 이 세상에서는 성도들이 받을 상급이 없지만 그리스도께서 고난을 통해서 영광의 면류관을 쓰셨듯이 장차 하늘나라에 이를 때 성도를 위해 예비된 상급을 바라보며 이 세상의 천박한 영광에 연연하여 살지 않는 것이 참된 성도의 삶이다.

 * 참고 성구 *   딤후 4:7-8, 고전 9:25, 약 1:12, 벧전 5:4, 계 3:11

■ 기 도 ■ 성도를 당신의 자녀로 삼아주신 하나님! 우리에게 당신의 자녀답게 이 어두운 세상에서 빛의 역할을 다하고 천국의 면류관을 바라보는 삶을 살게 하소서. 예수 그리스도의 이름으로 기도 드립니다. 아멘

> 노년기

야곱이 피력한 나그네 인생길의 의의

■ 찬 송 ■ ♪ 401, 400, 289, 313   ■ 참 조 ■ ☞ ① 38p

■ 본 문 ■ …야곱이 바로에게 고하되 내 나그네 길의 세월이 일백 삼십 년이니이다 나의 연세가 얼마 못되나 우리 조상의 나그네 길의 세월에 미치지 못하나…【창 47:7-10】

■ 서 론 ■ 중국의 사상가 홍자성은 "나무는 가을이 되어 잎이 떨어진 뒤에야 꽃 피던 가지와 무성하던 잎이 다 헛된 영화였음을 알게 되고, 사람은 죽어서 관 뚜껑을 닫을 때에야 비로소 자손과 재화가 쓸데없음을 안다."라고 했다. 성도는?

■ 말 씀 ■

I. 성도는 나그네 인생길에서 세상 욕심을 버린다

야곱의 나그네 길의 세월은 일찍이 할아버지 아브라함 때부터 가나안 땅을 약속받았으나 정작 소유하지는 못하고 정처없이 오랫동안 방황했던 날들을 기억하면서 한 말이다. 하나님의 자녀로 택함을 받은 성도는 세상에 대한 집착이나 그것에 미련을 버리고 또한 그것을 목적으로 삼지 않는 인생을 살아야 한다. 이는 세상에는 영원한 거처가 없음을 알기 때문이다.

  * 참고 성구 * 롬 13:14, 갈 5:16, 벧전 2:11, 골 3:5, 히 11:13

II. 성도는 나그네 인생길에서 고달픔을 감내한다

야곱의 나그네 길의 험악한 세월은 자신의 쓰라린 과거, 곧 형 에서로부터의 도망, 외삼촌 라반과의 갈등, 딸 디나의 봉변, 요셉과의 이별 등 고통과 눈물로 얼룩진 많은 악한 날들을 회고하면서 한 말이다. 성도는 세상에 살면서 세상에 속할 수도 없는 나그네들로서 많은 어려움과 핍박과 고독함이 있다손치더라도 결코 세상과 함께 짝할 수 없는 인생이다.

  * 참고 성구 * 약 5:10, 롬 8:17, 히 11:25, 벧전 2:20, 대상 29:15

III. 성도는 나그네 인생길에서 소망으로 나아간다

야곱이 이 후에 고백했듯이 하나님의 섭리 아래서 이 모든 날들은 사랑하는 자식을 양육시키기 위한 연단의 기간이요, 오직 하나님만을 의뢰하게 하기 위한 성화의 기간이었다. 따라서 그는 마침내 승리의 삶을 살고서 편안히 열조에게로 돌아갈 수 있었다. 성도들도 세상이 안식을 위한 놀이터가 아니라 하늘나라를 소망케 하는 연단의 장소임을 깨달을 때 성도의 인생은 실로 복된 것이다.

  * 참고 성구 * 창 48:15-16, 히 13:14, 골 1:5, 고후 5:1, 계 7:9

■ 기 도 ■ 야곱의 하나님! 애굽 왕 바로 앞에서 지난했던 세월에 대한 야곱의 고백은 오늘 우리의 고백과도 같음을 보았습니다. 야곱을 천국으로 불러가신 당신께서 우리의 소망도 이루어 주실 줄 믿고 감사함으로 예수 그리스도의 이름으로 기도 드립니다. 아멘

르호보암을 권면한 노인들이 주는 교훈

■ 찬 송 ■ ♪ 356, 348, 93, 415 　　　■ 참 조 ■ ☞ ① 193p

■ 본 문 ■ …대답하여 가로되 왕이 만일 이 백성을 후대하여 기쁘게 하고 선한 말을 하시면 저희가 영영히 왕의 종이 되리이다 하나 【대하 10:6-7】

■ 서 론 ■ "어리석은 자에게 있어서의 노년은 겨울이나 지혜로운 자에게 있어서의 노년은 황금기이다."라고 탈무드에 씌어 있다. 지혜의 왕 솔로몬을 보필하여 국정을 돌보고 인생을 체득한 자문위원이었던 노인들은 왕에게 백성을 후대하라고 권면했다. 노인들은?

■ 말 씀 ■

Ⅰ. 노인들은 진정한 사랑으로 권면했음

기자는 르호보암 왕이 그 부친 솔로몬의 생전에 그 앞에 모셨던 노인들과 의논했다고 하였다. 여기서 '노인들'은 히브리어 '제케님'으로 '장로, 원로 신하'를 뜻하는 말이나 여기서는 솔로몬이 거느렸던 '모사'들을 의미한다. 성도는 잘못된 길을 가는 사람에게 사랑에서 우러나오는 안타까움으로 권면하고 충고를 필요로 하는 사람에겐 진정 돕고자 하는 간절한 마음으로 권면해야 한다.

　　* 참고 성구 *　　벧전 4:11, 잠 11:45, 15:22, 24:6, 출 18:13-27, 골 3:16

Ⅱ. 노인들은 의에 입각해서 권면했음

기자는 노인들이 교도하기를 이 백성을 후대하여 기쁘게 하고 선한 말을 하라고 했다. 여기서 '교도'는 히브리어 '에차' 로서 '야아츠'(숙고하다)에서 온 말로 '충고, 조언'을 뜻하는데 이는 충고란 사려깊은 마음에서 나와야 함을 시사한다. 성도는 그것이 비록 상대방이 좋아하는 방향이 아닐지라도 하나님의 의에 입각해서 바른 권면을 담대하게 행하고 의를 좇게 해야 한다.

　　* 참고 성구 *　　잠 21:15, 행 5:34-40, 왕상 2:1-10, 행 24:25, 엡 6:14

Ⅲ. 노인들은 유익만을 위해 권면했음

기자는 저희가 영영히 왕의 종이 되리이다라고 했다. 성도의 바른 권면은 상대방의 진정한 유익을 위하여 행해져야 할 것이다. 권면하는 자가 자신을 주장하고 드러내기 위하여 권면해서는 곤란하며 권면은 오로지 권면받는 상대방에게 영육간에 큰 유익이 되는 권면이 무엇인지를 잘 숙고해야 하며, 득이 되는 이치를 따져보고 힘써 강구하고 전해야 한다.

　　* 참고 성구 *　　빌 2:4, 행 20:35, 롬 15:1, 갈 6:2, 왕하 5:14

■ 기 도 ■ 지혜의 하나님! 오늘 노인들의 경륜 있는 지혜가 얼마나 귀한지를 깨달았습니다. 사랑으로 의에 입각해서 유익만을 위한 권면을 해줄 수 있는 우리들이 되도록 축복하소서. 예수 그리스도의 이름으로 기도 드립니다. 아멘

노년기

다윗의 유언이 주는 교훈

■ 찬 송 ■ ♪ 234, 235, 238, 240　　　　■ 참 조 ■ ☞ ③ 159p
■ 본 문 ■ 다윗이 죽을 날이 임박하매 그 아들 솔로몬에게 명하여 기로되 … 【왕상 2:1-9】
■ 서 론 ■ "살아 있는 동안 재산을 지키려 애쓰며, 자녀들이 평안하고 성공적으로 살도록 돕지 못한 채 세상의 갈등만을 남기고 세상을 떠나는 사람만큼 어리석고 미련한 사람은 없을 것이다."라고 어느 선각자는 말했다. 다윗의 유언은?

■ 말 씀 ■

Ⅰ. 자녀에게 세상의 본이 되라고 유언함

다윗은 아들 솔로몬에게 너는 힘써 대장부가 되라고 했다. 여기서 '대장부'는 히브리어 '레이쉬'로서 일반적인 남자를 뜻하는 '아담'보다 존귀한 의미로, 이는 존경받는 인물이 되도록 노력하라는 의미이다. 성도는 이 악한 세상에서 사람들의 삶의 표본이 되어야 한다. 그러므로 성도는 자녀들에게 신앙인답게 정정당당하고 성실한 모습으로 살도록 교훈함이 중요하다.

　* 참고 성구 *　고전 16:13, 시 118:6, 행 20:24, 35, 딤전 4:12, 딛 2:7

Ⅱ. 자녀에게 하나님을 따르라고 유언함

다윗은 여호와의 명을 지켜 그 길로 행하고 모세의 율법에 기록된 대로 행하면 네가 형통해진다고 했다. 여기서 '형통할지라'는 히브리어 '타스킬'로서 '지혜롭게 행하다'는 뜻으로, 이는 개인적인 사업의 성공이나 잘 되는 것이 아니라 주의 뜻에 합당한 삶을 사는 것을 의미한다. 성도는 오직 하나님만이 복의 근원이 되심을 알기에 하나님의 뜻대로 삶을 살아서 축복된 삶을 영위하자.

　* 참고 성구 *　신 28:1-14, 시 18:30, 롬 11:33, 마 7:24, 고전 3:11

Ⅲ. 자녀에게 선악을 분별하라고 유언함

다윗은 솔로몬에게 자신과 관련된 인과관계를 말하고 뒷수습을 부탁했는데 음부를 지칭했다. 여기서 '음부'란 히브리어 '스올'로서 '묻다'에서 유래된 말로, 죽은 자들이 거처하는 사후 중간 세계로 고대인들에게는 이해되었다. 성도가 죄를 용서하는 사랑과 죄와 연합하는 태도는 분명히 다르므로 간교한 죄의 유혹에 빠지지 않도록 지혜를 구하는 인생이 되도록 교훈을 해야 한다.

　* 참고 성구 *　잠 5:14-15, 왕상 3:9, 고전 2:14, 히 5:14, 눅 16:23

■ 기 도 ■ 다윗의 하나님! 나그네 인생길을 마감하고 당신께로 돌아가는 다윗이 그 아들 솔로몬에게 전한 유언을 보았습니다. 오늘 우리도 우리의 후손들에게 이렇게 훌륭한 유언을 남길 수 있도록 더욱 은혜로 성숙케 하옵소서. 예수 그리스도의 이름으로 기도 드립니다. 아멘

노년기

시바의 간계가 주는 교훈

■ 찬 송 ■ ♪ 363, 330, 467, 483   ■ 참 조 ■ ☞ ③ 169p

■ 본 문 ■ …왕이 시바더러 이르되 므비보셋에게 있는 것이 다 네 것이니라…【삼하 16:1-4】

■ 서 론 ■ 영국의 극작가요 시인인 셰익스피어는 "때때로 우리 자신이 우리의 연약한 부분을 드러내어 범죄하도록 유혹하여 우리들 자신이 악마의 역할을 하는 경우도 있다."라고 했다. 아들 압살롬의 쿠데타로 도망자 신세가 된 다윗! 이 다윗이?

■ 말 씀 ■

Ⅰ. 육체적 피로가 가중할 때 유혹을 허용하게 됨

기자는 포도주는 곤비한 자들로 마시게 하려 함이라고 했다. 여기서 '곤비한'은 히브리어 '야아프'로서 '피곤하다'라는 뜻으로 휴식을 취하지 못해서 심신이 매우 피곤하고 지친 상태를 가리킨 말이다. 옛말에 "사흘 굶고 담 안 넘는 놈 없다."고 했다. 당장의 굶주림을 이겨낼 장사는 없지만 성도는 항상 육체의 요구와 싸워 이기는 자만이 승리를 차지한다는 진리를 명심해야 할 것이다.

* 참고 성구 * 창 25:29-33, 마 4:2-3, 벧전 5-8, 고후 11:14, 엡 6:11

Ⅱ. 영적으로 나약해질 때 유혹을 허용하게 됨

기자는 이스라엘 족속이 오늘 내 아비의 나라를 내게 돌리리라 한다고 했다. 이것은 시바가 다윗과 므비보셋을 이간질하기 위해 꾸며낸 이야기인데, 다윗은 어려운 처지에 있는 자신을 위로하기 위해 찾아온 시바의 진실성을 확인하지 못했다. 궁극적으로 인간을 지배하는 것은 육체가 아니라 영혼이다. 하나님 앞에 바로 서지 못할 때 사단의 간계는 성도를 찾아와서 넘어뜨리게 할 것이다.

* 참고 성구 * 히 3:13, 삿 16:16-17, 딤전 2:14, 딤후 3:13, 딛 3:3

Ⅲ. 목표가 흔들릴 때 유혹을 허용하게 됨

"세 가지의 인생관을 생각해 볼 수 있다. 하나는 목표 없는 데카당스이고, 둘째는 목표를 세상에 두는 물질주의이며, 셋째는 영원히 불변하시는 하나님께 소망을 두는 신앙의 태도이다. 이것만이 우리의 발자취를 똑바로 알 수 있는 옳은 인생관이다." 성도가 중단 없이 정진함이 승리의 비결이다. 유혹은 항상 우리 곁에 있다는 사실을 깨닫고 하늘나라만 바라보는 신앙으로 이겨내야 한다.

* 참고 성구 * 롬 6:13, 딤전 1:19, 딤후 4:10, 눅 21:34, 골 3:2

■ 기 도 ■ 하나님 아버지! 사람이 유혹을 허용하는 배경을 살펴 보았습니다. 우리가 이제까지 잘 지내온 것은 당신의 은혜인 줄 믿고 영원한 하늘나라에 갈 때까지 믿음을 잃지 않도록 인도하여 주소서. 예수 그리스도의 이름으로 기도 드립니다. 아멘

> 노년기

야곱의 신앙 결단에 담긴 의의

■ 찬 송 ■ ♪ 355, 492, 360, 519   ■ 참 조 ■ ☞ ① 39p

■ 본 문 ■ …그 예물을 취하고 갑절 돈을 자기들의 손에 가지고 베냐민을 데리고… 【창 43:1-15】

■ 서 론 ■ 영국의 철학자요 역사가인 토마스 칼라일은 "약자가 가는 길에서 걸림돌이 된 화강암 조각이 강자가 가는 길에서는 징검다리 돌이 된다."라고 했다. 성도는 결단하는 자로서, 우리는 경험을 통해서 결단만이 우리의 영적 생활에 유일한 도움이 됨을 배웠다. 야곱의 신앙 결단은?

■ 말 씀 ■

I. 야곱은 재물보다 생명을 귀히 여겼다

기자는 그 돈을 다시 가지고 가라 혹 차착이 있었을까 두렵도다라고 했다. 여기서 '차착'은 히브리어 '미쉬게'로서 '허물되다(욥 7:4), 실수하다(사 28:7), 범죄하다'(민 15:22)는 '쇠가'에서 파생된 말로 실수로 인한 뚜렷한 허물을 의미한다. 사람들은 인간의 생명의 본질이나 근원적인 문제보다 외형적인 것에 대한 욕심이 더 강하다. 그러나 성도는 재물보다 생명이 더 귀함을 알아야 한다.

* 참고 성구 * 눅 12:20, 시 53:1, 렘 17:11, 딤전 6:7, 잠 23:5

II. 야곱은 하나님께 문제를 의탁했다

기자는 전능하신 하나님께서 그 사람 앞에서 너희에게 은혜를 베푸사라고 했다. 여기서 '은혜를 베푸사'는 히브리어 '라하밈'으로 '타는 듯한 마음으로, 궁휼'(신 13:17)로도 번역되었는데 이는 하나님의 호의에 자신을 완전히 맡기는 태도를 가리킨다. 성도의 인생살이의 문제는 하나님의 손에 달려 있으므로 성도는 전적으로 하나님께 맡기고 의뢰하는 믿음이 절실히 필요하다.

* 참고 성구 * 잠 3:5-6, 왕하 18:5-6, 시 25:2, 딤전 4:10, 딤후 1:12

III. 야곱은 일사각오의 심정을 나타냈다

기자는 내가 자식을 잃게 되면 잃으리로다라고 했다. "죽기를 각오하고 덤비면 못할 일이 없는데 왜 스스로 죽음이 길을 택하는가?"라고 어느 목회자는 말했다. 성도가 자기의 것을 희생하는 각오를 하지 않고는 신앙적 결단을 내릴 수가 없다. 그러므로 신앙을 지키기 위해서는 자신의 아무리 귀한 것이라도 희생할 줄 아는 자는 신앙의 초점이 확실히 맞춰져 있는 사람이다.

* 참고 성구 * 에 4:16, 행 21:13, 단 3:16-17, 빌 1:28

■ 기 도 ■ 야곱의 의뢰를 받으신 하나님! 과연 야곱은 이스라엘이 될 수 있었고 여수룬이라는 호칭에 걸맞는 믿음의 사람이었음을 보았습니다. 오늘 우리도 야곱을 본받아 결단하는 신앙을 잊지 않게 하소서. 예수 그리스도의 이름으로 기도 드립니다. 아멘

노년기

바울의 예루살렘 상경에 대한 자세

■ 찬 송 ■ ♪ 378, 369, 374, 352   ■ 참 조 ■ ☞ ① 311p ② 373p
■ 본 문 ■ …나는 주 예수의 이름을 위하여 결박받을 뿐 아니라 예루살렘에서 죽을 것도…【행 21:13】
■ 서 론 ■ 불요불굴(不撓不屈)이란 한 번 품은 뜻이나 결심 등이 어려운 고비에서도 흔들리거나 굽히지 않고 굳세다는 뜻이다. 이방인의 사도요 기독교 역사상 최고의 지식인이었던 바울은 끝내 영어의 몸이 되어 '결박한 것 외에는 나와 같이 되기를 하나님께 원한다'(행 26:29)고 당당히 말했다. 성도는?

■ 말 씀 ■
Ⅰ. 성도는 바울처럼 항상 기도하는 신앙을 가질 것
바울은 너희가 어찌하여 울어 내 마음을 상하게 하느냐고 했다. 여기서 '상하게 하느냐'는 헬라어 '쉰드뤼톤테스'로서 '산산이 부수다, 서로 충돌하다, 두들겨 깨뜨린다'라는 뜻으로 바울의 마음이 부서져 버릴 정도로 만류가 간곡했음을 나타낸다. 성도는 사람들이 마음을 나약하게 하여 낙담시킬 때라도 바울처럼 의연히 일어서야 하는데 이런 원동력은 기도하는 신앙에 기인하는 것이다.
　　* 참고 성구 *　롬 1:9, 살전 3:10, 엡 1:16, 빌 1:4, 고후 1:9

Ⅱ. 성도는 바울처럼 항상 감사하는 신앙을 가질 것
바울은 나는 내 주 예수의 이름을 위하여 결박받을 뿐 아니라고 했다. 사도 바울은 감옥에 갇히는 절망적인 상황에서도 오히려 감사의 찬양을 하나님께 드렸고, 성도들에게 도리어 범사에 감사하라고 권면하였다. 성도가 이런 바울을 본받아 어떠한 환경에 처하든지 오히려 하나님 아버지께 감사하는 신앙을 가질 때 결박이 풀리는 놀라운 체험을 하게 될 것이다.
　　* 참고 성구 *　행 16:25-26, 살전 5:18, 엡 5:20, 빌 4:6, 골 3:17

Ⅲ. 성도는 바울처럼 항상 순교하는 신앙을 가질 것
바울은 예루살렘에서 죽을 것도 각오하였노라고 했다. 여기서 '각오하였노라'는 헬라어 '헤토이모스 에코'로서 '언제든지'(헤토이모스)와 '잡다'(에코)의 합당어로 스스로 할 준비를 갖춘 상태를 뜻한다. 바울은 예수 그리스도를 위해서라면 결박당하는 것뿐 아니라 죽음의 쓴 잔을 마시는 것도 두려워하지 않았다. 성도는 바울처럼 담대히 순교하는 신앙을 가지는 자들이 되자.
　　* 참고 성구 *　행 20:24, 갈 6:17, 빌 3:14, 딤후 4:6-8, 히 11:36-37

■ 기 도 ■ 바울의 하나님! 바울이 예루살렘으로 올라가서 자신의 목숨을 바쳐서 복음의 진보를 이루려는 무서운(!) 신앙을 보았습니다. 바울 사도의 이러한 신앙심을 우리도 닮게 하시고 마지막 목숨까지도 복음을 위해 버리고자 하는 담대한 마음을 허락하소서. 예수 그리스도의 이름으로 기도 드립니다. 아멘

노년기

갈렙이 받은 축복의 비결

■ **찬 송** ■ ♪ 265, 259, 521, 233　　　■ **참 조** ■ ☞ ② 167p

■ **본 문** ■ …여호수아가 여분네의 아들 갈렙을 위하여 축복하고 헤브론을 그에게 주어… 【수 14:6-15】

■ **서 론** ■ 영국의 성직자요 설교가인 찰스 H. 스펄전은 "하나님의 자녀들이 어느 분야에서 종사하던 간에 그들의 믿음이 올바른 길로 최선을 다해 빛을 발하면 그것이 곧 하나님께 충성하는 길이다."라고 했다. '개'란 의미의 이름인 갈렙은 과연 하나님의 충견으로서 85세까지 장수하여 신앙인으로 당당히 살았다. 갈렙은?

■ **말 씀** ■

Ⅰ. 갈렙은 믿고 나아갔다

기자는 정탐케 하므로 내 마음에 성실한 대로 보고하였다고 했다. 여기서 '성실한'은 히브리어 '아쇠르'로서 '길이 곧은, 번영하는'의 뜻으로 이기심을 버리고 곧고 바른 길을 걷는 자는 번영하게 됨을 암시하는 표현이다. 갈렙은 하나님을 의뢰하여 믿고 나아갔기에 성실한 보고를 할 수 있었다. 성도는 믿음이야말로 우리에게 구원과 엄청난 축복의 은혜를 허락하는 것임을 잊지 말자.

　　* 참고 성구 *　민 14:8-9, 삼상 17:37, 대하 20:12, 롬 10:9-10, 마 26:44

Ⅱ. 갈렙은 온전히 순종했다

기자는 그 성읍들은 크고 견고할지라도 여호와께서 나와 함께 하시면이라 했다. 여기서 '견고할지라도'는 히브리어 '바차르'로서 '고립되다, 강하다, 벽으로 막다'의 뜻으로 강한 벽을 쌓아 접근할 수 없도록 요새화 된 것을 나타낸 말이다. 사십 년 전 하나님의 약속을 순종한 그 믿음대로 행하는 갈렙이야말로 순종의 사람이다. 순종은 하나님이 보시는 살아 있는 믿음의 행위이다.

　　* 참고 성구 *　약 2:14, 삼상 15:22, 마 7:21, 창 22:2-3, 히 5:8

Ⅲ. 갈렙은 끝까지 충성했다

기자는 갈렙을 위하여 축복하고 헤브론을 그에게 주어 기업을 삼게 했다고 하였다. 여기서 '축복하고'는 히브리어 '바라크'로서 '복을 빌다, 칭찬하다, 위로하다'라는 뜻으로 성공과 번영을 얻도록 격려하고 복을 빌어 주는 행위를 의미한다. 갈렙은 끝까지 충성했기에 여호와를 온전히 좇았다는 평판을 받고 하나님이 주신 기업을 축복으로 받았다. 성도들도 끝까지 충성하여 하늘 상급을 받자.

　　* 참고 성구 *　민 14:24, 고전 4:2, 눅 16:10, 히 3:6

■ **기 도** ■ 갈렙의 하나님! 믿음으로 가나안 복지에 들어가 팔십오 세의 나이에도 불구하고 조금도 믿음이 식지 않은 갈렙의 믿음을 우리가 배우게 하시고 주님이 좋은 길을 우리도 당당히 걷게 하소서. 예수 그리스도의 이름으로 기도 드립니다. 아멘

장년기(남자·여자)

욥의 주장에 담긴 부부의 의미

■ 찬 송 ■ ♪ 288, 287, 404, 278　　　　■ 참 조 ■ ☞ ① 281p

■ 본 문 ■ 언제 내 마음이 여인에게 유혹되어 이웃의 문을 엿보아 기다렸던가… 【욥 31:9-12】

■ 서 론 ■ 독일 속담에 "부부의 인연은 하늘이 정한 바이다."라는 말이 있고, 남편이 부르면 아내가 이에 따르는 것으로서 부부화합의 도라는 말을 부창부수(夫唱婦隨)라고 한다. 고무신도 짝이 있다고 하늘이 맺어준 부부지간에는?

■ 말 씀 ■

Ⅰ. 부부지간에는 상호 신뢰해야 함

기자는 이웃의 문을 엿보아 기다렸던가 이는 중죄라 했다. 여기서 '중죄'는 히브리어 '짐마'로서 악한 것을 '생각하다, 계획하다, 음모하다'에서 유래된 말로 '근친상간, 매춘' (레 18:27) 같은 포괄적인 '사악한 행위'를 뜻한다. 성도는 하나님의 기쁘신 뜻에 의해 한몸으로 맺어졌으므로 가식없는 진실한 사랑을 서로에게 베풀고 의심이나 거짓에 물들지 않은 믿음의 성을 쌓아나가야 한다.

　　* 참고 성구 *　창 2:23-24, 29:20, 살전 4:3-6, 히 13:4, 벧전 3:7

Ⅱ. 부부지간에는 상호 순결해야 함

기자는 마땅하니라 이는 재판장에게 벌받을 악이라고 했다. 여기서 '악'은 히브리어 '아온'으로 '왜곡되게 행하다, 부패하게 행하다'의 명사형으로 하나님의 뜻을 왜곡되게 행하는 부패된 행위를 말한다. 성경은 엄격히 일부일처제를 옹호하고 있으므로 부부는 당연히 성의 순결을 보존하여 마음에라도 음욕을 품지 말고 아내 한 사람으로 생을 즐거워하며 이를 족히 여겨야 한다.

　　* 참고 성구 *　마 5:28, 창 24:65, 잠 5:18-19, 전 9:9

Ⅲ. 부부지간에는 상호 존중해야 함

독일의 저명한 시인 라이너 마리아 릴케는 "훌륭한 결혼이란 서로가 각각 상대방을 자기의 고독에 대한 보호자로 임명하는 그런 결혼이다."라고 했다. 아내와 남편은 성별의 차이로서, 역할의 차이를 인정하여 서로를 배려하고 자신을 헌신하는 가운데 평등하고 동등한 입장에서 결혼생활을 영위해야 한다. 성도는 부부가 서로를 주님 모시듯이 존중해 주는 것은 구원과 관계되기 때문이다.

　　* 참고 성구 *　고전 7:3-4, 벧전 3:1, 엡 5:25, 전 4:9-12, 행 18:2

■ 기 도 ■ 사람이 독처하는 것을 보시고 좋지 못하다고 하신 하나님! 당신의 뜻에 의해 만난 남녀가 사랑으로 맺어져 한 가정을 이루었으니 서로가 신뢰하고 순결하며 존중해 주는 귀한 가정으로 삼아 주셔서 불륜이 창궐한 이 세대에 모범이 되게 하소서. 예수 그리스도의 이름으로 기도 드립니다. 아멘

장년기(남자·여자)

사랑의 위기를 피하는 교훈

■ **찬 송** ■ ♪ 523, 97, 249, 525   ■ **참 조** ■ ☞ ② 33p

■ **본 문** ■ …너희가 나의 사랑하는 자를 만나거든 내가 사랑하므로 병이 났다고 하려무나 【아 5:1-8】

■ **서 론** ■ 미국의 저명한 안과의사인 오스틴 오말리는 "말을 하루 종일 사용하려고 하거나 사랑을 평생 간직하기를 바란다면 아침에 고삐를 단단히 붙들어라."고 했다. 요즘처럼 '위기의 중년'이 큰 이슈가 된 적도 없을 것이다. 급격한 이혼율의 원인은 배우자의 탈선이 가장 큰 이유라고 한다. 성도는?

■ **말 씀** ■

Ⅰ. 상대를 더욱 아끼고 소중히 여길 것

기자는 나의 완전한 자야 문 열어다고 내 머리에는 이슬이 가득하였다고 했다. 여기서 '완전한'은 히브리어 '탐'으로 완성하다(타맘)에서 유래된 말로 '흠이 없는, 온전한, 정직한'으로 정신적, 육체적으로 미덕을 갖춤을 의미한다. 성도는 상대방에 대한 호기심이나 신선한 매력이 떨어졌다고 상대를 소홀히 여기거나 가볍게 대하지 말고 더욱 진한 사랑으로 서로를 아끼고 존중해야 한다.

* 참고 성구 *   빌 2:2, 창 24:67, 에 2:17, 엡 5:28, 계 3:20

Ⅱ. 상대에게 변함없는 관심을 가질 것

기자는 문틈으로 손을 들이밀매 내 마음이 동하여서 일어났다고 했다. 여기서 '마음'은 히브리어 '메임'으로 문자적으로는 창자를 뜻한다(렘 31:20). 이는 연인에게 찬 이슬을 맞게 한 사실에 대해 자책과 후회가 막급했음을 의미한다. 성도는 상대방의 단점이나 허물은 사랑으로 덮어주고 사소한 것이라 하더라도 장점이나 칭찬을 찾아내어 격려해 주는 변함없는 관심을 보여야 한다.

* 참고 성구 *   벧전 4:8, 창 29:20, 마 19:5, 엡 5:33, 요일 4:15

Ⅲ. 상대와 지속적인 대화를 가질 것

기자는 내가 사랑하므로 병이 났다고 했다. 미국의 복음 전도자 무디는 "당신의 생각이 평온할 때에 당신은 예수님에 관하여 객관적으로 이야기한다. 그러나 일단 위험한 골짜기에 들어가게 되면 당신은 예수님께 직접 이야기하게 될 것이다."라고 했다. 성도가 지속적인 대화를 통해 서로를 알기에 힘쓰면 이해의 폭을 넓힐 수 있고 기쁨과 슬픔을 함께 나눔으로 서로에게 큰 힘이 될 수 있다.

* 참고 성구 *   딤전 5:14, 골 3:19, 요 15:7, 요일 4:18

■ **기 도** ■ 하나님 아버지! 장년에 사랑의 위기와 아울러 인생의 위기가 올 때 어떻게 이것을 피할 수 있는지 보았습니다. 이것은 또한 신앙의 위기가 되어 우리의 신랑되시는 주님과의 관계에서도 적용되는 비결로 알고 이 위기를 잘 넘기도록 인도하소서. 예수 그리스도의 이름으로 기도 드립니다. 아멘

장년기(남자)

솔로몬의 범죄가 주는 교훈

■ 찬 송 ■ ♪ 332, 215, 210, 193　　■ 참 조 ■ ☞ ① 191p

■ 본 문 ■ 솔로몬 왕이 바로의 딸 외에 이방의 많은 여인을 사랑하였으니…【왕상 11:1-11】

■ 서 론 ■ 미국의 저술가인 리차드 E.버튼은 "정욕과 욕망은 마치 두 밧줄이 꼬인 것처럼 풀 수 없도록 꼬여 있다. 그러므로 이것들을 적절히 탐닉하면 좋은 결과를 낳을 것이나 무절제하고 무분별하게 사용하면 분명히 파멸을 초래하고 말 것이다." 라고 했다. 죄악은?

■ 말 씀 ■

Ⅰ. 과도한 물질적 욕망은 죄악의 씨앗이다

그리스의 철학자 소크라테스는 "나는 가장 적은 욕망을 갖고 있기 때문에 신에게 가장 가까울 수 있다."라고 했다. 인간이 물질에 대한 지나친 욕심을 부릴 때에 돌이킬 수 없는 죄의 길로 들어서게 되는 경우가 많이 있다. 성도들이 이 세상의 세속적인 가치에 대해서 집착할 때에는 그것이 바로 우리를 하나님으로부터 멀어지게 하는 지름길임을 빨리 알아차려야 한다.

＊ 참고 성구 ＊ 눅 12:17-19, 잠 30:8-9, 막 10:24, 4:19, 딤전 6:9-10, 신 8:13-14

Ⅱ. 과도한 육체적 욕망은 죄악의 씨앗이다

기자는 솔로몬이 이방의 많은 여인을 사랑했다고 하였다. 여기서 '사랑하였으니'는 히브리어 '아하브'로서 '남녀간에 애정을 갖다'는 뜻으로 여기서는 솔로몬 왕이 이방 여인들과 정을 통한 것을 가리킨다. 성도가 하나님의 존재를 잊고 그릇된 육신의 정욕의 늪에 빠져 허우적거릴 때는 이미 죄악의 씨앗이 싹트고 있으니 결국에는 하나님으로부터 버림을 받게 될 것이다.

＊ 참고 성구 ＊ 잠 5:3-6, 전 7:26, 롬 13:12-14, 갈 5:16-21, 골 3:5

Ⅲ. 과도한 우상 숭배는 죄악의 씨앗이다

기자는 왕비들이 왕의 마음을 돌이켰더라고 했다. 여기서 '돌이켰더라'는 히브리어 '야투'로서 '매혹시키다'는 뜻으로 이는 왕비들이 솔로몬 왕을 매혹시켜 분별력을 흐리게 하여 우상 숭배에 빠지게 한 것을 의미한다. 이방의 신뿐 아니라 하나님보다 더 사랑하는 것은 모두 하나님을 배반하게 하는 우상 숭배의 죄라고 할 수 있다. 성도는 하나님을 부인하게 하는 모든 우상을 버리자.

＊ 참고 성구 ＊ 출 20:4-5, 골 3:5, 엡 5:5, 신 7:25, 요일 5:21

■ 기 도 ■ 하나님 아버지! 당신께 그토록 큰 은혜의 축복을 받은 솔로몬이 만년에 범죄함을 보고 인간은 가증한 진노의 자식임을 깨닫고 크게 회개하나이다. 우리는 항상 깨어 있어 근실한 신앙인이 되도록 성령으로 인도하소서. 예수 그리스도의 이름으로 기도 드립니다. 아멘

장년기 (남자)

구레네 시몬이 진 십자가의 의미

■ **찬 송** ■ ♪ 391, 387, 383, 519　　　■ **참 조** ■ ☞ ① 411p

■ **본 문** ■ 나가다가 시몬이란 구레네 사람을 만나매 그를 억지로 같이 가게 하여 예수의 십자가를 지웠더라 골고다 즉 해골의 곳이라는 곳에 이르러… 【마 27:32-38】

■ **서 론** ■ 스코틀랜드의 목사로서 순교자인 사무엘 루터포드는 "십자가는 억지로 마지못해 지는 자에게는 너무 무거워 지기 힘이 드나 기쁜 마음과 신앙으로 지는 자에게는 매우 가볍다."라고 했다. 시몬이 십자가를 대신 진 인연으로 그의 부인은 사도 바울의 양어머니가 되는 섭리가 나타났다(롬 16:13). 성도는?

■ **말 씀** ■

Ⅰ. 성도는 고난의 십자가를 져야 함

인도의 기독교 성자요 신비주의자인 선다 싱은 다음과 같이 말했다. "십자가는 호도와 같다. 힘 없는 고통과 핍박으로 거죽은 쓴 듯하나 그 속에는 단맛이 있다. 십자가의 거죽은 못이 가득한 듯하나 그 속에는 큰 축복이 숨어 있다." 성도는 모든 죄와 육체의 정욕을 십자가에 못박는 회개의 고통이 있어야 하고 예수의 뒤를 따라 의로운 고난을 감내하는 십자가를 져야 한다.

* 참고 성구 *　골 1:24, 행 5:41, 롬 8:17, 벧전 2:20, 히 11:25

Ⅱ. 성도는 순종의 십자가를 져야 함

독일의 학자요 성직자로서 '그리스도를 본받아'라는 책으로 유명한 토마스 아 켐피스는 "참고 순종하며 십자가를 져라 그리하면 마지막에는 그 십자가가 너를 져줄 것이다."라고 했다. 십자가를 지기까지 하나님의 뜻에 순종하신 예수처럼, 성도는 자신의 뜻보다는 하나님의 말씀에 근거하여 하나님의 뜻을 좇는 순종으로 순종의 십자가를 져야 한다.

* 참고 성구 *　마 26:39, 42, 막 14:36, 요 5:30, 엡 6:6, 빌 2:8

Ⅲ. 성도는 사랑의 십자가를 져야 함

히포의 감독으로 '참회록'의 저자인 성 어거스틴은 "아! 희생의 사랑 없이 어찌 십자가의 섭리가 이루어질 수 있을까"라고 했다. 예수께서 보여주신 십자가의 사랑을 실천하기 위해서 그의 제자된 성도는 자기보다 남을 위한 이타적인 모습의 사랑의 십자가를 져야 한다. 십자가는 헬라어 '스타우로스'인데 '스타오' 곧 '이룩하다'에서 유래된 말로 구속사역의 완성을 뜻한다.

* 참고 성구 *　빌 2:3, 눅 22:26, 약 4:10, 마 22:39, 요 15:12

■ **기 도** ■ 하나님 아버지! 주님께서 인간의 영혼을 구원하시려고 지신 십자가의 사랑에 감동하여 우리들도 각기 자기 십자가를 지고 뒤좇고자 하오니 성령의 능력으로 채워 주옵소서. 예수 그리스도의 이름으로 기도 드립니다. 아멘

장년기(남자)

입다의 서원이 주는 교훈

■ 찬 송 ■ ♪ 543, 545, 539, 292 ■ 참 조 ■ ☞ ① 123p, 125p

■ 본 문 ■ 이에 여호와의 신이 입다에게 임하시니 입다가 길르앗과 므나세를 지나서… 【삿 11:29-40】

■ 서 론 ■ 영국의 성직자요 신학자인 토마스 풀러는 "약속을 지키는 데 있어서는 하나님 앞에서처럼 신실해야 한다. 그러므로 먼저 약속할 때 상당히 주의해야 할 것이다."라고 했다. 서원은 보답으로 하나님께 자발적으로 약속하는 것이다. 성도는 이 서원을?

■ 말 씀 ■

I. 성도는 서원의 대가를 기대하지 말 것

기자는 여호와께 서원하여 가로되라고 했다. 여기서 '서원하여'는 히브리어 '나다르'로서 '맹세하다, 단언하다'의 뜻으로 어떤 소원을 이루기 위해 약속을 정하여 반드시 행할 것을 선서함을 의미한다. 성도가 하나님께 향한 서원은 하나님의 영광과 의를 위해 자발적 의지로 순수한 목적과 동기에서 비롯되어야지 자신의 이익 추구를 위한 인간적 조건이 전제되면 안 된다.

＊참고 성구＊ 창 28:20-22, 민 21:2, 욘 1:16, 삼상 1:11

II. 성도는 서원을 경솔하게 하지 말 것

기자는 내가 그를 번제로 드리겠나이다라고 했다. 여기서 '번제'는 히브리어 '올라'로서 제물을 가죽을 제외한 모든 것을 불로 태우는 제사이다. 사람을 제물로 바치는 일은 하나님께서 가증한 일로 여기셨는데 입다는 경솔한 서원을 했다. 성도는 자신의 처지나 능력에 맞는 서원을 해야지 순간적인 충동에서 지키지도 못할 서원을 하는 것은 오히려 화를 초래할 수도 있으니 주의해야 한다.

＊참고 성구＊ 레 18:21, 삼상 14:24, 잠 19:2, 전 5:2, 행 19:36

III. 성도는 서원을 반드시 이행할 것

기자는 내 딸이여 너는 나로 참담케 하는 자요 너는 나를 괴롭게 하는 자라고 했다. 여기서 '참담케'는 히브리어 '카라'로서 문자적으로는 '무릎을 꿇게 하다'는 뜻으로 개선 장군의 모습과 상반되는 표현을 통해서 심적 고통을 극적으로 드러내었다. 성도는 입다와 같이 찢어지는 가슴의 고통을 당하지 말고 하나님은 만홀히 여김을 받을 수 없는 분이기에 서원한 것을 꼭 지켜야 한다.

＊참고 성구＊ 민 30:2, 창 35:1, 신 23:21, 행 18:18, 마 5:33

■ 기 도 ■ 하나님 아버지! 입다의 서원을 통해 서원하는 자의 자세를 배웠습니다. 오늘 우리는 함부로 서원하거나 서원을 경홀히 여기는 자가 되지 않도록 성숙한 믿음을 허락하소서. 예수 그리스도의 이름으로 기도 드립니다. 아멘

> 장년기(남자)

블레셋을 물리친 삼손의 방법

- 찬 송 ♪ 399, 344, 379, 235
- 참 조 ☞ ③ 143p, 183p
- 본 문 삼손이 레히에 이르매 블레셋 사람이 그에게로 마주 나가며 소리 지르는 동시에 여호와의 신의 권능이 삼손에게 임하매 그 팔 위에 줄이 불탄 삼과 같아서… 【삿 15:14-20】
- 서 론 미국의 장군으로 2차세계대전의 영웅 더글라스 맥아더는 "어떤 싸움에서건 이기겠다는 의지 없이 뛰어드는 것은 치명적인 패배만 가져올 뿐이다."라고 했다. 블레셋(=사단)을 무찌른 삼손의 승리는?

말 씀

Ⅰ. 성도는 깨어 있어야 함

기자는 블레셋 사람이 그에게로 마주 나가며 소리 지르는 동시에라고 했다. 여기서 '소리 지르는'은 히브리어 '루아'로서 '개가를 올리다, (승리의) 함성을 지르다'는 뜻이다. 마귀는 우는 사자와 같이 삼킬 자를 찾아 두루 다니고 삼킬 자를 만나면 환호의 함성을 지른다. 성도는 사단의 불 같은 시험과 악한 공격에서 싸워 승리하려면 항상 근신하며 깨어 있는 신앙의 자세가 필요하다.

* 참고 성구 * 벧전 5:8, 마 26:41, 고전 10:12, 살전 5:5-6, 계 3:11

Ⅱ. 성도는 말씀으로 무장해야 함

블레셋 사람을 대적하기 위해서 삼손은 항상 치밀한 준비와 지혜가 필요했으며 하나님이 주신 그의 능력의 근원인 긴 머리털로 인하여 항상 자신 있는 자세를 견지했다. 우리 성도들도 마귀 사단을 대적하려면 항상 하나님의 살아 있는 말씀으로 무장을 해야 한다. 능력의 근원인 말씀으로 무장할 때 성도는 사단의 모든 간계와 세력을 물리치고 승리할 수가 있는 것이다.

* 참고 성구 * 엡 6:17, 마 4:1-11, 렘 23:29, 히 4:12, 롬 1:16

Ⅲ. 성도는 성령을 덧입어야 함

기자는 여호와의 신의 권능이 삼손에게 임하매라고 했다. 여기서 여호와의 신은 성령을 가리키는데 삼손은 성령을 덧입자 자기를 결박했던 줄을 끊어 버렸다. 그리고는 나귀 턱뼈를 취해서 블레셋 사람 일천 명을 죽이는 개가를 올렸다. 성도의 육체는 연약하므로 사단의 세력과 대적할 수는 없으나 충만한 성령의 능력을 덧입을 때 우리를 이길 세력은 하나도 없음은 자명한 일이다.

* 참고 성구 * 엡 3:16, 눅 4:14, 행 19:11-12, 살전 1:5

- 기 도 삼손의 하나님! 블레셋을 물리친 사사 삼손을 보았습니다. 우리도 이 세상의 영적 싸움에서 사단의 세력을 물리치기 위해서 깨어 말씀으로 무장하고 능력을 덧입게 도와주옵소서. 예수 그리스도의 이름으로 기도 드립니다. 아멘

장년기(남자)

갈렙의 마음가짐이 주는 교훈

■ 찬 송 ■ ♪ 382, 370, 374, 263   ■ 참 조 ■ ☞ ② 167p

■ 본 문 ■ 갈렙이 모세 앞에서 백성을 안돈시켜 가로되 우리가 곧 올라가서 그 땅을 취하자… 【민 13:30-33】

■ 서 론 ■ 독일이 낳은 최고의 시인이요 철학자인 괴테는 "사람은 그가 얻고자 하는 것을 용감히 구하지 않으면 시들어 버린다. 인생의 최대의 곤란은 외부에 있는 것이 아니라 늘 그 사람의 마음속에 있다."라고 했다. 여호수아와 더불어 살아서 가나안 복지를 밟은 갈렙! 성도는?

■ 말 씀 ■

Ⅰ. 갈렙처럼 목표에 대한 지속적인 동경을 갖자

기자는 갈렙이 모세 앞에서 백성을 안돈시켜 가로되라고 했다. 여기서 '안돈시켜'는 히브리어 '하사'로서 '조용하게 만들다, 고요하게 하다, 조용히!, 쉿!'의 감탄사 '하스'에서 유래된 말로 조용함으로 마음을 차분하게 한다는 뜻이다. 성도가 흐르는 시간에 삶을 맡기면 성취를 맛볼 수 없다. 큰 꿈과 비전을 가지고 그것을 위해 기도하는 자만이 성취할 수 있음을 유념하자.

　　＊ 참고 성구 ＊　욥 42:2, 짐 13:12, 출 14:13, 사 41:13, 행 23:11

Ⅱ. 갈렙처럼 해낼 수 있다는 긍정적 사고를 갖자

기자는 갈렙이 능히 이기리라고 했다. 인간은 긍정적 사고와 부정적 사고를 가지고 살아가는 존재이기는 하지만 아무리 좋은 계획이라도 못할 것 같다는 부정적 사고로는 그 무엇도 이룩할 수가 없다. 신앙이란 불가능할 것 같은 일에 도전하는 힘을 제공한다. 히브리서 11장은 신앙의 위인들이 긍정적이며 적극적 신앙의 힘으로 이 땅에서 믿음의 승리를 일궈낸 믿음의 영웅전이다.

　　＊ 참고 성구 ＊　히 11:1-39, 수 14:12, 삼상 14:6, 사 26:3

Ⅲ. 갈렙처럼 하나님의 도우심을 믿는 믿음을 갖자

기자는 거기서 본 모든 백성은 신장이 장대한 자들이더라고 했다. 여기서 '장대한 자들'은 히브리어 '아느쉐 미도트'로서 '신장의 사람들, 두 사람 크기의 사람들'의 뜻으로 '매우 키가 큰 사람들'임을 의미한다. 열 명의 정탐꾼의 보고에는 하나님의 약속과 능력에 관해서는 한 마디도 없다. 모두가 부정적일 때 성도는 하나님의 뜻과 성령의 도우심을 의뢰하여 성취할 수 있음을 믿는 자 되자.

　　＊ 참고 성구 ＊　민 14:8-9, 대하 20:12, 시 3:6, 시 12:2, 삼상 17:37, 45, 47

■ 기 도 ■ 갈렙의 하나님! 믿음의 능력을 확신하던 갈렙은 살아서 젖과 꿀이 흐르는 가나안 땅을 차지하는 행운을 얻었습니다. 이 행운의 이면에는 놀라운 믿음이 있음을 보면서 오늘 우리로 크게 경성하는 시간이 되게 하소서. 예수 그리스도의 이름으로 기도 드립니다. 아멘

장년기(남자)

지도자 모세의 위대한 성품

■ 찬 송 ■ ♪ 507, 506, 502, 347   ■ 참 조 ■ ☞ ① 431p ② 91p

■ 본 문 ■ …그는 나의 온 집에 충성됨이라 그와는 내가 대면하여 명백히 말하고… 【민 12:1-16】

■ 서 론 ■ 출애굽의 영웅이요, 이스라엘 민족이 배출한 최고의 인물이요 지도자인 모세! 히브리서 기자는 모세는 장래에 말할 것을 증거하기 위하여 하나님의 온 집에서 사환으로 충성했다고 했다(히 3:5). 이 모세는?

■ 말 씀 ■

Ⅰ. 모세는 겸손했음

기자는 이 사람 모세는 온유함이 지면의 모든 사람보다 승하더라고 했다. 여기서 '온유함'은 히브리어 '아나으'로서 '괴롭히다, 압박하다, 겸손히 행하다'의 뜻으로 고난과 역경을 겪어 체득되는 자기 희생과 겸손의 마음을 의미한다. 겸손과 온유는 자매간이라 할 정도로 친밀한 관계이다. 교만은 지도자가 버려야 할 성품이다. 겸손한 자를 하나님은 사용하시며 백성들도 그를 신뢰한다.

* 참고 성구 *   행 5:36, 마 11:29, 5:5, 갈 5:22-23, 딛후 2:25, 딛 3:2

Ⅱ. 모세는 충성됐음

기자는 그는 나의 온 집에 충성됨이라고 했다. 영국의 성직자요 설교가인 찰스 H. 스펄전은 "하나님의 자녀들이 어느 분야에서 종사하건 간에 그들의 믿음이 올바른 길로 최선을 다해 빛을 발하면 그것이 곧 하나님께로 충성하는 길이다."라고 했다. 사람이 하나님의 능력에 다다를 수는 없고 다만 최선을 다해 하나님의 일을 감당하는 일꾼을 하나님은 크게 들어 쓰시고 크게 세워 주신다.

* 참고 성구 *   고전 4:1-2, 잠 25:13, 히 3:5, 눅 16:10, 계 2:10

Ⅲ. 모세는 사랑했음

기자는 모세가 하나님이여 원컨대 그를 고쳐 주옵소서라고 했다. 여기서 '원컨대 고쳐 주옵소서'는 히브리어 '나 레파 나 라'로서 '청하옵나니 그녀를 고치소서 내가 청하옵니다'인데 모세의 매우 간절한 기도이다. 성도는 자기를 비방하고 비판한 원수까지도 포용하며 그를 위해 하나님께 간절히 기도할 수 있는 사랑의 능력이 있어야 위대한 지도자가 될 수 있음을 명심하자.

* 참고 성구 *   마 5:44, 잠 25:21, 창 45:15, 롬 12:20, 눅 23:34

■ 기 도 ■ 모세의 하나님! 이 시간 모세가 위대한 이스라엘의 지도자가 될 수 있었던 그의 성품을 보았습니다. 오늘 이 땅에서 정치를 한다는 우매한 자들에게 그를 소개하는 성도들이 되게 하소서. 예수 그리스도의 이름으로 기도 드립니다. 아멘

가정주부

리브가의 편애가 빚은 결국

■ **찬 송** ■ ♪ 197, 187, 42, 339 　　■ **참 조** ■ ☞ ③ 41p

■ **본 문** ■ …내가 곧 보내어 너를 거기서 불러오리라 어찌 하루에 너희 둘을 잃으랴… 【창 27:41-45】

■ **서 론** ■ 영국의 언론인 로저 레스트레인지 경은 "부모의 편애는 불운한 것이다. 편애를 받은 아이는 바보가 될 위험이 있고, 그렇지 못한 아이는 가장 훌륭하고 현명한 사람이 된다."라고 했다. 야곱을 사랑한 어머니 리브가! 부모의 편애로 인해 쌍둥이 형제 에서와 야곱은 서로 원수가 되었다. 리브가의 편애는?

■ **말 씀** ■

I. 이는 미움을 조장했음

기자는 네 형 에서가 너를 죽여 그 한을 풀려 하나니라고 했다. 여기서 '한을 풀려'는 히브리어 '나함'으로 공의의 실천보다 자신을 위로하여 스스로의 감정상의 만족을 얻는다는 뜻이다. 결국 리브가의 편애는 미움을 조장했고 한풀이로 살인까지 불러 일으키게 되었다. 성도의 가정에서도 사랑에서 제외된 자는 사랑을 독차지한 자와 편파적으로 사랑을 베푼 부모를 미워할 수밖에 없다.

 * 참고 성구 * 잠 10:12, 창 37:4, 요일 2:9, 3:15, 딛 3:3-5

II. 이는 노를 불러 일으켰음

기자는 네 형의 노가 풀리기까지 그와 함께 거하라고 했다. 여기서 '노'는 히브리어 '헤마'로서 '뜨겁다'는 뜻을 지닌 '야함'에서 파생된 말로 에서의 마음속이 증오로 열이 나고 불이 붙는 상태를 가리키는 말이다. 사람은 감정의 동물이기 때문에 사람의 감정을 자극하는 편애는 노를 불러 일으키기 마련이다. 성도는 자식의 편애가 이처럼 큰 마음의 상처를 입음을 간과해서는 안 될 것이다.

 * 참고 성구 * 잠 15:18, 16:32, 시 37:8, 마 5:22, 약 1:19, 엡 4:26-27

III. 이는 파괴를 가져왔음

기자는 네 형이 분노가 풀려 네가 자기에게 행한 것을 잊어버리거든이라고 했다. 여기서 '분노'는 히브리어 '아프'로서 '코로 숨을 쉰다'는 뜻의 '아나프'에서 파생된 말로 격렬한 분노로 거친 숨을 몰아 쉬는 상태를 묘사한 말이다. 분노의 끝은 결국 파괴뿐이다. 성도는 편애가 형제간의 우애와 부모 자식간에 사랑을 깨뜨리고 분열과 다툼으로 파괴적인 행동을 유발시킴을 기억하자.

 * 참고 성구 * 창 4:5, 8, 삼상 18:8, 애 3:5, 눅 6:11, 약 1:20

■ **기 도** ■ 하나님 아버지! 편애가 몰고 온 엄청난 파국을 보았습니다. 이 시간 우리는 열 손가락 깨물어 안 아픈 손가락이 있냐는 말처럼 당신의 뜻대로 말씀대로 주 안에서 똑같이 자식을 사랑하도록 인도하소서. 예수 그리스도의 이름으로 기도 드립니다. 아멘

가정주부

룻의 자세에 내포된 의미

■ **찬 송** ■ ♪ 456, 491, 497, 427　　　■ **참 조** ■ ☞ ③ 147p

■ **본 문** ■ 룻이 땅에 엎드려 절하며 그에게 이르되 나는 이방 여인이어늘 당신이 어찌하여 내게 은혜를 베푸시며 나를 돌아보시나이까…【룻 2:10-16】

■ **서 론** ■ 미국의 목사요 설교가인 헨리 비처는 "하나님께서는 우리로 하여금 다른 사람의 약함을 돌보게 하시기 위해 우리에게 은혜를 주셨다."라고 했다. 땅에 떨어진 이삭을 주워 시어머니를 공양하는 이방 여인 룻에게 보아스는 사랑의 배려를 베풀었다. 은혜받은 성도는?

■ **말 씀** ■

Ⅰ. 은혜받은 성도는 겸손하다

기자는 룻이 땅에 엎드려 절하였다고 했다. 유대인의 지혜서 탈무드에는 "포도 송이는 무거우면 무거울수록 아래로 숙인다."는 말이 있고, 영국의 시인이요 작가인 존 드라이든은 "가장 향기로운 향수는 가장 작은 병에 담겨 있다."라고 했다. 성도는 하나님께서 베푸시는 모든 은혜가 우리의 행위에 기인한 것이 아니라 오직 하나님의 무한하신 사랑에 있음을 알고 항상 겸손한 자세를 가져야 한다.

　＊ 참고 성구 ＊　롬 12:16, 미 6:8, 잠 22:4, 약 4:6, 10, 벧전 5:5

Ⅱ. 은혜받은 성도는 감사한다

기자는 어찌하여 내게 은혜를 베푸시며 나를 돌아보시나이까라고 했다. 여기서 '은혜를'은 히브리어 '헨'으로 '어떤 사람에게 기울이다' 라는 동사에서 파생된 명사로 다른 사람에게 관심을 기울여 호의를 베푸는 것을 말한다. 성도는 자신이 하나님의 구원의 계획에 포함되어 있음을 깨닫고 앞으로 이루어질 완전한 구원의 날을 바라보며 범사에 하나님께 감사를 드리는 생활을 해야 한다.

　＊ 참고 성구 ＊　시 100:4, 살전 5:18, 행 28:10, 골 1:12, 빌 4:6

Ⅲ. 은혜받은 성도는 사랑한다

기자는 내가 당신께 은혜입기를 원하나이다라고 했다. 여기서 '은혜 입기를 원하나이다' 는 히브리어 '에므차 헨' 으로 '마차' 곧 '얻다, 만나다' 와 '헨' 곧 '은혜' 의 합성어로 하나님의 무상적 축복을 원하는 룻의 청원에는 간절함이 스며들어 있다. 성도는 사랑을 베푸시려고 낮고 척박한 이 땅에 오셔서 십자가의 죽음을 통해 사랑을 완성하신 주님을 본받아 이웃을 사랑하는 자 되자.

　＊ 참고 성구 ＊　요일 4:20-21, 신 10:9, 미 22:39, 살전 3:12, 요 15:12,13:35

■ **기 도** ■ 룻의 하나님! 룻은 이방여인으로 그 속에 감사와 겸손과 사랑의 마음이 있었습니다. 오늘 우리도 룻의 덕성을 본받아 인생을 신앙의 승리로 이끄는 믿음의 사람이 되도록 인도하소서. 예수 그리스도의 이름으로 기도 드립니다. 아멘

가정주부

사르밧 과부를 본받을 이유

■ 찬 송 ■ ♪ 172, 174, 178, 177　　　　■ 참 조 ■ ☞ ③ 199p
■ 본 문 ■ …통의 가루가 다하지 아니하고 병의 기름이 없어지지 아니 하니라【왕상 17:8-16】
■ 서 론 ■ 프랑스의 시인이자 소설가로 '레 미제라블', 일명 '잔발장'으로 잘 알려진 빅토르 위고는 "살고 있는 자란 싸우고 있는 자이다. 마음이 굳은 신념에 차 있는 자이다. 높은 운명의 험한 봉우리를 기어오르는 자이다."라고 했다. 기근으로 인해 모든 목숨이 있는 것들이 죽어갈 때 구원을 받은 사르밧 과부! 그 여인의 삶은?

■ 말 씀 ■
I. 사르밧 과부의 인내하는 삶
기자는 먼저 그것으로 나를 위하여 작은 떡 하나를 만들어 내게로 가져오고 그 후에 너와 네 아들을 위하여 만들라고 하였다. 하나님의 사람이라고 하는 엘리야의 어처구니없는 당부는 믿음이 없이는 바치기 힘든 명령이었다. 성도의 하나님 뜻에 대한 간절한 추구와 흔들림 없는 확고한 믿음은 성도로 하여금 차분히 기다리게 하며, 이 기다림이야말로 놀라운 결과를 가져오는 축복의 첨경이 된다.
　　* 참고 성구 *　고전 10:13, 창 22:1-13, 약 1:2-3, 히 2:18, 계 3:10

II. 사르밧 과부의 복종하는 삶
기자는 저가 가서 엘리야의 말대로 하였더니라고 했다. 미국의 신학자 나다니엘 에몬스는 "하나님께 순종하는 것은 그에 대한 가장 신실한 신앙의 증거요 가장 고상한 사랑의 행위이다."라고 했다. 성도가 하나님의 뜻을 구할 때는 자신의 습관과 계획을 철저히 포기하고 하나님의 말씀에, 하나님의 뜻에 우선 복종하여서 하나님을 기쁘시게 하고 그분의 섭리를 이루어 드리게 해야 한다.
　　* 참고 성구 *　수 1:8, 신 26:16, 삼상 15:22, 마 7:21, 행 5:29

III. 사르밧 과부의 공급받는 삶
기자는 통의 가루가 다하지 아니하고라고 했다. 여기서 '다하지'는 히브리어 '티크라'로서 '끝나다, 소모되다'는 뜻으로 하나님의 초자연적 이적에 의한 양식의 공급이 끝나는 것을 의미한다. 하나님께서는 당신의 뜻과 말씀을 이루기 위하여 수고하고 봉사하는 모든 성도에게 모든 필요한 것을 차질 없이 공급해 주신다. 예수께서는 이 과부를 지칭하여 복음의 열매 맺음을 언급하셨다.
　　* 참고 성구 *　마 6:26, 눅 4:26, 신 2:7, 왕하 4:6, 빌 4:9

■ 기 도 ■ 사르밧 과부를 돌보신 하나님! 엘리야를 공궤하는 사르밧 과부의 삶은 오늘 우리의 삶이 되어야 하며 그럴 때 주의 종과 성도가 함께 환란에서 구원이 임함을 깨닫게 하소서. 예수 그리스도의 이름으로 기도 드립니다. 아멘

가정주부

룻의 선택이 주는 의의

■ **찬 송** ■ ♪ 359, 265, 93, 341 ■ **참 조** ■ ☞ ② 117p

■ **본 문** ■ …나오미가 룻의 자기와 함께 가기로 굳게 결심함을 보고…【룻 1:14-18】

■ **서 론** ■ "고난은 하나님이 우리를 징계하실 목적으로 주시는 것이 아니고 그것을 가지고 우리가 쟁론하며 낙심하라고 보내시는 것도 아니다. 다만 그의 영광을 위하여 사용하시려고 우리에게 주시는 것이다."라고 목사 프렌티스는 말했다. 하나님은 고난의 보자기에 축복의 선물을 싸서 보내신다는 말도 있다. 고난 가운데 성도는?

■ **말 씀** ■

I. 성도는 고난 가운데서도 믿음의 길을 선택함

기자는 룻은 그를 붙좇았더라고 했다. 여기서 '붙좇았더라'는 히브리어 '다바크'로서 '들어붙다' (신 28:60), '혼인하다' (수 23:12)는 뜻으로 떨어지지 않으려고 안간힘을 써서 따라붙음을 의미한다. 룻은 자기 민족의 신 그모스를 버리고 여호와를 하나님으로 모시는 결단을 했다. 성도는 여러 현상에 미혹되지 말고 변함없이 미쁘신 하나님만 믿고 그분만 의지하는 신앙을 가져야 한다.

* 참고 성구 * 롬 4:20, 수 24:15, 왕상 3:9, 히 11:25, 마 19:27-30

II. 성도는 고난 가운데서도 순종의 길을 선택함

기자는 어머니의 하나님이 나의 하나님이 되시리니 했다. 룻이 모압을 떠나는 것은 그녀의 민족과 종교로부터 최종적 분리를 의미하는 것인데 룻이 나오미에게 나아옴은 인간적 사랑에서 뿐만 아니라 그녀의 마음이 이스라엘의 하나님 여호와에 대한 헌신과 그 율법에 대한 복종을 의미한다. 성도는 하나님의 요구가 감당키 어려운 듯해도 합력해 선을 이루시는 하나님께 순종해야 한다.

* 참고 성구 * 삼상 15:22, 신 32:46, 행 5:29, 마 7:21, 26:44, 히 5:8

III. 성도는 고난 가운데서도 감사의 길을 선택함

기자는 함께 가기로 굳게 결심함을 보고 말하기를 그치니라고 했다. 여기서 '굳게 결심함'은 히브리어 '미트아메체트'로서 '강하게 함, 견고히 함'의 뜻으로 이는 룻이 신앙적 심지가 견고하게 서 있었음을 의미한다. 성도는 당장은 눈에 보이는 현실이 암담할지라도 죽을 수밖에 없는 죄인을 구원하여 주신 하나님의 은혜와 소망에 대한 약속을 항상 마음에 새기고 범사에 감사하자.

* 참고 성구 * 살전 5:18, 룻 4:17, 마 1:5, 눅 3:32, 골 1:12

■ **기 도** ■ 룻의 하나님! 암담한 현실을 이겨내는 룻의 믿음과 순종과 감사는 끝내는 그녀를 그리스도 예수의 족보에 이름을 올리는 영광을 차지하게 하였습니다. 오늘 이 시간 우리들도 이 길을 선택하고 걷게 하시어 당신의 영원한 기업을 얻게 하소서. 예수 그리스도의 이름으로 기도 드립니다. 아멘

가정주부

현숙한 아내에 담긴 의미

■ 찬 송 ■ ♪ 304, 236, 233, 333　　■ 참 조 ■ ☞ ③ 295p

■ 본 문 ■ 누가 현숙한 여인을 찾아 얻겠느냐 그 값은 진주보다 더하니라…【잠 31:10-31】

■ 서 론 ■ 독일의 시인 시몬니데스는 "이 세상의 만물 가운데서 가장 좋은 것은 훌륭한 아내이지만, 악한 아내는 인생에서 가장 지독한 저주이다."라고 했다. 또한 영국의 신학자 토마스 풀러는 "아내는 그 집의 열쇠이다."라고 했다. 현숙한 아내란 재능과 능력을 겸비한 아내라는 뜻이다. 맑고 어진 현숙한 아내는?

■ 말 씀 ■

Ⅰ. 현숙한 아내는 가정을 잘 돌봄

기자는 누가 현숙한 여인을 찾아 얻겠느냐고 했다. 여기서 '현숙한'은 히브리어 '하일'로서 '강하다, 인내하다, 확고하다'에서 유래된 말로 이는 '예의바르고 정숙하며 어떤 어려움에도 인내할 수 있는'이란 뜻이다. 현숙한 아내는 남편에 대해 영육간에 돕는 배필로서의 의무를 충실히 이행하며 자녀를 주의 교양과 훈계로 잘 양육하며 기쁨과 사랑의 가정을 가꾸려고 노력하는 자이다.

＊ 참고 성구 ＊　창 2:18, 엡 6:4, 골 3:18, 21, 딛 2:5, 벧전 3:1

Ⅱ. 현숙한 아내는 이웃에게 덕을 베품

기자는 그는 간곤한 자에게 손을 펴며라고 했다. 여기서 '간곤한 자'는 히브리어 '아니'로서 '누르다, 괴롭다, 고통을 받다'에서 유래된 말로 이는 심리적으로나 환경적으로 억압되고 고통받는 자를 의미한다. 현숙한 아내는 가정 안에서만 아니라 이웃을 향해 사회를 향해 덕을 베풀고 하늘의 지혜를 소유한 자로서 본을 보이며, 이로써 자식들에게 복을 끼치는 훌륭한 자이다.

＊ 참고 성구 ＊　왕하 4:8-10, 롬 12:13, 딤전 3:2, 5:10, 딛전 1:8, 히 13:2

Ⅲ. 현숙한 아내는 하나님을 경외함

기자는 고운 것도 아름다운 것도 헛되나 오직 여호와를 경외하는 여자는 칭찬을 받을 것이라고 했다. 여기서 '고운 것'은 히브리어 '하헨'으로 '사랑스러운 것, 자비스러운 사람'이란 뜻으로 외모의 아름다움과 함께 마음씨가 아름다운 것까지 의미한다. 현숙한 아내는 하나님을 사랑하고 경외하며 영적 성숙에서 비롯되는 고결한 인품으로써 진정한 아름다움과 지혜를 가진 자이다.

＊ 참고 성구 ＊　잠 1:7, 시 31:19, 전 12:13, 마 10:28, 행 10:35

■ 기 도 ■ 현숙한 여인의 하나님! 현숙한 여인은 먼저 당신을 경외하는 자임을 깨달았습니다. 오늘 우리도 먼저 당신을 향한 신앙심 아래 가정을 잘 돌보고 이웃을 돕는 자로서 큰 칭찬을 받는 자들이 되게 하소서. 예수 그리스도의 이름으로 기도 드립니다. 아멘

> 가정주부

아벨 성 여인이 이룩한 평화의 근원

■ 찬 송 ■ ♪ 466, 444, 455, 469   ■ 참 조 ■ ☞ ③ 181p

■ 본 문 ■ …그 지혜로 모든 백성에게 말하매 저희가 비그리의 아들 세바의 머리를 베어…【삼하 20:14-22】

■ 서 론 ■ 영국의 사회개혁가 존 러스킨은 "속임수나 합의에 의해서는 아무런 평화를 얻을 수 없다. 굴욕이나 죄에 대한 승리, 곧 타락과 억압적인 죄에 대한 승리에 의해서 얻어지는 평화 외에는 우리에게 준비된 평화가 없다."라고 했다. 지혜로운 아벨 성 여인의 평화는?

■ 말 씀 ■

Ⅰ. 평화를 간구하는 결단

기자는 지혜로운 여인 하나가 외쳐 가로되라고 했다. 여기서 '지혜로운'은 히브리어 '하카마' 로서 '하캄' 곧 '분별력 있게 행동하다' 에서 온 말로 생각이 깊어 서두르지 않고 신중하게 처신하는 것을 뜻한다. 아벨 성 여인은 대중을 구원하려는 큰 담력으로 솔선하여 간곡히 대화를 청하였다. 성도는 세상의 평화와는 다른 하나님이 주시는 평화를 간구하는 결단 속에서 참 평화를 얻어야 한다.

* 참고 성구 * 마 6:33, 요 16:33, 시 4:8, 119:165, 사 26:3, 빌 4:7

Ⅱ. 평화를 받아들이는 순종

기자는 어찌하여 당신이 여호와의 기업을 삼키고자 하시나이까 했다. 여기서 '삼키고자' 는 히브리어 '발라' 로서 '파괴하다, 마시다' 라는 뜻으로 갈증을 느낀 나그네가 생수를 마셔 없애듯이 남김없이 소멸하는 것을 의미한다. 아벨 성 여인은 말씀에 비추어 정부군의 과오를 책망했다. 하나님은 우리에게 평안을 주신다고 했다. 그 평안을 얻으려면 말씀을 삶 속에 받아들이기만 하면 된다.

* 참고 성구 * 요 14:27, 신 20:10, 롬 12:18, 히 12:14, 약 3:17

Ⅲ. 평화를 실천하는 봉사

기자는 왕 다윗을 대적하였나니라고 했다. 여기서 '다윗을 대적하였나니' 는 히브리어 '베다위드' 로서 원래는 '다윗을 향하여' 의 뜻으로 여기서 '향하다' 는 대항하고 거스리는 것을 의미한다. 아벨 성 여인은 다윗을 배반하는 일은 하나님을 거역하는 악이라고 생각하여 불의한 사람을 제거하였다. 평화는 적극적인 것이다. 성도는 봉사를 통해서 하나님이 주시는 평화의 기쁨을 누려야 한다.

* 참고 성구 * 전 9:15, 삼하 17:14, 왕상 12:7, 마 27:19, 골 1:20

■ 기 도 ■ 아벨 성의 지혜로운 여인의 하나님! 평화를 얻기 위한 그녀의 자세를 보았습니다. 진정한 지혜는 평화를 얻는 것임을 배웠사오니 우리에게 영육간에 평안을 주시는 주님만 따르게 하소서. 예수 그리스도의 이름으로 기도 드립니다. 아멘

가정주부

향유 한 옥합의 헌신

■ 찬 송 ■ ♪ 346, 302, 185, 369   ■ 참 조 ■ ☞ ① 371p

■ 본 문 ■ …매우 귀한 향유 한 옥합을 가지고 나아와서 식사하시는 예수의 머리에 부으니… 【마 26:6-13】

■ 서 론 ■ 프랑스의 예수회 수도사요 작가인 니콜라스 카우신은 "견고한 헌신은 땅 밑을 흐르는 강물과 같다. 그것은 하나님의 시선을 끌기 위하여 세상의 눈을 속인다. 우리가 세상에서 가장 알지 못한 헌신이 하늘에서는 가장 많이 알려져 있곤 한다."라고 했다. 향유 한 옥합을 주님께 드린 어인은?

■ 말 씀 ■

Ⅰ. 여인은 최선의 것을 드리는 헌신을 했다

기자는 한 여자가 매우 귀한 향유 한 옥합을 식사하시는 예수의 머리에 부으니라고 했다. 요한은 이 여인을 마리아라고 증언했다. 마가는 이 기름을 '순전한 나드'라고 했으며 본문은 '감송 향유'로 번역될 수 있다. 이 향유는 몰약을 함유하고 있어 값이 매우 비싼데 도시 노동자의 일년치 임금에 해당한다. 성도는 자신이 가진 것 중 가장 귀한 것을 주께 기쁘게 드리는 헌신을 해야 한다.

* 참고 성구 *   잠 3:9, 요 12:3, 막 14:3, 엡 6:24, 골 3:14

Ⅱ. 여인은 전부를 드리는 헌신을 했다

기자는 무슨 의사로 이것을 허비하느뇨라고 했다. 여기서 '허비하느뇨'는 헬라어 '아플레이아'로서 '아폴뤼미' 곧 '파괴하다, 멸망하다, 소모하다, 낭비하다'에서 파생된 단어로 무엇이든 그것을 엉뚱한 데 사용하는 것은 그것의 존재의 의의를 말살시키는 것을 뜻한다. 믿음과 사랑이 부족한 제자들의 눈에도 허비하는 것으로 보였을 만큼 그녀는 전부를 드리는 헌신을 하였다.

* 참고 성구 *   롬 12:1, 막 10:22, 눅 21:4, 행 9:36

Ⅲ. 여인은 적절한 때에 드려지는 헌신을 했다

기자는 몸에 이 향유를 부은 것은 내 장사를 위하여 함이니라고 했다. 여기서 '내 장사를 위하여'는 헬라어 '프로스 토 엔타피아사이 메'로서 '나의 장례를 준비하기 위하여'인데 우리가 예수의 십자가의 구속을 증거하기 위해서는 적절한 때에 우리 생의 옥합을 깨는 희생이 필요하다. 성도는 주님께서 원하시는 때에 지체없이 드리고 자발적으로 그 기회를 찾아서 드리는 헌신을 해야 한다.

* 참고 성구 *   눅 19:8, 약 2:17-18, 4:17, 마 25:35-36, 살전 1:3

■ 기 도 ■ 하나님 아버지! 우리들도 주님의 복음을 위하여 향유 한 옥합을 주님의 머리에 부은 여인처럼 온전한 헌신을 하게 성령의 도우심으로 인도하소서. 예수 그리스도의 이름으로 기도 드립니다. 아멘

가정주부

드보라의 승리에 담긴 교훈

■ **찬 송** ■ ♪ 357, 415, 93, 497　　■ **참 조** ■ ☞ ① 249p ③ 121p

■ **본 문** ■ 그 때에 랍비돗의 아내 여선지 드보라가 이스라엘의 사사가 되었는데… 【삿 4:4-16】

■ **서 론** ■ 미국의 유명한 부흥사인 빌리 그래엄 목사는 "해도 해도 안될 때에는 전적으로 하나님께 맡겨 보라. 하나님께서 판단하여 이뤄 주실 것이다."라고 했다. '꿀벌'이라는 의미를 가진 이스라엘의 여사사 드보라는 이스라엘로 하여금 일체감과 여호와 하나님에 대한 충성심을 갖도록 일깨운 위대한 여인이었다. 성공은?

■ **말 씀** ■

Ⅰ. 하나님과의 교제에 힘써야 성공한다

기자는 종려나무 아래 거하였고라고 했다. 여기서 '거하였고'는 히브리어 '야 쇄브'로서 '거하다, 앉다'의 뜻으로 후자의 의미를 취할 경우 드보라는 종려나무 아래서 사사의 직무를 수행했다는 뜻이 된다. 사사는 하나님이 세우신 재판관이다. 따라서 늘 하나님과의 교제에 힘써야 함은 자명한 이치이다. 성도는 하나님과 말씀을 통한 친밀한 교제를 나눔으로써 능력의 힘을 공급받아야 한다.

* 참고 성구 *　잠 15:14, 렘 9:24, 요 7:16-17, 17:3, 빌 3:10, 요일 5:3

Ⅱ. 책무를 성실히 이행해야 성공한다

기자는 일어나라 이는 여호와께서 시스라를 네 손에 붙이신 날이라고 했다. 여기서 '일어나라'는 히브리어 '쿰'으로 '나타나다, 우뚝 솟다, 굳게 서다'의 뜻으로 이는 직무나 의무 수행을 위해 안일함이나 무관심에서 벗어나는 행동을 의미한다. 성도는 아무리 사소한 일이라도 주의 일은 성심을 다하여 주님께 하듯이 부지런하고 충성된 착하고 선한 일꾼의 몫을 감당하는 자가 되어야 한다.

* 참고 성구 *　눅 19:17, 마 9:37, 요 4:35, 고전 4:2, 벧전 4:10

Ⅲ. 상부상조하는 덕을 세워야 성공한다

기자는 바락이 그 병거들과 군대를 추격하여라고 했다. 여기서 '추격하여'는 히브리어 '라다프'로서 '학대하다, 따라가다'는 뜻으로 용기를 잃고 물러서는 자를 끝까지 뒤쫓아 괴롭히는 것을 말한다. 드보라와 바락은 합심하여 이스라엘을 괴롭히던 가나안의 야빈 왕을 무찔렀다. 성도는 주의 일을 할 때 독단적 사고나 행동 양식을 보이지 말고 조력자들과 협력하여 선을 이루어야 한다.

* 참고 성구 *　빌 1:27, 고전 1:10, 엡 4:3, 롬 12:5, 행 6:3-4

■ **기 도** ■ 드보라의 하나님! 드보라가 여자의 몸으로 사사로서 맡은바 책임을 훌륭히 수행하는 것을 보았습니다. 오늘 우리들도 주의 몸된 교회와 가정에서 좋은 결실을 하고자 하오니 도와주소서. 예수 그리스도의 이름으로 기도 드립니다. 아멘

가정주부

칭찬받은 마리아의 섬김

■ 찬 송 ■ ♪ 302, 351, 361, 376   ■ 참 조 ■ ☞ ③ 425p

■ 본 문 ■ …한 여자가 자기 집으로 영접하더라 그에게는 마리아라 하는 동생이 있어… 【눅 10:38-42】

■ 서 론 ■ 프랑스의 수학자요 철학자인 파스칼은 "진정으로 고상한 사람은 자신의 이름을 들먹이기를 피한다. 그리스도인의 경건은 세상적인 '자기'를 죽이나 세상적인 예의는 그것을 감추고 억제한다."라고 했다. 베다니의 삼남매 중 마리아는 주님을 잘 섬김으로써 칭찬을 받았다. 주님을 귀하게 섬기는 것은?

■ 말 씀 ■

Ⅰ. 성도의 귀한 섬김은 마음을 드림에 있다

기자는 예수께서 한 촌에 들어가시매 마르다라 이름하는 한 여자가 자기 집으로 영접하더라고 했다. 여기서 '영접하다'는 헬라어 '휘포데코마이'로서 이는 '영접하다, 환영하다, 손님으로 접대한다'는 말로서 곧 영접하는 것은 믿는 것을 뜻한다. 하나님은 성도의 속마음을 보시는 분이시므로 성도가 마음을 다해서 온전히 바치는 섬김이 하나님 앞에 가장 진실히 섬기는 모습이 된다.

참고 성구   요 1:12, 마 13:23, 10:40, 행 17:11, 살전 2:13

Ⅱ. 성도의 귀한 섬김은 말씀을 사모함에 있다

기자는 마리아라 하는 동생이 있어 주의 발 아래 앉아 그의 말씀을 듣더니라고 했다. 여기서 '듣더니'는 헬라어 '에쿠오'로서 이는 '아쿠오' 곧 '듣는다, 순종한다, 깨닫는다'의 미완료로서 주님의 말씀을 계속 들으며 깨닫고 있었다는 뜻이다. 순종과 인식과 믿음은 말씀을 들음에서 나는 것이다. 성도가 하나님의 말씀을 간절히 사모하여 말씀으로 양육받을 때 온전한 섬김이 가능하다.

참고 성구   계 3:8, 요 6:68, 14:24, 요일 2:3, 눅 4:22, 막 13:31

Ⅲ. 성도의 귀한 섬김은 주님 뜻대로 행함에 있다

주님은 이 말을 듣고 행하는 자는 그 집을 반석 위에 지은 지혜로운 사람 같으니라고 하셨다. 여기서 '행하는'은 헬라어 '포이에이'로서 현재 행함을 의미하며, '지혜'는 '프로네마'로서 '생각하는 법, 생각, 마음, 목표'의 뜻으로 생각하며 이해하고 깨닫는 상태를 의미한다. 지혜로운 실존은 생각하는 실존이요, 생각하는 실존은 하나님의 말씀을 듣고 행하는 삶의 동적인 존재이다.

참고 성구   마 7:24, 21, 요 13:17, 롬 2:13, 요일 2:17, 계 22:14

■ 기 도 ■ 마리아의 하나님! 마리아의 칭찬받은 믿음을 보았는데 그것은 그녀의 섬김의 방법 때문이었습니다. 오늘 우리도 마리아처럼 칭찬받는 섬김을 행하고자 하오니 은혜로 채워주소서. 예수 그리스도의 이름으로 기도 드립니다. 아멘

청년기

암논의 성폭행 사건이 주는 의미

■ 찬 송 ■ ♪ 287, 288, 442, 286　　　■ 참 조 ■ ☞ ③ 175p

■ 본 문 ■ …이름은 다말이라 다윗의 아들 암논이 저를 연애하나 저는 처녀이므로…【삼하 13:1-22】

■ 서 론 ■ 영국의 소설가 제인 포터는 "육신의 쾌락의 잔에 바닥이 나면 언제나 독소가 든 찌꺼기가 있게 마련이다."라고 했다. 예나 지금이나 강압적인 성폭행은 인간을 황폐하게 만들고 가해자나 피해자 모두가 영혼에 큰 상처를 입는다. 올바른 성생활은?

■ 말 씀 ■

Ⅰ. 올바른 성생활은 결혼 제도로부터 기초됨

기자는 암논이 그 누이 다말을 인하여 심화로 병이 되니라고 했다. 여기서 '심화로'는 히브리어 '예체르'로서 마음의 생각과 염려로 억눌리고 어쩔 줄 모르는 것을 의미한다. 이같이 악한 생각은 병을 낳고 영혼을 불안하게 한다. 인간의 모든 성생활은 하나님의 축복하시는 결혼을 전제로 해야 한다. 그것이 바로 하나님께서 계획하신 창조 질서이기 때문임을 성도는 잊지 말 것이다.

＊참고 성구＊ 창 2:24, 레 18:9, 11, 마 19:5-6, 히 13:4

Ⅱ. 올바른 성생활은 사랑으로부터 기초됨

기자는 억지로 동침하니라고 했다. 여기서 '억지로'는 히브리어 '아나'로서 '욕보이다, 억누르다'라는 뜻으로 이는 남을 강압적으로 위협하여 육체적, 정신적 고통을 안겨주는 비이성적인 행위를 의미하는데 여기서는 강제로 욕보이는 것을 뜻한다. 사랑없는 성생활은 무의미할 뿐 아니라 하나님의 뜻에도 어긋나는 일이다. 하나님은 사랑을 기초로 한 남녀의 관계를 바람직하게 여기셨다.

＊참고 성구＊ 잠 5:18-19, 고전 7:1-5, 아 8:7, 엡 5:28, 골 3:19

Ⅲ. 올바른 성생활은 신뢰와 보호로부터 기초됨

기자는 암논이 듣지 아니하고라 했다. 여기서 '듣지'는 히브리어 '아바'로서 '원하다, 기뻐하다, 복종하다'라는 말로 자발적인 마음을 가지고 기쁨으로 복종하려는 자세를 말한다. 올바른 사랑은 상대방에 대한 신뢰가 없이는 불가능하고 또한 바른 결혼관계도 불가능하다. 성도는 믿음을 기초로 한 사랑하는 마음으로 서로를 보호할 때 올바른 성생활이 가능함을 기억해야 할 것이다.

＊참고 성구＊ 신 24:5, 전 9:9, 벧전 3:7, 말 2:14-15, 호 3:3

■ 기 도 ■ 하나님 아버지! 다윗 가문의 비극이 시작되는 암논의 다말에 대한 성폭행 사건은 오늘 참된 성생활에 대한 가르침을 주었습니다. 주여! 성도들이 창조질서에 따른 복된 결혼관을 가지고 이 세상을 살도록 인도하소서. 예수 그리스도의 이름으로 기도 드립니다. 아멘

청년기

솔로몬이 청년에게 권고한 금언

■ 찬 송 ■ ♪ 302, 303, 355, 514 　　　 ■ 참 조 ■ ☞ ① 149p

■ 본 문 ■ 청년이여 네 어린 때를 즐거워하며 네 청년의 날을 마음에 기뻐하여… 【전 11:9-12:1】

■ 서 론 ■ 미국의 성직자 조엘 호이스는 "인생의 매 기간마다 독특한 유혹과 위험이 도사리고 있다. 그런데 젊은 시절은 유난히 위험한 올무가 놓여 있는 가장 위태로운 시기이다. 이 기간은 기질과 습관을 뚜렷하게 형성하고 정착시키는 봄이요, 어느 때보다 이 기간 동안 인간의 개성이 영구히 형성되고 개체의 색깔을 만드는 기간이며, 영원을 향해가는 여정을 시작하는 시기이다."라고 했다. 청년아!

■ 말 씀 ■

Ⅰ. 청년아, 후회 없는 인생을 살아라

기자는 마음에 원하는 길과 네 눈이 보는 대로라고 했다. 영국의 시인 레티샤 E. 랜던은 "인생의 초기 단계에는 어려움이 따르나 인생의 성패를 판가름하는 단계에서 젊은이는 희망에 차 있고 자신감에 차 있으며 강하다."라고 했다. 청년의 때는 인간의 남은 생애를 좌우하는 결정적 시기이므로 훗날 돌이켜 후회하는 일이 없도록 모든 일에 철저한 준비와 최선의 노력을 다해야 한다.

　　* 참고 성구 *　딛 2:6-8, 대하 34:1-3, 딤후 1:5, 눅 15:13, 행 7:58

Ⅱ. 청년아, 하나님을 위해 봉사하라

기자는 근심으로 네 마음에서 떠나게 하며라고 했다. 여기서 '근심'은 히브리어 '카아스'로서 '고통을 주다'에서 유래하여 '슬퍼하다'라는 뜻으로 여기서는 하나님의 법을 지키지 못함으로써 말미암은 내적 갈등을 의미한다. 인간이 늙으면 육신이 약하여 하지 못하는 일이 많기 때문에 청년의 때에 특별히 넘치는 힘과 활력으로 주님의 일을 위해 봉사하고 그리스도의 사랑을 전해야 한다.

　　* 참고 성구 *　잠 20:29, 창 41:38, 삼상 17:38, 2:12, 요 12:3, 딤전 4:8

Ⅲ. 청년아, 하나님이 계심을 기억하라

기자는 아무 낙이 없다고 할 해가 가깝기 전에 너의 창조자를 기억하라고 했다. 여기서 '기억하라'는 히브리어 '자카르'로서 '표하다, 숙고하다, 회상하다'라는 뜻으로 망각하지 말고 늘 마음에 품으며 주의를 기울이라는 뜻이다. 청년의 때에는 넘치는 혈기로 말미암아 수많은 유혹이 뒤따르게 되는 것인즉 하나님을 중심에 모시고 그의 뜻대로 삶으로써 올바르고 의로운 삶을 영위해야 한다.

　　* 참고 성구 *　요일 2:13-14, 삼상 15:11, 시 119:9, 딤후 3:15, 딤전 6:11

■ 기 도 ■ 하나님 아버지! 청년의 때에 무엇을 해야 하는지를 오늘 이 시간을 통해서 깨달았습니다. 우리 인생의 목표가 당신의 영광을 위해서 살아가는 자들이 되도록 능력으로 이끄소서. 예수 그리스도의 이름으로 기도 드립니다. 아멘

청년기

솔로몬의 기도가 응답된 이유

■ **찬 송** ■ ♪ 482, 484, 363, 487   ■ **참 조** ■ ☞ ③ 185p

■ **본 문** ■ …그러므로 내가 네게 지혜와 지식을 주고 부와 재물과 영광도 주리니…【대하 1:6-13】

■ **서 론** ■ 미국의 16대 대통령으로 흑인의 노예해방을 실현한 업적을 남긴 링컨은 "나는 어려울 때마다 무릎을 꿇고 기도한다. 나는 충분한 지혜가 없지만 기도하고 나면 특별한 지혜가 머리에 떠오르곤 했다."고 말했다. 응답된 솔로몬의 기도는?

■ **말 씀** ■

Ⅰ. 이는 인내로 구하는 기도였기 때문이다

기자는 그 위에 일천 희생으로 번제를 드렸더라고 했다. 여기서 '번제'는 히브리어 '올라'로서 번제는 자원제인데 하나님께 대한 온전한 헌신을 상징하는 것으로 가죽을 제외한 모든 것을 불태워 그 연기를 하나님이 흠향하시게 하는 제사이다. 이것을 일천 번이나 드린 솔로몬의 기도는 정말 끈기 있는 기도로서 성도는 마음을 다하고 응답 때까지 참고 기다리는 기도의 자세를 가지자.

* 참고 성구 *   시 40:1, 눅 21:19, 롬 12:12, 히 10:36, 약 1:4

Ⅱ. 이는 믿고 구하는 기도였기 때문이다

기자는 내 아비 다윗에게 허하신 것을 굳게 하옵소서라고 했다. 여기서 '허하신 것'은 히브리어 '데바르카'로서 '말씀하신 것'이라는 뜻이며, '굳게 하옵소서'는 '아멘'으로 '진실함, 성실함'의 뜻으로 약속을 성실하게 이루는 것을 말한다. 솔로몬의 기도는 역사 속에서 신실하게 이루시는 하나님의 말씀을 믿고 구하는 기도였다. 성도가 굳게 믿고 간구할 때에 응답하심을 체험할 것이다.

* 참고 성구 *   마 21:22, 시 91:15, 시 58:9, 눅 11:9, 요 15:7

Ⅲ. 이는 의를 구하는 기도였기 때문이다

기자는 이제 내게 지혜와 지식을 주사라고 했다. 솔로몬이 구한 '지혜로운' 마음은 히브리어 '솨마'로서 '귀담아 듣다, 청취하다'라는 뜻으로 참 지혜는 하나님의 말씀을 잘 듣는 데서 비롯됨을 의미한다(삼상 12:14). 하나님은 신실하신 분이시므로 악한 기도는 물리치시고 모두에게 유익한 의를 구하는 기도는 듣고 응답하시기에 성도는 하나님의 의로운 뜻에 부합되는 기도를 드리자.

* 참고 성구 *   약 5:16, 4:3, 욘 4:3, 마 7:7, 살전 5:17, 엡 6:18

■ **기 도** ■ 솔로몬의 하나님! 솔로몬의 기도에 응답하시되 더욱 많은 것으로 축복하신 당신의 응답을 보았습니다. 오늘 우리도 의를 구하는 기도를 드리는 신앙의 자세를 갖게 하소서. 예수 그리스도의 이름으로 기도 드립니다. 아멘

청년 삼손의 행태가 주는 교훈

- **찬 송** ♪ 395, 402, 394, 383 **참 조** ☞ ① 129p ③ 143p
- **본 문** 삼손이 딤나에 내려가서 거기서 블레셋 딸 중 한 여자를 보고 도로 올라와서…【삿 14:1-4】
- **서 론** 스코틀랜드의 신학자 휴 블레어는 "청년에게 흔히 있기 쉬운 모든 어리석음 중에서 자기 도취, 교만, 그리고 완고함만큼 그들의 장래를 망치고 그들을 더욱 가증스럽게 하는 것은 아무것도 없다."라고 했다. 택함받은 성도는 성별된 생활을 해야 한다. 이는?

말 씀

I. 성도는 몸을 구별해야 한다

기자는 네가 할례받지 아니한 블레셋 사람에게 가서 아내를 취하려 하느냐고 했다. 여기서 '할례'는 히브리어 '물로트'로서 문자적 의미는 '주위를 둥글게 자르다'라는 뜻으로 이것은 하나님과의 언약의 표로서 신민을 상징하는 것이다. 성도의 몸은 곧 하나님의 성전이 되기 때문에 성도는 그릇된 습관이나 방종한 생활로 더럽혀지고 손상되지 않도록 보호하고 구별해야 한다.

* 참고 성구 * 롬 6:12-13, 고전 5:18:20,3:16, 고후 6:16, 엡 2:20-22, 벧전 2:5

II. 성도는 마음을 구별해야 한다

기자는 내가 그 여자를 좋아하오니 나를 위하여 그를 데려오소서라고 했다. 여기서 '좋아하오니'는 히브리어 '야솨르'로서 '선히 여기다, 기뻐하다'의 뜻으로 모양이나 행동이 마음에 들어 늘 함께 있고자 하는 친근감을 뜻한다. 성도는 구별된 자로서 두 마음을 품지 말아야 하며, 예수 그리스도의 마음을 가짐으로써 범사에 하나님과 사람 앞에서 인정과 사랑과 신뢰를 받아야 할 것이다.

* 참고 성구 * 빌 2:5, 약 1:8,4:8, 왕하 17:33, 눅 16:13, 고전 10:21

III. 성도는 생활을 구별해야 한다

기자는 삼손이 틈을 타서 블레셋 사람을 치려 함이었으나라고 했다. 여기서 '틈'은 히브리어 '타아나'로서 '일이 생기다'는 의미의 '아나'에서 유래한 말로 삼손이 딤나로 감으로써 블레셋과의 싸움의 계기가 될 만한 일이 발생했다. 성도는 그리스도의 향기를 풍기는 진실한 생활을 통해서 불신자들에게 의의 모본을 보여서 하나님께 영광 돌리고 자신 또한 칭찬받는 자가 되어야 한다.

* 참고 성구 * 마 5:16, 딤전 6: 18, 딛 2:7, 벧전 2:12, 계 2:2

- **기 도** 삼손의 하나님! 청년 사사 삼손의 정욕은 끝내 자신을 망하게 하였습니다. 오늘 이 시간 그의 구별없는 행태를 살펴 교훈을 얻었사오니 우리를 바른 길로 인도하소서. 예수 그리스도의 이름으로 기도 드립니다. 아멘

> 청년기

야곱의 연애에 담긴 결과

■ 찬 송 ■ ♪ 288, 287, 279, 404   ■ 참 조 ■ ☞ ① 39p ② 33p

■ 본 문 ■ …그를 연애하는 까닭에 칠 년을 수일 같이 여겼더라… 【창 29:16-30】

■ 서 론 ■ "강한 열정에 빠지면 심장이 머리를 일방적으로 다스리게 되므로 아무리 현명한 사람이라도 얼이 빠져 버린다. 그러므로 지혜의 시작이란 애정을 조정하는 것이다."라고 작가 워털랜드는 말했다. 칠 년을 수일 같이 여긴 야곱의 사랑은 대단한 것이었다. 라헬을 얻기 위해 야곱은?

■ 말 씀 ■

I. 야곱은 연애하므로 기쁨으로 봉사했음

기자는 야곱이 라헬을 연애하므로 칠 년을 봉사하리이다라고 했다. 여기서 '봉사하리이다'는 히브리어 '아바드'로서 '신을 섬기며(대하 33:16), 종이 되어(삼상 4:9), 일하는'(창 29:15) 것과 같이 철저히 순복하는 상태를 뜻한다. 사랑하는 여인을 얻기 위해서 야곱은 철저히 자신을 낮춰 종과 같이 일했다. 성도는 야곱처럼 주님을 사랑하고 그 사랑으로써 기쁨으로 봉사할 수 있다.

* 참고 성구 * 골 3:14, 갈 5:22, 엡 5:2, 요일 4:16, 고전 13:13

II. 야곱은 연애하므로 아낌없이 봉사했음

기자는 야곱이 라헬을 위하여 칠 년을 수일 같이 여겼더라고 했다. 미국의 목사인 헨리 워드 비처는 "진정으로 사랑하는 가슴의 고동은 지상의 모든 음악 가운데서도 가장 아름다운 음악이며 가장 높은 하늘까지 도달한다."라고 했다. 사랑하는 라헬을 얻기 위해 야곱은 칠 년을 수일처럼 여겨 기쁨으로 아낌없이 봉사했다. 성도들도 주님께 시간과 노력, 재물을 바쳐서 아낌없이 봉사하자.

* 참고 성구 * 아 8:7, 에 2:7, 엡 5:28, 잠 18:22, 행 20:24

III. 야곱은 연애하므로 끝까지 봉사했음

기자는 이를 위하여 칠 일을 채우라 또 칠 년을 내게 봉사할지라고 했다. 여기서 '채우라'는 히브리어 '마레'로서 '완전히 수행하다, 완결짓다'는 말로 결혼 잔치기간 동안 신랑의 책임을 완전히 완결지으라는 뜻이다. 야곱은 속임수에 넘어가서 또 칠 년을 봉사하게 되었으니 이는 라헬을 얻기 위함 때문이었다. 성도는 주님의 나라에 대한 소망을 끝까지 버리지 말고 주님께 봉사하는 자가 되자.

* 참고 성구 * 약 1:4, 롬 12:12, 히 10:36, 딤전 4:8

■ 기 도 ■ 야곱의 하나님! 사랑하는 여인을 얻기 위해서 야곱은 많은 시간과 노력을 바쳤습니다. 오늘 우리는 주님 예수를 위하여 얼마나 많은 시간과 노력과 재물을 바쳤는지 뒤돌아보며 회개하오니 우리의 마음을 받아 주소서. 예수 그리스도의 이름으로 기도 드립니다. 아멘

청년기

리브가의 결심이 주는 교훈

■ 찬 송 ■ ♪ 262, 317, 329, 316　　■ 참 조 ■ ☞ ③ 41p
■ 본 문 ■ …리브가를 불러 그에게 이르되 네가 이 사람과 함께 가려느냐… 【창 24:50-61】
■ 서 론 ■ "두 곳의 절에 양다리 걸치고 있는 개가 양쪽 절을 왔다갔다 하다가 어느 한 쪽에서도 밥을 얻어 먹지 못한다는 뜻으로, 미덥지 못한 두 가지 일에 매달리다 보면 한 가지도 제대로 이루지 못한다는 것을 이사구(二寺拘)라고 한다." 리브가는 이삭과의 성혼이 하나님의 섭리임을 깨닫고 지체하지 않고 막바로 길을 떠났다. 성도는?

■ 말 씀 ■
Ⅰ. 성도는 주의 뜻을 깨달았을 때 지체하지 말 것
기자는 그가 대답하되 가겠나이다라고 했다. 리브가는 이 결단으로 말미암아 새로운 족장의 아내로서의 길에 들어섬과 동시에 그리스도의 족보로 이적하게 된다. 삶에 있어서 신앙적 결단은 이처럼 중요하다. 성도는 주님이 무엇인지 계획하시고 진행하실 때 그 안에서 자신이 할 일을 지체하지 말고 행해야 한다. 그렇지 않는 것은 자신의 뜻을 고집하는 교만이거나 영적 나태이다.
　* 참고 성구 *　시 119:34, 마 13:23, 행 9:18, 8:36, 요 9:36

Ⅱ. 성도는 죄의 길에서 돌이킬 때 지체하지 말 것
영국의 성직자 윌리엄 네빈스는 "회개의 순간이 오기를 사람은 아무리 기다려도 오지 않을 것을 기다리는 것과 같다. 그 자신이 해야 할 일을 기다리는 것은 어리석은 일이다."라고 했다. 성도가 하나님의 은혜로 인하여 자신의 죄를 깨달았을 때는 그 즉시 하나님 앞에 엎드려 회개해야 한다. 뿐만 아니라 그 죄악의 길에서 속히 돌이켜야 함은 당연한 이치이다.
　* 참고 성구 *　사 55:7, 왕상 18:21, 마 5:4, 욘 3:6-9, 눅 15:21, 18:13

Ⅲ. 성도는 기도해야 함을 느낄 때 지체하지 말 것
미국의 16대 대통령 링컨은 "나는 어려울 때마다 무릎을 꿇고 기도한다. 나는 충분한 지혜가 없지만 기도하고 나면 특별한 지혜가 머리에 떠오르곤 했다."라고 말했다. 성도는 항상 기도함으로써 하나님과의 영적 교류를 끊지 말아야 한다. 하나님은 성도가 무엇인가 영적으로 답답함을 느끼면 기도하게 만드시고 그 해답을 준비해 두고 계신다. 성도는 기도의 때를 늦추거나 잊지 말자.
　* 참고 성구 *　엡 6:18, 대상 16:11, 마 26:41, 살전 5:17, 약 5:13

■ 기 도 ■ 리브가의 하나님! 리브가는 당신의 뜻을 깨닫고 지체없이 엘리에셀과 함께 떠나서 주님의 계보에 드는 영광스러운 삶을 개척하였습니다. 오늘 우리도 지체하지 않는 삶을 살게 도우소서. 예수 그리스도의 이름으로 기도 드립니다. 아멘

청년기

에서의 결혼이 주는 교훈

■ **찬 송** ■ ♪ 412, 410, 343, 426 　　■ **참 조** ■ ☞ ① 33p ③ 44p

■ **본 문** ■ 에서 곧 에돔의 대략이 이러하니라 에서가 가나안 여인 중 헷 족속 중 엘론의 딸 아다와 히위 족속 중 시브온의 딸 아나의 소생 오홀리바마를 자기 아내로 취하고… 【창 36:1-8】

■ **서 론** ■ "전쟁에 나갈 때는 한 번 기도하고, 항해에 나갈 때는 두 번 기도하며, 결혼을 하게 되면 세 번 기도하라." 목사요 수필가인 유관지 목사의 말이다. 서두른 결혼도 결과가 좋지 않은데 하물며 불신자와의 결혼이랴! 불신자와의 결혼을 금함은?

■ **말 씀** ■

I. 불신자와의 결혼은 부모의 근심거리가 된다

기자는 에서가 가나안 여인 중 헷 족속 중 엘론의 딸 아다를 아내로 취했다고 했다. 성경은 이 모습을 본 이삭과 리브가의 마음에 근심이 되었더라고 기록하고 있다. 어리석은 자는 부모의 근심거리가 된다고 하였다. 결혼은 부모의 곁을 떠나 아내와 하나 되는 일이기 때문에 불신앙을 가진 아내를 얻으면 그것은 부모의 큰 근심거리가 아닐 수 없다.

　　* 참고 성구 *　잠 31:30, 17:21,19:13,15:20, 창 26:35, 신 21:18

II. 불신자와의 결혼은 신앙의 가정을 이루지 못한다

기자는 자기가 가나안 땅에서 얻은 모든 재물을 이끌고 그 동생 야곱을 떠나 타처로 갔으니라고 했다. 여기서 '떠나'는 히브리어 '얄라크'로서 '가다, 여행하다'의 뜻으로 야곱의 면전으로부터 완전히 분리시켜 떠나가는 결정적인 이별을 가리킨다. 물과 기름이 섞일 수 없듯이 다른 종교의 배경 아래서 성장한 사람들은 신앙의 이해 문제로 인해 삶과 온전한 가정을 이루기 힘들다.

　　* 참고 성구 *　고후 6:14, 출 34:12, 시 1:1, 요일 1:10, 왕상 11:2

III. 불신자와의 결혼은 하나님이 원치 않으신다

기자는 에돔이 세일 산에 거하니라고 했다. 여기서 '거하니라'는 히브리어 '야솨브'로서 '자리잡다, 정착하다, 살다'의 뜻으로 임시적인 거주가 아니라 후손들에까지 이어질 만큼 장기간의 정착을 뜻한다. 불신자와 결혼을 통해서 에서는 축복의 가나안 땅을 떠나 이방 족속과 통혼하고 믿음의 계보에서 사라졌다. 하나님은 불신자와의 결혼으로 당신의 뜻과 멀어지는 것을 싫어하신다.

　　* 참고 성구 *　느 13:25, 대하 19:2, 레 18:18, 고전 7:39, 신 7:3

■ **기 도** ■ 에서를 버리신 하나님! 에서는 당신이 금하신 결혼을 인하여 믿음의 계보에서 사라지고 그의 후손은 웃음거리가 되었습니다. 오늘 우리는 결혼의 중요성을 인식하여 당신의 뜻에 맞는 결혼을 찾게 도우소서. 예수 그리스도의 이름으로 기도 드립니다. 아멘

디나 사건이 주는 교훈

■ 찬 송 ■ ♪ 331, 334, 440, 380   ■ 참 조 ■ ☞ ② 437p ③ 167p
■ 본 문 ■ 레아가 야곱에게 낳은 딸 디나가 그 땅 여자를 보러 나갔더니…【창 34:1-4】
■ 서 론 ■ 아일랜드의 시인 토마스 무어는 "오직 하나만을 제외하고 모든 에덴 동산의 과일을 다 먹도록 축복을 받은 하와는 그 하나에 대한 호기심으로 다른 모든 것을 포기하였다."고 했다. '의존, 심판'이라는 뜻의 이름을 가진 디나는 야곱과 레아 사이에서 난 야곱의 외동딸이나 이방 족속의 풍습에 지나친 관심으로 큰 봉변을 당했다. 디나 사건의 교훈은?

■ 말 씀 ■

Ⅰ. 지나친 호기심은 악에 빠짐

기자는 디나가 그 땅 여자를 보러 나갔더니라고 했다. 디나는 일상생활의 틀에서 벗어나 낯선 땅의 풍습도 구경하고 세겜의 처녀들과 교제도 나눌겸해서 이방 풍속에 대한 호기심으로 마을의 잔치에 나들이를 간 것 같다. 성도가 세상적인 것에 대한 지나친 호기심은 스스로의 죄성을 불러 일으킬 뿐 아니라 악의 세력이 침투할 수 있는 허점을 드러내게 되므로 조심해야 할 것이다.
* 참고 성구 * 창 3:6, 13:10-11, 잠 11:3, 수 7:21, 왕상 11:1, 벧후 2:20-21

Ⅱ. 안목의 정욕은 악에 빠짐

기자는 욕되게 하고 그 마음이 깊이 야곱의 딸 디나에게 연련했다고 하였다. 여기서 '마음'은 히브리어 '네페쉬'로서 마음(창 42:21)뿐 아니라 생명(창 9:4), 영혼(욥 10:1) 등 전인적인 사람을 가리키는 바 세겜의 깊은 연정을 잘 보여 주는 말이다. 세겜 역시 안목의 정욕에 빠져 큰 악을 디나에게 저질렀다. 성도가 땅의 것만 관심을 갖게 되면 세상의 안목 때문에 악한 정욕에 빠지기 쉽다.
* 참고 성구 * 약 1:14, 요일 2:16, 잠 6:25, 갈 5:16, 골 3:5

Ⅲ. 영적인 태만은 악에 빠짐

믿음으로 거듭나 구원을 받은 성도도 매일의 삶의 과정을 통하여 부단히 성화되어져야 한다. 야곱 역시 얍복 강가의 사건을 통해 그의 인격이 많이 새로워졌지만 아직 그는 더 연단받을 필요가 있었으니 가나안 땅에 정착하고도 벧엘 서원을 망각했기 때문이다. 성도가 영적 태만을 경계하며 긴장하지 못할 때는 자신뿐 아니라 식구들까지 하나님을 잊고 세상적 악에 물들고 만다.
* 참고 성구 * 벧후 2:18, 렘 2:5, 미 15:8, 엡 2:12, 벧전 2:25

■ 기 도 ■ 하나님 아버지! 야곱의 딸 디나의 불행한 사건은 여러 요인이 복합적으로 작용한 것으로 깨달았습니다. 우리는 항상 말씀을 가까이 하여 우리의 악한 죄성을 이기게 도와주소서. 예수 그리스도의 이름으로 기도 드립니다. 아멘

청소년기

소년 다윗의 승리에 내포된 의의

■ 찬 송 ■ ♪ 400, 396, 374, 387　　　■ 참 조 ■ ☞ ① 252p ③ 159p
■ 본 문 ■ …돌을 취하여 물매로 던져 블레셋 사람의 이마를 치매… 【삼상 17:12-49】
■ 서 론 ■ 영국의 시인 존 밀턴은 "아침이 그 한날을 보여주듯이 어린 시절이 그 사람의 앞날을 보여준다."라고 했다. 목동 다윗은 블레셋의 거인 장수 골리앗을 물리치면서 전국민의 영웅으로 부상했다. 소년 다윗의 승리가 주는 교훈은?

■ 말 씀 ■

I. 성도는 죄악에의 분노가 있어야 한다

기자는 하나님의 군대를 모욕하느냐라고 했다. 여기서 '모욕하다'는 히브리어 '하라프'로서 '책망하다, 학대하다, 훼방하다'라는 뜻으로 남의 약점을 감싸주지 않고 심하게 비방하는 것을 의미한다. 다윗은 하나님의 선민 이스라엘을 모욕하는 골리앗 보고서 크게 분노했다. 사람이 죄악을 따르는 자는 죄 가운데 거할 것이요, 죄를 미워하고 분노하는 자는 하나님의 도우심을 얻게 될 것이다.

* 참고 성구 *　잠 8:7, 요 2:14-16, 민 14:6-9, 수 7:25-26

II. 성도는 승리에의 확신이 있어야 한다

기자는 나를 이 블레셋 사람의 손에서도 건져내시리라고 했다. 미국의 군인으로 제 2차 세계대전을 승리로 이끈 더글라스 맥아더는 "어떤 싸움에서건 이기겠다는 의지 없이 뛰어드는 것은 치명적인 패배만 가져 올 뿐이다."라고 했다. 하나님께서는 성도를 향해서 믿고 구하는 자에게는 능치 못할 일이 없다고 계속하여 말씀하신다. 성도는 이 말씀을 굳게 붙잡고 영적 전투에 임해야 한다.

* 참고 성구 *　막 11:24, 14:36, 욥 42:2, 눅 1:37, 마 19:26, 사 26:3

III. 성도는 영적인 무기가 있어야 한다

기자는 돌이 그 이마에 박히니라고 했다. 여기서 '박히니'는 히브리어 '타바'로서 '빠지다(시 64:19), 잠기다'(출 15:4)는 뜻으로 물맷돌이 이마에 깊숙이 들어가서 치명상을 주었음을 암시하는 말이다. 아무리 뛰어난 무기라고 해도 우주 만물을 주관하시는 주관자 하나님 앞에서는 굴복할 수밖에 없으니 성도는 다윗처럼 전쟁은 여호와께 속한 것이라는 말씀을 먼저 가져야 할 것이다.

* 참고 성구 *　엡 6:17, 렘 23:29, 겔 37:7, 롬 1:16, 히 4:12

■ 기 도 ■ 다윗의 하나님! 모두들 공포에 질려 있을 때 물맷돌 하나로 믿음의 공격으로 승리한 다윗을 보았습니다. 오늘 이 시간 우리에게도 다윗과 같은 믿음을 허락하시어 우리로 영적 전쟁에서 승리하게 하소서. 예수 그리스도의 이름으로 기도드립니다. 아멘

오병이어 이적의 세 가지 조건

■ 찬 송 ■ ♪ 433, 432, 444, 473   ■ 참 조 ■ ☞ ① 103p ③ 389p

■ 본 문 ■ …여기 한 아이가 있어 보리떡 다섯 개와 물고기 두 마리를 가졌나이다…【요 6:4-13】

■ 서 론 ■ 영국의 소설가 윌리엄 택커리는 "너그러운 소년보다 더 불의를 깨닫는 자 누구며, 작은 일에도 신중하고 악한 생각에 그토록 민감하고 친절에 감사가 불타는 자가 누구냐!"라고 했다. 안드레의 눈에는 보잘것없는 것으로 보인 물고기 두 마리와 보리떡 다섯 개! 한 어린이가 제공한 이것이 주님의 손에 들리자 큰 이적이 일어났다. 이적은?

■ 말 씀 ■

I. 이적은 인간을 향한 사랑의 마음에 있다

기자는 예수께서 눈을 들어 큰 무리가 자기에게 오는 것을 보시고 빌립에게 우리가 어디서 떡을 사서 이 사람들로 먹게 하겠느냐고 했다. 성도들에게 나타나는 하나님의 능력과 또한 이적이 나타나게 되는 근본적인 요인은 인간을 향한 하나님의 사랑의 마음에 기인한다. 하나님께서는 긍휼하심과 연민의 정으로 성도들의 기도를 듣고서 응답하시되 크게 응답하시는 분이시다.

  * 참고 성구 *   마 6:32, 눅 12:7, 시 115:12, 121:4, 벧전 5:7

II. 이적은 이웃을 향한 희생의 마음에 있다

기자는 여기 한 아이가 있어 보리떡 다섯 개와 물고기 두 마리를 가졌나이다 그러나 그것이 이 많은 사람에게 얼마나 되겠삽나이까라고 했다. 어린이는 자기가 가진 전부를 드려서 이웃을 위해 희생하였다. 성도가 가진 것이 비록 값어치가 없고 귀하지 않을지라도 주님께 드려지고 이웃을 위해 사용될 때 주님은 그를 통해서 풍성한 은혜의 역사를 이루시는 분이시다.

  * 참고 성구 *   행 11:29, 마 10:42, 갈 6:2,10, 요 15:13, 요일 3:16

III. 이적은 약속을 믿는 믿음의 마음에 있다

기자는 예수께서 떡을 가져 축사하신 후에 앉은 자들에게 나눠주셨다고 했다. 여기서 '축사하신 후에'는 헬라어 '유카리스테사스'로서 '감사하신 후에'인데 광야에서의 오병이어의 기적은 감사 후에 일어났음을 기억하자. 감사하는 마음은 약속을 믿고 행하는 자세로서 하나님의 신실하신 약속의 말씀을 철저하게 신뢰하는 믿음이야말로 이적이 나타나는 중요한 원동력이 된다.

  * 참고 성구 *   히 11:29-30, 마 17:20, 막 9:23, 단 3:17, 요일 5:4

■ 기 도 ■ 오병이어의 이적을 보이신 하나님! 이적이 일어난 요인을 잘 보고 깨달았습니다. 이 시간부터 우리의 작은 것이라도 주님의 손에 들려지도록 축복해 주옵소서. 예수 그리스도의 이름으로 기도 드립니다. 아멘

소년·소녀기

소명받은 사무엘의 자세

■ 찬 송 ■ ♪ 319, 251, 337, 219 　　■ 참 조 ■ ☞ ③ 157p

■ 본 문 ■ 아이 사무엘이 엘리 앞에서 여호와를 섬길 때에는 여호와의 말씀이 희귀하여… 【삼상 3:1-9】

■ 서 론 ■ 미국의 순회 목사 집시 스미스는 "노인 한 명을 구하면 한 사람을 구함이 되나 어린이 하나를 구하면 많은 사람을 구함이 된다."라고 했다. '하나님의 이름, 하나님께서 들으셨다'는 뜻을 지닌 이름의 사무엘은 이스라엘 최후의 사사이자 최초의 선지자였다. 소년 사무엘의 자세가 주는 영적 의미는?

■ 말 씀 ■

Ⅰ. 성도의 영적 분별의 자세

기자는 말씀이 희귀하여 이상이 보이지 않았더라고 했다. 여기서 '보이지'는 히브리어 '파라츠'로서 '터뜨리고 나오다'에서 파생되어 '나타나다, 널리 퍼지다'라는 뜻으로 계시가 하나님으로부터 터져 나옴을 강조한 말이다. 죄악 가득 찬 세상에서 하나님의 부르심에 대한 영적 분별력이 그의 삶을 인도한다. 성도는 그분의 음성을 듣고 그 뜻을 깨닫기 위해 항상 귀를 기울여야 한다.

 * 참고 성구 * 수 24:24, 마 3:6, 요 3:19, 롬 13:12, 고전 12:10

Ⅱ. 성도의 바른 응답의 자세

기자는 사무엘이 아직 여호와를 알지 못하고 여호와의 말씀도 아직 그에게 나타나지 아니한 때라고 했다. 여기서 '나타나지'는 히브리어 '이가레'로서 '밝혀진, 드러난, 시행된'이란 뜻으로 주의 계시가 드러나고 밝혀지고 전달된 상태를 가리킨다. 성도가 하나님의 부름 앞에서의 사양은 금물이다. 하나님께서는 언제라도 부르심에 '예'라고 대답하는 자를 들어 쓰시는 분이시다.

 * 참고 성구 * 시 6:8, 출 4:13, 눅 5:27-28, 시 110:3, 빌 3:7-8

Ⅲ. 성도의 적극적 삶의 자세

기자는 그가 너를 부르시거든 네가 말하기를 여호와여 말씀하옵소서 주의 종이 듣겠나이다 하라고 했다. 여기서 사무엘이 말한 바 듣겠나이다는 순종하는 마음으로 듣는 것을 의미한다. 하나님의 소명은 앞서 나아가기를 요구하는 것이다. 하나님의 부르심에 "예"라고 대답하였듯이 성도는 하나님의 소명에도 순종하고 열심히 실천하여야 바른 신앙인의 자세라 할 수 있다.

 * 참고 성구 * 막 12:43, 눅 16:31, 약 1:23-24, 마 7:24, 행 20:24

■ 기 도 ■ 사무엘의 하나님! 소명받는 사무엘을 통해 오늘 우리의 삶을 조명해 보았습니다. 당신의 소명에 적극적으로 응하여 우리로 큰 사역의 일꾼으로 삼으소서. 예수 그리스도의 이름으로 기도 드립니다. 아멘

유아기(유년기)

어린이를 사랑하신 예수

■ 찬 송 ■ ♪ 299, 300, 449, 456   ■ 참 조 ■ ☞ ③ 163p

■ 본 문 ■ 사람들이 만져 주심을 바라고 어린아이들을 데리고 오매 제자들이 꾸짖거늘 예수께서 보시고 분히 여겨 이르시되 어린아이들의 내게 오는 것을… 【막 10:13-16】

■ 서 론 ■ 미국의 시인 헨리 W. 롱펠로우는 "너희 어린이들은 이전부터 불려져 전해지는 모든 민요보다도 좋구나! 너희는 살아 있는 시이기에 다른 것들은 너희 앞에서 다 빛을 잃는다."라고 했다. 제자들이 어린이를 데리고 예수께 오는 사람들을 꾸짖자 예수께서는 이를 분히 여기셨다고 했다. 어린이에게서 본받으라 하신 것은?

■ 말 씀 ■

I. 어린아이의 사모의 마음을 본받을 것

기자는 어린아이들의 내게 오는 것을 용납하고 금하지 말라 하나님의 나라가 이런 자의 것이니라고 했다. 여기서 '어린아이'는 헬라어 '파이디온'으로 '갓난아이'를 뜻하는 '브레포스'와는 달리 보통 6세에서 10세 정도의 '아동'을 가리키는 말이다. 성도는 갓난아이들이 젖을 사모하듯이 우리의 영혼의 양식인 신령하고 순전한 하나님의 말씀을 사모해야 한다.

* 참고 성구 *   벧전 2:2, 신 8:3, 욥 23:12, 시 119:103, 마 4:4

II. 어린아이의 순종의 마음을 본받을 것

독일의 해학가 장 파울 리히터는 "가장 어린 식물이 태양과 가장 밀접한 관계가 있듯이 가장 어린 자녀는 하나님께 가장 가까이 있다."라고 했다. 어린아이들이 부모님의 말씀에 무엇이든지 순종하듯이 성도는 하나님의 다스리심에 순종하고 명령을 준행하며 복종하는 자세를 갖추어서 하나님을 기쁘시게 해 드려야 한다. 순종은 믿음을 보이는 행위의 열매이다.

* 참고 성구 *   삼상 15:22, 마 7:21, 수 1:8, 창 22:2-3, 요 15:10

III. 어린아이의 겸손의 마음을 본받을 것

영국의 여류작가 조지 엘리옷은 "어린 시절에 사랑과 보호를 받은 사람은 문제들을 부드럽게 처리할 수 있는 자질이 있다."라고 했다. 어린아이들의 자기를 드러내지 않는 겸손한 모습처럼 성도는 하나님 앞에서 자신을 낮추는 겸손한 마음으로 항상 배우고 도움을 바라며 자기 자신을 감추며 하나님의 영광만 드러내는 자세를 보이는 것이 필요하다.

* 참고 성구 *   약 4:10, 6, 벧전 5:5, 삼하 7:18, 마 8:8, 딤전 1:15

■ 기 도 ■ 하나님 아버지! 어린아이의 마음속에 있는 사모와 순종과 겸손의 마음이 오늘 이 시간 우리의 마음에도 함께 하여 당신의 나라가 가까움을 느끼게 하소서. 예수 그리스도의 이름으로 기도 드립니다. 아멘

유아기(유년기)

야곱의 행위에 내포된 영적 의미

■ **찬 송** ■ ♪ 349, 352, 218, 354   ■ **참 조** ■ ☞ ① 38p

■ **본 문** ■ …그도 한 족속이 되며 그도 크게 되려니와 그 아우가 그보다 큰 자가 되고… 【창 48:17-20】

■ **서 론** ■ 로마의 스토아 철학자인 에픽테투스는 "시금석은 금을 시험하되 금에 의해 시험되지 않는 것처럼 올바른 판단의 기준을 가진 사람은 남에 의해 판단되지 않는다."라고 했다. 바울은 네가 뉘기에 감히 하나님을 힐문하느냐고 하면서 알 수 없는 하나님의 뜻을 설파했다(롬 9:20-21). 하나님은?

■ **말 씀** ■

I. 하나님은 작은 자를 사용하신다

기자는 아우가 그보다 큰 자가 되고 그 자손이 민족을 이루리라고 했다. 요셉의 인간적 기대와는 달리 야곱은 하나님의 계획된 섭리를 영안으로 밝히 보고 차자 에브라임에게 더 큰 축복을 전수한다. 이처럼 인간의 이성의 합리성을 초월하는 선택의 원리는 하나님의 절대적 주권 섭리에 의지할 때만 이해가 가능하다. 어린이가 천국을 소유하듯 주님은 작은 자를 들어서 큰 일을 이루신다.

  * 참고 성구 *   엡 3:8, 창 4:5, 히 11:4, 갈 4:28-30, 롬 9:12-13

II. 하나님은 약한 자를 사용하신다

이 세상에서 세상적인 눈으로 보면 약하고 초라해 보여도 하나님의 택하심으로 하나님의 손에 붙들린 바가 되면 하나님의 은혜로, 하나님의 능력으로 모든 일에 위대한 힘을 드러내며 승리하여서 세상에서 강하다고 자랑하는 자들을 부끄럽게 할 것이다. 사도 바울은 고린도 교회에 보내는 편지에서 내가 부득불 자랑할진대 나의 약한 것을 자랑하리라고 하였다.

  * 참고 성구 *   고후 11:30, 갈 4:13, 딤전 5:23, 삼상 17:43, 49, 히 4:15

III. 하나님은 미련한 자를 사용하신다

세상적으로 미련해 보이는 자들이라고 할지라도 그 안에 지혜의 근원이시요 신령한 은사를 주시는 성령님께서 함께 하시면 실로 그는 영원하고 참된 진리의 선포자가 될 것이요 진리를 행하는 시행자가 될 것이다. 바울 사도는 이 세상에서 지혜 있는 줄로 생각하거든 미련한 자가 되어라 그리하여야 지혜로운 자가 되리라고 하면서 이 세상 지혜는 하나님께 미련하다고 했다.

  * 참고 성구 *   고전 3:18-19, 롬 1:22, 약 3:15, 고후 1:12, 골 2:23

■ **기 도** ■ 야곱의 하나님! 당신의 계획하신 섭리는 너무나 오묘하여 세상의 지혜로는 깨달을 수가 없으니 우리에게도 야곱처럼 영안이 열려서 당신의 비밀을 깨닫는 자가 되게 하소서. 예수 그리스도의 이름으로 기도 드립니다. 아멘

유아기(유년기)

아브라함에게 할례를 명하신 이유

■ 찬 송 ■ ♪ 390, 392, 387, 384   ■ 참 조 ■ ☞ ① 29p ③ 29p

■ 본 문 ■ 하나님이 또 아브라함에게 이르시되 그런즉 너는 내 언약을 지키고 네 후손도 대대로 지키라 너희 중 남자는 다 할례를 받으라 이것이 나와 너희와…【창 17:9-14】

■ 서 론 ■ 할례(circumcision)는 남성 생식기의 음경의 표피를 절제하는 의식으로, 이것은 하나님에 의해서 하나님과 아브라함과 그의 후손들 사이에 언약의 증표로서 제정된 의식이다(창 17:10). 모든 남자 아이는 태어난 지 8일만에 할례식을 집행했다. 이것이 신약시대에는 '세례'로 대체되었다. 할례를 하는 것은?

■ 말 씀 ■

I. 이는 주의 자녀가 되는 표이므로

기자는 너희 중 남자는 다 할례를 받으라 이것이 나와 너희와 너희 후손 사이에 지킬 내 언약이니라고 했다. 여기서 '할례'는 히브리어 '물로트'로서 문자적 의미는 '주위를 둥글게 자르다'는 뜻으로 남성 생식기의 표피를 베어내는 것을 의미한다. 할례는 하나님의 거룩한 백성이요 영원한 기업을 얻을 하나님의 자녀로서 인정받고 언약을 체결하는 표징이다.

＊ 참고 성구 ＊ 롬 9:8, 26, 갈 3:26, 눅 20:36, 요일 3:10, 딛 3:7

II. 이는 이방인과 구별되는 표이므로

기자는 너희는 양피를 베어라 이것이 나와 너희 사이의 언약의 표징이니라고 했다. 여기서 '표징'은 히브리어 '오트'로서 의무를 기억케 하는 증거, 진리를 확증하는 이적 및 장소를 뜻하는데 여기서는 한 그룹을 다른 집단과 구별하는 표라는 의미가 강하다. 하나님의 자녀는 하나님의 거룩하신 속성을 본받아 세상과 구별되어 거룩하게 살아야 할 책임이 있는 존재이다.

＊ 참고 성구 ＊ 벧전 1:15, 레 11:45, 출 19:6, 고후 7:1, 벧후 3:11

III. 이는 언약 준수의 표이므로

기자는 그 양피를 베지 아니한 자는 백성 중에서 끊어지리니 그가 내 언약을 배반하였음이라고 했다. 여기서 '배반하였음이라'는 히브리어 '파라르'로서 '산산이 깨뜨리다'(사 24:19), '꺾어지다'(욥 16:12)는 뜻으로 언약을 적극적으로 '범하다'(사 24:5)는 의미이다. 할례를 통하여 하나님과 맺은 언약을 기억하고 이를 준수하는 것은 하나님의 자녀가 해야 할 마땅한 도리이다.

＊ 참고 성구 ＊ 요 14:21, 렘 11:10, 겔 44:7, 골 3:11-12, 히 13:20

■ 기 도 ■ 아브라함의 하나님! 당신은 아브라함에게 할례를 명하셔서 그와 언약을 맺었습니다. 오늘 우리는 세례로서 할례를 대체하였음을 믿고 당신의 자녀로서 구별된 삶을 살도록 인도하옵소서. 예수 그리스도의 이름으로 기도 드립니다. 아멘

> 화목한 가정

유다의 축복에 내포된 의미

- **찬 송** ♪ 444, 359, 364, 434
- **참 조** ☞ ① 105p
- **본 문** 유다에 대한 축복은 이러하니라 일렀으되 여호와여 유다의 음성을 들으시고 그 백성에게로 인도하시오며 그 손으로 자기를 위하여 싸우게 하시고…【신 33:7】
- **서 론** 찬송가 작사 에드윈 O. 엑셀은 "인생의 소용돌이에서 폭풍우에 시달렸을 때, 모든 것을 다 잃고 낙망할 때, 너의 축복을 하나 하나 들어가며 세어보아라. 주께서 네게 베푸신 것을 알고 놀랄 것이다."라고 했다. 유다의 축복의 의미는?

■ 말 씀 ■

Ⅰ. 이는 하나님께서 들으신다는 것임

기자는 여호와여 유다의 음성을 들으시고라 했다. 이는 유다의 기도를 땅에 떨어지지 않게 하나님께서 모두 듣고서 응답해 주시라는 축복이다. 이것은 대단한 축복으로 야곱이 유다에게 이스라엘의 왕권을 소유하게 됨을 축복한 것을 재확인 하는 축복이다. 하나님께서 성도의 기도를 들으신다는 것은 곧 그 기도에 대해서 응답하시리라는 것을 의미하는 것이다.

* 참고 성구 * 창 49:8-12, 눅 1:13, 시 91:15, 시 58:9, 65:24, 요 15:7

Ⅱ. 이는 하나님께서 인도하신다는 것임

기자는 그 백성에게로 인도하시오며라고 했다. 이는 유다의 기도를 듣고서 하나님께서 그를 목자가 양을 인도하듯이 푸른 초장과 쉴 만한 곳으로 인도하는 것을 뜻하는데 하나님은 그의 지파에서 이스라엘의 왕이 나오게 하심으로써 성취하게 하셨다. 성도의 인생에서 인생의 주관자이신 하나님을 좇을 때 어떠한 일이라도 능치 못할 일이 없는 것이다.

* 참고 성구 * 삼하 2:1-11, 출 40:36-37, 신 32:11-12, 요 16:13, 막 1:23

Ⅲ. 이는 하나님께서 싸우신다는 것임

기자는 주께서 도우사 그로 그 대적을 치게 하시기를 원하나이다라고 했다. 이는 유다가 세상에서 싸울 때 하나님께서 그를 대신해서 싸워주신다는 말로 이것이야말로 임마누엘의 축복이다. 유다 지파에서 나신 예수 그리스도는 십자가 사건으로 모든 원수 사단을 물리치시고 만왕의 왕이 되셨다. 성도를 삼키려는 마귀를 하나님께서 창과 칼이 되시어 승리하게 하심을 믿는 자가 되자.

* 참고 성구 * 시 28:7, 시 41:10, 눅 23:33, 히 7:14, 13:6

- **기 도** 유다의 하나님! 야곱의 축복이 당신의 들으심과 인도하심과 싸우심으로 역사에서 성취됨을 보았습니다. 오늘 이 가정에 유다의 축복이 한가지 은혜로 임하기를 바라오니 이루어 주옵소서. 예수 그리스도의 이름으로 기도 드립니다. 아멘

화목한 가정

헤만의 족보가 주는 의의

■ 찬 송 ■ ♪ 444, 434, 454, 364 ■ 참 조 ■ ☞ ① 245p

■ 본 문 ■ 헤만에게 이르러는 그 아들 북기야와 맛다냐와 웃시엘과 스브엘과… 【대상 25:4-6】

■ 서 론 ■ "평화의 왕이신 예수를 그 가정에 모시지 않고 행복을 바란다는 것은 나무에서 고기를 구하는 것과 같다."고 어느 목회자는 말했다. 가정은 하나님의 사랑이 구현되는 곳이다. 그러므로 가정을 떠난 자는 하나님의 품을 떠난 것이나 진배없다. 하나님을 가정의 호주로 모신 가정은?

■ 말 씀 ■

Ⅰ. 하나님을 모신 가정은 화목함

기자는 이는 다 헤만의 아들들이니 나팔을 부는 자며라고 했다. 여기서 '헤만'은 히브리어 '헤만'으로 '아멘' 이란 뜻의 '아만'에서 유래된 말로서 하나님을 모시고 그분의 이끄시는 길로 아멘 하고 따르는 가문에 찬양하는 자녀를 많이 주셨다. 성도의 가족 구성원 상호간에 주님의 사랑을 바탕으로 한 깊은 신뢰와 이해가 자리하고 있기 때문에 기쁨과 평안이 넘치는 화목한 가정이 된다.

* 참고 성구 *   골 3:21, 잠 22:6, 23:24, 시 127:3, 128:3, 삿 13:8

Ⅱ. 하나님을 모신 가정은 질서가 있음

성도는 하나님께서 허락하신 가족 관계 속에서 자녀는 부모의 권위에 순종하고 부모는 자녀의 개성과 인격을 충분히 존중하는 가운데 맹목적인 강요에 의한 일방적인 상하 복종의 관계가 아니라, 상호 보완하고 협력하는 관계 속에서 주 안에서 바른 관계를 형성하여 가족 모두가 서로 사랑으로 보살피고 염려하는 질서 있는 가정이 될 때 믿는 자로서 이웃에게도 덕을 끼치게 된다.

* 참고 성구 *   딤전 5:4, 엡 6:1-4, 잠 23:22, 신 6:7

Ⅲ. 하나님을 모신 가정은 경건함

기자는 헤만은 하나님의 말씀을 받드는 왕의 선견자라고 했다. 여기서 '선견자'는 히브리어 '호제'로서 '이상이나 환상을 본다'는 뜻의 말에서 파생된 것으로 '이상, 환상을 보는 자' 라는 의미이다. 하나님을 호주로 모셔들인 가정은 늘 말씀을 상고하여 서로 권면하기를 힘쓰고 성령님의 인도하심에 순종하는 생활을 함으로써 죄악된 세상과 구별되는 거룩하고 모범적인 삶을 영위한다.

* 참고 성구 *   딤전 4:8, 딤후 1:6, 욥 1:5, 시 57:8, 행 10:2

■ 기 도 ■ 헤만의 하나님! 이 시간 그의 족보를 통해서 그 가정이 얼마나 화목하고 사랑으로 질서정연하며 경건한 가정이었는가를 보았습니다. 우리 가정에도 당신을 호주로 모시고 이런 가정이 되고자 하오니 축복하시옵소서. 예수 그리스도의 이름으로 기도 드립니다. 아멘

> 화목한 가정

가이사랴 고넬료 가정이 주는 의미

■ **찬 송** ■ ♪ 305, 278, 525, 379   ■ **참 조** ■ ☞ ① 407p

■ **본 문** ■ …그가 경건하여 온 집으로 더불어 하나님을 경외하며 백성을 많이 구제하고… 【행 10:1-2】

■ **서 론** ■ 미국의 사회사업가요 저술가인 제인 아담스는 "미국의 미래는 가정과 학교에 의해 결정된다. 자녀들은 그들이 배운 대로 행하므로 우리가 가르치고 있는 것이 무엇인지 살펴야 하고, 우리가 그들 앞에서 어떻게 살아야 하는지도 깊이 생각해 보아야 할 것이다."라고 했다. 신앙의 가정은?

■ **말 씀** ■

Ⅰ. 신앙의 가정은 경건 훈련의 장이다

기자는 그가 경건하여 온 집으로 더불어 하나님을 경외하며라고 했다. 여기서 '온 집으로 더불어'는 헬라어 '순 판티 토 오이코 아우투'로서 '그의 집 모든 식구와 함께'라는 뜻으로 고넬료가 자기 가족과 함께 하나님을 공경하며 경외하는 삶을 살았음을 의미한다. 참된 성도의 가정은 온 집안이 예배와 기도와 말씀을 통해 경건의 훈련을 쌓아가며 그 안에서 자녀들이 양육되는 가정이다.

* 참고 성구 *   신 10:12, 전 12:13, 약 1:27, 창 5:24, 수 24:14

Ⅱ. 신앙의 가정은 복음 전파의 출발점이다

기자는 백성을 많이 구제하고라고 했다. 여기서 '구제하고'는 헬라어 '포이온 엘레에모수나스'로서 '구제하면서'인데 '구제'는 '엘레에모수네'로서 '착한 행실, 구제, 시제'이며, 이 말은 '엘레에오' 곧 '불쌍히 여긴다, 측은히 여긴다, 자비를 베푼다'는 말에서 온 것이다. 성도가 하나님의 은총으로 구원에 이르고 또한 말과 행동으로 구원의 복음을 전하는 것이 믿음의 가정이다.

* 참고 성구 *   행 5:42, 8:35, 딤후 1:5, 4:2, 고후 4:5, 막 16:15

Ⅲ. 신앙의 가정은 하나님 나라의 모형이다

하나님을 가정에 호주로 모신 성도의 가정은 하나님을 주인으로 모시는 신앙을 가진 것으로, 이러한 믿음의 가정은 범사에 하나님을 신뢰하고, 가족간에 서로 사랑하고, 이로써 하늘로부터 오는 참된 기쁨이 넘쳐나서 그 모든 사랑과 기쁨과 평화가 완성되는 하나님 나라의 모형이 되어야 한다. 이런 가정과 교회가 완성되지는 않았지만 진정한 하늘나라를 예표하는 모델이다.

* 참고 성구 *   엡 5:22-25, 눅 17:21, 롬 4:17, 고전 15:50, 계 21:7

■ **기 도** ■ 고넬료의 하나님! 신앙의 가정을 꾸려 당신과 이웃에게 칭찬받은 고넬료의 가정처럼 오늘 이 가정에도 큰 은혜를 내려 주셔서 당신께 영광 돌리게 하소서. 예수 그리스도의 이름으로 기도 드립니다. 아멘

화목한 가정

요단 동쪽 땅 분배에 나타난 교훈

■ 찬 송 ■ ♪ 258, 255, 259, 268　　　■ 참 조 ■ ☞ ② 103p

■ 본 문 ■ 아로엘에서부터 길르앗 산지 절반과 그 성읍들을 내가 르우벤 자손과 갓 자손에게…【신 3:12-22】

■ 서 론 ■ 미국의 시인 에드윈 마크햄은 "모든 선의 절정이요 완성이며 인생의 마지막 별은 형제간의 우애이다."라고 했다. 한 부모에게서 생명을 받고 태어난 형제, 자매는 아버지의 뼈와 어머니의 살로 이룩된 한 지체이다. 성도는?

■ 말 씀 ■

Ⅰ. 성도는 형제 구원을 위해 앞장 설 것

기자는 너희 군인들은 무장하고 너희 형제 이스라엘 자손의 선봉이 되어 건너가라고 했다. 여기서 '군인'은 히브리어 '베니 하일'로서 '벤'(아들, 자손)과 '하일'(강한)의 합성어인데 연약한 보통 사람보다는 전쟁 수행 능력이 강한 자를 뜻한다. 성도는 하나님께서 우리를 먼저 택하시어 구원의 반열에 서게 하심은 우리를 통해서 남은 형제들을 구원하려는 뜻이 있음을 잊지 말 것이다.

＊ 참고 성구 ＊ 눅 22:32, 엡 4:1, 요일 1:7, 골 2:6, 요심 1:3

Ⅱ. 성도는 형제 구원을 위해 희생을 각오할 것

기자는 너희 형제에게도 안식을 주시리니라고 했다. 여기서 '안식'은 히브리어 '누아흐'로서 일차적으로 '쉬다'는 뜻으로 '머무르다, 정착하다, 평안하다'는 이차적 의미도 지닌다. 여기서는 각 지파의 정착을 표현하는 말로 두 지파 반은 자기 기업으로 돌아가야 한다. 주께서 우리를 위해 십자가에서 피흘렸듯이 성도는 세상적인 것들에 욕심을 버릴 때 형제를 구원으로 인도할 수 있다.

＊ 참고 성구 ＊ 갈 2:20, 롬 9:3, 10:1, 11:14, 고전 9:22, 요 4:35

Ⅲ. 성도는 형제 구원을 위해 주를 의지할 것

기자는 이 두 왕에게 행하신 모든 일을 네가 목도하였거니와 네가 가는 모든 나라에도 여호와께서 이와 같이 행하시리니 했다. 여기서 '목도하였거니와'는 히브리어 '라아'로서 '보다, 숙고하다, 주시하다'의 뜻으로 과거의 역사적 사건을 실제적 경험하였음을 강조한 말이다. 하나님은 당신의 구원 사역에 동참하는 성도를 기뻐하시며 의지할 때 힘을 주시고 성도를 대신해 싸워 주신다.

＊ 참고 성구 ＊ 신 5:15, 시 89:13, 요 10:29, 벧전 5:6, 딤후 1:12

■ 기 도 ■ 하나님 아버지! 요단 땅 분배에서 형제를 위하여 싸워야 할 성도의 자세를 배웠습니다. 우리도 이웃의 구원을 위해 진력하는 자들이 되어 당신의 화목을 나누는 자들이 되게 하소서. 예수 그리스도의 이름으로 기도 드립니다. 아멘

> 화목한 가정

아비멜렉의 교만이 가져다준 결과

■ 찬 송 ■ ♪ 206, 192, 202, 403   ■ 참 조 ■ ☞ ① 121p

■ 본 문 ■ …아비멜렉이 세겜에 가서 그 어미의 형제에게 이르러 그들과 외조부의…【삿 9:1-57】

■ 서 론 ■ "가화만사성(家和萬事成)이란 말은 특히 그리스도인의 가정에 타당한 말이다. 하나님은 화목하지 못한 가정에는 결코 축복을 내리시지 않는다. 하나님의 축복이 없는 가정이 되는 것이 무엇이랴."고 한경직 목사는 말했다. 왕좌 때문에?

■ 말 씀 ■

I. 형제들 사이에 다툼이 일어났다

기자는 아비멜렉이 경박한 류를 사서 자기를 좇게 하고라고 했다. 여기서 '경박한'은 히브리어 '파하즈'로서 어근상으로 '거품이 일다, 끓어오르다'는 뜻으로 아비멜렉은 천박하고 격한 성격의 건달들을 고용하여 자기 형제를 죽였다. 성도는 교만한 자들은 언제든지 다른 사람을 누르고 자기가 최고인 줄 알아 으뜸이 되기를 좋아하여 이에 분쟁이 끊이지 않게 되는 것을 알아야 한다.

* 참고 성구 *   잠 13:10, 요일 2:16, 단 5:20, 딤전 3:6, 계 3:17

II. 형제들 사이에 불신이 일어났다

기자는 요담이 세겜 사람에게 이것이 그 행한 대로 그에게 보답함이냐고 했다. 여기서 '보답함이냐'는 히브리어 '게물'로서 '대우, 보응'의 뜻으로 어떤 사람에게 선악에 대한 답례나 합당한 보상으로 은혜를 갚는 것을 말한다. 아비멜렉과 살아남은 요담은 서로 불신하여 저주했다. 성도가 자기 고집만 주장하고 자기 의지대로 살아갈 때 이는 하나님의 존재도 부인하려 드는 무서운 악이 된다.

* 참고 성구 *   시 10:4, 창 27:41, 4:5, 마 5:22, 고전 3:3, 1:10

III. 끝내는 스스로 멸망을 초래했다

기자는 아비멜렉이 자기 아비에게 행한 악을 하나님이 이같이 갚으셨고라 했다. 여기서 '갚으셨고'는 히브리어 '슈브'로서 '회복시키다, 외면하다'의 뜻으로 하나님의 보응이 의인에게는 회복의 축복을, 악인에게는 파멸을 주심을 의미한다. 결국 교만은 패망의 앞잡이가 되어 현세에서 뿐만 아니라 내세에서까지도 영원한 멸망을 초래하게 되는 요인이 되어 영벌에 거하게 된다.

* 참고 성구 *   잠 16:18, 약 1:15, 렘 17:10, 고후 5:10, 계 20:12

■ 기 도 ■ 아비멜렉을 멸망케 하신 하나님! 골육상쟁으로 권력을 차지한 교만한 자를 심판하신 당신의 공의 앞에 옷깃을 여미며 믿음의 가정이 되어 화목함을 갖도록 축복하소서. 예수 그리스도의 이름으로 기도 드립니다. 아멘

불화한 가정

압살롬의 다윗 배알이 주는 의의

- **찬 송** ♪ 523, 525, 194, 97
- **참 조** ☞ ① 151p
- **본 문** …요압이 왕께 나아가서 그 말을 고하매 왕이 압살롬을 부르니 저가 왕께 나아가 그 앞에서 얼굴을 땅에 대어 절하매 왕이 압살롬과 입을 맞추니라【삼하 14:28-33】
- **서 론** 러시아의 작가 톨스토이는 "서로 용서하라! 이 세상에서 화평하게 지낼 수 있는 방법은 하나밖에 없다. 그것은 용서한다는 그것이다."라고 했다. 형제간에 골육상쟁을 겪은 다윗 가정! 아버지와 아들의 만남이 주는 뜻은?

말 씀

I. 성도간의 화해는 용서와 사랑이 전제된다

기자는 저가 왕께 나아가 그 앞에 얼굴을 땅에 대어 절하매 왕이 압살롬과 입을 맞추니라고 했다. 다윗은 압살롬이 암논을 살해한 것에 대한 죄를 묻지 않고 화해의 표로 압살롬과 입을 맞추었다. 사람 사이의 진정한 화해는 누가 잘했건 잘못했건 간에 잘잘못을 가리기 전에 먼저 서로를 용서하는 사랑의 마음이 전제되는 것이 참된 화해의 첫걸음이다.

* 참고 성구 * 엡 4:32, 창 33:4, 45:15, 눅 15:20, 17:4, 골 3:13

II. 성도간의 화해는 진실한 마음이 전제된다

아버지 다윗과의 입맞춤을 가진 압살롬의 마음에는 진실성이 없었다. 그의 입맞춤은 장군 요압이나 주님을 배신한 가룟 유다의 경우와 마찬가지로 평안을 가장한 배신의 행동으로서 입맞춤을 하였다. 성도가 화해는 할지언정 마음속에 앙금이 남았다면 그것은 참된 화해가 아닐 것이다. 진정한 화해는 마음속 깊은 곳으로부터 화해의 기쁨이 우러나와서 얼굴에 기쁨이 가득해야 한다.

* 참고 성구 * 마 5:23-24, 26:48, 삼하 20:9-10, 몬 1:16-17, 벧전 3:8

III. 성도간의 화해는 깊은 교제가 전제된다

성도와 성도 사이에 큰 다툼이나 마음의 쓰라림이 있었다면 그것을 계기로 서로를 용서하고 깊이 사랑하며 진실한 마음을 가지고 임할 때에 큰 기쁨이 있어야 하는 것이 화해를 하고자 하는 참 뜻이다. 그렇기 때문에 성도들 사이에는 절실한 화해를 통해서 더더욱 깊은 사랑의 교제를 나눌 뿐만 아니라 예전과 같이 허물없는 사이가 되어 믿음의 동지가 되어야 한다.

* 참고 성구 * 고후 5:18, 엡 2:16, 골 1:20, 히 2:17, 요 21:15-17

- **기 도** 사람의 화해를 기뻐하시는 하나님! 다윗과 압살롬의 입맞춤을 보고 다시 한번 화해를 생각하였습니다. 오늘 우리는 누구와 앙금이 있으면 나 자신을 위해서라도 화목하게 하소서. 예수 그리스도의 이름으로 기도 드립니다. 아멘

> 불화한 가정

레위인의 첩이 주는 교훈

■ 찬 송 ■ ♪ 505, 493, 508, 82   ■ 참 조 ■ ☞ ① 131p ③ 31p

■ 본 문 ■ …어떤 레위 사람이 유다 베들레헴에서 첩을 취하였더니 그 첩이 행음하고…【삿 19:1-3】

■ 서 론 ■ 스코틀랜드의 철학자 토마스 딕은 "인간의 영혼이 종종 타락의 영향을 받는 것은 아니고, 타락은 영혼이 은혜로 말미암아 다시 새로워지기 전까지의 습관이고 상태이다."라고 했다. 축첩은 가정을 파괴하고 하나님이 세우신 질서를 위배하는 죄악된 현상이다. 성도는?

■ 말 씀 ■

I. 성도는 행위의 순결을 지켜야 함

기자는 레위 사람이 첩을 취하였더니라고 했다. 여기서 '첩'은 히브리어 '필레게쉬'로서 제2 부인 이하의 처를 가리키나 드물게는 '서모'(창 35:22), '간부'(겔 23:20) 등 '비정상적인 성교의 대상'도 지칭한다. 당시는 하나님의 성막에서 일하는 레위인이 축첩을 하는 부패하고 부도덕한 시대였다. 성도는 정결되고 거룩한 행위로 사람들에게 덕을 세우고 하나님께 영광을 돌려야 한다.

* 참고 성구 * 벧전 2:12, 마 5:16, 약 2:18, 벧후 3:11, 엡 5:3

II. 성도는 마음의 순결을 지켜야 함

기자는 그 첩이 행음하고 남편을 떠나라고 했다. 여기서 '행음하고'는 히브리어 '자나'로서 원래 '포식한, 바람난'의 뜻으로 여인이 욕정에 사로잡혀 남편에게 실증을 느끼고 음행을 좇는 것을 가리키는 말이다. 성도는 악한 생각이나 육체의 정욕이 자신의 삶을 지배하지 못하도록 마음을 지키고 하나님께서 기뻐하시는 순전한 마음밭으로 가꾸기 위해 늘 말씀의 거울에 비추어 보아야 한다.

* 참고 성구 * 신 4:9, 마 26:41, 고전 10:12, 16:33, 벧전 5:8

III. 성도는 영혼의 순결을 지켜야 함

한국이 낳은 세계적인 목사인 한경직은 "하나님께서 가장 싫어하시는 죄가 음란이요, 우상 숭배는 신앙적으로 음란한 행위를 하는 것이다."라고 했다. 성도는 이미 한 분 하나님만을 섬기기로 서약된 존재이기 때문에 다른 신, 곧 헛된 우상을 숭배하는 것이나 세상적인 명예나 재물이나 권력 등을 하나님 자리에 두고 섬기는 영적 간음의 죄에서 자신을 지키기 위해 노력해야 한다.

* 참고 성구 * 출 20:4, 요일 5:21, 시 42:8, 행 17:29, 골 3:5

■ 기 도 ■ 성도의 순결을 기뻐하시는 하나님! 오늘 이 시간부터 우리도 더욱 행위와 마음과 영혼의 순결을 지켜 당신의 거룩하심을 좇는 당신의 자녀가 되어 당신과 화목을 이루게 하소서. 예수 그리스도의 이름으로 기도 드립니다. 아멘

불화한 가정

아비멜렉의 욕심이 초래한 결과

■ 찬 송 ■ ♪ 208, 204, 213, 205　　　■ 참 조 ■ ☞ ① 121p

■ 본 문 ■ …또 세겜 사람들의 모든 악을 하나님이 그들의 머리에 갚으셨으니… 【삿 9:50-57】

■ 서 론 ■ 미국의 저술가요 영문학 교수인 리차드 E. 버튼은 '현명한 사람은 정당하게 얻을 수 있는 것만 원하고 진지하게 사용하고 즐겁게 분배하며 만족스럽게 남길 수 있는 것만을 희망할 것이다."라고 했다. 사람을 금수보다 못한 괴물로 만드는 욕심은?

■ 말 씀 ■

I. 욕심은 마음을 요동케 함

동유럽의 유대인 격언에 "다른 사람의 잔치에는 언제나 식욕이 돋는다."라는 말이 있고, 러시아의 격언에는 "여우는 잠을 자면서도 꿈속에서 암탉들을 센다."는 말이 있다. 이것은 욕심의 마음 상태를 빗댄 말로서 헛된 욕구는 마음을 산란하게 하여 항상 불만을 품게 하기 때문에 하나님의 성령이 주시는 참된 안식과 평안을 누릴 수가 없게 되는 것이다.

＊ 참고 성구 ＊　전 5:10, 약 1:15, 갈 5:19-21, 창 3:6, 딤후 3:13

II. 욕심은 서로 분쟁을 일으킴

로마의 시인 호라티우스는 "돈이 불어남에 따라 더 크게 된 부자는 그에 대한 걱정과 욕심도 같이 커진다."라고 했다. 사람들이 자신의 뱃속만 채우려고 욕심을 과도히 부리는 것은 무리한 행동을 일으켜서 서로들 사이에 반목과 질시와 다툼을 일으키게 되고, 이는 끝내는 서로를 물고 먹는 살육으로 이어져서 무서운 죄악을 초래하기도 하므로 성도는 세상적인 것에 욕심을 버려야 한다.

＊ 참고 성구 ＊　약 4:1-2, 갈 5:15, 유 1:19, 잠 17:1, 막 4:19

III. 욕심은 끝내는 멸망을 초래함

기자는 행한 악을 하나님이 이같이 갚으셨고 그들의 머리에 갚으셨다고 했다. 여기서 '갚으셨고'는 히브리어 '슈브'로서 이는 '회복시키다, 외면하다'의 뜻으로 하나님의 공변된 보응이 의인에게는 회복의 축복을 가져오고, 악인에게는 외면하심으로써 파멸을 가져옴을 의미한다. 성도가 육신을 좇음은 그것이 올무가 되어 하나님의 심판을 초래하여 생명을 잃는 불행의 씨앗이 된다.

＊ 참고 성구 ＊　잠 1:19, 수 7:11-26, 왕상 21:1-16, 눅 22:1-6, 행 1:18

■ 기 도 ■ 하나님 아버지! 우리에게 세상의 것을 탐하는 탐욕을 버리게 하시어 우리의 영혼이 평안을 누리게 하시고 이웃과 화목한 삶으로 먼저 양보하는 자가 되게 하소서. 예수 그리스도의 이름으로 기도 드립니다. 아멘

불화한 가정

하나님 나라의 영적 가족

■ 찬 송 ■ ♪ 318, 315, 360, 534　　　■ 참 조 ■ ☞ ② 145p

■ 본 문 ■ …하늘에 계신 내 아버지의 뜻대로 하는 자가 내 형제요 자매요 모친이니라… 【마 12:46-50】

■ 서 론 ■ 영국의 성직자요 위대한 설교가인 찰스 H. 스펄전은 "가정이 하나님의 계명대로 다스려진다면 천사들이 인간들과 함께 머무르기를 요청할 것이며, 만일 그렇게 된다면 천사들은 자신들의 위치를 망각하고 있음을 발견하게 될 것이다."라고 했다. 주님께서도 혈연의 가족 차원을 넘어 하나님의 뜻대로 행하는 영적 가족의 차원으로 가족의 지평을 넓히셨다. 영적 가족은?

■ 말 씀 ■

I. 영적으로 거듭난 자가 영적 가족임

기자는 손을 내밀어 제자들을 가리켜 가라사대 나의 모친과 나의 동생들을 보라고 했다. '거듭나다'는 헬라어 '겐네데 아노덴'으로 '위로부터 나다, 처음부터 나다, 새로 나다, 다시 나다'의 네 가지 의미를 지닌다. 육으로 난 것은 육이기 때문에 사단의 세력 아래 있지만 하나님의 성령으로 거듭난 자는 이제는 영에 속한 자로서 하나님의 나라의 영적 가족이 된다.

　　* 참고 성구 *　요 3:8, 고후 5:17, 엡 4:22-24, 롬 12:1-2, 8:8, 골 3:9-10

II. 하나님의 뜻을 행하는 자가 영적 가족임

기자는 누구든지 하늘에 계신 내 아버지 뜻대로 하는 자가 내 형제요 자매요 모친이니라고 했다. 하늘 나라의 영적 가족은 하나님의 뜻을 행하는 자로서 이러한 자는 그 증거를 필연적으로 나타내게 되어 있는데 그 첫번째 중요한 요소는 바로 하나님 아버지의 뜻에 순종하는 것으로 표출된다. 순종은 신앙의 열매로서 하나님께서 가장 기쁘게 받으시는 산 제사이다.

　　* 참고 성구 *　눅 6:46-49, 삼상 15:22, 마 7:21, 막 14:36, 히 13:21

III. 하나님 나라를 소망하는 자가 영적 가족임

스위스의 신학자로서 신정통주의 신학을 주창한 금세기 최고의 신학자 칼 바르트는 "하나님 나라는 십자가를 넘어선 자에게 시작되어 있는 것이요 인간의 힘을 초월한 것이다."라고 했다. 하나님 나라의 영적 가족은 영광된 천국 시민의 자격을 갖게 되기 때문에 하늘 나라만을 소망하며 사모하게 된다. 바울은 우리의 시민권은 하늘에 있다고 했다.

　　* 참고 성구 *　요 14:3, 눅 23:42, 벧전 5:4, 빌 3:20-21, 살전 4:16

■ 기 도 ■ 하나님 아버지! 당신의 나라의 영적 가족이 되는 자격을 보았습니다. 오늘 우리도 현세에서 화목하고 영원한 당신의 나라에서도 함께 하는 영광을 누리게 하소서. 예수 그리스도의 이름으로 기도 드립니다. 아멘

불화한 가정

야곱 가족의 화목이 깨어진 이유

■ 찬 송 ■ ♪ 222, 220, 226, 231   ■ 참 조 ■ ☞ ③ 127p, 221p

■ 본 문 ■ …요셉이 꿈을 꾸고 자기 형들에게 고하매 그들이 그를 더욱 미워하였더라 【창 37:1-5】

■ 서 론 ■ 일본의 속담에 "화목하지 못한 자들은 두 구덩이를 파는 결과를 만든다. 서로가 상대방의 함정을 파기 때문이다."라는 말이 있고, 어느 옛 성현은 "자식이 효도하면 두 어버이는 즐거울 것이요, 집안이 화목하면 모든 일이 잘 이루어지느니라"고 했다. 화목한 가정은 하나님 나라의 모형이다. 단란했던 야곱 가문에 화목이 깨어진 이유는?

■ 말 씀 ■

Ⅰ. 과실을 고했기 때문임

기자는 그가 그들의 과실을 아비에게 고하더라고 했다. 여기서 '과실'은 히브리어 '라'로서 이는 부정적인 것을 총괄하는 말이나 인간의 행실과 관련될 때에는 '속임, 악행, 학대' 등을 의미한다. 성도의 가족들의 분쟁의 한 가지 원인은 과실을 덮어 주지 않고 들추어내고 비난하는 데 있다. 성도의 가족들 사이의 사랑은 허물을 덮어 주는 것에 있지 들추어 내는 데 있지 않음을 알자.

　　* 참고 성구 *　갈 5:6, 22, 엡 3:17-19, 5:2, 골 3:14, 요일 4:16, 딤전 6:11

Ⅱ. 편애를 했기 때문임

기자는 이스라엘이 여러 아들보다 그를 깊이 사랑하여 위하여 채색 옷을 지었다고 했다. 성도가 가족 가운데서 특별히 한 사람을 구별해서 사랑하는 것은 가족 전체의 화목한 분위기를 깨뜨리고 가족간에 서로 시기를 조장하는 일이 생기기도 하므로 주의해야 할 일이다. 족장 이삭의 아내 리브가의 야곱에 대한 편애가 끝내는 가족의 갈등을 조장했고 서로 원수가 되었다.

　　* 참고 성구 *　신 21:15-17, 창 25:28, 33:2, 42:4, 대상 26:10, 잠 20:11

Ⅲ. 서로 미워했기 때문임

기자는 그를 사랑함을 보고 그를 미워하여 그에게 언사가 불평하였더라고 했다. 여기서 '불평하였더라'는 히브리어 '로 샬롬'으로 '평안을 말하지 않았다'는 뜻으로 곧 평안을 비는 일반적인 인사말도 건네지 않았음을 의미한다. 가족간에 히브리인 사이에 가장 평범한 인사말인 '샬롬'(평안할지어다)이란 말조차 건네지 않은 이들은 결국 가정의 화목을 깨고 가정 자체를 파괴하고야 말았다.

　　* 참고 성구 *　살전 5:15, 창 27:41, 삿 11:7, 잠 10:12, 요일 3:15

■ 기 도 ■ 가정의 화목을 기뻐하시는 하나님! 야곱 가족의 화목이 깨어진 원인을 살펴보았습니다. 오늘 우리의 가정은 당신이 기뻐하시는 화목한 가정이 되도록 이끌어 주옵소서. 예수 그리스도의 이름으로 기도 드립니다. 아멘

> 불화한 가정

노하기를 더디해야 하는 이유

■ 찬 송 ■ ♪ 523, 194, 249, 525　　　　■ 참 조 ■ ☞ ③ 327p

■ 본 문 ■ 노하기를 더디하는 것이 사람의 슬기요 허물을 용서하는 것이 자기의 영광이니라… 【잠 19:11-12】

■ 서 론 ■ 그리스의 철학자 플라톤은 "하나님께서 언제나 자기를 보시고 계신다는 사실을 기억하고 있는 자는 결코 화를 낼 수 없다."라고 했고, 미국의 3대 대통령을 지냈고 미국의 헌법을 기초한 토마스 제퍼슨은 "화가 나면 말하기 전에 열을 세라. 만약 매우 화가 났다면 백을 세라."고 했다. 사람이 노하기를 더디해야 함은?

■ 말 씀 ■

I. 이는 지혜로운 행동이기 때문임

기자는 노하기를 더디 하는 것이 사람의 슬기라고 했다. 여기서 '슬기'는 히브리어 '세켈'로서 '신중하다'(사칼)에서 유래된 말로 지식은 물론 감정에 있어서도 분별력이 있고 지혜로움을 의미한다. 사람은 경솔히 노를 발하는 것보다 문제의 근본을 살펴 권고하는 것이 좋은 결과를 가져올 수도 있다. 또한 자신도 실수를 할 수 있음을 알고 노를 더디 하는 것이 진정 지혜로운 행동이다.

　* 참고 성구 *　잠 14:29, 17, 16:8, 시 37:8, 마 5:22, 엡 4:26, 약 1:19

II. 이는 화목을 이루게 하기 때문임

'노'에 해당하는 히브리어 '헤마'는 '뜨겁다'는 뜻을 지닌 '야함'에서 파생된 말로 노를 내는 사람의 마음속이 증오로 열이 나고 불이 붙는 상태를 잘 보여주고 있다. 또한 '분노'의 히브리어 '아프'는 '코로 숨을 쉰다'라는 뜻의 '아나프'에서 파생된 말로 격렬한 분노로 거친 숨을 몰아쉬는 상태를 묘사한다. 노는 인간 관계를 약화시키기 쉬우나 웃음은 분쟁을 그치게 하고 화목케 한다.

　* 참고 성구 *　잠 15:18, 전 10:4, 롬 12:18, 히 12:14, 약 3:17

III. 이는 하나님의 의를 이루게 하기 때문임

영국 교회의 주교인 제레미 콜리어는 "인내하고 기다리는 것이 가장 고상하게 하나님의 뜻을 행하는 길인 경우가 허다하다."라고 했다. 하나님께서는 오래도록 참으시고 끝까지 용서하시는 분이시기 때문에 그분을 믿고 따르는 성도는 하나님의 말씀에 의거하여 노를 더디해야만 한다. 그래서 하나님의 의를 이루어야 한다. 성경은 사람의 성내는 것이 하나님의 의를 이루지 못한다고 했다.

　* 참고 성구 *　약 1:20, 출 32:19, 시 145:17, 엡 4:26-27, 빌 1:11

■ 기 도 ■ 하나님 아버지! 노하기를 더디해야 함은 그것이 당신의 의를 이루는 일임을 깨달았습니다. 우리에게 노여움보다 사랑의 마음이 일어나게 도와주소서. 예수 그리스도의 이름으로 기도 드립니다. 아멘

가족 일부만 믿는 가정

우상 제물에 대한 문제

■ 찬 송 ■ ♪ 23, 21, 46, 27　　■ 참 조 ■ ☞ ③ 313p

■ 본 문 ■ 우상의 제물에 대하여는 우리가 다 지식이 있는 줄을 아나…【고전 8:1-13】

■ 서 론 ■ 제사(祭祀)란 신령에게 음식을 차려놓고 의식을 베풀거나 기타의 방법으로 정성을 다하는 종교의식을 통칭하는 것으로 한국의 종교문화 전통에서 제사가 지니는 의미는 매우 중요하다. 요즘에는 가족제사 마을제사의 형태만 남아 있는데, 이 땅에 복음이 들어왔을 때 기독교와 제사는 서로 부딪치는 민감한 문제였었다. 우상의 음식은?

■ 말 씀 ■

Ⅰ. 성도는 제삿상 음식에는 유일신 하나님을 기억할 것

바울은 우상의 제물에 대하여는 우리가 다 지식이 있는 줄을 아나라고 했다. 여기서 '우상의 제물'은 헬라어 '에이돌로튀토스'로서 '우상에게 바쳐진 고기'를 말하며, '지식' 곧 '그노시스'는 하나님은 한 분밖에 없는 줄로 아는 지식을 의미한다. 제사드리는 이유는 죽은 이들이 후손의 삶을 돌아본다는 이유 때문인데 성도는 오직 하나님만 경배하므로 제사란 가치 없고 허망한 것일 뿐이다.

* 참고 성구 *　신 6:4, 막 12:29, 엡 4:6, 딤전 2:5, 요일 5:7

Ⅱ. 성도는 제삿상 음식에 대해서는 자유할 것

바울은 너희 자유함이 약한 자들에게 거치는 것이 되지 않도록 조심하라고 했다. 여기서 '자유'는 헬라어 '엑수시아'로서 '합법적인, 권리'의 뜻으로 즉 우상이 아무것도 아님을 깨달은 자들이 우상의 제물을 먹을 수 있는 권리를 가리킨다. 단지 제삿상에 놓였다는 이유로 그 음식을 꺼림은 제사를 인정하게 되므로 성도는 모든 음식은 하나님이 주신 귀중한 것으로 감사하며 먹는 자가 되어야 한다.

* 참고 성구 *　롬 14:17, 갈 5:13, 벧전 2:16, 딤전 4:3, 요 8:32

Ⅲ. 성도는 제삿상 음식으로 시험에 들 자가 없도록 조심할 것

바울은 그 약한 양심을 상하게 하는 것이 곧 그리스도에게 죄를 짓는 것이니라고 했다. 여기서 '상하게'는 헬라어 '튀프톤테스'로서 '주먹 등으로 강타하다'라는 뜻으로 연약한 성도가 기성 성도의 무분별한 행동으로 받는 피해를 의미한다. 성도가 복음 안에서 자유함은 덕을 세우는 데에 기초해야 한다. 그러므로 우리의 행동으로 믿음이 약한 자가 시험에 빠질까 주의해야 할 것이다.

* 참고 성구 *　마 18:6, 롬 14:15, 21, 갈 5:9, 눅 17:1, 고후 6:3

■ 기 도 ■ 오직 홀로 제사받으시기에 합당하신 하나님! 오늘 이 시간 제삿상의 우상 제물에 대해서 살펴보았습니다. 성도는 복음 안에서 자유한 자로서 거칠 것이 없으나 이웃에게 실족치 않게 하기 위해 조심하는 마음을 주옵소서. 예수 그리스도의 이름으로 기도 드립니다. 아멘

가족 일부만 믿는 가정

성도들이 조심해야 할 누룩

■ **찬 송** ■ ♪ 212, 215, 490, 507   ■ **참 조** ■ ☞ ② 313p

■ **본 문** ■ …경계하여 가라사대 삼가 바리새인들의 누룩과 헤롯의 누룩을 주의하라… 【막 8:14-21】

■ **서 론** ■ 누룩(leaven)은 가루반죽을 부풀게 하는 발효소이다(출 12:15, 19). 예수께서는 천국에 대한 비유로 (마 13:33), 바리새인에 대한 경계로 (마 16:6, 11, 12, 막 8:15, 눅 12:1) 사용하셨고, 바울은 악의와 배덕의 상징으로 인용했다(고전 5:6, 갈 5:9). 성도들이 조심해야 할 누룩은?

■ **말 씀** ■

Ⅰ. 성도들은 바리새인의 누룩을 조심할 것

주님은 경계하여 삼가 바리새인들의 누룩을 주의하라고 하셨다. 왜냐하면 이들은 외식이 가득한 자들이었기 때문이다. '외식'은 헬라어 '휘포크리시스'로서 '가면, 가장, 배우, 각색'이란 뜻으로 속은 바꾸지 않고 겉만 꾸며서 배우가 다양한 역할을 할 수 있다는 뜻에서 '위선'이란 뜻이 파생되었다. 이들은 진정한 믿음은 결여된 채 율법과 규례에만 얽매이는 형식주의자들이다.

＊ 참고 성구 ＊ 눅 12:1, 마 6:2,16, 약 1:26, 잠 23:7, 딤전 4:2

Ⅱ. 성도들은 헤롯의 누룩을 조심할 것

주님은 헤롯의 누룩을 주의하라고 하셨다. 여기서 '주의하라'는 헬라어 '프로세코'로서 '조심하다, 전념하다, 주목하다'라는 뜻으로 마음을 집중하여 관심을 가지고 경계하며 자세히 살핌을 의미한다. 이들은 이 세상의 것에만 소망을 두는 자들로서 이들의 관심은 온통 세상적인 것, 곧 권력, 재물, 명예만을 탐하고 이것에 최고의 가치를 두는 세속주의자들이다.

＊ 참고 성구 ＊ 막 6:17, 약 1:27, 요일 5:21, 시 24:3-4, 딤전 1:5

Ⅲ. 성도들은 사두개인의 누룩을 조심할 것

성도들은 사두개인의 누룩을 조심해야 한다. 여기서 '누룩'은 헬라어 '쥐메'인데 이는 '제오'(끓어 오르다, 소용돌이 치다)에서 온 단어로 사두개인들이 누룩처럼 사람들을 감염시켰기에 주의하라고 하신 것이다. 이들은 부활이나 내세 등과 같은 영적인 진리를 믿지 못하고 현세적으로만 판단하고 현실과 타협한 채 초자연적 진리를 배척한 회의주의자들이다.

＊ 참고 성구 ＊ 행 23:8, 17:18, 32, 마 3:7, 22:23-33, 고전 15:12, 19

■ **기 도** ■ 하나님 아버지! 이 시간 우리가 조심해야 할 시대의 사조에 대해서 배웠습니다. 말세지말에 많은 주의 주장이 넘치게 나타나 사람들을 미혹하고 있사오니 우리는 믿음을 굳게 지키도록 도와주소서. 예수 그리스도의 이름으로 기도 드립니다. 아멘

가족 일부만 믿는 가정

모세에게 임한 위안의 의미

■ 찬 송 ■ ♪ 421, 93, 88, 424 　　　■ 참 조 ■ ☞ ① 431p ② 91p

■ 본 문 ■ …그들이 마음의 상함과 역사의 혹독함을 인하여 모세를 듣지 아니하였더라 【출 6:1-9】

■ 서 론 ■ "비탄에 젖은 낮에 우리가 구름 속에서 하나님의 존재를 찾을 수 있다면 밤이 왔을 때 우리의 길을 밝히고 격려하는 불기둥 속에서도 하나님을 발견하게 될 것이다."라고 어느 목회자는 말했다. 하나님의 사자로 소명받은 모세는 이스라엘 민족에게 복된 소식, 곧 복음을 전했으나 그들은 이를 믿지 않았다. 하나님의 위로는?

■ 말 씀 ■

I. 의로운 자의 고난에 동행하시는 하나님

기자는 강한 손을 더하므로 바로가 그들을 그 땅에서 쫓아내리라고 했다. 여기서 '쫓아내리라'는 히브리어 '예가르쉠'으로 '확실하게 보내다'는 뜻인 '가라쉬'에서 온 말인데 '추방하다'는 뜻보다 '놓아 준다'는 뜻이 강조된 말이다. 믿음을 지키며 하나님의 의를 따르는 고난받는 성도들 위에 하나님의 강한 구원의 손이 임하여 고난을 이길 힘과 나중의 영광된 승리를 보장하실 것이다.

　　* 참고 성구 *　시 41:10, 43:2, 창 28:15, 신 20:1, 마 18:20, 28:20

II. 연약한 자의 기도에 응답하시는 하나님

기자는 애굽 사람의 무거운 짐 밑에서 너희를 빼어 내며 그 고역에서 너희를 건지며라고 했다. 여기서 '빼어 내며'는 히브리어 '야차'로서 '(밖으로) 나가다, 나오다'의 뜻으로 애굽의 억압과 고통에서 해방시켜 자유케 하시는 하나님의 구속적 행위를 표현한 말이다. 힘 없고 모든 것이 부족한 성도의 간절히 하나님의 도우심과 능력을 구하며 호소하는 기도에 하나님의 강한 손이 더하신다.

　　* 참고 성구 *　시 40:17, 욥 34:28, 잠 15:29, 마 7:7, 막 9:23-24

III. 겸손한 자의 헌신에 기뻐하시는 하나님

기자는 그 땅을 너희에게 주어 기업을 삼게 하리라고 했다. 여기서 '기업'은 히브리어 '모라솨'로서 '유산, 상속, 소유'의 뜻으로 가나안 땅을 유산으로 소유하게 함의 의미인데, 이는 해방과 자유로운 삶의 터전을 마련해 주심을 뜻한다. 하나님 앞에서 낮고 초라한 자신을 겸손히 인정하고 헌신코자 하는 순수하고 열심있는 곳에 하나님이 큰 축복이 언약하신 대로 임함을 의심치 말자.

　　* 참고 성구 *　시 28:7, 119:111, 행 20:32, 26, 18, 골 1:12, 벧전 1:4

■ 기 도 ■ 모세의 하나님! 억압과 고통에 힘들어 하는 이스라엘 백성에게 자신이 어떤 분이신지를 모세에게 나타내셨듯이 오늘 이 성도에게도 당신을 나타내시어 믿음의 시련을 이기게 하소서. 예수 그리스도의 이름으로 기도 드립니다. 아멘

가족 일부만 믿는 가정

유대인의 복음 탄압이 주는 교훈

■ **찬 송** ■ ♪ 363, 330, 415, 467 　　■ **참 조** ■ ☞ ① 409p

■ **본 문** ■ …유대인들이 그 무리를 보고 시기가 가득하여 바울의 말한 것을 변박하고…【행 13:44-52】

■ **서 론** ■ 영국의 계관시인 윌리엄 데이브난트 경은 "모든 시기심은 태어나자마자 곧 목졸라 죽여야 한다. 그렇지 못하여 내버려두면 시간이 흐를수록 더욱 강하여져서 진실을 제압하고 이기게 만드는 결과가 된다."고 했다. 유대인들이 시기심으로 복음을 탄압하고 성도를 억압하였는데 그들의 구원이 힘든 것은?

■ **말 씀** ■

Ⅰ. 유대인의 편견적 자세가 신앙의 걸림돌임

기자는 유대인들이 그 무리를 보고 시기가 가득하여 바울의 말한 것을 변박하고라 하였다. 여기서 '시기'는 헬라어 '젤로스'로서 기본 동사 '제오'는 '끓다'라는 뜻으로 곧 '시기'는 마음속에 끓어오르는 열정이 빗나간 상태임을 알 수 있다. 타인의 의견이나 주장을 무시하고 자신의 생각만 내세우는 독선적인 태도는 진리를 가리게 되어서 신앙의 성장을 크게 저해하는 요인이 된다.

＊참고 성구＊ 딤전 5:21, 롬 11:11, 빌 2:9, 약 2:4, 유 1:16

Ⅱ. 유대인의 형식적 자세가 신앙의 걸림돌임

기자는 말씀을 마땅히 먼저 너희에게 전할 것이로되 너희가 버리고 영생얻음에라고 했다. 여기서 '버리고'는 헬라어 '아포데오마이'로서 '~에 떨어져서'(아포)와 '멀다'(오도)에서 유래된 말로 먼 곳으로 밀어내어 자신과 떼어놓음을 뜻한다. 하나님은 외모보다 마음속을 보신다. 택함받은 선민이라고 자랑만 하는 남을 의식한 형식적 신앙의 자세는 바른 신앙 성장에 큰 지장을 초래한다.

＊참고 성구＊ 눅 6:46, 요 7:23, 딛 1:16, 마 23:23, 딤후 3:5

Ⅲ. 유대인의 비판적 자세가 신앙의 걸림돌임

기자는 선동하여 바울과 바나바를 핍박케 하여라고 했다. 여기서 '핍박케'는 헬라어 '디오그몬'으로 기본 동사 '디오코'는 '추적하다, 사냥하다'라는 뜻으로 마치 포수가 사냥감을 쫓는 모습처럼 행함을 뜻한다. 건전한 비판이 아닌 비난을 위한 비판적 태도는 진리조차도 곡해하여 자신의 신앙뿐만 아니라 타인의 신앙 성장까지도 방해하는 몰상식한 핍박의 경우를 만들게 되는 것이다.

＊참고 성구＊ 갈 4:29, 마 7:3, 요 15:20-23, 살전 2:15, 행 26:9-11

■ **기 도** ■ 이방인에게 복음을 주신 하나님! 유대인은 당신의 신민이라고 자랑만 하였지 그들은 복음에 합당한 생활을 하지 않았고 복음을 외면하였고 핍박하였습니다. 오늘 이 가정에도 신앙으로 인한 복음 탄압이 없도록 당신께서 인도하여옵소서. 예수 그리스도의 이름으로 기도 드립니다. 아멘

> 가정 예배를 드리지 않는 가정

바벨론 포로 귀환자의 명단이 주는 교훈

■ 찬 송 ■ ♪ 368, 512, 372, 377   ■ 참 조 ■ ☞ ① 233p

■ 본 문 ■ …유다가 범죄함을 인하여 바벨론으로 사로잡혀 갔더니…【대상 9:1-34】

■ 서 론 ■ 영국의 성직자 칼렙 C.콜턴은 "악덕을 뿌리 뽑을 수 있는 힘을 가진 사람은 앞으로 더 나아가 그 자리에 미덕을 심도록 노력해야 한다. 그렇지 않으면 그는 그의 수고를 다시 해야 한다. 잡초를 나게 한 강한 토양은 밀도 생산할 수 있다."라고 했다. 이제 무엇을 정비할 것인가?

■ 말 씀 ■

Ⅰ. 이제 예배의 단을 새롭게 정비하자

기자는 하나님의 전의 일에 수종들 재능이 있는 자라고 했다. 여기서 '수종'은 히브리어 '아보다'로서 '일하다'라는 뜻의 '아바드'에서 파생된 말로 여기서는 하나님의 성전에서 힘쓰고 봉사함을 의미한다. 성도는 죄로 인해 깨어졌던 하나님과의 관계 회복이 무엇보다 시급하고 중요한 일이기에 하나님을 모시고 바로 예배드릴 수 있도록 우리의 마음과 주의 성전을 먼저 정비해야 한다.

 * 참고 성구 *   요 4:23-24, 시 16:29, 마 4:10, 눅 24:52-53, 행 3:1

Ⅱ. 이제 봉사의 직무를 새롭게 정비하자

기자는 하나님의 전 모든 방과 곳간을 지켰음이라고 했다. 여기서 '지켰음이라'는 히브리어 '미쉐메레트'로서 '보호자, 수행자'라는 뜻에서 파생된 말로 자신에게 부여된 직무를 철저하게 이행하는 것을 뜻한다. 하나님의 일에 힘쓰는 것이 얼마나 귀하고 복된 일인지를 깨달은 자답게 이제는 예전의 외식적이고 나태했던 자세를 버리고 주 뜻대로 주의 일에 헌신해야 할 것이다.

 * 참고 성구 *   벧전 4:10-11, 고전 4:2, 6:20, 엡 6:7, 딤후 1:13-14

Ⅲ. 이제 매일의 생활을 새롭게 정비하자

기자는 자기 직분에 골몰하므로 다른 일은 하지 아니하였더라고 했다. 여기서 '직분'은 히브리어 '메라아카'로서 '보내다'는 뜻의 '라아크'에서 온 말로 맡은 바 사명의 근원과 목적이 오직 하나님께 있음을 상기시킨다. 성도는 매일의 생활 속에서 하나님을 잊고 범죄하였던 결과를 체험했기에 이제는 죄악된 생활을 회개하고 맡은 일로써 하나님께 영광 돌리는 생활을 해야 한다.

 * 참고 성구 *   요일 2:5-6, 요 15:4-7,10, 히 10:22, 약 4:8, 요이 1:9

■ 기 도 ■ 하나님 아버지! 범죄했던 이스라엘이 심판을 받고 난 후 새롭게 신앙생활을 시작했음을 보았습니다. 오늘 우리도 인생살이에서 제일 시급한 것이 당신과의 관계가 바르게 되어야 함을 믿사오니 우리를 축복하소서. 예수 그리스도의 이름으로 기도 드립니다. 아멘

> 가정 예배를 드리지 않는 가정

사마리아 여인에게 알려진 예배

- **찬 송** ♪ 11, 9, 27, 404
- **참 조** ☞ ① 219p
- **본 문** 아버지께 참으로 예배하는 자들은 신령과 진정으로 예배할 때가 오나니… 【요 4:23-24】
- **서 론** 미국의 성직자 조셉 톰슨은 "기독교인들이 드리는 예배의 형태는 본질에 있어서 영이신 하나님께 응답하는 것이고, 예배자의 감정은 성격에 있어서 아버지이신 하나님께 응답하는 것이라는 사실은 기독교 신앙의 원리이다."라고 했다. 사마리아 성 우물가의 여인은 예배에 대해 확실히 알게 되었는데 이는?

말 씀

Ⅰ. 참된 예배는 성도의 영으로 드리는 예배이다

기자는 신령과 진정으로 예배할 때가 오나니라고 했다. 여기서 '신령'은 헬라어 '프뉴마'로서 '성령, 바람, 영'의 뜻으로 '바람이 불다'(프레오.)에서 유래된 말로 가장 고귀하고 진실한 마음을 의미한다. 하나님은 영이시므로 그 앞에 나아가는 성도들도 영으로 나아가야 한다. 성령 안에서 항상 말씀과 기도로 깨어 있는 영으로 경건함을 통하여 성숙한 영의 예배를 드려야 한다.

* 참고 성구 * 행 17:24, 사 60:1, 말 4:2, 롬 13:2, 요일 2:8

Ⅱ. 참된 예배는 성도의 진심으로 드리는 예배이다

기자는 하나님은 영이시니 예배하는 자가 신령과 진정으로 예배할지니라고 했다. 여기서 '진정으로'는 헬라어 '엔 알레데이아'로서 이는 '진리 안에서'라는 뜻으로 하나님과 그의 말씀에 대한 참된 지식을 갖고서 예배에 임해야 함을 교훈한다. 성도는 하나님 앞에 나아갈 때 전심으로 나아가야 한다. 성도가 마음을 세상에 빼앗기게 되면 진정한 예배는 불가능해질 것은 자명한 이치이다.

* 참고 성구 * 고후 3:17, 신 10:12, 시 16:29,5:7, 잠 5:1, 레 10:3

Ⅲ. 참된 예배는 성도의 성결로써 드리는 예배이다

'예배하다'는 헬라어 '프로스쿠네오'로서 '절한다, 꿇어 엎드린다, 예배한다'는 뜻으로 참 예배란 하나님 앞에서 전인격이 꿇어 엎드려지는 것임을 의미한다. 영어로 '예배' 곧 '워쉽'(worship)은 '가치를 돌린다'는 뜻이다. 하나님은 거룩하신 분이시므로 따라서 거룩한 자와 교제를 나누기를 원하신다. 성도는 항상 거룩한 몸과 마음으로 살면서 그 모습으로 하나님께 나아가야 할 것이다.

* 참고 성구 * 마 10:28, 시 96:9, 레 11:45, 고후 7:1, 벧전 1:16, 3:11

- **기 도** 영이신 하나님! 이 시간 예배를 어떤 모습으로 드려야 하는지 잘 배웠습니다. 우리의 영으로 진심으로 성결로써 드리는 예배를 열납하시고 영생의 축복으로 채워 주소서. 예수 그리스도의 이름으로 기도 드립니다. 아멘

불효하는 가정

야곱의 계략에 내포된 범죄

- **찬 송** ♪ 262, 317, 329, 316
- **참 조** ☞ ① 39p
- **본 문** …이삭이 야곱에게 축복하기를 마치매 야곱이 그 아비 이삭 앞에서 나가자… 【창 27:5-30】
- **서 론** 카르타지니아 교회의 교부로 '라틴 신학의 아버지'라고 불리운 터툴리안은 "자신을 이롭게 하기 위해서만 사는 자는 그가 죽을 때에 그 죽음으로써 세상에 이바지한다."라고 했다. 목적 달성을 위해서는 수단과 방법을 가리지 않은 야곱의 소위는 끝내 가정을 파괴하고 생이별을 초래하게 된다. 이 야곱은?

■ 말 씀 ■

Ⅰ. 야곱은 남의 것을 탐했다

기자는 나를 만지실진대 내가 아버지께 속이는 자로 뵈일찌라고 했다. 여기서 '속이는 자'는 히브리어 '타아'로서 '약점을 이용해 비웃는 자, 혼란에 빠뜨리는 자, 욕하는 자' 등의 의미를 가진 말로 야곱의 불안감이 잘 나타나 있다. 야곱이 저지른 죄의 동기는 바로 탐욕이었다. 자기 욕심만 채우려는 야곱의 이기심은 욕심이 잉태하여 죄를 낳음과 같이 큰 잘못을 저지르게 되었다.

* 참고 성구 * 약 1:15, 엡 5:3-5, 출 20:17, 눅 12:15, 골 3:5

Ⅱ. 야곱은 아버지를 속였다

기자는 그가 가서 취하여 어미에게로 가져 왔더니라고 했다. 여기서 '취하여'는 히브리어 '라카흐'로서 '구하다, 얻다, 손으로 잡아죽이다'라는 뜻으로 야곱이 아버지 이삭의 축복을 받기 위해 염소 새끼를 직접 준비했음을 시사한다. 진실하고 의롭게 살아야 할 경건한 가정의 자손이 심지어 아버지까지 속이게 된 야곱의 잘못은 변명의 여지가 없는 심각한 잘못을 저지르게 되었다.

* 참고 성구 * 고전 3:18, 시 116:11, 렘 17:9, 롬 3:13, 잠 20:17

Ⅲ. 야곱은 주를 두려워하지 않았다

기자는 가까이 와서 내게 입맞추라고 했다. 여기서 '입맞추라'는 히브리어 '쇠카'로서 '마실 것을 주다, 물로 축축하게 하다'는 뜻으로 마실 것을 주어 생기를 회복시키는 것처럼 서로의 생명을 확인함을 뜻한다. 아비와의 거짓과 탐욕의 입맞춤을 한 야곱이 무엇을 무서워했겠는가. 탐욕과 거짓을 서슴지 않고 저지른 야곱의 근본적 잘못은 공의의 하나님을 두려워하지 않았음에 있다.

* 참고 성구 * 마 10:28, 전 12:13, 벧전 1:17, 2:17, 눅 23:40, 계 14:7

- **기 도** 하나님 아버지! 자신의 욕심에 노예가 되어 아버지를 속이고 형을 분노하게 한 야곱을 보면서 오늘 이 시간 당신의 택함받은 자답게 희생과 양보를 통해서 화목한 가정이 되게 인도하소서. 예수 그리스도의 이름으로 기도 드립니다. 아멘

불효하는 가정

유다가 보인 아름다운 행동

■ 찬 송 ■ ♪ 287, 286, 447, 442   ■ 참 조 ■ ☞ ② 39p

■ 본 문 ■ …내가 어찌 아이와 함께 하지 아니하고 내 아비에게로 올라갈 수 있으리이까… 【창 44:14-34】

■ 서 론 ■ 미국의 성직자 라이먼 애봇은 "인간의 형제애는 하나님의 부권(父權) 못지 않은 기독교의 구성 요소로서 그 중 어느 하나를 부인하는 것은 다른 것을 부인하는 것만큼 이단인 것이다."라고 했다. 유다는 이 선행으로 야곱으로부터 그리스도의 계보를 잇게 되는 '실로'의 축복을 받게 된다(창 49:10, 마 1:3). 유다는?

■ 말 씀 ■

I. 유다는 뜨거운 형제 우애를 보였음

기자는 이 잔이 발견된 자가 다 내 주의 종이 되겠나이다라고 했다. 여기서 '적발하셨으니'는 히브리어 '마차'로서 '발견하다, 찾아내다'의 뜻으로 겉으로 드러나지 않는 사물의 진리를 발견하거나 사건의 진실을 밝혀 내는 것을 말한다. 유다는 베냐민을 살리고 대신 형제 모두가 종이 되겠다고 했다. 혈육이 좋은 것은 어려움을 당했을 때 진정으로 도움을 주고 사랑을 베풀기 때문이다.

* 참고 성구 *   살전 3:12, 잠 10:12, 약 2:8, 벧전 1:22, 요일 4:7

II. 유다는 부모에 대한 효성을 보였음

기자는 아비의 생명과 아이의 생명이 서로 결탁되었거늘이라 했다. 여기서 '결탁되었거늘'은 히브리어 '카쇼르'로서 '묶다, 연결시키다'의 뜻으로 어떤 것이 묶여져 하나가 된 것처럼 서로의 생명이 불가분의 관계를 맺음을 뜻한다. 유다는 아비 야곱에게 재해가 미칠까 염려했다. 개인주의에 빠져서 부모를 멀리하고 천대시하는 세상에서 유다의 효성은 모든 자녀들의 귀감이 되는 것이다.

* 참고 성구 *   엡 6:2-3, 출 20:12, 마 15:4, 잠 30:17, 딤전 5:4

III. 유다는 철저히 자기 희생을 보였음

기자는 내 아비에게 아이를 담보하기를이라고 했다. 여기서 '담보'는 히브리어 '아라브'로서 이는 물건 거래에 있어 보증물(욥 17:3)로 잡은 전당 물건(느 5:3)을 뜻하는데 이는 법적, 윤리적으로 무한히 책임을 지겠다는 의미이다. 유다는 결국 자기가 베냐민 대신으로 잡혀 있겠다고 간청했다. 화목한 가족의 평안을 위하여 자기 생명을 바치겠다고 하는 행동보다 큰 사랑은 없다.

* 참고 성구 *   요일 3:16, 고전 10:24, 출 32:32, 히 11:25, 에 4:16, 빌 2:4

■ 기 도 ■ 유다의 하나님! 유다지파에서 이스라엘의 왕이 나오고 끝내는 만왕의 왕 예수께서 나오신 가문이 된 것에는 유다의 아름다운 행동이 있었음을 부인 못할 사실입니다. 오늘 이 가정의 자녀들도 유다 같은 아름다운 자가 되도록 인도하소서. 예수 그리스도의 이름으로 기도 드립니다. 아멘

불효하는 가정

다윗의 부모 공경이 주는 의미

■ 찬 송 ■ ♪ 304, 333, 234, 233   ■ 참 조 ■ ☞ ① 252p ③ 159p

■ 본 문 ■ …선지자 갓이 다윗에게 이르되 이 요새에 있지 말고 떠나 유다 땅으로 들어가라 다윗이 떠나 헤렛 수풀에 이르니라 【삼상 22:3-5】

■ 서 론 ■ 그리스의 비극 시인 유리피데스는 "부모를 공경하지 않는 아들은 축복받지 못하나 부모에 순종하고 공경하는 자는 자신의 자식에게서도 똑같은 대접을 받을 것이다."라고 했다. 다윗의 부모 공경이 주는 의미는?

■ 말 씀 ■

Ⅰ. 부모 공경은 하나님의 명령이기 때문임

기자는 부모를 인도하여 모압 왕 앞에 나아갔더니라고 했다. 여기서 '인도하여…나아갔더니'는 히브리어 '야느헴'으로 원동사 '누하' (또는 노하)는 '정착시키다, 거주하다, 안식하다'의 뜻으로, 본 구절을 직역하면 '그가 그들을 거주시켰다'는 말로서 이는 다윗이 피신 중에서도 부모를 모셨다는 뜻으로 다윗의 효성을 잘 나타낸다. 부모 공경은 하나님께서 주신 계명이다.

　＊ 참고 성구 ＊　엡 6:1-3, 창 47:12, 왕상 2:19, 요 19:25-26, 딤전 5:4

Ⅱ. 부모 공경은 건전한 사회의 기초가 되기 때문임

미국 유일교회 목사인 윌리엄 엘러리 채닝은 "조용히 자녀의 마음에 선에 대한 사랑과 사상을 깨닫게 하고, 그들에게 유혹을 물리치는 강한 의지를 일깨우며, 삶의 전투에서 유리하도록 자녀를 준비시켜 내보내는 무명의 부모가 세상을 그의 지배하에 넣은 나폴레옹 같은 이보다 더 큰 영향을 끼친다."라고 했다. 자녀와 부모간의 올바른 관계는 가정뿐 아니라 사회를 바로 세우는 기초가 된다.

　＊ 참고 성구 ＊　딤전 3:12, 잠 23:22, 6:20, 출 20:12, 골 3:20

Ⅲ. 부모 공경은 하나님께 대한 또 다른 순종이기 때문임

영국의 시인이요 극작가인 셰익스피어는 "자식에게 있어서 부모는 하늘의 대리인이므로 부모의 소리는 신의 소리이다."라고 했다. 부모님은 최고의 섬김을 다해야 할 하나님과 같은 중요한 섬김의 대상이다. 육의 부모에게 불순종하는 자가 영의 부모인 하나님을 바로 섬기고 순종할 수는 없다. 그러므로 성도의 부모님 공경은 하나님께 대한 순종의 또 다른 표현일 수가 있는 것이다.

　＊ 참고 성구 ＊　잠 19:26, 레 19:32, 마 15:4, 눅 2:51

■ 기 도 ■ 다윗의 하나님! 다윗이 피신다니는 형편에서도 부모를 걱정하여 함께 있고자 한 효성을 보았습니다. 오늘 우리도 다윗처럼 극진한 효성으로 부모를 섬기는 자들이 되도록 축복하소서. 예수 그리스도의 이름으로 기도 드립니다. 아멘

> 신혼 가정

룻에게 임한 하나님의 축복

■ 찬 송 ■ ♪ 305, 278, 527, 379 　　■ 참 조 ■ ☞ ③ 153p

■ 본 문 ■ …여호와께서 그로 잉태케 하시므로 그가 아들을 낳은지라… 【룻 4:13-22】

■ 서 론 ■ 스위스의 교육개혁자 페스탈로치는 "가정의 즐거움은 지상의 가장 큰 즐거움이며 인류에게 있어 가장 거룩한 것은 부모들이 자식으로부터 얻는 기쁨이다. 이러한 것은 인간의 마음을 순수하고 선하게 하며 하나님께로 인도한다."라고 했다. 하나님은 믿음의 가정을?

■ 말 씀 ■

I. 하나님은 믿음의 가정을 명성을 얻게 하신다

기자는 이 아이의 이름이 유명하게 되기를 원하노라고 했다. 여기서 '유명하게'는 히브리어 '카라'로서 '부르다, 외치다'의 뜻으로 많은 이들의 입에 회자될 만큼 크게 이름이 남을 의미한다. 이는 룻의 후손을 통한 그리스도의 탄생을 암시한다. 하나님은 믿음의 가정을 사랑과 행복이 가득한 가정의 본이 되어 교회와 사회에서 그 명성이 날로 더해가는 빛된 가정으로 만들어 주신다.
　　* 참고 성구 *　대상 14:17, 창 41:41-43, 수 6:27, 마 4:24, 눅 5:15

II. 하나님은 믿음의 가정을 화목하게 하신다

기자는 귀한 자부가 낳은 자로다라고 했다. 여기서 '귀한'은 히브리어 '토브'로서 '좋은, 선한, 값진'의 뜻으로 세상 어느 것과도 바꿀 수 없는 최고의 값진 것, 곧 '가장 좋아하고 사랑하는'의 의미이다. 믿음과 덕을 행하여 이웃과 화목한 나오미와 룻은 친구들의 치하와 축복을 받았다. 믿음의 가정은 하나님의 기쁨과 사랑이 넘쳐서 가정 안에 작은 천국이 이루어지는 축복을 체험케 된다.
　　* 참고 성구 *　시 46:4, 딛 2:2-3, 시 128:3, 엡 6:1-3, 딤전 5:4

III. 하나님은 믿음의 가정을 번성하게 하신다

기자는 베레스의 세계는 이러하니라고 했다. 여기서 '세계는'은 히브리어 '톨레도트'로서 '낳다'(얄라드)에서 파생된 말로 종족에 의해 형성된 계보나 족보를 가리킨다. 이는 베레스로부터 보아스를 거쳐 다윗에 이르는 계보로서 유대의 가장 유력한 가계인 다윗 왕조가 룻을 매개체로 하여 형성됨을 보여준다. 하나님은 믿음의 가정을 번성케 하시며 후손에게 더욱 귀한 축복을 주신다.
　　* 참고 성구 *　시 127:3, 대상 2:4-15, 마 1:5-6, 눅 3:31-33

■ 기 도 ■ 룻의 하나님! 여호와 신앙을 택하여 이방여인에서 일약 다윗 왕가를 탄생시키고 나아가 그리스도의 계보를 이룬 룻의 축복이 오늘 이 가정에도 임하는 놀라운 축복을 허락하소서. 예수 그리스도의 이름으로 기도 드립니다. 아멘

신혼 가정

마노아의 가정생활이 주는 모범

■ 찬 송 ■ ♪ 278, 523, 376, 526   ■ 참 조 ■ ☞ ① 127p

■ 본 문 ■ 소라 땅에 단 지파의 가족 중 마노아라 이름하는 자가 있더라 그 아내가 잉태하지 못하므로 생산치 못하더니 여호와의 사자가 그 여인에게… 【삿 13:2-24】

■ 서 론 ■ 영국의 시인이요 찬송가 작가인 윌리엄 카우퍼는 "우리의 인생의 긴 경주를 시작하게 된 가정에 대한 애착은 언제나 강력하게 불타며 그것은 만년(晩年)에도 꺼지지 않는다."라고 했다. 마노아의 가정생활이 우리의 모범이 됨은?

■ 말 씀 ■

Ⅰ. 성도는 마노아처럼 주님을 호주로 모실 것

기자는 여호와의 사자가 그 여인에게 나타나셨다고 했다. 여기서 '사자'는 히브리어 '말락'으로 그 원래의 뜻은 단순히 '사절'(使節)을 뜻한다. 여기에 나타난 여호와의 사자의 이름이 '기묘'(奇妙)라고 함으로써 성육신 이전에 활동하신 제 2위(位) 그리스도로 볼 수 있다. 성도는 하나님께서 가정의 주인되심을 인정하여 온 가족이 함께 예배하며 그 말씀에 청종하기를 즐겨해야 한다.

  * 참고 성구 *   창 16:9, 22:11, 시 9:6, 행 10:2, 딤후 1:5

Ⅱ. 성도는 마노아처럼 자녀를 주의 말씀으로 양육할 것

기자는 이 아이를 어떻게 기르오며라고 했다. 여기서 '기르오며'는 히브리어 '미쉬파트'로서 원뜻은 '재판, 관습'이지만 여기서는 재판의 기준이 되는 법이나 관습, 정의에 따라 양육한다는 의미로 나실인의 합법적 생활 규례를 묻고 있다. 하나님께서 선물로 주신 자녀를 하나님의 뜻에 합당하게 기르기 위해서는 세속의 가치관이 아닌 하나님의 말씀에 기준을 삼아 교육해야 할 것이다.

  * 참고 성구 *   신 6:20, 7, 잠 22:6, 엡 6:4, 골 3:21, 딤후 3:15-17

Ⅲ. 성도는 마노아처럼 부부지간에 서로를 격려할 것

기자는 마노아와 그 아내가 이것을 보고 얼굴을 땅에 대고 엎드리니라고 했다. 여기서 '엎드리니라'는 히브리어 '나팔'로서 '떨어지다, 내동댕이치다'는 뜻으로 따라서 마노아 부부가 엎드린 행위는 경배의 표라기 보다는 공포에서 비롯된 것이다. 어쨌든 슬기로운 부부는 상대방이 주 안에서 더욱 성숙한 인격체가 될 수 있도록 영육간에 서로 돕는 노력을 아끼지 말아야 한다.

  * 참고 성구 *   창 2:18, 24, 24:67, 아 8:7, 엡 5:28, 골 3:19

■ 기 도 ■ 마노아의 하나님! 마노아의 가정은 주님을 호주로 모시고 자녀를 주의 말씀으로 양육하며 서로를 격려하는 가정이었습니다. 오늘 이 가정도 마노아의 가정처럼 큰 축복을 내리시어 자녀가 민족을 구원하는 큰 사역을 추구하게 하소서. 예수 그리스도의 이름으로 기도 드립니다. 아멘

신혼 가정

아가에 나타난 참 사랑의 특징

■ 찬 송 ■ ♪ 505, 493, 82, 94　　　　■ 참 조 ■ ☞ ② 33p

■ 본 문 ■ 내 마음에 사랑하는 자야 너의 양떼 먹이는 곳과 오정에 쉬게 하는 곳을… 【아 1:7-17】

■ 서 론 ■ 스위스의 신학자 존 C. 라바테르는 "사랑은 눈이 볼 수 없는 것을 보고, 귀가 들을 수 없는 것을 들으며, 인간의 마음속에 결코 일어났던 적이 없는 것을 그의 대상으로 마련한다."라고 했다. 솔로몬은 청년 때에 아가를, 중년때에 잠언을, 노년엔 전도서를 지었다고 한다. 청년시절의 불타는 참사랑은?

■ 말 씀 ■

Ⅰ. 참 사랑은 상대에게 기꺼이 내어줌

기자는 우리가 너를 위하여 금사슬을 은을 박아 만들리라고 했다. 미국의 시인이요 수필가인 갈프 왈드 에머슨은 "사랑은 결코 침착하거나 심사숙고하거나 분별력을 가질 수 없고 모든 것을 포기하는 것이다."라고 했다. 참 사랑은 상대방을 위해서라면 무슨 일이라도 기꺼이 시행하고 그를 위한 고난을 기쁘게 여기며 자기의 모든 것을 아낌없이 내어 주어도 아깝지 않게 생각한다.

　　* 참고 성구 *　살전 2:8, 빌 3:8, 창 44:33, 고전 13:7, 고후 8:9

Ⅱ. 참 사랑은 상대를 닮아감

기자는 내가 너를 바로의 병거의 준마에 비하였다고 하자 술람미 여인은 나의 사랑하는 자는 내게 고벨화 송이로구나라고 화답했다. 영국의 시인이요 극작가인 셰익스피어는 "사랑하는 자는 소경이 되어 사랑하는 자들끼리 저지르는 어리석음을 보지 못한다."라고 했다. 서로의 모든 것을 사랑하는 사람들끼리는 자신도 모르는 사이에 상대방의 사고와 행동을 본받아 서로 닮아가게 된다.

　　* 참고 성구 *　빌 4:9, 엡 4:13, 롬 8:29, 벧후 1:4, 요일 3:2

Ⅲ. 참 사랑은 상대를 자랑함

기자는 나의 사랑하는 자야 너는 어여쁘고 화창하다고 했다. 여기서 '화창하다'는 히브리어 '나임'으로 본래 '사랑스럽다, 유쾌하다'라는 뜻으로 꽃망울이 활짝 핀 것처럼 밝고 아름다운 자태를 가리키는 말이다. 진정한 사랑은 상대방을 부끄럽게 여기거나 남들 앞에서 깔아뭉개는 것이 아니라 모든 사람 앞에서 떳떳이 마음껏 상대를 자랑하고 그의 좋은 것을 널리 알리는 것이다.

　　* 참고 성구 *　고후 7:14, 갈 6:14, 히 3:6, 행 4:12, 살후 1:4

■ 기 도 ■ 하나님 아버지! 참 사랑의 모습을 보았습니다. 오늘 이 가정에 이러한 사랑이 넘치게 하시고 뿐만 아니라 주님 예수를 위해 기꺼이 내어 주며, 주님을 닮아가며, 주님을 자랑하는 가정이 되도록 축복하시옵소서. 예수 그리스도의 이름으로 기도 드립니다. 아멘

신혼 가정

성적 순결 규례에 담긴 의미

■ 찬 송 ■ ♪ 288, 287, 404, 279   ■ 참 조 ■ ☞ ② 229p
■ 본 문 ■ 누구든지 아내를 취하여 그와 동침한 후에 그를 미워하여 비방거리를 만들어… 【신 22:13-30】
■ 서 론 ■ 영국의 군인이자 시인이었던 필립 시드니 경은 "죄는 음탕의 어머니이요 수치는 그의 딸이다."라고 했다. 시대가 변하여 세상의 풍조는 성의 해방이니 성의 개방이니 하는 변질된 주장만 난무하는데 하늘은 타락한 인간에게 에이즈(AIDS)라는 불치의 형벌을 내렸다. 성적 순결은?

■ 말 씀 ■

Ⅰ. 성적 순결은 창조 질서의 순응이다

기자는 그와 동침할 때에 그의 처녀인 표적을 보지 못하였노라 하면이라 했다. 여기서 '처녀인 표적'은 히브리어 '베툴림'으로 '분리하다, 숨겨지다'는 어근에서 파생되었는데 이는 성적 순결을 나타내는 말로서 성의 배타성과 독점성을 암시한다. 하나님은 사람에게 특별히 결혼제도를 주셔서 결혼을 통하여 순결한 남녀가 하나되고 아름다운 가정을 꾸미는 축복을 주셨다.
  * 참고 성구 * 창 2:24, 마 5:32, 막 10:9, 롬 7:2, 고전 7:10-11

Ⅱ. 성적 순결은 사랑의 기초이다

기자는 그 부모가 그 자리옷을 그 성읍 장로들 앞에 펼 것이요라고 했다. 여기서 '자리옷'은 히브리어 '시믈라'로서 일반적인 '옷'(창 9:23), '의복'(신 8:4)과 구별되지는 않으나 특히 잠잘 때 입는 '겉옷'(삿 8:25)을 가리키는데 보편적으로 '외투'의 의미가 있다. 사랑하는 자들에게 있어서 마음과 더불어 육체의 순결은 서로에 대한 믿음을 갖게 하므로 완전한 사랑을 향해 나아갈 수 있게 한다.
  * 참고 성구 * 엡 5:31-33, 히 13:4, 마 19:5, 잠 5:18, 딤전 2:15

Ⅲ. 성적 순결은 신앙의 기초이다

기자는 이스라엘 중에서 악을 행하였음이라 너는 너희 중에 악을 제할지니라고 했다. 여기서 '악'은 히브리어 '네발라'로서 도덕적 측면의 '부끄러운 일'(창 34:7), '망령된 일'(수 7:15), '괴악한 일'(삼하 13:12)인데 주로 성적 문제와 관련되어 있다. 죄악이 판을 치는 세상에서 온전히 자기 육체와 마음을 지킬 수 있는 자가 온갖 우상에 대항하여 하나님을 향한 영적 순결을 지킬 수 있다.
  * 참고 성구 * 고전 6:13, 출 20:4-5, 시 24:3-4, 딤전 1:5, 약 1:27

■ 기 도 ■ 성도의 순결을 원하시는 하나님! 오늘 이 시간 우리의 몸과 마음의 순결뿐 아니라 신앙의 순결을 지켜서 당신 앞에 떳떳이 나아와 영적 교제를 힘쓰는 자가 되도록 인도하소서. 예수 그리스도의 이름으로 기도 드립니다. 아멘

뒤로 미루는 자

모세의 사양에 담긴 죄

■ 찬 송 ■ ♪ 350, 351, 405, 493   ■ 참 조 ■ ☞ ① 431p ② 91p

■ 본 문 ■ 모세가 여호와께 고하되 주여 나는 본래 말에 능치 못한 자라… 【출 4:10-17】

■ 서 론 ■ 이탈리아의 애국지사로 통일 이탈리아의 초석을 놓은 마찌니는 "모든 사명은 의무의 서약으로 구성된다. 모든 사람들은 사명의 완수를 위해 자기의 모든 재능을 바치도록 되어 있다. 모든 행동의 규범은 의무감의 확신으로부터 비롯되어야 한다."라고 했다. 모세가 소명을 거절한 것은?

■ 말 씀 ■

Ⅰ. 소명의 거절은 불순종의 죄이다

기자는 나는 본래 말에 능치 못한 자라고 했다. 여기서 '말'은 히브리어 '다바르'로서 원문에는 '말에 능치 못한 자라'가 '말의 사람이 아니다'로 되어 있다. '말'은 '구변'이란 일차적 의미 외에 '일, 모략'의 뜻도 내포하고 있다. 성도의 형편을 아시는 하나님의 소명은 우리가 감당할 수 있는 것임에도 그 소명을 거절함은 하나님의 의로우신 뜻을 거역하는 불순종의 죄를 범하는 것이다.

* 참고 성구 *   행 5:29, 욘 1:3, 삼상 15:11, 딤전 1:9, 엡 5:6

Ⅱ. 소명의 거절은 교만함의 죄이다

기자는 주여 보낼 만한 자를 보내소서라고 했다. 영국의 수필가요, 철학자이며 역사가인 토마스 칼라일은 "우리가 해야 할 위대한 일은 멀리서 희미하게 있는 것을 보는 것이 아니라 가까이에 분명하게 있는 일을 하는 것이다."라고 했다. 하나님의 계획과 뜻보다 자신의 뜻을 앞세우고 고집하는 것은 교만의 죄이다. 성도는 하나님의 소명 앞에서 다만 겸손하게 순종함이 마땅한 도리이다.

* 참고 성구 *   엡 6:6, 시 143:10, 마 12:50, 26:42, 갈 5:24

Ⅲ. 소명의 거절은 불신앙의 죄이다

기자는 모세를 향하여 노를 발하시고 가라사대 레위 사람 아론이 있지 아니하뇨라고 했다. 여기서 '발하시고'는 히브리어 '하라'로서 '불타다, (분노가) 타오르다'의 뜻으로 명령에 불순종하거나 고집을 부림에 대해 연민과 사랑을 내포한 분노를 뜻한다. 소명을 주시는 하나님께서 그 소명을 감당할 힘도 주시며 그 길을 인도하실 것임에도 그를 확신하지 못함은 불신앙의 죄를 짓는 것이다.

* 참고 성구 *   요 3:36, 사 6:8, 막 16:14, 히 3:12, 유 1:5

■ 기 도 ■ 모세를 꾸짖으신 하나님! 당신의 소명을 받고 이적의 체험까지 한 모세가 계속 사양함은 불순종의 죄임을 보았습니다. 오늘 우리도 차차 믿겠다는 마음을 버리고 이 순간 결단하게 하소서. 예수 그리스도의 이름으로 기도 드립니다. 아멘

뒤로 미루는 자

하나님이 질책하신 그릇된 서원

■ 찬 송 ■ ♪ 381, 93, 376, 355   ■ 참 조 ■ ☞ ③ 47p

■ 본 문 ■ …다시 모든 백성과 모든 여인에게 말하되 애굽 땅에서 사는 모든 유다여…【렘 44:24-30】

■ 서 론 ■ 수키디아의 현인 아나카르시스는 "혀는 사람의 가장 좋은 부분이면서 동시에 가장 나쁜 부분이다. 잘 다스리면 그보다 더 유용한 것이 없으나 잘못 다스리면 그것보다 더 해로운 것도 없다."라고 했다. 하나님께 서원을 하면서도 잘못된 서원을 하는 경우가 종종 있는데 이는?

■ 말 씀 ■

Ⅰ. 그릇된 주를 떠난 서원

기자는 우리가 서원한 대로 반드시 이행하여 하늘 여신에게 분향하고라 했다. 여기서 '서원' 은 히브리어 '네데르' 로서 기본 동사 '나다르' 는 '약속한다' 는 뜻으로 곧 인간이 하나님께 무엇을 하거나 바치기로 약속한 것을 의미한다. 하나님의 뜻과는 아무 상관없이 멋대로 행하여지는 서원은 하나님을 욕되게 하는 행위일 뿐이다. 인간의 서원을 받으실 분은 오직 하나님뿐이다.

　　＊ 참고 성구 ＊　시 50:14, 민 21:2, 삼상 1:11, 욘 1:16

Ⅱ. 그릇된 성급한 서원

기자는 너희 서원을 성립하며 너희 서원을 이행하라고 하였다. 여기서 '성립하며' 는 히브리어 '아소' 로서 이는 '행하다' 는 뜻으로 성도에게는 하나님의 언약을 적극적인 자세로 이행해 나가야 할 책임이 있음을 보여 준다. 하나님께 한 서원은 한번 약속한 이상 변개할 수 없는 것으로 따라서 성도는 하나님께 드리는 서원은 신중하게 생각하고 기도로 결정해야 한다.

　　＊ 참고 성구 ＊　민 30:2, 삿 11:30-31, 신 23:21, 전 5:4, 마 5:33

Ⅲ. 그릇된 이기적인 서원

기자는 유다의 모든 남은 자가 내 말이 성립되었는지, 자기들의 말이 성립되었는지 알리라고 했다. 여기서 '성립되었는지' 는 히브리어 '쿰' 으로 '서 있다, 확립하다' 는 뜻으로 법적으로는 증언의 유효성을, 언약에 대해서는 완전한 성취를 의미한다. 하나님 앞에서 자기에게 이익이 돌아오기를 바라서 하는 서원이 있는데 이것은 잘못된 서원으로 서원은 하나님께 영광을 돌리는 것이어야만 한다.

　　＊ 참고 성구 ＊　욥 22:27, 잠 28:20-22, 시 76:11, 행 18:18, 21:23

■ 기 도 ■ 그릇된 서원을 질책하신 하나님! 우리는 다른 신에게, 성급하게 하여 후회할 것이나, 자신의 이익만을 위한 서원이 아닌 당신의 영광만을 위한 서원을 하는 자들이 되게 하시고 서원한 것을 뒤로 미루지 않도록 경성케 하옵소서. 예수 그리스도의 이름으로 기도 드립니다. 아멘

> 뒤로 미루는 자

아사랴의 훈계에 나타난 원리

- **찬 송** ♪ 359, 265, 93, 341
- **참 조** ☞ ① 43p
- **본 문** 저가 나가서 아사를 맞아 이르되 아사와 및 유다와 베냐민의 무리들아 내 말을 들으라 너희가 여호와와 함께 하면 여호와께서 너희와 함께 하실지리…【대하 15:2-7】
- **서 론** 미국의 정치가 피서 에임즈는 "성경을 꾸준히 읽고 성경 말씀의 순수성과 숭고함을 경탄하는 자가 아니고는 가장 참된 웅변을 할 사람이 없고 진정한 웅변가가 될 수 없을 것이다."라고 했다. 아사랴의 웅변에 나타난 하나님은?

- **말 씀**

I. 하나님은 우리가 함께 하면 함께 하신다

기자는 너희가 여호와와 함께 하면 여호와께서 너희와 함께 하실지라고 했다. 영국의 목사요 감리교의 창시자인 존 웨슬리는 "무엇보다도 가장 좋은 것은 하나님이 우리와 함께 하심이라."고 임종의 순간에 말했다. 하나님은 당신 안에 거하는 모든 성도들과 함께 하시며 그들 중에 거하시는 '임마누엘'의 축복으로 삶을 영원한 생명으로 인도하시고 보호하여 주시는 분이시다.

* 참고 성구 * 창 28:15, 출 33:14, 신 20:1, 사 43:2, 마 28:20, 18:20

II. 하나님은 우리가 찾으면 만나 주신다

기자는 너희가 만일 저를 찾으면 저가 너희의 만난 바 되시려니와라고 했다. 영국의 법률가요 저술가이며 철학자인 프란시스 베이컨은 "우리는 우리의 마음을 읽고 계시고 우리의 생각을 감찰하시며 결코 잠들지 않는 눈이 있다는 것을 너무나 자주 잊곤 한다."라고 했다. 하나님은 바라며 찾는 모든 자에게 나타나시며 친히 만나주시고 간구하는 모든 것에 대하여 응답해 주시는 분이시다.

* 참고 성구 * 마 7:7-8, 신 4:29, 사 55:6, 눅 11:10, 행 17:27

III. 하나님은 우리가 버리면 저도 버리신다

기자는 너희가 만일 저를 버리면 저도 너희를 버리시리라고 했다. 여기서 '버리면'은 히브리어 '타아즈부후'로서 '배반하다'는 뜻인 '아자브'에서 온 말로 불신자에게 주는 말씀이 아니라 신자의 배교를 경계하는 말이다. 성도가 하나님을 배반하고 멀리 떠나서 범죄를 일삼으면 하나님 또한 그를 버리시고 외면하시어 그가 멸망의 구렁텅이에 빠져도 간섭하시지 않는 분이시다.

* 참고 성구 * 대하 24:20, 삼상 2:30, 15:23, 왕상 11:9-10, 히 6:4-6

- **기 도** 아사랴의 훈계에 나타나신 하나님! 오늘 이 시간 당신이 함께 하신다는 말씀에 의지하여 신앙을 갖고자 하오니 이제 이 성도를 만나 주시는 체험을 갖도록 축복하시옵소서. 예수 그리스도의 이름으로 기도 드립니다. 아멘.

【죄가 많다는 자】

이사야의 고난받는 종이 주는 의미

■ **찬 송** ■ ♪ 410, 403, 416, 141 　　■ **참 조** ■ ☞ ① 425p

■ **본 문** ■ …그가 찔림은 우리의 허물을 인함이요 그가 상함은 우리의 죄악을 인함이라… 【사 53:1-9】

■ **서 론** ■ 독일의 종교개혁자 마틴 루터는 "그리스도께서는 그의 삶을 통해 우리가 어떻게 살고, 어떻게 죽어야 하는지, 또 그분이 우리의 죄를 대속하기 위해 어떻게 희생하셨는지, 그의 부활을 통해 어떻게 승리하셨으며, 승천을 통해 어떻게 왕이 되셨는지, 중재기도를 통해 어떻게 대제사장이 되셨는지 보여 주셨다"라고 했다. 고난받는 종은?

■ **말 씀** ■

I. 범죄한 우리를 위해 인간으로 나타나신 그리스도

기자는 풍채도 없은즉 보기에 흠모할 만한 아름다운 것이 없도다라고 했다. 여기서 '풍채'는 히브리어 '하다르'로서 원뜻은 '부어 오르다'이다. 이는 상징적으로 '존경하다, 영광스러운'이란 뜻으로 호감을 갖고 접근할 만한 장엄한 모습을 의미한다. 죄인들을 구원하시려고 하나님의 아들로서 지극히 존귀하신 그리스도께서 하늘 보좌를 버리시고 낮고 척박한 이 땅에 인간의 몸을 오셨다.

＊ 참고 성구 ＊ 　고전 1:21-23, 빌 2:6-7, 요 1:1-3, 히 1:3, 마 1:21

II. 범죄한 우리를 위해 희생양이 되신 그리스도

기자는 그는 실로 우리의 질고를 지고 우리의 슬픔을 당하였거늘이라 했다. 여기서 '질고'는 히브리어 '할라'로서 '쇠약하다, 괴로워하다, 아프게 하다'에서 유래된 말로 가시로 찌르는 듯한 근심과 슬픔에 잠겨 고통스러워함을 뜻한다. 그리스도는 우리의 죄와 허물을 대신 담당하시어 고난을 당하셨고 또한 우리의 죄를 속량하시기 위해 십자가에 달려 돌아가시기까지 하셨다.

＊ 참고 성구 ＊ 　벧전 2:24, 갈 3:13, 히 9:28, 막 14:33-36, 요일 3:5

III. 범죄한 우리를 위해 중보자가 되신 그리스도

기자는 그가 곤욕을 당하여 괴로운 때에도 그 입을 열지 아니하였음이여라고 했다. 여기서 '곤욕'은 히브리어 '오체르'로서 '에워싸고, 억제(억압)하다, 묶다'의 '아차르'에서 파생된 말로 자유를 빼앗고 정신적, 육체적으로 짓누른 상태를 묘사한다. 우리의 죄값을 대신 치르시고 하나님과 우리를 화목케 하신 그리스도는 지금도 우리를 위해 중보자의 역할을 담당하고 계시고 있다.

＊ 참고 성구 ＊ 　골 1:20-22, 딤전 2:5, 마 27:51, 엡 2:16, 고후 5:18, 행 7:55-56

■ **기 도** ■ 하나님 아버지! 독생자 예수 그리스도를 보내사 우리에게 구원을 주시고 영생을 주시려는 당신의 사랑을 감사드리오며 오늘 죄가 많다는 자들에게 용기를 주셔서 겸손히 당신 앞에 나아가게 하소서. 예수 그리스도의 이름으로 기도 드립니다. 아멘

너무 늦었다는 자

의복 문둥병 규례가 주는 교훈

■ 찬 송 ■ ♪ 184, 186, 190, 193   ■ 참 조 ■ ☞ ② 67p

■ 본 문 ■ …네가 빤 의복의 날에다 씨에나 무릇 가죽으로 만든 것에 그 색점이 벗어졌으면… 【레 13:47-58】

■ 서 론 ■ 중국 춘추전국시대의 사상가로 성선설을 주장했던 맹자는 "속이 부정하면 눈동자도 부정하고, 속이 깨끗하면 눈동자도 깨끗하니라."고 했다. 문둥병은 지금은 피부병의 일종으로 가볍게 치료되지만 예전에는 불치의 병으로 하나님 외에는 고칠 수 없는 병으로 규정되었다. 정결하려면?

■ 말 씀 ■

I. 정결하려면 불태워야 함

기자는 씨나 무릇 가죽으로 만든 것을 불사를지니 이는 악성 문둥병인즉 그것을 불사를지니라고 했다. 여기서 '악성'은 히브리어 '마므에레트'로서 동사형 '마아르'는 '찌르다, 고통을 주다'의 뜻으로 가시로 찌르는 듯한 고통을 느낄 정도로 병이 악화된 상태를 말한다. 성도는 항상 기도와 말씀을 가까이 하며 성령 충만하여 그 성령의 불로 모든 악한 생각과 행실의 부정함을 소멸해야 한다.

* 참고 성구 *   사 6:5-7, 슥 3:4, 민 31:23, 고전 3:13, 행 2:3-4

II. 정결하려면 빨아야 함

기자는 그 색점 있는 것을 빨게 하고 또 칠 일 동안 간직하였다가 그 빤 곳을 볼지니라고 했다. 여기서 '빨게'는 히브리어 '키베스'로서 기본형 '카바스'는 '밟아 문지르다, 쿡쿡 눌러 밟다'라는 뜻으로 철저히 세탁하는 것을 가리킨다. 죄를 속하고 영원히 정결함을 받기 위해서는 우리의 모든 죄를 단번에 완전하게 제거하실 그리스도의 대속의 보혈에 씻음을 받아야 한다.

* 참고 성구 *   히 9:12-14, 사 1:18, 겔 36:25, 딛 3:5, 요일 1:7

III. 정결하려면 찢어버려야 함

기자는 그 색점이 엷으면 그 의복에서나 가죽에서나 그 날에서나 씨에서나 그 색점을 찢어 버릴 것이요라고 했다. 성도는 매순간 우리의 안에 가득한 온갖 악독함과 부정한 것들을 과감히 쳐서 복종시킬 뿐만 아니라 이를 깨뜨리고 찢어버리는 노력을 계속하여야 할 것이다. 히브리서 기자는 양심의 악을 깨닫고 몸을 맑은 물로 씻었으니 온전한 믿음으로 하나님께 나아가자고 했다.

* 참고 성구 *   딤전 1:5, 시 51:7, 요 15:3, 히 10:22, 고전 9:27

■ 기 도 ■ 하나님 아버지! 문둥병은 죄의 속성과 같아서 제사장에게 진단을 받았습니다. 대제사장 예수 그리스도로부터 정결함을 받은 우리는 이제는 죄의 노예가 아니라 정결한 몸과 마음으로 당신을 섬기게 하소서. 예수 그리스도의 이름으로 기도 드립니다. 아멘

믿는 법을 모른다는 자

속죄제에 나타난 속죄의 원리

■ 찬 송 ■ ♪ 202, 182, 184, 186   ■ 참 조 ■ ☞ ③ 83p

■ 본 문 ■ …성소에서 속하게 한 속죄제 희생의 고기는 먹지 못할지니 불사를지니라 【레 6:24-30】

■ 서 론 ■ 독일의 종교개혁자 마틴 루터는 "그리스도는 그의 생애에 있어서 사는 방법을 보여주는 본이요, 그의 죽음에 있어서 우리의 죄의 빚을 갚으시는 희생의 제물이시며, 부활에 있어서는 정복자이시요, 그의 승천에 있어서는 왕이시며, 그의 중보에 있어서는 대제사장이시다."라고 했다. 속죄의 원리는?

■ 말 씀 ■

I. 속죄는 희생의 원리임

기자는 속죄제 희생은 거룩하니 여호와 앞 번제 희생을 잡는 곳에서라고 했다. 여기서 '속죄제'는 히브리어 '카타트'이며, '희생'은 '제바흐'로서 기본 동사 '자바'는 '죽이다, 도살하다'라는 뜻으로 곧 희생은 죽임당하여 제물이 될 짐승을 가리킨다. 하나님의 공의의 법은 죄에 대해 응분의 대가를 요구하므로 죄에는 죽음의 대가가 치루어져 생명과 피를 흘릴 희생이 필요한 것이다.

* 참고 성구 *   출 30:10, 레 17:11, 히 9:22, 롬 6:23

II. 속죄는 대속의 원리임

기자는 죄를 위하여 제사드리는 제사장이 그것을 먹되라고 했다. 여기서 '제사장'은 히브리어 '코헨'으로 동사형 '카한'은 '가운데 서다, 중재하다'라는 뜻으로 곧 제사장은 하나님과 백성 사이에 서서 중재하는 자임을 알 수 있다. 대속제물을 통해 죄의 대가인 죽음을 치름과 동시에 새 생명을 받아 누리는 것이 속죄인데 이는 대제사장 그리스도의 대속 죽음에서 그 절정을 볼 수 있다.

* 참고 성구 *   히 9:7,11-12, 마 26:28, 롬 5:9, 벧전 1:18-19, 요 19:34

III. 속죄는 은혜의 원리임

기자는 피를 가지고 회막에 들어가 성소에서 속하게 한 속죄제 희생의 고기는 먹지 못할지니 불사를지니라고 했다. 우리가 용서받지 못할 죄를 범할 뿐만 아니라 무수히 그러한 죄를 반복해서 저지르는 어리석은 죄인임에도 불구하고 구원의 은혜를 베푸시기를 계속하시는 하나님의 무한하신 은혜와 사랑으로 말미암아 우리가 속죄를 받게 되는 것이다.

* 참고 성구 *   롬 5:8, 신 7:8, 요 3:16, 16:27, 엡 2:4-5

■ 기 도 ■ 속죄제를 받으시는 하나님! 매번 드리는 제사가 아니라 단번에 속죄를 이루신 독생자 예수 그리스도를 통하여 영원한 속죄를 보장하신 당신의 은혜에 감사드리며 이제는 그 예수를 구주로 모시고 살아갈 수 있도록 도우소서. 예수 그리스도의 이름으로 기도 드립니다. 아멘

믿는 법을 모른다는 자

가이오에 대한 칭찬의 의미

■ **찬 송** ■ ♪ 493, 509, 169, 204　　■ **참 조** ■ ☞ ① 419p

■ **본 문** ■ …형제들이 와서 네게 있는 진리를 증거하되 네가 진리 안에서… 【요삼 1:2-8】

■ **서 론** ■ 미국의 목사 호레이스 부쉬넬은 "알고 있는 진리대로 살지 않으면서 진리를 추구하고 있다고 하는 것은 결코 합당치 않다."라고 했다. 사도 요한은 가이오를 '나의 참으로 사랑하는 자'라고 부르면서 그의 덕망을 칭찬했다. 이 가이오는 요한이 버가모 교회에 세운 감독이라고 한다. 진리를 행함은?

■ **말 씀** ■

Ⅰ. 실천하는 신앙이 진리 안에서 행함이다

기자는 네가 진리 안에서 행한다 하니 내가 심히 기뻐하노라고 했다. 여기서 '진리 안에서'는 헬라어 '엔 알레데이아'로서 이는 '진리 안에서, 진리로, 진리에 의해'의 뜻으로 이는 '그리스도 안에서'를 의미하며 진리 안에서 행함은 예수 그리스도의 복음의 진리를 믿고 따르는 것을 가리킨다. 진실된 마음으로 구체적인 모습으로 실천되는 신앙이야말로 주 안에서 곧 진리 안에서 참된 신앙이다.

　참고 성구　　마 23:23, 신 10:12, 믹 12:83, 약 1:27

Ⅱ. 실현하는 생활이 진리 안에서 행함이다

기자는 무엇이든지 형제 곧 나그네 된 자들에게 행하는 것이 신실한 일이니라고 했다. 여기서 '나그네'는 헬라어 '크세누스'로서 이는 '나그네들'인데 이들은 오늘은 이곳 내일은 저곳으로 정처없이 다니며 그리스도의 복음을 전하는 자들을 가리키는데 가이오는 이들을 물질로 돌아보고 격려하였다. 생활 속에서 진리와 의를 실현시키는 것이야말로 진리 안에서 참된 삶의 모습이다.

　참고 성구　　마 6:8, 호 6:6, 신 12:13, 롬 13:10, 히 13:1-2

Ⅲ. 사랑의 교제가 진리 안에서 행함이다

기자는 영접하는 것이 마땅하니 이는 우리로 진리를 위하여 함께 수고하는 자가 되게 함이라고 했다. 여기서 '영접하는'은 헬라어 '휘포람바노'로서 '받들어 올린다, 손님으로 영접한다, 부양한다'는 뜻으로 물질적으로 돕고 교제를 가짐을 가리킨다. 진리 안에서 주님과 영적 교제를 나누는 자는 이웃에게도 사랑과 복음의 교제를 나누어야 한다. 그것이야말로 진리 안에서 참된 교제이다.

　참고 성구　　요일 1:7, 시 119:63, 눅 24:15, 행 2:42, 빌 1:5

■ **기 도** ■ 가이오를 칭찬하신 하나님! 그의 진리 안에서 행함을 잘 보았습니다. 오늘 우리도 이제부터는 신앙과 생활과 교제를 주님 안에서 하도록 축복하시고 인도해 주옵소서. 예수 그리스도의 이름으로 기도 드립니다. 아멘

믿는 법을 모른다는 자

믿음에 기초한 참된 교제의 표징

■ 찬 송 ■ ♪ 512, 520, 404, 353　　■ 참 조 ■ ☞ ① 97p ② 125p

■ 본 문 ■ 예수께서 그리스도이심을 믿는 자마다 하나님께로서 난 자니…【요일 5:1-3】

■ 서 론 ■ "그리스도인이 되며 성경의 진리를 믿는 데는 많은 학식이 필요치 않다. 다만 여기에는 정직한 마음과 하나님께 복종하겠다는 마음만 있으면 되는 것이다."라고 미국의 성직자 알버트 바네스는 말했다. 성도는 창세 전에 선택된 하나님의 자녀로서 하나님의 유업을 받을 자이다. 하나님을 사랑하는 자는?

■ 말 씀 ■

Ⅰ. 그리스도를 믿는 자가 하나님을 사랑하는 자임

기자는 예수께서 그리스도이심을 믿는 자마다 하나님께로서 난 자니라고 했다. 여기서 '믿는 자'는 헬라어 '호 피스튜온'으로 예수께서 그리스도이심을 믿는 데 익숙한 자를 의미한다. 하나님께서는 그리스도를 보내시어 우리로 믿게 하시고 구원을 얻게 하셨기에 이 믿음을 간직하는 것 또한 하나님을 향한 사랑의 증거로서 그리스도를 사랑함이 하나님을 사랑하는 것이 된다.

　　＊ 참고 성구 ＊　요 8:42, 10:30, 12:45, 16:15, 눅 22:69-70, 히 1:3

Ⅱ. 이웃을 사랑하는 자가 하나님을 사랑하는 자임

기자는 또한 내신 이를 사랑하는 자마다 그에게서 난 자를 사랑하느니라고 했다. 여기서 '그에게서 난 자'는 헬라어 '톤 게겐네메논 엑스 아우투'인데 이는 '이로부터 출생된 자'로서 믿음으로 중생된 하나님의 자녀를 가리킨다. 하나님만 사랑하고 그 안에서 형제된 자를 미워하면 그 사랑은 거짓 사랑이요 불완전한 사랑이다. 하나님 사랑은 이웃에 대한 사랑으로 이어져야 함이 마땅하다.

　　＊ 참고 성구 ＊　요일 4:7-8, 마 22:39, 요 13:35, 살전 3:12, 벧전 1:22

Ⅲ. 말씀에 순종하는 자가 하나님을 사랑하는 자임

기자는 하나님을 사랑하는 것은 우리가 그의 계명을 지키는 것이라고 했다. 여기서 '그의 계명들을'은 헬라어 '하이 엔톨라이 아우투'로서 이는 하나님의 많은 계명들을 가리키는 바 요약하면 하나님을 사랑하고 형제를 사랑하는 것을 의미한다. 말씀대로 행하지 않는 자는 하나님을 사랑하지 않는 자이다. 성도가 말씀을 잘 지킬 때 하나님을 향한 우리의 사랑이 증거될 수 있음이다.

　　＊ 참고 성구 ＊　마 19:17, 계 14:12, 삼상 15:22, 행 5:29, 눅 8:21

■ 기 도 ■ 사랑하는 하나님! 오늘 이 시간 당신을 사랑하는 증거가 무엇인지 배웠습니다. 우리가 당신을 사랑하는 것이 무엇인지를 깨닫게 되었으니 이제부터 믿음에 서게 하소서. 예수 그리스도의 이름으로 기도 드립니다. 아멘

믿는 법을 모른다는 자

성령의 은사가 증거하는 것

■ 찬 송 ■ ♪ 174, 171, 172, 173   ■ 참 조 ■ ☞ ③ 301p

■ 본 문 ■ …어떤 이에게는 성령으로 말미암아 지혜의 말씀을, 어떤 이에게는 같은 성령을 따라 지식의 말씀을, 다른 이에게는 같은 성령으로 믿음을, 어떤 이에게는 한 성령으로…【고전 12:1-11】

■ 서 론 ■ 히포의 주교로 기독교의 지도적 신학자로 활약했으며 '참회록'을 남긴 성 어거스틴은 "사마리아 성도들이 사도로부터 안수받고 성령 세례를 받으며 방언을 말하였는데 우리들도 그것을 기대한다."라고 했다. 한 분의 성령으로부터 여러 가지 은사를 받는데 성령의 은사는?

■ 말 씀 ■

I. 성령의 은사는 성령의 내주하심을 증거한다

기자는 은사는 여러 가지나 성령은 같고라 했다. 여기서 '은사'는 헬라어 '카리스마'로서 이는 구원의 은혜, 곧 '카리스'에 속한 부분적인 선물을 뜻하며, 이 은사는 한 성령 곧 '프뉴마'로부터 오는 것이다. 은사는 구하는 자에게 값없이 주시는 성령의 선물이므로 따라서 마음속에 성령을 모신 성도라면 마땅히 구해야 할 것이며, 또한 이것을 나타내야 할 것이다.

* 참고 성구 *   행 2:2-4, 눅 2:25, 12:12, 고전 3:16, 롬 8:11, 요일 2:27

II. 성령의 은사는 성도로서의 삶을 증거한다

기자는 각 사람에게 성령의 나타남을 주심은 유익하게 하려 함이라고 했다. 여기서 '나타남'은 헬라어 '헤 파네로시스'로서 이는 '그 나타남'인데 이것은 각 개인에게 나타나지는 유일한 은사 곧 '카리스마'를 의미한다. 하나님을 믿는다고 하면서 겉으로 드러나는 증표가 없다면 무엇으로 성도임을 밝히려 하는가! 성령께서 주시는 많은 은사는 성도로 하여금 성도다운 삶을 살게 해준다.

* 참고 성구 *   엡 6:10-18, 행 4:20,19:11-12, 고후 8:7, 고전 12:8-10

III. 성령의 은사는 하나님과의 교제중임을 증거한다

기자는 이 모든 일은 같은 한 성령이 행하사 그 뜻대로 각 사람에게 나눠 주시느니라고 했다. 여기서 '나눠 주시느니라'는 헬라어 '디아이룬'으로 이는 '디아이레오' 곧 '나누어 준다, 분배한다'의 현재분사로 자기의 의지에 따라 은사를 각 개인에게 나눠 주시며 유지시키는 것을 의미한다. 성도가 은사를 받았다고 하는 것은 곧 하나님과의 교제가 원만히 이루어짐을 의미한다.

* 참고 성구 *   요 14:16, 26, 16:13, 요일 4:6, 2:27, 살전 5:19

■ 기 도 ■ 성령을 보내신 하나님! 이 시간 성령의 은사가 증거하는 것을 배웠습니다. 우리에게 성도로서 삶을 증거하는 성령의 은사를 선물로 주셔서 믿지 않는 자에게 표징이 되게 하소서. 예수 그리스도의 이름으로 기도 드립니다. 아멘

믿는 법을 모른다는 자

하나님의 구원 사역의 세 단계

■ 찬 송 ■ ♪ 209, 183, 192, 204　　■ 참 조 ■ ☞ ① 419p ② 239p

■ 본 문 ■ 또 미리 정하신 그들을 또한 부르시고 부르신 그들을 또한 의롭다 하시고 의롭다 하신 그들을 또한 영화롭게 하셨느니라【롬 8:30】

■ 서 론 ■ 영국 빅토리아 여왕의 부친으로 공작을 지낸 컨트 경은 "내가 구원을 얻은 것은 공작인 때문도 아니요, 현왕의 부친된 때문도 아니요, 오직 죄인인 때문이다."라고 했다. 하나님의 구원 사역은 크게 세 단계로 나누는데 부르시고, 의롭다 하시고, 영화롭게 하신 그것이다. 하나님의 성도를 향한 구원의 순서는?

■ 말 씀 ■

Ⅰ. 성도를 향한 소명의 순서

바울은 미리 정하신 그들을 또한 부르시고 부르신 그들을이라 했다. 여기서 '부르신'은 헬라어 '에칼레센'으로 '부르다'(칼레오)의 부정과거형으로 단번에 불러내어 그 효과를 이미 거둔 상태를 의미한다. 하나님과 성도의 만남은 하나님의 부르심의 은혜로부터 출발하는 것이다. 세상의 죄악에 휩싸이고 원죄의 사슬에 묶인 죄된 우리가 먼저 하나님의 구원을 요구할 수는 없는 것이다.

　＊ 참고 성구 ＊　렘 1:5, 사 6:8, 마 22:3, 엡 1:4-5, 계 3:20

Ⅱ. 성도를 향한 칭의의 순서

바울은 그들을 또한 의롭다 하시고라고 했다. 여기서 '의롭다 하시고'는 헬라어 '디카이오오'로서 '공의를 보인다, 공의를 행한다, 옳게 여긴다'인데 이는 하나님에 의해 의롭게 여겨지고 간주되는 것을 의미한다. 하나님은 당신의 소명에 순종한 자들의 믿음을 보시고 의롭다 하신다. 칭의는 전적으로 하나님을 향한 믿음 위에 기초하며 다른 어떤 것으로도 의롭다 함을 얻을 수 없다.

　＊ 참고 성구 ＊　창 15:6, 행 13:39, 롬 5:1, 고전 6:11, 갈 3:24

Ⅲ. 성도를 향한 영화의 순서

바울은 의롭다 하신 그들을 또한 영화롭게 하셨느니라고 했다. 여기서 '영화'는 헬라어 '독사조'로서 '영광, 명예, 신적 광휘'의 뜻으로 겉으로 나타나는 뛰어난 재능이나 명예로 부귀를 마음껏 누리는 일을 의미한다. 의롭다 함을 받은 자답게 살아가는 성도에게는 하늘 나라의 영광이 보장된다. 명심할 것은 칭의를 통해 성화의 과정을 거친 자에게 영화가 주어진다는 사실이다.

　＊ 참고 성구 ＊　히 11:16, 롬 8:18, 빌 3:21, 골 3:4, 계 22:5

■ 기 도 ■ 인간을 구원하신 하나님! 이 시간 당신의 구원 사역의 순서를 보았습니다. 오늘 죄악에 물든 자들에게 복음을 전하여 그들도 구원의 반열에 들도록 그들을 불쌍히 여기소서. 예수 그리스도의 이름으로 기도 드립니다.

믿는 법을 모른다는 자

구원에 이르는 신앙의 과정

■ 찬 송 ■ ♪ 343, 205, 189, 196　　　■ 참 조 ■ ☞ ② 239p, 291p
■ 본 문 ■ 네가 만일 네 입으로 예수를 주로 시인하며 또 하나님께서 그를 죽은 자… 【롬 10:9-10】
■ 서 론 ■ 프랑스의 종교개혁자요 신학자로 장로교회의 근원을 만들었고 '기독교강요'를 저술한 존 칼빈은 "인류의 구원은 하나님의 절대적인 의지와 목적을 따라 정한 것이다."라고 했다. 여기서 그의 '예정론'은 출발한다. 사도 바울은 로마에 보낸 편지에서 구원에 이르는 과정을 서술하였는데 이는?

■ 말 씀 ■
I. 성도의 마음으로 믿는 과정
　　바울은 예수를 주로 시인하며 또 하나님께서 그를 죽은 자 가운데서 살리신 것을 네 마음에 믿으면 구원을 얻으리니라고 했다. 여기서 '주'는 헬라어 '퀴리온'으로 이 명칭은 바울 당시 로마 황제에 대해서 사용되었고 예수께 이 명칭을 사용함은 황제에 대한 반역 행위였다. 신앙은 예수가 나를 위해 죽으셨다가 부활하신 구세주이심을 믿고 그 예수를 마음속에 모심으로 시작된다.
　　＊ 참고 성구 ＊　요 5:24, 11:25, 20:31, 고전 1:18, 딤후 3:15, 요일 5:1

II. 성도의 입으로 시인하는 과정
　　바울은 마음으로 믿어 의에 이르고 입으로 시인하여 구원에 이른다고 했다. 여기서 '시인하여'는 헬라어 '호몰로게이타이'로서 '공개적으로 고백하다'의 뜻을 갖는 본동사는 현재형으로 계속적으로 시인할 것을 강조한다. 사람들 앞에서 주 예수를 입으로 시인한다는 것은 자기의 신앙을 두려움 없이 공언하는 것으로 이 신앙고백은 예수께 대한 성도의 마음을 입으로 표현하는 것이다.
　　＊ 참고 성구 ＊　마 10:32, 막 8:38, 눅 12:8, 빌 2:11, 요일 4:15

III. 성도의 행동으로 증거하는 과정
　　찬송가 작사자인 필립 폴 블리스는 "주님은 위대한 등대이시다. 우리 성도들은 작은 등대로 빛을 발하여 빛을 찾는 어두운 세계의 생명들을 하나님께로 인도해야 한다."라고 했다. 성도의 구원은 열매를 맺는 신앙으로써 증거되어진다. 특별히 불신자 앞에서 성도의 믿음은 행동으로 증거되어야 하는데 이는 생활에서 가치의 기준을 보이는 중요한 일이라고 할 수 있다.
　　＊ 참고 성구 ＊　살전 4:3, 딤전 4:3, 6:18, 벧전 2:12, 마 5:16, 딛 2:7

■ 기 도 ■ 우리에게 구원을 주신 하나님! 이 시간 마음으로 믿고 입으로 시인하며 행동으로 증거하는 구원의 신앙을 깨달았습니다. 이 진리를 믿지 않는 모든 자에게 선포하는 우리가 되게 하소서. 예수 그리스도의 이름으로 기도 드립니다. 아멘

돈 벌어서 믿겠다는 자

두로 왕의 재물에 대한 책망

■ 찬 송 ■ ♪ 71, 348, 354, 356　　■ 참 조 ■ ☞ ② 339p ③ 331p

■ 본 문 ■ 네 지혜와 총명으로 재물을 얻었으며 금, 은을 곳간에 저축하였으며… 【겔 28:4-8】

■ 서 론 ■ 미국의 소설가로 '주홍글씨'의 작가 나다니엘 호돈은 "우리가 부동산이라고 부르는 것, 곧 집을 지을 수 있는 단단한 땅은 이 세상의 거의 모든 죄가 머물러 있는 넓은 기반이다."라고 했다. 두로 왕은 성서 해석으로는 '사단'을 의미하기도 한다. 하나님과 동시에 섬기지 못한다는 재물의 해악은?

■ 말 씀 ■

Ⅰ. 재물은 사람을 교만하게 한다

기자는 재물로 네 마음이 교만하였도다라고 했다. 여기서 '교만하였도다'는 히브리어 '가바'로서 '높이 솟아오르다, 높아지게 되다'는 뜻으로 다른 사람보다 뛰어나다고 생각하여 상대방을 무시할 뿐만 아니라 심지어 하나님 자리까지 넘보는 가증한 교만을 가리킨다. 재물도 하나님의 귀한 축복이지만 그것을 자기 능력과 총명으로 얻은 것이라 착각하면 하나님 자리까지 넘보게 된다.

* 참고 성구 *　딤전 6:10, 신 8:13-14, 마 19:23, 믹 4:19, 잠 23:5, 16, 18

Ⅱ. 재물은 사람 사이에 원수를 만든다

기자는 열국의 강포한 자를 거느리고 와서 너를 치리니라고 했다. 강포한 자를 '거느리고'는 히브리어 '보'로서 '부르다, 고용하다'는 뜻으로 여기서는 열방이 하나님의 심판의 도구로 사용됨을 의미한다. 세상살이에서 한쪽의 성공은 다른 한쪽 사람들의 피해를 초래하여 이루어지는 경우가 많다. 따라서 물질을 부정하게 모으거나 재물만 밝히면 원수를 만드는 결과를 가져오게 한다.

* 참고 성구 *　슥 9:3-4, 시 9:16, 62:10, 창 31:1-2, 약 5:3

Ⅲ. 재물은 사람에게 죽음을 부른다

기자는 너를 구덩이에 빠뜨려서 너로 바다 가운데서 살육을 당한 자의 죽음같이 바다 중심에서 죽게 할지라고 했다. 고려의 승려로서 조계종을 창시한 지눌 선사는 "재물과 악한 여자가 주는 재앙은 독사의 독보다도 더 무섭다."라고 했다. 과다한 물질의 보유는 오히려 생명의 위협이 되며 이를 잘못 사용하면 타락의 길을 걷게 하여 영적인 생명까지 죽게 하는 원인이 된다.

* 참고 성구 *　골 3:5-6, 마 6:24, 딤전 6:17, 잠 22:1, 11:4, 눅 12:20, 16:13

■ 기 도 ■ 재물과 당신을 겸하여 섬길 수 없다고 하신 하나님! 이 시간 재물의 폐해를 보았습니다. 우리에게 많지도 작지도 않은 일용할 양식을 채워 주소서. 예수 그리스도의 이름으로 기도 드립니다. 아멘

돈 벌어서 믿겠다는 자

히스기야의 실수가 주는 교훈

■ 찬 송 ■ ♪ 353, 98, 354, 405   ■ 참 조 ■ ☞ ① 227p

■ 본 문 ■ …히스기야가 사자의 말을 듣고 자기 보물고의 금은과 향품과…【왕하 20:12-21】

■ 서 론 ■ 중국 춘추전국시대의 사상가로 노자와 더불어 쌍벽을 이룬 장자는 "알맞으면 복이 되고 너무 많으면 해가 되나니 세상에 그렇지 않은 것이 없거니와 재물에 있어서는 더욱 심하다."라고 했다. 하나님께 병고침 받은 것을 자랑하지 않고 자기 재산을 자랑한 히스기야는?

■ 말 씀 ■
I. 부유하므로 교만해진 히스기야
기자는 보물고의 금은과 향품과 보배로운 기름과 그 군기고와 내탕고의 모든 것을 다 사자에게 보였다고 했다. 여기서 '보배로운'은 히브리어 '하토브'로서 '좋다, 값진'이란 뜻으로 왕이 쓰던 것이었으니 귀하고 값진 것이 분명하다. 히스기야는 자기의 병 나음이 하나님의 은혜였음에도 사자에게 자신의 풍부한 물질을 보였음은 자고한 마음으로 자기가 최고임을 은연중에 나타낸 것이다.
  * 참고 성구 * 신 8:13-14, 시 14:13-14, 마 23:12, 약 4:6, 10, 벧전 5:5

II. 부유하므로 안일한 삶을 영위한 히스기야
기자는 저희가 다 보았나니 나의 내탕고에서 하나도 보이지 아니한 것이 없나이다라고 했다. 적국인 바벨론 왕은 히스기야의 병이 완쾌됨을 핑계로 사절단을 보내어 국가의 중요한 곳을 남김없이 탐지하였다. 이것도 모르고 자신의 재력과 능력을 과시한 히스기야는 어리석은 사람이었다. 부유한 자는 부로써 안 되는 일이 없다고 여기기에 영육간에 게으르고 나태한 삶의 자세로 일관한다.
  * 참고 성구 * 잠 21:17, 눅 12:19, 16:19, 딤전 5:6, 빌 3:19

III. 부유하므로 불신앙과 형벌을 받은 히스기야
기자는 날이 이르리니 왕궁의 모든 것과 왕의 열조가 오늘까지 쌓아 두었던 것을 바벨론으로 옮긴 바 되고라 했다. 여기서 '날'은 히브리어 '야밈'으로 '날'(욤)의 복수형이다. 이는 '날들, 기간'으로 번역 가능한 말로 바벨론의 침략이 여러 날 걸쳐 있게 될 것을 가리킨다. 하나님은 당신이 맡기신 것을 자신이 소유인 양 뽐내며 당신을 경외하지 않는 자를 향해 형벌의 계획을 갖고 계신다.
  * 참고 성구 * 마 19:22-23, 잠 17:19, 욥 1:4, 눅 16:23

■ 기 도 ■ 히스기야를 빌하신 하나님! 자신의 병을 치유하시고 생명을 십오 년 연장시켜 주신 은혜를 간증하지 않고 자신의 재물을 적에게 보인 히스기야는 결국 형벌을 받았습니다. 우리는 돈 때문에 당신에게 범죄하지 않도록 이끌어 주소서. 예수 그리스도의 이름으로 기도 드립니다. 아멘

죄가 없다고 교만한 자

예레미야에게 이르신 회개하지 않는 죄

■ 찬 송 ■ ♪ 337, 144, 338, 91   ■ 참 조 ■ ☞ ③ 173p

■ 본 문 ■ …여호와께서 또 내게 이르시되 네가 배역한 이스라엘의 행한 바를 보았느냐… 【렘 3:6-10】

■ 서 론 ■ 소요리 문답서에 보면 "죄는 하나님의 법과 일치하지 않는 것이요, 그 법과 어긋나는 것을 말한다."라고 되어 있다. 또한 죄를 헬라어로 '하말티아'라고 하는데 이는 목표에서 빗나감을 의미하는 것으로, 하나님을 삶의 목표에 두지 않고 비껴가는 모든 것이 죄라는 뜻이다. 회개하지 않는 죄는?

■ 말 씀 ■

Ⅰ. 이는 하나님께 무릎꿇지 않는 교만의 죄를 이른 것임

기자는 그가 내게로 돌아오리라 하였으나 오히려 내게로 돌아오지 아니하였고라 했다. 여기서 '돌아오라'는 히브리어 '슈바'로서 '잘못된 길에서 바른 길로 삶의 방향을 수정한다'는 뜻으로 회개를 말한다. 인간은 하나님 앞에 연약하고 불의한 존재이면서 거만과 자만으로 하나님의 존재를 부인하고 말씀에 순종치 않아 영적으로 부패해진다. 이것이 패망으로 인도하는 교만한 죄악이다.

＊ 참고 성구 ＊ 잠 16:18, 시 10:2, 요일 2:16, 겔 18:31, 벧전 5:5

Ⅱ. 이는 하나님의 경고를 무시한 죄를 이른 것임

기자는 유다가 두려워 아니하고 자기도 행음함을 내가 보았노라고 했다. 여기서 '행음'은 히브리어 '조나'로서 이는 '창녀 노릇을 하다'는 뜻으로 우상 숭배는 여자의 매춘 행위와 같은 것임을 뜻한다. 하나님은 우리가 회개하도록 여러 모양으로 책망과 경고를 하신다. 그럼에도 경고를 무시하는 행위는 하나님으로부터 돌아서게 하고 결국엔 피할 수 없는 멸망의 길을 재촉하게 된다.

＊ 참고 성구 ＊ 말 3:7, 전 8:11, 잠 4:6, 마 11:20

Ⅲ. 이는 하나님의 사랑에 대한 불신의 죄를 이른 것임

기자는 이 땅을 더럽혔거늘 이 모든 일이 있어도 유다가 돌아오지 아니하고라 했다. 여기서 '더럽혔거늘'은 히브리어 '하네프'로서 '더럽히다, 타락하다'는 뜻으로 육체를 성적 타락과 우상 숭배에 내어줌으로써 불경한 상태가 된 것을 의미한다. 회개하는 자에게는 용서의 자비를 베푸신다는 하나님의 사랑과 긍휼의 약속에도 회개치 않음은 하나님의 사랑을 믿지 못하기 때문이다.

＊ 참고 성구 ＊ 요일 1:9, 왕하 10:31, 대하 20:33, 호 10:2, 딤전 4:2

■ 기 도 ■ 하나님 아버지! 이스라엘이 멸망당함을 보았으면서도 유다는 회개하지 않고 우상 숭배를 계속하였습니다. 우리에게 오늘 이 시간 회개의 영을 주시어 교만한 마음을 도말시켜 주소서. 예수 그리스도의 이름으로 기도 드립니다. 아멘

죄가 없다고 교만한 자

베냐민 지파의 패망이 주는 의의

■ 찬 송 ■ ♪ 158, 161, 127, 112   ■ 참 조 ■ ☞ ① 133p

■ 본 문 ■ …온 성읍과 가축과 만나는 자를 다 칼날로 치고 닥치는 성읍마다 다 불살랐더라 [삿 20:29-48]

■ 서 론 ■ 영국의 성직자인 필립 헨리는 "죄는 마치 물에 돌을 던졌을 때 일어나는 파문과 같아서 큰 파문 뒤에 작은 파문이 계속 뒤따른다. 가인의 마음속에 분노가 있었을 때 살인은 먼 곳에 있지 않았다."라고 했다. 작은 죄악을 용납한 베냐민 지파 그들을?

■ 말 씀 ■

I. 하나님은 자기 중심적인 자를 망하게 하심

기자는 싸움이 심히 맹렬하나 베냐민 사람은 화가 자기에게 미친 줄을 알지 못하였더라고 했다. 여기서 '미친' 은 히브리어 '나가' 로서 '만지다, 도달하다' 의 뜻으로 절박한 상황이 손으로 만질 수 있을 정도로 가까운 거리에 이른 것을 의미한다. 무엇이 주의 뜻인지 묻기는커녕 자기의 소견에 옳은 대로, 자기의 욕심이 향하면 향하는 대로 행하는 자는 그 패망의 길에서 결국엔 넘어지고야 만다.

* 참고 성구 *   잠 12:15, 26:12, 사 5:21, 롬 12:16, 고전 8:2, 갈 6:3

II. 하나님은 위선에 가득 찬 자를 망하게 하심

기자는 베냐민 자손이 패한 것을 깨달았으니라고 했다. 여기서 '깨달았으니' 는 히브리어 '라아' 로서 '보다' 가 기본 의미이다. 이는 두 눈으로 직접 목격하거나 몸으로 체험한 후 비로소 사태를 직시하게 되었다는 뜻이다. 속으로는 온갖 음란과 부정부패와 악행을 저지르면서도 겉으로는 경건을 가장하며 거룩한 척하며 하나님을 속이는 자를 중심을 보시는 하나님이 패망케 하신다.

* 참고 성구 *   마 24:25-26, 잠 23:7, 눅 12:1, 딤전 4:2, 딛 1:16

III. 하나님은 스스로 높이는 자를 망하게 하심

기자는 그들이 베냐민 사람을 에워쌌더니 그 쉬는 곳에서 짓밟으매라고 했다. 여기서 '짓밟으매' 는 히브리어 '다라크' 로서 '타작하다, 시위를 달기 위해 활을 밟다' 는 뜻으로 맹렬한 기세로 적진을 난타하는 장면을 생생하게 전달해 준다. 하나님의 은혜가 아니면 감히 나아갈 수 없는 존재인 사람임을 망각하고 오만방자하여 안하무인으로 행하는 자를 패망케 하시고 무릎을 꿇게 하신다.

* 참고 성구 *   마 23:12, 겔 28:19, 눅 1:51-52, 출 15:4, 벧전 5:5

■ 기 도 ■ 베냐민 지파를 징계하신 하나님! 범죄한 자들을 옹호하여 대적한 베냐민 지파는 크게 패망했습니다. 오늘 우리도 범죄하고 교만한 마음을 버리고 회개하여 당신께 겸손히 나아오는 자들이 되게 하소서. 예수 그리스도의 이름으로 기도드립니다. 아멘

> 죄가 없다고 교만한 자

사람의 교만이 가져오는 결과

■ 찬 송 ■ ♪ 417, 408, 404, 465   ■ 참 조 ■ ☞ ① 267p

■ 본 문 ■ …모든 백성 곧 에브라임과 사마리아 거민이 알 것이어늘 그들이 교만하고 완악한 마음으로 말하기를 벽돌이 무너졌으나 우리는 다듬은 돌로 쌓고…【사 9:8-12】

■ 서 론 ■ "안하무인(眼下無人)이란 자기밖에 없는 듯이 교만하고 방자하여 모든 사람을 업신여기며 제 위에 아무도 없다는 것을 이르는 말이다." 잠언에도 "교만은 패망의 선봉이요 거만한 마음은 넘어짐의 앞잡이니라."는 구절이 있다(잠 16:18). 사람에게서 교만이 넘쳐날 때는?

■ 말 씀 ■

I. 교만은 다툼을 일으킴

영국과 미국의 속담에 "개 꼬리가 몸통까지 흔든다"(하극상)라는 말이 있다. 사람들 사이에 끊임없이 분쟁이 발생하는 근본적인 원인은 자기 자신을 사람들 앞에서 내세우는데 있으며, 서로 높아지려고 하는 것으로 인해서 사람들은 패거리를 만들어 분열을 조장하고, 상대를 업신여겨서 싸움박질을 일으키거나 국가 사이에도 전쟁을 초래하는 다툼을 일으킨다.

　　* 참고 성구 * 잠 13:10, 에 3:5, 요 9:28, 벧전 5:5

II. 교만은 하나님을 부인함

기자는 그들이 교만하고 완악한 마음으로 말하기를 벽돌이 무너졌으나 우리는 다듬은 돌로 쌓고라 했다. 여기서 '완악한'은 히브리어 '고델'로서 '성장하다, 위대하게 되다, 칭찬하다'의 '가달'에서 파생된 말로 스스로 크게 여기고 자신을 칭찬하는 행위를 가리킨다. 사람이 교만하게 되면 이웃을 멸시할 뿐 아니라 자신의 고집만을 내세워 결국엔 하나님까지 부인하는 결과를 초래하게 된다.

　　* 참고 성구 * 시 10:4, 롬 12:16, 고전 8:2, 딤전 6:4, 약 4:6

III. 교만은 멸망을 가져옴

기자는 그럴지라도 여호와의 노가 쉬지 아니하며라고 했다. 여기서 '노'는 히브리어 '헤마'로서 '열을 받다, 따스하다'의 '야함'에서 유래된 말로 단순한 '화'가 아니라 상대에 대한 불만으로 인해 끓어오르는 감정을 뜻한다. 교만은 천사장 루시퍼를 대적자 사단으로 만들어 하나님께 대항하여 천상에서 쫓겨난 이래 어두움의 세상 주관자가 되어 끝내는 멸망을 가져오게 하였다.

　　* 참고 성구 * 잠 16:18, 시 14:12-13, 엡 6:12, 겔 28:13-19, 계 12:9,20:2,10

■ 기 도 ■ 교만을 미워하시는 하나님! 모든 죄악의 원인이 바로 교만인 줄을 깨달았사오니 우리에게 겸손을 덧입게 하시고 우리의 모든 불의를 도말시키소서. 예수 그리스도의 이름으로 기도 드립니다. 아멘

> 죄가 없다고 교만한 자

웃사의 죽음에 내포된 교훈

■ 찬 송 ■ ♪ 216, 195, 216, 332 　　■ 참 조 ■ ☞ ③ 281p

■ 본 문 ■ 기온의 타작마당에 이르러서는 소들이 뛰므로 웃사가 손을 펴서 궤를… 【대상 13:9-13】

■ 서 론 ■ 로마의 격언에 "충동이 매사를 망친다."는 말이 있다. 또한 영국의 성직자요 신학자인 어거스트 W. 헤어는 "인생에서 실패의 반은 자기를 끌어주는 말이 펄쩍 뛰는 데서 비롯된다."라고 했다. 하나님의 법궤를 손으로 만진 웃사는 단번에 하나님의 분노로 죽임을 당했다. 이것의 교훈은?

■ 말 씀 ■

Ⅰ. 성도가 실패하는 것은 무지하기 때문임

기자는 소들이 뛰므로 웃사가 손을 펴서 궤를 붙들었다고 했다. 여기서 '궤'는 히브리어 '아론'으로 윗면을 뚜껑으로 닫을 수 있도록 제작된 상자를 뜻하는데 속죄소가 이 궤의 뚜껑으로 만들어졌다. 웃사의 죄는 하나님이 지정해 주신 사명자가 아님에도 하나님의 궤를 만진 데 있다. 성도의 실패는 자신의 결정에 앞서 하나님의 온전하신 뜻이 무엇인지 분별치 못한 어리석음에 기인한다.

＊ 참고 성구 ＊ 롬 12:2, 민 4:5, 15, 20, 레 19:8, 벧전 1:17

Ⅱ. 성도가 실패하는 것은 조급하기 때문임

기자는 웃사가 손을 펴서 궤를 붙듦을 인하여 여호와께서 진노하사 치시매라고 했다. 여기서 '진노하사'는 히브리어 '나타티 파나이'로서 직역하면 '얼굴을 향하여'인데 이는 노가 직접적이고 분명한 것임을 나타내 주는 표현이다. 모든 일에는 하나님께서 정하신 때와 기한이 있는데 이것을 인내하여 기다리지 못하고 자신의 힘으로 서둘러 이루려 하거나 포기하여 실패하는 것이다.

＊ 참고 성구 ＊ 전 7:8, 3:1, 3 딤후 3:4-5, 심하 6:7, 히 10:26-27

Ⅲ. 성도가 실패하는 것은 교만하기 때문임

기자는 그 날에 다윗이 하나님을 두려워하여 가로되 내가 어찌 하나님의 궤를 내 곳으로 오게 하리요 했다. 하나님의 언약궤, 곧 '아론 베리트'는 거룩한 성물로서 수레로 운반하면 안되는 것인데 다윗과 웃사는 자기의 소견대로 행했고, 또한 손으로 잡음으로써 죽음을 재촉한 것이다. 성도가 하나님께서 명하신 절차나 방법을 소홀히 여기고 자신의 소견대로 행함은 교만한 마음 때문인 것이다.

＊ 참고 성구 ＊ 욥 1:4, 신 10:8, 사 14:13-14, 마 23:12, 잠 16:18

■ 기 도 ■ 웃사를 죽게 하신 하나님! 이 시간 우리의 무지와 조급함과 교만을 회개하오니 당신의 노를 거두시고 겸손히 두 손 들고 당신께 나아가오니 받아 주시옵소서. 예수 그리스도의 이름으로 기도 드립니다. 아멘

무신론자

시편에 나타난 어리석은 불신자의 모습

■ 찬 송 ■ ♪ 219, 490, 496, 337　　■ 참 조 ■ ☞ ① 357p
■ 본 문 ■ 저희가 낙토를 멸시하며 그 말씀을 믿지 아니하고 저희 장막에서 원망하며… 【시 106:24-27】
■ 서 론 ■ 스코틀랜드의 소설가 조지 맥도날드는 "불신은 아무 힘이 없다. 믿을 근거를 찾지 못하였으므로 불안할 뿐이다. 마음의 불안한 상태는 모든 것을 의심의 눈으로 보게 만든다."라고 했다. 어리석은 불신자의 행태를 시편 기자는 다음과 같이 말하고 있다. 어리석은 불신자는?

■ 말 씀 ■

Ⅰ. 어리석은 불신자는 하나님의 나라에 대해 경멸한다

기자는 저희가 낙토를 멸시하며라고 했다. '어리석은'은 히브리어 '페티'로서 '파타'(손쉬운, 순진한)에서 온 말로 주관이나 비판 능력이 없어 남의 말을 그대로 받아들이는 것을 뜻한다. 하나님께서는 그의 백성들을 당신과의 완전하고 영원한 교제가 이루어지는 천국으로 초청하신다. 그러나 불신자들은 하늘나라를 외면하고 오직 죽음으로 향하는 이 땅의 삶에만 만족하고 있다.

＊ 참고 성구 ＊ 롬 3:12, 시 58:3, 잠 27:8, 유 1:13, 엡 2:12

Ⅱ. 어리석은 불신자는 하나님의 말씀에 대해 불신한다

기자는 그 말씀을 믿지 아니하고라 했다. 여기서 '말씀'은 히브리어 '페'로서 '말'이라는 의미보다는 '입'으로 하나님의 신체를 거론함으로써 더욱 말씀의 신빙성을 더한다. 하나님의 말씀은 절대적인 진리인데 어리석은 사람은 그 깊은 진리를 몰라서 비본질적이고 비진리적인 것을 진리인 양 착각하여 믿고서 참된 진리인 하나님의 말씀을 상관없는 것으로 치부한다.

＊ 참고 성구 ＊ 잠 1:7, 마 17:19-20, 13:58, 요 3:36, 히 3:12, 창 19:14

Ⅲ. 어리석은 불신자는 하나님의 은혜에 대해 불평한다

기자는 저희가 장막에서 원망하며 여호와의 말씀을 청종치 아니하였도다라고 했다. 여기서 '원망하며'는 히브리어 '라간'으로 불만족하여 '중얼거리다'는 소극적 의미와 '반역하다'는 적극적인 의미까지 포함된 말이다. 우리가 살아가는 모든 것이 하나님의 은혜임에도 불구하고 불신자들은 그것을 깨닫지 못하고 감사할 줄 모르며 항상 불평과 불만만을 일삼고 있다.

＊ 참고 성구 ＊ 민 13:31, 잠 19:3, 요 6:43, 고전 10:10, 빌 2:14

■ 기 도 ■ 이스라엘의 불신앙을 진노하신 하나님! 가나안 복지를 기업으로 주시겠다는 당신의 신실한 언약을 신뢰하지 않은 이스라엘은 오늘의 무신론자의 행태와 같음을 깨닫고 회개하오니 이들을 긍휼히 여기소서. 예수 그리스도의 이름으로 기도드립니다. 아멘

무신론자

여호와 이름에 내포된 하나님의 성호

■ 찬 송 ■ ♪ 359, 265, 93, 341   ■ 참 조 ■ ☞ ② 41p, 233p

■ 본 문 ■ …하나님이 모세에게 이르시되 나는 스스로 있는 자니라… 【출 3:13-22】

■ 서 론 ■ "성경 기자들이 성경을 기록할 때 여호와의 성호를 기록할 때는 성호가 너무 거룩하여 미리 앉은 자세를 가다듬고, 그 성호를 다 쓰기 전에 먹물이 마르는 일이 없도록 하기 위하여 먹물을 새로 찍었고, 중간에 중단하는 일이 없도록 세심한 주의를 기울였다"고 한다. 여호와의 성호는?

■ 말 씀 ■

I. 스스로 있는 자

기자는 나는 스스로 있는 자니라고 했다. 여기서 '스스로 있는 자'는 히브리어 '예흐웨 아쉐르 예흐웨'로서 문자적으로 '나는 나다'(I am who I am)인데 즉 '자존자'를 의미한다. 하나님은 어느 누구에게도 구속받지 않으시고 제한받지 않는 유일한 분이시며 모든 만물의 근원되시는 태초부터 계신 분이시다.

 * 참고 성구 * 신 6:4, 시 83:18, 막 12:29, 고전 8:4, 딤전 2:5

II. 영원하신 하나님

기자는 나의 영원한 이름이라 했다. 이방 신과 대조되는 엘로힘(단수로는 엘)은 참되신 하나님을 표현한다. 하나님은 영원부터 존재하신 분이실 뿐 아니라 영원히 계실 분이시며 시간을 초월하여 살아 계시는 분이시다.

 * 참고 성구 * 시 40:28, 신 33:27, 시 135:13, 벧후 3:8, 계 1:8

III. 전능하신 하나님

기자는 너희 조상의 하나님이라 했다. 하나님은 아브라함에게 전능하신 하나님으로 나타나셨다. '전능하신 하나님'은 복합어 '엘 샤다이'이다. 무에서 유를 창조하시는 능력의 하나님은 모든 것을 능히 이루신다.

 * 참고 성구 * 창 17:1, 욥 42:2, 시 43:13, 마 19:26, 눅 1:37

IV. 전지하신 하나님

기자는 너희가 애굽에서 당한 일을 보았노라고 했다. 하나님은 모든 우주 만물을 친히 계획하시고 섭리하시며 다스리시는 하나님으로 일의 시작에서 끝까지 그 모든 것을 낱낱이 알고 계시는 전지하신 분이시다.

 * 참고 성구 * 출 3:19, 삼상 2:3, 단 2:22, 마 6:8, 요일 3:20

■ 기 도 ■ 스스로 계신 분이신 야훼 하나님! 당신의 성호에 나타난 의미를 살펴보았습니다. 우리의 무지함을 용서하시고 당신을 경멸한 죄를 회개하며 겸손히 당신께 나아가오니 받아 주시옵소서. 예수 그리스도의 이름으로 기도 드립니다. 아멘

무신론자

이사야가 언급한 어리석은 자의 특징

■ 찬 송 ■ ♪ 328, 326, 273, 327　　■ 참 조 ■ ☞ ① p 357p

■ 본 문 ■ 이는 어리석은 자는 어리석은 것을 말하며 그 마음에 불의를 품어 간사를 행하며 패역한 말로 여호와를 거스리며 주린 자의 심령을 비게 하며… 【사 32:6】

■ 서 론 ■ 독일의 정치가로 '철혈재상'으로 불린 비스마르크는 "하나님이 계시는지 안 계시는지 모르겠다고 말하지 않고 알지도 못하는 주제에 '하나님은 안 계신다' 라고 큰 소리로 말하는 자처럼 어리석은 자는 없다."라고 했다. 어리석은 자는 부패하고 소행이 가증하여 선을 행하는 자가 없다(시 53:1). 어리석은 자 곧 '나발'은?

■ 말 씀 ■

I. 어리석은 자는 자기 뜻대로 행한다

기자는 어리석은 자는 어리석은 것을 말한다고 했다. 여기서 '어리석은'은 히브리어 '나발'로서 영적, 도덕적인 지혜와 분별력이 미흡하고 쾌락을 즐기는 일에 정열과 재산을 탕진하는 상태를 묘사한다. 인간의 연약함과 죄성을 깨닫지 못하고 자신의 판단과 의지만을 따라서 사는 자들은 그 길이 멸망당하는 길임에도 이를 깨닫지 못하고 그 길로 행하는 어리석은 자이다.

　＊ 참고 성구 ＊ 잠 14:16, 호 10:13, 눅 12:20, 렘 17:11, 삼상 25:10-11

II. 어리석은 자는 세상을 사랑한다

기자는 그 마음에 불의를 품어 간사를 행한다고 했다. 여기서 '마음'은 히브리어 '레브'로서 인간의 지적, 감정적, 의지적 기능이 포괄된 내적 성향의 총체를 가리킨다. 어리석은 자는 한순간 썩어 없어질 헛된 세상의 것만을 사랑하고 의지하는 자들인즉 그들의 삶은 마치 모래 위에 집을 짓는 자와 같다. 바울은 데마를 가리켜 나를 버리고 세상을 사랑하여 떠나갔다고 했다.

　＊ 참고 성구 ＊ 눅 12:16-19, 17:28-29, 딤전 5:6, 딤후 3:4, 4:10, 약 5:5

III. 어리석은 자는 하나님을 부인한다

기자는 패역한 말로 여호와를 거스린다고 했다. 여기서 '패역'은 히브리어 '메리'로서 '쓰다, 불쾌하다'(마라)에서 '반역, 거역'으로 파생된 말로 패역이 하나님에 대한 불쾌감에서 시작됨을 암시한다. 창조자시요 주권자시며 심판주이신 하나님을 없다고 부인하는 자는 자신의 근본도, 삶의 의미와 원리도 모르고 영원한 미래도 알지 못하는 자로서 참으로 심히 어리석은 자이다.

　＊ 참고 성구 ＊ 시 10:4, 14:1, 36:1, 렘 5:12, 요일 2:22, 벧후 3:4

■ 기 도 ■ 어리석은 자를 멸하시는 하나님! 오늘 이 시간 어리석은 자의 행위를 보았습니다. 우리는 당신만 의지하고 진리를 사모하오니 마지막 날까지 우리를 인도하소서. 예수 그리스도의 이름으로 기도 드립니다. 아멘

무신론자

멸망받을 어리석은 자의 의미

■ **찬 송** ■ ♪ 331, 334, 440, 380　　■ **참 조** ■ ☞ ① 357p

■ **본 문** ■ …만군의 여호와께서 우리를 위하여 조금 남겨 두지 아니하셨더면 【사 1:2-9】

■ **서 론** ■ "인간들은 하나님이 인간들의 속임수에 속아넘어가 주시기를 바라고 있다." 라고 한경직 목사는 말했다. 어리석음(foolish)은 성경에서는 대개 도덕심의 결핍이나 불경건함을 의미했다(시 14:1, 53:1). 솔로몬은 잠언과 전도서에서 80 차례 이상 어리석은 자에 대해 언급했다. 어리석은 자는?

■ **말 씀** ■

I. 하나님이 없다고 하는 어리석은 자

기자는 내가 자식을 양육하였거늘이라 했다. 여기서 '양육하였거늘'은 히브리어 '깃달티 로맘티'로서 (곡식 단을) '쌓아 올리다'(깃달티)와 '높이다, 일으키다, 들어올리다'(로맘티)의 합성어인데 이는 곡식을 가꾸는 농부처럼 하나님께서 유다 백성을 키우시고 당신의 백성 자리에까지 높여 주심을 뜻한다. 하나님의 사랑과 은혜를 깨닫지 못하는 하나님을 부인하는 자이다.

　　＊ 참고 성구 ＊　시 53:1, 10:4, 14:1, 36:1, 렘 5:12, 요일 2:22

II. 돌이킬 줄 모르는 어리석은 자

기자는 슬프다 범죄한 나라요라고 했다. 여기서 '범죄한'은 히브리어 '하타'로서 원뜻은 (과녁을) '맞추지 못하다, 빗나가다'인데 하나님의 뜻을 맞추지 못함이 죄인 것이다. 또한 '허물진'은 '아온'으로 '구부리다, 뒤틀다, 비틀다'를 뜻하는 '아와'에서 파생된 말로 '죄악, 부정, 비뚤어진 행동'을 의미한다. 하나님의 자비와 징계에도 끝까지 돌이키지 않고 불의와 불법을 일삼는 자이다.

　　＊ 참고 성구 ＊　시 5:9, 눅 11:39-40, 잠 4:16, 딤후 3:3, 유 1:13

III. 불의로 치부하는 어리석은 자

기자는 더욱 더욱 패역하느냐 온 머리는 병들었고 온 마음은 피곤하였으며라고 했다. 여기서 '머리'는 히브리어 '로쉬'로서 상징적으로 장소, 시간, 지위 등의 최상을 뜻하는데 이는 타락한 유다의 모든 지도층을 지칭한다고 볼 수 있다. 하나님의 의를 보여서도 하나님을 두려워하기는커녕 오히려 세상적인 정욕을 좇아 자신의 이익만 추구하고 백성을 깔아뭉개는 자이다.

　　＊ 참고 성구 ＊　렘 17:11, 22:13, 마 7:26, 잠 21:6, 왕상 21:7, 약 5:4

■ **기 도** ■ 어리석은 자를 멸하시는 하나님! 오늘 이 시간에 우리의 교만을 회개하고 겸손히 당신께 나아가오니 죄과를 묻지 마시고 긍휼을 베푸시옵소서. 예수 그리스도의 이름으로 기도 드립니다. 아멘

> 신앙을 무시하는 자

하나님의 이적에 내포된 의의

■ 찬 송 ■ ♪ 77, 34, 55, 53   ■ 참 조 ■ ☞ ① 41p, 103p

■ 본 문 ■ …무수한 파리떼가 바로의 궁에와 그 신하의 집에와 애굽 전국에 이르니…【출 8:16-32】

■ 서 론 ■ 영국의 신학자요 성직자인 토마스 풀러는 "이적들은 유아 교회의 강보들이다." 라고 했다. 하나님의 이적은 초자연적인 현상으로서, 정상적인 자연 현상으로는 설명할 수 없는 비상한 사건 자체를 가리키는 것을 의미한다. 따라서 이적은 행하는 이의 능력과 신분을 증명하는 표적이다. 하나님은?

■ 말 씀 ■

Ⅰ. 하나님은 이적을 통해 권위를 드러내심

기자는 이는 하나님의 권능이니이다 하나 바로의 마음이 강퍅케 되어라고 했다. 여기서 '권능'은 히브리어 '에츠바'로서 '손가락'이란 뜻으로 이는 하나님께서 손수 내리신 재앙임을 강조한 것으로 초월적인 존재가 확실히 있음을 인정하는 말이다. 하나님께서는 놀라운 이적을 통해서 자신이 모든 만물과 모든 행사를 손수 주관하시는 당신의 권위와 능력을 인정하도록 나타내신다.

　　* 참고 성구 *　출 17:4-7, 3:2, 신 4:36, 시 97:3, 33:8, 마 10:28

Ⅱ. 하나님은 이적을 통해 보증을 제공하심

기자는 내가 내 백성의 거하는 고센 땅을 구별하여 그 곳에는 파리떼가 없게 하리니라고 했다. 여기서 '구별하여'는 히브리어 '팔라'로서 '현저히 구분하다, 뚜렷하다, 구별하다, 다르게 취급하다'라는 말로 여기서는 애굽 백성과 달리 이스라엘 백성을 특별하게 대우한다는 의미이다. 하나님께서는 이적을 통해서 당신의 뜻과 계시에 대한 확실한 증거를 보여 주셔서 그 뜻을 확신하게 하신다.

　　* 참고 성구 *　롬 15:18-19, 삿 6:38, 왕상 13:3, 왕하 20:9, 눅 2:12

Ⅲ. 하나님은 이적을 통해 용기를 북돋우심

기자는 가지 말라 그린즉 너희는 나를 위하여 기도하라고 했다. 여기서 '기도하라'는 히브리어 '하에티루'로서 '중재하다'는 뜻의 '아타르'에서 온 말로 애굽의 바로가 모세에게 하나님께 파리떼의 이적이 물러나도록 부탁한 말이다. 하나님은 당신의 능력과 뜻을 분명히 깨달은 자들이 보다 성숙한 신앙인으로 담대한 믿음의 용기와 신실함을 가지고 봉사, 헌신하도록 이적을 베푸신다.

　　* 참고 성구 *　삿 6:11-24, 출 4:8, 행 9:15, 고전 1:27-29, 12:7

■ 기 도 ■ 이적을 베푸신 하나님! 오늘 이 시간 이적에 대해서 배웠습니다. 다시는 당신을 망령되어 일컫는 말을 금하게 하시고 이적을 통해 신앙을 갖고서 믿는 자가 되게 하소서. 예수 그리스도의 이름으로 기도 드립니다. 아멘

신앙을 무시하는 자

나답과 아비후가 드린 다른 불의 의미

■ 찬 송 ■ ♪ 349, 352, 218, 354   ■ 참 조 ■ ☞ ② 51p

■ 본 문 ■ 나답과 아비후는 시내 광야에서 다른 불을 여호와 앞에 드리다가 여호와 앞에서 죽었고 무자하였고 엘르아살과 이다말이 그 아비 아론 앞에서 제사장의 직분을 행하였더라【민 3:4】

■ 서 론 ■ 나답과 아비후는 아론의 아들인데 여호와께서 명하시지 않은 다른 불을 담아 여호와 앞에서 분향하다가 그 불에 삼키워 죽임을 당했다(레 10:1-7). 이는 하나님을 섬기는 자는 누구든지 자기의 지혜가 아닌 하나님의 말씀대로 행해야만 된다는 것을 보여 주는 사건이다. 다른 불은?

■ 말 씀 ■

Ⅰ. 다른 불은 불경한 죄임

다른 불은 상번 제물을 태우기 위하여 항시 불타고 있었던 '번제단의 불 이외의 불'을 말한다. 하나님은 지극히 거룩하시고 의로우신 분이시기 때문에 그분 앞에 드려지는 모든 예배와 헌신 또한 의롭고 정결해야 함에도 불구하고 그렇지 못하다면 그것은 하나님의 거룩하심을 해치는 것이기 때문에 이는 하나님께 대하여 불경의 죄를 범한 것이 된다.

＊참고 성구＊ 레 10:1-2, 벧전 1:15, 출 15:11, 사 6:3, 고후 7:1

Ⅱ. 다른 불은 불순종의 죄임

다른 불은 공동번역에는 '속된 불'이라고 했는데 이는 하나님의 뜻에 순종하지 아니하고 자기 임의대로 하나님을 섬기는 행위에 대한 비유적인 표현이다. 하나님은 우리에게 예배와 헌신을 명하실 뿐만 아니라 그에 대한 방법과 자세까지도 세세히 일러 주셨건만 그 말씀대로, 그 뜻대로 하지 않고 자기 주장대로 행한다면 그것은 명백한 불순종의 죄를 범한 것이 된다.

＊참고 성구＊ 신 11:28, 삼상 12:15, 엡 5:6, 살후 1:8, 딤전 1:9

Ⅲ. 다른 불은 교만의 죄임

다른 불은 하나님 앞에서 드려지는 제사는 하나님의 뜻에 합당한 것이어야 하는데 그 방법과 모습과 목적이 하나님의 뜻에 어긋날 때 곧 자기 의지로 섬기는 모든 행위를 가리킨다. 하나님의 뜻을 먼저 헤아리고 그 아래 자기 자신의 뜻과 의지를 모두 복종시켜야 함에도 불구하고 자신만을 고집한다면 그것은 실로 심각한 결과를 초래하는 가증한 교만의 죄를 범한 것이 된다.

＊참고 성구＊ 신 27:10, 시 40:4, 딤전 6:4, 약 4:6, 벧전 5:5

■ 기 도 ■ 하나님 아버지! 다른 불로 제사를 드린 이들을 죽음으로 다스리신 당신의 뜻을 바로 깨닫고 이 시간 다른 불의 의미를 바르게 깨우치는 시간이 되게 하소서. 예수 그리스도의 이름으로 기도 드립니다. 아멘

신앙을 무시하는 자

아람 군대가 보여준 영적 무지

- ■ **찬 송** ■ ♪ 334, 333, 337, 484   ■ **참 조** ■ ☞ ① 337p ③ 211p
- ■ **본 문** ■ …여호와께서 그 사환의 눈을 여시매 저가 보니 불말과 불병거가 산에 가득하여… 【왕하 6:8-33】
- ■ **서 론** ■ 스코틀랜드의 목사요 찬송가 작가인 호레이시우스 보나는 "모든 불신은 거짓말의 믿음이다."라고 했다. 불신자의 마음의 불안한 상태는 모든 것을 의심의 눈으로 보기 때문에 그들에게는 진정한 영적 자유가 없고 따라서 그들은 무지하다. 불신자는?

■ **말 씀** ■

Ⅰ. 불신자는 무지하여 하나님의 계획을 알지 못함

기자는 이러므로 아람 왕의 마음이 번뇌하여 그 심복들을 불러 이르되라고 했다. 여기서 '번뇌하여'는 히브리어 '잇사에르'로서 '폭풍으로 뒤흔들다'는 뜻의 '사아르'에서 온 말로 몹시 당황하여 안절부절하는 상태를 가리키는 말이다. 하나님은 자신의 깊고 오묘한 섭리와 계획을 당신을 따라서 사는 성도들에게만 보여 주시므로 따라서 이 계획을 알지 못하는 자들은 승리할 수가 없는 것이다.

   * 참고 성구 *   렘 8:7, 4:22, 요 15:21, 행 17:23, 딤후 3:7

Ⅱ. 불신자는 무지하여 하나님의 능력을 알지 못함

기자는 무리의 눈을 어둡게 하옵소서 하매 엘리사의 말대로 그 눈을 어둡게 하신지라고 했다. 여기서 '어둡게 하신지라'는 히브리어 '바스느림'으로서 '소경이 되도록 치셨다'는 말로 여기서는 영적, 지적, 판단력(눈)을 흐리게 했다는 의미이다. 불신자는 하나님의 능력을 바로 알지 못하여 이를 과소평가 함으로써 항상 하나님과 대항하려고 하는데 이는 결국 패배를 맛볼 수밖에 없는 노릇이다.

   * 참고 성구 *   삿 2:10, 창 19:11, 렘 5:4 엡 4:18, 벧전 1:14

Ⅲ. 불신자는 무지하여 하나님의 은혜를 알지 못함

기자는 이 후에 사마리아를 에워싸니라고 했다. 여기서 '에워싸니'는 히브리어 '추르'로서 '속박하다, 포위하다'라는 뜻과 함께 '추방하다, 괴롭히다'라는 뜻도 가지고 있다. 떡과 물로 마시게 하고 돌려보내었음에도 다시 포위한 그들은 진정 은혜를 모르는 자들이었다. 불신자는 이제라도 돌이키면 살 길을 보장받을 수 있음에도 용서하시는 은혜를 알지 못해 죄의 길로 치닫고 있다.

   * 참고 성구 *   고전 1:18, 시 81:11, 잠 1:24, 요 5:43, 살전 4:8

- ■ **기 도** ■ 아람 군대를 웃음거리로 만드신 하나님! 당신의 계획과 능력과 은혜를 모르는 자들을 언제까지 참으시렵니까. 이 시간 회개하고 당신께 나아가는 자를 용서하시고 은혜로 채우소서. 예수 그리스도의 이름으로 기도 드립니다. 아멘

신앙을 무시하는 자

이스라엘의 멸망이 주는 교훈

- **찬 송** ♪ 184, 186, 193, 199   **참 조** ① 219p
- **본 문** …여호와께서 이스라엘을 심히 노하사 그 앞에서 제하시니… 【왕하 17:7-18】
- **서 론** 영국의 철학자요 역사학자인 토마스 칼라일은 "어리석은 사람은 악에 대한 심판이 늦다는 이유로 정의는 없으며 오직 우연만이 있다고 생각한다. 악에 대한 심판은 종종 며칠 혹은 몇 세기 늦춰진다. 그러나 그것은 삶처럼 그리고 죽음처럼 확실하다."고 했다. 심판을 면하려면?

말 씀

Ⅰ. 심판을 피하려면 하나님만을 믿어야 한다

기자는 이스라엘 자손이 가만히 불의를 행하여 그 하나님 여호와를 배역하여라고 했다. 여기서 '가만히 불의를 행하여'는 히브리어 '예하프우'로서 '덮다'의 '하파'에서 온 말로 겉으로는 하나님을 섬기는 척하나 실상 속으로는 우상을 섬김을 뜻한다. 우리네 인생살이의 결국은 죽음이나 하나님을 믿고 구원을 받는 자는 죽음의 심판에서 벗어나서 영생을 맛보게 되는 것이다.

  * 참고 성구 *   요 5:24, 히 9:27, 롬 10:9, 딤후 3:15, 요일 5:1

Ⅱ. 심판을 피하려면 경고에 귀기울여야 한다

기자는 선견자로 이스라엘과 유다를 경계하여 이르시기를이라 했다. 여기서 '경계하여'는 히브리어 '우드'로서 '이중으로 하다, 반복하다'에서 유래된 말로 본문에서는 '강하게 훈계하다, 경고하다'의 의미를 지닌다. 하나님은 수시로 당신 곁을 떠나는 우리에게 돌아오라고 하시는데 이때 돌아오는 자는 영생을, 말씀을 저버리는 자는 심판의 자리에 나아가서 그 마지막이 갈리게 된다.

  * 참고 성구 *   겔 3:18, 욘 3:4, 히 12:25, 벧후 3:17, 계 20:11-15

Ⅲ. 심판을 피하려면 은혜를 기억해야 한다

기자는 여호와의 율례와 여호와께서 그 열조로 더불어 세우신 언약과 경계하신 말씀을 버리고라고 했다. 여기서 '세우신'은 히브리어 '아수'로서 '만들다'라는 뜻인 '아사'에서 온 말로 이스라엘의 조상들과 맺은 언약을 의미한다. 하나님은 배은망덕한 자를 잊지 않으시므로 항상 우리의 삶은 하나님의 은혜로 이루어짐을 잊지 말고 감사드리며 그 은혜를 꼭 기억하며 살아가야 한다.

  * 참고 성구 *   시 64:5, 고전 1:9, 요일 1:3, 눅 24:32, 계 3:4

- **기 도** 이스라엘을 심판하신 하나님! 오늘 이 시간 당신의 경고에 귀기울여서 당신을 믿고 당신의 은혜로 살아가는 자가 되도록 인도하시고 축복하소서. 예수 그리스도의 이름으로 기도 드립니다. 아멘

신앙을 무시하는 자

여호와의 것에 내포된 의미

■ 찬 송 ■ ♪ 361, 490, 353, 377 　　　■ 참 조 ■ ☞ ② 40p, 267p

■ 본 문 ■ …제사장은 그것을 단 위에 불사르지니 이는 화제로 드리는 식물이요… 【레 3:12-17】

■ 서 론 ■ '여호와'(Jehovah)는 하나님의 이름 중 하나로 (출 17:15) 네 개의 자음(YHWH)으로 이루어져 있다. 이 거룩한 이름은 '존재한다(to be)'라는 동사로부터 유래한다. 이 명칭은 성경에 6,823회 사용되어 언약의 하나님을 나타내며 본래 '야훼'로 발음되던 것이 종교개혁 이후에 여호와로 불리었다가 최근에 야훼가 더 정확한 발음임이 입증되어 야훼로 부르고 있다. 여호와의 것은?

■ 말 씀 ■

I. 이는 여호와의 소유를 범하지 말라는 것임

기자는 그 중에서 예물을 취하여 여호와께 화제를 드릴지니 곧이라 했다. 여기서 '예물'은 히브리어 '코르반'으로 '준비하다, 가까이 가져가다'라는 뜻의 '카랍'에서 파생된 말로 곧 높은 자에게 가까이 나아가는 데 필요한 어떤 것을 뜻한다. 인간이 가진 몸과 마음과 물질은 온전히 하나님의 소유이므로 죄로 더럽히고 악한 방법과 목적으로 사용함은 결국 여호와의 소유를 더럽힘이다.

＊ 참고 성구 ＊ 요일 3:1-3, 렘 4:14, 고후 7:1, 딤후 2:21, 약 4:8

II. 이는 여호와의 뜻을 범하지 말라는 것임

기자는 불사르지니 이는 화제로 드리는 식물이요 향기로운 냄새라 했다. 여기서 '향기로운'은 히브리어 '니호아흐'로서 '만족하는, 기뻐하는, 마음을 달래는'이란 뜻으로 죄에 대한 하나님의 진노를 희생제사를 통해 가라앉히고 이런 예배자의 자발적 순종과 헌신이 하나님을 기쁘게 한다는 의미이다. 모든 행사를 내 고집만 내세우고 진행하면 결국 여호와의 의로우신 뜻을 범하는 것이다.

＊ 참고 성구 ＊ 시 40:8, 약 4:15, 요 5:30, 마 12:50, 26:42, 엡 6:6

III. 이는 여호와의 영광을 범하지 말라는 것임

기자는 모든 기름은 여호와의 것이니라 너희는 기름과 피를 먹지 말라 대대로 영원한 규례니라고 했다. 여기서 '규례'는 히브리어 '하카'로서 '새기다, 자르다'의 뜻으로 사람의 마음속에 새겨 지켜야 할 권위를 지닌 명령을 의미한다. 생명은 오직 하나님께만 속한 것이다. 영광과 존귀는 하나님께 돌려져야 하는데 이를 자신에게 돌림은 여호와의 영광을 범하는 것이다.

＊ 참고 성구 ＊ 창 9:4-5, 레 17:11, 신 12:23, 행 12:23, 단 4:30

■ 기 도 ■ 하나님 아버지! 당신의 것에 내포된 의미를 보았습니다. 우리의 교만이 우리를 망하게 하는 것을 깨달았으니 우리로 하여금 겸손히 당신께 나아가게 하소서. 예수 그리스도의 이름으로 기도 드립니다. 아멘

신앙을 무시하는 자

이스라엘의 불신에 임한 형벌

■ 찬 송 ■ ♪ 387, 389, 384, 355   ■ 참 조 ■ ☞ ① 97p ② 125p

■ 본 문 ■ …이 악한 세대 사람들 중에는 내가 그들의 열조에게 주기로 맹세한… 【신 1:34-46】

■ 서 론 ■ "불순종은 모든 악의 근원이다. 아담의 원죄는 하나님께 불순종하는 데서부터 발행했다."고 어느 목회자는 말했다. 사무엘은 불순종한 사울에게 "순종이 제사보다 낫고 듣는 것이 수양의 기름보다 낫다."는 유명한 말을 했다(삼상 15:22). 불순종하는 자는?

■ 말 씀 ■

I. 불순종하는 자는 기업을 얻지 못한다

기자는 너희의 아이들과 당일에 선악을 분변치 못하던 너희 자녀들이라고 했다. 여기서 '아이'는 히브리어 '타프'로서 원어상 아장아장 걷는 '유아'를 뜻하는데 이는 '종종 걷다'는 '타파프'에서 유래된 말로서 가나안 땅에 들어갈 수 있는 출애굽 2세대를 가리킨다. 불순종하는 자들은 하나님의 축복된 기업을 얻지 못하니 이미 약속된 풍성한 축복을 스스로 잃게 되는 것이다.

* 참고 성구 *   히 3:12, 행 20:32, 26:18, 골 1:12, 3:24, 벧전 1:4

II. 불순종하는 자는 실패를 맛본다

기자는 너희가 각각 병기를 띠고 경솔히 산지로 올라가려 할 때에 여호와께서 내게 이르시되라고 했다. 여기서 '병기'는 히브리어 '켈리'로서 '기구, 방패'의 뜻으로 여기서는 싸움터에서 사용되는 무기 중 특히 허벅다리에 차는 칼을 의미한다(삼상 15:13). 죄악된 세상에서 우리편이 되어 주시는 하나님을 저버렸기에 결국에는 사단이 승리하여 실패를 맛볼 수밖에 없는 것이다.

* 참고 성구 *   잠 11:19, 렘 32:33, 시 68:6, 사 1:4-5, 행 7:51

III. 불순종하는 자는 보호받지 못한다

기자는 돌아와서 여호와 앞에서 통곡하나 여호와께서 너희의 소리를 듣지 아니하시며라고 했다. 여기서 '통곡하나'는 히브리어 '바카'로서 '애통하다, 심히 울다'는 뜻으로 위험한 일을 당하고 나서 당황하며 애통하는 마음으로 심히 우는 것을 의미한다. 스스로 보호와 은혜를 베푸시는 하나님을 저버렸기에 하나님도 불순종하는 자에게서 얼굴을 돌려버리시는 것이다.

* 참고 성구 *   눅 13:25, 심상 2:30, 15:22-23, 신 11:28, 엡 5:6, 딤전 1:9

■ 기 도 ■ 불순종하는 이스라엘을 버리신 하나님! 오늘 이 시간 당신을 무시하고 신앙을 저버린 행위를 회개하오니 당신의 긍휼로써 우리의 영혼을 안돈케 하소서. 예수 그리스도의 이름으로 기도 드립니다. 아멘

애굽의 흑암이 상징하는 의미

■ 찬 송 ■ ♪ 100, 99, 424, 192 　　　■ 참 조 ■ ☞ ③ 65p

■ 본 문 ■ …하늘을 향하여 네 손을 들어서 애굽 땅 위에 흑암이 있게 하라…【출 10:21-23】

■ 서 론 ■ 흑암의 재앙은 애굽에 내려진 아홉 번째 재앙으로서, 태양의 밝은 빛은 사라지고 칠흑 같은 어둠만이 온 지면을 덮을 뿐이었다. 3일 동안의 흑암은 애굽 최고의 신으로 숭상받던 태양신 '라(Ra)'의 몰락을 가져왔고 오직 이스라엘 자손이 거한 고센 땅에는 이 재앙이 미치지 않았다. 이 흑암은?

■ 말 씀 ■

Ⅰ. 이는 고통의 상징임

기자는 애굽 땅 위에 흑암이 있게 하라 곧 더듬을 만한 흑암이리라고 했다. 여기서 '더듬을 만한'은 히브리어 '마쇠쉬'로서 '만져 보다, 찾다'는 뜻으로 손으로 더듬어 만져 볼 정도로 한치 앞도 볼 수 없는 캄캄한 어둠을 강조한 말이다. 빛이 없는 어둠 속에서는 한치 앞을 내다보기도, 자유롭게 나아가기도 힘들기 때문에 이로써 쉽게 넘어지고 부딪치는 고통을 당하게 된다.

　　* 참고 성구 *　 욥 30:28, 시 105:28, 계 6:12, 미 3:6, 마 15:14

Ⅱ. 이는 불법의 상징임

기자는 모세가 하늘을 향하여 손을 들매 캄캄한 흑암이 삼일 동안 애굽 온 땅에 있어서라고 했다. 찬란히 비추는 빛이 없는 어둠 속에서는 혼란만이 가중되듯이, 어두움의 세계란 진리가 숨을 죽이고 악이 판을 치며 불법의 세력이 세상을 지배하는 것을 상징한다. 바울은 우리의 씨름은 이 어두움의 세상 주관자들과 하늘에 있는 악의 영들에게 대함이라고 했다.

　　* 참고 성구 *　 엡 6:12-13, 마 27:45, 요 1:5, 3:19, 잠 4:19

Ⅲ. 이는 형벌의 상징임

기자는 이스라엘 자손의 거하는 곳에는 광명이 있었다라고 했다. 여기서 '광명'은 히브리어 '오르'로서 '조명, 발광체, 해'라는 뜻으로 고센 지역에는 예전처럼 해가 그대로 비취고 있었음을 가리킨다. 애굽의 흑암은 하나님의 진노를, 이스라엘의 광명은 하나님의 은총을 각기 나타낸다. 어둠 가운데 있는 자는 생명의 빛을 받지 못하고 자유를 누리지 못해 결국 죽음의 형벌을 받는다.

　　* 참고 성구 *　 계 16:10, 신 28:29, 렘 23:12, 엡 5:8

■ 기 도 ■ 애굽에게 흑암을 내리신 하나님! 완고한 바로를 치시기 위한 당신의 이적을 보았사오니 오늘 이 시간 곧은 목을 꺾고 겸손히 당신 앞에 나아와 무릎을 꿇는 자가 되게 하소서. 예수 그리스도의 이름으로 기도 드립니다. 아멘

완고한 자

강퍅한 바로가 지닌 특성

- **찬 송** ♪ 332, 215, 210, 207   **참 조** ☞ ① 49p
- **본 문** …그러나 바로의 마음이 강퍅하여 그들을 듣지 아니하니 여호와의 말씀과 같더라【출 7:1-13】
- **서 론** 영국의 저술가요 철학자인 프란시스 베이컨은 "인간 자신에 대한 존경심은 종교 다음으로 모든 악덕에 대한 가장 으뜸가는 굴레이다."라고 했다. 모세와 대결한 애굽의 바로(=파라오)는 '아멘호텝 2세'로 알려졌는데 그는 강력하고 유능한 왕으로 당시 20-22세 가량 되었다. 세계적인 대제국 애굽의 왕으로 그는 교만했고 마음이 강퍅했다. 강퍅한 자는?

■ 말 씀 ■

I. 강퍅한 자는 진리에 귀기울이지 않음

기자는 바로의 마음을 강퍅케 하고 나의 표징과 나의 이적을 애굽 땅에 많이 행하리라고 했다. 여기서 '강퍅케 하고'는 히브리어 '아크쉐'로서 이는 '딱딱하게 하다'라는 뜻의 '카사'에서 온 말로 '레브'(마음)란 말과 함께 쓰이면 '고집센'이 된다. 마음이 강퍅하고 완악한 자는 어두움의 세력에 둘러싸여 구체적이고도 분명한 음성으로 다가오는 진리의 말씀을 들으려고도 하지 않는다.

* 참고 성구 *   사 6:10, 막 4:12, 요 12:40, 롬 11:25, 마 27:24

II. 강퍅한 자는 진리를 깨닫지 못함

기자는 아론이 바로와 그 신하 앞에 지팡이를 던졌더니 뱀이 된지라고 했다. 여기서 '뱀'은 히브리어 '탄닌'으로 이는 뱀처럼 생긴 짐승을 가리키는 특수한 용어로서 아마 '코브라'인 듯하다. 마음이 강퍅하여 영적으로 눈이 어두워진 사람들은 하나님의 진리 안에서 보여지는 여러 이적과 기사들을 직접 체험하고도 하나님의 진리를 깨닫지 못하는 어리석은 자이다.

* 참고 성구 *   딤전 4:2, 시 95:8, 잠 28:14, 롬 2:5, 히 3:13

III. 강퍅한 자는 진리를 따르지 않음

기자는 그 애굽 술객들도 행하되 아론의 지팡이가 그들의 지팡이를 삼키니라고 했다. 여기서 '박사'는 히브리어 '하카밈'이며, '박수'는 메카 쉐핌'이며, '술객'은 '하르툼밈'으로 바울은 이들을 '얀네'와 '얌브레'라고 밝히고 있다. 코브라는 애굽의 왕권의 상징인데 모세의 지팡이가 이들을 삼킨 것은 하나님 권세의 우월성을 보여 준다. 강퍅한 자는 고집으로 끝내는 화를 자초한다.

* 참고 성구 *   출 8:15, 딤후 3:8, 대하 24:19, 렘 32:33, 행 7:51

- **기 도** 강퍅한 바로를 치신 하나님! 오늘 이 시간 강퍅하고 완고한 자들이 복음의 진리를 접하기가 얼마나 어려운지 보았습니다. 그러나 그들이 돌아오기를 기다리시는 당신의 은혜를 깨닫게 하소서. 예수 그리스도의 이름으로 기도 드립니다. 아멘

완고한 자

이스라엘이 영적 소경이 된 이유

■ 찬 송 ■ ♪ 315, 316, 317, 318   ■ 참 조 ■ ☞ ① 173p

■ 본 문 ■ 너희 귀머거리들아 들으라 너희 소경들아 밝히 보라 소경이 누구냐… 【사 42:18-25】

■ 서 론 ■ 독일의 철학자 프리드리히 H. 야코비는 "모든 시대의 인간들이 한 가지 일에서 만큼은 비슷한 것이 있는데 그것은 고집스럽게 자신들을 믿어 왔다는 것이다." 라고 했다. 하나님은 계속적으로 선지자들을 보내어 이스라엘을 구원하시려 했으니 그들은 선지자들을 죽이고 핍박했다. 이스라엘이 영적 소경이 됨은?

■ 말 씀 ■

Ⅰ. 그들의 마음이 완고하기에

기자는 네가 많은 것을 볼지라도 유의치 아니하며라고 했다. 여기서 '유의치'는 히브리어 '솨마르'로서 '둘레에 가시로 울타리를 쳐서 지키다'에서 유래된 말로 귀중한 것임을 알고 세심하게 주의를 기울이는 것을 의미하는 것으로 '신중하다, 보존함, 확실한'의 뜻도 가진다. 양심에 화인 맞은 자들은 마음이 강퍅하여 하나님의 말씀이 마음에 부딪쳐도 깨닫지 못하고 회개하지 않는다.

　　＊ 참고 성구 ＊　 고후 3:14, 딤전 4:2, 마 13:19, 사 59:10, 엡 4:18

Ⅱ. 그들이 말씀을 무시하기에

기자는 귀는 밝을지라도 듣지 아니하는도다라고 했다. 여기서 '듣지'는 히브리어 '솨마'로서 '경청하다, 동의하다'는 뜻으로 선포된 하나님의 말씀을 경청하고 그 말씀에 순종하기로 결심하는 것을 의미한다. 구원의 도를 가르치고 있는 하나님의 말씀에 주의하지도 않을 뿐만 아니라 그 교훈을 따르지 않고 자고함으로써 하나님의 말씀의 참 빛을 발견하지 못하는 영적 소경이다.

　　＊ 참고 성구 ＊　 전 12:11, 벧후 1:9, 요일 2:11, 마 6:23, 고후 4:4

Ⅲ. 그들이 멸망을 보지 못하기에

기자는 깨닫지 못하며 몸이 타나 마음에 두지 아니하는도다라고 했다. 여기서 '마음에 두지 아니하는도다'는 히브리어 '로 야심 알 레브'로서 마음이 영혼의 좌소이자 지·정·의의 중심이란 측면에서 이 부분을 자신의 재난의 원인에 대해 '어떠한 관심을 가지지 않는다, 회개할 생각이 전혀 없다'는 뜻으로 해석할 수 있다. 그 길의 끝에 있는 멸망을 보지 못하는 영적 소경이다.

　　＊ 참고 성구 ＊　 잠 16:18, 4:19, 마 15:14, 신 28:29, 렘 23:12, 요 11:10

■ 기 도 ■ 이스라엘을 꾸짖으신 하나님! 진리를 외면한 그들은 영적 소경이 되어 멸망의 구덩이에 빠질 수밖에 없음을 보며 이 시간 우리의 완고함을 버리고 당신께 나가는 자에게 진리의 빛을 비추소서. 예수 그리스도의 이름으로 기도 드립니다. 아멘

완고한 자

사울의 자살에 내포된 의미

- **찬 송** ♪ 331, 334, 440, 450
- **참 조** ☞ ① 141p
- **본 문** …그가 병기든 자에게 이르되 네 칼을 빼어 나를 찌르라 할례없는 자들이…【삼상 31:3-5】
- **서 론** 영국의 극작가 프란시스 페인은 "지옥의 범죄에 해당하는 자기 살해 행위는 신들이 노하여 일제히 그에게 저성을 발한다."라고 했다. 요즘 인터넷에 자살 사이트가 있어 사회에 큰 물의를 빚은 적이 있었다. 이는 세상이 갈 때까지 간 현상으로밖에 이해되지 않는다. 사울의 자살은?

말 씀

I. 사울의 자살은 교만의 최후이다

기자는 네 칼을 빼어 나를 찌르라 할례 없는 자들이 와서 나를 찌르고 모욕할까 두려워하노라고 했다. 여기서 '모욕'은 히브리어 '알랄'으로 '학대하다, 괴롭히다, 조롱하다'의 뜻으로 더러운 말이나 거친 행동으로 조롱하며 수치를 당하게 함을 뜻한다. 자살이나 안락사는 하나님의 뜻을 고려하지 않고 자기 멋대로 행한 불신과 교만의 최후로서 이는 하나님의 용서를 받을 길이 없는 죄악이다.

* 참고 성구 * 왕상 16:19, 창 9:5-6, 시 36:9, 엡 1:11

II. 사울의 자살은 나약함의 최후이다

기자는 이에 사울이 자기 칼을 취하고 그 위에 엎드러지매라고 했다. 그리스의 철학자 아리스토텔레스는 "세상사가 마음에 들지 않는다고 하여 그것을 피하기 위해 죽는다는 것은 용감한 사람이 아니라 비겁자가 하는 짓이다."라고 했다. 자신에게 처한 문제를 하나님께 의뢰치 않는 자는 나약한 인간 그대로의 형편에서 비참한 죽음을 맞을 수밖에 없는 것이다.

* 참고 성구 * 살후 1:9, 삼하 17:23, 마 27:5, 행 1:18

III. 사울의 자살은 강퍅함의 최후이다

그리스의 비극 시인 아가톤은 "불행에 정복당하도록 자신을 내어주는 사악하고 경멸받을 자들이 죽음을 피난처로 삼고 있다."고 했다. 자살이나 안락사는 삶 자체가 하나님께서 인간에게 주신 고귀한 사명임을 잊고 있는 자들이 행하는 범죄로서, 성도는 생명의 청지기라는 자의식 속에서 그리스도께서 피흘려 사신 기업임을 알고 강퍅함을 버리고 자신의 뜻을 좇아 몸을 주관하지 말자.

* 참고 성구 * 살전 1:10, 벧전 1:19, 잠 28:14, 롬 2:5, 히 3:13

- **기 도** 하나님 아버지! 인간이 자살하거나 안락사를 원하는 것이 어떠한 죄인지 깨달았습니다. 우리의 완고함과 강퍅을 버리게 하시고 당신을 의지하는 삶을 영위토록 인도하시고 축복하소서. 예수 그리스도의 이름으로 기도 드립니다. 아멘

완고한 자

하나님의 심판에 담긴 의의

■ 찬 송 ■ ♪ 162, 163, 167, 168   ■ 참 조 ■ ☞ ② 255p

■ 본 문 ■ 나 여호와가 말하였는즉 그 일이 이룰지라 내가 돌이키지도 아니하며… 【겔 24:14】

■ 서 론 ■ 하나님의 공의로운 심판이 모든 사람에게 임하여 각 사람이 행한 대로 보수하는 날을 '심판의 날' 혹은 '여호와의 날' 이라고 한다. 심판에는 개인적 심판과 일반적 심판의 날이 있는데 전자는 사람이 죽은 후 받는 것을, 후자는 세상의 종말에 하나님에 의한 최후의 심판을 의미한다. 심판에 대해서 하나님은?

■ 말 씀 ■

Ⅰ. 후회가 없으신 하나님의 심판

기자는 나 여호와가 말하였은즉 그 일이 이룰지라고 했다. 하나님은 자신의 성호를 걸고서 말씀하신 심판의 시작에 대해서는 결단코 후회를 하지 않으신다. 범죄를 저지른 자들은 자신들의 행위대로 마땅한 징벌을 받고 있는 까닭이며, 종말에는 백보좌 심판에 의해서 생명책에 기록된 대로 죽은 자들이 자기 행위를 따라서 책에 기록된 대로 심판을 받는다.

* 참고 성구 *   시 111:7, 겔 12:25, 마 5:18, 벧후 2:9, 계 20:11-15

Ⅱ. 중단이 없으신 하나님의 심판

기자는 내가 돌이키지도 아니하며 아끼지도 아니하며 뉘우치지도 아니하고 행하리니라고 했다. 여기서 '돌이키다' 는 히브리어 '니함티' 로서 '불쌍히 여기다, 마음을 누구러뜨리다' 는 뜻으로 참된 회개가 하나님의 긍휼을 얻는 첩경임을 보여 준다. 하나님의 심판은 계획하신 대로 반드시 끝을 맺으시고야 만다. 다시 회복시키실 때라도 완전한 심판을 끝내신 뒤에야 돌보시는 것이다.

* 참고 성구 *   왕하 25:9-12, 유 1:14-15, 마 25:32, 계 22:12

Ⅲ. 빠짐이 없으신 하나님의 심판

기자는 그들이 네 모든 행위대로 너를 심문하리라 나 주 여호와의 말이니라고 했다. 영국의 역사가요 철학자인 토마스 칼라일은 "결코 심판의 날을 잊지 말라. 어리석은 자들은 악한 일에 대한 심판은 더디며 이 땅에는 우연한 공의가 없다고 생각하나 심판은 반드시 오며 비록 하루나 이틀, 한 두 세기 늦게 올 지 모르나 인간에게 죽음이 있는 것처럼 분명히 심판이 있다."라고 했다.

* 참고 성구 *   히 9:27, 고후 5:10, 렘 17:10, 벧전 1:17, 딤후 4:1

■ 기 도 ■ 하나님 아버지! 심판에 대한 당신의 확고하심을 보았습니다. 당신의 선민인 이스라엘 백성이 이렇게 된 지경에는 그들의 완악함과 강퍅함이 있었음을 알고 우리도 심판의 두려움에 옷깃을 여미는 자가 되게 하소서. 예수 그리스도의 이름으로 기도 드립니다. 아멘

완고한 자

에돔 왕의 방해가 주는 교훈

■ 찬 송 ■ ♪ 269, 255, 265, 273 　　　■ 참 조 ■ ☞ ⓘ 433p

■ 본 문 ■ …에돔 왕이 이같이 이스라엘의 그 경내로 통과함을 용납지 아니하므로…【민 20:14-21】

■ 서 론 ■ "이웃은 나의 최후의 아성, 이웃이 잘 살고 튼튼해야 나도 안전한 법, 그러므로 이웃의 구원과 축복을 위하여 빌라. 그 복이 그대에게도 같이 임할 것이다." 영락교회를 일으킨 한경직 목사의 말이다. 세상의 이웃은 누군가?

■ 말 씀 ■

I. 세상의 이웃은 동등한 형제로 여길 대상이다

기자는 애굽인이 우리를 학대하였으므로라고 했다. 여기서 '우리를 학대하였으므로'는 히브리어 '야레우 라누'로서 '우리를 상하게 하다, 쓸모 없게 하다, 우리를 깨뜨리다, 우리에게 악을 행하였다'는 뜻으로 몸과 마음이 깨질 정도로 압제함을 가리킨다. 인간은 모두가 한 분이신 하나님의 손에 의하여 창조된 같은 피조물이기 때문에 차별이나 업신여김이 있어서는 안 될 것이다.

　　＊ 참고 성구 ＊　창 2:7, 약 2:1-4, 잠 21:13, 시 10:2, 몬 1:16-17

II. 세상의 이웃은 진리를 전해야 할 대상이다

기자는 너는 우리 가운데로 통과하지 못하리라 내가 나가서 칼로 너를 맞을까 염려하라고 했다. 성도는 이웃이 신앙이 없다고 무조건 따돌리기보다는 하나님의 말씀과 복음의 진리를 전하여 그 영혼이 구원을 받도록 그를 위해 기도하여 그들이 하나님께로 돌아올 수 있도록 인도하는 자가 되어야 한다. 전도 혹은 선교는 구원의 은혜에 감사하여 그 은혜를 이웃과 함께 공유하는 것이다.

　　＊ 참고 성구 ＊　행 11:18, 롬 1:14, 갈 3:28, 행 1:8, 막 16:15

III. 세상의 이웃은 평화를 나누어야 할 대상이다

기자는 에돔 왕이 강한 손으로 막으니라고 했다. 영국 작가 사무엘 존슨은 "만약 사람이 세상을 살아가는데 있어서 사람들을 계속해서 사귀지 않게 되면 그는 곧 세상에 홀로 남겨져 있음을 발견하니라. 사람은 끊임없이 그의 우정을 지키도록 노력해야 한다. 이웃은 가장 가까운 친구이다."라고 했다. 성도는 사랑과 평화의 자세로 이웃에게 그리스도의 사랑을 더욱 널리 드러나게 해야 한다.

　　＊ 참고 성구 ＊　롬 12:18, 14:19, 막 9:50, 히 12:14, 약 3:17

■ 기 도 ■ 하나님 아버지! 한 아버지 이삭의 후에인 에돔이 야곱의 후에를 핍박함을 보았습니다. 우리는 형제를 사랑하고 아끼며 세상을 함께 살아갈 자로서 완고함을 버리고 사랑으로 섬기게 하소서. 예수 그리스도의 이름으로 기도 드립니다. 아멘

원망하는 자

이스라엘 자손의 원망에 담긴 의미

■ 찬 송 ■ ♪ 344, 399, 456, 377   ■ 참 조 ■ ☞ ① 49p ② 415p

■ 본 문 ■ …이스라엘 자손이 두려워하여 여호와께 부르짖고… 【출 14:10-14】

■ 서 론 ■ 미국의 저술가인 크리스찬 N. 보비는 "인생을 근심이나 걱정 또는 두려움 없이 살아간다고 하는 것은 얼마나 아름다운 것이랴. 그런데 우리의 두려움의 반은 근거가 없는 것이요 나머지 반은 부끄러운 것이다."라고 했다. 숱한 하나님의 기적을 체험했음에도 이스라엘 백성은 시도 때도 없이 원망과 불평을 일삼았다. 이들은?

■ 말 씀 ■

Ⅰ. 믿음 약한 자들이 두려워함

기자는 이스라엘 자손이 심히 두려워하여 여호와께 부르짖었다고 했다. 성도가 최고의 안전과 능력을 베푸시는 하나님을 믿지 못하기에 세상으로부터 시련과 어려움의 환란이 몰려오면 담대하지 못하고 두려워하며 떠는 것이다. 이스라엘 백성이 부르짖은 것은 진정한 믿음에서 우러나온 뜨거운 간구가 아니라 믿음 없이 소리만 높인 것으로 기도는 믿음으로 선한 것을 구해야 한다.

* 참고 성구 *   잠 29:25, 시 53:5, 민 14:3, 단 5:6, 히 10:27

Ⅱ. 믿음 약한 자들이 불평하고 낙망함

기자는 애굽에 매장지가 없으므로 당신이 이끌어 내어 이 광야에게 죽게 하느뇨라고 했다. 영국 교회주교인 제레미 테일러는 "우리가 불평을 하는 것은 우리의 문제가 커서가 아니라 우리의 마음이 좁기 때문이다."라고 했다. 잠시 어려움이 와도 하나님을 신뢰하는 성도는 결코 낙망하거나 좌절하지 않지만 믿음이 약한 자는 조금만 힘들어도 이내 불평하고 낙망하기 일수니 큰일이다.

* 참고 성구 *   대상 16:11, 잠 19:3, 고전 10:10, 빌 2:14, 유 1:19

Ⅲ. 믿음 약한 자들이 기도하지 아니함

기자는 여호와께서 싸우시리니 가만히 있을지니라고 했다. 여기서 '가만히 있을지니라'는 히브리어 '타하리슌'으로 '혀를 물다, 침묵을 지키다'는 뜻으로 더 이상 불평하는 말을 하지 말고 조용히 기다리라는 뜻이다. 이렇게 기도하는 자와 기도하지 않는 자의 차이는 극명하게 드러난다. 하나님을 믿지 못하는 자는 어려움을 자신의 경험이나 지혜로 해결하려고 하지 기도에 힘쓰지 않는다.

* 참고 성구 *   시 91:15, 시 58:9, 눅 11:9, 요 15:7, 요일 3:22

■ 기 도 ■ 하나님 아버지! 애굽에서 열 가지 재앙으로 백성을 구출한 당신의 능력을 보았으면서도 광야에서 원망한 이스라엘 백성을 보고서 진정으로 회개하오니 우리로 원망하는 자가 되지 않게 하소서. 예수 그리스도의 이름으로 기도 드립니다. 아멘

원망하는 자

하나님의 메시지에 나타난 불평자의 특징

- **찬 송** ♪ 306, 371, 309, 313
- **참 조** ① 97p, 381p ③ 167p
- **본 문** 여호와께서 또 욥에게 말씀하여 가라사대 변박하는 자가 전능자와 다투겠느냐…【욥 40:1-9】
- **서 론** 영국 교회의 주교였던 제레미 테일러는 "우리가 불평을 하는 것은 우리의 문제가 커서가 아니라 우리의 마음이 좁기 때문이다."라고 했다. 불평은 습관이다. 이는 모든 것을 부정적으로 받아들이는 악습이며 감사를 모르는 자의 넋두리이다. 불평하는 자는?

- **말 씀**

Ⅰ. 불평하는 자는 성급하다
기자는 변박하는 자가 전능자와 다투겠느냐 하나님과 변론하는 자는 대답할지니라고 했다. 욥은 자신에게 닥친 문제에 급급한 나머지 하나님께 항거하는 듯한 태도는 보였음을 기억하고 자기 중심의 생각에서 벗어나 하나님 중심의 생각을 갖기 시작했다. 불평자는 드러난 현상 뒤에 감추어진 본질을 간과하기 쉬워서 고난을 베푸시는 하나님의 신의를 파악하기도 전에 성급히 불평과 노를 발한다.
  * 참고 성구 * 민 21:5, 잠 19:3, 고전 10:10, 시 77:3, 유 1:16

Ⅱ. 불평하는 자는 변덕이 심하다
기자는 나는 미천하오니 무엇이라 주께 대답하리이까 손으로 내 입을 가릴 뿐이로소이다라고 했다. 여기서 '미천하오니'는 히브리어 '카랄'로서 '가볍다, 멸시당하다'의 뜻으로 전능하신 하나님과 비교된 인간의 극히 제한적이고 연약한 모습을 묘사한 말이다. 불평자는 하나님의 뜻에 대한 신중한 살핌이나 확신이 없기 때문에 자신의 순간적인 행복과 불행에 따라 신앙 생활을 달리한다.
  * 참고 성구 * 렘 2:36, 시 119:176, 잠 21:16, 벧전 2:25, 유 1:13

Ⅲ. 불평하는 자는 교만하기 쉽다
기자는 내 심판을 폐하려느냐 스스로 의롭다 하려 하여 나를 불의하다 하느냐고 했다. 여기서 '폐하려느냐'는 히브리어 '파랄'로서 '비난하다, 신뢰할 수 없다'라는 뜻을 내포하는 말로 '깨뜨리다, 무효로 하다, 벗어나다'의 의미를 가졌다. 불평자는 자신을 바로 돌아보지 못하고 스스로 의롭다 자고하여 공의로 우신 하나님 앞에 입술로 범죄하여 겸손히 자신의 잘못을 받아들이지 않는다.
  * 참고 성구 * 눅 18:11, 잠 12:15, 30:12, 고후 10:12, 마 23:12, 막 10:37

- **기 도** 하나님 아버지! 욥과 같이 자기 의에 빠져서 불평자의 모습을 보이지 않게 하시고 당신 앞에 겸손히 무릎을 꿇고 원망을 버리고 회개하도록 회개의 영을 보내 주소서. 예수 그리스도의 이름으로 기도 드립니다. 아멘

성경을 부인하는 자

요시야의 말씀 준수 선포의 의의

■ **찬 송** ■ ♪ 235, 241, 313, 255   ■ **참 조** ■ ☞ ① p 271p

■ **본 문** ■ …요시야가 이스라엘 자손에게 속한 모든 땅에서 가증한 것을 다 제하여 버리고…【대하 34:29-33】

■ **서 론** ■ 미국의 28대 대통령 윌슨은 "성경을 읽으면 우리는 그것이 하나님의 말씀임을 우리는 알게 될 것이다. 그것이 우리의 심령과 우리의 행복과 우리 자신의 의무에 대한 열쇠임을 발견하게 될 것이기 때문이다."라고 했다. 하나님의 말씀은?

■ **말 씀** ■

Ⅰ. 하나님의 말씀은 성도를 거듭나게 한다

기자는 마음을 다하고 성품을 다하여 여호와를 순종하고라 했다. 여기서 '마음'은 히브리어 '레바브'로서 인간의 지적, 감정적, 의지적 기능이 포괄된 내적 성향의 총체적 표현이며, '성품'은 '네페쉬'로서 '호흡, 생물, 마음'이란 뜻으로 여기서는 생명이란 뜻이다(신 12:23). 하나님의 말씀은 믿음으로 의롭게 되는 길을 제시하여 사람이 거듭나서 구원에 이르는 지혜를 갖게 한다.

　　* 참고 성구 *　　벧전 1:23, 요 3:3, 고후 5:17, 딛 3:5, 요일 5:1

Ⅱ. 하나님의 말씀은 성도의 믿음을 자라게 한다

기자는 예루살렘 거민이 하나님 곧 그 열조의 하나님의 언약을 좇으니라고 했다. 여기서 '좇으니라'는 히브리어 '야아수'로서 '행하다'는 뜻의 '아사'에서 유래된 말로, 하나님의 말씀을 지키는 것을 생각하는 차원에서 머물지 않고 실행에까지 옮기는 것을 의미한다. 하나님의 말씀은 믿음을 더욱 오묘하게 밝혀주고 하나님 나라에 속한 자로서 더욱 성숙된 믿음을 쌓아가게 한다.

　　* 참고 성구 *　　롬 10:17, 시 103:17-18, 히 11:1, 약 2:17, 행 17:11

Ⅲ. 하나님의 말씀은 성도를 승리하게 한다

기자는 여호와를 섬기게 하였으므로 요시야가 사는 날에 백성이 여호와께 복종하고라 했다. 여기서 '섬기게 하였으므로'는 히브리어 '아바드'로서 '시키다, 처리하다, 봉사하다'의 뜻으로 스스로 종의 신분으로 낮추어 수종들게 함을 의미한다. 하나님의 말씀을 받들고 사는 성도는 세상에 사는 동안 악한 세력을 물리칠 힘을 얻고 말씀대로 순종하며 살아갈 때 영원한 승리와 안식이 보장된다.

　　* 참고 성구 *　　시 119:165, 시 26:3, 요 14:27, 빌 4:7, 히 4:3

■ **기 도** ■ 요시야의 하나님! 요시야의 종교개혁의 요점은 당신의 말씀을 발견하고 그 언약을 믿음에 있었습니다. 오늘 타락한 세상에서 말씀의 빛이 다시 비추어 많은 죄인이 당신께 나아와서 구원을 얻게 하소서. 예수 그리스도의 이름으로 기도드립니다. 아멘

성경을 부인하는 자

에스라의 율법 낭독이 주는 의미

■ **찬 송** ■ ♪ 445, 434, 235, 313 　　■ **참 조** ■ ☞ ② 165p, 195p

■ **본 문** ■ …하나님의 율법책을 낭독하고 그 뜻을 해석하여 백성으로 그 낭독하는… 【느 8:1-12】

■ **서 론** ■ 미국의 16대 대통령으로 민주주의의 초석을 다진 아브라함 링컨은 "성경을 늘 펴고 있으라. 그대의 천국 가는 길도 늘 펼쳐 있을 것이다."라고 했다. 하나님의 말씀은 살았고 운동력이 있어 좌우에 날선 어떤 검보다 예리하여 혼과 영과 및 관절과 골수를 찔러 마음의 생각과 뜻을 감찰한다(히 4:12). 하나님의 말씀은?

■ **말 씀** ■

Ⅰ. 하나님의 말씀은 감동을 준다

기자는 하나님의 율법책을 낭독하고 그 뜻을 해석하여 백성으로 그 낭독하는 것을 다 깨닫게 하매 백성이 율법의 말씀을 듣고 다 우는지라고 했다. 여기서 '낭독하고'는 히브리어 '카라 메포라쉬'로서 '명확히 읽다'는 뜻으로 말씀을 읽고 해석하고 깨닫는 것은 성도의 신앙 교육에 필수적이다. 말씀은 성도에게 하나님의 역사하심과 함께 하시는 하나님을 깨닫게 하며 구원의 확신을 갖게 한다.

　　＊ 참고 성구 ＊　　 벧후 1:21, 딤후 3:16, 히 4:12, 골 3:16

Ⅱ. 하나님의 말씀은 힘을 준다

기자는 근심하지 말라 여호와를 기뻐하는 것이 너희의 힘이니라고 했다. 여기서 '힘'은 히브리어 '마오즈'로서 이 말은 주로 하나님의 '능력'을 언급할 때 쓰였다(시 27:1, 43:2), 하나님은 성도의 힘이 되신다(시 52:7), 하나님의 말씀은 성도들의 삶의 원동력이 되어 어디서든지 무엇을 하든지 이 세상을 능히 이기고도 남을 힘이 되시고 힘을 제공하여 주신다.

　　＊ 참고 성구 ＊　　 엡 6:17, 벧전 2:2, 시 119:97, 렘 23:29, 요일 5:4

Ⅲ. 하나님의 말씀은 기쁨을 준다

기자는 먹고 마시며 나누어 주고 크게 즐거워하였으니 이는 그 읽어 들린 말씀을 밝히 앎이니라고 했다. 여기서 '밝히 앎이니라'는 히브리어 '빈'으로 이는 '알다, 깨닫다, 분별하다, 유창하다'의 뜻으로 옳고 그른 것을 이성적으로 잘 판단하는 것을 의미한다. 하나님의 말씀은 커다란 소망과 더불어 말씀 안에 거하게 하심으로써 근심을 쫓고 소생하는 기쁨을 맛보게 한다.

　　＊ 참고 성구 ＊　　 요 16:24, 17:13, 시 119:103, 렘 15:16, 잠 6:23

■ **기 도** ■ 우리에게 말씀을 주신 하나님! 당신의 말씀은 우리에게 감동과 기쁨과 힘을 주오니 우리로 말씀 안에서 살게 하시고 말씀을 이웃에게도 전하여 그들도 한 가지 은혜로 구원의 능력을 입게 하소서. 예수 그리스도의 이름으로 기도 드립니다. 아멘

성경을 부인하는 자

여호와의 명대로 하라는 의미

■ 찬 송 ■ ♪ 369, 514, 512, 407   ■ 참 조 ■ ☞ ② 40p, 267p

■ 본 문 ■ …그가 또 아론에게 이르되 너는 단에 나아가 네 속죄제와 네 번제를 드려서 너를 위하여, 백성을 위하여 속하고 또 백성의 예물을 드려서 그들을 위하여 속하되 무릇 여호와의 명대로 하라 【레 9:5-7】

■ 서 론 ■ "성경을 믿음의 창을 통해 보면 참으로 감격할 수밖에 없으나 믿음이 없으면 세상에 그만한 엉터리 우화집이 없다."라고 어느 목회자는 말했다. 모세는 아론에게 무릇 여호와의 명대로 하라고 했는데 이것은?

■ 말 씀 ■

Ⅰ. 이는 하나님의 말씀을 더하지 말라는 것임

여호와의 명대로 하라는 것은 그것을 행함에 있어 인간적인 판단이나 인간의 의지를 개입시킨다거나 해서 하나님의 명령을 왜곡하고 번잡하게 해서는 안 된다는 뜻이다. 제사는 제사를 받으실 분이 명령하신 대로만 하면 되는 것이다. 거기에다 인간의 생각을 가미한다는 것은 하나님을 우습게 여기거나 만홀히 경배하는 죄악을 범하는 것이나 다름이 없다.

    * 참고 성구 *   신 4:2, 벧후 1:20, 잠 30:6, 막 7:11, 시 34:16

Ⅱ. 이는 하나님의 말씀을 빼지 말라는 것임

여호와의 명대로 하라는 것은 그것을 행함에 있어 인간의 편의와 고집에 따라 하나님의 말씀을 삭제하거나 취사선택할 수 없음을 의미한다. 제사는 하나님께서 말씀하신 대로만 하면 되는 것이다. 여기에 인간적인 생각과 편법을 동원한다는 것은 하나님을 경홀히 여기며 하나님을 업신여기는 것과 다름이 없다. 말씀을 무시하고 드린 제사는 형벌만 있을 뿐이다.

    * 참고 성구 *   레 10:1-2, 신 12:32, 계 22:19, 막 7:9, 벧후 3:16

Ⅲ. 이는 하나님의 말씀을 순종하라는 것임

여호와의 명대로 하라는 것은 그것을 행함에 있어 인간적인 계획이나 세상적인 가치 등에 우선하여 무조건 말씀에 따르고 의지하고 순종해야 함을 뜻한다. 모든 제사의 근본 정신은 곧 순종에 있다. 따라서 순종 없는 제사는 그 자체가 허망한 것이요 하나님을 욕되게 하는 것이므로 모든 제사가 하나님께 열납되기 위해서는 절대적인 순종이 필요하다.

    * 참고 성구 *   삼상 15:22, 사 1:11-17, 신 26:16, 마 7:21, 수 1:8

■ 기 도 ■ 하나님 아버지! 당신이 명하신 제사와 관계하여 당신의 말씀을 어떻게 행해야 하는지를 배웠습니다. 우리는 당신께서 주신 말씀을 가감치 말고 오직 순종하는 축복을 주옵소서. 예수 그리스도의 이름으로 기도 드립니다. 아멘

성경을 부인하는 자

예언의 말씀을 대하는 자세

■ **찬 송** ■ ♪ 240, 235, 238, 261　　■ **참 조** ■ ☞ ② 279p

■ **본 문** ■ 먼저 알 것은 경의 모든 예언은 사사로이 풀 것이 아니니… 【벧후 1:20-21】

■ **서 론** ■ 영국의 시인 조지 채프먼은 "성경에는 인간의 영혼이 있다. 우리는 그것을 비평할 수 없다. 그것이 우리를 비평한다."라고 했다. 성경의 예언은 인간이 자아도취에서 나오는 말이 아니라 성령의 감동을 받아 선포되는 하나님의 메시지이다(렘 20:7). 예언의 말씀은?

■ **말 씀** ■

Ⅰ. 예언의 말씀은 사람의 뜻대로 해석할 수 없음

기자는 먼저 알 것은 경의 모든 예언은 사사로이 풀 것이 아니라고 했다. 여기서 '사사로이'는 헬라어 '이디아스'로서 이는 '자기 자신의, 자기 자신에게 속한, 사사로운'의 뜻으로 개인적인 생각이나 이익을 위해서 해석하며 이용하는 것을 가리킨다. 말씀을 그저 앞일을 알아 맞추는 하찮은 것으로 받아들이면 안 되고, 예언은 인류 구원의 원대한 계획 속에서 해석되어져야 한다.

참고 성구 　벧후 3:16, 렘 5:4, 엡 4:18, 고후 2:17, 롬 10:3

Ⅱ. 예언의 말씀은 하나님의 비밀의 계시임

기자는 예언은 언제든지 사람의 뜻으로 낸 것이 아니요라고 했다. 여기서 '사람의 뜻으로'는 헬라어 '델레마티 안드로푸'로서 '사람의 뜻으로, 사람의 목적으로'이며 '예언' 곧 '프로페테이아'는 인간의 어떤 목적을 위해서 되어진 것이 아닌 하나님의 비밀의 계시이다. 성취되지 않은 하나님의 비밀이 말씀으로써 계시되어 있으므로 성도는 믿고 받아들여야 한다.

참고 성구 　계 1:1, 딤 2:22, 암 3:7, 요 15:15, 계 22:19

Ⅲ. 예언의 말씀은 성령을 통해서 깨달아야 함

기자는 성령의 감동하심을 입은 사람들이 하나님께 받아 말한 것임이니라고 했다. 여기서 '성령의 감동하심을'은 헬라어 '휘포 프뉴마토스 하기무'로서 (by the Holy Spirit) '성령에 의하여, 성령으로부터, 성령의 지배 아래서'인데 이는 예언은 성령의 의지와 지배와 목적에 매인 자들이 성령에 의해서 하나님께 받아 예언하고 기록했다는 뜻이다. 예언은 성령 안에서 조명되어야 한다.

참고 성구 　고전 2:9-10, 13, 엡 1:9-10, 행 1:16, 겔 1:3, 딤후 3:16

■ **기 도** ■ 예언의 말씀을 주신 하나님! 예언의 말씀은 당신의 계시이므로 성령을 통해서 깨달아야 함을 배웠습니다. 오늘 성경을 부인하는 자들의 마음에 성령의 빛을 비추어 그들도 구원의 은혜를 입게 하소서. 예수 그리스도의 이름으로 기도 드립니다. 아멘

성경을 부인하는 자

하나님의 말씀이 주는 유익

■ 찬 송 ■ ♪ 240, 235, 259, 261　　■ 참 조 ■ ☞ ② 279p

■ 본 문 ■ 아들 디모데야 내가 네게 이 경계로써 명하노니 전에 너를 지도한 예언을 따라 그것으로 선한 싸움을 싸우며 믿음과 착한 양심을 가지라 어떤 이들이…【딤전 1:18-19】

■ 서 론 ■ 영국의 수필가요 철학자인 토마스 칼라일은 "성경은 인간의 언어로 된 것 중 가장 진실한 것으로 하나님을 향해 열린 창문처럼 모든 사람은 이것을 통하여 영원한 고요를 느낄 수 있다."라고 했다. 성경은 교훈과 책망과 바르게 함과 의로 교육하기에 유익하다(딤후 3:16). 하나님의 말씀은?

■ 말 씀 ■

I. 말씀은 성도의 믿음을 세우게 한다

기자는 너를 지도한 예언을 따라 그것으로 선한 싸움을 싸우며라고 했다. 여기서 '예언을 따라'는 헬라어 '카타 타스 프로페테이아스' 로서 이는 '그 예언들을 따라' 인데 지금까지 바울이 개인적으로나 공식적으로 교훈해 준 모든 예언을 뜻하며 오늘 우리에게는 하나님의 말씀을 의미한다. 말씀은 믿음의 기초를 이룰 뿐 아니라 더욱 확실하고 견고한 믿음 위에 서게 한다.

＊ 참고 성구 ＊ 벧전 5:9, 벧후 3:17, 고전 15:58, 갈 5:1, 빌 1:27

II. 말씀은 성도의 착한 양심을 유지시킨다

기자는 믿음과 착한 양심을 가지라고 했다. 여기서 '착한 양심' 은 헬라어 '아가덴 쉬네이데신' 으로 이는 내적인 가치 곧 도덕적인 가치에 있어서 완전하고 선하며 친절을 베풀며 유익을 주는 양심을 뜻한다. 그러므로 여기서의 착한 양심은 복음적인 양심을 의미한다. 말씀은 인간의 악한 본성을 깨뜨리고 하나님이 심어 주신 착한 양심을 회복해 정결하고 순결한 마음을 유지케 한다.

＊ 참고 성구 ＊ 벧전 3:16, 행 24:16, 고후 1:12, 딤전 1:5, 3:9, 히 13:18

III. 말씀은 성도에게 승리의 힘을 얻게 한다

기자는 어떤 이들이 이 양심을 버렸고 그 믿음에 관하여는 파선하였느니라고 했다. 여기서 '파선하였느니라' 는 헬라어 '엔나우아게산' 으로 이는 '나우아게오' 곧 '파선한다, 깨뜨린다' 의 제1과거로서 단번에 영원히 깨어짐을 뜻한다. 믿음을 버린 자는 사단에게 내어줌을 당하며 말씀을 지키고 바로 서 있는 자는 세상의 어떤 유혹도 벗어나며 사단의 권세에 승리하는 힘을 얻을 수 있다.

＊ 참고 성구 ＊ 롬 12:21, 시 44:5, 눅 10:19, 요일 5:4, 고후 2:14

■ 기 도 ■ 하나님 아버지! 당신의 말씀이 성도에게 끼치는 영향을 살펴보았습니다. 우리는 말씀으로 착한 양심을 갖고자 하오니 성령의 능력으로 정결한 마음을 유지케 하소서. 예수 그리스도의 이름으로 기도 드립니다. 아멘

의심이 많은 자

그리스도 재림의 확실성의 의의

- **찬 송** ♪ 167, 318, 313, 189   **참 조** ☞ ② 391p
- **본 문** …말세에 기롱하는 자들이 와서 자기의 정욕을 좇아 행하며 기롱하여 가로되… 【벧후 3:1-7】
- **서 론** 재림은 부활의 주 예수 그리스도께서 구원을 완성하시기 위하여 마지막 날에 지상에 다시 오시는 일을 말한다. 이는 성경의 교리로서 현저하게 나타나며 신약에만 300회 이상 언급되어 있다. 마지막 날 세상을 심판하시고 구원을 완성시키기 위해 인격적, 육체적, 가시적으로 오시는 주님의 재림은?

말 씀

I. 재림은 태초부터 약속되었으므로 확실함

"성경의 초점은 그리스도요, 성경의 목적도 그리스도며, 성경의 시작과 끝도 그리스도이다."라고 어느 신학자가 말했고, 프랑스의 동양학자로 최초로 예수전을 펴낸 어네스트 르낭은 "모든 역사는 그리스도를 제외하고는 이해되지 않는다."라고 했다. 그리스도의 강림은 창조 때부터 하나님의 인류 구원 계획 속에서 약속되어진 것이며 지금까지 하나님의 섭리 속에서 이어져 내려오고 있다.

* 참고 성구 *   살전 4:16, 계 1:7, 요 14:3, 살후 1:7-8, 마 24:30

II. 재림은 선지자로 예언되었으므로 확실함

기자는 곧 거룩한 선지자의 예언한 말씀과라고 했다. 여기서 '거룩한 선지자들의'는 헬라어 '휘포 톤 하기온 프로페톤'으로 이는 '거룩한 선지자들에 의하여'이며, '예언한 말씀'은 '톤 프로에이레메논 트레마톤'으로 '미리 말하여진 말씀들'인데 이는 그리스도의 재림 '파루시아'에 대해 미리 예언한 말씀들을 뜻한다. 선지자의 예언은 성육신으로 성취되었고 재림으로 완성될 것이다.

* 참고 성구 *   단 7:9,13, 슥 9:10, 유1:14-15, 시 96:13, 계 22:12

III. 재림은 예수께서 확증하셨으므로 확실함

기자는 주 되신 구주께서 너희의 사도들로 말미암아 명하신 것을 기억하게 하려 하노라고 했다. 이 역시도 사도들을 통하여 명하신 말씀도 예수 그리스도 자신의 '파루시아'를 의미한다. 기자가 이렇듯 반복해 강조하는 이유는 그리스도의 '재림' 곧 '파루시아'가 너무도 중요하기 때문이다. 주님은 직접 당신의 재림에 대해서 거듭 말씀하셨다.

* 참고 성구 *   마 26:64, 막 8:38, 눅 21:27, 고전 15:51, 약 5:7, 히 9:28

- **기 도** 하나님 아버지! 당신의 독생자 예수 그리스도의 재림은 성경 여러 곳에서 확증된 진리이오매 오늘 이 진리를 믿지 못하는 자들에게 구원의 빛을 비추소서. 예수 그리스도의 이름으로 기도 드립니다. 아멘

> 그리스도를 부인하는 자

베드로의 변증에 담긴 의미

■ 찬 송 ■ ♪ 410, 137, 404, 399　　　■ 참 조 ■ ☞ ① p 425p

■ 본 문 ■ 가로되 내가 욥바 성에서 기도할 때에 비몽사몽간에 환상을 보니…【행 11:5-17】

■ 서 론 ■ 독일의 학자요 성직자로서 우리에게 '그리스도를 본받아'로 잘 알려진 토마스 아 켐피스는 "순수하게 사랑하는 자는 사랑하는 자의 선물을 생각하는 것이 아니라 주는 자의 사랑을 생각한다."라고 했다. 성도는 주님의 선물을 받기 위해 발버둥치는 것이 아니라 주님을 지극히 사랑함으로써 자동적으로 주시는 선물을 기대하자. 주님의 선물은?

■ 말 씀 ■

Ⅰ. 예수 그리스도를 믿을 때 성령을 선물로 주심

기자는 우리가 주 예수 그리스도를 믿을 때에 주신 것과 같은 선물을 저희에게도 주셨느니라고 했다. 여기서 '믿을 때에'는 헬라어 '피스튜사신'으로 이는 '피스튜오' 곧 '믿는다, 신뢰한다, 맡긴다'의 제1과거분사로 '믿은 후에'이다. 주 예수 그리스도를 믿는 신앙이 성령을 받는 입문임을 보여 준다. 주는 믿는 자에게 '성령' 곧 '프뉴마' 보내시어 믿음을 더욱 굳게 하시고 강하게 하신다.

　　* 참고 성구 *　요 14:16, 26, 고전 12:3, 눅 11:13, 롬 8:9, 요일 2:27

Ⅱ. 예수 그리스도를 믿을 때 은사를 선물로 주심

바울은 신령한 '은사' 곧 '카리스마'에 대하여 특별한 이해를 보여주는데 이는 구원의 '은혜' 곧 '카리스'에 속한 부분적인 선물을 의미한다. 주는 성도들 각자에게 제각기 다른 모습으로, 가장 알맞은 달란트와 은사를 주셔서 하나님의 일에 '봉사'할 수 있도록 하시며 이것으로써 성도의 축복의 상급을 얻도록 보장하시는 것이다. 은사를 받은 성도는 착하고 충성된 자세로 임해야 한다.

　　* 참고 성구 *　고전 12:8-11, 롬 1:11, 12:6, 마 25:15, 엡 4:11

Ⅲ. 예수 그리스도를 믿을 때 능력을 선물로 주심

성도가 예수 그리스도를 믿으면 능력을 선물로 받는데 여기서의 능력, 곧 '뒤나미스'는 '(물려받은) 힘, 본래 사물이 지닌 능력, 힘을 쓰거나 나갈 때 생기는 힘, 권능'의 뜻으로, 주 예수 그리스도는 믿는 자에게는 능치 못할 일이 없다는 말씀과 같이 말씀의 능력, 기도의 능력, 사랑의 능력 등등 영육간에 풍요로운 삶을 보장하는 많은 능력을 주신다.

　　* 참고 성구 *　딤전 1:12, 말 9:23, 빌 4:13, 눅 10:19, 고후 9:8

■ 기 도 ■ 우리에게 많은 선물을 주신 하나님! 그 가운데서도 최고의 은사는 바로 예수 그리스도이셨습니다. 오늘 그리스도를 믿음으로써 구원에 이르는 진리를 모두에게 깨닫게 하소서. 예수 그리스도의 이름으로 기도 드립니다. 아멘

그리스도를 부인하는 자

예수의 운명에 내포된 의의

■ 찬 송 ■ ♪ 152, 135, 136, 141   ■ 참 조 ■ ☞ ① p 411p

■ 본 문 ■ …가라사대 다 이루었다 하시고 머리를 숙이시고 영혼이 돌아가시니라 【요 19:28-30】

■ 서 론 ■ 스코틀랜드의 목사요 순교자인 사무엘 루터포드는 "그리스도께서 달리신 십자가는 길이로는 하늘과 땅을 가리키고 있는데 이는 하늘과 땅이 함께 화목함을 의미하고, 가로가 가리키는 것은 과거와 미래의 인류와 땅이 이 끝에서 저 끝까지 모든 인류가 꼭같이 구원을 받는 구원의 문이요 초점임을 가리키고 있다."라고 했다. 예수의 십자가 죽음은?

■ 말 씀 ■

Ⅰ. 예수의 십자가 죽음은 예언을 완성시키신 사역이었다

인류의 시조 아담과 하와가 불순종하여 선악과를 먹게 됨으로써 인간에게 원죄가 태동되었고 사단 마귀와 영원히 원수가 되는 에덴 동산의 비극이 탄생되었다. 이에 하나님께서는 인류를 죄악에서 구원하시려고 '메시야'를 예언하셔서 여자의 후손으로 보내신다는 인류 구원에 관한 모든 구약의 예언의 말씀들이 그리스도께서 십자가에 달리심으로 성취되었다.

* 참고 성구 *   마 1:21-22, 창 3:15-21, 사 7:14, 시 2:2, 렘 23:5

Ⅱ. 예수의 십자가 죽음은 율법을 완성시키신 사역이었다

예수 그리스도의 십자가 사건은 율법이 요구하는 의를 완전히 충족시킴으로써 이제는 불완전한 율법 대신에 믿음으로 인해 의롭게 되는 복음의 새 시대를 이루어 놓았다. 예수 그리스도께서 십자가에 달려서 돌아가심으로 우리를 고소하던 모세의 율법은 효력을 상실하였고 예수를 믿음으로 의롭다고 인정되는 칭의로써 하나님께 나아가게 되었다.

* 참고 성구 *   롬 10:4, 요 5:45, 마 5:17, 고전 1:30, 빌 3:9

Ⅲ. 예수의 십자가 죽음은 구속사를 완성시키신 사역이었다

'십자가'는 곧 헬라어 '스타우로스'로서 이는 '스타오' 곧 '이룩하다'에서 유래된 말로서, 이 말은 십자가 사건과 인류 구속 사역 완성의 상관 관계를 잘 드러내 준다. 예수 그리스도께서 십자가에서 죽으심으로써 옛 에덴 동산에서부터 인류를 구원하시려는 원시복음, 곧 여자의 후손의 하나님 구속 계획이 완성된 것이다. 이렇듯 주님의 십자가는 위대한 구속의 사역을 보여 준다.

* 참고 성구 *   창 3:15, 행 4:12, 고전 3:11, 히 10:19-20, 딤전 1:15

■ 기 도 ■ 독생자를 십자가에서 죽게 만드신 하나님! 이로써 우리는 새롭고 산 길로 당신께 나아가게 되었습니다. 구원과 영생의 길이 이제 열렸사오니 믿음으로 당신의 자녀가 됨을 감사드리오며 예수 그리스도의 이름으로 기도 드립니다. 아멘

그리스도를 부인하는 자

예수 그리스도의 희생의 특성

■ 찬 송 ■ ♪ 361, 490, 351, 377 　　■ 참 조 ■ ☞ ② 319p

■ 본 문 ■ …이와 같이 그리스도도 많은 사람의 죄를 담당하시려고 단번에 드리신 바 되셨고… 【히 9:23-28】

■ 서 론 ■ 히포의 감독으로 많은 저술을 남긴 성 어거스틴은 "아! 희생의 사랑 없이 어찌 십자가의 섭리가 이루어질 수 있을까."라고 했다. 예수 그리스도는 자신을 희생 제물로 바치는 십자가의 제단에서 피흘림으로써 모든 인류의 죄를 사하는 거룩한 제사를 하나님께 드리셨다(히 9:12). 그리스도의 희생은?

■ 말 씀 ■

Ⅰ. 그리스도의 희생은 완전한 희생이다

기자는 그리스도도 많은 사람의 죄를 담당하시려고 했다. 여기서 '담당하시려고'는 헬라어 '에이스 토 아네넹케인'으로 이는 '들어올리시기 위해서, 짊어지시기 위해서, 치워버리시기 위해서'의 뜻으로 순간적으로 단번에 영원히 죄를 옮겨가시고 자기가 짊어지심을 의미한다. 그리스도가 단번에 제물이 되셔서 희생제물로 드려졌기에 다시금 가축의 피로 우리 죄를 대신할 필요가 없다.

　　* 참고 성구 *　 벧전 2:24, 시 53:5, 갈 3:13, 히 7:25, 요일 4:14

Ⅱ. 그리스도의 희생은 자발적 희생이다

예수 그리스도의 희생은 우리의 죄를 대신하여 자신을 몸소 제물로 바치신 것으로 이는 죄인을 향한 그리스도의 사랑의 절정을 보여 준다. 바울은 그는 근본 하나님의 본체시나 하나님과 동등됨을 취할 것으로 여기지 않고 자기를 비어 종의 형체를 가져 사람과 같이 되었다고 빌립보서에서 감동어린 필치로 주의 희생을 묘사했다. 주님의 희생은 죄인을 위한 사랑의 희생이다.

　　* 참고 성구 *　 빌 2:6-7 고후 5:21, 막 14:36, 사 53:5-6, 엡 5:2

Ⅲ. 그리스도의 희생은 영원한 희생이다

예수 그리스도의 희생은 우리의 죄로 인해 단절되었던 하나님과의 관계를 회복시키신 것으로 우리를 영원한 구원에 이르게 하셨다. 예수 그리스도의 십자가 희생으로 성소의 휘장이 위로부터 아래로 찢어졌는데 이는 그리스도의 찢긴 육체를 통하여 하늘에 이르는 새로운 길이 열렸고 이로써 중간에 막힌 담을 허시고 죄인들을 하나님과 화목하게 하셨다.

　　* 참고 성구 *　 딤전 1:15, 마 27:51, 히 10:19-20, 엡 2:13-16

■ 기 도 ■ 그리스도를 희생시키신 하나님! 당신의 사랑에 감사드리며 이제는 당신의 뜻을 좇아 당신이 원하시는 자녀가 되겠사오니 지나간 죄악을 용서하시고 긍휼로써 품어 주소서. 예수 그리스도의 이름으로 기도 드립니다. 아멘

그리스도를 부인하는 자

하나님의 아들 예수의 위대성

■ 찬 송 ■ ♪ 97, 86, 94, 205 　　　　■ 참 조 ■ ☞ ① 127p, 425p

■ 본 문 ■ …이는 하나님의 영광의 광채시요 그 본체의 형상이시라… 【히 1:1-3】

■ 서 론 ■ 밀라노의 주교였던 성 암브로스는 "밀랍에 압인한 흔적이 그 압인의 형상을 그대로 표현한 것처럼 그리스도의 형상은 하나님의 형상을 그대로 표현한 완전한 모습이다."라고 했다. 구약 시대에는 '여호와의 사자'로 활약하시고(삿 13:18; 사 9:6) 신약 시대에는 제2위 성자로 이 땅에 오신 예수 그리스도는?

■ 말 씀 ■

Ⅰ. 예수 그리스도는 만유의 통치자이심

기자는 이 아들을 만유의 후사로 세우시고라고 했다. 여기서 '만유의 후사'는 헬라어 '크레로노몬 판톤'으로 이는 '모든 것의 후사, 모든 것의 상속자'란 뜻으로 하나님께서 그리스도를 만유의 후사로 세우셨다 함은 모든 만유를 상속 받으시고 그 모든 것을 다스리고 지배하실 하나님의 상속자이심을 뜻한다. 부활하신 주님은 하나님 우편에서 지금도 통치자로 역사하고 계신다.

＊참고 성구＊　시 9:6-7, 행 7:55-56, 빌 2:10, 엡 1:22, 벧전 3:22

Ⅱ. 예수 그리스도는 천지의 창조자이심

기자는 또 저로 말미암아 모든 세계를 지으셨느니라고 했다. 여기서 '지으셨느니라'는 헬라어 '에포이에이센'으로 이는 '포이에오' 곧 '한다, 만든다, 산출한다, 완수한다'의 제1과거로서 하나님께서 아들을 통하여 세계를 단번에 창조하신 것을 의미한다. 이 광대한 우주와 이 땅의 모든 만물은 성삼위 하나님께서 말씀으로 창조하셨다. 이 말씀이 곧 선재하신 그리스도이시다.

＊참고 성구＊　창 1:1-3, 요 1:1-3, 고전 8:6, 엡 3:9, 골 1:16

Ⅲ. 예수 그리스도는 구원의 완성자이심

기자는 죄를 정결케 하는 일을 하시고라 했다. 여기서 '죄'는 헬라어 '하말티아'로서 '목표를 맞히지 못함'을 뜻하며 이는 인간이 하나님에게서 비켜 떠나 있는 것을 의미하고, '하시고'는 '포이에사메노스'로서 '포이에오' 곧 '만든다, 창조하신다, 이룬다'의 제1과거분사로서 우리의 죄를 말씀을 통하여 단번에 결정적으로 정결케 함을 의미한다. 구원은 재림으로 그가 완성하신다.

＊참고 성구＊　행 4:12, 요 10:9, 14:6, 고전 1:18, 롬 5:9, 히 9:28

■ 기 도 ■ 하나님 아버지! 이 땅에 그리스도를 보내어 우리의 구원을 이루셨고 곧 완성하실 그는 창조주요 통치자임을 믿사오니 우리의 믿음을 굳건히 하여 이웃에게 전파하는 자가 되어 구원을 공유토록 하옵소서. 예수 그리스도의 이름으로 기도드립니다. 아멘

그리스도를 부인하는 자

성경이 말하는 적그리스도의 특징

■ 찬 송 ■ ♪ 384, 390, 397, 400   ■ 참 조 ■ ☞ ② 425p

■ 본 문 ■ 사랑하는 자들아 영을 다 믿지 말고 오직 영들이 하나님께 속하였나 시험하라 많은 거짓 선지자가 세상에 나왔음이니라… 【요일 4:1-6】

■ 서 론 ■ 적그리스도(Antichrist)는 그리스도의 원수 혹은 그리스도의 이름이나 권리를 침해하는 자를 이르는 말로서 사도 요한과 바울은 이들의 모습을 상세하게 그리고 있다(요일 2:18, 22, 요이 1:7, 살후 2:1-12). 주님도 말세에 그들이 택하신 자도 미혹할 것이라고 경고하셨다(마 24:24). 적그리스도는?

■ 말 씀 ■

Ⅰ. 적그리스도는 하나님의 말씀을 왜곡함

기자는 영을 다 믿지 말고 오직 영들이 하나님께 속하였나 시험하라 많은 거짓 선지자가 세상에 나왔음이라 했다. 근본적으로 하나님을 대적하는 사단의 세력인 적그리스도는 하나님의 진리의 말씀을 왜곡하여 사람들을 혼돈시키고 다른 불의한 이단 사설을 설파하여 순진한 사람들을 멸망의 길로 인도하는 것이 그들의 임무이다. 주님은 말세에 이들의 미혹을 조심하라고 하셨다.

＊ 참고 성구 ＊　시 14:1, 살후 2:3-4, 엡 5:6, 요일 3:7, 갈 6:7

Ⅱ. 적그리스도는 예수 그리스도를 부인함

기자는 예수를 시인하지 아니하는 영마다 하나님께 속한 것이 아니니 이것이 곧 적그리스도의 영이니라고 했다. 여기서 '시인하지 아니하는'은 헬라어 '메 호몰로게이'로서 '호몰로게오'는 '계약하다, 인정하다'의 뜻으로 이는 어떤 대상에 대해 이의를 달지 않고 받아들이는 것을 의미한다. 적그리스도는 주님의 성육신을 부인하고 오히려 자기가 구원자요 메시야라고 주장하고 있다.

＊ 참고 성구 ＊　히 13:8, 벧후 2:1, 요일 2:22-23, 마 10:33, 요이 1:7

Ⅲ. 적그리스도는 죄악된 세상에 속함

기자는 저희는 세상에 속한 고로 세상에 속한 말을 하매 세상이 저희 말을 듣느니라고 했다. 적그리스도의 관심은 오직 세상적 영광과 쾌락일 뿐으로 그들이 외치는 현세적인 축복은 세상 사람들을 미혹시키기에 충분할지는 모르나 그것은 일시적이요 헛된 것일 뿐 성도들이 기대하고 소망하는 영원한 축복은 오직 하나님으로부터만 임함을 잊지 말자.

＊ 참고 성구 ＊　요 8:44, 행 13:10, 요일 3:10, 골 3:6, 엡 2:2-3

■ 기 도 ■ 적그리스도를 죽이시고 폐하시는 하나님! 모든 진리의 대적자요 멸망의 아들인 적그리스도는 주님의 재림시 죽게 될 운명임을 아오니 이에 현혹된 사람들을 속히 구원의 길로 인도하소서. 예수 그리스도의 이름으로 기도 드립니다. 아멘

우상 숭배자

시편이 말하는 우상 숭배의 허구성

■ 찬 송 ■ ♪ 202, 182, 184, 186   ■ 참 조 ■ ☞ ③ 191p

■ 본 문 ■ 열방의 우상은 은금이요 사람의 수공물이라 입이 있어도 말하지 못하며 눈이 있어도 보지 못하며…【시 135:15-18】

■ 서 론 ■ 한국이 낳은 위대한 목회자였던 고(故) 한경직 목사는 "하나님께서 가장 싫어하시는 죄가 음란인데 우상 숭배는 신앙적으로 음란한 행위를 하는 것이다."라고 했다. 여호와 하나님은 "너는 나 외에는 다른 신들을 네게 있게 말지니라."(출 20:3) 하시면서 이어서 우상 숭배를 금하셨다. 우상 숭배가 잘못됨은?

■ 말 씀 ■

I. 우상은 사람의 수공물이기 때문임

기자는 열방의 우상은 은금이요 사람의 수공물이라고 했다. 이 세상의 거의 대부분의 모든 우상들은 대개가 인간이 물질을 이용하여 만든 것이거나 혹은 그 사상으로 그릇된 형상을 세워 놓고서 경배하는 인간이 만든 비천한 수공물이요 소유물에 불과한 것이다. 이것들에게 신적 권능이 있는 양 경배하고 간구하는 자는 어리석은 자요 미련한 자일 뿐이다.

* 참고 성구 *   출 20:4, 레 26:1, 신 7:25, 행 17:29, 심히 7:22

II. 우상은 교제가 불가능하기 때문임

기자는 입이 있어도 말하지 못하며 눈이 있어도 보지 못하며 귀가 있어도 듣지 못하며라고 했다. 세상의 모든 우상들은 생명이 없고 미련한 것으로서 인간의 삶에 아무런 유익을 주지 못하는 흉물스런 것이다. 따라서 유익은커녕 어려움 속에 처한 사람에게 아무런 문제 해결이 되지 못할 뿐만 아니라 오히려 인간의 심신을 갉아먹어 낙심케 하여 잘못된 길로 가게 만든다.

* 참고 성구 *   신 5:8-9, 11:16, 16:22, 시 81:9, 115:4, 시 40:20

III. 우상은 구원과는 무관하기 때문임

기자는 입에는 아무 기식도 없나니 그것을 만든 자와 그것을 의지하는 자가 다 그것과 같으리로다라고 했다. 여기서 '의지하는'은 히브리어 '바타흐'로서 '서둘러서 피난처로 가다, 털어놓다, 던지다'의 뜻으로 이는 절대적인 희망을 걸고 신뢰하는 것을 의미한다. 우상은 인간의 종교적 요구에 의해 세워진 것으로 아무런 구원의 능력도 없으며 오직 그리스도만이 구원과 생명이 되신다.

* 참고 성구 *   렘 10:5, 롬 1:22-23, 고전 8:4, 12:2, 시 45:20, 행 4:12

■ 기 도 ■ 하나님 아버지! 우상의 실체에 대해서 배웠습니다. 인간의 구원과 무관한 우상을 멀리하고 오직 구원과 생명을 주시는 주를 의지하는 자들이 되게 하소서. 예수 그리스도의 이름으로 기도 드립니다. 아멘

우상 숭배자

이스라엘의 우상 숭배에 담긴 교훈

■ 찬 송 ■ ♪ 195, 190, 197, 186   ■ 참 조 ■ ☞ ③ 191p, 313p

■ 본 문 ■ …그 송아지는 앗수르로 옮겨다가 예물로 야렙 왕에게 드리리니… 【호 10:4-8】

■ 서 론 ■ 일본 제국주의의 원흉이요 제2차 세계 대전을 일으킨 히로히토 일본 국왕은 "세계 제2차 대전은 일본의 아마테라스 신(神)과 여호와와의 싸움이다."라고 야스쿠니 신사에서 말했다고 한다. 성경은 우상 숭배자들이 수치를 당한다고 했는데 그 이유는?

■ 말 씀 ■

Ⅰ. 우상 숭배자들은 그릇된 우상 숭배로 인해 수치를 당함

기자는 그 송아지는 앗수르로 옮겨다가 예물로 야렙 왕에게 드리리니라고 했다. 여기서 '예물'은 히브리어 '코르반'으로 '준비하다, 가까이 가져가다'는 뜻의 '카랍'에서 파생된 말로 높은 자에게 가까이 나아가는 데 필요한 어떤 것을 뜻한다. 우상 숭배자들의 가장 큰 잘못은 하나님을 버리고 저급한 것들을 신으로 알고 받들어 섬김에 있다. 그들은 수치의 징벌을 받을 수밖에 없다.

* 참고 성구 *   출 20:4-6, 왕상 12:28, 왕하 10:29, 대하 11:15

Ⅱ. 우상 숭배자들은 그릇된 목적 때문에 수치를 당함

기자는 이스라엘은 자기들의 계의를 부끄러워 할 것이며 사마리아 왕은 물 위에 거품같이 멸망할 것이며라고 했다. 우상 숭배자들의 공통적인 특징은 한낱 죄인일 뿐인 나를 위한 삶과 순간에 불과한 유한한 인생을 위한 삶이라는 데 있다. 따라서 그렇게도 허망한 것들을 두고 목적을 삼기에 결국 허무하고 수치스런 결과만을 얻게 될 것은 자명한 이치이다.

* 참고 성구 *   행 8:9-24, 롬 1:28, 엡 4:17, 골 2:18, 딛 1:15

Ⅲ. 우상 숭배자들은 그릇된 행동 때문에 수치를 당함

기자는 아웬의 산당은 패괴되어 가시와 찔레가 그 단 위에 날 것이니 그때에 저희가 산더러 우리를 가리우라 할 것이요 작은 산더러 우리 위에 무너지라 하리라고 했다. 하나님을 떠난 자는 바른 삶을 살아갈 수가 없다. 그들의 삶은 지표를 잃고서 우왕좌왕 하며 결국에는 죄악된 행동을 일삼은 자로서 그 행동대로 수치의 심판대 앞에 오를 것이다.

* 참고 성구 *   심상 31:4-6, 고후 5:10, 벧후 2:9, 유 1:14-15, 계 21:8

■ 기 도 ■ 이스라엘의 우상 숭배를 멸하신 하나님! 이스라엘은 결국 앗수르의 밥이 되어 멸망하였습니다. 우리는 우상 숭배자들의 수치의 종말을 보았은즉 지금도 방황하는 우상 숭배자들을 일깨우는 자들이 되게 하소서. 예수 그리스도의 이름으로 기도 드립니다. 아멘

우상 숭배자

아하스의 우상 숭배에 담긴 의미

■ 찬 송 ■ ♪ 412, 410, 343, 426   ■ 참 조 ■ ☞ ① 212p ③ 191p

■ 본 문 ■ 아하스왕이 앗수르 왕 디글랏 빌레셀을 만나러 다메섹에 갔다가 거기 있는 단을 보고 드디어 그 구조와 제도의 식양을 그려 제사장 우리아에게 보내었더니… 【왕하 16:10-20】

■ 서 론 ■ "집이나 명예나 권세나 돈이나 심지어는 가족에 이르기까지 하나님보다 더 사랑하는 것은 우상 숭배가 된다."라고 한경직 목사는 말했다. 현대에 나타난 새로운 우상 숭배는?

■ 말 씀 ■

I. 현대적 우상 숭배인 범신론

범신론자들은 이 세상 만물에 모두 신이 깃들어 있다며 유일신이신 하나님을 버리고 인간이 만든 여러 잡신을 섬기는 자들이다. 영국의 사상가 톨랜드가 이 용어를 처음 사용했고 대표적으로는 우파니샤드와 스피노자가 있다.

* 참고 성구 *   수 24:2, 대상 16:26, 시 2:8, 렘 2:11, 고전 8:5, 갈 4:8

II. 현대적 우상 숭배인 물질만능주의

옛날 북 이스라엘의 황금 송아지를 숭배하던 자들처럼 오직 황금과 물질을 만능으로 생각하고 하나님의 자리에 재물 곧 '맘몬'(mammon)을 앉히고서 그것들을 의지하고, 그것들을 사랑하며, 그것들을 숭배하는 자들이다.

* 참고 성구 *   왕상 12:28, 마 6:24, 막 10:24, 눅 12:19~20, 딤전 6:17

III. 현대적 우상 숭배인 쾌락주의

쾌락주의자들은 이 세상의 끝도 없고 그 끝은 아무것도 아니라고 믿고서 그때 그때 닥치는 대로 고통을 잊고 먹고 마시고 즐기는 것을 최상으로 여겨서 육체의 향락만을 추구하는 자들이다. 그리스의 에피큐로스가 이 학파의 창시자이다.

* 참고 성구 *   민 25:1, 행 17:18, 전 8:15, 시 22:13, 고전 15:32

IV. 현대적 우상 숭배인 합리주의

합리주의는 인간의 이성만을 믿고 의지하며 인간이 만들어낸 과학을 최고의 능력과 가치로 여기는 사상으로 데카르트, 라이프니츠 볼프 등이 대표적 인물이다. 신앙의 진리를 가능한 한 자연 이성에 의해 인식하려는 입장을 취한다.

* 참고 성구 *   렘 8:9, 시 29:14, 롬 1:22, 고전 3:19~20, 골 2:23

■ 기 도 ■ 하나님 아버지! 시대가 변하여 옛 우상의 탈을 뒤집어 쓴 우상들이 새롭게 이 세상에 나타나 사람들을 미혹케 하고 있사오니 믿는 성도들을 바로 붙들어 주시어 미혹에서 벗어나게 도우소서. 예수 그리스도의 이름으로 기도 드립니다. 아멘

우상 숭배자

바벨론의 멸망에 담긴 교훈

■ 찬 송 ■ ♪ 163, 209, 168, 167　　■ 참 조 ■ ☞ ① 233p ② 255p

■ 본 문 ■ …힘센 음성으로 외쳐 가로되 무너졌도다 무너졌도다 큰 성 바벨론이여… 【계 18:1-20】

■ 서 론 ■ 바벨론은 '신의 문' 이란 뜻을 가졌는데 고대에는 많은 나라의 수도였으나 성경의 예언대로 폐허가 되었다(사 13, 14, 21장). 신약에서는 하나님을 대적하는 상징으로서 당시의 로마 제국과 종말적인 사단의 힘과 지배를 의미하고 있다. 바벨론의 멸망은?

■ 말 씀 ■

Ⅰ. 이는 하나님의 심판의 공평함을 증명함

기자는 무너졌도다 무너졌도다 큰 성 바벨론이여라고 했다. 여기서 '무너졌도다, 무너졌도다' 는 헬라어 '에페센 에페센' 으로 이는 '핍토' 곧 '넘어지다, 망하다, 사라지다' 의 제1과거로서 '망하였도다, 망하였도다' 이며 두 번 강조함으로써 완전히 사라지고 망한 것을 의미한다. 공의의 하나님이 베푸시는 심판은 신분이나 혈통에 관계없이 똑같은 원칙 아래 동일한 보응으로 진행된다.

＊ 참고 성구 ＊　시 98:9, 신 10:17, 롬 2:9, 골 3:25, 벧전 1:17

Ⅱ. 이는 하나님의 심판의 철저함을 증명함

기자는 그의 행위대로 갑절을 갚아 주고 그의 섞은 잔에도 갑절이나 섞어 그에게 주라고 했다. 여기서 '갑절을 갚아 주고' 는 헬라어 '디프로사테 타 디프라' 로서 '갑절들로 갚아 주다, 두 배로 돌려주다' 는 뜻으로 이는 반드시 두 배로 갚아 주고 돌려줄 수밖에 없는 것을 의미하는데, 다양한 우상 숭배의 죄를 분량의 배로 심판하시려는 하나님의 무서운 심판을 보여 주시는 말이다.

＊ 참고 성구 ＊　딤전 5:24-25, 렘 17:10, 마 16:27, 고후 5:10, 계 10:12

Ⅲ. 이는 하나님의 심판의 양면성을 증명함

기자는 하늘과 성도들과 사도들과 선지자들아, 그를 인하여 즐거워하라 심판을 그에게 하셨음이라고 했다. 여기서 '즐거워하라' 는 헬라어 '유프라이누' 로서 '기뻐 잔치하라' 는 뜻으로 무서운 진노와 풍성한 은혜가 악과 의에 한치 오차도 없이 적용되어 멸망과 생명이라는 두 가지 분명한 결과를 초래케 하는 하나님의 심판이다. 바벨론의 영원한 슬픔과 하늘의 영원한 기쁨이 대조가 된다.

＊ 참고 성구 ＊　벧후 2:9, 마 25:31-32, 히 9:27, 유 1:14-15, 계 22:12

■ 기 도 ■ 바벨론을 철저히 멸망시키신 하나님! 당신의 심판은 공평하고 철저하고 악인은 영벌로, 의인은 영생으로 보내시는 심판임을 알았사오니 우리의 영원한 소망을 이루어주소서. 예수 그리스도의 이름으로 기도 드립니다. 아멘

우상 숭배자

잠언이 이르는 탐욕에의 결국

■ 찬 송 ■ ♪ 367, 102, 403, 519　　■ 참 조 ■ ☞ ③ 171p

■ 본 문 ■ …무릇 이를 탐하는 자의 길은 다 이러하여 자기의 생명을 잃게 하느니라 【잠 1:10-19】

■ 서 론 ■ 그리스의 철학자 제논은 "탐심을 가진 사람은 탐욕스럽게 모든 비와 이슬을 빨아들이는 불모의 모래땅과 같아서 열매를 맺어 다른 사람에게 도움이 되는 목초나 식물을 생산하지 못한다."라고 했다. 성경은 "땅에 있는 지체를 죽이라 곧 음란과 부정과 사욕과 악한 정욕과 탐심이니 탐심은 우상숭배니라."고 했다(골 3:5). 탐욕은?

■ 말 씀 ■

Ⅰ. 탐욕은 사람으로 하여금 시험에 들게 한다

기자는 내 아들아 악한 자가 너를 꾈지라도 좇지 말라고 했다. 여기서 '악한'은 히브리어 '하타' 로서 '빗나가다' 라는 뜻에서 나온 말로 이는 하나님의 말씀이 제시하는 삶의 방향에서 벗어나는 모든 것이 악임을 의미한다. 자신의 인간적인 육의 욕심을 충족시키려는 자는 시험과 여러 가지 올무에 빠져서 죄의 길로 치우치기 쉬우므로 성도는 남의 것을 탐하려는 마음을 버려야 할 것이다.

 * 참고 성구 *　약 1:14-15, 창 3:6, 잠 9:17, 벧후 2:18, 수 7:21

Ⅱ. 탐욕은 사람으로 하여금 영적 침륜에 빠지게 한다

기자는 대저 그 발은 악으로 달려가며 피를 흘리는 데 빠름이라고 했다. 로마의 박물학자 플리니우스는 "탐욕은 너무나 철저히 인간을 사로잡고 있어서 인간이 부를 소유하고 있다기보다는 부가 인간을 소유하고 있는 것처럼 보인다."라고 했다. 하나님과 재물은 겸하여서 섬길 수 없는 것인즉 탐욕을 충족시키려는 자는 믿음에서 떠나 영적으로 침체되기 마련인 것이다.

 * 참고 성구 *　딤전 6:9-10, 마 6:24, 19:22-23, 전 5:10, 약 5:3

Ⅲ. 탐욕은 사람으로 하여금 하늘의 기업을 상실하게 한다

기자는 이를 탐하는 자의 길은 다 이러하여 자기의 생명을 잃게 하느니라고 했다. 영국의 신학자 로버트 사우스는 "탐욕은 악마의 알파벳의 처음이요 마지막이다. 그것은 타락한 본성 중 맨 처음에 활동하고 맨 마지막에 소멸하는 악이다."라고 했다. 주어진 은혜에 자족하고 감사하지 못하여 이 땅에서 탐욕을 채우기에만 급급해 하는 자는 하늘 나라의 풍성한 기업을 얻을 수가 없다.

 * 참고 성구 *　엡 5:3, 5, 골 3:5, 출 20:17, 눅 12:15, 히 13:5

■ 기 도 ■ 하나님 아버지! 탐욕은 우상숭배로서 이는 사람을 시험들게 하며 하늘의 기업을 상실케 하는 줄로 이제 알았사오니 우리에게 자족하는 마음을 주옵소서. 예수 그리스도의 이름으로 기도 드립니다. 아멘

미신에 빠진 자

벧엘의 늙은 선지자가 주는 영적 교훈

■ 찬 송 ■ ♪ 461, 92, 425, 428　　■ 참 조 ■ ☞ ① 195p
■ 본 문 ■ 벧엘에 한 늙은 선지자가 살더니 그 아들들이 와서 이 날에… 【왕상 13:11-19】
■ 서 론 ■ "유혹에 굴하지 말라. 굴하는 것은 마귀의 꾀에 지는 것이요, 그대의 손에 사슬을 채우라고 내미는 것이다."라고 목사 카우맨은 말했다. 옛날 천상에서 하나님 곁에서 비파를 켰던 천사장 '루시퍼'. 그가 교만하여 땅으로 내쫓긴 뒤 사단이 되어 삼킬 자를 찾고 있다(겔 28:13-17, 계 12:9). 사단은?

■ 말 씀 ■

Ⅰ. 사단은 누구를 막론하고 유혹함

기자는 하나님의 사람의 뒤를 쫓아가서 상수리나무 아래 앉은 것을 보았다고 했다. 사단은 어느 누구 특별한 사람만을 선별하여 유혹하지 않고 믿는 사람이든 안 믿는 사람이든, 하나님의 사람이든 가리지 않고 누구든지 유혹하여 멸망시키려고 한다. 그러므로 성도는 깨어 있어 영적으로 철저히 무장하지 않으면 안 된다. 우는 사자처럼 삼킬 자를 찾는 사단을 조심하자.

* 참고 성구 *　고전 10:12, 벧전 5:8, 마 26:41, 신 4:9, 행 20:31

Ⅱ. 사단은 일반적인 모습으로 유혹함

기자는 저가 그 사람에게 이르되 나와 함께 집으로 가서 떡을 먹으라고 했다. 하나님의 사람이 받은 유혹은 현대를 살아가는 모든 자들의 당연한 밥(=물질)의 문제였다. 사단은 물질과 여인을 통해서 많은 성경의 위인들을 넘어뜨렸다. 이처럼 사단은 구별된 모습으로 성도들에게 다가서는 것이 아니라 일상생활 속에서 깨닫지 못하는 사이에 우리와 같은 모습으로 멸망의 길로 몰아 넣는다.

* 참고 성구 *　창 3:5-6, 잠 1:10, 왕상 11:1-10, 벧후 2:18, 딤후 3:13-14

Ⅲ. 사단은 선으로 변장하여 유혹함

기자는 나도 그대와 같은 선지자라 천사가 여호와의 말씀으로 내게 이르기를 그 사람을 속임이라고 했다. 여기서 '속임이라'는 히브리어 '키헤쉬'로서 '가장하다'는 뜻으로 이는 거짓 선지자의 행태를 지적한 것인데 현대의 이단들도 자신을 선한 일꾼으로 가장한다. 사단은 때로는 거룩한 모습으로 온화한 얼굴로 다가선다. 성도는 항상 간교한 사단을 경계하는 자세를 늦추지 말 것이다.

* 참고 성구 *　잠 7:21-23, 고후 11:13-15, 2:11, 마 4:6, 엡 6:11

■ 기 도 ■ 하나님 아버지! 사단의 궤계에 대해서 알았습니다. 우리는 영분별의 은사로서 항상 깨어 있어야 하겠습니다. 우리의 마음이 미혹되지 않도록 성령의 도우심을 간구하오니 인도하소서. 예수 그리스도의 이름으로 기도 드립니다. 아멘

악습을 버리지 못하는 자

니고데모가 중생에 이른 방법

■ 찬 송 ■ ♪ 204, 205, 198, 210   ■ 참 조 ■ ☞ ③ 437p

■ 본 문 ■ 바리새인 중에 니고데모라 하는 사람이 있으니 유대인의 관원이라… 【요 3:1-15】

■ 서 론 ■ 중생(重生, regeneration)이란 새 생명의 원리를 인간 속에 심어주고 영혼의 주도적 성향을 성화시키는 하나님의 행위를 일컫는 말이다. 중생은 즉각적, 순간적으로 완성된다는 데서 성화와 구분되는데, 중생은 전적으로 하나님의 사역이며 하나님의 말씀을 도구로 한 성령의 역사로 가능하다. 중생은?

■ 말 씀 ■

I. 중생은 죄인임을 깨달아야 함

주님은 사람이 거듭나지 아니하면 하나님 나라를 볼 수 없느니라고 하셨다. 여기서 '거듭나다'는 헬라어 '겐네데 아노텐'으로 이는 '위로부터 난다, 처음부터 난다, 새로 난다, 다시 난다'는 뜻으로 '중생' 곧 '팔링게네시아'는 '다시 난다'는 말이다. 중생의 첫 걸음은 먼저 자신이 멸망받을 수밖에 없는 죄인임을 깨닫는 것이다. 그래야 용서의 주님 예수를 만날 수 있다.

　　＊ 참고 성구 ＊　고후 3:3, 눅 5:8, 18:13, 시 51:3, 행 2:37

II. 중생은 회개로 죄사함 받아야 함

주님은 사람이 물과 성령으로 나지 아니하면 하나님 나라를 들어갈 수 없느니라고 하셨다. 회개는 천국 문을 두드리는 첫 행위로 철저히 회개하고 세례를 받아야 죄사함을 얻고 성령 안에서 새 사람을 입는 것이다. 이는 죄인된 모습으로는 하나님께 나아갈 수가 없으므로 철저하게 자신의 죄를 고백하고 주님의 보혈을 믿고 의롭다고 인정되는 죄사함을 받아야 할 것이다.

　　＊ 참고 성구 ＊　엡 2:8-9, 겔 36:26, 딛 3:5, 마 3:7-8, 벧전 3:21

III. 중생은 예수를 주님으로 영접해야 함

주님은 인자도 들려야 하리니 이는 저를 믿는 자마다 영생을 얻게 하려 하심이라고 하셨다. 여기서 '들려야'는 헬라어 '휘포데나이'로서 '회포오' 곧 '높이 올린다'의 부정과거수동부정사로서 예수의 십자가에 달리심이 하나님에 의한 필연적인 사명임을 보여준다. 이렇듯 예수께서 내 죄를 용서하시고 영혼을 구원하시는 구세주이심을 믿고 시인할 때 중생의 체험을 하게 된다.

　　＊ 참고 성구 ＊　엡 4:24, 고전 12:3, 요 1:13, 고후 5:17, 요일 5:1, 12

■ 기 도 ■ 하나님 아버지! 니고데모는 한 밤중에 살며시 왔다가 대낮 같은 진리의 복음을 접했습니다. 그는 중생하여 새 사람을 입었고 주님 돌아가신 후 장례를 치루었습니다. 주님, 이 시간 많은 사람이 복음으로 거듭나는 역사를 이루소서. 예수 그리스도의 이름으로 기도 드립니다. 아멘

악습을 버리지 못하는 자

르우벤, 갓 지파의 이기심이 주는 영적 의미

■ 찬 송 ■ ♪ 543, 545, 233, 540　　　■ 참 조 ■ ☞ ① 31p

■ 본 문 ■ 르우벤 자손과 갓 자손은 심히 많은 가축의 떼가 있었더라 그들이 야셀 땅과 길르앗 땅을 본즉 그곳은 가축에 적당한 곳인지라… 【민 32:1-15】

■ 서 론 ■ 영국의 작가 오웬 펠담은 "천국에 결코 들어갈 수 없는 사람을 보여달라고 한다면 혼자만 천국에 가려는 사람을 보여주면 된다."라고 했다. 이기심은 인간의 가장 원초적 속성으로 이것의 삶은 짐승의 영역을 벗어나지 못하게 한다. 이기심은?

■ 말 씀 ■

Ⅰ. 이기심은 축복을 상실한다

기자는 이 땅을 당신의 종들에게 산업으로 주시고라고 했다. 여기서 '산업'은 히브리어 '아후자'로서 '붙잡다, 꽉 쥐다'에서 파생된 명사로 법적 보호를 받을 수 있는 (특히 땅의) '소유, 재산'을 뜻한다. 르우벤과 갓 지파는 정복전쟁에 참여 않고 현실에 만족하고자 했다. 이기심의 충족은 당장은 평안과 만족을 주는 것 같으나 주께서 축복으로 주시는 약속된 참 평안을 잃게 한다.

＊ 참고 성구 ＊ 창 13:10-11, 19:26, 겔 34:18, 마 25:43, 딤후 3:2, 요일 3:17

Ⅱ. 이기심은 공동체를 파괴한다

기자는 어찌하여 이스라엘 자손으로 낙심케 하여서 여호와께서 그들에게 주신 땅으로라고 했다. 이 두 지파의 행위는 이스라엘 공동체를 실망시키고 파괴하는 행위인데, 여기서 '낙심케 하여서'의 히브리어 어근은 '누'로서 '금지하다, 반대하다, 거절하다'는 뜻으로 이는 '마음을 기울게 하다'는 의미이다. 이기심이 확장되면 하나님 나라를 향해 가는 신앙공동체의 분열을 초래한다.

＊ 참고 성구 ＊ 창 4:9, 요일 3:12, 삿 8:1-3, 빌 2:12, 요심 1:9

Ⅲ. 이기심은 사망의 길로 자초한다

기자는 악을 행한 그 세대가 필경은 다 소멸하였느니라고 했다. 여기서 '소멸하였느니라'는 히브리어 '톰'으로 '완성하다, 소모하다'라는 동사에서 유래된 말로 이는 전체의 소모를 뜻하며, 여기서는 이스라엘 자손이 하나님의 인도에 온전히 따르지 않았음으로 의미한다. 이기심의 본체인 욕심은 모든 죄의 근원이 되며 죄의 성장은 하나님의 기업을 떠나 영원한 사망에 이르게 한다.

＊ 참고 성구 ＊ 삼상 25:11, 38, 약 1:15, 마 23:3-4, 행 1:18

■ 기 도 ■ 이기심을 심판하시는 하나님! 이 시간 이기심으로 인한 폐해를 보았습니다. 우리는 이런 마음을 버리고 이타심으로써 이웃을 위하는 삶을 살게 하소서. 예수 그리스도의 이름으로 기도 드립니다. 아멘

악습을 버리지 못하는 자

악인에 비유된 사단의 일반적 특성

■ 찬 송 ■ ♪ 388, 384, 397, 392　　■ 참 조 ■ ☞ ① 221p

■ 본 문 ■ …저가 향촌 유벽한 곳에 앉으며 그 은밀한 곳에서 무죄한 자를 죽이며 그 눈은 외로운 자를 엿보나이다 사자가 그 굴혈에 엎드림 같이 저가…【시 10:8-13】

■ 서 론 ■ 사단의 히브리어 뜻은 '방해자, 대적자'이다. 보통 명사로 쓰일 때는 개인이나 국가의 적대자로(민 22:22), 고유명사로 쓰일 때는 초자연적 존재로서 귀신들의 우두머리를 지칭한다(마 12:24, 26). 사단의 일반적 특성은?

■ 말 씀 ■

I. 사단은 음산한 곳에 거함

기자는 저가 향촌 유벽한 곳에 앉으며라고 했다. 기자는 악한 자들(=사단)의 교활함과 간교함을 신랄하게 규명하고 있다. 그들이 은밀하고 한적한 곳에 숨어 있는 것은 나약하고 가련한 자를 일격에 삼키려는 더러운 흉계가 있는 것이다. 사단은 빛이 있는 공개된 자리에는 나아오지 못한다. 죄를 모의하기 적합한 처소, 은밀히 품고 있는 정욕과 악습의 그늘 밑을 찾아 그곳에 거하기를 즐긴다.

　＊ 참고 성구 ＊　욥 20:12-14, 계 18:2, 12:9, 엡 6:12, 유 1:6

II. 사단은 무죄한 자를 죽이려 함

기자는 그 은밀한 곳에서 무죄한 자를 죽이며라고 했다. 사단은 믿음이 약한 성도들을 삼키기 위해 도처에 함정을 파놓고 숨어서 기다리고 있다. 성도는 사단의 유혹을 이기기 위해서는 영적 안목과 성령의 검 곧 하나님의 말씀을 항상 마음속에 지니고 있어야 한다. 사단은 죄인들을 동료로 삼아 자신이 처한 멸망의 자리에 함께 하려 하고 의로운 자를 멸절시키려 노리고 있는 것이다.

　＊ 참고 성구 ＊　엡 6:11, 17, 벧전 5:8, 히 4:12, 약 4:7

III. 사단은 외로운 자를 노림

기자는 그 눈은 외로운 자를 엿보나이다라고 했다. 여기서 '외로운 자'는 히브리어 '헬카임'으로 '비참하게 되다'의 복수명사인데 '비참한 자' 특히 도움을 받지 못하는 '연약한 자들'을 뜻한다. 사단은 하나님을 떠나 심령이 연약한 자나 삶의 고통을 비참하게 느끼는 자 등 약하고 외로운 자를 노린다. 하나님 곁에 있는 강한 자는 사단의 접근 대상이 아니다.

　＊ 참고 성구 ＊　에 3:6, 시 140:3, 잠 30:14, 막 9:18-29, 계 20:10

■ 기 도 ■ 하나님 아버지! 사단 마귀는 연약한 자들을 노려 그의 먹이를 삼으려 하고 있사오니 악한 습성을 버리고 그의 올무에서 벗어나서 생명의 길로 인도하시는 긍휼을 입게 하소서. 예수 그리스도의 이름으로 기도 드립니다. 아멘

헛된 소망을 품은 자

발람이 말한 참 전도자의 자세

■ 찬 송 ■ ♪ 485, 483, 177, 217   ■ 참 조 ■ ☞ ① 115p ② 75p

■ 본 문 ■ …하나님의 말씀을 듣는 자, 전능자의 이상을 보는 자, 엎드려서 눈을 뜬 자가… 【민 24:2-4】

■ 서 론 ■ "성공적인 전도의 비결 세 가지는 자신을 보이지 않게 감추는 것이요, 자신을 보이지 않게 더 감추는 것이요, 자신을 보이지 않게 오히려 더 감추는 것이다." 라고 신학자 피엘스는 말했다. 성령의 감동하심을 받은 발람이 이스라엘이 받은 축복을 예언할 때 말한 참 전도자는?

■ 말 씀 ■

Ⅰ. 전도자는 세상에 대해 눈을 감은 자이다
기자는 그가 노래를 지어 가로되 브올의 아들 발람이 말하며 눈을 감았던 자가 말하며라고 했다. 하나님의 신, 곧 성령이 발람에게 임함은 그의 의지와 상관없이 하나님의 뜻을 이루기 위함이시다. 전도자는 하나님과의 영적 교류를 방해하는 세상의 갖가지 유혹, 곧 권력욕, 명예욕, 물질욕에 대해서 눈을 감은 자로서 이는 곧 하나님께만 눈을 열어 놓은 성도를 일컫는 말이다.
　* 참고 성구 *　행 7:55-56, 요일 2:15-16, 약 4:4, 눅 21:34, 골 3:2

Ⅱ. 전도자는 말씀을 듣고 이상을 보는 자이다
기자는 하나님의 말씀을 듣는 자, 전능자의 이상을 보는 자라고 했다. 여기서 '전능자'는 '엘 샤다이'로서 '전능한 하나님'으로 '엘'은 '엘로힘'의 단수형이고, '샤다이'는 '충분한, 자족한'이라는 뜻이다. 또한 '이상'은 히브리어 '하존'으로 '환상, 묵시'를 뜻한다. 전도자는 자신의 뜻을 무조건 요구하기보다는 하나님의 말씀을 경청하고 그분의 뜻과 섭리를 바로 보아야 한다.
　* 참고 성구 *　벧전 1:23, 왕하 6:17, 히 11:27, 창 45:5-8

Ⅲ. 전도자는 하나님 앞에서 엎드린 자이다
기자는 엎드려서 눈을 뜬 자가 말하기를이라 했다. 신령한 것은 인간이 생래적으로 지니고 있는 이성과 지력으로는 볼 수 없고 오직 육신의 소욕을 버리고 성령에 의해 붙잡힌 바 될 때 비로소 밝히 볼 수가 있다. 발람처럼 성령에 잡힌 자가 되면 신령한 눈이 떠진다. 전도자는 하나님의 주권적 능력에 완전히 압도되어 그분께 엎드려 순종하는 겸손이 있어야 한다.
　* 참고 성구 *　빌 2:10, 시 16:29, 마 14:33, 눅 5:4-5, 8, 히 1:6

■ 기 도 ■ 발람에게 참된 예언을 하게 하신 하나님! 오늘 이 시간 전도자의 자세를 보았습니다. 우리는 헛된 소망을 버리고 부르심을 입은 성도로서 전도자의 사명을 완수하게 인도하소서. 예수 그리스도의 이름으로 기도 드립니다. 아멘

헛된 소망을 품은 자

바벨탑 인생에 담긴 의미

■ 찬 송 ■ ♪ 256, 273, 259, 167   ■ 참 조 ■ ☞ ① 25p

■ 본 문 ■ …시날 평지를 만나 거기 거하고 서로 말하되 자, 벽돌을 만들어 견고히 굽자… 【창 11:1-9】

■ 서 론 ■ 미국의 시인이요 수필가인 에머슨은 "인생 그 자체는 허구와 의혹이며 또 꿈속에서 꿈을 꾸는 것과 같다."라고 했다. 구약에서 바벨탑이라는 직접적 표현은 없으나 이는 창세기 11장에 묘사된 시날 평지에 건설된 구조물을 가리키는 것으로, 그들의 교만을 하나님은 언어의 혼란으로 흩으셨고, 신약의 오순절 성령 강림으로 한 언어로 다시 모으셨다. 탑을 쌓아 하늘에 닿고자 한 허구의 인생은?

■ 말 씀 ■

I. 그들은 교만한 인생이었다

기자는 하늘에 닿게 하여 우리 이름을 내고라 했다. 여기서 '우리 이름을'은 히브리어 '라누 쉠'으로 이는 '우리 스스로를 위하여 이름을'의 뜻으로, 하나님을 부정하고 자신을 드러내려는 인간적인 이기심과 명예심의 교만이 드러난 말이다. 자신의 능력과 가진 모든 것을 자랑하며 자신만 높이는 교만한 자들을 하나님은 분토와 같이 흩으시어 그것들의 무가치함을 깨닫게 하신다.

* 참고 성구 *   잠 16:18, 민 14:44, 20:11, 대하 26:16, 눅 12:19, 약 4:6,10

II. 그들은 안주하는 인생이었다

기자는 온 지면에 흩어짐을 면하자고 했다. 성을 건축하는 두 번째 동기는 흩어짐을 면하자는 것이었다. 이는 가인의 후예들이 첫 살인자 가인이 받은 저주를 인간적인 수단으로 극복하고자 통일성 유지를 위한 집합지로 만들려고 한 이 짓은 하나님의 땅에 널리 퍼져 충만하라는 명령을 거역한 것이다. 하나님은 말씀에 순종치 않은 자들을 흩으사 당신의 뜻을 이루신다.

* 참고 성구 *   창 4:12, 1:28, 요 3:36, 삼상 15:22, 약 1:25, 딤전 1:9

III. 그들은 세속적인 인생이었다

기자는 이 무리가 한 족속이요 언어도 하나이므로라고 했다. 여기서 '무리'는 히브리어 '암'으로 '일반화되다, 결합하다, 공통되다'는 '아맘'에서 파생된 말로 여기서는 한 가지 목적, 곧 범죄를 위해 모인 하나된 집단적 일체감을 암시한다. 성도의 삶의 목적은 주님의 영광과 천국의 소망에 맞춰져야 함에도 죄를 일삼는 자들은 하나님의 진노를 받아 모든 일에 허무한 흩어짐으로 끝난다.

* 참고 성구 *   시 34:3, 골 3:2, 마 16:26, 약 4:4, 요일 2:15

■ 기 도 ■ 바벨탑을 허무신 하나님! 당신의 말씀을 불순종하고 거역하고 대적한 인생들을 흩으신 사건을 보았습니다. 우리는 헛된 소망을 버리고 오직 말씀에 순종하여 하늘나라에 소망을 두는 자들이 되게 하소서. 예수 그리스도의 이름으로 기도 드립니다. 아멘

핍박과 갈등으로 고민하는 자

예수의 종말 징조 예언의 의의

- **찬 송** ♪ 164, 168, 209, 223
- **참 조** ☞ ② 403p
- **본 문** …우리에게 이르소서 어느 때에 이런 일이 있겠사오며 이 모든 일이 이루려 할 때에 무슨 징조가 있사오리이까 예수께서 이르시되 너희가 사람의…【막 13:3-13】
- **서 론** 영국 교회의 감독을 역임한 포르티우스는 "재난을 예견하는 자는 그 재난을 두 번 이겨내는 것이 된다."라고 했다. 주님은 제자들에게 말세의 징조를 말씀하시면서 조심하라고 하셨다. 성도는 주님의 말씀에 비추어 종말의 재해에서 비켜나는 성숙한 통찰력을 갖는 자 되자. 말세에는?

- **말 씀**

Ⅰ. 말세에는 영적 재해가 일어날 것이니 조심하라
예수께서는 너희가 사람의 미혹을 받지 않도록 주의하라고 하셨다. 여기서 '미혹하다'는 헬라어 '프라나오'로서 '길을 잃게 한다, 나쁜 길로 이끈다, 방황하게 한다'는 뜻으로 자기가 그리스도라고 속이며 비진리의 길로 인도할 것을 의미한다. 말세지말에는 성도를 배교시키며 이단 사설에 빠뜨리려는 거짓 교사와 거짓 선지자들의 출현이 심히 많으므로 조심할 것이다.

  * 참고 성구 * 살후 2:3-8, 고후 11:13-15, 딤후 4:4, 벧후 3:17, 히 3:12, 계 19:20

Ⅱ. 말세에는 자연 재해가 일어날 것이니 조심하라
예수께서는 처처에 기근과 지진이 있으리라고 하셨다. 여기서 '처처에'는 헬라어 '카타 토푸스'로서 '곳곳마다, 도처에'이며, '기근' 곧 '리모이'는 '리모스' 곧 '굶주림, 배고픔, 기근'의 복수로서 영과 육의 많은 굶주림과 기갈을 뜻하며, '지진' 곧 '세이스모이'는 '세이스모스' 곧 '흔들림, 요동, 지진'의 복수로서 많은 지진과 세상의 흉용함을 의미한다.

  * 참고 성구 * 마 24:7, 계 6:8, 암 4:6, 겔 4:16

Ⅲ. 말세에는 인적 재해가 일어날 것이니 조심하라
예수께서는 너희는 스스로 조심하라 사람들이 너희를 공회에 넘겨주겠고라 하셨다. 여기서 '조심하라'는 헬라어 '부레포'로서 '조심하며, 삼가면, 주의한다'인데 '본다, 깨닫는다'는 의미로 마지막 때에 영의 눈으로 보고 지적인 눈으로 본다는 것이 얼마나 중대한 것인가를 보여 준다. 말세지말에는 각종 범죄와 폭력과 전쟁으로 인한 재해와 권세자로 인한 종교적 박해가 임한다는 뜻이다.

  * 참고 성구 * 계 2:10, 롬 8:17, 벧전 5:10, 마 10:22, 고후 4:11

- **기 도** 하나님 아버지! 말세에 일어날 각종 재해를 보았습니다. 그러나 끝까지 견디는 자는 구원을 얻는다고 하셨으니 성령의 도우심으로 모든 위험을 넘길 수 있도록 은혜 베푸소서. 예수 그리스도의 이름으로 기도 드립니다. 아멘.

핍박과 갈등으로 고민하는 자

구원받은 자의 새 생활

■ **찬 송** ■ ♪ 539, 439, 82, 379 　　■ **참 조** ■ ☞ ② 239p, 391p

■ **본 문** ■ 만물의 마지막이 가까웠으니 그러므로 너희는 정신을 차리고 근신하여 기도하라… 【벧전 4:7-11】

■ **서 론** ■ 독일의 종교개혁자 마틴 루터는 "인간의 궁극적인 목적은 구원을 받는 것이 아니고 하나님을 찬송하는 것이다."라고 했다. 바울은 우리가 소망으로 구원을 얻었으매 보이는 소망이 소망이 아니니 보는 것을 누가 바라리요 하며, 모든 피조물의 고대하는 것은 하나님의 아들들이 나타나는 것이라고 했다(롬 8:19, 24). 재림을 기다리는 자는?

■ **말 씀** ■

Ⅰ. 주의 재림을 기다리는 자는 근신하여 기도할 것

기자는 너희는 정신을 차리고 근신하여 기도하라고 했다. 여기서 '근신하라'는 헬라어 '네포'로서 '술 취하지 않다, 자제한다, 정신 차리고 있다'는 뜻이며, '기도하라'는 '에이스 프로슈카스'로서 '기도를 위하여, 기도를 향하여'인데 이는 기도를 향해 나아가는 목적을 가리키며 아울러 말세에 있어서 기도가 얼마나 중요한 것인가를 보여 준다. 종말의 때에 성도는 간절히 기도하자.

　* 참고 성구 *　계 22:10, 살전 5:6, 8, 17, 골 4:6-7, 마 26:41, 엡 6:18

Ⅱ. 주의 재림을 기다리는 자는 서로 사랑할 것

기자는 서로 사랑할지니 사랑은 허다한 죄를 덮느니라고 했다. 여기서 '허다한 죄'는 헬라어 '프레도스 하말티온'으로 죄의 수와 양이 많음을 가리키며, '덮느니라'는 '칼륖테이'로서 '덮는다, 감춘다, 보이지 않게 한다'는 의미이다. '사랑' 곧 '아가페'는 허다한 죄를 덮어버린다. 극한 상황의 이기주의는 종말의 때에 더욱 심하나 성도는 이웃을 열심히 사랑하여 주의 사랑이 임하도록 하자.

　* 참고 성구 *　요일 2:10, 잠 10:12, 갈 5:15, 빌 1:9, 살전 4:9, 벧전 4:8

Ⅲ. 주의 재림을 기다리는 자는 진실로써 봉사할 것

기자는 하나님의 각양 은혜를 맡은 선한 청지기같이 서로 봉사하라고 했다. 여기서 '봉사하라'는 헬라어 '디아코눈테스'로서 이는 '디아코네오.' 곧 '섬긴다, 봉사한다'의 현재분사로 '섬기며, 봉사하며'라는 뜻으로 계속 섬기라는 뜻이다. 주를 믿는 성도는 어려운 짐을 먼저 질 수 있어야 하며 진실함으로 서로에게 봉사할 수 있어야 하는데 이 봉사에는 풍성한 상급이 기다리고 있다.

　* 참고 성구 *　눅 19:13, 고전 4:2, 고전 6:20, 롬 12:7-8

■ **기 도** ■ 하나님 아버지! 구원받은 자로서 말세의 주님 재림시 믿음의 생활태도를 배웠습니다. 열심히 사랑하고 봉사하고 기도하여 흠 없는 몸으로 주님을 뵙게 하소서. 예수 그리스도의 이름으로 기도 드립니다. 아멘

핍박과 갈등으로 고민하는 자

바울의 고난에 대한 위로

■ 찬 송 ■ ♪ 367, 364, 492, 471　　　■ 참 조 ■ ☞ ② 421p

■ 본 문 ■ …너희도 우리를 위하여 간구함으로 도우라 이는 우리가 많은 사람의 기도로…【고후 1:1-11】

■ 서 론 ■ "하나님은 우리를 거룩하고 깨끗하게 보존하시기 위하여 때로는 주시기도 하시고 때로는 주신 것을 빼앗기도 하신다."고 어느 목회자는 말했다. 고난은 축복의 선물을 싸서 우리에게로 보내는 보자기와 같은 것이다. 고난과 축복은 동전의 앞뒷면과 같은 것이다. 고난이 유익함은?

■ 말 씀 ■

I. 고난이 유익함은 그리스도의 고난에 참예하기 때문이다

바울은 그리스도의 고난이 우리에게 넘친 것 같이라고 했다. 여기서 '고난'은 헬라어 '타 파데마타'로서 '그 고난들'인데 이는 그리스도를 인하여 오는 특별한 고난을 의미한다. 복음으로 인한 고난은 그리스도께서 받으신 고난에 성도가 참여하는 것으로 하나님의 뜻을 간절히 구하고 그것을 더욱 의지하게 함으로써 믿음의 성숙과 함께 하늘의 상급을 받게 한다.

* 참고 성구 *　롬 8:17, 빌 3:10, 딤후 2:12, 행 5:41, 벧전 2:20

II. 고난이 유익함은 그리스도의 위로에 참예하기 때문이다

바울은 우리의 위로도 그리스도로 말미암아 넘치는도다라고 했다. 여기서 '우리의 위로도'는 헬라어 '카이 테 파라크레시스 헤몬'으로서 '우리의 그 위로도'인데 이는 그리스도로 말미암아 고난, 곧 '파데마타'가 넘치는 자에게 주어지는 유일한 위로, 곧 '파라크레시스'를 의미한다. 그리스도는 성도에게 고난만 주시는 것이 아니라 더 좋은 말씀과 은혜를 통한 풍성한 위로도 함께 주신다.

* 참고 성구 *　요 16:33, 살후 2:16, 고후 7:6, 살전 5:14, 눅 7:13

III. 고난이 유익함은 그리스도의 구원의 영광에 참예하기 때문이다

성도가 지금 고난을 당함은 그리스도께서 사망을 이기시고 영광과 존귀함을 받으신 것과 같이 우리에게도 승리의 소망과 영광의 자리에 참예하기 위한 것이다. '참예하다'는 헬라어 '코이노네오'로서 '참여한다, 같이 한다, 한몫 낀다, 같이 겪는다'는 뜻으로 오로지 그리스도의 고난에 참예한 성도만이 이처럼 영광된 자리에 함께 할 수 있는 특권이 있는 것이다.

* 참고 성구 *　계 7:14, 22:14, 히 12:22, 골 3:4, 고후 4:17, 딤후 2:10

■ 기 도 ■ 바울의 하나님! 바울이 당한 고난은 주를 믿는 성도들의 고난이었습니다. 오늘 이 시간 고난을 이기고 영원한 영광을 바라보는 삶으로 인도하시고 축복해 주옵소서. 예수 그리스도의 이름으로 기도 드립니다. 아멘

신앙 생활이 어렵다는 자

보혜사 성령의 임재시 역할

■ **찬 송** ■ ♪ 179, 174, 171, 421   ■ **참 조** ■ ☞ ③ 421p

■ **본 문** ■ 그러하나 진리의 성령이 오시면 그가 너희를 모든 진리 가운데로… 【요 16:13-15】

■ **서 론** ■ 보혜사(保惠師, paraclete)는 '변호자' 란 뜻이 있는데 다른 사람을 위해 인도, 교육, 변호하는 사람을 일컫는다. 이것은 요한복음 및 요한서신의 특유한 표현으로 요한복음에서는 그리스도가 성령에 대해(14:16, 16:7), 요한일서에서는 그리스도에 대해 사용되었다(요일 2:1). 성령이 오시면?

■ **말 씀** ■

Ⅰ. 성령은 성도들을 인도하심

예수께서는 진리의 성령이 오시면 그가 너희를 모든 진리 가운데로 인도하시리니라고 하셨다. 여기서 '인도하다' 는 헬라어 '호데게오' 로서 '인도한다, 안내한다, 지도한다, 가르친다' 는 뜻으로 성령은 성도를 진리, 곧 '알레데이아' 로 이끄실 것이다. 성령께서는 광야와 같이 거칠고 험한 이 세상에서 성도들을 의와 진리의 길로 인도하시려고 강림하신 분이시다.

   * 참고 성구 *   행 2:1-4, 8:39, 요 14:17, 15:26, 요일 4:6

Ⅱ. 성령은 성도들과 함께 하심

예수께서는 진리의 성령이 오시면 영원토록 너희와 함께 있게 하시리니라고 하셨다. 여기서 '영원토록' 은 헬라어 '에이스 톤 아이오나' 로서 이는 참으로 끝없는 영원을 의미한다. 진리의 성령 곧 '보혜사' 는 '파라클레토스' 로서 이분은 성도들과 영원토록 함께 동행하시며 위로하시고 주의 말씀을 깨닫고 기억나게 하시며 참된 평안을 얻게 하시는 분이시다.

   * 참고 성구 *   요 14:16, 26-27, 행 8:29, 10:19, 롬 15:16, 갈 5:22-23

Ⅲ. 성령은 성도들을 승리하게 하심

예수께서는 그가 내 영광을 나타내리니 내 것을 가지고 너희에게 알리겠음이라고 하셨다. 여기서 '알린다' 는 헬라어 '아낭겔로' 로서 '보고한다, 광고한다, 선포한다, 알린다' 는 뜻으로 상세하게 알려줌을 의미한다. 성령은 주님의 영광이 얼마나 위대한가를 알려 주시는데 아울러 성도들도 성령 충만하심을 입어 역동적인 그리스도의 일꾼이 되어 승리의 삶을 살도록 도와주시는 분이시다.

   * 참고 성구 *   엡 5:18, 3:19, 시 23:5, 말 3:10, 요 15:11, 골 1:9

■ **기 도** ■ 보혜사 성령님을 보내신 하나님! 성삼위 일체 중 제 3위이신 성령께서 오시면 우리를 인도하시고 함께 하시며 승리하게 하신다고 주님은 말씀하셨습니다. 성령님이시여! 우리에게 충만함을 입히소서. 예수 그리스도의 이름으로 기도 드립니다. 아멘

신앙 생활이 어렵다는 자

그리스도와의 참된 교제의 조건

■ 찬 송 ■ ♪ 483, 413, 349, 487   ■ 참 조 ■ ☞ ② 419p

■ 본 문 ■ …만일 우리가 하나님과 사귐이 있다 하고 어두운 가운데 행하면 거짓말을 하고… 【요일 1:5-10】

■ 서 론 ■ "이상적인 사귐은 그리스도 안에서 발견된다."고 목사 카우맨은 말했다. 또한 영국의 목사로 감리교를 창시한 존 웨슬리는 "무엇보다도 가장 좋은 것은 하나님이 우리와 함께 하심이라."고 했다. 예수 그리스도와의 참된 교제는 그분이 거룩하시므로 성도도 거룩해야 할 것이다. 참된 교제를 위해서 성도는?

■ 말 씀 ■

Ⅰ. 성도는 죄를 자백하고 용서받음

기자는 우리 죄를 자백하면 저는 의로우사 우리 죄를 사하시며라 했다. 여기서 '자백하면'은 헬라어 '호몰로게오'로서 '자백한다, 고백한다, 시인한다, 찬양한다'는 뜻이며, '죄'는 '하말티아'로서 인간이 가진 근본적인 원죄를 의미한다. 아담과 하와 이래로 죄는 하나님과 우리 사이에 벽을 세웠으나 주님과 교제를 이루기 위해서는 죄를 자백하고 용서받아 죄의 벽을 허물어야 한다.

＊ 참고 성구 ＊ 사 1:18, 잠 28:13, 눅 15:7, 렘 3:13, 막 1:5

Ⅱ. 성도는 주께 가까이 나아가 의지함

기자는 그 아들 예수의 피가 우리를 모든 죄에서 깨끗하게 하실 것이요라고 했다. 여기서 '깨끗하게 하실 것이요'는 헬라어 '카나리제이'로서 현재에 계속 깨끗하게 하며 순결하게 하는 것을 가리킨다. 주님의 보혈은 우리가 지금까지 지은 죄와 앞으로도 지을 수 있는 죄를 깨끗이 하신다. 이렇게 깨끗하게 된 성도는 이미 우리를 부르신 예수 앞에 나아가 그분을 의지하는 삶을 사는 것이다.

＊ 참고 성구 ＊ 마 26:28, 히 9:14, 롬 5:9, 벧전 1:18-19, 계 1:5

Ⅲ. 성도는 빛 가운데 거하여 행함

기자는 우리도 빛 가운데 행하면 우리가 서로 사귐이 있고라 했다. 여기서 '사귐'은 헬라어 '코이노니아'로서 '합동, 교제, 관대, 동정, 참여, 나눔'의 뜻으로 이는 아버지와의 사랑의 사귐을 가리킨다. 이처럼 아버지와 사랑의 코이노니아를 가지는 자는 빛 가운데 행하지 않으면 안 된다. 성도가 어두움의 죄악을 버리고 빛 가운데 거할 때에 예수와 하나가 될 수 있는 것이다.

＊ 참고 성구 ＊ 롬 6:4, 엡 5:2, 요일 2:6, 골 2:6, 갈 5:6

■ 기 도 ■ 하나님 아버지! 영원히 죽을 수밖에 없는 죄인을 긍휼히 여기시어 불러 주시고 용서하시고 영광의 자리를 참여하게 하신 은혜를 감사드립니다. 이제부터 새 사람으로 당신과 교제를 나누고자 하오니 받아 주소서. 예수 그리스도의 이름으로 기도 드립니다. 아멘

신앙 생활이 어렵다는 자

이사야가 언급한 잘못된 경건

■ **찬 송** ■ ♪ 332, 215, 210, 193   ■ **참 조** ■ ☞ ③ 299p

■ **본 문** ■ …나의 기뻐하는 금식은 흉악의 결박을 풀어 주며 멍에의 줄을 끌러 주며 압제 당하는 자를 자유케 하며 모든 멍에를 꺾는 것이 아니겠느냐… 【사 58:1-14】

■ **서 론** ■ 고대의 어느 교부는 "저 여인이 세상을 기쁘게 하기 위하여 몸치장하는 만큼 나는 나의 영혼을 믿음과 경건한 마음으로 단장하려고 애쓰지 못했다."라고 고백했다. 경건은 하나님께 자기의 전부를 드리려는 절대 귀의의 감정이나 의지를 가리키는 것으로, 잘못된 경건은?

■ **말 씀** ■

I. 모양만의 경건을 의미한다

기자는 우리가 마음을 괴롭게 하되 주께서 알아주지 아니하심은 어찜이니이까 하느니라고 했다. 여기서 '괴롭게 하되'는 히브리어 '아나' 로서 '자책하다, 심하게 다투다, 복종시키다'는 뜻도 지닌 말로 자신을 학대하며 무가치한 존재로 삼다는 의미이다. 겉으로는 경건하고 거룩한 척하나 그 중심은 경건에서 멀어 온갖 탐욕과 악독이 가득하다면 그것은 하나님 앞에 거짓된 경건이다.

* 참고 성구 *   고전 4:20, 딤후 3:5, 시 1:13, 마 23:23, 갈 4:10-11

II. 목적이 잘못된 경건을 의미한다

기자는 너희가 금식하는 날에 오락을 찾아 얻으며 온갖 일을 시키는도다라고 했다. 여기서 '오락'은 히브리어 '헤페츠' 로서 '좋게 여기다, 즐겨하다'의 '하페츠'에서 유래된 말로 경건생활과는 무관한 부패스럽고 쾌락적인 욕구를 가리킨다. 경건은 하나님의 거룩하심을 기억하고 찬양하며 그 의를 이루기 위한 것이지 자신의 이기적인 목적을 이루기 위한 것이 아님을 깨닫자.

* 참고 성구 *   행 8:20, 삼상 15:22, 시 51:16, 호 6:6, 롬 14:17, 딛 1:16

III. 말만의 경건을 의미한다

기자는 이것이 어찌 나의 기뻐하는 금식이 되겠으며 이것이 어찌 사람이 그 마음을 괴롭게 하는 날이 되겠느냐고 했다. 여기서 '나의 기뻐하는'은 히브리어 '에베하레후' 로서 '선택하다, 오히려 요구하다'는 '바하르'에서 파생된 말로 '내가 오히려 요구하는'으로 번역이 되어야 한다. 입으로는 경건을 강조하면서도 그 어떤 경건을 위한 노력도 실천하지 않는 것은 실로 가증한 일이다.

* 참고 성구 *   약 1:26, 마 6:2, 16, 갈 6:3, 요일 1:8, 계 3:17

■ **기 도** ■ 이사야의 하나님! 오늘 당신을 향한 위선과 형식의 금식을 보았습니다. 이 시간 우리는 당신이 뜻에 합당한 경건생활을 하고자 다짐하오니 축복하여 주옵소서. 예수 그리스도의 이름으로 기도 드립니다. 아멘

신앙 생활이 어렵다는 자

로마서가 말하는 율법에 대한 태도

■ 찬 송 ■ ♪ 241, 234, 411, 237   ■ 참 조 ■ ☞ ② 389p

■ 본 문 ■ 무릇 율법 없이 범죄한 자는 또한 율법 없이 망하고 무릇 율법이 있고 범죄한 자는… 【롬 2:12-16】

■ 서 론 ■ 영국의 시인으로 '실락원'의 저자인 존 밀턴은 "율법이 죄를 드러나게 할 수 있으나 그 죄를 제거할 수는 없다."라고 했다. 율법은 도덕이요 그리스도는 은혜이다. 율법으로 의롭다 함을 얻을 자는 없고 율법은 오직 그리스도께로 인도하는 몽학선생일 뿐이다(갈 3:24). 성도는 율법을?

■ 말 씀 ■

Ⅰ. 성도는 율법의 형식에서 자유할 것

바울은 하나님 앞에서는 율법을 듣는 자가 의인이 아니요라고 했다. 여기서 '율법'은 헬라어 '노모스'로서 유대인의 모든 생활 규범을 의미하는데 특히 모세가 받은 율법을 의미한다. 율법은 하나님 중심의 신앙을 지키기 위한 방편인데 그 형식에만 얽매이다 보면 바른 신앙으로 자라기 어렵다. 성도는 율법의 조항에 관심을 두기보다 궁극적 신앙에 주의를 기울여야 한다.

* 참고 성구 * 히 10:1, 7:18, 8:13, 12:27, 엡 2:15, 골 2:14

Ⅱ. 성도는 율법을 실천함으로써 완성할 것

바울은 오직 율법을 행하는 자라야 의롭다 하심을 얻으리니라고 했다. 율법은 귀로 듣는데 목적이 있는 것이 아니라 듣고 행하는데 목적이 있다. 여기서 '의'는 헬라어 '디카이오쉬네'로서 '의, 옳음, 정의'의 뜻으로 하나님이 인정하는 의를 뜻한다. 모든 법은 준수할 때만 가치가 있다. 성도는 율법을 머리로 아는 것뿐 아니라 몸소 실천하여 율법을 완성하고 완전한 자유를 경험해야 한다.

* 참고 성구 * 약 1:25, 마 5:17, 7:21, 요 13:17, 요일 2:17, 계 22:14

Ⅲ. 성도는 율법 없이 사는 신앙인이 될 것

바울은 이런 이들은 그 양심이 증거가 되어 그 마음에 율법의 행위를 나타내느니라고 했다. 여기서 '양심'은 헬라어 '순네이데시스'로서 '지각, 이해력, 통찰'로 선악을 분별하는 지적 기능을 가리킨다. 그러므로 죄를 범하면 양심의 송사와 가책을 받는 것이다. 성도가 주님의 뜻대로 바른 삶을 살기만 한다면 율법이 필요치 않게 된다. 복음으로 구원받은 성도는 믿음으로 신앙을 굳게 지켜야 한다.

* 참고 성구 * 갈 2:16, 행 15:11, 롬 3:24, 5:15, 11:6, 엡 2:5, 딛 3:7

■ 기 도 ■ 우리에게 복음을 주신 하나님! 율법으로 당신 앞에 의로운 육체가 없으니 우리는 오직 복음으로 당신께 나아갈 수 있는 은혜를 주심을 감사드립니다. 그러나 율법을 실천하여 완성하는 성숙한 신앙인이 되도록 인도하소서. 예수 그리스도의 이름으로 기도 드립니다. 아멘

교역자

레위인의 일생에 담긴 의의

■ 찬 송 ■ ♪ 460, 427, 444, 438 ■ 참 조 ■ ☞ ① 131p

■ 본 문 ■ …이스라엘 자손 중에서 레위인을 구별하라 그리하면 그들이 내게 속할 것이라… 【민 8:14-26】

■ 서 론 ■ "주님을 따르는 삶은 전에 없던 큰 시련과 문제들에 말려드는 것을 의미하기도 하지만 그러나 살아 계신 하나님과 연결되었다는 사실에서 오는 깊고 참된 기쁨은 아무도 빼앗아 갈 수 없다."라고 목사 에딧 쉐이프는 말했다. 레위인은 하나님의 사역을 위해 이스라엘 열두 지파 중에서 선택된 기룩한 사람들이다. 이 레위인은?

■ 말 씀 ■

I. 하나님이 선택하신 레위인

기자는 이스라엘 자손 중에서 레위인을 구별하라 그리하면 그들이 내게 속할 것이라고 했다. 여기서 '구별하다'는 히브리어 '히트카디쉐템'으로 '거룩하다'란 뜻의 '카다쉬'로부터 유래된 말로 거룩이란 말 속에는 '경건, 구별, 봉헌, 분리' 란 뜻이 있다. 신앙인의 삶은 종교적인 필요에 의해 택하여진 것이 아니라 하나님께서 우리를 사랑하셔서 구별하여 거룩한 당신의 백성으로 만드시는 것이다.

* 참고 성구 * 렘 1:5, 출 29:9, 레 18:12, 민 3:3, 행 6:6, 13:3

II. 젊은 날에 충성한 레위인

기자는 레위인은 곧 이십 오세 이상으로는 회막에 들어와서라고 했다. 레위인의 일은 노동을 수반하는 봉사로 곧 장막을 걷고 세우며, 그것을 청소하며, 제사를 위하여 장작과 물을 나르며, 회중의 매일 드리는 소제와 절기 제사를 위하여 짐승을 잡는 일 등을 가리킨다. 선택받은 자들은 한가한 시간에 주의 일을 하는 것이 아니라 가장 좋은 젊은 날을 드려 전적으로 헌신해야 한다.

* 참고 성구 * 계 2:10, 고전 4:2, 히 3:5, 롬 12:11

III. 평안한 휴식을 누리는 레위인

기자는 오십 세부터는 그 일을 쉬어 봉사하지 아니할 것이나 그 형제와 함께 회막에서 모시는 직무를 지킬 것이요라고 했다. 여기서 '그 일을'은 히브리어 '미츠바 하아보다'로서 '봉사의 군대로부터'의 뜻으로 이는 회막 안의 봉사 사역이 군사 노역과 같이 막중하고 힘든 일임을 가리킨다. 일생을 하나님의 뜻대로 산 거룩한 백성에게는 하늘 나라의 참된 휴식이 허락되어진다

* 참고 성구 * 시 23:6, 116:7, 히 4:3, 빌 3:14, 계 14:13

■ 기 도 ■ 레위인을 구별하여 택하신 하나님! 오늘 이 시간 당신의 사역을 위해 헌신한 모든 당신의 종들에게 그 노고를 칭찬하시고 영원한 안식으로 축복해 주소서. 예수 그리스도의 이름으로 기도 드립니다. 아멘

교역자

주를 기업으로 삼은 레위인의 유익

■ 찬 송 ■ ♪ 442, 191, 437, 453　　■ 참 조 ■ ☞ ① 131p ③ 97p

■ 본 문 ■ …내가 이스라엘의 십일조를 레위 자손에게 기업으로 다 주어서 그들의 하는 일 곧 회막에서 하는 일을 갚나니… 【민 18:20-32】

■ 서 론 ■ "목사는 이 땅에서 하늘 나라의 사신으로 일한다."고 어느 목회자는 말했다. 하나님은 주의 성막에서 일하는 레위인에게 이스라엘의 십일조를 기업으로 주고 또한 하나님 자신이 그들의 기업이 되시겠다고 했다. 레위인의 유익은?

■ 말 씀 ■

I. 하나님이 생활을 책임져 주심

기자는 십일조를 레위 자손에게 기업으로 주어서 그들의 하는 일 곧 회막에서 하는 일을 갚나니라고 했다. 여기서 '기업'은 히브리어 '아후자'로서 '꽉 움켜 쥐다'란 뜻의 '아하즈'에서 파생된 말로 곧 확실하게 붙잡은 어떤 몫이나 재산을 가리킨다. 하나님은 무조건 성도에게 봉사를 강요하시는 분이 아니시다. 성도에게 일용할 양식이 필요하심을 아시므로 이를 채워 주시는 분이시다.

＊참고 성구＊　마 10:10, 레 2:3, 신 18:3, 고전 9:13-14, 딤전 5:18

II. 하나님과 교제하는 영을 소유함

기자는 그 아름다운 것 곧 거룩하게 한 부분을 취하여 여호와께 거제로 드릴지니라고 했다. 여기서 '아름다운'은 히브리어 '헬레브'로서 '살지다, 기름지다'에서 유래된 말로 육류나 곡류에 있어서 최상의 것을 의미하는 말이다. '거제'는 '테루마'로서 '높이 떠 바치다'는 뜻으로 레위인은 성령의 교통하심으로 항상 주의 전에서 하나님과 기쁘게 동행하며 교제하는 삶을 누릴 수 있다.

＊참고 성구＊　고후 13:13, 출 25:22, 고전 1:9, 칭 5:23-24, 계 3:20

III. 하나님 나라를 분깃으로 얻음

기자는 너는 이스라엘 자손의 땅의 기업이 없겠고 그들 중에 아무 분깃도 없을 것이나 나는 이스라엘 자손 중에 네 분깃이요 네 기업이니라고 했다. 하나님께 택함받은 자는 지금 이 땅에서는 당장에 눈으로 보이는 분깃이 없을지라도 여호와 하나님이 그의 기업이 되시면 하나님의 후사가 되어 하나님의 나라를 영원한 분깃으로 얻게 될 것이다.

＊참고 성구＊　시 16:5, 73:26, 신 10:9, 수 13:14, 겔 44:28, 딛 3:7

■ 기 도 ■ 레위인의 기업이 되시는 하나님! 당신의 택하신 종들에게 하늘 나라를 분깃으로 주신 당신의 은혜를 감사드리며 오직 택함을 입은 것만으로도 감사하는 겸손한 종이 되도록 인도하소서. 예수 그리스도의 이름으로 기도 드립니다. 아멘

교역자

바울의 고별 메시지가 주는 의의

■ 찬 송 ■ ♪ 302, 340, 539, 456   ■ 참 조 ■ ☞ ② 377p ③ 409p

■ 본 문 ■ 나의 달려갈 길과 주 예수께 받은 사명 곧 하나님의 은혜의 복음 증거하는…【행 20:24】

■ 서 론 ■ 영국의 신학자요 성직자인 토마스 풀러는 "영혼에서 나오는 가르침은 영혼에 가장 잘 역사한다."라고 했다. 목사들은 양들의 영혼의 안전을 지키는 파수꾼이다. 사도 바울은 에베소 교회의 장로들 앞에서 사명자의 자세를 감동적으로 피력했다. 참된 영적 지도자의 자세는?

■ 말 씀 ■

Ⅰ. 참된 영적 지도자는 겸손히 양떼를 섬긴다

바울은 나의 달려갈 길과 주 예수께 받은 사명이라고 했다. 여기서 '사명'은 헬라어 '디아코니아'로서 '봉사, 섬기는 일'이란 뜻으로 '집사, 직분'이란 말과 동일하다. 이처럼 바울의 생의 노정은 봉사의 길이었으며 그의 사명은 죽는 순간까지 봉사의 길을 달려가는 것이었다. 주님이 섬기시러 이 세상에 오신 것같이 교회의 지도자는 맡겨진 양떼를 귀하게 정성껏 섬겨야 한다.

* 참고 성구 *   마 20:28, 요 13:4-5, 빌 2:7, 고전 3:9

Ⅱ. 참된 영적 지도자는 쉬지 않고 말씀을 가르친다

바울은 하나님의 은혜의 복음 증거하는 일을 마치려 함에는이라 했다. 여기서 '은혜의 복음'은 헬라어 '토 유앙겔리온 테스 카리토스'로서 은혜의 복음 하나만을 뜻한다. 이 은혜의 복음은 오직 인간이 예수 그리스도의 십자가의 대속을 믿음으로만 구원받는 복음을 의미한다. 때를 얻든 못 얻든 말씀을 전파하고 가르침은 한 영혼도 낙오되지 않게 힘써야 하는 영적 지도자의 절대적 사명이다.

* 참고 성구 *   딤전 4:13, 마 7:28, 요이 1:9, 딛 2:14-15, 딤후 4:2

Ⅲ. 참된 영적 지도자는 복음을 위해 전적으로 헌신한다

바울은 나의 생명을 조금도 귀한 것으로 여기지 아니하노라고 했다. 여기서 '여기지 아니하노라'는 헬라어 '우데노스 로구 포이우마이'로서 '자기가 자기를 위하여 계산하지 않는다'라는 뜻으로 바울은 자기 생명의 가치를 자신을 위해서는 조금도 가치가 없는 것으로 결단했다는 의미이다. 죽기까지 복음을 증거하는 일은 주의 뒤를 따르는 영적 지도자가 추구해야 할 헌신의 자세이다.

* 참고 성구 *   빌 1:20, 3:7-8, 롬 12:1, 딤후 2:21, 4:6-8, 마 16:25

■ 기 도 ■ 바울의 하나님! 사도 바울은 이제 나를 위해서 의의 면류관이 예비되었다고 했습니다. 복음을 위한 바울의 각고의 노력은 이것을 당연히 받아야 합니다. 그러나 우리는 이것마저도 주님께 드리고 겸손히 무릎을 꿇는 자들이 되게 하소서. 예수 그리스도의 이름으로 기도 드립니다. 아멘

영혼의 지도자가 갖추어야 하는 자세

■ **찬 송** ■ ♪ 347, 348, 349, 350   ■ **참 조** ■ ☞ ② 161p

■ **본 문** ■ 하나님의 말씀을 너희에게 이르고 너희를 인도하던 자들을 생각하며… 【히 13:7-8】

■ **서 론** ■ 미국의 신학자 나다니엘 에몬스는 "우리는 목사들이 설교하는 말로 그들을 평가할 것이 아니라 그들이 말하지 않는 것으로 그들을 평가해야 한다."라고 했다. 목사들은 말의 재주가 아니라 그들의 스승되시고 주님이신 예수 그리스도의 공생애를 귀감으로 삼아 그분의 삶을 자신의 삶에서 드러내야 한다. 영적 지도자는?

■ **말 씀** ■

Ⅰ. 훌륭한 영적 지도자는 하나님께 순종하는 자이다

기자는 말씀을 너희에게 이르고 너희를 인도하던 자들이라고 했다. 여기서 '인도하던 자' 는 헬라어 '헤게오마이' 로서 이는 일반적으로 '다스린다' 는 뜻을 가지는데 여기서는 '인도하다, 주재하다, 관리하다, 지배하다' 라는 다양한 의미로 사용되었다. 영적 지도자는 하나님의 종이다. 종이 종된 본분을 다하려면 주인의 말씀에 전적으로 복종하는 삶을 살고 맡기신 일을 잘 감당해야 한다.

* 참고 성구 *   롬 14:8, 눅 19:13, 고전 4:2, 벧전 4:10, 행 5:29

Ⅱ. 훌륭한 영적 지도자는 자기 자신을 버리는 자이다

기자는 생각하여 보고 저희 행실의 종말을 주의하여 보고라 했다. 여기서 '주의하여 보고' 는 헬라어 '아나데오룬테스' 로서 이는 '아나데오레오' 곧 '자세히 관찰한다, 생각한다, 위로 관찰한다' 의 현재분사로 현재 계속하여 깊이 생각하고 주목하는 상태를 뜻한다. 영적 지도자는 오직 하나님만 전하고 말해야 하므로 나 때문에 하나님이 가리우지 않게 모범을 보여야 성도에게 덕이 되는 것이다.

* 참고 성구 *   살후 3:9, 딤전 4:12, 딛 2:7, 히 11:4, 약 5:10

Ⅲ. 훌륭한 영적 지도자는 성도를 섬기는 자이다

기자는 저희 믿음을 본받으라고 했다. 여기서 '본받으라' 는 헬라어 '밈메이스데' 로서 이는 '너희 자신을 위해서 본받으라' 는 뜻이다. 위의 '행실의 종말' 은 '텐 에크바신 테스 아나스트라페스' 로서 이는 'the outcome of their way of life' 곧 '삶의 방법(=길)의 결과' 인데 영적 지도자는 스승인 주님의 섬김의 본을 받아 주님이 우리를 위해 죽으셨듯이 성도를 위해 죽어야 한다.

* 참고 성구 *   막 10:45, 고전 4:16, 빌 4:9, 살전 1:6, 딤후 4:6, 행 20:24

■ **기 도** ■ 하나님 아버지! 영혼의 지도자인 목회자의 자세를 살펴보았습니다. 영적 지도자는 그들의 스승 예수 그리스도께서 걸으신 길을 똑같이 걸을 때만 종의 사명을 다 한 것을 느끼게 하옵소서. 예수 그리스도의 이름으로 기도 드립니다. 아멘

교역자

디모데에게 명한 사역자의 경건훈련

■ **찬 송** ■ ♪ 381, 93, 376, 355 ■ **참 조** ■ ☞ ② 347p ③ 399p

■ **본 문** ■ 그러므로 누구든지 이런 것에서 자기를 깨끗하게 하면 귀히 쓰는 그릇이 되어… 【딤후 2:21-26】

■ **서 론** ■ 미국의 목사요 저술가인 찰스 시몬스는 "기도, 명상, 시련 등 세 가지가 그리스도인을 만든다고 루터는 말하고 있다. 이들 세 가지가 그리스도인을 만드나 사역자들은 여기에다 재능, 적용, 학식 등 세 가지가 더 필요하다."고 했다. 바울이 믿음의 아들 디모데에게 명한 사역자의 자세는?

■ **말 씀** ■

I. 하나님의 사역을 위해 모든 정욕을 버릴 것

기자는 네가 청년의 정욕을 피하고라 했다. 여기서 '정욕'은 헬라어 '에피뒤미아스'로서 '욕망, 동경, 사모, 욕심, 정욕'의 복수로서 청년들이 가진 많은 욕심과 욕망을 의미하는데 특히 세상적인 헛되고 공허한 이상과 꿈을 뜻한다. 세상은 온갖 좋은 것들로 치장된 유혹들로 가득 차 있으니 정욕에 지배받는 자는 유혹에 빠진 자이다. 하나님의 일은 하나님의 영광을 위한 순수한 열심이 요구된다.

* 참고 성구 * 전 12:1, 롬 13:14, 갈 5:16, 골 3:5, 약 1:15

II. 하나님의 사역을 위해 헛된 지식을 버릴 것

기자는 어리석고 무식한 변론을 버리라 이에서 다툼이 나는 줄 앎이라고 했다. 여기서 '어리석고 무식한 변론을'은 헬라어 '타스 데 모라스 아파이듀투스 제테세이스'로서 '그리고 그 어리석고 무식한 (교육받지 못한) 변론(논쟁, 토론)들을'의 뜻으로, 주의 일은 하늘로서 내리는 지혜로 해야 하는데 세상 지식을 내세우는 것은 교만으로 하나님은 이런 헛된 지식을 멸시하신다.

* 참고 성구 * 딛 3:9-10, 딤전 1:4, 6:4, 롬 1:22, 약 3:15, 고전 3:19-20

III. 하나님의 사역을 위해 자기 자랑을 버릴 것

기자는 마땅히 주의 종은 다투지 아니하고라 했다. 여기서 '마땅히 다투지 아니하고'는 헬라어 '우 데이 마케스다이'로서 '반드시 변론하지 아니하며, 반드시 싸우지 아니하며'인데 이는 특별히 헛되고 공허하며 어리석고 무식한 변론을 가지고 싸우는 싸움을 의미한다. 모든 다툼은 자기 자랑에서 나므로 모든 일을 하나님의 영광을 위해서 하며 자기 자랑을 버려야 한다.

* 참고 성구 * 약 4:16, 시 10:3, 갈 6:14, 잠 27:1, 행 12:23

■ **기 도** ■ 디모데의 하나님! 이 시간 주의 종의 사역의 자세를 보았습니다. 우리는 말씀에 입각하여 오직 당신과 당신의 영광만을 위해 사는 종들이 되게 하소서. 예수 그리스도의 이름으로 기도 드립니다. 아멘

교역자

예후와 여호나답이 주는 교훈

■ 찬 송 ■ ♪ 278, 525, 527, 376   ■ 참 조 ■ ☞ ② 159p

■ 본 문 ■ …예후가 거기서 떠나가다가 레갑의 아들 여호나답이 맞으러 오는 것을… 【왕하 10:15-17】

■ 서 론 ■ "농부가 포도원을 가꾸듯이 목사는 영적 포도원인 교회를 돌보는 농부이다."라고 어느 목회자는 말했다. 하나님이 위임하신 교회를 돌보기 위해서는 사역자가 농부처럼 혼신의 노력을 아끼지 말아야 한다. 다변화된 사회에서 교회도 협동목회를 하여 각기 재능대로 사역을 감당해야 한다. 동역자는?

■ 말 씀 ■

Ⅰ. 동역자가 되기 위해서는 같은 믿음을 가져야 한다

기자는 내 마음이 네 마음을 향하여 진실함과 같이 네 마음도 진실하냐고 했다. 여기서 '진실함'은 히브리어 '야솨르'로서 '곧다'는 뜻으로 딴 생각이 있어서 다른 데로 기울어지지 않고 '곧바른' 것을 말한다. 성도가 지향하는 바가 동일할 때 둘은 같은 목표를 향해서 나아가기가 매우 쉬운 것이다. 이렇듯 성도들에게 있어서 그 목표는 다름 아닌 하나님께 영광을 돌리는 것이다.

＊참고 성구＊ 룻 1:16, 롬 12:5, 갈 3:28, 엡 4:13, 빌 1:27

Ⅱ. 동역자가 되기 위해서는 같은 우정을 가져야 한다

기자는 그러면 나와 손을 잡자 손을 잡으니 예후가 끌어 병거에 올리며라고 했다. 영국의 수필가요 국무장관을 역임한 조셉 에디슨은 "우정은 우리가 기쁠 때 그 기쁨을 갑절로 만들고 슬플 때 그 슬픔을 서로 나누어 담당하므로 행복은 더욱 크게 만들고 비참은 경감한다."라고 했다. 성도가 같은 일을 하려면 서로의 마음이 통해야 한다. 한 사람만이 우정을 느낄 때 둘은 하나 되기 어렵다.

＊참고 성구＊ 삼상 18:1, 시 119:63, 마 26:37, 잠 13:20, 눅 10:1, 행 13:2

Ⅲ. 동역자가 되기 위해서는 같은 열심을 가져야 한다

기자는 나와 함께 가서 여호와를 위한 나의 열심을 보라 하고 이에 자기 병거에 태우고라 했다. 여기서 '열심'은 히브리어 '킨아'로서 '시기, 열정' 등으로 사용되는데 여기서는 하나님을 향한 예후의 선한 열심을 나타내었다. '백짓장도 맞들면 낫다'라는 우리의 속담처럼 서로 도우며 열심을 낼 때 성도의 목표인 하나님 나라의 건설은 곧 이루어질 것이다.

＊참고 성구＊ 요 11:16, 행 13:1-3, 15:36-40, 16:19-40, 고전 3:6-9

■ 기 도 ■ 하나님 아버지! 예후는 신실한 믿음의 사람 여호나답을 얻어 종교개혁에 박차를 가하게 되었습니다. 오늘 주의 몸된 교회를 섬기는 일에 좋은 믿음과 우정과 열심을 가진 당신의 종을 보내 주옵소서. 예수 그리스도의 이름으로 기도 드립니다. 아멘

장로

사독 계열 제사장이 주는 교훈

■ **찬 송** ■ ♪ 507, 506, 502, 347 　　　■ **참 조** ■ ☞ ② 249p

■ **본 문** ■ 이스라엘 족속이 그릇하여 나를 떠날 때에 사독의 자손 레위 사람 제사장들은 내 성소의 직분을 지켰은즉 그들은 내게 가까이 나아와 수종을 들되…【겔 44:15-27】

■ **서 론** ■ 영국 목사로 중국 선교의 아버지라 불리운 허드슨 테일러는 "하나님의 일꾼이 되도록 하라. 하나님께서는 주시는 장소에 있어서 하나님의 뜻에 따라 하나님의 일을 하는 일꾼이 되도록 하라."고 했다. 하나님의 사역을 감당하는 직분자는 하나님의 선택받은 자답게 오직 사명에만 몰두해야 한다. 직분자는?

■ **말 씀** ■

Ⅰ. 직분자는 온전한 믿음을 가질 것

기자는 나를 떠날 때에 사독의 자손 레위 사람 제사장들은 내 성소의 직분을 지켰은즉이라 했다. 여기서 '떠날'은 히브리어 '타아'로서 '비틀거리다, 헤매다'의 뜻으로 하나님의 품을 떠난 인생은 결국 방황과 파멸의 늪에 빠져들 수밖에 없음을 가리킨다. 교회의 직분은 그의 행정 능력이나 인간 관계를 내세워 맡는 일이 아니다. 오직 흔들림 없는 온전한 믿음이 전제되는 주님의 사역이다.

＊ 참고 성구 ＊ 몬 1:6, 행 16:2, 롬 16:19, 딤전 1:19, 요일 5:4

Ⅱ. 직분자는 생활에 모범을 보일 것

기자는 내 백성에게 거룩한 것과 속된 것의 구별을 가르치라고 했다. 여기서 '속된'은 히브리어 '홀'로서 '평범한, 성결하지 못한(신성을 더럽히는)'의 뜻으로 구속함을 얻지 못한 자연인은 본질적으로 타락 상태에 있음을 암시한다. 직분자는 교회의 지도자로서 많은 사람이 지켜 보는 위치에 있으므로 모든 성도들의 대표가 되며 모범이 될 만한 정결한 생활을 해야 한다.

＊ 참고 성구 ＊ 딤전 3:1-13, 딛 1:6, 빌 2:15, 골 1:22, 벧후 3:14, 약 1:27

Ⅲ. 직분자는 전적인 헌신을 할 것

스코틀랜드의 선교사로 암흑대륙 아프리카에 빛을 전한 데이비드 리빙스톤은 "나의 예수, 나의 왕, 나의 생명, 나의 전체이시여! 나는 다시 한번 내 전생애를 당신께 드리나이다."라고 했다. 주님의 교회의 일은 신앙생활의 연수에 의해서나 부수적인 취미로 맡는 일이 아니다. 오직 순교를 각오한 충성으로 맡아야 한다. 이러한 헌신이 있을 때 주께로부터 큰 상급을 취하고 영광을 얻게 된다.

＊ 참고 성구 ＊ 고전 4:1-2, 행 21:13, 마 16:25, 막 14:3, 요 12:24-25

■ **기 도** ■ 하나님 아버지! 제사장의 모습 속에서 당신의 직분을 맡음이 심히 영광되고 거룩한 일임을 깨달았습니다. 부족한 저희에게 당신의 일을 맡겼으니 순교의 각오로 치리하도록 능력을 더하소서. 예수 그리스도의 이름으로 기도 드립니다. 아멘

장로

성전 낙성식 행사에 담긴 의미

■ 찬 송 ■ ♪ 372, 371, 256, 355   ■ 참 조 ■ ☞ ② 405p 419p

■ 본 문 ■ 때에 제사장들은 직분대로 모셔 서고 레위 사람도 여호와의 악기를 가지고 섰으니 이 악기는 전에 다윗왕이 레위 사람으로 여호와를 찬송하려고 만들어서… 【대하 7:6】

■ 서 론 ■ 영국 교회의 성직자 토마스 섹커는 "인간은 하나님을 섬겨야 할 뿐만 아니라 자신을 드려야 할 의무가 있다."라고 했다. 하나님께 택함받은 성도는 하나님께서 맡기신 직분에 대해서 의무감으로 봉사해야 한다. 성도는?

■ 말 씀 ■

I. 성도는 위임받은 직분에 만족할 것

기자는 때에 제사장들은 직분대로 모셔 서고라 했다. 여기서 '직분'은 히브리어 '메라아카'로서 '보내다'는 뜻의 '라아크'에서 온 말로 맡은 바 사명의 근원과 목적이 오직 하나님께 있음을 상기시킨다. 성도들 각자의 직분은 하나님께서 주신 은사와 달란트에 따른 것이기 때문에 이를 겸손한 마음으로 감사하게 받아들여서 하나님의 은혜에 보답하는 자가 되어야 한다.

* 참고 성구 *   민 16:7-10, 마 20:21, 눅 22:24, 요 5:44, 고전 16:16

II. 성도는 위임받은 직분에 열심히 봉사할 것

기자는 이 악기는 전에 다윗 왕이 레위 사람으로 여호와를 찬송하려고 만들어서라고 했다. '성도'는 히브리어 '하시드'로서 '하나님의 사랑하시는 자'라는 뜻이다. 따라서 성도는 자신이 사랑받는 것에 보답하는 마음으로 이웃을 사랑하고 봉사해야 한다. 성도는 자신의 부족에도 능력 주시는 하나님을 바라보며 맡겨진 직분에 열심히 봉사하여 오직 하나님께 영광을 돌려야 한다.

* 참고 성구 *   롬 12:11, 고전 14:12, 딤후 1:6, 벧후 1:13, 계 3:19

III. 성도는 위임받은 직분으로 성도들과 협력할 것

기자는 제사장은 무리 앞에서 나팔을 불고라 했다. 한국이 낳은 큰 인물인 한경직 목사는 "교회에 어려운 일이 있을 때 모든 교우가 합심하여 하나님께 매달릴 때 하나님은 어려운 문제를 눈과 같이 사라지게 할 것이요 모든 것이 합력하여 선을 이루는 결과가 될 것이다."라고 했다. 성도는 더불어 봉사하고 이웃을 겸손히 섬김으로 합력하여 선을 이루기 원하시는 하나님의 뜻을 받든다.

* 참고 성구 *   롬 8:28, 갈 5:6, 엡 4:3, 5:15, 요일 2:6, 고전 1:10

■ 기 도 ■ 하나님 아버지! 당신께 받은 직분을 귀히 여기며 그 직분에 만족하고 열심히 봉사하여 협력하며 오직 당신께 영광 돌리는 우리 직분자들이 되게 하소서. 예수 그리스도의 이름으로 기도 드립니다. 아멘

권사

제사장의 조직표가 주는 의의

■ 찬 송 ■ ♪ 519, 508, 507, 367　　　■ 참 조 ■ ☞ ③ 89p

■ 본 문 ■ …이에 제비뽑아 피차에 차등이 없이 나누었으니 이는 성소의 일을… 【대상 24:1-19】

■ 서 론 ■ "미국의 전사자 명부에 대해서는 누구나 다 알고 있다. 전사자 명부는 사명감에서 행동한 분들의 이름으로 이루어져 있다."라고 윌슨은 말했다. 주의 사업은 거룩한 사업이므로 사업을 시행하는 사람들은 거룩한 목표에 합당한 마음의 자세를 가져야 한다. 주의 사업을 할때는?

■ 말 씀 ■

I. 주의 사업을 할 땐 동기가 선해야 함

기자는 엘르아살의 자손 중에 족장이라고 했다. 여기서 '족장'은 히브리어 '로쉬'로서 '우두머리, 두목'이란 뜻으로 인간이나 동물 가운데 어떤 집단의 우두머리가 되어 그 집단을 이끌어 가는 자를 의미한다. 주의 사업은 개인의 영달이나 특수 소수 집단의 유익을 위해서 불순한 동기에서 출발해서는 안되며 오직 하나님과 그 나라의 영광을 위해 건전한 의도에서 비롯되어야 한다.

　* 참고 성구 *　롬 11:36, 행 8:18-20, 약 4:17, 요심 1:9-11, 히 13:16

II. 주의 사업을 할 땐 공평하고 의롭게 진행되어야 함

기자는 이에 제비뽑아 피차에 차등이 없이 나누었으니라고 했다. 여기서 '제비뽑기'는 히브리어 '고라르'로서 '추첨, 운명, 몫, 기업'의 뜻으로 하나님의 섭리를 믿는 이스라엘의 독특한 결정 방법으로서 작은 돌들을 사용한다. 주의 사업은 선한 목적 아래서 주의 말씀에 입각해 의로운 방법으로 진행될 때 진정 의로운 주의 사업으로 영광이 주님께 돌려지게 되는 것이다.

　* 참고 성구 *　빌 1:27, 고전 1:10, 엡 4:3, 행 6:1-6, 고후 12:20

III. 주의 사업을 할 땐 열매를 맺어야 함

기자는 규례대로 수종들었더라고 했다. 여기서 '규례'는 히브리어 '미쉬파트'로서 '환결하다'(쇼파트)에서 유래된 말로 법률적 판단에 따른 '규범, 권리, 방식'으로 정의의 집행 수단을 뜻한다. 주의 사업은 중도에 흐지부지 되거나 마음이 분열되어 계획에 차질을 빚지 않도록 성령님의 끊임없는 인도하심을 받아 튼실한 결실을 맺기까지 선한 방식으로 흔들림 없이 노력을 경주해야 한다.

　* 참고 성구 *　눅 13:9, 막 4:20, 요 15:16, 디 5:16, 빌 4:17

■ 기 도 ■ 하나님 아버지! 거룩한 당신의 사업에 참예하는 영광을 안고 이 일에는 항상 선한 열매를 맺게 하시고 우리로 의롭게 진행되도록 인도하시고 축복하소서. 예수 그리스도의 이름으로 기도 드립니다. 아멘

다윗의 용사들이 주는 의미

■ 찬 송 ■ ♪ 370, 258, 371, 260　　■ 참 조 ■ ☞ ① 161p
■ 본 문 ■ 삼십 두목 중 세 사람이 바위로 내려가서 아둘람 굴 다윗에게 이를 때에… 【대상 11:15-19】
■ 서 론 ■ 스코틀랜드의 소설가 조지 맥도날드는 "나는 하나님의 뜻을 수행하려면 그의 계획에 대해 논쟁할 시간이 없다는 것을 알게 되었다."라고 했다. 사명자는 주의 사역을 위해 이 세상에 보냄을 받은 사람이다. 그에게는 자기의 것이 아무것도 없다. 사명자는?

■ 말 씀 ■
I. 사명자는 시간을 아끼지 말라
기자는 이 세 사람이 블레셋 사람의 군대를 충돌하고 지나가서라고 했다. 여기서 '충돌하고'는 히브리어 '파라츠'로서 이는 '갑자기 터져 나오다'는 뜻으로 예고도 없이 갑자기 행동한 것을 의미한다. 성도는 하나님과의 친밀한 영적 교제를 위하여 시간을 따로이 구별해 두어야 할 뿐 아니라 하나님 나라의 확장을 위한 사업에 자신의 시간을 투자함에 있어 인색하지 말아야 한다.
　　* 참고 성구 *　엡 6:18, 롬 1:9, 빌 1:4, 골 1:3, 살전 1:2, 마 25:16-17

II. 사명자는 수고를 아끼지 말라
기자는 베들레헴 성문 곁 우물물을 누가 나로 마시게 할꼬 하매 우물물을 길러 가지고 다윗에게로 왔느니라고 했다. 여기서 '사모하여'는 히브리어 '이테아의'로서 '숙고하다'는 뜻의 '아바흐'에서 온 말로 깊이 거듭 생각하면서 우물물을 바라는 간절함이 암시된 표현이다. 결실을 기대하는 농부처럼 성도는 하늘 나라의 상급을 바라보며 주님과 복음을 위한 수고를 아끼지 말아야 한다.
　　* 참고 성구 *　빌 2:22, 민 12:7, 고전 4:17, 골 1:7, 고후 11:23-33

III. 사명자는 목숨을 아끼지 말라
기자는 생명을 돌아보지 아니하고 갔던 사람들의 피를 마시기를 즐겨 아니하니라고 했다. 여기서 '즐겨'는 히브리어 '아바'로서 본래 '숨을 따라 쉬다'란 뜻으로 어떤 사람의 특이한 행동에 영향을 받아 그를 본받는 것을 의미한다. 성도는 우리를 충성되이 여기사 믿음의 분량대로 달란트를 맡기신 하나님의 영광을 위해 순교까지 마다하지 않고 충성할 마음의 준비가 되어 있어야 한다.
　　* 참고 성구 *　행 20:24, 21:13, 마 16:25, 에 4:16, 빌 3:8, 딤후 2:4

■ 기 도 ■ 하나님 아버지! 다윗을 위한 그의 세 용사들의 행동을 보았습니다. 우리도 주님을 위하여 세 용사처럼 시간과 수고와 목숨을 아끼지 않고 복음을 위해 정진하도록 인도하소서. 예수 그리스도의 이름으로 기도 드립니다. 아멘

집사

초대 교회의 집사 임명의 의의

■ **찬 송** ■ ♪ 513, 303, 367, 518 　　■ **참 조** ■ ☞ ② 405p

■ **본 문** ■ 형제들아 너희 가운데서 성령과 지혜가 충만하여 칭찬듣는 사람 일곱을 택하라 우리가 이 일을 저희에게 맡기고 우리는 기도하는 것과 말씀 전하는… 【행 6:3-6】

■ **서 론** ■ "목사는 빗자루와 같다. (성도가 쓰는 대로 쓸려가므로) 그래도 사람이 빗자루 뒤를 따라가며 쓸어가듯 목사님의 뒤를 어디든지 따라갈 각오가 되어 있다."라고 스펄전 목사와 올네이 집사는 대화중에서 말했다. 초대 교회도 커지면서 조직의 세분화가 이루어져 가는데, 목사를 보필하는 집사의 자격은?

■ **말 씀** ■

Ⅰ. 집사는 지혜와 성령이 충만한 자여야 한다

기자는 형제들아 너희 가운데서 성령과 지혜가 충만하여라고 했다. 여기서 '성령'은 '프뉴마'이며, '지혜'는 '소피아'이다. 그리고 '충만'은 헬라어 '프레레스'로서 가득 차서 다른 것이 들어갈 수 없는 상태를 의미한다. 하나님의 말씀을 통해 성령의 은사로 주어진 하늘의 지혜를 소유한 자만이 주의 뜻을 올바로 깨닫고 그 성령에 힘입어 맡겨진 사명을 감당할 수 있다.

＊ 참고 성구 ＊　행 2:4, 약 3:17, 잠 24:3, 갈 5:25-26, 골 1:9, 엡 5:18

Ⅱ. 집사는 덕과 의가 갖추어진 자여야 한다

기자는 칭찬듣는 사람 일곱을 택하라 우리가 이 일을 저희에게 맡기고라 했다. 여기서 '칭찬듣는'은 헬라어 '말투루메누스'로서 모든 사람에게 인정을 받는 것을 의미한다. 교회의 일꾼이 먼저 교회 안에 있는 사람들에게 인정받지 못하면 일꾼 될 자격이 없다. 일꾼은 성도들을 돌아보고 주의 빛과 사랑을 드러내야 하므로 주님의 성품을 닮아 덕과 의를 갖추어야 한다.

＊ 참고 성구 ＊　딤전 3:8-13, 빌 2:15, 골 1:22, 딛 1:6, 벧후 3:14

Ⅲ. 집사는 헌신의 각오가 되어 있는 자여야 한다

미국의 시인이요 찬송가 작가인 올리버 웬델 홈즈는 "헌신으로 꿇는 모든 무릎은 성스럽다"고 했고, 미국의 복음전도자인 드와이트 무디 선생은 "나는 하나님이 완전히 헌신한 사람을 쓰셔서 일하시는 것을 보고 싶다."라고 했다. 맡은 자들에게 구할 것은 오직 충성이며 죽도록 충성한 자들에게는 생명의 면류관이 상급으로 기다리고 있음을 기억하자.

＊ 참고 성구 ＊　고전 4:2, 계 2:10, 딤후 4:8, 약 1:12, 벧전 5:4

■ **기 도** ■ 하나님 아버지! 교회가 부흥하여 사역을 분담하는 가운데 집사의 역할이 생겼습니다. 초대교회에 세우신 집사의 자격을 보면서 오늘 우리도 이런 사람을 세우고자 하오니 축복하소서. 예수 그리스도의 이름으로 기도 드립니다. 아멘

구역장(속장)

성도가 은사 사용시 주의할 점들

■ 찬 송 ■ ♪ 171, 173, 179, 485   ■ 참 조 ■ ☞ ① 419p ② 121p

■ 본 문 ■ …그런즉 형제들아 어찌할꼬 너희가 모일 때에 각각 찬송시도 있으며 가르치는 말씀도 있으며 계시도 있으며 방언도 있으며 통역함도 있나니… 【고전 14:26-33】

■ 서 론 ■ 은사는 값없이 주어지는 것으로 인류 최대의 은사는 하나님의 독생자 예수 그리스도이다(요 3:16, 롬 8:32). 바울은 신령한 은사에 대해 언급하고 있다(고전 12:8-11). 그리고 이러한 은사는 교회 전체의 덕을 세우는데 사용되어야 함을 말하고 있다. 은사의 사용시 성도는?

■ 말 씀 ■

Ⅰ. 성도는 진리에 기초한 은사만을 사용할 것

'은사' 곧 '카리스마'는 구원의 '은혜' 곧 '카리스'에 속한 부분적인 선물이다. 바울 사도는 고린도 교회에 보낸 편지에서 신령한 은사를 거론하고 있는데 이는 오직 성령, 곧 '프뉴마'로부터 나온 것임을 강조하고 있다. 성도들의 주위에는 늘 거짓 영들이 도사리고 있으므로 성도들은 영적으로 경성하여 우리의 은사가 성령께로 온 것인지를 진리의 말씀에 근거해 늘 점검해야 한다.

＊ 참고 성구 ＊   고전 12:1-11, 요 8:32, 롬 12:6, 엡 4:11, 눅 11:13

Ⅱ. 성도는 교회의 건덕을 위해서만 사용할 것

바울은 모든 것을 덕을 세우기 위하여 하라고 했다. '은사' 곧 '카리스마'는 '거저 베푸는 호의'란 뜻으로 성령의 은사는 하나님의 주권적 의지에 따라 성도들에게 분배된 것이다. 따라서 자칫 잘못하면 은사는 자기 신앙의 우월성을 내보이는 도구가 되기 십상이다. 그러므로 모든 은사는 교회의 유익이 되는 한도내에서 겸손함으로 행해져야만 한다.

＊ 참고 성구 ＊   엡 4:7, 12-16, 고후 9:10, 벧후 1:5-6, 골 1:10, 히 6:1

Ⅲ. 성도는 하나님만이 영광 받으시게 사용할 것

바울은 하나님은 어지러움의 하나님이 아니시요 오직 화평의 하나님이시니라고 했다. 여기서 '어지러움'은 헬라어 '아카타스타시아'로서 이는 '불안정, 무질서'를 뜻하는데 정도에서 벗어나거나 자신감 없이 흔들리는 상태를 의미한다. 성도의 모든 지혜와 능력과 선행은 하나님께로부터 온 것이기 때문에 교회에서 소동을 일으키지 말고 하나님께 영광을 돌리는 모습이 되어야 한다.

＊ 참고 성구 ＊   행 3:6-9, 시 51:15, 눅 19:37, 히 13:15, 고전 6:20, 롬 15:16

■ 기 도 ■ 성도에게 은사를 허락하신 하나님! 값없이 주신 은사를 가지고 당신의 영광을 위해 사용하는 성도들이 되게 하시고 은사로써 더욱 깊은 당신과의 교제를 이루도록 은혜 베푸소서. 예수 그리스도의 이름으로 기도 드립니다. 아멘

성전 건축및 봉헌

유다 지파의 정복사업이 주는 의의

■ 찬 송 ■ ♪ 384, 390, 397, 400　　　　■ 참 조 ■ ☞ ② 103p

■ 본 문 ■ 여호수아가 죽은 후에 이스라엘 자손이 여호와께 묻자와 가로되 우리 중 누가 먼저 올라가서 가나안 사람과 싸우리이까 여호와께서 가라사대… 【삿 1:1-10】

■ 서 론 ■ 미국의 소설가 헤밍웨이는 "만일 우리가 여기서 승리한다면 어느 곳에서든 승리할 것이다. 이 세상은 멋진 곳이며 싸워 볼만한 가치가 있기에 나는 세상에서 떠나기를 대단히 싫어한다."라고 했다. 신앙의 공동체의 승리에는?

■ 말 씀 ■

I. 신앙 공동체는 뜻을 세워야 승리함

기자는 우리 중 누가 먼저 올라가서 가나안 사람과 싸우리이까라고 했다. 이스라엘이 물은 방법은 우림과 둠밈에 의하여 실행되었을 것이다. 구약시대에 우림과 둠밈은 대제사장의 소지품으로 하나님의 지시를 받는데 사용되었다. 성도가 믿음의 싸움에서 승리하려면 인간의 지략이나 무력에 의존하기 앞서 하나님의 선하시고 분명하신 뜻을 구하여 그에 따른 계획을 수립해야 한다.

　　* 참고 성구 *　출 28:29-30, 민 27:21, 시 119:42, 실하 2:1, 행 15:19

II. 신앙 공동체는 협력해야 승리함

기자는 유다가 올라가매 여호와께서 그들의 손에 붙이신지라고 했다. 여기서 '붙이신지라'는 히브리어 '나탄'으로 '넘겨주다, 양도하다'는 뜻으로 가나안 정복의 사업이 하나님의 주권적 섭리 아래 있음을 보여 준다. 예수 그리스도 안에서 하나로 연결된 지체들은 공동체의 승리와 번영을 위해서는 각 개인의 사사로운 이해관계를 초월하여 대의에 협력하는 넓은 안목이 있어야 한다.

　　* 참고 성구 *　출 17:12, 삼상 14:6-7, 고전 12:12-27, 마 18:19, 막 2:3, 빌 1:27

III. 신앙 공동체는 정진해야 승리함

기자는 하나님이 나의 행한 대로 내게 갚으심이로다라고 했다. 여기서 '갚으심이로다'는 히브리어 '쌀렘'으로 '마치다(완성하다), 보상하다, 회복하다, 완전하다'의 뜻으로 과거에 당한 손해와 동일한 보응을 함으로써 정상적 관계가 회복된 상태를 의미한다. 성도는 교만이나 나태와 타협, 좌절과 포기 등의 올무를 조심하고 시종일관 성령의 인도하심 가운데 주의 뜻을 끝까지 행하자.

　　* 참고 성구 *　엡 4:14, 마 19:21, 골 3:14, 약 2:22, 요일 2:5

■ 기 도 ■ 가나안 정복 사업을 명하신 하나님! 이스라엘의 혁혁한 승리는 오직 당신의 뜻을 좇았음을 보면서 오늘 우리도 이러한 신앙의 승리를 체험하는 시간이 되게 하소서. 예수 그리스도의 이름으로 기도 드립니다. 아멘

성전 건축 및 봉헌

솔로몬의 성전 건축이 주는 의의

■ 찬 송 ■ ♪ 242, 245, 246, 250　　■ 참 조 ■ ☞ ① 235p

■ 본 문 ■ 솔로몬이 예루살렘 모리아 산에 여호와의 전 건축하기를 시작하니 그곳은 전에 여호와께서 그 아비 다윗에게 나타나신 곳이요 여부스 사람 오르난의…【대하 3:1-7】

■ 서 론 ■ "교회는 하나님께서 주관하시고 그리스도께서 다스리시는 곳에서만 진정한 교회를 찾아볼 수 있다."고 어느 신학자는 말했다. 교회는 천국 가는 나그네인 성도가 잠시 묵는 주막집과 같다. 성도는 하나님의 전을?

■ 말 씀 ■

Ⅰ. 성도는 성전을 거룩히 여긴다

기자는 그 곳은 전에 여호와께서 그 아비 다윗에게 나타나신 곳이요라고 했다. 여기서 '나타나신'은 히브리어 '라아'로서 '바라보다, 발견하다'의 뜻으로 인간의 눈으로 주목할 수 있도록 감추었던 존재를 밝히 드러내 보이심을 뜻한다. 성전은 하나님의 집, 곧 하나님이 거하시는 곳이기 때문에 항상 두렵고 떨리는 마음과 정결한 마음으로 나아가서 거룩한 영적 교제를 가져야 한다.

＊참고 성구＊　고전 3:17, 레 16:2, 민 14:10, 요일 2:24, 엡 5:30

Ⅱ. 성도는 성전을 사모한다

기자는 타작 마당에 다윗이 정한 곳이라고 했다. 모리아 산은 믿음의 조상인 아브라함이 이삭을 제물로 바치려 했던 하나님의 섭리가 깃든 곳이며, 성군 다윗이 성전을 사모하여 자신이 지으려고 했던 그곳이다. 그러나 그는 전쟁으로 손에 피를 많이 묻혔기에 솔로몬(=평화로운)이 짓게 되었다. 성전은 예배를 통하여 하나님께 영광돌리고 기도하는 곳인 만큼 사모함으로 성전에 나와야 한다.

＊참고 성구＊　창 22:2, 대상 21:18, 29:3, 삼하 7:4-17, 시 84:10, 눅 2:36-37

Ⅲ. 성도는 성전을 위해 봉사한다

기자는 안에는 정금으로 입혔으며 그 대전 천장은 잣나무로 만들고 또 정금으로 입히고라고 했다. 여기서 '입혔으며'는 히브리어 '예차페후'로서 기본 어근은 '차파'(도금하다, 덧입히다, 덮다, 씌우다)이나 여기서는 '새겨 넣다'라는 뜻으로 쓰인 듯하다. 성도는 자신의 집을 꾸미고 가꾸듯이 성전에 거하시는 하나님을 생각하며 항상 돌보고 또한 속한 성도들을 위해 봉사해야 한다.

＊참고 성구＊　엡 2:20-22, 롬 12:5, 고전 1:10, 빌 1:27, 골 2:2

■ 기 도 ■ 솔로몬에게 성전 건축을 허락하신 하나님! 평화의 시대 때 평안의 왕 솔로몬에게 당신의 집을 짓게 하신 당신의 섭리에 감격하오며 우리도 이 거룩한 성전을 위해 봉사하게 하소서. 예수 그리스도의 이름으로 기도 드립니다. 아멘

■ 성전 건축및 봉헌

안디옥 교회에의 파송이 주는 의미

■ 찬 송 ■ ♪ 278, 525, 377, 278 　　　■ 참 조 ■ ☞ ② 427p

■ 본 문 ■ 안디옥 교회에 선지자들과 교사들이 있으니 곧 바나바와 니게르라 하는 시므온과… 【행 13:1-3】

■ 서 론 ■ "교회는 포도원과 같아서 특별히 선택된 구원받은 백성들이 모인 곳이요, 들짐승이나 침입자를 막기 위하여 울타리를 쳤으며, 농부가 물을 주고 전정을 하며 쉬지 않고 가꾸듯 울타리 안에 들어온 하나님의 백성을 그리스도께서 지키시며 기르신다"고 어느 신학자는 말했다. 교회의 사역은?

■ 말 씀 ■

I. 교회는 말씀 전파의 사역을 해야 한다

기자는 내가 불러 시키는 일을 위하여 바나바와 사울을 따로 세우라 하시니라 했다. 여기서 '따로 세우라' 는 헬라어 '아포리사테' 로서 '임명하라' 는 뜻이다. 다시 말하면 특별한 사명을 부여하라는 의미이다. 예수를 전파하며 말씀을 전하기 위해서는 거기에 합당한 사명을 부여하는 것이 필요하다. 교회의 사명은 땅끝까지 말씀을 증거하라는 주님의 명령을 준행하는 일이다.

　＊ 참고 성구 ＊　행 1:8, 렘 20:9, 고후 4:13, 마 28:19, 막 16:15

II. 교회는 나누는 사역을 해야 한다

기자는 바나바와 사울을 따로 세우라 하시니라 했다. 여기서 '따로 세우라' 는 헬라어 '아포리사테' 로서 '분리하라' 는 뜻이다. 다시 말하면 분리는 세상으로부터의 분리가 아니라 함께 있는 성도로부터의 분리를 의미한다. 바울의 '나를 택정하시고' 의 '택정한다' 는 말도 '아포리조' 로서 따로 세우라는 말과 동의어이다. 교회는 성령의 일을 위해 특별히 따로 세우는 일이 필요하다.

　＊ 참고 성구 ＊　갈 1:15, 막 2:14, 눅 6:13, 요 1:43, 행 22:21

III. 교회는 봉헌하는 사역을 해야 한다

기자는 내가 불러 시키는 일을 위하여 바나바와 사울을 따로 세우라 하시니라 했다. 여기서 '따로 세우라' 는 헬라어 '아포리사테' 로서 '봉헌하라' 는 뜻이다. 다시 말하면 성령의 시키시는 전도하는 일을 위해서 몸과 마음을 하나님께 드릴 뿐만 아니라 삶의 전부를 예수 그리스도를 위해 제물로 바치라는 의미이다. 교회는 특별한 사명을 위해 모든 것을 주님께 봉헌해야 할 것이다.

　＊ 참고 성구 ＊　롬 12:1, 빌 4:18, 히 13:16, 벧전 2:5

■ 기 도 ■ 하나님 아버지! 안디옥 교회는 최초로 외국 선교사업을 위해 파송하는 교회로서 봉헌과 나눔과 전파의 사역을 하였습니다. 오늘 우리 교회도 이런 사명을 가지고 출발할 수 있도록 은혜 내려 주옵소서. 예수 그리스도의 이름으로 기도 드립니다. 아멘

성전 건축및 봉헌

다윗의 성전 건축에 대한 의의

■ 찬 송 ■ ♪ 379, 539, 238, 543   ■ 참 조 ■ ☞ ③ 189p

■ 본 문 ■ …여호와의 말씀이 네가 나를 위하여 나의 거할 집을 건축하겠느냐… 【삼하 7:4-17】

■ 서 론 ■ 영국의 수필가요 비평가인 존 러스킨은 "우리가 우리의 생각 속에서 그분의 생각을 배제하고 어떤 경우에도 그분의 뜻을 염두에 두지 않는다면 하나님께 불경을 범하는 것이다."라고 했다. 사람의 생각과 하나님의 생각은 다르다. 하나님의 사역은 하나님께서 계획하시고 진행하신다. 하나님의 일은?

■ 말 씀 ■

Ⅰ. 하나님의 일을 하려면 성결해야 한다

기자는 네가 나를 위하여 나의 거할 집을 건축하겠느냐고 했다. 사람의 계획이 하나님의 뜻에 부합한 것이라 하더라도 하나님의 허락 없이는 그 일을 성취할 수 없다. 다윗은 자신이 하나님의 전을 건축하고 싶었지만 전쟁으로 얼룩진 피묻은 손은 하나님이 원하지 않으셨다. 거룩하신 주의 일을 수행하는 자는 자신을 돌아보고 하나님의 거룩하심을 해치지 않도록 자신을 정결케 하고 바로 세워야 한다.

* 참고 성구 *   고후 6:14-18, 사 52:11, 엡 5:11, 살후 3:6, 벧전 1:15-16

Ⅱ. 하나님의 일은 적절한 시기에 해야 한다

기자는 내가 네 몸에서 날 자식을 네 뒤에 세워 그 나라를 견고케 하리라 저는 내 이름을 위하여 집을 건축할 것이요라고 했다. 전지전능하시며 지혜의 하나님께서는 일에 있어서나 그 일을 수행할 자의 여건에 있어서 가장 적절한 시기에 일을 허락하신다. 따라서 때로는 인간의 계획과 하나님의 계획이 배치되어 때가 다를 수 있으니 순종으로 주의 뜻을 따라야 한다.

* 참고 성구 *   출 25:8-9, 잠 16:1, 19:21, 전 3:1, 21:1, 행 9:4-5

Ⅲ. 하나님의 일은 정성을 다해야 한다

기자는 저가 죄를 범하면 내가 인생 채찍으로 징계하려니와라고 했다. 여기서 '징계하려니와'는 히브리어 '야카흐'로서 '증명하다, 논쟁하다, 판단하다'의 뜻으로 이는 매를 사용하여 잘못된 것을 올바르게 고쳐 주는 것을 의미한다. 하나님의 일은 서두르거나 성급해서는 안 된다. 더욱이 나태하거나 지연하면 더더욱 안 된다. 때가 되어 부족함 없이 최선을 다하는 정성이 필요하다.

* 참고 성구 *   롬 12:1-2, 출 32:29, 대상 29:5, 잠 23:26, 딤후 2:21

■ 기 도 ■ 다윗의 하나님! 내 마음에 합한 자라고까지 다윗을 칭찬하신 당신께서 성전 건축을 허락지 않으신 연유는 당신의 뜻이오매 우리는 오직 사역을 위하여 정성을 다하는 자가 되게 하소서. 예수 그리스도의 이름으로 기도 드립니다. 아멘

성전 건축 및 봉헌

솔로몬의 성전 건축에 담긴 의미

■ 찬 송 ■ ♪ 242, 248, 250, 249   ■ 참 조 ■ ☞ ① 175p ③ 189p

■ 본 문 ■ …주를 위하여 계실 전을 건축하였사오니 주께서 영원히 거하실 처소로소이다…【왕상 8:12-15】

■ 서 론 ■ "교회는 마치 주유소와 같아서 연료가 떨어진 차가 와서 계속 충진하고 기듯 성도들이 주일마다 혹은 수요일마다 교회에 와서 말씀을 통해서 은혜를 충진받고 가야 세상 인생행로를 달린다"고 어느 목회자는 말했다. 하나님의 은총이 머무는 곳 교회(=성전)는?

■ 말 씀 ■

Ⅰ. 성전은 교제의 장소임

기자는 주를 위하여 계실 전을 건축하였사오니 주께서 영원히 거하실 처소로 소이다라고 했다. 여기서 '계실'은 히브리어 '제불'로서 '둘러싸다'는 뜻으로 하나님께서 성전에 임재하셔서 그 전을 보호하시고 이스라엘 백성의 간구를 들으심을 의미한다. 주의 교회는 하나님의 나라가 이 땅에 실현된 장소로서 여기서 하나님을 만나고 교제하는 하나님의 처소이다.

  * 참고 성구 *   시 84:1-2, 신 12:5, 사 37:1, 대상 29:3, 눅 2:37

Ⅱ. 성전은 축복의 장소임

기자는 온 회중을 위하여 축복하니 때에 이스라엘의 온 회중이 섰더라고 했다. 여기서 '축복하다'는 히브리어 '예바르쿠'로서 기본형 '바라크'는 '꿇어 엎드린다, 기도한다'는 뜻으로 하나님의 존전에 나아가서 무릎을 꿇고 기도하는 성도는 이미 복을 받은 사람이다. 주의 교회는 질타와 책망이 있는 곳이 아니라 지치고 곤비한 영혼에게 참된 안식과 평안을 선포하는 축복의 현장이다.

  * 참고 성구 *   심히 6:11, 출 23:25, 마 6:33, 눅 2:34, 빌 4:19

Ⅲ. 성전은 찬양의 장소임

기자는 왕이 가로되 이스라엘 하나님 여호와를 송축할지로다라고 했다. 여기서 '송축할지로다'는 히브리어 '바라크'로서 '무릎 꿇다'는 어근에서 비롯되어 은혜를 찬양하며 경배함을 뜻하고 '전적인 봉헌'을 내포하고 있다. 주의 교회는 구원의 언약을 이루시고 당신의 섭리로 인도하시는 하나님의 은혜에 감사하여 거룩한 예배를 드리며 하나님께 영광을 돌리는 장소이다.

  * 참고 성구 *   시 52:9, 눅 24:52-53, 요 7:14, 행 2:46, 3:1

■ 기 도 ■ 성전의 주인이신 하나님! 당신의 거룩한 임재의 장소인 성전에서 교제와 축복과 찬송을 드리는 영광을 주심을 감사드리오며 마지막 그날까지 당신의 전을 떠나지 않도록 축복하옵소서. 예수 그리스도의 이름으로 기도 드립니다. 아멘

성전 건축 및 봉헌

성막 건축에 필요한 유능한 일꾼

■ 찬 송 ■ ♪ 431, 217, 492, 448   ■ 참 조 ■ ☞ ② 61p

■ 본 문 ■ …여호와께로 지혜를 얻고 와서 그 일을 하려고 마음에 원하는 모든 자를 부르매… 【출 36:1-7】

■ 서 론 ■ 스코틀랜드의 저술가 로버트 루이스 스티븐슨은 "사람이 성공이나 혹은 명성의 문제는 제쳐놓고 어떤 직업의 일을 사랑하는 자는 하나님께서 허락하신 천직이다."라고 했다. 하나님은 하나님의 사역을 위해서 넘치는 재능(=달란트)을 우리에게 주셨다. 성도의 재능은 하나님의 일을 할 때 가장 빛나는 인생을 사는 것이다. 유능한 일꾼은?

■ 말 씀 ■

Ⅰ. 유능한 일꾼은 믿음과 소명 의식이 투철한 자이다

기자는 성소에 쓸 모든 일을 할 줄 알게 하심을 입은 자들은 여호와의 무릇 명하신 대로 할 것이라고 했다. 여기서 '쓸'은 히브리어 '아보다'로서 '섬기다, 예배하다'의 뜻으로 하나님을 섬기는 제사에 필요한 기구이며, '명하신 대로'는 '치와'로서 '지정하다, 책임을 맡기다'의 뜻으로 어떻게 해야 할 것인지를 구체적으로 요구하는 명령이다. 일꾼에겐 투철한 소명 의식이 필요하다.
　* 참고 성구 *　렘 1:4-8, 사 6:8, 고전 15:58, 시 110:3, 살전 2:8

Ⅱ. 유능한 일꾼은 분별하는 지혜를 갖춘 자이다

기자는 마음이 지혜로운 사람 곧 그 마음에 여호와께로 지혜를 얻고 와서라고 했다. 여기서 '마음'은 히브리어 '레바브'로서 인간의 지적, 감정적, 의지적 기능이 포괄된 내적 성향을, '지혜로운'은 '하캄'으로 하나님의 일을 할 수 있는 슬기로움을 뜻한다. 일꾼은 주의 일을 감당하기 위해서는 인간의 지혜가 아닌 주님이 주시는 지혜로 깨달아 행하는 자가 되어야 한다.
　* 참고 성구 *　호 14:9, 왕상 4:31, 10:3, 단 1:20, 행 6:10, 약 1:5

Ⅲ. 유능한 일꾼은 희생하고 봉사할 수 있는 자이다

기자는 백성이 아침마다 자원하는 예물을 연하여 가져오는 고로라 했다. 여기서 '자원하는'은 히브리어 '나답'로서 '기꺼이 하게 하다'는 뜻으로 강요당하거나 얽매이지 않고 마음속 깊이 저절로 솟아오르는 소원을 기꺼이 행함을 의미한다. 일꾼은 주의 일을 이루어 나가기 위해 자신의 세상적 유익이나 편안함과 소유까지도 희생하며 성실히 봉사할 수 있는 자이다.
　* 참고 성구 *　고전 4:2, 히 3:5, 엡 6:7, 벧전 4:10, 행 20:24

■ 기 도 ■ 하나님 아버지! 이 시간 유능한 일꾼에 대해서 배웠습니다. 오늘 우리도 이처럼 덕목을 갖춘 일꾼이 되어서 당신의 전을 위하여 봉사할 수 있는 축복을 내리소서. 예수 그리스도의 이름으로 기도 드립니다. 아멘

성전 건축 및 봉헌

성막 제작의 완성에 담긴 의의

■ 찬 송 ■ ♪ 489, 451, 500, 408　　　■ 참 조 ■ ☞ ② 61p

■ 본 문 ■ …모세가 그 필한 모든 것을 본즉 여호와께서 명하신 대로 되었으므로…【출 39:32-43】

■ 서 론 ■ 미국의 신학자 앤드류 P. 피보디는 "힘, 특성, 정신, 마음 등의 집합이나 혹은 사람이 일에 투입할 수 있는 것은 그 일의 가장 중요한 요소들이다. 그 요소들 중 어느 하나가 없어도 일의 결과는 나오지 않는다."라고 했다. 하나님의 사역은 하나님께서 그 일을 무사히 마치도록 힘을 베풀어 주신다. 성도는 하나님의 명하신 대로 순종하는 것이다. 성도는?

■ 말 씀 ■

I. 성도는 주의 뜻대로 되었는지 돌아볼 것

기자는 여호와께서 모세에게 명하신 대로 다 행하고라 했다. 여기서 '명하신 대로'는 히브리어 '치와'로서 '지정하다, 책임을 맡기다'의 뜻으로 이는 어떻게 해야 될 것인지를 보다 구체적으로 요구하는 주의 명령을 의미한다. 성도는 하나님의 역사에 동참하는 가운데 그 일이 완성된 모습 속에서 진정 주의 뜻에 어긋나는 것은 없었는지 돌아보고 부족했던 모습을 회개하여야 한다.

＊ 참고 성구 ＊　벧후 3:14, 슥 4:9, 요 17:4, 19:30, 행 20:24, 딤후 4:7-8

II. 성도는 주께 영광돌림을 잊지 말 것

기자는 그들에게 축복하였더라고 했다. 여기서 '축복하였더라'는 히브리어 '예바르쿠'로서 기본형 '바라크'는 '무릎을 꿇다, 은혜를 베풀다, 찬양하다'는 뜻으로 주로 인간에 대한 하나님의 강복을 나타내는 말이다. 또한 이는 원래는 겸손히 무릎 꿇고 찬양하는 것이나 그 결과인 번영, 풍요에도 관계된다. 성도는 시작부터 끝까지 모든 영광과 찬양을 주님께 돌리고 감사해야 한다.

＊ 참고 성구 ＊　마 5:16, 시 22:23, 요 15:8, 롬 15:6, 고전 6:20, 살후 1:12

III. 성도는 주의 더 큰 역사를 이어갈 것

하나님의 역사는 끊임이 없이 계속되는 것이기 때문에 성도들은 한 가지의 일을 끝냈다고 하여 마치 모든 일을 마친 양 안일하고 나태해서는 절대 안 된다. 하나님은 작은 것에 충성하면 더욱 큰 것으로 맡기시는 분이시므로 성도들은 그 이루어진 일을 기초로 하여서 더 큰 일을 이루기 위해 노력과 봉사의 수고를 아끼지 말고 오히려 은혜에 감사하는 성숙한 자들이 되어야 한다.

＊ 참고 성구 ＊　빌 3:12-14, 눅 16:10, 민 12:7, 히 3:5, 신 34:10-12

■ 기 도 ■ 하나님 아버지! 작은 것에 충성하면 더 큰 것을 맡기신다고 하신 당신의 말씀에 의지하여 더욱 큰 역사를 준비하고자 하오니 이 또한 인도하시고 축복하시어 영광 받으시옵소서. 예수 그리스도의 이름으로 기도 드립니다. 아멘

성전 건축및 봉헌(증축)

요아스의 성전 수리에 내포된 교훈

■ 찬 송 ■ ♪ 69, 72, 348, 380   ■ 참 조 ■ ☞ ③ 231p, 249p

■ 본 문 ■ 요아스가 제사장들에게 이르되 무릇 여호와의 전에 거룩하게 하여 드리는 은 곧 사람의 통용하는 은이나 각 사람의 몸값으로 드리는 은이나 자원하여… 【왕하 12:4-18】

■ 서 론 ■ "신앙은 곧 헌신이요, 헌신은 내가 하는 일의 모든 것을 하나님 위주로 행하는 것이며, 하나님의 뜻이 내 일생의 중심선이 되게 하는 것이다"라고 어느 목회자는 말했다. 헌신으로 꿇는 무릎은 성스러운 것이다. 성도는 헌금을?

■ 말 씀 ■
Ⅰ. 헌금의 사용시 하나님의 이름으로 사용함
기자는 여호와의 전에 드리는 모든 일을 그것으로 수리하라 하였더니라 했다. 여기서 '수리하라'는 히브리어 '하자크'로서 '달라붙다, 강하게 하다'에서 나온 말로 '용기를 내다, 고치다, 강화하다' 등의 뜻도 가지고 있다. 헌금은 하나님의 것이므로 무엇보다 하나님의 이름으로 행해지는 일에 사용해야지 이 헌금을 세상의 사업을 위해 사용하거나 이용되어서는 절대로 안될 것이다.
　　* 참고 성구 *　잠 3:9, 대상 29:9, 고전 16:2, 고후 9:7, 마 6:20

Ⅱ. 헌금의 사용시 무리한 욕심을 배제함
기자는 수리하지도 아니하기로 응락하니라고 했다. 여기서 '응락하니라'는 히브리어 '예오투'로서 원뜻은 '오다, 나타난다'로서 '동의하다'는 의미가 파생된 말로 입술만이 아닌 행동으로서의 동의를 뜻한다. 헌금으로 사적인 욕심을 차린다든지 적은 헌금으로 일에 대한 욕심만 앞세워 많은 일을 벌려 감당을 못한다든지 하지 말고 적은 일로도 기쁨을 맛볼 수 있도록 사용할 것이다.
　　* 참고 성구 *　고후 8:12, 행 5:3, 마 26:8-10, 눅 10:40-42, 빌 4:18

Ⅲ. 헌금의 사용시 시험드는 자가 없어야 함
기자는 회계하지 아니하였으니 이는 성실히 일을 하였음이라고 했다. 여기서 '회계하지'는 히브리어 '하쉐브'로서 신중히 '생각하다', 숨긴 것을 '찾아내다, 평가하다'의 뜻으로 즉 철저히 따지며 '계산하다'는 의미이다. 헌금이 하나님의 것임에도 그것을 세상 물질과 동일하게 여겨 지나친 이윤추구나 개인적인 욕심으로 시험에 든다면 이는 하나님의 영광을 가리는 것이 된다.
　　* 참고 성구 *　딤전 6:10, 요 12:4-6, 행 5:9, 6:1, 고전 3:3

■ 기 도 ■ 하나님 아버지! 당신의 물질로 당신의 뜻에 합당한 일을 하는 원칙을 배웠습니다. 당신이 원하시는 대로 합력하여 선을 이루는 역사가 될 수 있도록 모두에게 은혜 내려 주옵소서. 예수 그리스도의 이름으로 기도 드립니다. 아멘

성전 건축및 봉헌(증축)

느헤미야의 성벽 재건이 주는 교훈

■ 찬 송 ■ ♪ 397, 341, 389, 384 ■ 참 조 ■ ☞ ② 197p

■ 본 문 ■ 때에 대제사장 엘리아십이 그 형제 제사장들과 함께 일어나 양문을 건축하여 성별하고 문짝을 달고 또 성벽을 긴축하여 함메아 망대에서부터 하나넬 망대까지… 【느 3:1-32】

■ 서 론 ■ "교회에 어려운 일이 있을 때 모든 교우가 합심하여 하나님께 매달릴 때 하나님은 어려운 문제를 눈과 같이 사라지게 할 것이요 모든 것이 합동하여 선을 이루는 결과가 될 것이다."라고 한경직 목사는 말했다. 성도의 협력은?

■ 말 씀 ■

I. 성도의 협력은 용기를 얻게 한다

기자는 그 귀족들은 그 주의 역사에 담부치 아니하였으며라고 했다. 여기서 '담부치'는 히브리어 '보 차와람'으로 '오다, 임하다'(보)와 '목덜미'(차와르)의 합성어로 '등과 목에 매고 가다'는 뜻으로 참여하여 일하다는 의미이다. 혼자의 힘으로는 불가능할 것 같아 좌절하기 쉬운 일도 누군가 힘을 합쳐 줄 때 힘을 얻고 담대히 일어서는 용기를 갖게 된다.

* 참고 성구 *   줄 17:12, 삿 20:11, 삼상 14:6-7, 스 10:4, 마 18:19, 막 3:2

II. 성도의 협력은 서로 보완하게 한다

기자는 중수하되 저희가 예루살렘 넓은 성벽까지 하였고라 했다. 여기서 '중수하되'는 히브리어 '하자크'로서 여기서는 '수선하다'의 뜻이며, '하였고'는 '아자브'로서 '방치하다'의 뜻으로 넓은 성벽쪽을 크게 고칠 필요가 없어 약간의 손질만 했음을 가리킨다. 성도는 하나님께 각자 다른 달란트를 받았으므로 서로 협력하여 부족한 부분을 채우는 상호보완은 하나님이 바라시는 것이다.

* 참고 성구 *   믹 6:7, 빌 1:27, 행 6:2-4, 13:2 15:39-40, 딤후 4:11

III. 성도의 협력은 큰 일을 이루게 한다

중국의 고사성어에 오월동주(吳越同舟)라는 말이 있는데 이는 "오나라 사람과 월나라 사람은 서로 미워하나 그들이 같은 배를 타고 가다가 바람을 만나게 되면 서로 돕기를 좌우의 손이 함께 협력하듯 한다."는 뜻이다. 하나님의 전에서 찬양대의 찬송 가운데 독창보다 합창의 소리가 크고 웅장하듯이 참여하는 자가 많을수록 큰 일을 보다 완전하게 이룰 수 있다.

* 참고 성구 *   롬 12:5, 고전 10:7, 갈 3:28, 엡 4:13, 행 18:2

■ 기 도 ■ 성도의 협력을 기뻐하시는 하나님! 당신의 사역에 우리 모두 합심하여 당신의 영광을 드러내고 우리에게 기쁨과 만족을 주는 삶을 살게 하옵소서. 예수 그리스도의 이름으로 기도 드립니다. 아멘

성전 건축및 봉헌(증축)

이스라엘의 공사 진행이 주는 교훈

■ 찬 송 ■ ♪ 382, 370, 374, 263   ■ 참 조 ■ ☞ ① 259p

■ 본 문 ■ …예루살렘 성이 중수되어 그 퇴락한 곳이 수보되어 간다함을 듣고… 【느 4:7-23】

■ 서 론 ■ "내 힘만 의지해서 애쓴들 무슨 보람이 있으랴! 주님과 나, 주님의 소유와 나의 소유가 협력하면 천국을 건설하면서 부딪힐 난관을 극복할 수 있다."고 어느 목회자는 말했다. 성도가 하나님 나라의 사역을 위해 전진할 것은?

■ 말 씀 ■

Ⅰ. 성도는 중단 없는 전진을 위해 사단을 경계할 것

기자는 심히 분하여 다 함께 꾀하기를 예루살렘으로 가서 요란하게 하자고 했다. 여기서 '분하여'는 히브리어 '하라'로서 '맹렬하다, 빨갛게 달아오르다'의 뜻으로 맹렬한 불길에 쇠가 달구어지는 것과 같이 흥분된 상태를 뜻한다. 악한 세력들은 주의 일을 방해하려고 매순간 다양한 방법으로 다가오므로 성도는 기도와 말씀으로 무장하고 경계를 늦추지 말 것이다.

* 참고 성구 * 벧전 5:8-9, 행 13:8, 18:6, 딤후 3:8, 4:15, 약 4:7

Ⅱ. 성도는 중단 없는 전진을 위해 주님을 힘입을 것

기자는 지극히 크시고 두려우신 주를 기억하고라 했다. 여기서 '지극히 크시고'는 히브리어 '하가돌'로서 신성에 있어 '광대하시고'의 뜻이며, '두려우신'은 '하노라'로서 능력에 있어 '무서운'의 뜻이다. 인간적인 힘과 지혜는 극히 제한적이기에 그것만 의지하면 이내 벽에 부딪치고 만다. 성도는 주의 능력과 지혜를 구하고 의지하며 주의 역사가 주의 뜻대로 이어지도록 힘써야 한다.

* 참고 성구 * 시 37:5, 118:8, 잠 3:5, 사 26:3, 고후 1:9, 딤후 4:8

Ⅲ. 성도는 중단 없는 전진을 위해 상호 협조할 것

기자는 성을 건축하는 자와 담부하는 자는 다 각각 한 손으로 일을 하며 한 손에는이라 했다. 여기서 '담부하는'은 히브리어 '보 차와람'으로 '오다, 임하다'는 '보'와 '목덜미'의 '차와르'의 합성어로 '등과 목에 매고 가다'는 뜻으로 함께 참여해 일하다는 의미이다. 혼자서 모든 일을 한다면 지쳐 쓰러지므로 성도는 분담하고 협조하여 주의 일이 멈추어지지 않도록 해야 할 것이다.

* 참고 성구 * 롬 12:6-8, 히 10:24-25, 마 18:19, 막 2:3, 6:7, 출 17:12

■ 기 도 ■ 하나님 아버지! 당신의 역사를 훼방하는 무리를 도말하시고 이 거룩한 역사에 참여하는 자들에게 협조와 믿음을 주시옵고 당신의 능력으로 덧입혀 주셔서 당신께 영광 돌리는 사업이 되게 하소서. 예수 그리스도의 이름으로 기도 드립니다. 아멘

성찬식

예수의 유월절 성만찬에 담긴 의미

■ 찬 송 ■ ♪ 282, 284, 190, 343　　■ 참 조 ■ ☞ ① 415p

■ 본 문 ■ …가라사대 받으라 이것이 내 몸이니라 하시고 또 잔을 가지사 사례하시고… 【막 14:22-25】

■ 서 론 ■ "당신은 떡을 떼시고 포도주를 드시어 우리의 마음을 새로이 빚었나이다. 이 날에 당신의 성령이 오사 우리를 구원하시고 풍성한 은총을 나누어 주셨나이다." 라고 신학자 요한 슈트트는 말했다. 주님께서는 십자가를 지시기 전 제자들과 함께 유월절 성만찬을 나누셨다. 성만찬에 담긴 의미는?

■ 말 씀 ■

I. 주의 죽으심을 감사해 기념하는 성만찬

바울은 고린도 교회에 보내는 편지에서 이 잔은 내 피로 세운 언약이니 이것을 행하여 마실 때마다 나를 기념하라고 했다. 여기서 '나를 기념하라' 는 헬라어 '에이스 텐 에멘 아나므네신' 으로 '나를 기념하기 위하여, 나를 생각하기 위하여' 의 뜻으로 성찬식은 예수의 십자가의 고난의 기억을 계속하여 주님의 죽음의 고난을 통한 구속의 은총을 재림 때까지 기념하고 감사하기 위함이다.

* 참고 성구 *　고전 11:25, 12:26, 마 26:28, 눅 22:19-20, 행 2:42, 46

II. 성도의 언약 백성됨을 확인하는 성만찬

기자는 예수께서 떡을 가지사 축복하시고 떼어 제자들에게 주시며라고 했다. 여기서 '축복하시며' 는 '율로게오' 로서 '찬양한다, 칭찬한다, 축복한다' 는 뜻으로 성만찬의 떡을 먹는 것은 예수의 생명의 떡을 먹는 것이므로 인생 최대의 축복이 된다. 성만찬을 통하여 그리스도의 살과 피의 구원의 언약에 참예한 성도는 자신들의 영적 신분을 보다 분명히 자각해야 한다.

* 참고 성구 *　요 6:53-57, 14:6, 롬 5:21, 딤후 1:10, 요일 5:12, 빌 3:20

III. 성도의 천국 잔치를 소망하는 성만찬

기자는 또 잔을 가지사 사례하시고 저희에게 주시니 다 이를 마시매라고 했다. 여기서 '사례하시고' 는 헬라어 '유카리시테오' 로서 '감사한 마음을 가진다, 감사한다, 감사를 돌린다' 는 뜻으로 예수의 구속의 피를 마시는 자는 마땅히 하나님께 감사로 영광을 돌릴 것이다. 성만찬은 주님의 재림으로 완성될 하나님의 나라에서 주님과 함께 맞게 될 기쁨과 영광의 잔치를 맛보며 소망하기 위함이다.

* 참고 성구 *　계 19:7, 시 54:5, 렘 3:14, 호 2:19, 마 22:2, 25:10

■ 기 도 ■ 하나님 아버지! 이 시간 주님이 제정하신 성만찬의 의의를 깨달았습니다. 이 성만찬을 통해서 더욱 당신의 언약 백성으로서 천국 잔치를 소망하며 주님의 십자가 희생을 감사하여 기념하는 자들이 되게 하소서. 예수 그리스도의 이름으로 기도 드립니다. 아멘

예수의 응답받는 기도에의 가르침

■ 찬 송 ■ ♪ 479, 483, 480, 482　　　■ 참 조 ■ ☞ ① 389p

■ 본 문 ■ 내가 또 너희에게 이르노니 구하라 그러면 너희에게 주실 것이요… 【눅 11:9-13】

■ 서 론 ■ "내가 믿는 바를 고칠 수 없거니와 앞으로도 고치지 않으렵니다. 이것이 나의 주장이오니 하나님이여 도와주소서!"라고 독일의 종교개혁자 마틴 루터는 간구했다. 그는 찬송가 384장을 작사하면서 부패한 로마 교황청을 상대로 종교개혁의 불길을 당겼다. 성도의 간구는?

■ 말 씀 ■

I. 성도의 진실한 간구는 응답된다

기자는 구하라 그러면 너희에게 주실 것이요라고 했다. 여기서 '구하라'는 헬라어 '아이테오'로서 '구한다, 요구한다, 요청한다'는 뜻으로 기도하는 자의 근본적인 소원을 의미한다. 그럴 때 '주실 것이요' 곧 '도데세타이'는 반드시 주어질 것을 의미한다. 성도의 모든 기도의 내용은 말씀에 기초하여 주의 뜻을 구해야지 거짓과 불의와 이기적인 만족을 위한 것은 안 된다.

　　* 참고 성구 *　약 5:13, 16, 대상 16:11, 엡 6:18, 살전 5:17, 빌 4:6, 골 4:2

II. 성도의 인내의 간구는 응답된다

기자는 찾으라 그러면 찾을 것이요라고 했다. 여기서 '찾으라'는 헬라어 '제테오'로서 '찾아 다닌다, 조사한다, 애쓴다'의 뜻으로 발견하기 위해 찾는 것, 잃어버린 것을 찾는 신앙의 적극적인 행동을 말한다. '찾을 것이요'는 '휴레세테'로서 이는 기도하는 자가 현실에서 노력하고 찾아야 함을 의미한다. 성도의 응답은 하나님이 정하신 때에 이루어지므로 참고 기다려야 한다.

　　* 참고 성구 *　신 4:29, 사 55:6, 행 17:27, 마 6:33, 렘 29:13

III. 성도의 감사의 간구는 응답된다

기자는 문을 두드리라 그러면 너희에게 열릴 것이니라고 했다. 여기서 '두드리라'는 헬라어 '크루오'로서 '노크한다, 때린다'의 뜻으로 좀더 전진적이고 적극적인 기도의 최고 정점을 표시한다. '열릴 것이니'는 '아노이게세타이'로서 하나님에 의해서 반드시 열려질 것을 의미한다. 성도는 상황이 어떠하든지 감사하는 삶과 기도를 끊이지 말고 하나님의 기뻐하시는 응답을 받도록 하자.

　　* 참고 성구 *　골 3:15, 사 58:9, 요 14:14, 15:7, 요일 3:22, 살전 5:18

■ 기 도 ■ 성도의 기도를 응답하시는 하나님! 오늘 이 시간 응답되는 기도에 대해서 배웠습니다. 그러나 우리는 응답이 없는 응답을 깨우치는 성숙한 신앙인이 되도록 인도하소서. 예수 그리스도의 이름으로 기도 드립니다. 아멘

기도회

예수의 중보기도가 주는 모본

■ 찬 송 ■ ♪ 483, 413, 467, 349   ■ 참 조 ■ ☞ ② 27p

■ 본 문 ■ …내가 아버지의 이름을 저희에게 알게 하였고 또 알게 하리니 이는 나를 사랑하신 사랑이 저희 안에 있고 나도 저희 안에 있게 하려 함이니이다 【요 17:1-26】

■ 서 론 ■ "하나님은 멀리 계시지만 기도가 그를 이 땅으로 끌어내려 그의 능력과 우리의 노력을 연결시킨다."라고 프랑스의 작가 가스 파링은 말했다. 주님은 하나님과 인간 사이의 유일한 중보자로서, 본문의 이 대제사장적 기도는 근본적으로 교회를 이룰 사람들을 위한 중보기도이다. 예수께서는?

■ 말 씀 ■

I. 예수께서는 하나님께 영광을 돌리는 기도를 하셨음

예수께서는 아들로 아버지를 영화롭게 하게 하옵소서라고 했다. 여기서 '영화'는 헬라어 '독사'로서 '광명, 광휘, 찬란, 영광, 위엄, 장엄'의 뜻으로 "아들로 아버지를 영화롭게 하옵소서"는 아들의 삶의 시작이요 목적이요 전부이다. 아들을 영화롭게 함은 아버지께 영광을 돌리기 위함이다. 성도는 아버지의 영광을 위해 자기의 영광을 구해야지 자기의 영광을 위해 구하는 자가 되지 말자.

* 참고 성구 *   요 12:28, 5:32, 37, 13:31, 요일 5:9, 마 3:17, 17:5, 벧전 4:11

II. 예수께서는 사명을 감당키 위한 기도를 하셨음

예수께서는 아버지께서 내게 하라고 주신 일을 내가 이루어라고 했다. 여기서 '하라고'는 헬라어 '히나 포이에소'로서 '행하기 위하여'인데 아버지가 우리에게 아버지의 일을 맡기실 때는 행하기 위함이요 이루기 위함이다. 성도들은 하나님이 주신 일을 이루고 완성해야지 하나님께 영광을 돌릴 수 있다. 주님은 공생애 시작부터 마치실 때까지 사명을 위해 기도하셨다.

* 참고 성구 *   막 1:35, 6:46-47, 눅 5:16, 6:12, 9:18, 22:41-42

III. 예수께서는 성도들을 위한 기도를 하셨음

예수께서는 내가 저희를 위하여 비옵나니 내가 비옵는 것은 내게 주신 자를 위함이니이다라고 했다. 여기서 '비옵나니'는 헬라어 '에로타오'로서 '구한다, 요구한다'는 뜻으로 성도들은 이처럼 아버지께서 주신 자들의 영적 요구와 소원을 아버지께 기도하여 응답이 그들에게도 주어지도록 힘쓸 것이다. 성도들은 하나님 안에서 하나가 되어 세상에서 승리하는 삶을 간구하자.

* 참고 성구 *   눅 22:32, 요 14:16, 17:9, 롬 8:34, 히 7:25

■ 기 도 ■ 하나님 아버지! 주님의 중보기도는 당신의 의와 당신의 뜻을 구하는 모범된 기도였습니다. 우리들도 당신의 뜻에 합당한 기도를 드리도록 우리의 마음을 주장하소서. 예수 그리스도의 이름으로 기도 드립니다. 아멘

기도회

예수의 기도가 주는 모본

■ 찬 송 ■ ♪ 479, 483, 480, 482   ■ 참 조 ■ ☞ ① 401p
■ 본 문 ■ 새벽 오히려 미명에 예수께서 일어나 나가 한적한 곳으로 가사 거기서… 【막 1:35-39】
■ 서 론 ■ 미국의 목사요 설교가인 헨리 W. 비쳐는 "아침의 기도는 하나님의 자비와 축복의 보화 창고 문을 여는 열쇠요, 저녁의 기도는 그의 보호와 안전의 날개 아래로 우리를 가두고 잠그는 자물쇠이다."라고 했다. 주님께서는 공생애 동안 거의 기도로 일관된 생을 사셨다. 성도들도 주님처럼?

■ 말 씀 ■
Ⅰ. 성도들도 예수님처럼 새벽에 기도를 드리자
기자는 새벽 오히려 미명에 예수께서 일어나 나가라고 했다. 영국의 침례교 목사로서 '천로역정'의 저자인 존 번연은 "아침에 하나님으로부터 도망친 자는 하루종일 그를 발견하지 못한다."라고 했고, 미국의 부흥사 빌리 그래엄은 "기도는 아침의 열쇠요 저녁의 자물쇠이다."라고 했다. 모든 일에 바쁘고 시간에 쫓기는 현대인들은 하루를 시작하기 전 먼저 새벽에 주님과 친밀한 교제를 나누자.
  * 참고 성구 * 시 57:8, 92:1-3, 119:47, 창 28:16-18, 대하 29:20, 욥 1:5

Ⅱ. 성도들도 예수님처럼 한적한 곳에서 기도를 드리자
기자는 나가 한적한 곳으로 가사 거기서 기도하시더니라고 했다. 여기서 '한적한 곳으로'는 헬라어 '에이스 에레몬 토폰' 으로 '텅빈 곳으로, 한적한 곳을 향하여'라는 뜻으로 이는 조용한 곳을 찾아 깊이 들어가는 상태를 의미한다. 성도는 복잡하고 분주한 사회 속에서 평안함을 잃어가는 세태에서 특별히 한적한 곳을 정해 놓고 아무 방해도 받지 않게 주님과의 대화를 나누어야 한다.
  * 참고 성구 * 마 6:6, 눅 5:15-16, 막 6:46-47, 행 10:9, 신 9:25

Ⅲ. 성도들도 예수님처럼 장시간 동안의 기도를 드리자
독일의 종교개혁자 마틴 루터는 "기도는 인생에 있어서 가장 소중한 일이다. 만일 하루라도 기도를 소홀히 한다면 신앙의 정열을 잃게 된다.'라고 했다. 성도는 세상의 편의주의에 빠져서 신앙도 역시 형식적이며 합리주의적으로 변질시키기 쉬운 현대의 복잡다단한 때에 보다 많은 시간을 주님과 깊고 진실한 교제의 시간을 가져야 할 것이다.
  * 참고 성구 * 눅 22:41-42, 6:12, 2:37, 단 6:10, 삼상 15:11, 살전 3:10, 5:17

■ 기 도 ■ 하나님 아버지! 예수 그리스도께서 공생애 동안 당신과의 깊은 영적교제를 가지고 사역에 임하는 기도의 모습을 보았습니다. 이 시간 우리들도 이를 모범으로 삼아 기도생활을 충실히 하도록 인도하소서. 예수 그리스도의 이름으로 기도립니다. 아멘

기도회

주님이 가르치신 기도의 의미

■ **찬 송** ■ ♪ 479, 483, 480, 482   ■ **참 조** ■ ☞ ① 363p, 401p

■ **본 문** ■ 그러므로 너희는 이렇게 기도하라 하늘에 계신 우리 아버지여 이름을 거룩히 여김을 받으시오며 나라이 임하옵시며 뜻이 하늘에서 이룬 것같이… 【마 6:9-13】

■ **서 론** ■ 주기도문(主祈禱文)은 예수께서 제자들에게 가르쳐 주신 기도로서(마 6:9-13, 눅 11:2-4), 누가복음에서 예수께서는 제자의 요청에 따라 이전에 산상설교에서 임의로 주신 형식을 변형시켜 말씀하셨다. 주기도문은 크게 다음의 세 부분으로 나누어진다. 주님이 가르치신 기도에 대해 성도는?

■ **말 씀** ■

Ⅰ. 성도는 하나님 나라를 위해 기도하라

기자는 하늘에 계신 우리 아버지여 이름이 거룩히 여김을 받으시오며라고 했다. 여기서 '거룩히 여김을 받으시오며'는 헬라어 '하기아스데토'로서 이는 '하기아조' 곧 '성별한다, 구별한다, 바친다'의 부정과거명령으로 '거룩히 여김 받으라' 인데 아주 강한 기원과 소원을 의미한다. 성도의 주된 관심은 하나님 나라와 하나님의 영광이기에 그것을 위해 먼저 기도해야 한다.

* 참고 성구 *   고전 10:31, 삼하 7:18, 왕상 3:6, 단 9:4, 엡 3:14-15

Ⅱ. 성도는 일용할 양식을 위해 기도하라

기자는 오늘날 우리에게 일용할 양식을 주옵시고라고 했다. 여기서 '일용할'은 헬라어 '톤 에피우신'으로 '그 필요한'의 뜻으로 하루에 필요한 양을 말하며, '양식'은 '톤 알톤'으로 '그 떡'인데 이는 유대인들이 먹던 보리떡을 의미한다. 성도의 참된 믿음의 기도는 현재적 삶의 모든 문제를 하나님께 아뢰고 철저히 그 분을 의지하는 것이다.

* 참고 성구 *   빌 4:11-12, 창 28:20, 잠 30:8-9, 눅 11:3, 왕상 17:6, 16

Ⅲ. 성도는 죄문제 해결을 위해 기도하라

기자는 우리가 우리에게 죄지은 자를 사하여 준 것같이 우리 죄를 사하여 주옵시고라 했다. 여기서 '사하여 준 것같이'는 헬라어 '호스 아페카멘'으로 현재 용서해 준 상태를 뜻한다. 이는 나의 죄와 허물을 주께 고하기 전에 먼저 형제의 허물을 용서해 줌을 의미한다. 죄는 하나님과 우리 사이를 막고 있는 담이므로 죄의 용서를 받는 것은 절대로 필요한 일이다.

* 참고 성구 *   요일 1:9, 슥 9:6, 눅 18:13, 출 32:32, 행 2:38, 3:19

■ **기 도** ■ 하나님 아버지! 이 시간 주님이 가르치신 기도를 보았습니다. 우리도 이 기도의 모범을 본받아 주님처럼 기도하게 하소서. 예수 그리스도의 이름으로 기도 드립니다. 아멘

드보라와 바락의 찬양에 담긴 의의

■ 찬 송 ■ ♪ 11, 10, 71, 346   ■ 참 조 ■ ☞ ① 57p

■ 본 문 ■ 이 날에 드보라와 아비노암의 아들 바락이 노래하여 가로되…【삿 5:1-31】

■ 서 론 ■ 영국의 시인 에드워드 영은 "찬양은 기도보다 더 거룩하다. 기도는 우리의 길을 하늘로 향하게 하지만 찬양은 이미 그곳에 있다"라고 했다. 찬송은 노래로 하나님께 드리는 기도와 같다. 기도가 호흡이므로 찬송도 마찬가지이다. 성도의 하나님 찬양은?

■ 말 씀 ■

Ⅰ. 하나님 찬양은 응답의 행위이다

기자는 즐거이 헌신하였으니 여호와를 찬송하라고 했다. 여기서 '헌신하였으니'는 히브리어 '느다브'로서 '자원하다, 드리다'의 뜻으로 거리낌없이 자원하는 마음으로 온 정성을 모아 모든 것을 바치고 봉사함을 의미한다. 찬양은 피조물로서 큰 권능과 위엄을 지니신 하나님께 경배하며 영광을 돌리는 것으로 호흡이 있는 자에게 부여된 그분의 구체적인 뜻과 명령을 이행하는 것이다.

* 참고 성구 *   시 150:6, 33:2, 히 13:15, 눅 2:20, 행 16:25

Ⅱ. 하나님 찬양은 고백의 행위이다

기자는 이스라엘의 관원이 그치고 그쳤더니 나 드보라가 일어났고라 했다. 여기서 '관원이 그치고'는 히브리어 '하델루 페라존'으로 '대로가 비었고'(삿 5:6)와 대귀를 이룬다. 여기서 '관원'이란 민족적 지도자를 뜻한다. 찬양은 구원을 베푸신 하나님의 은혜와 사랑에 대한 감사와 아울러 유한한 존재인 인간의 나약함과 무지와 죄성을 고백하는 행위이다.

* 참고 성구 *   시 28:6-7, 벧전 2:9, 대하 20:22, 행 2:47, 계 14:3

Ⅲ. 하나님 찬양은 결단의 행위이다

기자는 주의 대적은 다 이와 같이 망하게 하시고 주를 사랑하는 자는 해가 힘있게 돋음 같게 하시옵소서라고 했다. 여기서 '망하게'는 히브리어 '아바드'로서 '쇠하다, 황폐하다'의 뜻으로 지위나 명성이 사라져 버리거나 더 이상 버틸 수 없는 비참한 상태를 의미한다. 찬양은 절대자에게 순종을 맹세하고 새롭게 정화된 신앙으로 하나님 나라의 일에 헌신하고자 하는 다짐이 깃들어 있는 것이다.

* 참고 성구 *   롬 12:1, 눅 19:37, 24:53, 신 10:12, 살후 3:5

■ 기 도 ■ 드보라와 바락의 찬양을 받으신 하나님! 우리의 찬양도 응답과 고백와 결단의 행위가 되도록 인도하시고 영광 받으시옵소서. 예수 그리스도의 이름으로 기도드립니다. 아멘

> 찬양 발표

하나님 증거의 노래에 담긴 의미

- **찬 송** ♪ 37, 24, 101, 46 　　**참 조** ☞ ① 57p
- **본 문** 그러므로 이제 너희는 이 노래를 써서 이스라엘 자손에게 가르쳐서 그 입으로 부르게 하여 이 노래로 나를 위하여 이스라엘 자손에게 증거가 되게 하라【신 31:19】
- **서 론** 스코틀랜드의 신학자요 성직자인 토마스 찰머스는 "영생을 위한 가장 실제적인 준비 중의 하나가 하나님을 찬양하는 데서 기쁨을 얻는 것이다. 기도에서 얻는 기쁨이나 경건함보다 더 고상한 것이다."라고 했다. 모세의 노래(신 32:1-43)에 나타난 것처럼 성도가 하나님 앞에서 부르는 노래는?

■ 말 씀 ■

Ⅰ. 하나님 앞에서 찬미의 노래를 부를 것

모세는 나의 교훈은 연한 풀 위에 가는 비요 채소 위에 단비로다라고 했다. 여기서 '가는 비'는 히브리어 '사이르'로서 '머리카락, 털'의 뜻인 '사이르'에서 유래되어 실날같이 가는 비를, '단비'는 '레비빔'으로 '많음, 풍성'의 뜻인 '라바브'에서 유래되어 '소나기' 같이 많은 비를 의미한다. 전자는 생명을 돋아나게 하는 감화력을, 후자는 풍부하게 임하는 하나님의 교훈을 상징한다.

* 참고 성구 *   녹 2:20, 시 9:11, 33:2, 67:3, 시 42:12, 히 13:15

Ⅱ. 하나님 앞에서 구원의 노래를 부를 것

모세는 마치 독수리가 그 보금자리를 어지럽게 하며 그 새끼 위에 너풀거리며라고 했다. 여기서 '너풀거리며'는 히브리어 '라하프'로서 주로 '떨다'(렘 23:9), 운행하다(창 1:2)로 번역되나 '알을 품다'라는 기본 뜻과 더불어 '긴장을 풀다'는 함축적 뜻이 있으므로 '새끼를 품다, 둥우리를 깃들다'로 이해하여 하나님의 자비로운 돌보심을 강조할 수 있다.

* 참고 성구 *   시 18:35, 벧전 2:9, 사 41:10, 마 23:37, 딤후 1:12

Ⅲ. 하나님 앞에서 감사의 노래를 부를 것

모세는 내가 그들을 흩어서 인간에서 그 기억을 끊어지게 하리라 하였다마는 염려라 원수가 오해하고라 했다. 여기서 '흩어서'는 히브리어 '파아'로서 '훅 불다'는 기본 뜻으로 강풍으로 날려서 어디로 간지도 모르는 먼지와 같이 비참한 존재로 만들어 버린다는 의미며, '오해하고'는 '나카르'로서 '곁눈질하다, 편파적으로 조사하다'의 뜻으로 '틀리게 잘못 생각하여'이다.

* 참고 성구 *   시 33:2, 살전 5:18, 대상 16:8, 엡 5:20, 빌 4:6, 행 2:47

- **기 도** 하나님 아버지! 우리는 항상 당신께 찬미와 구원과 감사의 노래를 드리는 자가 되게 하소서. 예수 그리스도의 이름으로 기도 드립니다. 아멘

찬양 발표

성가대의 찬양에 포함된 의미

■ 찬 송 ■ ♪ 21, 5, 19, 34   ■ 참 조 ■ ☞ ① 57p

■ 본 문 ■ …제사장이 그 구름으로 인하여 능히 서서 섬기지 못하였으니 이는 여호와의 영광이 하나님의 전에 가득함이었더라 【대하 5:11-14】

■ 서 론 ■ "모든 문학적인 저서나 출판물은 세월이 지나가는 동안 없어지는 일이 있을지라도 하나님을 찬송하는 노래는 가슴에서 가슴으로, 입에서 입으로 전해져서 영구히 보존된다."라고 어느 찬송가 작가는 말했다. 성도의 찬송은?

■ 말 씀 ■

I. 하나님께만 드리는 찬송이다

기자는 여호와를 찬송하며라고 했다. 여기서 '찬송하며'는 히브리어 어근은 '바라크'로서 '찬송하다, 송축하다, 축복하다, 찬양하다, 감사하다'의 뜻으로 명사형은 '바룩'이다. 성도의 찬송은 하나님만이 유일한 창조주이시며 우리를 구원하시는 구세주이시기 때문에 오직 우리의 찬송을 받으시기에 합당하신 분은 하나님뿐이심을 기억하고 그분의 영광을 위해 찬송해야 한다.

* 참고 성구 *   욥 1:21, 시 22:23, 롬 15:6, 요 15:8, 마 5:16

II. 감사함으로 드리는 찬송이다

기자는 감사하는데 나팔 불고 소리높여 여호와를 찬송하여 가로되 선하시도다라고 했다. 여기서 '감사하는데'는 히브리어 어근은 '바라크'로서 '감사하다, 축복하다, 찬양하다'의 뜻이며, '선하시도다'는 '토브'로서 '복, 축복'이란 말과 동일한 말이다. 성도가 과거와 현재, 그리고 미래에 하나님이 베푸실 놀라우신 은혜를 생각할 때 찬송 제목은 오직 감사일 뿐이다.

* 참고 성구 *   시 100:4, 골 1:12, 3:15, 살전 5:18, 빌 4:6, 엡 5:20

III. 온 몸과 마음을 다해 드리는 찬송이다

기자는 여호와의 영광이 하나님의 전에 가득함이었더라고 했다. 여기서 '영광'은 히브리어 '카보드'로서 '존귀, 위력, 아름다움'의 뜻으로 여호와 하나님의 존재가 임재를 통하여 위엄스러운 능력과 영예로움으로 나타남을 묘사한 말이다. 성도는 이 영예로운 하나님의 영광을 보고 찬양하되 온 몸과 마음을 다해서 드려야 한다. 성도의 신령과 진정의 찬송을 주님은 기뻐하신다.

* 참고 성구 *   시 103, 1, 고전 6:20, 살후 1:12, 히 13:15, 행 16:25

■ 기 도 ■ 우리의 찬양을 받으시기에 합당하신 하나님! 이 시간 찬송은 어떻게 드리는가를 배웠습니다. 우리의 전심과 진정으로 드리는 찬송을 흠향하시고 가납하시어 기쁘심으로 우리를 축복하소서. 예수 그리스도의 이름으로 기도 드립니다. 아멘

절기(성탄절)

예수 탄생이 주는 삼대 의미

■ 찬 송 ■ ♪ 115, 109, 112, 123   ■ 참 조 ■ ☞ ② 413p

■ 본 문 ■ 지극히 높은 곳에서는 하나님께 영광이요 땅에서는 기뻐하심을 입은 사람들 중에…【눅 2:8-14】

■ 서 론 ■ 프랑스의 신교 성직자요 신학자인 에드먼드 드 프레센스는 "유대 종교에 예시되고 예견된 그리스도는 더럽혀진 세상에서 인류의 보편적인 큰 뜻을 이루게 하기 위해 계획된 분이시다. 그는 가르치고 순종하며 사랑하고 죽기 위해 오셨는데 그의 죽음을 통해 인류는 구원받게 되었다."라고 했다. 예수 그리스도의 탄생은?

■ 말 씀 ■

I. 이는 영적 교제의 회복을 의미한다

기자는 주의 사자가 곁에 서고 주의 영광이 두루 비취매라고 했다. 여기서 '두루 비취매'는 헬라어 '페리람포'로서 '빛에 완전히 쌓인 상태'를 의미하는 말로 어두운 밤의 세계에 사는 실존에게 영광의 빛이 던져와 감싼 것은 하나님의 무한한 사랑의 표시로 예수의 사역을 암시한다. 원죄로 인해 하나님께 나아갈 수 없게 된 것을 예수는 중보자로 오셔서 다시 하나님과 교제를 나누게 하셨다.

 * 참고 성구 * 고후 4:6, 딤전 2:5, 히 8:6, 9:15, 엡 2:16, 요일 2:21

II. 이는 구원 계획의 실현을 의미한다

기자는 내가 온 백성에게 미칠 큰 기쁨의 좋은 소식을 너희에게 전하노라고 했다. 여기서 '온 백성에게 미칠'은 헬라어 '에스타이 판 티토라오'로서 이는 천하가 전하는 그 크고 위대하고 숭고한 기쁨의 소식이 스쳐 지나가지 않고 모든 백성에게 머물러 있을 것을 의미한다. 예수의 성육신(incarnation)으로 인간 구원이 성취되기 시작하였고 구세주로 믿을 때 구원에 이르게 되었다.

 * 참고 성구 * 요 3:16, 10:9, 행 4:12, 롬 5:9, 살전 5:9 히 5:9, 9:28

III. 이는 자유와 평화의 선포를 의미한다

기자는 땅에서는 기뻐하심을 입은 사람들 중에 평화로다라고 했다. 헬라어 '에이레네'는 '평화, 평강, 안녕'을 뜻하며, '자유케 하는'은 '엘류데로세이'로서 '해방하리라'인데 주님의 오심으로 죄와 죽음에서 자유와 해방을 얻고 평안한 삶을 살게 됨을 뜻한다. 이 땅에 평화의 왕으로 오신 예수 그리스도는 성도에게 영원한 소망의 삶을 살게 하셨다.

 * 참고 성구 * 사 55:1-2, 요 4:14, 벧전 3:15, 빌 4:7, 롬 5:1

■ 기 도 ■ 독생자를 이 땅에 보내신 하나님! 하늘 보좌를 버리시고 비천한 인간의 형체로 척박한 이 땅에 오셔서 인간을 구원하시려고 고난받으신 예수 그리스도의 사랑을 깊이 깨닫게 하시고 당신의 은혜에 감사드리는 자들이 되게 하소서. 예수 그리스도의 이름으로 기도 드립니다. 아멘

절기(성탄절)

베들레헴이 주는 영적 의미

■ 찬 송 ■ ♪ 120, 112, 121, 104　　■ 참 조 ■ ☞ ① 343p
■ 본 문 ■ 베들레헴 에브라다야 너는 유다 족속 중에 작을지라도 이스라엘을 다스릴 자가… 【미 5:2】
■ 서 론 ■ '베들레헴 에브라다' 두 가지 이름을 쓴 이유는 팔레스타인의 다른 베들레헴과 혼동되지 않게 하려는 이유이다. 에브라다와 베들레헴은 둘 다 풍요로움을 나타내는데 베들레헴은 '떡집'을, 에브라다는 '열매가 많다'는 뜻이다. 이곳은 다윗왕의 출생지였고(삼상 16:1), 또 그의 가장 탁월한 후손 예수 그리스도, 곧 메시야의 출생지였다. 주님의 오심은?

■ 말 씀 ■

Ⅰ. 생명의 떡집 베들레헴 에브라다에 오신 예수

기자는 베들레헴 에브라다야 이스라엘을 다스릴 자가 네게서 내게 나올 것이라고 했다. 여기서 '베들레헴'은 '떡집'이라는 뜻을 내포하고 있다. 이러한 지명에 걸맞게 전인류에게 생명의 양식을 주시고자 예수께서는 세상에 임하셔서 생명의 떡, 하늘로서 내리신 산 떡으로 우리에게 임하셨으니 이는 수많은 선지자들이 계시를 받아서 한 구약의 예언이 성취된 것이다.

  * 참고 성구 *　마 2:1,5, 창 3:15, 사 7:14, 요 6:41, 50-51, 고전 10:3-4

Ⅱ. 풍성한 은혜를 주시려고 베들레헴 에브라다에 오신 예수

기자는 베들레헴 에브라다야 그의 근본은 상고에, 태초에니라고 했다. 여기서 '에브라다'는 '풍성한'이라는 뜻을 내포하고 있다. 이러한 지명에 걸맞게 전인류에게 하나님의 은혜를 풍성하게 주시고자 예수께서는 세상에 임하셔서 구원과 영생의 풍성한 은혜를 내려 주셨다. 하나님은 은혜를 주시되 쓰고 남음이 있을 만큼 풍성히 채워 주신다.

  * 참고 성구 *　요 1:1, 8:58, 17:5, 엡 1:7, 빌 4:9, 사 66:11, 딤전 1:14

Ⅲ. 존귀하게 하시려고 베들레헴 에브라다에 오신 예수

기자는 베들레헴 에브라다야 너는 유다 족속 중에 작을지라도라고 했다. 베들레헴 에브라다는 유다 지경 내에 있는 작고 아름다운 마을이며 유대 산지의 동쪽 사면에 위치해 있었던 까닭에 큰 도시로 성장할 수 없었다. 그러나 비천한 자를 높이신 하나님은 비천한 이곳을 택해서 영화롭게 변화시키셨다. 작고 보잘것없는 존재가 주를 품으면 존귀한 하나님의 사람으로 변한다.

  * 참고 성구 *　갈 3:26-27, 눅 1:32-33, 요 1:12, 롬 8:15, 딛 3:7

■ 기 도 ■ 하나님 아버지! 베들레헴에서 나신 당신의 아들 예수는 인류를 구원하실 구세주로서 이 땅에 오셨습니다. 이 예수를 통해 당신의 사랑과 은혜를 받고자 하오니 크게 축복하시고 영광 받으소서. 예수 그리스도의 이름으로 기도 드립니다. 아멘

헌신 예배

초대 교회 공동체가 주는 의의

■ **찬 송** ■ ♪ 456, 492, 427, 460 　　　■ **참 조** ■ ☞ ③ 431p

■ **본 문** ■ …사람마다 두려워하는데 사도들로 인하여 기사와 표적이 많이 나타나니 믿는 사람이 다 함께 있어 모든 물건을 서로 통용하고 또 재산과 소유를 팔아… 【행 2:42-47】

■ **서 론** ■ 미국의 성직자 데오도 R.카일러는 "일터의 가장 훌륭한 광고는 최고의 솜씨이다. 기독교에 대한 가장 강한 매력은 잘 이룩된 그리스도인의 특성이다."라고 했다. 초대교회 공동체의 삶은 성도들이 만들어 낸 천국생활의 한 모델이 된다. 오늘 우리에게 신앙의 궤적으로 삼아야 할 이것은?

■ **말 씀** ■

I. 성도는 이웃과 함께 하는 삶을 영위해야 한다.

기자는 믿는 사람이 다 함께 있어 모든 물건을 서로 통용하고라고 했다. 이는 성도의 교제를 뜻하는데 '교제'는 헬라어 '코이노니아'로서 '합동, 교제, 나눔'의 뜻으로 성도의 교제는 슬픔과 기쁨, 사랑과 은혜를 나누는 생사고락을 의미한다. 성도는 개인주의가 팽배한 사회 속에서 부름받은 자답게 서로 사랑하라는 주의 말씀에 순종하여 서로 이해와 용서와 격려의 삶을 영위해야 한다.

* 참고 성구　요일 4:12, 마 22:39, 요 15:12, 살전 3:12, 벧전 1:22

II. 성도는 이웃을 구제하는 삶을 영위해야 한다

기자는 또 재산과 소유를 팔아 각 사람의 필요를 따라 나눠주고라 했다. 이는 성도의 구제를 뜻하는데, '구제'는 헬라어 '디아코니아'로서 '봉사, 섬기는 일, 준비하는 일, 직무, 집사'의 뜻으로 성도의 구제는 봉사하고 섬기는 일을 의무라고 생각했다. 성도는 이기주의가 만연한 사회 속에서 가난하고 소외된 이웃을 관심을 가지고 구제하기에 힘써야 한다.

* 참고 성구　마 25:37-40, 행 4:34-35, 고후 8:2, 빌 4:16, 눅 10:34-35

III. 성도는 이웃과 함께 기쁨과 찬미의 삶을 영위해야 한다

기자는 하나님을 찬미하며 또 온 백성에게 칭송을 받으니라고 했다. 여기서 '찬미하며'는 헬라어 '아이눈테스'로서 이는 '아이네오' 곧 '찬양한다'의 현재분사로 하나님을 계속하여 날마다 찬미하여 영광을 돌리는 것을 의미한다. 슬픔과 불안이 가득 찬 사회 속에서 하나님의 은혜와 사랑을 맛보는 성도들은 그들의 모든 삶이 기쁨과 찬미로 가득 차게 된다.

* 참고 성구 *　골 3:16, 시 51:15, 눅 19:37, 히 13:15, 벧전 2:9

■ **기 도** ■ 하나님 아버지! 초대교회 교인들의 아름다운 신앙 속에서의 삶의 모습을 보았습니다. 이 시간 우리 교회도 초대교회를 본받아 교제와 구제와 찬미의 삶을 살게 하소서. 예수 그리스도의 이름으로 기도 드립니다. 아멘

신앙 경주를 위한 권면

■ 찬 송 ■ ♪ 359, 265, 93, 455　　■ 참 조 ■ ☞ ① 381p ② 391p
■ 본 문 ■ …믿음의 주요 또 온전케 하시는 이인 예수를 바라보자 저는 그 앞에 있는… 【히 12:1-3】
■ 서 론 ■ "예수 그리스도라는 이름은 한 마디로 천상천하에서 가장 위대한 언어이다" 라고 신학자 G. 배레이는 말했다. 인류 역사의 기원은 예수 그리스도의 생애를 기점으로 하며, 그는 절대적이고 완전한 진리로 인류가 도달해야 하는 최고의 목표이며 완전한 형상을 닮은 최고의 주님이시다. 성도는?

■ 말 씀 ■

Ⅰ. 말구유의 예수를 바라보자/ 그의 겸손

누가는 맏아들을 낳아 강보로 싸서 구유에 뉘었으니 이는 사관에 있을 곳이 없음이더라고 했다. 여기서 '사관'은 헬라어 '카타루마토스' 로서 '여인숙, 하숙'을 뜻한다. 예수의 말구유 탄생은 하나님의 아들임에도 불구하고 비천한 세상에 겸손의 모습으로 오셔서 모든 죄된 인간을 섬기시는 '먹이'가 되심이니 성도들도 겸손의 삶을 본받도록 노력하자.
　　* 참고 성구 * 눅 2:7, 막 10:45, 마 11:29, 요 13:4-5, 빌 2:7

Ⅱ. 십자가 상의 예수를 바라보자/ 그의 희생과 사랑

기자는 부끄러움을 개의치 아니하시더니라 했다. 여기서 '개의치 아니하시더니'는 헬라어 '카타프로네사스' 로서 이는 '카타프로네오' 곧 '깔본다, 업신여긴다, 멸시한다, 무시한다, 개의치 않는다' 의 제1과거 능동분사로 십자가의 부끄러움과 치욕을 아무것도 아닌 것처럼 무시하고 개의치 않았음을 의미한다. 성도들도 주님의 희생과 사랑을 본받아 주님으로 인한 고난과 수치를 달게 받자.
　　* 참고 성구 * 벧전 2:24, 요일 3:5, 행 16:23, 고후 6:5, 11:24

Ⅲ. 보좌에 앉으신 예수를 바라보자/ 그의 영광

기자는 하나님의 보좌 우편에 앉으셨느니라고 했다. 스데반은 순교시 인자가 하나님 우편에 서신 것을 보노라고 했다. 여기서 '보노라' 는 헬라어 '데오로' 로서 이는 '데오레오' 곧 '본다, 관찰한다, 깨닫는다' 의 현재분사로 성령충만한 자만이 심판주로 재림하실 영광의 예수를 바라보고 주목한다. 부활하신 주님이 하늘보좌 우편에 앉으사 영광의 자리에 계심은 우리에게 소망을 갖게 한다.
　　* 참고 성구 * 행 7:55-56, 막 16:19, 눅 22:69, 엡 1:20, 빌 2:9

■ 기 도 ■ 하나님 아버지! 우리의 신앙의 경주 속에서 항상 말구유의 예수, 십자가의 예수, 보좌의 예수를 기억하고 항상 겸손과 희생과 영광을 통하여 이룩하는 성숙한 신앙인이 되도록 인도하소서. 예수 그리스도의 이름으로 기도 드립니다. 아멘

> 헌신 예배

골로새 교회가 칭찬받은 이유

■ 찬 송 ■ ♪ 279, 278, 527, 272   ■ 참 조 ■ ☞ ② 427p

■ 본 문 ■ …이는 그리스도 예수 안에 너희의 믿음과 모든 성도에 대한 사랑을 들음이요 너희를 위하여 하늘에 쌓아둔 소망을 인함이니 곧 너희가 전에 복음… 【골 1:3-6】

■ 서 론 ■ 프랑스의 극작가 몰리에르는 "우리가 한 것들에 대하여 받을 수 있는 가장 기분 좋은 보상은 그것이 알려진 것을 보는 것이요, 우리를 명예롭게 하는 칭찬으로 박수갈채를 받는 것이다."라고 했다. 바울 사도는 골로새 교회를 크게 칭찬했다. 과연 골로새 교회는 무엇을 칭찬받았는가?

■ 말 씀 ■

I. 골로새 교회는 예수 안에서의 믿음을 칭찬받았음

바울은 이는 그리스도 예수 안에 너희의 믿음과라고 했다. 여기서 '너희의 믿음'은 헬라어 '텐 피스틴 휘몬'으로 이는 '너희의 그 믿음으로'인데 너희는 복수인데 그 믿음은 단수로서 이는 그리스도 예수 안에서 오직 그리스도만을 믿는 사람으로 일치된 것을 의미하므로 바울이 감사한 것이다. 그리스도 안에서의 믿음은 구원받은 자들의 신앙공동체 형성의 제일의 조건이 된다.

* 참고 성구 *   행 9:17-20, 16:31, 요 3:15, 5:24, 롬 10:9, 딤후 3:15

II. 골로새 교회는 성도에 대한 사랑을 칭찬받았음

바울은 모든 성도에 대한 사랑을 들음이요라고 했다. 여기서 '사랑'은 헬라어 '아가페'로서 높은 가치에서 낮은 가치로 내려오는 무조건적 사랑을 의미한다. 성도들이 성도들에게 베푸는 아가페 사랑도 하나님이 주신 것으로 끝없이 베풀어야 한다. 성도의 사랑의 원천은 하나님이며 그리스도를 통하여 받은 바 사랑은 교회에서 사회로 확산되어야만 한다.

* 참고 성구 *   엡 1:5, 빌 4:1, 살전 2:8, 벧전 1:22, 요일 3:14

III. 골로새 교회는 하늘에 쌓아둔 소망을 칭찬받았음

바울은 너희를 위하여 하늘에 쌓아둔 소망을 인함이니라고 했다. 여기서 '소망을 인함이니'는 헬라어 '디아 텐 엘피다'로서 이는 '그 희망 때문에'인데 하나의 유일한 희망을 뜻한다. 이것은 지나가지 않고 썩지 않는 그리스도의 영원한 부활의 희망이다. 성도의 하나님 나라에 대한 궁극적 소망이 없는 믿음이나 사랑은 도덕적 수양이나 훈련으로 그치고 말 것이다.

* 참고 성구 *   롬 8:24, 행 24:15, 딛 2:13, 히 6:18-19, 벧전 1:3

■ 기 도 ■ 골로새 교회를 칭찬하신 하나님! 오늘 우리도 믿음과 사랑과 소망을 칭찬받는 교회가 되어서 마지막 그날에 하나님으로부터 더욱 큰 칭찬과 상급을 받는 자들이 되도록 축복하소서. 예수 그리스도의 이름으로 기도 드립니다. 아멘

헌신 예배

바울의 선교 계획의 원칙

■ 찬 송 ■ ♪ 268, 319, 355, 313 　　　■ 참 조 ■ ☞ ② 375p

■ 본 문 ■ …너희가 스스로 선함이 가득하고 모든 지식이 차서 능히 서로 전하는 자임을 …【롬 15:14-29】

■ 서 론 ■ '보내다, 파견하다' 라는 뜻의 헬라어 '아포스텔러' 를 라틴어 mitto로 번역했고, 그 명사형 mission(파견)에서 영어의 mission 혹은 missionary란 말이 파생되었다. 선교란 말은 전도와 관련해 선교는 국외에, 전도는 국내의 복음전파로 보는 견해와 선교는 교회의 모든 활동과 사역을 포괄하는 것으로 보고, 전도는 불신자에 대한 복음 전달로 보는 견해가 있다. 바울의 선교(=전도)는?

■ 말 씀 ■

I. 바울의 전도는 복음만 전함에 있다

바울은 두루 행하여 일루리온까지 그리스도의 복음을 편만하게 전하였노라고 했다. 여기서 '편만하게 전하였노라' 는 헬라어 '페프레로케나이' 로서 골고루 빠짐 없이 다 전했다는 뜻이다. 이와 같이 바울은 그리스도의 유일한 복음을 전한 복음의 순례자요 전도의 순례자였다. 성도의 전도의 핵심은 오직 예수께서 죄인을 위해 십자가에 죽으심을 믿는 자에게 구원을 주신다는 복음이다.

　* 참고 성구 *　고전 9:16, 행 9:20, 고후 4:5, 마 28:20, 롬 10:9-10

II. 바울의 전도는 불신자에게 전함에 있다

바울은 내가 그리스도의 이름을 부르는 곳에는 복음을 전하지 않기로 힘썼으니 남의 터 위에 건축하지 아니하려 함이라고 했다. 여기서 '힘썼노니' 는 헬라어 '필로티무메논' 으로 '명예를 존중하다' 는 뜻으로 이는 교회 개척과 관계된 목회자의 합당한 윤리를 분명히 제시해 준다. 성도들은 남의 교회 교인까지 강제로 전도의 대상으로 삼지 말고 이웃의 불쌍한 영혼의 구원을 위해 전도하자.

　* 참고 성구 *　행 26:18, 고후 4:6, 엡 1:18, 시 18:28, 벧전 2:9

III. 바울의 전도는 땅 끝까지 전함에 있다

바울은 서바나로 가리라 내가 너희에게 나갈 때에 그리스도의 충만한 축복을 가지고 갈 줄 아노라고 했다. 여기서 '충만한' 은 헬라어 '엔 포레로마티' 로서 '충만으로, 충만 안에서' 이며, '축복' 곧 '율로기아' 는 '찬양, 복, 축복' 으로 신령한 복을 의미한다. 바울은 이처럼 가는 곳마다 주님의 충만한 축복을 나눠주는 순례자의 사명을 다 하였다. 성도는 주님의 지상명령을 순종하여 복음을 전파하자.

　* 참고 성구 *　행 1:8, 마 28:19, 24:14, 막 16:15, 눅 24:47, 골 1:23

■ 기 도 ■ 바울의 하나님! 바울의 전도관을 이 시간 잘 깨달았습니다. 우리들도 바울처럼 확고한 선교관을 갖고서 당신의 복음을 전하여 구원의 사자가 되게 하소서. 예수 그리스도의 이름으로 기도 드립니다. 아멘

> 헌신 예배

칭찬받는 빌라델비아 교회의 모습

■ 찬 송 ■ ♪ 245, 250, 246, 344　　　■ 참 조 ■ ☞ ② 431p

■ 본 문 ■ …네가 나의 인내의 말씀을 지켰은즉 내가 또한 너를 지키어 시험의 때를 면하게…【계 3:7-13】

■ 서 론 ■ 영국의 수필가 리차드 스틸 경은 "그대가 남을 칭찬할 때는 칭찬하는 이유를 명백하게 밝히라. 그것이 지각 있는 사람들로 하여금 아첨꾼의 아첨과 어리석은 자의 칭찬을 구분하게 만드는 것이다."라고 했다. 소아시아 일곱 교회 중 오로지 칭찬만 받은 빌라델비아 교회는 어떤 교회인가?

■ 말 씀 ■

I. 빌라델비아 교회는 복음을 전파하는 교회였다

기자는 내가 네 앞에 열린 문을 두었으되라고 했다. 여기서 '열린 문'은 헬라어 '뒤란 에네오그메넨'으로 '에네오그메넨'이 '아노이고' 곧 '연다'의 완료수동분사로 다윗의 열쇠를 가지신 그리스도에 의해 현재 열려진 상태에서 계속 열려 있는 것을 의미한다. 그 열린 문은 교회적으로 선교의 문과 개인적으로 구원의 문이다. 교회의 목적은 하나님의 말씀 전파에 있다.

　　* 참고 성구 * 행 6:7, 사 9:7, 2, 막 4:31-32, 엡 3:6, 눅 24:47

II. 빌라델비아 교회는 기초가 든든한 교회였다

기자는 내 이름을 배반치 아니하였도다라고 했다. 여기서 '배반치 아니하였도다'는 헬라어 '우크 엘레소'로서 '엘레소'가 '알레오마이' 곧 '거절한다, 거부한다, 부정한다, 포기한다'의 제1과거중간태로서 '자기 자신을 위해서 거절하지 아니했다, 포기하지 않았다'인데 이는 개인적 세상 유익을 위해서, 영혼의 유익을 위해서 부인하고 포기하지 않았다는 뜻이다.

　　* 참고 성구 * 엡 4:15, 1:22, 5:23, 골 1:18, 2:19, 마 10:23, 요일 4:15

III. 빌라델비아 교회는 생명력을 지닌 교회였다

기자는 네가 나의 인내의 말씀을 지켰은즉 내가 또한 너를 지키어라고 했다. 여기서 '인내의 말씀'은 헬라어 '테스 휘포모네스'로서 '그 인내의'인데 인내 앞에 단수관사 '테스'가 있어 이는 그리스도의 십자가 고난의 인내를 가리키며 따라서 십자가의 복음을 의미한다. 교회는 세상에서 살아있는 빛의 역할을 해야 하는데 이는 교회 안에서 주의 십자가 말씀이 살아 움직일 때 가능한 것이다.

　　* 참고 성구 * 빌 2:15, 요 14:23, 8:15, 눅 2:51, 요일 2:3, 벧후 3:2

■ 기 도 ■ 하나님 아버지! 빌라델비아 교회는 큰 칭찬을 받았습니다. 우리 교회도 칭찬만 받는 교회가 되어서 당신께 인정받고 세상에서 빛이 되는 교회가 되게 하소서. 예수 그리스도의 이름으로 기도 드립니다. 아멘

시민 인권 기관

사회 정의법에 내포된 의미

■ 찬 송 ■ ♪ 525, 407, 278, 93   ■ 참 조 ■ ☞ ① 419p

■ 본 문 ■ 너희 땅의 곡물을 벨 때에 너는 밭 모퉁이까지 다 거두지 말고 너의 떨어진 이삭도… 【레 19:9-10】

■ 서 론 ■ 영국 교회의 주교 조지 혼은 "세상을 널리 바라다보며 많은 사람을 알고, 사업을 알고 필요할 때 좋은 지식과 권면을 줄 수 있는 훌륭한 사람을 이웃으로 두고 있는 사람은 부족함이 없이 편리하다."라고 했다. 하나님은 사랑의 하나님이시므로 그의 택하신 백성인 성도들도 하나님의 속성을 받아 빛을 발하는 자들이 되어야 함은 당연하다. 성도는?

■ 말 씀 ■

I. 성도는 이웃을 위해 물질을 남겨둘 것

기자는 열매도 줍지 말고 가난한 사람과 타국인을 위하여 버려 두라고 했다. 여기서 '타국인'은 히브리어 '게르'로서 '거류자'의 뜻으로 '잠시 머무르다'(구르)에서 유래된 말로 말 그대로 잠시 머무르는 비이스라엘 사람을 의미한다. 성도는 자신에게 주어진 물질을 자신만을 위해 쓸 것이 아니라 이웃의 부족함과 필요를 채우는데 남겨 세상의 빛과 소금된 성도의 자세를 유지하자.

　　* 참고 성구 *　 레 25:35, 출 23:11, 시 41:1, 잠 19:17, 마 19:21, 갈 2:10

II. 성도는 이웃을 위해 시간을 남겨둘 것

독일의 허무주의 철학자 쇼펜하우어는 "속된 사람은 시간을 어떻게 소비할까 생각을 하나 지혜로운 사람은 시간을 선용하는 방법을 생각한다."라고 했다. 성도는 하루, 혹은 한 달의 시간 가운데 얼마를 남겨서 이웃을 위해서 또는 병들고 삶에 지친 이 땅의 연약한 사람들을 위해서 사용하는 것이 우리를 위해서 자신의 모든 것을 바치신 예수님을 본받는 자의 마땅한 삶의 모습일 것이다.

　　* 참고 성구 *　 롬 15:1-2, 13:10, 막 12:31, 갈 5:14, 약 23:8, 마 25:35-36

III. 성도는 이웃을 위해 생명을 남겨둘 것

영국의 간호원으로 박애주의자인 플로렌스 나이팅게일은 "내 생활은 하나님께서 한 평범한 여자를 봉사의 길로 인도하신 것이다. 오직 하나님께서 다 하신 것이다."라고 하나님께 영광을 돌렸다. 성도는 값없이 영원한 생명을 선물로 받은 자들이므로 이 땅에서 우리의 생명이 있는 날 동안에 이웃을 위해 복음을 전파하고 봉사하는 삶의 부분이 반드시 있어야 한다.

　　* 참고 성구 *　 행 9:36, 딤전 6:18, 딛 2:7, 히 10:24, 약 2:17-18

■ 기 도 ■ 이웃을 사랑하라고 하신 하나님! 오늘 이 시간 우리는 이웃을 위해서 물질과 시간과 생명을 줌으로써 먼저 받은 자로서 주님의 본을 남기고자 하오니 은혜로 채우소서. 예수 그리스도의 이름으로 기도 드립니다. 아멘

시민 인권 기관

참 선지자 미가야가 주는 의미

■ 찬 송 ■ ♪ 515, 522, 508, 129　　■ 참 조 ■ ☞ ① 195p

■ 본 문 ■ …이믈라의 아들 미가야 한 사람이 있으니 저로 말미암아 여호와께 물을 수 있으나 저는 내게 대하여 길한 일은 예언하지 아니하고 흉한 일만 예언하기로… 【왕상 22:5-23】

■ 서 론 ■ "진정한 지도자는 약속과 신의를 생명으로 알고 대중의 이익을 우선하는 자라야 한다."라고 어느 작가는 말했다. 지도자는 하늘이 내는 사람이요, 그는 자신의 시대에 하늘을 대신해서 하늘의 소리를 전하는 자이다. 지도자는?

■ 말 씀 ■

I. 지도자는 세상을 두려워하지 않는 자이다

기자는 길하게 하소서 미가야가 가로되 여호와께서 내게 말씀하시는 것이라 했다. 여기서 '길하게'는 히브리어 '토브'로서 '좋다'는 뜻으로 거짓 선지자가 백성들의 죄에 대한 언급은 피하고 듣기 좋은 말만 하는 것을 의미한다. 지도자가 잘못된 세상 권력이 무서워 하나님의 뜻과 배치되는 일을 하는 사람이 많다. 성도는 하나님은 강하신 분이라는 것을 기억하고 그 힘을 의지해야만 한다.

* 참고 성구 *　시 24:8, 수 1:6, 딤 3:16-17, 빌 1:28, 사 12:2

II. 지도자는 부화뇌동하지 않는 자이다

기자는 흉한 것을 예언하겠다고 당신에게 말씀하지 아니하였나이까라고 했다. 여기서 '예언하겠다고'는 히브리어 '나비'로서 여기서는 미래의 일을 말한다는 의미보다는 하나님의 영감을 받아 그 뜻을 대신하여 선포한다는 의미가 강하다. 지도자로서 정확한 하나님의 뜻을 분별하지 못한 채 주변의 상황과 대세에 편승하고 부합하는 우유부단한 자는 하나님이 쓰시지 않는다.

* 참고 성구 *　슥 4:6, 마 24:38-39, 출 23:2, 엡 2:2, 딤후 4:10, 약 5:5

III. 지도자는 선포를 두려워하지 않는 자이다

기자는 입에 넣으셨고 또 여호와께서 왕에게 대하여 화를 말씀하셨나이다라고 했다. 여기서 '또 여호와께서'는 히브리어 '와예호와'로서 '그러나 여호와께서'란 뜻으로 비록 거짓 영의 활동을 허용하셨지만 여전히 회개하기를 간절히 바라신다는 의미이다. 지도자는 하나님의 뜻을 알면서도 무서움 때문에 선포를 꺼리는 자가 아니라 하나님의 말씀을 즉각적으로 바르게 선포해야 한다.

* 참고 성구 *　렘 20:9, 요 9:4, 행 4:20, 18:5, 20:20, 고전 9:16

■ 기 도 ■ 미가야의 하나님! 오늘 이 시간 교회나 사회의 지도자들이 어떻게 말씀에 비추어 처신해야 하는가를 배웠습니다. 우리는 불의와 짝하지 않고 진리 가운데서 행하게 인도하소서. 예수 그리스도의 이름으로 기도 드립니다. 아멘

시민 복지 기관

성도의 구제에 내포된 의미

■ 찬 송 ■ ♪ 523, 525, 194, 249　　　■ 참 조 ■ ☞ ③ 359p

■ 본 문 ■ …너는 반드시 네 경내 네 형제의 곤란한 자와 궁핍한 자에게 네 손을 펼지니라 【신 15:7-11】

■ 서 론 ■ 독일 격언에 "사랑의 단독적인 행위는 좀처럼 구제라는 이름으로 불리울 수 없음을 가르쳐 주기라도 하듯이 구제(alms, 의연금)라는 단어에는 단수가 없다. 자선은 그 자체를 부요하게 하고 탐욕은 그 자체를 가난하게 만든다."는 말이 있다. 성도의 구제는?

■ 말 씀 ■

I. 성도의 구제는 은총에 대한 감사이다

기자는 그 가난한 형제에게 네 마음을 강퍅히 하지 말며 네 손을 움켜 쥐지 말고라 했다. 여기서 '형제'는 히브리어 '아흐'로서 '친척, 친구, …와 같은'의 뜻으로 같은 동네에 살고 있는 동료를 같은 혈족으로 친근하게 부르는 호칭이다. 성도는 하나님이 베푸신 축복을 감사하게 여기는 마음을 가지고 우리가 받은 은총을 이웃의 하나님의 자녀들과 함께 나누어야만 한다.

  * 참고 성구 * 레 25:35, 마 6:1, 19:21, 잠 11:24, 눅 11:41, 고전 13:3

II. 성도의 구제는 이웃 사랑의 실천이다

기자는 쓸 것을 넉넉히 꾸어주라 삼가 너는 마음에 악념을 품지 말라고 했다. 여기서 '악념'은 히브리어 '벨리야알'로서 '악한 생각'이란 뜻보다는 '쓸모없는, 무가치한' 생각에 가까운 말로, 즉 정도에서 벗어난 망령된 생각을 의미한다(잠 19:28). 성도는 말로만 외치는 사랑이 아닌 나의 것을 기쁨으로 이웃에게 줄 수 있는 사랑을 베풀어야 주의 사랑을 받은 자답게 행하는 것이 된다.

  * 참고 성구 * 약 2:15, 잠 21:13, 마 25:35-36, 딤전 6:18, 히 10:24

III. 성도의 구제는 주의 축복의 보장이다

기자는 너는 반드시 그에게 구제할 것이요 이로 여호와께서 네 범사와 네 손으로 하는 바에 네게 복을 주시리라고 했다. 여기서 '복'은 히브리어 '바르쿠'로서 '복, 축복, 예배, 찬송, 송축, 감사'의 뜻으로 구약성경에서 다양하게 사용되었다. 하나님께서는 자기 것만 쌓아두는 자에게서 그 쌓아둔 것을 거두어 가시지만 나누어주는 자에게는 더욱 풍성한 것으로 가득 채워 주시는 분이시다.

  * 참고 성구 * 행 20:35, 갈 6:2, 약 1:27, 잠 19:17, 눅 6:38

■ 기 도 ■ 구제를 명하신 하나님! 구제는 당신의 은총에 대한 감사요, 이웃 사랑의 실천이요, 주의 축복의 보장임을 배웠습니다. 주여, 오늘 우리의 물질로 선한 일을 행하도록 은혜 내려 주옵소서. 예수 그리스도의 이름으로 기도 드립니다. 아멘

성경 목록별 색인표

【창 세 기】

- 창 2:18-25/ 아담의 독처함이 좋지 못한 이유 ·················· 63
- 창 4:1-15/ 가인을 통한 하나님 은혜의 양면성 ·················· 238
- 창 6:9-12/ 노아에게 붙여진 호칭 ·················· 70
- 창 8:20-22/ 구원받은 노아가 주는 교훈 ·················· 154
- 창 9:18-27/ 노아의 영적 실수가 주는 교훈 ·················· 225
- 창 11:1-9/ 바벨탑 인생에 담긴 의미 ·················· 460
- 창 13:1-13/ 아브라함이 이룬 평화의 비결 ·················· 94
- 창 17:9-14/ 아브라함에게 할례를 명하신 이유 ·················· 379
- 창 18:22-23/ 아브라함의 중보기도에 담긴 의미 ·················· 212
- 창 19:1-11/ 타락한 소돔 인생이 주는 모습 ·················· 224
- 창 20:8-18/ 아브라함의 영적 침체에 나타난 결과 ·················· 161
- 창 22:1-14/ 아브라함의 연단이 주는 교훈 ·················· 158
- 창 23:1-18/ 아브라함에게서 본받을 신앙의 모습 ·················· 69
- 창 24:10-27/ 엘리에셀의 찬송에 담긴 의미 ·················· 214
- 창 24:50-61/ 리브가의 결심이 주는 교훈 ·················· 371
- 창 25:27-34/ 에서가 범한 실책 ·················· 232
- 창 27:5-30/ 야곱의 계략에 내포된 범죄 ·················· 397
- 창 27:41-45/ 리브가의 편애가 빚은 결국 ·················· 357
- 창 29:16-30/ 야곱의 연애에 담긴 결과 ·················· 370
- 창 30:25-43/ 야곱의 충성된 모습 ·················· 85
- 창 32:22-32/ 야곱이 축복받은 얍복 강가의 비결 ·················· 92
- 창 34:1-4/ 디나 사건이 주는 교훈 ·················· 373
- 창 35:1-7/ 벧엘로 다시 돌아가는 방법 ·················· 123

- 창 36:1-8/ 에서의 결혼이 주는 교훈 ················· 372
- 창 37:1-5/ 야곱 가족의 화목이 깨어진 이유 ············· 389
- 창 39:1-6/ 요셉을 본받을 행동 ··················· 87
- 창 41:37-45/ 하나님의 신이 감동한 요셉의 의의 ··········· 294
- 창 43:1-15/ 야곱의 신앙 결단에 담긴 의의 ············· 346
- 창 44:14-34/ 유다가 보인 아름다운 행동 ·············· 398
- 창 45:1-15/ 요셉의 하나님 섭리에 대한 자세 ············ 82
- 창 46:1-7/ 야곱 가문의 애굽 이주가 주는 교훈 ··········· 81
- 창 47:7-10/ 야곱이 피력한 나그네 인생길의 의의 ·········· 342
- 창 48:17-20/ 야곱의 행위에 내포된 영적 의미 ············ 378
- 창 49:28/ 야곱의 축복에 내포된 하나님 축복의 법칙 ········· 71

【출애굽기】

- 출 1:15-22/ 히브리 산파가 보여준 모본 ·············· 312
- 출 3:13-22/ 여호와 이름에 내포된 하나님의 성호 ·········· 422
- 출 4:10-17/ 모세의 사양에 담긴 죄 ················ 404
- 출 6:1-9/ 모세에게 임한 위안의 의미 ··············· 393
- 출 7:1-13/ 강퍅한 바로가 지닌 특성 ················ 432
- 출 8:16-32/ 하나님의 이적에 내포된 의의 ············· 425
- 출 9:25-26/ 고센 땅이 구별받은 의미 ··············· 113
- 출 10:21-23/ 애굽의 흑암이 상징하는 의미 ············· 431
- 출 12:13/ 어린 양의 피에 내포된 표적 ··············· 153
- 출 12:39/ 무교병이 주는 교훈 ··················· 239
- 출 14:10-14/ 이스라엘 자손의 원망에 담긴 의미 ··········· 437
- 출 14:13-31/ 여호와가 베푸신 사역의 특징 ············· 207
- 출 16:21-30/ 만나 속에 내포된 교훈 ················ 334
- 출 17:8-16/ 아말렉과의 전쟁이 주는 교훈 ·············· 299
- 출 18:13-27/ 이드로의 조언이 주는 의미 ·············· 339
- 출 19:7-25/ 시내 산의 모세가 갖춘 모습 ·············· 337
- 출 23:1-3/ 성경이 금지하는 각종 금언들 ·············· 267

- 출 25:1-9/ 예물을 드리는 참된 자세 ················· 272
- 출 29:29-30/ 아론의 성의에 내포된 의의 ················· 330
- 출 31:1-11/ 브살렐과 오홀리압의 재능이 주는 의미 ················· 90
- 출 34:1-9/ 시내 산의 아침이 주는 축복 ················· 338
- 출 35:20-29/ 이스라엘 자손의 헌신이 주는 교훈 ················· 271
- 출 36:1-7/ 성막 건축에 필요한 유능한 일꾼 ················· 485
- 출 39:32-43/ 성막 제작의 완성에 담긴 의의 ················· 486

【레 위 기】

- 레 1:1-7/ 번제의 규례에 내포된 의미 ················· 54
- 레 3:12-17/ 여호와의 것에 내포된 의미 ················· 429
- 레 5:1-6/ 속죄제가 주는 의미 ················· 193
- 레 6:24-30/ 속죄제에 나타난 속죄의 원리 ················· 409
- 레 9:5-7/ 여호와의 명대로 하라는 의미 ················· 441
- 레 13: 1-17/ 문둥병 진단에서 나타난 하나님의 모습 ················· 311
- 레 13:47-58/ 의복 문둥병 규례가 주는 교훈 ················· 408
- 레 18:1-5/ 이방 풍속 추종 금지에 담긴 교훈 ················· 231
- 레 19:9-10/ 사회 정의법에 내포된 의미 ················· 505
- 레 20:22-27/ 이방 족속이 가진 악한 풍속 ················· 230
- 레 22:17-33/ 화목 제물에 내포된 의미 ················· 273
- 레 23:3/ 안식일 규례에 내포된 의의 ················· 256
- 레 23:42-43/ 초막절 규례에 내포된 의의 ················· 68
- 레 25:8-34/ 희년에 내포된 예표적 의미 ················· 67
- 레 25:47-55/ 품꾼인 이스라엘이 갖는 특권 ················· 132
- 레 26:40-42/ 하나님께서 돌아보시는 이유 ················· 247

【민 수 기】

- 민 1:1-46/ 하나님의 군사가 되는 자격의 요건 ················· 102
- 민 2:1-34/ 이스라엘 군대의 신앙의 특징 ················· 297
- 민 3:4/ 나답과 아비후가 드린 다른 불의 의미 ················· 426

- 민 8:1-4/ 등대의 규례에 내포된 의미 ··· 50
- 민 8:14-26/ 레위인의 일생에 담긴 의의 ·· 468
- 민 10:1-10/ 은나팔의 규례에 내포된 의미 ···································· 335
- 민 11:4-9/ 만나 속에 감추인 그리스도의 은혜 ······························ 333
- 민 12:1-16/ 지도자 모세의 위대한 품성 ·· 356
- 민 13:30-33/ 갈렙의 마음가짐이 주는 교훈 ·································· 355
- 민 15:37-41/ 술에 예표된 그리스도의 의의 ·································· 329
- 민 16:41-50/ 아론의 중보사역에 담긴 자세 ·································· 293
- 민 18:20-32/ 주를 기업으로 삼은 레위인의 유익 ························· 469
- 민 20:14-21/ 에돔 왕의 방해가 주는 교훈 ···································· 436
- 민 21:4-9/ 놋뱀 사건에 내포된 교훈 ·· 55
- 민 22:15-20/ 발람을 실족시킨 유혹 ·· 229
- 민 24:2-4/ 발람이 말한 참 전도자의 자세 ···································· 459
- 민 25:1-5/ 이스라엘에게 임한 음행의 결과 ·································· 201
- 민 26:52-56/ 기업 분배에 대한 하나님의 원칙 ···························· 301
- 민 27:1-11/ 딸의 기업 상속전에 내포된 교훈 ······························ 304
- 민 31:13-31/ 하나님의 거룩한 군사의 의무 ································· 103
- 민 32:1-15/ 르우벤, 갓 지파의 이기심이 주는 영적 의미 ············ 457
- 민 33:1-49/ 광야의 이스라엘이 주는 교훈 ···································· 65
- 민 34:1-12/ 가나안 땅 경계에 내포된 영적 의미 ························· 331
- 민 35:22-34/ 도피성에 내포된 그리스도의 은혜 ························· 187

【신 명 기】

- 신 1:34-46/ 이스라엘의 불신에 임한 형벌 ·································· 430
- 신 3:12-22/ 요단 동쪽 땅 분배에 나타난 교훈 ··························· 383
- 신 4:29-31/ 돌이키는 자를 위한 하나님의 자비 ························· 245
- 신 5:12-15/ 성경에 나타난 주일 성수의 방법 ····························· 257
- 신 6:4-9/ 쉐마에 나타난 자녀 교육의 필요성 ······························ 44
- 신 8:11-18/ 성경이 언급한 부의 위험성 ······································ 300
- 신 9:18-21/ 성경이 언급한 회개의 순서 ······································ 145

- 신 12:4-14/ 중앙 성소의 예배에 언급된 의미 ······················ 253
- 신 15:7-11/ 성도의 구제에 내포된 의미 ························· 507
- 신 17:14-17/ 왕에 대한 법에 내포된 자격의 의의 ················ 283
- 신 19:1-10/ 도피성에 언급된 하나님의 사랑 ····················· 192
- 신 22:13-30/ 성적 순결 규례에 담긴 의미 ······················· 403
- 신 23:19-20/ 성경에 언급된 금전에 대한 관계 ··················· 303
- 신 25:13-16/ 성경에 나타난 공정한 상거래의 조언 ················ 325
- 신 26:1-11/ 첫 곡물 봉헌 규례에 담긴 의의 ······················ 96
- 신 27:1-8/ 기념 돌비에 나타난 의미 ···························· 323
- 신 28:22-24/ 자연 재해가 주는 교훈 ··························· 182
- 신 31:19/ 하나님 증거의 노래에 담긴 의미 ······················ 496
- 신 33:7/ 유다의 축복에 내포된 의미 ···························· 380
- 신 34:1-12/ 모세가 위대한 지도자인 이유 ······················· 281

【여호수아】

- 수 6:1-20/ 여리고 성 함락에 담긴 승리의 비결 ··················· 296
- 수 7:1-26/ 아이 성 공격 실패가 주는 교훈 ······················· 144
- 수 7:10-15/ 아이 성 공격 실패에 나타난 회개의 요소 ·············· 244
- 수 9: 24-26/ 기브온 거민이 구원받은 신앙 ······················ 195
- 수 10:12-24/ 기브온 위에 멈춘 태양이 주는 의의 ·················· 91
- 수 11:20/ 하나님의 약속의 원리 ································ 140
- 수 14:6-15/ 갈렙이 받은 축복의 비결 ··························· 348
- 수 19:1-9/ 하나님의 축복 분배의 원칙 ··························· 97
- 수 22:1-6/ 성도를 향한 하나님의 요구 ···························· 49
- 수 23:6-16/ 여호수아의 마지막 당부에 담긴 교훈 ················· 205

【사사기】

- 삿 1:1-10/ 유다 지파의 정복사업이 주는 의의 ···················· 480
- 삿 3:15-29/ 사사 에훗이 세움을 입은 이유 ······················ 295
- 삿 4: 4-16/ 드보라의 승리에 담긴 교훈 ························· 364

- 삿 5:1-31/ 드보라와 바락의 찬양에 담긴 의의 ·················· 495
- 삿 8:1-23/ 기드온이 지혜로운 지도자가 된 이유 ·············· 280
- 삿 9: 1-57/ 아비멜렉의 교만이 가져다준 결과 ················ 384
- 삿 9:50-57/ 아비멜렉의 욕심이 초래한 결과 ················· 387
- 삿 11:29-40/ 입다의 서원이 주는 교훈 ······················ 353
- 삿 13:2-24/ 마노아의 가정생활이 주는 모범 ················· 401
- 삿 14:1-4/ 청년 삼손의 행태가 주는 교훈 ··················· 369
- 삿 15:14-20/ 블레셋을 물리친 삼손의 방법 ·················· 354
- 삿 16:15-22/ 들릴라의 유혹이 초래한 결국 ·················· 220
- 삿 17:1-13/ 참된 섬김의 세 가지 방법 ······················· 59
- 삿 19:1-3/ 레위인의 첩이 주는 교훈 ························ 386
- 삿 20:12-23/ 베냐민 지파의 대항이 주는 교훈 ··············· 200
- 삿 20:29-48/ 베냐민 지파의 패망이 주는 의의 ··············· 418
- 삿 21:25/ 사사 시대의 부패와 혼란이 주는 교훈 ············· 235

【룻 기】

- 룻 1:14-18/ 룻의 선택이 주는 의의 ························· 360
- 룻 2:10-16/ 룻의 자세에 내포된 의미 ······················ 358
- 룻 4:13-22/ 룻에게 임한 하나님의 축복 ···················· 400

【사무엘상】

- 삼상 1:9-11/ 한나의 서원기도에 내포된 자세 ················· 38
- 삼상 2:18-21/ 한나가 어머니로서 행한 의무 ·················· 43
- 삼상 3:1-9/ 소명받은 사무엘의 자세 ························ 376
- 삼상 6:19-21/ 벧세메스 사람에게 임한 재앙의 원인 ·········· 233
- 삼상 10:6-8/ 기름부음 받은 사울의 특징 ···················· 188
- 삼상 11:1-15/ 하나님을 떠난 암몬에게 임한 결국 ············ 288
- 삼상 12:19-25/ 이스라엘의 회개에 내포된 의미 ·············· 248
- 삼상 15:10-23/ 불순종의 사울이 남겨놓은 교훈 ·············· 276
- 삼상 16:6-13/ 성경에 언급된 판단의 종류 ··················· 291

- 삼상 17:12-49/ 소년 다윗의 승리에 내포된 의의 ……………… 374
- 삼상 19:4-5/ 요나단의 탄원에 내포된 변호의 근거 …………… 290
- 삼상 20:12-23/ 다윗과 요나단의 우정이 주는 교훈 …………… 73
- 삼상 22:3-5/ 다윗의 부모 공경이 주는 의미 …………………… 399
- 삼상 25:9-13/ 나발의 소행을 질타하는 이유 …………………… 130
- 삼상 26:6-8/ 아비새의 충성이 주는 의의 ……………………… 60
- 삼상 30:1-6/ 다윗의 눈물에 내포된 신앙의 본질 ……………… 164
- 삼상 31:3-5/ 사울의 자살에 내포된 의미 ……………………… 434

【사무엘하】

- 삼하 3:27-30/ 요압의 복수에 대한 원인 ………………………… 194
- 삼하 6:12-15/ 다윗의 축복에 대한 자세 ………………………… 98
- 삼하 7:4-17/ 다윗의 성전 건축에 대한 의의 …………………… 483
- 삼하 11:1-21/ 다윗의 범죄가 주는 교훈 ………………………… 148
- 삼하 12:15-23/ 다윗의 금식이 참되는 이유 …………………… 249
- 삼하 13:1-22/ 암논의 성폭행 사건이 주는 의미 ……………… 366
- 삼하 14:28-33/ 압살롬의 다윗 배알이 주는 의의 …………… 385
- 삼하 15:7-12/ 압살롬을 추종한 자들이 주는 교훈 …………… 277
- 삼하 16:1-4/ 시바의 간계가 주는 교훈 ………………………… 345
- 삼하 17:1-23/ 책사 아히도벨의 인생이 주는 교훈 …………… 287
- 삼하 18:19-23/ 전령자 구스 사람이 주는 의미 ……………… 328
- 삼하 19:1-8/ 요압의 충고가 주는 교훈 ………………………… 340
- 삼하 20:14-22/ 아벨 성 여인이 이룩한 평화의 근원 ………… 362
- 삼하 22:20-31/ 다윗의 찬양에 나타난 응답의 원칙 ………… 57
- 삼하 24:17-25/ 다윗의 화목제에 내포된 의미 ……………… 241

【열왕기상】

- 왕상 2:1-9/ 다윗의 유언이 주는 교훈 …………………………… 344
- 왕상 2:13-35/ 솔로몬의 국가 개혁에 담긴 의 ………………… 286
- 왕상 3:4-15/ 솔로몬의 기도에 내포된 의미 …………………… 285

- 왕상 4:20-28/ 솔로몬의 풍성한 축복에 담긴 교훈 ·················· 129
- 왕상 7:13-22/ 야긴과 보아스가 주는 영적 의미················ 84
- 왕상 8:12-15/ 솔로몬의 성전 건축에 담긴 의미 ················ 484
- 왕상 9:1-9/ 성전 언약에 나타난 의의 ························· 83
- 왕상 11:1-11/ 솔로몬의 범죄가 주는 교훈 ···················· 351
- 왕상 12:6-15/ 르호보암의 우매함이 주는 교훈 ················ 284
- 왕상 13:11-19/ 벧엘의 늙은 선지자가 주는 영적 교훈 ·········· 455
- 왕상 15:1-8/ 르호보암과 여로보암의 전쟁이 주는 교훈·········· 261
- 왕상 16:1-14/ 바아사 왕가의 몰락이 주는 의미················ 42
- 왕상 17:8-16/ 사르밧 과부를 본받을 이유 ···················· 359
- 왕상 18:30-46/ 엘리야의 기도가 주는 교훈 ···················· 147
- 왕상 19:8-18/ 호렙 산의 엘리야가 주는 의미 ·················· 124
- 왕상 21:1-19/ 포도원을 탐내는 아합의 욕심의 속성 ············ 234
- 왕상 22:5-23/ 참 선지자 미가야가 주는 의미 ·················· 506

【열왕기하】

- 왕하 2:1-11/ 후계자로서 엘리사가 보여준 모습 ················ 79
- 왕하 5:1-14/ 나아만의 질병이 주는 영적 교훈················ 178
- 왕하 6:8-33/ 아람 군대가 보여준 영적 무지················ 427
- 왕하 9:1-37/ 예후의 개혁이 주는 의의 ························ 252
- 왕하 10:15-17/ 예후와 여호나답이 주는 교훈 ················ 473
- 왕하 12:4-18/ 요아스의 성전 수리에 내포된 교훈 ·············· 487
- 왕하 16:10-20/ 아하스의 우상 숭배에 담긴 의미 ·············· 452
- 왕하 17:7-18/ 이스라엘의 멸망이 주는 교훈 ·················· 428
- 왕하 19:14-19/ 히스기야의 기도에 담긴 의미 ·················· 165
- 왕하 20:12-21/ 히스기야의 실수가 주는 교훈 ·················· 416
- 왕하 23:21-24/ 요시야의 종교 개혁에 담긴 의미 ··············· 203
- 왕하 24:8-9/ 여호야긴이 본받아 실족한 과실 ················· 47

【역 대 상】

- 대상 1:4-27/ 성경에 기록된 후손들의 유형 ········· 39
- 대상 2:3-17/ 유다 지파의 계보가 주는 의미 ········· 40
- 대상 6:61-66/ 제비뽑기에 내포된 신앙 ········· 278
- 대상 9:1-34/ 바벨론 포로 귀환자의 명단이 주는 교훈 ········· 395
- 대상 11:15-19/ 다윗의 용사들이 주는 의미 ········· 477
- 대상 13:9-13/ 유다의 죽음에 내포된 교훈 ········· 420
- 대상 18:9-13/ 다윗의 정복 기사가 주는 의미 ········· 131
- 대상 19:16-19/ 아람 사람의 패배에 담긴 의미 ········· 191
- 대상 22:2-5/ 다윗의 성전 건축 준비가 주는 교훈 ········· 46
- 대상 24:1-19/ 제사장의 조직표가 주는 의의 ········· 476
- 대상 25:4-6/ 헤만의 족보가 주는 의의 ········· 381
- 대상 28:6/ 다윗의 유언에 나타난 교훈 ········· 106

【역 대 하】

- 대하 1:6-13/ 솔로몬의 기도가 응답된 이유 ········· 368
- 대하 3:1-7/ 솔로몬의 성전 건축이 주는 의의 ········· 481
- 대하 5:11-14/ 성가대의 찬양에 포함된 의미 ········· 497
- 대하 7:6/ 성전 낙성식 행사에 담긴 의미 ········· 475
- 대하 9:7-8/ 스바 여왕의 칭송에 담긴 의의 ········· 289
- 대하 10:6-7/ 르호보암을 권면한 노인들이 주는 교훈 ········· 343
- 대하 12:1-8/ 시삭의 침공이 주는 교훈 ········· 210
- 대하 13:10-12/ 아비야의 연설에 내포된 교훈 ········· 208
- 대하 15:2-7/ 아사랴의 훈계에 나타난 원리 ········· 406
- 대하 20:12-19/ 여호사밧의 신앙에 나타난 과정 ········· 126
- 대하 27:1-9/ 요담의 선정에 내포된 의미 ········· 45
- 대하 29:29-31/ 히스기야의 감사 예배에 담긴 의의 ········· 100
- 대하 31:4-10/ 이스라엘의 십일조 헌납이 주는 교훈 ········· 99
- 대하 33:10-13/ 므낫세에게 임한 환란의 목적 ········· 149
- 대하 34:29-33/ 요시야의 말씀 준수 선포의 의의 ········· 439

【에스라】

- 스 3:1-7/ 이스라엘의 제단 건설에 대한 의미 ·················· 260
- 스 10:1-4/ 이스라엘의 회개가 주는 의미 ·················· 250

【느헤미야】

- 느 3:1-32/ 느헤미야의 성벽 재건이 주는 교훈·················· 488
- 느 4:7-23/ 이스라엘의 공사 진행이 주는 교훈·················· 489
- 느 8:1-12/ 에스라의 율법 낭독이 주는 의미·················· 440

【에스더】

- 에 2:15-20/ 왕후가 된 에스더의 의의 ·················· 89
- 에 4:1-17/ 에스더의 신앙에 내포된 의미 ·················· 139
- 에 9:1-32/ 부림절 제정에 내포된 의의 ·················· 211

【욥 기】

- 욥 1:13-22/ 욥의 고난이 주는 교훈 ·················· 151
- 욥 5:17-27/ 엘리바스가 말한 바 하나님의 채찍 ·················· 152
- 욥 14:7-9/ 욥이 말한 나무에서 얻는 신앙의 교훈 ·················· 321
- 욥 19:1-6/ 욥이 말한 지혜로운 말의 능력·················· 308
- 욥 28:20-28/ 욥이 말한 지혜로운 삶의 첩경 ·················· 53
- 욥 31:9-12/ 욥의 주장에 담긴 부부의 의미 ·················· 349
- 욥 33:1-7/ 엘리후의 변론에 담긴 대화의 원칙·················· 270
- 욥 35:9-13/ 엘리후가 말한 응답받는 기도의 요건 ·················· 217
- 욥 40:1-9/ 하나님의 메시지에 나타난 불평자의 특징·················· 438
- 욥 42:5-17/ 욥기에 나타난 연단이 주는 유익 ·················· 127

【시 편】

- 시 10:8-13/ 악인에 비유된 사단의 일반적 특성 ·················· 458
- 시 19:7-10/ 하나님의 율법이 주는 유익 ·················· 41
- 시 23:1-6/ 하나님이 참 목자 되신 이유 ·················· 51

· 시 34:13/ 시편에 나타난 금해야 할 말들 ··· 309
· 시 50:15-23/ 하나님을 영화롭게 하는 성도 ··· 157
· 시 62:1-7/ 하나님만을 바라야 할 이유 ·· 128
· 시 72:1-4/ 시편이 보여준 하나님 나라의 형태······································· 108
· 시 80:4-7/ 시편에 언급된 성도의 값진 눈물·· 251
· 시 90:14-17/ 시편이 말하는 참된 만족의 비결 ····································· 166
· 시 103:1-5/ 죄악이 영적 질병인 이유 ·· 174
· 시 106:24-27/ 시편에 나타난 어리석은 불신자의 모습 ························ 421
· 시 107:19-22/ 시편에 언급된 하나님 치유의 방법 ······························· 171
· 시 118:5-7/ 하나님이 고통을 주시는 목적 ·· 156
· 시 119:74-79/ 성도간의 친교가 주는 유익 ··· 262
· 시 135:15-18/ 시편이 말하는 우상 숭배의 허구성 ······························· 450

【잠 언】

· 잠 1:10-19/ 잠언이 이르는 탐욕에의 결국 ··· 454
· 잠 3:31-33/ 정직한 자에게 임하는 축복 ·· 61
· 잠 10:4/ 성도가 노동을 해야 하는 이유 ··· 86
· 잠 11:24-25/ 잠언에 언급된 구제의 결과 ·· 93
· 잠 14:30/ 성도가 마음의 화평을 얻는 비결 ·· 150
· 잠 16:8/ 불의한 소득에 내포된 교훈 ··· 305
· 잠 19:11-12/ 노하기를 더디해야 하는 이유 ··· 390
· 잠 20:22/ 잠언이 말하는 보복을 금지하는 이유 ·································· 141
· 잠 23:12-14/ 자녀를 훈계할 때 유의할 점들 ··· 48
· 잠 24:14/ 성도의 영적 생활에 유익한 지혜 ··· 314
· 잠 27:23/ 잠언이 말하는 참된 목자의 자세 ··· 320
· 잠 31:10-31/ 현숙한 아내에 담긴 의미 ·· 361

【전 도 서】

· 전 11:9-12:1/ 솔로몬이 청년에게 권고한 금언································· 367

【아 가】

- 아 1:7-17/ 아가에 나타난 참 사랑의 특징 ········· 402
- 아 5:1-8/ 사랑의 위기를 피하는 교훈 ········· 350
- 아 7:10-13/ 사랑하는 사람을 위해 예비할 것들 ········· 64

【이 사 야】

- 사 1:2-9/ 멸망받을 어리석은 자의 의미 ········· 424
- 사 5:11-17/ 이 세상의 연락에 빠진 결과 ········· 228
- 사 9:8-12/ 사람의 교만이 가져오는 결과 ········· 419
- 사 17:4-7/ 징계가 가져다주는 유익한 것들 ········· 173
- 사 19:11-15/ 성도가 쉽게 미혹되는 경우 ········· 209
- 사 20:4-6/ 사람이 의지하는 세 가지 헛된 신뢰 ········· 237
- 사 28:7-8/ 과음이 사람에게 끼치는 해악 ········· 227
- 사 29:13-14/ 이사야가 경고한 형식적인 예배 ········· 255
- 사 32:6/ 이사야가 언급한 어리석은 자의 특징 ········· 423
- 사 38:1-8/ 히스기야에게 기적이 나타난 이유 ········· 168
- 사 42:18-25/ 이스라엘이 영적 소경이 된 이유 ········· 433
- 사 53:1-9/ 이사야의 고난받는 종이 주는 의미 ········· 407
- 사 58:1-14/ 이사야가 언급한 잘못된 경건 ········· 466
- 사 64:8-9/ 토기장이의 뜻을 좇는 성도의 자세 ········· 169
- 사 65:24/ 여호와의 보살피심이 신속한 이유 ········· 122

【예레미야】

- 렘 3:6-10/ 예레미야에게 이르신 회개하지 않는 죄 ········· 417
- 렘 18:1-12/ 진흙 토기에 담겨진 인생의 의미 ········· 52
- 렘 20:7-13/ 사명자 예레미야의 심령 ········· 76
- 렘 31:31-34/ 하나님이 주신 새 언약의 특징 ········· 80
- 렘 33:1-9/ 부르짖는 자가 받을 축복의 의의 ········· 135
- 렘 44:24-30/ 하나님이 질책하신 그릇된 서원 ········· 405
- 렘 49:23/ 항해에 비유되는 인생살이 ········· 324

【예레미야애가】

· 애 2:19/ 주를 향해 손드는 자의 기도 ·· 216

【에 스 겔】

· 겔 1:1-3/ 하나님이 이상을 보이시는 이유 ··· 162
· 겔 3:1-11/ 하나님의 말씀을 받는 과정 ·· 197
· 겔 6:8-17/ 유다의 심판 때에 남을 자··· 183
· 겔 9:8/ 성도가 애통해야 할 세 때 ··· 307
· 겔 13:8-16/ 거짓 선지자의 예언에 담긴 교훈 ································· 221
· 겔 19:1-9/ 유다의 종말을 슬퍼한 애가 ·· 336
· 겔 23:11-35/ 오홀리바의 음행에 담긴 의미 ····································· 222
· 겔 24:14/ 하나님의 심판에 담긴 의의 ··· 435
· 겔 28:4-8/ 두로 왕의 재물에 대한 책망·· 415
· 겔 33:1-6/ 파수꾼의 사명에 내포된 의미 ··· 292
· 겔 34:1-6/ 이스라엘의 거짓 목자에 대한 경고································· 318
· 겔 34:11-16/ 참 목자가 되시는 하나님 ··· 56
· 겔 36:8-15/ 이스라엘을 회복케 하시는 하나님 ································· 146
· 겔 37:1-23/ 에스겔 골짜기의 환상이 주는 교훈 ······························· 184
· 겔 38:10-12/ 곡의 침입 예언에 담긴 의미 ······································· 223
· 겔 42:13-14/ 에스겔 성전이 주는 삼대 의의 ··································· 254
· 겔 44:15-27/ 사독 계열 제사장이 주는 교훈 ··································· 474

【다 니 엘】

· 단 2:17-24/ 다니엘에게 임한 고난이 주는 교훈 ······························· 163
· 단 6:10/ 다니엘의 신앙에 담긴 특징 ··· 159

【호 세 아】

· 호 10:4-8/ 이스라엘의 우상 숭배에 담긴 교훈································· 451

【요 엘】

- 욜 2:12-14/ 요엘의 회개 촉구가 주는 의미 ········· 246

【아모스】

- 암 8:11-14/ 아모스의 영적 기갈에 담긴 의미 ········· 332

【요 나】

- 욘 1:1-17/ 요나의 불순종이 주는 교훈 ········· 275

【미 가】

- 미 5:2/ 베들레헴이 주는 영적 의미 ········· 499

【스가랴】

- 슥 7:1-7/ 참된 금식의 삼대 의미 ········· 143

【말라기】

- 말 3:10/ 십일조를 통해서 증거되는 여호와 ········· 95

【마태복음】

- 마 1:1-17/ 예수의 족보에 나타나신 하나님 ········· 66
- 마 6:9-13/ 주님이 가르치신 기도의 의미 ········· 494
- 마 8:5-13/ 칭찬받은 백부장의 믿음 ········· 298
- 마 12:46-50/ 하나님 나라의 영적 가족 ········· 388
- 마 15:21-28/ 소원을 이루는 가나안 여인의 믿음 ········· 177
- 마 19:13-30/ 천국에 들어갈 자의 의미 ········· 134
- 마 21:18-19/ 무화과나무의 저주에 담긴 의미 ········· 322
- 마 22:1-14/ 혼인 잔치의 비유에 담긴 의미 ········· 258
- 마 23:23/ 외식하는 자들을 향한 주님의 질책 ········· 269
- 마 24:42-51/ 재림을 대비하는 종의 모습 ········· 115
- 마 25:14-30/ 달란트의 비유가 주는 의의 ········· 88

- 마 26:6-13/ 향유 한 옥합의 헌신 ·· 363
- 마 27:32-38/ 구레네 시몬이 진 십자가의 의미 ····················· 352
- 마 27:50-54/ 예수의 십자가 죽음이 주는 결과 ····················· 111

【마가복음】

- 막 1:35-39/ 예수의 기도가 주는 모본 ································· 493
- 막 2:1-5/ 중풍병자 친구들의 기적의 믿음 ··························· 176
- 막 4:1-20/ 씨뿌리는 자의 비유에 담긴 의미 ························ 317
- 막 6:53-56/ 게네사렛 땅에서 나타난 믿음 ··························· 196
- 막 8:14-21/ 성도들이 조심해야 할 누룩 ······························ 392
- 막 8:22-25/ 벳새다의 소경 치유가 주는 의미 ······················ 310
- 막 10:13-16/ 어린이를 사랑하신 예수 ································· 377
- 막 11:15-18/ 예수의 성전 정화 사건의 의미 ························ 327
- 막 13:3-13/ 예수의 종말 징조 예언의 의의 ························· 461
- 막 14:22-25/ 예수의 유월절 성만찬에 담긴 의미 ·················· 490
- 막 14:37-38/ 겟세마네 동산의 기도의 의의 ························· 215
- 막 16:15/ 예수의 지상 명령의 삼대 속성 ····························· 77

【누가복음】

- 눅 1:46-55/ 마리아 찬가에 언급된 하나님 ··························· 133
- 눅 2:8-14/ 예수 탄생이 주는 삼대 의미 ······························ 498
- 눅 9:18-21/ 베드로의 신앙 고백의 의의 ······························ 179
- 눅 10:38-42/ 칭찬받은 마리아의 섬김 ································· 365
- 눅 11:9-13/ 예수의 응답받는 기도에의 가르침 ···················· 491
- 눅 12:35-40/ 주의 재림을 예비하는 자세 ···························· 120
- 눅 16:1-13/ 불의한 청지기의 비유에 담긴 교훈 ··················· 302
- 눅 18:1-8/ 불의한 재판관과 과부의 비유 ···························· 121
- 눅 19:11-27/ 열 므나의 비유에 담긴 교훈 ·························· 326
- 눅 22:45-46/ 겟세마네 동산의 제자들 모습 ························· 213
- 눅 23:50-56/ 산헤드린 의원 요셉의 삶이 주는 의의 ············· 282

- 눅 24:32-49/ 제자들에게 현현하신 예수 ·· 204

【요한복음】

- 요 3:1-15/ 니고데모가 중생에 이른 방법 ······································ 456
- 요 4:23-24/ 사마리아 여인에게 알려진 예배 ································ 396
- 요 6:4-13/ 오병이어 이적의 세 가지 조건 ···································· 375
- 요 6:32-35/ 생명의 떡이신 예수의 의미 ······································ 316
- 요 8:12/ 세상의 빛이신 예수의 의미 ·· 181
- 요 9:1-3/ 소경을 고치신 예수의 의의 ·· 170
- 요 9:24-34/ 소경 되었던 자의 신앙 고백의 의미 ························· 175
- 요 10:7-18/ 선한 목자 예수의 의미 ·· 319
- 요 11:47-53/ 가야바의 견해에 담긴 교훈 ···································· 137
- 요 13:36-38/ 베드로를 향한 주님의 부인 예언 ··························· 199
- 요 16:13-15/ 보혜사 성령의 임재시 역할 ···································· 464
- 요 17:1-26/ 예수의 중보기도가 주는 모본 ·································· 492
- 요 19:28-30/ 예수의 운명에 내포된 의의 ···································· 446

【사도행전】

- 행 1:6-8/ 그리스도의 증인이 되는 자격 ·· 78
- 행 2:42-47/ 초대 교회 공동체가 주는 의의 ································ 500
- 행 3:6-8/ 나사렛 예수 그리스도 이름의 능력 ····························· 172
- 행 6:3-6/ 초대 교회의 집사 임명의 의의 ···································· 478
- 행 8:1-3/ 핍박받는 초대 교회의 의미 ·· 138
- 행 10:1-2/ 가이사랴 고넬료 가정이 주는 의미 ··························· 382
- 행 11:5-17/ 베드로의 변증에 담긴 의미 ······································ 445
- 행 13:1-3/ 안디옥 교회에의 파송이 주는 의미 ··························· 482
- 행 13:44-52/ 유대인의 복음 탄압이 주는 교훈 ··························· 394
- 행 16:25-40/ 빌립보 성 감옥에서의 찬송 소리 ··························· 185
- 행 19:8-20/ 바울의 악귀 축출이 주는 의미 ································ 180
- 행 20:24/ 바울의 고별 메시지가 주는 의의 ································ 470

- 행 21:13/ 바울의 예루살렘 상경에 대한 자세 ················· 347
- 행 22:16/ 바울의 변증에 담긴 회심의 고백 ··················· 104
- 행 23:1-11/ 로마에서도 증거해야 할 바울 ···················· 101
- 행 24:24-27/ 벨릭스가 두려워한 바울의 강론 ················ 240
- 행 26:13-18/ 아그립바 앞에서의 바울의 변론 ················ 186
- 행 27:14-26/ 고난의 로마행을 기회로 삼은 바울 ············ 125
- 행 28:1-10/ 멜리데 섬에서 전도하는 바울 ···················· 189

【로마서】

- 롬 2:12-16/ 로마서가 말하는 율법에 대한 태도 ············· 467
- 롬 4:18-22/ 로마서에 언급된 아브라함의 믿음 ··············· 72
- 롬 5:1-5/ 칭의의 열매로 얻게 되는 축복 ······················ 62
- 롬 6:6-11/ 성화의 삶을 사는 자의 모습 ······················· 243
- 롬 8:30/ 하나님의 구원 사역의 세 단계 ······················· 413
- 롬 10:9-10/ 구원에 이르는 신앙의 과정 ······················· 414
- 롬 14:1-12/ 성도들 사이에 지녀야 할 태도 ··················· 266
- 롬 15:14-29/ 바울의 선교 계획의 원칙 ························· 503
- 롬 16:1-4/ 사도 바울의 문안 인사의 의미 ···················· 265

【고린도전서】

- 고전 2:6-16/ 성령을 통해 나타나는 하나님의 지혜 ········· 74
- 고전 6:1-11/ 성도간의 바른 송사의 원칙 ····················· 264
- 고전 8:1-13/ 우상 제물에 대한 문제 ··························· 391
- 고전 12:1-11/ 성령의 은사가 증거하는 것 ··················· 412
- 고전 14:26-33/ 성도가 은사 사용시 주의할 점들 ·········· 479
- 고전 15:50-58/ 부활의 승리와 성도의 자세 ·················· 118

【고린도후서】

- 고후 1:1-11/ 바울의 고난에 대한 위로 ························ 463
- 고후 2:5-11/ 그리스도의 교회의 징계 원칙 ·················· 279

· 고후 5:8-10/ 바울이 말한 행위의 상과 벌 ································ 119
· 고후 6:14-7:1/ 바울이 언급한 성별된 생활 ····························· 242
· 고후 8:1-15/ 마게도냐 교회의 연보의 의의 ····························· 274
· 고후 11:1-15/ 거짓 사도의 미혹의 특징 ································· 219
· 고후 13:4/ 바울의 언급에 내포된 겸손의 의의 ······················ 198

【갈라디아서】
· 갈 5:1/ 그리스도인의 자유에 대한 의미 ································ 190
· 갈 6:17/ 예수의 흔적을 가진 사람 ·· 142

【에베소서】
· 엡 4:17-18/ 하나님의 생명에서 떠난 사람 ····························· 202
· 엡 5:18-21/ 지혜 있는 자의 세 가지 생활 ······························ 226

【빌립보서】
· 빌 2:5-11/ 그리스도의 마음을 본받는 삶 ································ 58
· 빌 3:3-16/ 예수 그리스도 안에서 얻는 지식 ························ 313

【골로새서】
· 골 1:3-6/ 골로새 교회가 칭찬받은 이유 ································ 502
· 골 2:6-7/ 그리스도 예수 안에서 행할 원리 ·························· 206
· 골 3:18-24/ 그리스도인의 대인 관계의 의의 ························ 341

【데살로니가전서】
· 살전 5:16-18/ 하나님의 뜻대로 사는 생활의 의미 ·············· 167

【데살로니가후서】
· 살후 3:1-2/ 중보기도가 필요한 이유 ······································ 218

【디모데전서】

- 딤전 1:18-19/ 하나님의 말씀이 주는 유익 ········· 443
- 딤전 4:11-16/ 참 교사가 힘쓸 세 가지 일들 ········· 315
- 딤전 6:17-18/ 이 세대의 부자들이 기억할 사항 ········· 306

【디모데후서】

- 딤후 1:6-8/ 하나님이 성도에게 주신 마음 ········· 75
- 딤후 2:21-26/ 디모데에게 명한 사역자의 경건훈련 ········· 472

【빌레몬서】

- 몬 1:4-7/ 빌레몬을 칭찬한 바울의 기쁨 ········· 263

【히브리서】

- 히 1:1-3/ 하나님의 아들 예수의 위대성 ········· 448
- 히 4:1-13/ 히브리서에 나타난 안식에의 약속 ········· 110
- 히 7:22-25/ 그리스도인을 위한 예수의 언약 보증 ········· 117
- 히 9:23-28/ 예수 그리스도의 희생의 특성 ········· 447
- 히 10:22-25/ 바른 믿음의 세 가지 모습 ········· 259
- 히 12:1-3/ 신앙 경주를 위한 권면 ········· 501
- 히 13:7-8/ 영혼의 지도자가 갖추어야 하는 자세 ········· 471

【야고보서】

- 약 1:21-27/ 행위로 하는 성숙한 믿음 생활 ········· 268
- 약 5:7-20/ 야고보서에 담긴 고난 중의 인내 ········· 155

【베드로전서】

- 벧전 1:5-7/ 믿음의 연단을 위한 고난 ········· 136
- 벧전 4:7-11/ 구원받은 자의 새 생활 ········· 462

【베드로후서】

- 벧후 1:20-21/ 예언의 말씀을 대하는 자세 ········· 442
- 벧후 3:1-7/ 그리스도 재림의 확실성의 의의 ········· 444

【요한일서】

- 요일 1:5-10/ 그리스도와의 참된 교제의 조건 ········· 465
- 요일 4:1-6/ 성경이 말하는 적그리스도의 특징 ········· 449
- 요일 5:1-3/ 믿음에 기초한 참된 교제의 표징 ········· 411

【요한삼서】

- 요삼 1:2-8/ 가이오에 대한 칭찬의 의미 ········· 410

【유다서】

- 유 1:11-13/ 심판받을 자가 걷는 세 가지 길 ········· 236

【요한계시록】

- 계 1:1-7/ 예수 그리스도의 재림의 목적 ········· 112
- 계 3:7-13/ 칭찬받는 빌라델비아 교회의 모습 ········· 504
- 계 5:1-14/ 하나님의 봉인된 두루마리 책에 기록된 내용 ········· 105
- 계 7:9-17/ 흰 옷 입은 무리들의 영광의 의미 ········· 107
- 계 8:3-5/ 하나님께 상달되는 기도의 금향로 ········· 160
- 계 12:10-12/ 그리스도인의 승리를 보장하는 요인 ········· 114
- 계 18:1-20/ 바벨론의 멸망에 담긴 교훈 ········· 453
- 계 21:1-7/ 새 하늘과 새 땅에서 누릴 축복 ········· 109
- 계 22:20-21/ '마라나타'의 신앙 고백에 담긴 의미 ········· 116

설교사전시리즈 (1~5)

편집부 엮음(1권, 4권, 5권) 윤도중 편저(2권, 3권)

목회 현장에서 다양하게 활용할 수 있는 설교사전시리즈이 1권은 〈4차원 영해설교사전〉, 2권 3권은 〈새설교사전 상/하〉, 4권 5권은 〈주제별 용어설교사전 상/하〉로 구성되어 있다. 도서출판 예루살렘의 오랜 경험에서 만들어진 설교사전시리즈는 목회자들에게 좋은 평가를 얻고 있다.

피종진 목사 능력요약설교 (1~5)

피종진 지음

구원의 확신과 성령의 뜨거운 능력을 체험하는 축복의 말씀을 요약하여 창세기부터 요한계시록까지 정리하였다. 목회자, 부흥사, 전도사, 신학생은 물론 평신도에까지 말씀이 능력됨을 깨닫게 해 줄 것이다.

설교자료뱅크 (1~3)

편집부 엮음

방대한 설교자료들을 주제별로 분류하여 설교 내용을 찾기 쉽도록 편집하였다. 주일 예배 외에도 심방, 기도회, 기관모임 등의 설교에서도 활용할 수 있다. 총 3권으로 되어 있으며 더 많은 자료를 빠른 시간 안에 참고하도록 각 권이 서로 연결되어 풍부한 설교를 준비힐 수 있다.

새벽강단 (1~10)

김원태 외 2명 지음

매일 예배를 드릴 수 있도록 간결하면서도 주제가 있는 설교들이 들어있다. 새벽기도 외에도 여러가지 예배와 소규모 모임에도 함께 나눌 수 있는 묵상을 준다. 구역예배와 큐티에도 활용할 수 있어서 꾸준하게 성도들에게 사랑받는 설교집이다.